Hamburger Rechtsstudien
herausgegeben von Mitgliedern der Rechtswissenschaftlichen Fakultät
der Universität Hamburg
Heft 53

Gibt es ein Naturrecht?

Beiträge zur Grundlagenforschung der Rechtsphilosophie

von

ADOLPH LEINWEBER

3. verbesserte und erweiterte Auflage

W DE G

1972

Walter de Gruyter · Berlin · New York

ISBN 3 11 004180 4

Dem geistigen Führer meiner Jugend,
dem Pascal-Forscher

KARL BORNHAUSEN
(1882—1940),

galten die ersten Auflagen.

Die dritte Auflage
sei den geistigen Förderern meiner
Mannesjahre zugeeignet,
dem Begründer der modernen Phonetik
und Phoniatrie

GIULIO PANCONCELLI-CALZIA
(1878—1966)

und

dem Schmeller-Forscher

HERMANN BARKEY.

VORWORT ZUR ERSTEN AUFLAGE

Noch immer ist das Naturrecht ein Paradefeld unausgereifter Gedanken. Selbst ein so besonnener, vielgelesener Forscher wie Hans Welzel wagt die Behauptung: »Eine wirkliche Auseinandersetzung mit dem Naturrecht hat es nie gegeben[1].« Gibt es überhaupt ein Naturrecht? Das ist die Frage, die uns auch nach Ablauf eines Zeitraums von nicht weniger als zweieinhalb Jahrtausenden nicht zur Ruhe kommen lassen will.

Die vorliegende Arbeit unternimmt den Versuch, hierauf zu antworten. Die Fülle des dabei zu bewältigenden Stoffes zwang zum Verzicht auf alles Nebensächliche. Daraus ergibt sich von selbst eine Beschränkung auf das »Dasein« des Naturrechts. Unberücksichtigt bleiben mußten somit historische Zusammenhänge, geistesgeschichtliche Analysen, das Polaritätsverhältnis zum positiven Recht und die Nutzanwendung auf die Rechtspraxis.

Hauptthemen der Darstellung sind demgemäß das gegenwärtig vorwiegend interessierende theologisch und kosmologisch begründete Naturrecht. Das heute in den Hintergrund getretene Vernunftrecht der Aufklärer wird nur gestreift. Auch das abgetane Naturrecht aus »Blut und Boden« nimmt nur sehr geringen Raum ein. Diese Stoffbeschränkung erscheint um so berechtigter, als die Ergebnisse meiner Untersuchung ohnehin allen Spielarten des Naturrechts zugute kommen. Zur Entlastung des Lesers wird als bekannt vorausgesetzt, was zum Begriff, zur Geschichte und Lehre des Naturrechts erarbeitet ist. Die Gefahr, im unausschöpfbaren Meer des Stoffes zu versinken, war groß, um so mehr als sogar solche Disziplinen zu befragen waren, die bislang noch niemand zu Rate gezogen hatte. Lediglich eine Einführung in die tiefere Problematik sollte geschaffen werden, eine Diskussionsgrundlage, nicht mehr. Dabei ließ sich eine nur skizzenhafte Darstellung in manchen Abschnitten nicht umgehen. Um den Fluß der Darstellung nicht mit dem Ballast vom Leser zwar als störend empfundener, aber für das Ganze dennoch unentbehrlicher Einzelheiten zu hemmen, wurden gewisse Schwerpunktbildungen in die Fußnoten verwiesen. Für eine kritische Stellungnahme zu meiner Arbeit ist die sorgfältige Beachtung dieser Anmerkungen ohnehin unerläßlich.

Wenn ich als Jurist immer wieder zur Überschreitung meiner Fachgrenzen gezwungen wurde, so möge man sich an die Worte Anselm Feuerbachs erinnern:

»Wer vieles umfassen will, darf sich kleiner Irrtümer nicht schämen, wer alles im ganzen überdenkt, kann nicht alles im einzelnen ergründen, sondern muß über vieles

---

[1]) (1960) 160

nur hinüberstreifen, manches im dunkeln lassen, anderes nur auf Treu und Glauben hinnehmen[2]).«

Nur strenge Wissenschaftlichkeit ermöglicht die Ergründung des Naturrechts. Voreingenommenheit und Wunschträume aller Art führen unweigerlich zu einer Trübung des Urteils.

Vielleicht erwartet der Leser im Anschluß an das Voraufgehende auch ein klärendes Wort über meine Stellung zu Hans Vaihinger. Wenn die vorliegende Arbeit auch hie und da seine Denktechnik des »Als-Ob« verwendet, so ist damit jedoch keineswegs eine Übernahme seiner weltanschaulichen Grundhaltung verbunden.

An dieser Stelle sei mir noch eine persönliche Bemerkung gestattet: Sie betrifft mein Verhältnis zum Thema »Glaube und Wissen«. Nach längerer Beschäftigung mit diesem Gegenstand fühle ich mich zu einem rückhaltlosen Bekenntnis zu einer der Grundüberzeugungen von Hans Driesch verpflichtet:

»Nichts läßt sich restlos verstehen. Feststellen, wo das Nichtverstehen anfängt, das gehört mit zur Aufgabe des Rationalismus – und jenseits von ihm gibt es überhaupt kein weiteres Wissensinstrument im strengen Sinne. Mit dieser Einsicht hat sich der irdische Mensch eben abzufinden. Glaubend hinzufügen mag er dem Gewußten, was er will. Aber das soll er nicht ›Wissen‹ nennen[3]).«

Diese Unterscheidung zwischen Wissen und Glauben erregt zwar heute Anstoß, auch bei Rechtsphilosophen. Diejenigen Leser, die jedoch den Abschnitt über das »Vermutbare« mit allen seinen weitreichenden Folgerungen[4]) durchdacht haben, werden schwerlich der Ansicht Karl Larenz' zustimmen, jene Unterscheidung verrate die mangelnde Selbstsicherheit eines unschöpferischen Geistes[5]).

Die Einführung der Kategorie des Vermutbaren als Zwischenbereich des Gewußten und des Geglaubten erweist sich als ein doppelter Vorzug: Neben einer weitgehenden Übereinstimmung mit Walter Schönfeld[6]) bleiben meine Ausführungen vor einer Preisgabe meiner wissenschaftlichen Grundhaltung bewahrt. Metaphysische Erörterungen der Gegenwart stehen ohnehin oft in Gefahr, ins Unwissenschaftliche abzugleiten. Beherzigenswert nach Inhalt und Form erscheinen mir auch hier die Worte Ernst Jüngers:

»Wie der Missionar mit Eingeborenen in ihrer Sprache redet, empfiehlt es sich auch zu verfahren mit jenen, die im wissenschaftlichen Jargon erzogen sind[7]).«

Den ersten Anstoß zu dieser Studie gab die Lektüre von Coings seinerzeit Aufsehen erregenden »Obersten Grundsätzen des Rechts« (1947). Sie weckten meinen Widerspruchsgeist derart, daß es mich zu einer Entgegnung trieb. So erklären sich Aufbau und Gedankenführung des Ganzen, vor allem auch die eingehende Auseinandersetzung mit Coings Gewährsmännern Nicolai Hartmann und Max Scheler. Die Niederschrift wurde im wesentlichen schon im Herbst 1949 vollendet, seither aber immer wieder überprüft,

---

[2]) 166
[3]) (1945), Vorwort zur ersten Auflage.
[4]) vgl. Abschnitt A I 1
[5]) (1935) 76
[6]) (1951)
[7]) 97

weiter vertieft und auf den heutigen Stand der Forschung gebracht. Inzwischen erschienene neue Auflagen angeführter Werke brauchten nur an entscheidenden Stellen berücksichtigt zu werden. Erfreulicherweise ergab sich bei den wiederholten Nachbesserungen nicht die Notwendigkeit, die vor anderthalb Jahrzehnten gewonnenen Ergebnisse berichtigen zu müssen. Um so sicherer ist daher meine Überzeugung, auf dem rechten Wege zu sein.

Bedeutende Forscher der Gegenwart, wie Helmuth Stofer, Arnold Brecht und Helmut Thielicke kommen – wenn auch auf andere Weise – unabhängig von der vorliegenden Arbeit im wesentlichen zu den gleichen Auffassungen.

Ganz besondere Genugtuung und Freude aber bereitet dem Verfasser die Gewißheit der Übereinstimmung mit den Grundanschauungen Eduard Sprangers, einer der verehrungswürdigsten Gestalten der internationalen Gelehrtenwelt.

Leider konnte eine der bedeutendsten Arbeiten der letzten Jahrzehnte nicht mehr berücksichtigt werden: Heinrich Henkels »Einführung in die Rechtsphilosophie« (München und Berlin 1964).

Hamburg, am Neujahrstage 1965.

Adolph Leinweber

VORWORT ZUR ZWEITEN AUFLAGE

Aus drucktechnischen Gründen muß die vorliegende Neuauflage im wesentlichen als photomechanischer Abdruck der ersten Auflage erscheinen. Dadurch wurden der Textgestaltung der zweiten Auflage Beschränkungen auferlegt. Deshalb blieb für die Erörterung einiger besonders wichtiger Themen als einziger Ausweg ein Nachtrag. Die Inhaltsangabe des Nachtrags findet sich auf Seite 217.

Offenkundige Irrtümer der ersten Auflage wurden ausgemerzt. Sie beziehen sich auf die Darstellung des Widerstandsrechts in Mitteldeutschland (S. 3, Note 14), das Wesen der russischen Volksseele (S. 100) und die Stellung Hegels innerhalb der Geschichte des objektiven Idealismus (S. 185). Um Mißverständnisse zu vermeiden, erhielt Kapitel B eine andere Überschrift und Einleitung. Sonst blieb alles unverändert.

Nicht mehr ausgewertet werden konnten vier für die Naturrechtsfrage besonders ergiebige Neuerscheinungen:

1. Hans Ryffels »Grundprobleme der Rechts- und Staatsphilosophie« (Neuwied & Berlin 1969). Mag dieses imponierende Buch die Abgründe der menschlichen Natur auch nicht in jeder Richtung ausloten und daher in Stoffbehandlung und Schlußfolgerungen vielfach unbefriedigt lassen, so bestätigt es doch immerhin scharfsinnig und einleuchtend meine dargelegte Überzeugung, daß in bezug auf Sittlichkeit und Recht die Erkenntnis absoluter, materialer Richtigkeiten unmöglich ist.

2. Die Neuformulierung der Aufgaben und Probleme der Wissenssoziologie in der Gemeinschaftsarbeit von Peter L. Berger und Thomas Luckmann »Die gesellschaftliche Konstruktion der Wirklichkeit« (Frankfurt am Main 1969), eine beherzigenswerte Warnung für alle, die sich auf die »Natur der Sache« und auf „sachlogische Strukturen" verlassen möchten.

3. Arnold Gehlens Werk »Moral und Hypermoral – eine pluralistische Ethik« (Frankfurt am Main & Bonn 1969), welches das Relativismusproblem soziologisch ungewohnt beleuchtet und dabei auch Konrad Lorenz' Aggressionslehre weitere Stützen liefert.

4. Das Buch des in Argentinien lehrenden ukrainischen Völkerrechtlers Bohdan T. Halajczuk »El Orden internacional en un mundo desunido« (Ediciones del Atlantico, Buenos Aires, ohne Jahr), eine Studie, die mit ihrem völkerpsychologischen Material meine Auffassung von der Andersartigkeit russischen, vollends aber asiatischen Rechtsdenkens bestätigt.

Besonderen Dank schulde ich einem meiner Rezensenten, Herrn Dr. jur. Ralf Dreier. Er stellte fest, daß die erste Auflage die Abhandlung von Jakob Friedrich Fries »Wissen, Glaube und Ahndung« (Jena 1805, Neuausgabe von Leonard Nelson, Göttingen 1905) nicht erwähnt. Jetzt muß ich auch noch das weitere Mißgeschick beklagen, jene für die Problematik der drei Überzeugungsarten (Wissen, Vermuten, Glauben) grundlegende, überaus förderliche Arbeit erst kennengelernt zu haben, als die zweite Auflage schon im Satz war.

Nicht anzuerkennen vermag ich dagegen, was der Historiker Erwin Hölzle zur vorigen Auflage bemerkt. In seinem während der Drucklegung erschienenen Buch »Idee und Ideologie« (Bern & München 1969, 182) meint er, ich sei gar nicht auf die »Leerformeln« im Naturrecht (Topitsch) eingegangen, übersieht jedoch, daß ich das Thema lediglich unter anderer Bezeichnung (»Hülsen ohne Inhalt«, »formale Prinzipien«) abhandle (52 ff.) und dabei sogar seine Frage nach »unechten« Ideologien streife (54 und 84).

Hamburg, im Dezember 1969.

Adolph Leinweber

VORWORT ZUR DRITTEN AUFLAGE

Als ich im Februar 1971 den Vortrag Johannes Loschkes über das »Biologische Naturrecht« las, mußte ich zu meiner Überraschung feststellen, welche Anreize zur Weiterentwicklung des Naturrechtsdenkens von der Beschäftigung mit der vergleichenden Verhaltensforschung ausgehen können. Zugleich aber fiel mir störend auf, was ich in meiner Behandlung des Themas allzu stiefmütterlich erörtert hatte. Da eine dritte Auflage damals ohnehin schon ins Auge gefaßt werden konnte, machte ich mich eilends daran, die empfindliche Lücke zu schließen. Der Zeitmangel jedoch erlaubte es nur, dem photomechanischen Neudruck der zweiten Auflage einen Nachtrag anzufügen, der die allgemeine Problemausgangslage des neuartigen mathematisch-biologischen Naturrechtsdenkens kurz umreißt. Dabei konnte auch andeutend gesagt werden, welche willkommenen Ausblicke auf noch kaum bearbeitetes Neuland rechtstheoretischer und rechtsphilosophischer Grundlagenforschung die nähere Beschäftigung mit unserer biologischen Basisgesetzlichkeit eröffnet. Es ist vermutlich damit zu rechnen, daß künftige Zusammenarbeit von Humanethologen und Juristen in ihr eines Tages unentbehrliche Bauelemente eines richtigeren positiven Rechts entdecken wird, keineswegs aber ein mathematisch-biologisches Naturrecht.

Nicht ausgesprochen wurde eine andere Folgerung, welche sich ebenfalls beiläufig ergeben haben dürfte: die Erkenntnis nämlich, wie sehr doch auch soziologische, insbesondere rechtssoziologische Erwägungen auf tönernen Füßen stehen, sobald sie darauf verzichten, jene biologische Basisgesetzlichkeit eines Blickes zu würdigen, auf der die gesamte menschliche Existenz letztlich aufruht. Zwar wird keinem Soziologen, selbst wenn er sich zur empirisch-nomologischen Schule bekennt, jemals wertungsfreie Forschung vergönnt sein, — denn er ist ein Mensch —, aber dennoch würde stärkere Berücksichtigung unserer biologischen Daseinsvoraussetzungen mancherlei Vorurteile und Blicktrübungen ausschließen, die heute so oft eine das Leben in unserer Rechtsgemeinschaft schädigende pseudowissenschaftliche Überheblichkeit großzüchten.

Doch hiermit öffnet sich ein Feld, das bereits außerhalb des Aufgabenbereichs dieser Studie liegt.

Zahlreiche Schrifttumshinweise und Fußnoten rechtfertigen sich auch dieses Mal wieder nur aus dem Wunsch des Verfassers, mitforschenden Lesern bei der Arbeit an einem unbegrenzbaren, vielschichtigen Thema ein wenig zur Hand zu gehen. Aus diesem Grund erhielten jetzt beide Nachträge ein einheitliches Sachregister[1].

Hamburg, im April 1972

Adolph Leinweber

---

1) Der wichtige im Selbstverlag erschienene Vortrag von Johannes Loschke (»Das biologische Naturrecht — Zugleich ein Beitrag zur Weltinnenpolitik und Friedensforschung«, Varel in Oldenburg, 1970) ist nur noch käuflich bei seinem Sohn, Herrn Wolfgang Loschke, 56 Wuppertal 1, Mainstraße 47.

Inhaltsverzeichnis

Abkürzungsverzeichnis

A.	Anthropos, internationale Zeitschrift für Völker- und Sprachenkunde
Abh.prAk.	Abhandlungen der preußischen Akademie der Wissenschaften
AcP.	Archiv für die civilistische Praxis
AG.	Amtsgericht
AnPh.	Annalen der Philosophie und philosophischen Kritik
APh.	Archiv für Philosophie
APN.	Archiv für Psychiatrie und Nervenkrankheiten
ARS.	Archiv für Rechts- und Sozialphilosophie
ARW.	Archiv für Rechts- und Wirtschaftsphilosophie
ARelPs.	Archiv für Religionspsychologie
BA.	Baeßler Archiv – Beiträge zur Völkerkunde
BGHZ.	Entscheidungen des Bundesgerichtshofes in Zivilsachen
CAEU.	Correspondenzblatt der deutschen Gesellschaft für Anthropologie, Ethnologie und Urgeschichte
DRZ.	Deutsche Rechtszeitschrift
EvTh.	Evangelische Theologie
Festg. M.	»Naturordnung in Gesellschaft, Staat, Wirtschaft«, Festgabe zum 70. Geburtstag von Johannes Messner, herausg. von Höffner, Verdross und Vito, Innsbruck – Wien – München 1961
FF.	Forschungen und Fortschritte
GM.	Grenzgebiete der Medizin
H.	Hochland
HGk.	Handbuch der Geisteskrankheiten, herausg. von Oswald Bumke
Holtzendorff	Holtzendorffs Enzyklopädie der Rechtswissenschaft
HPh.	Handbuch der Philosophie, herausg. von A. Bäumler und M. Schröter
HRelW.	Handbuch der Religionswissenschaft, herausg. von Gustav Mensching
HZ.	Historische Zeitschrift
IZThR.	Internationale Zeitschrift für Theorie des Rechts
JW.	Juristische Wochenschrift
Kafka	Kafkas Handbuch der vergleichenden Psychologie
M.	Merkur
MDR.	Monatsschrift für deutsches Recht
MIÖG.	Mitteilungen des Instituts für österreichische Geschichtsforschung
MPN.	Monatsschrift für Psychiatrie und Neurologie
NJ.	Neue Justiz
NJW.	Neue Juristische Wochenschrift
NW.	Neue Wissenschaft – Zeitschrift für Parapsychologie
Psyche	Psyche, Jahrbuch für Tiefenpsychologie und Menschenkunde in Forschung und Praxis
RabelsZ.	Zeitschrift für ausländisches und internationales Privatrecht, begründet von Ernst Rabel
RThK.	Realencyklopädie für protestantische Theologie und Kirche
RW.	Recht und Wirtschaft
SJZ.	Süddeutsche Juristenzeitung
Soc. lat.	Societas latina, periodicum societatis eodem nomine appellatae
StG.	Studium Generale
StZ.	Stimmen der Zeit
ThR.	Theologische Rundschau

U.	Universitas
VO.	Verordnung
VPJ.	Wissenschaftliche Vierteljahresschrift zur Prager Juristischen Zeitschrift
WK.	Die Weltkugel, Zeitschrift für den Weltfrieden, herausg. von Dr. Hsiao Yunlay in Berlin-Charlottenburg
ZAkDR.	Zeitschrift der Akademie für deutsches Recht
ZaöffVR.	Zeitschrift für ausländisches öffentliches Recht und Völkerrecht
ZgR.	Zeitschrift für geschichtliche Rechtswissenschaft
ZNP.	Zeitschrift für die gesamte Neurologie und Psychiatrie
ZöffR.	Zeitschrift für öffentliches Recht
ZostR.	Zeitschrift für osteuropäisches Recht
ZPh.	Zeitschrift für Philosophie und philosophische Kritik
ZphF.	Zeitschrift für philosophische Forschung
ZPs.	Zeitschrift für Psychologie
ZRPh.	Zeitschrift für Rechtsphilosophie in Lehre und Praxis
ZS.	Zeitschrift für Sozialwissenschaft
ZSav.GA.	Zeitschrift der Savignystiftung für Rechtsgeschichte, germanistische Abteilung
ZStW.	Zeitschrift für die gesamte Staatswissenschaft
ZverglR.	Zeitschrift für vergleichende Rechtswissenschaft
ZVöR.	Zeitschrift für Völkerrecht
ZW.	Zeitwende
ZZP.	Zeitschrift für deutschen Zivilprozeß

»Or ici aucune question n'est plus importante à résoudre que celle de savoir ce que c'est que la connoissance humaine, et jusqu'où elle s'étend.«

Descartes, Règles pour la direction de l'esprit, VIII.

Einführung

– 1 –

Nach der Überzeugung seiner Verfechter ist das Naturrecht ein nicht auf der Macht des Staates beruhendes, dem staatlichen (positiven) Recht übergeordnetes Recht, das allen Menschen – wann und wo auch immer sie leben – ohne Rücksicht auf ihre Kultur, Gesellschaftsform und Rasse angeboren ist[1]). Die naturrechtliche Lehre unterscheidet zwischen dem »Naturrecht« als einer vom menschlichen Zutun unabhängigen Norm und dem »Naturrechtsdenken« als Bewußtseinsphänomen des einzelnen irrtumsfähigen Menschen[2]).

Bis zu den Sophisten zurück läßt sich das Naturrecht verfolgen. Wie es scheint, wird kaum beachtet, daß es zuerst in Griechenland zu gleicher Zeit auftritt wie der nachhomerische Glaube an die persönliche Unsterblichkeit der Seele in einem glücklicheren, körperlosen Leben nach dem Tode[3]). Der Glaube an ein Naturrecht und die Erwartung eines besseren Jenseits können nur aufkommen, wo zu den Dingen dieser Welt ein innerer Abstand verspürt wird, wo eine höhere Urteilsfähigkeit erwacht ist, der man wohl bei individualistisch ausgeprägten Persönlichkeiten begegnet, nicht aber in älteren Zeiten und in geschichtslosen Kulturen bei gruppenseelisch empfindenden Menschen von natürlicher Einfalt[4]).

Die ersten Regungen des Naturrechts tragen den sozialrevolutionären

---

1) Einen Überblick über die heutige Naturrechtsdiskussion vermittelt am schnellsten die von Werner Maihofer getroffene Auswahl aus der Zeitschriftenliteratur »Naturrecht oder Rechtspositivismus?«, Bad Homburg 1962. Wer mühelos zu Einzelfragen und ihrem Schrifttum Zugang gewinnen möchte, greife zum Handbuch des Katholiken Messner (1960) und zu der ihm dargebrachten, von Höffner, Verdross und Vito herausgegebenen Festgabe »Naturordnung in Gesellschaft, Staat, Wirtschaft«, Innsbruck–Wien–München 1961. In die protestantische Lehre führen Marsch und Auer (Katholik!) ein. Weinkauff unterrichtet über die deutsche Rechtsprechung seit 1945, der Gräzist Harder über die Etymologie, Erik Wolf (1959) über Problemgeschichtliches, Begriffe und Spielarten des Naturrechts.
In die Tiefe der Probleme führt ein das Gespräch katholischer Naturrechtler mit Kelsen auf der Salzburger Tagung vom 1.–5. August 1962, herausgegeben unter dem Titel: »Das Naturrecht in der politischen Theorie« von Franz-Martin Schmölz, Wien 1963

2) Moór 333. Der Mangel dieser Unterscheidung wirkt zuweilen störend, sogar bei Naturrechtlern.

3) Rüfner (1940/1941) 49 und 54

4) Das verkennt Ellul (13f.), wenn er im Aufkommen »verstandesmäßigen« Naturrechtsdenkens Verfall sieht.

Charakter seiner Verkünder, der Sophisten, die als individualistische Gesellschaftskritiker der lex positiva ein vollkommeneres Recht entgegenhielten[5]). Im Gegensatz zu ihnen kam mit Sokrates, Platon und Aristoteles das konservative Naturrechtsdenken auf, das die Geistesgeschichte seitdem ebenfalls durchzieht[6]). Mit allen ihren Spielarten und Zwischenformen stimmen beide Richtungen im Glauben an die metaphysischen Wurzeln des Naturrechts überein, bis sich mit dem Beginn der Aufklärung vorübergehend jene Auffassung in den Vordergrund drängt, die das überpositive Recht lediglich als ein von Gott unabhängiges anthropologisches Urphänomen ansieht[7]).

Aber selbst dieses sogenannte Vernunftrecht stimmt doch in einem wesentlichen Punkt mit den alten Griechen gleichermaßen überein wie mit dem metaphysisch neubegründeten modernen Naturrecht: der allgemeine Naturrechtsgedanke entzündet sich seit jeher immer nur an der Kritik des positiven Rechts, die das seiner Würde bewußt gewordene Individuum übt. Unüberhörbar bekundet das gegenwärtig der gefühlsgetragene Unterton in den Schriften unserer zeitgenössischen Naturrechtler. Nach den bitteren Erfahrungen der Jahre 1933 bis 1945 regt sich in ihnen der befreit aufatmende abendländische Individualismus und fordert, gegen die Wiederholungsgefahr einer Unterdrückung seiner Persönlichkeitsrechte ein für allemal wirksam geschützt zu werden[8]). Dieser psychologische Sachverhalt liegt heute wie einst allem Naturrechtsdenken zugrunde. Besonders eindrucksvoll sehen wir ihn vor uns im Alterswerk eines unserer führenden Rechtsgelehrten, der noch 1932 betont für den Gesetzespositivismus eingetreten war, jedoch nach dem Zusammenbruch 1945 als schon Achtundsechzigjähriger sein rückhaltloses Bekenntnis zum Naturrecht ablegte[9]). Hier und in anderen ähnlichen Fällen walten offensichtlich außerwissenschaftliche Dinge mit, die als Stoff einer Sonderabhandlung über die Psychologie des Naturrechtlers dienen könnten. Die heutige Naturrechtsbewegung bei uns trat nämlich nach dem Ende des Nationalsozialismus plötzlich in einer Weise in Erscheinung, als wollte sich etwas seelisch Aufgestautes, das die Gemüter seit langem gequält haben mochte, mit elementarer Gewalt Luft schaffen. Man vernahm von allen Seiten, nur aus dem alten christlichen Glauben könne das neue naturrechtliche Denken erwachsen, die Aufklärung wäre tot. Aufsätze und Einzelschriften nach 1945 waren angefüllt mit Zitaten aus der Bibel. Sieht man von den katholischen Autoren ab, so erscheint freilich die theologische Begründung nicht überall hinreichend durchdacht. Auch zeigen sich manche Schriftsteller in ihrem Kampfe gegen die Aufklä-

---

5) Jaeger (1934) 154, 208, 408; Burle 103ff.; Hildenbrand 70ff.; Sauter (1932) 4, Note 1 mit Schrifttumsnachweisen.

6) Ahrens I, 39; Tesar (1914) 136ff.; Schönfeld (1943) 98f. Das stark konservative Wesen des scholastischen Naturrechts weist Knoll (1962) nach.

7) Die gleichwohl bestehende starke innere Zusammengehörigkeit beider Naturrechtsformen betont Troeltsch (1911) 263f. Barons Forschungen bestätigen es. Vgl. heute Welzel (1960), besonders 159, Note 56

8) Besonders gut lassen das Coings Schriften erkennen.

9) Gustav Radbruch.

rung als deren Zöglinge. Coing z.B. steht der bei Rousseau beheimateten Staatslehre Wilhelm von Humboldts näher, als ihm bewußt sein dürfte. Die Flut der Veröffentlichungen ist inzwischen abgeebbt, die Tagespresse hat sich anderen Fragen zugewandt, die Gerichte zeigen kühle Zurückhaltung – nur der Bundesgerichtshof hat sich dem Naturrecht unterstellt[10]) –, aber dennoch beschäftigt das Problem des Naturrechts die Nachdenklichen nach wie vor.

Das alles gilt nur für die drei 1945 entstandenen westlichen Zonen unseres Vaterlandes und für die 1949 aus ihnen gebildete Deutsche Bundesrepublik. Die Lage in der Ostzone war von vornherein anders. Immerhin regten sich – wenigstens in der zweiten Hälfte der vierziger Jahre – auch dort vereinzelte Schriftsteller, die für das Naturrecht eintraten. Jetzt sind sie gestorben oder nach dem Westen abgewandert. Die aus jener ersten Zeit nach dem Zusammenbruch stammenden mitteldeutschen Pressestimmen, die Radbruch wiedergibt, klingen unverkennbar nach Vulgäraufklärung[11]). Wo das nicht der Fall ist, haben wir es mit Rechtsgelehrten alter Schule zu tun, die sich so vorsichtig äußern, daß man ihre wahre Gesinnung allenfalls erraten kann[12]). Z.B. vermeidet Mitteis schon bloße Anklänge ans Theologische. Deshalb muß sein Naturrecht als kosmologisch bezeichnet werden. Daß diese vereinzelten, inzwischen längst verklungenen Stimmen mitteldeutschen Naturrechts aus »bürgerlichen Residuen« stammen, ist unzweifelhaft.

Schon seit dem Herbst 1945 ist vielmehr das beherrschende Kennzeichen der Ostzone die Rückbesinnung auf eine von »idealistischen Schlacken« gereinigte Interessenjurisprudenz, die allerdings – wie ein hoher Beamter des dortigen Justizministeriums fordert – den ihr seit Jherings Tagen innewohnenden »Grundfehler«, im Geistigen etwas Ursprüngliches zu sehen, mit Stumpf und Stiel auszurotten habe[13]). Dazu meint ein ebenfalls noch rechtswissenschaftlich vorgebildeter Stadtrat: »Recht und Staat sind eins«, glaubt jedoch an »die ewige Rechtsidee«, die durchaus verträglich sei mit der materialistischen Geschichtsauffassung[14]).

Das Naturrecht erhebt seit altersher Anspruch auf ewige, absolute Geltung. Betrachtet man die Äußerungen seiner Verfechter zu dieser Kernfrage näher, so offenbaren sie häufig nicht allein eine überraschende Vernachlässigung bekannter, wichtiger Ergebnisse der modernen Einzelwissenschaf-

---

[10]) siehe Weinkauff.
[11]) Radbruch (1946) 106.
[12]) z. B. de Boor.
[13]) Such (1947) und (1948).
[14]) Buchwald (1947) 14 und 98 ff. — Demnach ist es folgerichtig, daß die Verfassungen von Brandenburg (Art. 37, Absatz I), Mecklenburg-Vorpommern (Art. 64, Abs. I), Sachsen (Art. 60), Sachsen-Anhalt (Art. 60, Abs. III) und Thüringen (Art. 43) ein richterliches Prüfungsrecht ablehnen (Dennewitz II, 184, 201, 219, 237, 251). Dem Art. 6 der Verfassung der Mark Brandenburg: »Gegen Gesetze, die gegen Moral und Menschlichkeit verstoßen, besteht ein Widerstandsrecht«, kommt nur ein Als-Ob-Charakter zu (Dennewitz II, 11, 178 ff.). Das gleiche gilt für die entsprechende Bestimmung in Art. 4 der Verfassung der Deutschen Demokratischen Republik vom 7. X. 1949 (Hartung 144 ff.; Müller-Römer 213), während das Widerstandsrecht in der DDR-Verfassung vom 9. IV. 1968 fehlt.

ten, sondern vornehmlich staunenerregende Unstimmigkeit, ja Unklarheit über Begriff, Wesen und Entstehung des Naturrechts. So darf es nicht Wunder nehmen, wenn man im Lager der heutigen Naturrechtler oft vielfältiger Widersprüchlichkeit, sowie unausgereiftem, durch Gefühlseinwirkungen getrübtem Denken auch bei klugen und kenntnisreichen Männern begegnet. Z.B. verlangt ein Schriftsteller, dem anscheinend ein nach Ort und Zeit wandelbares Naturrecht im Sinne Stammlers vorschwebt, absolute Maßstäbe, wie sie Historismus, Positivismus und Relativismus nicht zu bieten vermöchten[15]).

Radbruch gar beschränkt sich ohne nähere Begründung darauf, gefühlvoll zu betonen: »Wir berufen uns auf die Menschenrechte, die über allen geschriebenen Satzungen stehen[16]).« Figge empfiehlt, zu Thomas von Aquino zurückzukehren, denn das »farblose von jeder metaphysischen Grundlage losgelöste, nur auf die Vernunft aufgebaute Naturrecht der Aufklärung, unter dem jeder etwas anderes verstehen konnte«, biete heute keinen Halt mehr. Trotz spürbarer Sympathie für ein theologisch begründetes Naturrecht sieht demgegenüber Mannzen die Gefahr, daß sich der nichtkatholische Teil des deutschen Volkes mit der Hinwendung zur Scholastik nicht werde einverstanden erklären können. Und der Philosoph Julius Ebbinghaus, der als Kantianer selbst an eine überpositive Ordnung glaubt, hält es dennoch für geboten, den Optimismus der Juristen dämpfen zu sollen. Ein Naturrecht, so sagt er[17]), könne niemand »fertig vom Himmel holen.«

Schon diese flüchtige Quellenauslese enthebt uns der Notwendigkeit, in dieser Aufzählung der verschiedenen Äußerungen zum Naturrecht fortzufahren[18]). Am Anfang scheint es ohnehin geboten, den Blick nicht durch die verwirrende Fülle des Stoffes trüben zu lassen. Es ist ratsam, unser Augenmerk zunächst auf eine einzige ausführlichere Darstellung allein zu richten, die als repräsentativ für das gegenwärtige Naturrechtsdenken gelten kann. Dabei sehen wir davon ab, an eine streng kirchliche Schrift anzuknüpfen, weil es nicht angebracht wäre, eine bestimmte Richtung christlichen Glaubens über Gebühr in den Vordergrund zu rücken. Selbstverständlich kann überhaupt nur eine Arbeit in Betracht kommen, die wenigstens die entscheidenden Gesichtspunkte aufzeigt und sie nicht lediglich allgemein, sondern sogar an praktischen Beispielen erörtert. Verfahren wir so, dann ergibt sich zwangslos, daß ohnehin sämtliche Strömungen des modernen Naturrechts genügend gewürdigt werden.

---

15) Thieme 54
16) (1946)
17) (1947) 150
18) Neben dem auf S. 1, Note 1 genannten Schrifttum ist zur Einführung namentlich in die Zeitschriften-Literatur der ersten Jahre nach dem Zusammenbruch Deutschlands besonders geeignet Herrfahrdt (1949), aber auch Würtenberger und Fechner (1949).

Erschöpfend führt in die Gegenwartsprobleme des Naturrechts Coings schon 1947 erschienene Abhandlung über »Die Obersten Grundsätze des Rechts« ein. Unter dem vorwiegenden Einfluß der Wertphilosophie nimmt er einen Bestand ewig gültiger sozialer Normen an, der – von der jeweiligen Einsicht und Willkür des positiven Gesetzgebers unabhängig – immerdar vor und über allem historischen Recht stehe und dessen Ziel und Maß anweise[19]). Coing ist sich wohl bewußt, daß die schöpferische Macht, die in der Welt der Erscheinungen alles unablässig wandelt, auch vor unseren Wert*vorstellungen* niemals haltmacht. Er meint aber:

»Die Lösung liegt darin, daß wir das Reich der sittlichen Werte erst nach und nach und noch niemals vollkommen entdeckt haben. Einzelne sittliche Werte, zu denen gerade die für das Recht entscheidenden Grundwerte sozialen Verhaltens gehören: Gerechtigkeit, Zuverlässigkeit, Treue, sind seit langem sicherer Bestand menschlicher, moralischer Erkenntnis, besser gesagt, menschlicher Wertschau; aber auch sie sind erst später in ihrer Besonderheit und mit ihren besonderen Ansprüchen den Menschen verkündet worden, wie die Nächstenliebe durch das Christentum. Aber es ist weder so, daß diese Werte vorher nicht existiert hätten, noch daß sie dem Menschen unzugänglich gewesen wären. Niemals sonst hätte ihre Enthüllung lebendigen Widerhall in den Herzen der Menschen finden können. Mit den sittlichen Werten verhält es sich nicht anders als mit den Gesetzen der Natur: auch sie sind erst langsam von Menschen entdeckt worden, und wie der Mensch zu Zeiten neue Erkenntnisse gewonnen hat, so hat er zu Zeiten auch gewonnene verloren[20]).«

Coing erblickt die Hauptvoraussetzung dieses »Entdeckungsprozesses moralischer Werte[21])« in der

»Tatsache, daß es bestimmte gleichbleibende Grundrichtungen des menschlichen Fühlens und Strebens gibt, ... die die Grundlage allen inneren Verstehens geistiger Werke wie anderer persönlicher Geistigkeit überhaupt bilden.«

Hierfür beruft er sich auf Dilthey[22]).

Coings Arbeit enthält folgende Leitgedanken:

Naturrecht und positives Recht sind ontologisch zweierlei. Das Naturrecht hat nichts mit dem »Objektiven Geist« gemein, denn es ist keine Hervorbringung des Menschen, stehen doch seine ewigen, absoluten, unwandelbaren Normen seit jeher »vor« und »über« allem menschlich positiven Recht. Darum müssen sie dem endlichen Menschen von Gott verkündet werden. Wann und wo auch immer Menschen leben, alle sind sie durch ihre übereinstimmenden seelischen Grundstrebungen gleichermaßen befähigt, stets die Stimme jenes göttlichen Rechts zu vernehmen und ihrem Befehl zu folgen. Mängel der Wertschau vermögen die unverrückbaren Werte niemals in Zweifel zu ziehen, ebensowenig wie der Umstand, daß die Menschen sie zu Zeiten sogar ganz aus den Augen verlieren.

Diese Leitsätze sollen uns die Wege weisen. Zur Erleichterung unseres Gedankengangs werden wir dabei so tun, – jedenfalls zunächst – als ob unter den modernen Lehren des Naturrechts Coings Meinung ausschließlich maßgebend sei.

---

[19]) (1947) 63
[20]) a.a.O. 115f.
[21]) a.a.O. 116
[22]) a.a.O. 136

Bevor wir prüfen, ob und wie Gott dem Menschen ein Recht offenbart, scheint wenigstens ein flüchtiger Blick auf das Verhältnis notwendig, in dem der Mensch zu seinem Recht überhaupt steht. Denn ein in Gott ruhendes Naturrecht könnte sich allenfalls durch seine Einwirkung auf menschliches Recht und Rechtsdenken kundtun.

Zum Menschen aller Zeiten und Kulturen gehört das Recht. Es ist die ihm allein eigentümliche Ordnungsform. Pflanzen und Tiere unterstehen keinem Recht. Die Frage nach dem Recht ist deshalb zugleich die Frage nach dem Menschen selbst. Nur wer den Menschen kennt, kann sagen, welche Bewandtnis es mit seinem Recht hat. Unsere Untersuchung muß daher bei dem Wesen des Menschen einsetzen. Die vor wenigen Jahrzehnten vornehmlich von Erich Rothacker begründete Kulturanthropologie, die hierfür zuständig ist, antwortet uns, daß in der Gestalt des Menschen Erscheinungen aus verschiedenen »Seinsschichten« zusammenwirken. Man sieht gegenwärtig das Bild des Menschen als eine gleichsam »geologische« Schichtenlage des Anorganischen, des Organischen, des Psychischen und des Geistigen[23]). »Beim Organischen, namentlich bei den Tieren«, sagt Rudolf Eucken[24]), »erscheint ein gewisses Innenleben, aber es begleitet nur den Naturprozeß, es ist nur ein Anhang. ... der Mensch zuerst bringt, freilich zunächst nur in einzelnen Punkten, eine Bewegung zur Selbsttätigkeit, ... das Geistesleben.« Der Idealist Eucken folgt aber nicht mehr der klassischen idealistischen Lehre, nach der der Geist frei über der Materie schwebt. Wahrlich, heute könnte auch niemand ernstlich meinen wollen, das Geistige sei von seinen tragenden Schichten völlig unabhängig[25]), ebensowenig wie sich die gegenwärtig nur noch von Kommunisten vertretene Auffassung verfechten ließe, aller Geist sei nichts anderes als das Eigengewächs seines Nährbodens.

Über Ursprung und Wesen des Geistes, vornehmlich über sein Verhältnis zu den anderen Seinsschichten, wissen wir im Grunde gar nichts. Immerhin jedoch erfahren wir häufig genug, daß die »Materie« den Geist nicht ausschließlich zu seinem Vorteil verändert, sondern ihn hemmen und trüben, ja sogar verderben und abtöten kann. Uns allen sind unzählige Fälle schicksalhafter Einwirkungen der körperlichen Konstitution und des Klimas, des Alterns und der Krankheiten bekannt. Wir wissen, wie Drogen und Rauschgifte den Charakter verwandeln. Wer den jüngst vergangenen Krieg und dessen Folgen am eigenen Leibe gespürt hat mit den schmerzlichen Verlu-

---

[23]) Daneben hat – namentlich bei Klages und in der Psychiatrie – die Dreischichtenlehre von Palágyi Bedeutung (Anorganisches, Vitales, Geistiges). V. Holzschuher gar nimmt nur zwei Schichten (Primitivperson, Ichperson) an, ein unverkennbarer Hinweis, daß es sich bei der Vorstellung vom Schichtenbau unserer Welt um eine nützliche Fiktion handelt.

[24]) (1922) 141

[25]) Julius Binder allerdings scheint noch (1935) 55 ff. auf den »schlechthin freien« Geist Hegels zurückgreifen zu wollen.

sten an Hab und Gut, wer hungernd und mangelhaft bekleidet in seiner schlecht geheizten, überbelegten Wohnung geistig hat arbeiten müssen, der fragt nicht mehr nach tragfähigen Stützen für die überholte Behauptung unbelehrbarer Idealisten, daß der freie Geist immerdar in unerschütterlicher Selbstgenügsamkeit gedeihe.

Schon Erbpsychologie und Kriminalbiologie zeigen uns, daß aber auch Erbanlagen und Rasse nach wie vor ihre Rolle in der Geschichte des Geistes spielen. Freilich mögen wir das seit 1945 nicht mehr gern hören. Ausgerechnet ein so rühriger Gegner der nationalsozialistischen Rassentheorie, wie der Schweizer Carl Gustav Jung, spricht übrigens sogar den Juden ein Kollektivunterbewußtsein zu, das sie von anderen Völkern scheide[26]).

In diesem Zusammenhang taucht die ungleich bedeutsamere Frage auf: Ist es dem Geist seinerseits vergönnt, sich – wenn auch selten einmal – auf die Dauer abzuschirmen gegen die tödlichen Folgen eines Kräfteschwundes seines biologischen Nährbodens, oder – im umgekehrten Fall – gegen das Unbezähmbare in seiner animalischen Natur? Vermag der Geist vielleicht »von oben« in die gesetzlichen Abläufe seiner Unterschichten einzugreifen?

Schon die bloße Andeutung dieser Problematik genügt, um voreilige Erwartungen auf die allmähliche Entdeckung absoluter moralischer Werte zu besänftigen. Hinzukommt: die Wissenschaft hat das alte anthropozentrische Weltbild für immer längst verabschiedet. Das sollte uns doch davon zurückhalten, menschliche Vorstellungen und Gedanken bedenkenlos zu verabsolutieren. Oder will etwa heute noch jemand bezweifeln, daß unsere gesamte Vorstellungswelt nur dem begrenzten Auffassungsvermögen des endlichen Menschen angepaßt ist? Auch wir leben, wie Jacob von Uexküll meint, ausschließlich in der uns gemäßen »Umwelt«, nicht anders als die uns artverwandten Tiere, mögen wir ihnen auch die »Weltoffenheit« voraus haben[27]).

Der Widerstand, den noch heute selbst große Geister – z.B. der unlängst verstorbene Ernst Cassirer – gegen diese Grunderkenntnis leisten, erklärt sich hauptsächlich daraus, daß viele unserer Gelehrten nicht zugeben wollen, wie wenig selbst sie lediglich Geisteswesen sind. Rothacker weist nämlich mit recht darauf hin, sogar der Ordinarius der theoretischen Physik lebe in derselben vorwissenschaftlichen Welt, wie alle übrigen Menschen. Denn auch er habe nicht die unmenschliche Eigentümlichkeit, einen »Elektronenwirbel« zu küssen und zu heiraten.

Das Bekenntnis zu Uexhülls Umweltlehre, für dessen Rechtfertigung wir uns auf Rothackers einleuchtende ausführliche Darlegungen beziehen[28]), weist unserem weiteren Vorgehen die Richtung an. Wir müssen deshalb jetzt zunächst Rang und Aufgabe des Geistes im Stufenbau der Welt ins Auge fassen. Dabei kann es nicht ausbleiben, daß auch an uns unmerklich

---

[26]) Rosenthal 355ff.

[27]) Neben Uexkülls eigenen Schriften (1921), (1938) und (1939) sei hauptsächlich auf Rothackers »Kulturanthropologie« 157ff. verwiesen.

[28]) »Kulturanthropologie« 157ff. Auch Victor v. Weizsäcker (87f., 106, 153) wendet die Umweltlehre auf den Menschen an. Lecomte du Noüy weist in die gleiche Richtung.

die Versuchung herantritt, den Geist nach unserer eigenen unbewußt wirkenden Glaubensgrundlage zu bewerten. Darin liegt die Gefahr jeder verborgenen Voreingenommenheit. Besteht für einen Idealisten z. B. doch von vornherein nicht im mindesten ein Zweifel, daß der Geist aller »Materie« stets übergeordnet sei und sich höchstens in der erzieherisch wirkenden Reibung an ihr zu veredeln habe[28]). Der Naturalist hingegen zögert nicht, in allem, was über das Animalische emporstrebt, »nur das Abfallprodukt der logischen Funktion« zu sehen[30]), die dazu allein bestimmt sei, daß wir den Kampf ums Dasein besser bestünden. Jedoch brauchen wir vorläufig auf diese Frage noch nicht weiter einzugehen. Denn im Augenblick interessiert nur, was sich erkenntnistheoretisch daraus ergibt, daß der Mensch ein Sinnenwesen ist. Somit wäre es unnötig, hier etwa die Problematik seiner biologischen Abstammung zu erörtern[31]). Unstreitig haben wir mit den Tieren nämlich gemein, die Außenwelt lediglich mit den Sinnen in uns aufzunehmen. Selbst wer unter Hinweis auf die Theorie von den Entwicklungssprüngen[32]) dem Geistesleben seine Eigengesetzlichkeit einräumt, wird wenigstens das nicht leugnen können. Die Bezugnahme auf unsere vielberufene »Weltoffenheit« ließe auch in der Tat außer acht, daß das Weltbild des Menschen nur von den Sinneswahrnehmungen geprägt wird. Übrigens dienen seine Sinneswerkzeuge keineswegs allein dem Zweck, ihn in seiner »Wirkwelt« zurechtzuweisen, nein, sie verhindern vor allem, daß wir von überflüssigen Eindrücken überschwemmt werden, die uns nicht nur gefährden, sondern sogar vernichten würden[33]). Uexküll hat recht: Die Welt, wie sie wirklich ist, mindestens aber die »Wirklichkeitstotalität«, kann mit unserer Umwelt nicht übereinstimmen. Mit anderen Worten: Uexküll steht, wenn auch auf anderer Ebene, hinsichtlich der erkenntnistheoretischen Folgerungen aus seiner Einsicht im Einklang mit Einsteins Relativitätslehre. Damit bestätigen organische und anorganische Naturwissenschaft die Grundüberzeugung Immanuel Kants[34]).

Wenn demgegenüber Edmund Husserl darauf hoffte, der phänomenologischen Forschung werde es wirklich eines Tages gelingen, sich von »Menschen-Ich und Menschen-Leiblichkeit« gänzlich freizumachen[35]), so kann das nur Heiterkeit erregen. Mag der Mensch auch das Ordnungswesen par excellence sein, so sollte er sich doch nicht so anmaßend gebärden, als ob die Ordnung, die er *seiner* Welt beilegt, etwa die Ordnung der Wirklichkeitstotalität wäre.

Seinerzeit wähnten die Neukantianer, erst der Mensch müsse kommen,

---

[29]) Eucken (1921)
[30]) Vaihinger 307
[31]) Hierüber unterrichten immer noch am mühelosesten die Arbeiten von Weinert und Westenhöfer. Portmanns Anthropologie spricht nicht gegen uns.
[32]) Bedenken gegen Entwicklungssprünge äußert C. F. v. Weizsäcker (1946).
[33]) Pascual Jordan (1951) 37f.
[34]) »Allein die Relativitätstheorie hätte genügt, alles Selbstvertrauen derer zu vernichten, die etwa geglaubt haben, Kant sei endgültig überwunden und die von ihm errichteten Erkenntnisgrenzen seien zerbrochen.« (Fries) Vgl. auch Thirring 137
[35]) (1913), I, 104

um in das Chaos der Welt mit seinen Begriffen die richtige Ordnung zu bringen. In dieser Selbsteinschätzung stehen ihnen die heutigen Phänomenologen durchaus nicht nach. Oder wie soll man es bewerten, daß z.B. Alexander Pfänder behauptet, die Ergebnisse unseres Denkens seien »nicht bloß relativ, auf den Menschen bezüglich, gültig, sondern völlig unabhängig von der Natur des denkenden Menschen und jedes anderen denkenden Wesens, also auch gültig für jedes beliebige denkende Wesen[36]).«?

Allein, es ist nur allzu verständlich, daß dem Zeitalter Kants der Gegenschlag folgen mußte. Denn auf die Dauer ist es dem vorwärts drängenden Forschungstrieb eben unerträglich, in enge Erkenntnisgrenzen gebannt sein zu sollen. So ist daher jene breite philosophische Strömung der Gegenwart, die man Phänomenologie nennt, vollauf begreiflich, jedenfalls in ihrer psychologischen Voraussetzung[37]).

---

[36]) 41f.

[37]) Diese Worte richten sich vornehmlich gegen Litt (München 1948), insoweit als er auf Hegels Bahnen in seiner Anthropologie den Wissenschaftsbereich spekulativ überschreitet. Biologistische Deutungen des »Geistes« (Gehlen!) lehne ich ebenso ab. Vielmehr stimme ich im übrigen dem Idealisten Litt vollauf zu: »Die Kraft der Welterschließung, die den Menschen vor allem Lebendigen auszeichnet, ist nicht ein bloßes Mittel, das ein in vitaler Hinsicht zu kurz gekommenes Lebewesen ausgebildet hätte, weil es auf andere Weise den Zweck der Selbsterhaltung nicht erfüllen konnte – sie ist eine ursprüngliche, auf sich beruhende und aus sich lebende Gabe und Gnade, und was sie zur Erhaltung der vitalen Existenz leistet, das ist nicht mehr als die Erfüllung der äußeren Bedingungen, von denen die Vollendung ihres Werks abhängt.« Gerade seine Weltoffenheit ist es, die dem Menschen unter allen irdischen Wesen den höchsten Rang anweist. Das Tier muß ausführen, was seine Triebe ihm anbefehlen. Im entscheidenden Punkt kann ich mich wiederum auf Litt berufen (a.a.O. 32f.): »Über jedem Zweifel steht jedenfalls dies eine, daß der Gattung Mensch eine ihr und nur ihr zugehörige Umwelt korrespondiert. Dies zu erweisen, genügt die Erinnerung, daß die Organisation des Menschen, wie die jedes Lebewesens, einen Apparat von Sinnesorganen in sich schließt, der nur eine Welt von ganz bestimmter Ordnung und Tönung zum Gegenglied haben kann. Dieser Apparat ist auch dann mit voller Wirksamkeit eingeschaltet, wenn der Mensch ohne jede Befangenheit in vitalen Bedürfnissen der Welt ins Antlitz schaut. Vitale Bedingtheit besteht eben nicht nur in der Abhängigkeit von bestimmten Bedürfnissen und Trieben, sondern auch in der Bindung an bestimmte Organe der Welterfassung.«

Also ist es keine unzulässige Verallgemeinerung einer spezialwissenschaftlichen Methode, wenn man die Leitgedanken der biologischen Umweltlehre auf den Menschen überträgt. Die Grenze zwischen Tier und Mensch wird dabei nicht verwischt, schon deshalb nicht, weil die menschliche Umwelt ungleich reicher und mannigfaltiger ist. Wenn Ernst Cassirer (1960, 37–58) demgegenüber auf das »symbolische Universum« des Menschen hinweist, so entgeht ihm, daß die Sinneseindrücke noch die blassesten Abstraktionen und die erhabensten Phantasieschöpfungen des höheren Geisteslebens mit Baustoffen aus der natürlichen Umwelt versorgen, sie zugleich aber auch in den Grenzen der menschlichen Fassungskraft halten. Vgl. hierzu Uexkülls eigene Entgegnung (1939, 11–21).

Die heutigen Psychologen anerkennen die Geltung der Uexküllschen Lehre im menschlichen Bereich. Vgl. das »Gesetz der Profilierung des Wahrnehmungsfeldes« bei Lersch (380) und Beck (1960, 15). Gerade ihnen ist am besten gegenwärtig, wie sehr sich der Mensch durch seine Weltoffenheit und die Gabe, in der Abstraktion und in der Phantasie aus der Gegenwart und ihrer räumlichen Umgrenzung hinauszutreten, vom Tier unterscheidet.

Heute spricht alle Welt von »ontischen Gegebenheiten«, als ob es sich um etwas gar nicht mehr Fragwürdiges handelte. Offenbar hält man mit Max Scheler[38]) das Anliegen Kants für gänzlich abgetan. Bedenkenlos, wie es scheint, begreifen viele unserer Rechtsphilosophen den Ordnungscharakter des Rechts »als ein Stück vom Baugesetz des Seins, gestaltet im Rahmen eines ›Leitplanes‹, der in der verwirrenden Vielfalt der Gestaltungen und der ›morphologischen Prinzipien‹ immer wieder durchscheint[39]).« Ja, ein gelehrter Jurist erklärt sogar unsere menschlichen Begriffe für »Deskriptionen eines gestalteten ontischen Seins[40]).« Auf die Gefahr hin, den guten Ton zu verletzen, muß demgegenüber jedoch nachdrücklich gesagt werden: diese psychologisch zwar durchaus verständliche Haltung ist wissenschaftlich nicht gerechtfertigt. Man täuscht sich über die dem Menschen gesetzten Erkenntnisgrenzen. Treffend mahnte schon Hans Driesch: »Unbequeme Sachlagen beseitigt man nicht dadurch, daß man sie nicht sehen will. Philosophie ist ... eine *Wissens*angelegenheit und bleibt das, selbst wenn für den endlichen Menschen Wissen und Wissenwollen untrennbar sind. ... Die Tage der Ontologie in jeder Form sind ein für allemal dahin[41]).« Driesch hat bewiesen, daß man heute nur noch hypothetische Metaphysik treiben kann. Daraus folgt u.a., daß auch die Ontologie Nicolai Hartmanns lediglich eine Arbeitshypothese ist. Denn wir können gar nicht wissen, wie »die reale Außenwelt« ohne den sie erfassenden Geist des Menschen beschaffen ist. Nur eines ist sicher: es gibt Gesetze, denen wir mitsamt unserer Welt unterworfen sind. Nicht unser Geist also ist es, der in das »Chaos da draußen« – wie die Neukantianer annahmen – Ordnung hineinbringt. Wie wir sie erleben und uns vorstellen, kann die Wirklichkeit nicht sein[42]). Die Seinsschichten trotz ihrer ungemeinen Anschaulichkeit und Bedeutung haben somit nur Als-Ob-Charakter[43]). Das läßt Hartmann außer acht, zum mindesten jedoch so stark in den Hintergrund treten, daß man den Eindruck gewinnen muß, er selbst wähne, absoluten Gesetzlichkeiten auf der Spur zu sein. Lediglich ein einziges Mal sagt er: »Es könnte sein, daß der Schichtenbau der realen Welt ... nur ›für uns‹ besteht[44]).« Dabei verdient gewiß

In seiner jüngsten Veröffentlichung ([1964] 62–199) setzt sich Rothacker selbst monographisch mit seinen Gegnern über diese Frage auseinander und weist überzeugend nach, daß zwischen der Umweltgebundenheit des Menschen und seinem Distanzierungsvermögen in Wahrheit gar kein unverträglicher Widerspruch besteht.

[38]) (1933) 59ff.

[39]) so das Referat von Erich Fechner (1962) 198. – Merkwürdig ist nur, daß der Marxist das »Durchscheinen« des Leitplanes ganz anders erlebt als der überzeugte Christ.

[40]) Welzel (1935) 74

[41]) (1930), Vorwort zur 1. und zur 3. Auflage.

[42]) Näheres hierüber jetzt bei Jaspers (1962) 261–274

[43]) Richtig sieht Häberlin (1[1939] 187ff.) die Seinsschichten nicht als »empirische Einkleidungen wirklicher Verhältnisse« an, sondern nur als »Ausdruck der Eigenart unserer Erfahrung«. Ihre Bedeutung sei daher nicht »objektiv«, sondern »subjektiv«. Sie entsprächen den »Stufen unseres Verstehensvermögens, nicht sicher aber den wirklichen Verhältnissen«.

[44]) (1940) 199

Bewunderung, mit welcher stets lebensnahen Gelehrsamkeit Hartmann das Gebäude seiner Ontologie errichtet. Diese Anerkennung kann aber nicht die Einwände abschwächen, die gegen jede von endlichen Menschen betriebene Ontologie zu erheben sind[45]). Hartmanns Anstrengungen, Vaihingers Fiktionalismus oder gar den Historismus schon mit dem Hinweis auf »das Identische in der Mannigfaltigkeit der Fälle« zu entkräften, sind denn auch gescheitert. Darauf kommen wir noch zurück. Im übrigen können natürlich auch wir nicht die großen Verdienste der modernen phänomenologischen Spielart der Ontologie bestreiten, wenn wir dabei allein an Logik und Psychologie denken.

Mit recht freilich nehmen die Ontologen daran Anstoß, daß die Positivisten ihre Bemühungen gerade dort aufgeben, wo heute die eigentlichen Probleme beginnen. Deshalb konnte Bavink den Positivismus treffend Negativismus nennen. Aber trotz alledem darf doch nicht übersehen werden: die positivistische Methodik und Theorie war in einzigartiger Weise dem unleugbaren Umstand angepaßt, daß der Mensch als Sinnenwesen in enge Grenzen gebannt ist, die ihm die geringe Reichweite seiner Wahrnehmungsapparatur setzt[46]). Mag auch das engstirnige Weltbild eines sensualistischen Positivismus abgetan sein, so läßt uns heute schon das Mikrophysikalische spüren, wie leicht der Mensch den Boden unter den Füßen verlieren kann, wenn er das vertraute Gelände sinnlicher Wahrnehmbarkeit hinter sich lassen möchte. Allerdings: anfänglich, als man überall immer nur denselben kausal-mechanischen Naturgesetzen zu begegnen vermeinte, deren Wirkung man aus der unbelebten makrophysikalischen Welt gewohnt war, traten solche Schwierigkeiten in den Geisteswissenschaften noch nicht spürbar ins Bewußtsein. Es geschah erst, als unter Diltheys stillem Einfluß allmählich die Einsicht dämmerte, die ganze Tiefe geistiger Vorgänge in ihren jeweils unwiederholbaren Erscheinungsfällen lasse sich doch niemals rein quantitativ erfassen. Diese Entwicklung zeigt z.B. in der Rechtswissenschaft das Ringen um einen neuen angemessenen Handlungs- und Schuldbegriff im Strafrecht, nachdem sich nicht länger hatte übersehen lassen, wie wenig die am Positivismus hängende Begriffsbildung, – auf die übrigens auch Emil Lask nachwirkte, – moderne Auffassungen im Grunde noch befriedigte. Allein, trotz dieser fortschrittlichen Erkenntnis wurde man bald doch schon genötigt, in praxi »die tiefe Kluft« zu berücksichtigen, die den unsichtbaren Gedanken von der sichtbaren Tat trennt, die lediglich am »Äußeren« haftet[47]). Dieses Äußere läuft seit altersher für jede vorwissenschaftliche Erfahrung nach den Gesetzen mechanischer Kausalität ab.

[45]) Wenn ich mich hierfür wiederholt auf Driesch berufe, so soll das jedoch nicht darauf hindeuten, daß ich Anhänger seines Neovitalismus sei.

[46]) Unter Positivismus verstehe ich hier die auf Auguste Comte zurückgehende Wissenschaftsrichtung, ich habe also nicht den besonderen Positivismus-Begriff der Juristen dabei im Auge. Vgl. Eisler 474ff. Zum vieldeutigen Begriff des Rechtspositivismus siehe Ryffel 42ff. und Jerusalem 183ff. mit Schrifttumsangaben.

[47]) Welzel (1935), 83

Das liegt aber daran, daß all unser Denken nur Sprache ist[48]) und unsere Sprache auf der Stufe archaischen Erlebens stehengeblieben ist. Von der Raumlogik unserer Vorstellungen, d.h. vom dreidimensionalen euklidischen Weltbild, vermag sie sich nämlich selbst in den allerdünnsten Abstraktionen nicht frei zu machen. Sonach bleibt unsere Anschauung immer nur die Wiederholung unzählige Male erlebter Eigenschaften der uns vertrauten festen Körper und ihrer Bewegungen im Raume. Nichts anderes besorgt unsere Sprache als die »geistige Zerlegung der Anschauungsmasse und die einheitliche geistige Zusammenfügung der Zerlegungsprodukte[49]).« Was sich für die Mathematik und die mathematischen Naturwissenschaften hieraus ergibt, gehört nicht hierher. Es braucht immerhin daran erinnert zu werden, wie sehr selbst unsere Atomphysiker heute darum bemüht sind, keinesfalls die Linie eines *methodischen* Positivismus zu überschreiten, obwohl sie sich doch ganz überwiegend einer abstrakten Symbolsprache aus Ziffern und Buchstaben bedienen. Aber wie sehr sind ihnen gegenüber auf ihrem ureigenen Gebiet unsere Geisteswissenschaftler im Hintertreffen! Sie sind an ein Ausdrucksmittel, an die erdhafte Wortsprache gefesselt, die die Grenzen des sinnlich Gegenständlichen niemals zu sprengen vermag. Eben deshalb wird es der Rechtswissenschaft kaum jemals gelingen, die ihr terminologisch so dienlichen Krücken einer Begrifflichkeit abzulegen, welche sie mit der mechanistischen Vorstellungswelt der Elementen- und Assoziationspsychologie gemein hat. Ihr nämlich setzt die Sinnlichkeit der menschlichen Lebensform weitaus höhere Schranken als den mathematischen Naturwissenschaften. Als Geisteswissenschaftler steht der Jurist und Rechtsphilosoph demnach in Gefahr, jeglichen Halt zu verlieren, sobald er seine sinnliche Operationsbasis leichtfertig mißachtet. Er darf keinesfalls übersehen, daß uns alles Geistesleben, mit dem auch er sich befassen muß, nur in leiblicher Verhüllung entgegentritt. Der leibnizsche Gedanke einer pluralité des mondes, d.h. einer Vielzahl von Reichen körperloser Geister, ist sicherlich eine scharfsinnige metaphysische Spekulation und als solche geeignet, den frommen Glauben zu stärken, jedoch der Wissenschaft ist sie

---

[48]) Das bestreitet Pfänder (4). Er meint, nicht notwendig seien die Gedanken an die Sprache gebunden. Überdies könne man doch einen und denselben Gedanken nicht nur in derselben Sprache in verschiedenen sprachlichen Formen ausdrücken, sondern sogar in »ganz verschiedenen Sprachen mehr oder weniger genau.« Pf. irrt. Wenn z.B. ein Forscher aus den Hochkulturen Asiens »abendländisch« denken möchte, wäre er gezwungen, sich einer der europäischen Sprachen zu bedienen. Vgl. hierüber Nakamura. – Es spricht nicht für Pf's Auffassung, daß wir unsere Gedanken »zum großen Teil unausgedrückt« lassen, denn die Ursache dieses Sachverhalts liegt doch einfach nur in der vorwaltenden Rolle, die unser Unbewußtes ohnehin bei jedem geistigen Schöpfungsprozeß spielt. Nach richtiger psychologischer Ansicht ist das Bewußtsein ja nur ein intermittierender Zustand. Immerhin räumt Pf. ein, selbst der im einsamen Denken ausgesponnene Gedankenfaden sei meistens »hier und da schlackenartig mit Sprachmaterial besetzt.« Der Nachdruck, den er seiner Überzeugung verleiht, erklärt sich leicht. Als Phänomenologe nämlich nimmt er an, es müsse eine allgültige Logik geben, unabhängig von den persönlichen Merkmalen des jeweils Denkenden, insbesondere von seiner Kultur und Rasse.

[49]) Finck 6, 150 und 155

nichts wert. Zu »sehen« ist nirgendwo Gestalt und Wirken des Geistigen in seinem leibfreien Zustande, obwohl es uns allüberall umfängt und trägt. Dem endlichen Menschen begegnet es immerdar nur in der Gebundenheit an die Leiblichkeit. Nur sein Leuchten gleichsam durch das Transparent des Leibes spüren wir. Der Vorgang dieser Transparenz ist sehr wichtig. Wir dürfen ihn keinesfalls geringschätzig außer acht lassen. Niemand kann an der Tatsache rütteln, daß sich uns alles Geistesleben auf dieser Erde durch die Umhüllung der sinnlichen Gegenstandswelt dreidimensionaler Körper kundtut. Auch die Wissenschaft ist deshalb gezwungen, ihre Aussagen auf Gegenstände zu beschränken, die ihrer der Sinnlichkeit verhafteten Apparatur zugänglich sind. Wir haben hier nicht zu untersuchen, welche Folgerungen aus diesem Notstand der Jurist für die Frage ziehen sollte, ob immaterielle Angriffsgüter noch rechtlich geschützt werden können, wenn bedacht werden muß, daß der Begriff der Rechtsgut-Verletzung nach alledem doch wohl nicht gänzlich vom sinnlich Faßbaren abgelöst werden darf, auf dessen Ebene allein die der Rechtsfindung dienenden Beweismittel beheimatet sind. Ohnehin ist die Rechtswissenschaft methodisch schon dadurch in einiger Verlegenheit, daß sie in ihrer unvermeidlichen Hinwendung zum Allgemeinen, d.h. zum Abstrahierenden, der Gefahr preisgegeben ist, blutleeren Betrachtungen zu verfallen, anstatt ihre Aufgabe darin zu erfüllen, daß sie das Zusammenleben der Menschen ordnet. Treffend hat daher Rudolf Sohm geurteilt[50]: »In dem innersten Wesen der Scholastik ruht ein Teil des innersten Wesens auch *unserer* Wissenschaft.«

Diese Andeutungen sollen lediglich deutlich werden lassen, daß die Methodenlehre der Rechtswissenschaft heute keineswegs in das Stadium der Vereinfachung eingetreten ist. Auch in der Wissenschaft gilt das Gesetz, daß man die Vergangenheit erst überwindet, wenn es einem gelingt, das Gute und Richtige, das sie auf ihrem Felde hervorgebracht hat, am rechten Ort in das Bild der Gegenwart einzufügen. Wie der einzelne keine Phase seines Lebens aus der Erinnerung zu löschen vermag, ja, wie er im Grunde deshalb er selbst ist, weil er frühere Stufen der Entwicklung hinter sich gelassen hat, so ist es auch im Geistesleben der Menschheit. Dem Positivismus gebührt das unvergängliche Verdienst, dem heutigen Forscher für immerdar den Weg zur Einsicht gewiesen zu haben, daß der Mensch ein Sinnenwesen ist und der Wissenschaft infolgedessen Grenzen gezogen sind, die sich aus der Natur des Sinnlichen ergeben. »Es gibt keine Wissenschaft von den fliegerischen Eigenschaften des Pegasus[51].« Nur mangelnde Unterrichtung über die geistige Lage unserer Zeit vermag in dieser Feststellung ein verstecktes Bekenntnis zum »Materialismus« oder zu »nominalistischem Rechtsdenken[52]« zu erblicken.

---

[50]) 147
[51]) Tesar (1928) 11
[52]) v. Hippel (1942) 84 und passim.

A. Die ewig gültigen Normen vor und über allem historischen Recht

I. Sinnliches und Übersinnliches

– 1 –

Mit der Erkenntnis, daß wissenschaftliche Aussagen über ein frei schwebendes Geistesleben unzulässig sind, ist noch nicht die metaphysische Frage abgewiesen, ob es nicht jenseits des »Materiellen« vielleicht doch etwas rein Geistiges gibt, das gleichsam fernsteuernd in das irdische Dasein eingreifen kann. Unzweifelhaft ist nach alledem nur, daß es wissenschaftlich unstatthaft wäre, hierüber vorschnell unbesehen zu urteilen. Unser Weltbild hat eine Weite gewonnen, der gegenüber der dogmatische Positivismus schon vor sechzig Jahren die Waffen gestreckt hat.

Wer die geistige Lage der Gegenwart überblickt, wird sich hüten, in Vaihingers Irrtum zurückzuverfallen, daß »nur die beobachtbare Unabänderlichkeit der Phänomene wirklich« sei und bleibe, während alles andere »bloßer Schein« sei[1]). Die Forderung, das Sinnenwesen Mensch müsse sich mit seinen Sinneseindrücken bescheiden, hat als Forschungsgrundsatz ihre Überzeugungskraft eingebüßt. Wir in unserer fragwürdigen Situation vermögen nicht mehr einzusehen, weshalb die Wissenschaft keine Stellung zu den tieferen Fragen des Lebens beziehen darf, weshalb sie lediglich dazu da sein soll, das sinnlich Gegebene schlicht zu beschreiben und unseren praktischen Bedürfnissen nutzbar zu machen. Allein, diese theoretische Besinnung schützt uns in der wissenschaftlichen Tagesarbeit nicht immer davor, einer methodischen Unsicherheit zu verfallen, sobald es ernstlich darum geht, »hinter« das sinnlich Greifbare vorzudringen. Manche Forscher sehen die Rettung aus dieser Schwierigkeit in der Rückkehr zu einem Arbeitsprogramm des freiwilligen Verzichts auf alle metaphysischen Fragestellungen überhaupt. Gleichwohl erliegen gerade sie selbst häufig dem metaphysischen Urtrieb des Menschen der Wissenschaft, auch dort noch nach letzten Sinndeutungen zu suchen, wo die Instrumente der Erkenntnis ihnen bereits jeglichen Dienst versagen.

Die Heerstraße der heutigen Forschung führt über schwankenden Moorboden. Wer nicht sorgsam auf seinen Weg sieht, versinkt. Wer nicht acht gibt, wohin er den Fuß setzt, auf den wartet am Ende ein heilloses Durcheinander von Subjektivismen, einschließlich Mystik, Scholastik, ja Theosophie.

---

[1]) 216

Daß ein so großer Geist wie Max Planck eine »Wissenschaft vom Unbewußten« nicht gelten lassen wollte, sollte zu denken geben.

»Ich weiß wohl«, sagt Driesch[2]), »daß ... es heute manche gibt, welche die Wissenschaft beiseite schieben wollen und ›philosophisch‹ nur nennen, was angeblich aus anderen als Wissenschaftsquellen fließt, aus angeblich unmittelbaren Schauungen oder Ähnlichem. Ich kann mich nicht überzeugen, daß es dergleichen Quellen gibt.«

Will die Wissenschaft nicht ihre Selbstauflösung betreiben, so muß sie sich allüberall an ihre unverzichtbaren sinnlichen Erkenntniswerkzeuge halten. Sobald der Mensch sich anschickt, die Grenze zum Reich des Unsinnlichen zu überschreiten, verliert er gar zu leicht den Boden unter seinen Füßen[3]). Mag der Ausgangspunkt des dogmatischen Positivismus, es gebe jenseits der Reichweite unserer Sinne keine Wirklichkeit, auch überholt sein, auf seine bewährte Arbeitsmethodik können wir dennoch nicht verzichten, ohne die Wissenschaft selbst aufzugeben.

Vornehmlich an zwei Dingen leiden wir heute: der Unzulänglichkeit unserer raumlogischen Wortsprache und dem unklaren Verhältnis zwischen Wissen und Glauben[4]), mit dem wir uns zu befassen haben. Man sollte, um Klarheit zu schaffen, das Feld der Wissenschaft in zwei Bereiche unterteilen, in zwei konzentrische Kreise. Was sich unseren Sinnen greifbar anbietet, liegt im inneren Kreis. Dort läßt sich messen, wiegen, zählen, mit den Instrumenten der Makrophysik arbeiten. Dagegen finden wir im äußeren Kreisring das vor, was wir nur in der »Transparenz« des Stofflichen erleben, also alles, was unseren Wissensinstrumenten nur mittelbar begegnet. Bezeichnen wir den Innenkreis als das Reich des Wißbaren, so können wir mit Driesch sagen, der äußere Kreisring enthalte das »Vermutbare«. Daß die Ausstrahlungen beider Bereiche – hinüber und herüber – schwanken mögen, ist im Einzelfall kritisch zu berücksichtigen, braucht jedoch grundsätzlich keinen Anstoß zu erregen, ebensowenig wie das Gleichnis der konzentrischen Kreise selbst. Denn der sokratische Philosoph weiß genau, daß es im Grunde gar nichts Wißbares gibt. Unserem Vorhaben genügt ja vollauf die Gewißheit, daß die Domäne des Glaubens nicht unmittelbar an das Gebiet des Wissens angrenzt, daß vielmehr zwischen beiden, gleichsam als ihr Verbindungsstück, das weite Feld der Vermutbarkeiten liegt. Die Zuständigkeit der Metaphysik allein auf dieses Zwischenfeld verwiesen zu haben, ist das unvergängliche Verdienst von Hans Driesch[5]). Er hat damit ihren Wissenschaftscharakter gerettet. Die Metaphysik erarbeitet freilich keine nachprüfbaren Gewißheiten, sondern nur Hypothesen, die schon hinreichend gefe-

---

[2]) (1930) Vorwort zur ersten Auflage.

[3]) vgl. Mattusek. Daher verzichten unsere heutigen Logistiker in ihren Symbolsystemen bewußt darauf, das Weltganze, die menschliche Seele oder gar ein »höchstes Wesen« zu behandeln (Heinrich Scholz 13 f.).

[4]) Unter Wissen verstehe ich »zweifelsfreie Gewißheit«, unter Glauben »vertrauende Zuversicht« (fiducia), also nicht »unbewiesene Mutmaßung« (coniectura, opinio).

[5]) (1930) passim. Driesch hat leider, soweit mir bekannt, diesen fruchtbaren Gedanken nirgendwo näher systematisch behandelt.

stigt sind, wenn sie, gemessen an den Ergebnissen der Wißbarkeitsforschung, nur einen hohen Wahrscheinlichkeitsgrad für sich beanspruchen können. Welche Kriterien der Kontrolle der Wißbarkeitsforschung hierbei in Betracht kommen, – eine der schwierigsten Fragen der Methodik – braucht an dieser Stelle nicht abgehandelt zu werden.

Wenden wir uns nunmehr einem Naturrecht aus Gott zu, so ist nach diesen Vorerörterungen schon unzweifelhaft, daß Gott nicht wißbar, sondern nur vermutbar sein kann. Es erübrigt sich hierfür ein besonderes Beweisverfahren. Bei dem heutigen Stande unserer Welterkenntnis steht diese Vermutbarkeit fest. Dabei bedarf es keiner Hervorhebung, daß Gott für wissenschaftliche Verfahrensweisen nicht mit den Eigenschaften ausgestattet ist, die ihm Theologen – gleich welcher Religion – beilegen.

Hieraus folgt: ein göttliches Naturrecht könnte nicht zum Wißbaren, sondern nur zum Vermutbaren zählen. Zweifelsfrei ist es ein wissenschaftliches, nämlich ein metaphysisches Anliegen, zu untersuchen, ob man ein in Gott ruhendes Recht vermuten darf. Freilich wäre diese Mutmaßung nur begründet, wenn eine Spur von ihm im menschlichen Geistesleben irgendwo, sei es auch nur im Bewußtsein eines einzigen Menschen, nachweisbar wäre. Schon jetzt müssen wir feststellen: ein Naturrecht »vor« aller Geschichte, – wenn wir die Präposition temporal auffassen – wäre ein Scheinproblem der Wissenschaft, weil ein solches »prähistorisches« in der Transzendenz frei schwebendes Recht keine Ausstrahlung in menschliches Geistesleben hätte ausüben können[6]). Es braucht nicht betont zu werden, daß gleichermaßen ein Naturrecht »über« aller Geschichte ein Scheinproblem aufgäbe, sofern es nicht mindestens seinen Abglanz in menschlichen Seelen fände. Selbstverständlich steht es gleichwohl jedermann frei, an diese Spielarten des Naturrechts zu *glauben*. Die Wissenschaft wäre unzuständig, einen solchen Glauben anzugreifen, allenfalls dürfte sie darauf hinweisen, daß sein Gegenstand doch wohl nicht vermutbar gemacht werden könnte.

Wenn sonach die Vermutbarkeit eines über allem geschichtlichen Recht stehenden, vorrangigen Naturrechts allein darauf beruht, daß es seinen »Niederschlag« im menschlichen Bewußtsein findet, so haben wir jetzt danach Ausschau zu halten, wo uns das Geistesleben des Menschen Ansatzstellen für die nähere Untersuchung bietet. Neben lebenden Mitmenschen unserer Tage kommt für die Vergangenheit nur deren geistige Hinterlassenschaft als historische Quelle in Betracht, d.h. die Dokumente eines »objektivierten« Geistes (N. Hartmann). Das wirft eine Reihe schwieriger Fragen auf. Je weiter zurück wir den Blick wenden, desto mehr wird uns das Verstehen erschwert, von der Spärlichkeit des Beweismaterials abgesehen. Auch ist zweifelhaft, inwieweit Angehörige älterer Kulturen wie schriftloser Völker der Gegenwart begabt sind, das, was sie im Innersten bewegt, in einer uns erkennbaren Weise nach außen hin kundzutun. Wie weit geht das Seelenleben der Menschen überhaupt in den nachprüfbaren Quellenbestand

---

[6]) Coing schwebte jedoch bei dem Wort »vor« möglicherweise der Gedanke an den Vorrang des Naturrechts vor.

der allgemeinen Geistesgeschichte ein? Das ist eine der Hauptfragen, die den einfühlenden Spürsinn des nachlebenden Forschers beschäftigt.

Als Voraussetzung für den Beginn unseres ganzen Unternehmens bedürfen wir aber vor allem eines zuverlässigen, festen Wertmaßstabes zur Ermittlung »ewig gültiger sozialer Normen, die unabhängig von der jeweiligen Einsicht des Gesetzgebers« existieren. Diesen Wertmaßstab erblicken wir in der christlichen Ethik der Nächstenliebe. Daß selbst sie nicht von den formenden wechselnden Einflüssen der geschichtlichen Mächte frei geblieben ist, soll uns nicht zurückhalten. Wir werden diese kleine methodische Ungenauigkeit später wieder ausgleichen und sind deshalb nicht genötigt, hier eine besondere Betrachtung über das Für und Wider der Absolutheit des christlichen Ethos anzustellen, das den Grundgedanken aller Sittlichkeit zur höchsten Vollendung gebracht hat.

Bei der Suche nach Spuren eines ewigen, göttlichen Rechts sollen uns also die Liebesgebote Jesu von Nazareth gleichsam als Leuchtzeichen einer lichteren Überwelt[7]) den Weg weisen.

Nach allem wird es nicht so sehr daraufankommen, inwieweit die positiven Rechtsordnungen den idealen Forderungen der christlichen Ethik annähernd genügen, sondern vorwiegend darauf, wie sich die Rechtsgenossen zu ihrer lex positiva verhielten, ob sie nicht wenigstens zuweilen einen inneren Widerwillen gegen ihre ungenügende irdische Sozialordnung empfanden, oder sich gar getrieben fühlten, schlechtes Recht durch besseres Recht zu ersetzen. Schon ein einzelner wäre uns ein willkommener Ansatzpunkt, wenn er seine Welt hätte verbessern wollen. Dort, wo wir aber einen solchen mißvergnügten Einzelgänger nicht auffinden können, wo gar sämtliche Rechtsgenossen die groben Mängel ihrer positiven Ordnung nicht einmal spürten, werden wir es schwerlich vermutbar machen[8]), daß sie unter ihr gelitten, geschweige den Anruf der Stimme eines göttlichen Rechts vernommen hätten.

Unsere bisher gewonnenen Erkenntnisse könnten dazu verleiten, den Absolutheitsanspruch des Naturrechts voreilig mit dem kurzen Hinweis abzutun, das Transzendente müsse doch, um überhaupt Gegenstand der Wissenschaft zu werden, immer die Verbindung mit dem Geschichtlichen eingehen, das aber nichts Absolutes zulasse, da es in unaufhörlichem Wandel alles relativiere. Dieser Hinweis indessen träfe nur das Vordergründige. Wir

---

7) Zur Erleichterung der Beweisführung möchte ich nicht auf den Begriff »Überwelt«, d. h. auf die Als-Ob-Vorstellung getrennter Welten, verzichten. Die Termini: »Höhere Sphären, Reiche, Regionen, Ebenen, Dimensionen« usw. haben einen untilgbaren theosophischen Beigeschmack. Mir ist wohl bewußt, daß unsere Welt – rein und streng gedacht – nur eine sein kann. Denn »eine Welt, die transzendente Einwirkung aufnehmen kann, ragte damit selber in die transzendente Welt hinein, und umgekehrt: eine ›transzendente‹ Macht, welche in der ›empirischen‹ Welt Wirkungen ausüben kann, erweist sich eben damit als nicht ›jenseitig‹« (Paul Häberlin I ([199] 38). Ich huldige also keineswegs der Überzeugung, daß eine Überwelt als eine Welt für sich tatsächlich existiere.

8) Für die heutige Sinnesphysiologie ist »die Vielartigkeit der Objekte mit dem Reichtum der Subjektivität verknüpft«, so daß jedem »Subjektsprung« ein »Gegenstandssprung« parallel läuft. (Victor v. Weizsäcker 154).

dürfen die Frage vielmehr nicht für gegenstandslos erklären, bevor wir nicht sicher sind, ob sich nicht das Transzendente hinter den wechselnden, vergänglichen Gestalten des geschichtlichen Lebens wie hinter Masken verborgen hält. Außerdem wäre mit dem Hinweis auf jene Verbindung zwischen Transzendenz und Immanenz noch nicht das letzte Wort über den behaupteten Entdeckungsprozeß moralischer Werte gesprochen. Richtig ist freilich: Nach unserer erkenntnistheoretischen Grundauffassung ließe sich keinesfalls vermuten, daß seit der jüngeren Steinzeit oder gar seit der Weltschöpfung schon ein göttliches Recht, fertig in den Wolken schwebend, darauf gewartet habe, eines Tages von den Menschen nach und nach entdeckt zu werden[9]). Aber wer wollte es ohne nähere Prüfung für denkunmöglich halten, daß sich vielleicht ein transzendentes Recht – »parallel« zur menschlichen Geschichte – aus einem Urkern allmählich voll entfaltet haben könnte?

So bliebe also am Ende, falls die Vorstellung an ein statisches, unabänderliches, ewiges Recht aus Gott verabschiedet werden müßte, noch die Zuflucht zu einem entwicklungsfähigen, im ungünstigsten Falle nach Ort und Zeit wandlungsfähigen Naturrecht »in« aller Geschichte.

Diese Problematik führt nunmehr zur Kernfrage des Ganzen: Kann Gott in das irdische Dasein eingreifen? Sind wir etwa mit dieser Frage schon über die äußere Grenze der Wissenschaft hinausgeraten? Können wir wirklich vermutbar machen, daß ein göttliches Recht darauf »warte« oder gar danach »dränge«, von uns entdeckt zu werden? »Wo« ist uns das Göttliche in seinem irdischen Abglanz *wissenschaftlich* erreichbar? Das sind Entscheidungsfragen, von denen es abhängt, ob wir unser Vorhaben überhaupt durchführen können. Wir sind nur befugt, unsere Untersuchung fortzusetzen, wenn es uns gelingen sollte, die Einwirkung einer Überwelt auf die Welt der Erscheinungen in den Bereich wissenschaftlicher Vermutbarkeit zu rücken.

– 2 –

Sollte es einen »seelischen Grenzverkehr« zwischen Überwelt und Erscheinungswelt geben, so müßte man erwarten, daß die ihm zugeordnete Wissenschaft der Religionspsychologie auch für unser Vorhaben zuständig wäre. Die Schulpsychiatrie jedoch wirft ihr vor, ihren Ergebnissen komme nur subjektive Geltung im Einzelfall zu. Bei näherer Betrachtung nämlich löse sich ohnehin fast alles in Religionspsychopathologie auf. Bevor wir unsere eigene Ausgangsstellung nicht genügend gefestigt haben, erscheint es darum gewagt, uns in methodische Auseinandersetzungen mit den Psychiatern einzulassen. Vielmehr ist es ratsam, für den Anfang eine andere Disziplin der Psychologie heranzuziehen, die in Anbetracht ihres Stoffes, der über das Einzelwesen Mensch hinausweist, nicht im gleichen Maße der Kritik der Psychiatrie ausgesetzt ist. Wir denken an die Massenpsychologie, die die

---

[9]) Vgl. hierzu Mitteis (1947) 117 und Schönfeld (1943) 136

Irrenärzte wenig beachten. Denn die hier fachlich in erster Linie berufenen Psychologen wissen ihnen aus diesem Gebiet nichts zu berichten über Fragen von Versuchspersonen nach einer Einwirkung aus dem »Jenseits«, wie es bei religionspsychologischen Beobachtungen auf Schritt und Tritt der Fall ist.

Natürlich können Untersuchungen des Massenseelischen niemals zum Beweise der Existenz Gottes oder Satans dienen. Daher ist die theologische Sinnerfüllung vermutbar gemachter »höherer Kräfte« ausschließlich Glaubenssache.

Kaum etwas vermag den dogmatischen Positivismus ärger in Verlegenheit zu bringen als die Beschäftigung mit dem Massenseelischen[10]). Die Fragestellung ist keineswegs neu. Denn bereits Hermann Lotze[11]) hat das Entscheidende klar gesehen. Er meint, jeder Versuch, das innere Leben als selbstverständliche Folge materiell stofflicher Vorgänge aufzufassen, sei untauglich. Ebenso verfehlt aber sei das Bemühen, die Tatsache eines über das Individuum hinausreichenden einheitlichen Massenbewußtseins etwa aus der bloßen Wechselwirkung der beteiligten Einzelwesen abzuleiten. Deshalb, so sagt Lotze, würde uns auch die Annahme eines verborgenen seelischen Lebens in alledem, was wir Materie nennen, keinen Schritt weiterführen, wenn wir massenseelische Sachverhalte deuten wollen.

Mit Schelers Begriff des »Ansteckungsgefühls[12])« wäre dem Problem also nicht gedient, da es sich bei massenseelischen Phänomenen zum mindesten nicht immer um »Gefühlssummationen« handelt. Auch das »induzierte Irresein«, das die Psychiatrie bei der Hand hat, ist nichts anderes als eine wohlgefällige Etikette auf einem Gefäß mit unbekanntem Inhalt, geben doch die Vertreter dieser Wissenschaft zu, daß diese Krankheit des Geistes somatisch nicht nachweisbar sei und sich im Erbgang nicht übertrage. Genauso steht es um die Begriffe »psychische Epidemie« und »Massensuggestion«. Selbst der Erforscher des Unbewußten, Carl Gustav Jung, läßt uns im Stich. Sein »Unbewußtes« bleibt am Wesen des Menschen und seiner Ahnenreihe haften, es ist nicht einmal in der tiefsten Schicht etwas vom Wesen des ganz Anderen. Wie kennzeichnend ist hierfür nur der eine Satz: »Wären Zerspaltungstendenzen nicht der menschlichen Psyche inhärente Eigenschaften, so wären psychische Teilsysteme überhaupt nie abgespalten worden, mit anderen Worten, es hätte nie Geister oder Götter gegeben[13]).« Demgegenüber verhallt Jungs Protest, daß man ihm »Psychologismus« vorwerfe. Bei seinem »überpersönlichen« oder »kollektiven« Unbewußten handelt es sich nicht um unser Anliegen. Denn was »vom Persönlichen losgelöst und ganz allgemein ist, weil seine Inhalte in allen Köpfen gefunden werden können[14])«, ist nicht identisch mit dem Phänomen, das wir meinen.

---

[10]) Masse ist hier und im folgenden verstanden als eine Vielzahl von Menschen überhaupt, also nicht als soziologischer Begriff für eine der mehreren menschlichen Gesellungsformen (Pieper 143 ff.).

[11]) Bd. I 186 (2. Buch, 1. Kap.).

[12]) (1913)

[13]) in Jung-Wilhelm (1929) 45

[14]) ebenda 67 in Verbindung mit Jung (1929) 96

So überrascht es denn auch nicht, daß sich Eugen Bleuler, der Lehrer C. G. Jungs, mit der ein wenig vordergründigen Deutung abfindet, die »alleinige seelische Quelle des Zeitgeistes entspringe im kollektiven Unbewußten[15]).« Deutlich wird die Problematik nämlich erst, sobald man bedenkt, daß es gerade der Zeitgeist ist, der jene Grundgesinnungen schafft, die oft – namentlich bei anhaltenden Erregungen größeren Ausmaßes – den Nährboden der Massenseele bilden. Beruht es wirklich immer auf Selbsttäuschung, daß die Betroffenen nachträglich ihr Erlebnis so auffassen, als ob eine überpersönliche Macht von ihrem Ich Besitz ergriffen und es in der Seele der Masse habe versinken lassen? Bereits die Römer wußten übrigens, wie wenig hierbei nur wohltätige Einflüsse mitspielen. Denn sie pflegten zu sagen: »Senatus bestia, senatores boni viri[16]).« Auch wir möchten uns nicht zu der gewagten Annahme versteigen, in den massenseelischen Phänomenen offenbare sich – z. B. schon in jeder Panik – etwas »Ichfremdes« aus dem »Jenseits«. Gleichwohl ist damit nicht die Berechtigung der Frage abgetan, ob uns hier nicht wenigstens zuweilen doch transsubjektive seelische Kräfte begegnen, vor denen aller Psychologismus versagt.

Das Verständnis dieser Dinge erschließt uns Erich Becher mit seiner für die Biologie aufgestellten Hypothese vom »Überindividuell Seelischen.« Über seine Beobachtungen und Ergebnisse können wir hier nicht berichten. Uns genügt, daß sie zu der wohlbegründeten Vermutung führen, jenseits der tastbaren Leiblichkeit des Einzelwesens müsse eine unsichtbare Seelenmacht gleichsam fernsteuernd auf seine Entwicklung und sein Verhalten einwirken[17]). Ähnlich wie beim psychophysischen Grundverhältnis zwischen »Gesamtseele« und »Zellseele« sind überpersönliche Gestaltungskräfte auch in diesem Fall am Werk. Was sich körperlich greifbar vor unseren Augen scheinbar selbsttätig bewegt, wird also in Wahrheit von einer unbekannten Wesenheit aus dem Verborgenen gelenkt.

Ist das aber so, dann müßte folgerichtig die unabweisliche Vermutung zugelassen werden, unter Umständen könnten jenseitige Seelenmächte gleichsam fernsteuernd auch in die Seelen der Menschen »einströmen«. Dann wäre vielleicht das nach 1945 bei uns eine zeitlang so oft genannte Dämonische nichts anderes als nur ein Teil von jenen überweltlichen seelischen Kräften, die das Leben der Menschen auch verhängnisvoll zu ändern

---

[15]) Bleuler 258. – In seinen jüngsten Arbeiten hat sich C. G. Jung vom »Psychologismus« abgewandt (vgl. die aufschlußreiche Selbstdarstellung [1951] 146f. und 159f.).

[16]) nach C. G. Jung.

[17]) Einen überzeugenden Beitrag zu dieser Hypothese liefern die Beobachtungen an Termiten (Eugène N. Marais). Wie Häberlin (I. [1939] 105) betont, ist übrigens der Begriff des Individuums in der zoologischen Ontologie fragwürdig. »Vielleicht ›kennen‹ wir nicht ein einziges Individuum, das in Wahrheit Individuum wäre. Mit einer Ausnahme: das einzige, das wir kennen, sind je ›wir‹, ist je das ›Ich‹; wir ›kennen‹ uns als Individuen dadurch, daß wir individuell leben und individuell erfahren. Alles ›Fremde‹ aber ist zunächst Erscheinung von Individuellem, d.h. Individuelles so, wie wir es abgrenzend konstruieren, – unsicher in der Abgrenzung, und falsch jedenfalls dadurch, daß wir abgrenzen. Denn das ist sicher, daß die wahren Individuen so, wie wir ihre Grenzen sehen, nicht abgegrenzt sind: sie haben keine ›Grenzen‹, sie sind Modi, Seinsweisen des einen Seienden.«

vermögen. Ist es doch nach dem Erfahrungsmaterial aus Selbstanalysen – namentlich unserer Künstler – bekannt, daß der Betroffene nachträglich häufig zu der subjektiv begründbaren Überzeugung gelangt, ihn habe etwas Fremdes von »außen« übermannt und zu Leistungen getrieben, für die keineswegs sein winziges Ich verantwortlich zu machen sei[18]).

Soweit die neuere Massenpsychologie diese Fragen überhaupt behandelt, müht sie sich redlich mit ihnen ab. Indessen führte der Begriff der »Kollektivpsyche«, den sie zur Deutung dieser Phänomene schuf, nicht zur Annahme der »realen Existenz einer interindividuellen Kollektivpsyche«, wie schon 1911 Brönner beklagte[19]). Aber selbst er zeigt gleichwohl gegenüber der tieferen Problematik dieses Sachverhalts, soweit er sie gesehen haben mag, die gewohnt tastende Unsicherheit des Positivismus. Im allgemeinen hat sich hierin seither bis unmittelbar in die Gegenwart an der Grundeinstellung der Psychologen nichts geändert. So berücksichtigt heute zwar Reiwald die Zusammenhänge mit der Biologie, der Tiersoziologie und Tiefenpsychologie, übergeht aber unser Problem mit Stillschweigen und meint nur, daß die Lehre vom Kollektivbewußtsein »doch der Spekulation, ja der Metaphysik bedenklich nahe steht[20]).« Daß den zur Exaktheit erzogenen Forscher in diesem Bereich Unbehagen anwandelt, ist verständlich. Aber sollte er nicht lieber offen zugeben, daß er hier an Grenzen geraten ist, die keine Wissenschaft mehr überschreiten kann? Weshalb betrügt er sich mit Erklärungen des Unerklärbaren, bei denen spürbar ihm selbst nicht wohl zumute ist? Glaubt er etwa im Ernst, die Tanzepidemien des Mittelalters[21]), plötzlich aufbrechende politische Massenerregungen oder gar große religiöse Bewegungen ließen sich mit den herkömmlichen positivistischen Vorstellungen wirklich befriedigend erklären[22])? Daß die Einwirkung »höherer Mächte« in allen diesen Fällen niemals »exakt« bewiesen werden könnte, bedarf keines weiteren Wortes. Das vermöchten nur wissenschaftliche Schwarmgeister zu erwarten. Wir benötigen für unser Vorhaben auch nicht exakter Beweise. Uns genügt die Vermutung, daß hinter den Phänomenen des Massenseelischen »jenseitige« Kräfte am Werke sein *können*, also nicht immer am Werke sein mögen, aber sicherlich manchmal.

---

18) Sehr lehrreich, wie sich selbst in diesem Falle die Schulpsychologie von der positivistischen Kurzsichtigkeit nicht freimachen kann, ist der Aufsatz von Georg Meinecke, 127ff. Schrifttum ebenda 155ff.

19) 17 und 20

20) 53. Den Überblick über die von R. nicht behandelte Psychiatrie gibt Lehmann 152ff.

21) Baumann 78ff. gibt eine eindrucksvolle Darstellung der ungeheuren Tanzorgie, die 1892 in Urundi (Ostafrika) das ganze Volk der Warundi befiel.

22) Die heutige Psychiatrie hält daran fest, alle diese Vorgänge mit der altbeliebten Massensuggestion zu erklären (Gruhle 1956, 270ff.). Sie dürfte sich noch gegenwärtig zu der Auffassung bekennen, die vor mehr als 60 Jahren Friedmann in die Worte gefaßt hat ([1901] 203), es bedeute einen »großen und außerordentlich segensreichen Fortschritt«, daß man »die direkte Einwirkung übernatürlicher Kräfte heute« ablehne.

– 3 –

Unsere Vermutung, daß das menschliche Einzelwesen den Einflüssen transsubjektiver Kräfte geöffnet ist, wird nicht allein durch die freilich umstrittene vitalistische Biologie[23]) unterstützt, sondern vor allem auch von der Tiefenpsychologie C. G. Jungs[24]) und der Kollektivpsychologie Blondels[25]). Schon 1831 hatte Carl Gustav Carus gemeint[26]): »... daß nur die Menschheit der wahre Mensch sei und jeder einzelne Mensch nur ein besonderes Organ dieses höheren Ganzen ...« Mit der Romantik ist der Wissenschaft die Einsicht in diesen Zusammenhang wieder verlorengegangen, bis die Psychologen unserer Tage sie neu entdeckten.

Die unsichtbaren Mächte des Seelenreiches melden sich unabweisbar zum Wort. Was verbirgt sich hinter dem geheimnisvollen »Es«, das den Künstler überkommt? Wie erklären sich die Verwandlungen der Persönlichkeit, die die Psychiater schildern? Oder jene seltsamen Bewußtseinsveränderungen durch Gifte? Die Vermutbarkeit, daß im Hintergrunde alles Geschehens etwas Jenseitiges am Werke sei, ist nicht auszuräumen. Selbst als Arbeitshypothese wäre deshalb der Positivismus fragwürdig geworden. Das Leben auf Erden ist mit dem Verstand nicht zu begreifen, es verläuft für uns irrational[27]). Eine Ahnung von diesem Sachverhalt hatten schon die Wortführer des geisteswissenschaftlichen Positivismus. Sie sahen nämlich die bewegende Macht der Geschichte nicht in den großen Einzelpersönlichkeiten, sondern in einem überindividuellen Faktor, im »Es«[28]).

Wenn es stimmen sollte, daß der Mensch in einem seelischen Allzusammenhang steht, so kann auch der Rechtsphilosoph seinem Gegenstand nur in einer Haltung begegnen, die diesem Umstand angemessen ist.

Als sich die Rechtswissenschaft am Ende des 19ten Jahrhunderts einer ganzheitlichen Ansicht des Lebens immer mehr entfremdete, sprach Felix Dahn[29]) die Mahnworte: »Vergleichende Völkerkunde, Ethnologie, An-

---

[23]) Zur Kritik an ihr: Hartmann (1942) 31; Kaufmann (1936) 72ff. am besten Max Hartmann.

[24]) Seine Übertreibungen tun dem Gehalt seiner Lehre keinen Abbruch. Vgl. Reiwald 226ff. –
Eine weitere starke Stütze für die Annahme transsubjektiv seelischer Faktoren dürfte das Problem der Entstehung der Sprache bieten. Hier versagt der Positivismus handgreiflich. Vgl. Vossler 3f. und 63. Bemerkenswert hierzu Breysig 445.

[25]) Der Gegenstand der Kollektivpsychologie deckt sich nicht mit dem Stoff der Massenpsychologie, sondern ist das allen Individuen einer Gruppe Gemeinsame.

[26]) 89. Diese Auffassung gibt die allgemeine Überzeugung der romantischen Naturphilosophen zu erkennen. Der Gedanke selbst ist alt. Er findet sich bei Pascal, bei Augustin, ja schon bei Demokrit.

[27]) Dennoch gilt: Ziel des einzelmenschlichen Daseins ist und bleibt die sittlich verantwortliche Persönlichkeit! In der Gefahr der »regressiven Auflösung in die Kollektivpsyche« (C. G. Jung) kann die Rolle der Individualität nicht hoch genug geachtet werden. Heute ist jedem Naturalismus verwehrt, den Einzelnen von der Haftbarkeit für sein Tun freizuzeichnen. Vgl. hierzu jetzt Litt (1948) 39–77

[28]) Die alte Parole »histoire sans noms« ist jedoch durch den Historismus für immer entkräftet.

[29]) 9

thropologie ... sind die Voraussetzungen einer wissenschaftlichen Rechtsphilosophie.« Heute bei der Erörterung der Naturrechtsfrage scheint man diese Erkenntnis von überzeitlicher Bedeutung meist nicht zu beachten. Und doch können wir auch unsere Gegenwart nur richtig einschätzen, wenn wir uns selbst lediglich als ein Glied in der Kette der Menschheitsentwicklung sehen.

Im Jahre 1881 stellte der Begründer der deutschen Völkerkunde, Adolf Bastian, seine berühmte Lehre vom »Elementargedanken« auf. Er ging dabei – im Einklang mit älteren Forschern – von der Beobachtung aus, daß gewisse ethnographische Erscheinungen oft seltsam gleichartig anmuten. Die Ursache dieses Rätsels sah er in gleichen, allen Menschen ohne Rücksicht auf ihre Kultur und Rasse gemeinsamen Grundvorstellungen, die – unter gleichen Bedingungen der Umwelt – überall, wie er meinte, zu den gleichen Kulturgestaltungen führten. Daher rührt der Ausdruck »Elementargedanke«. Man sieht auf den ersten Blick, daß hier der naturalistische, metaphysikfeindliche Psychologismus des positivistischen Zeitalters zu uns spricht. Eine seiner Wurzeln reicht hinab zur antiken Auffassung, daß die Menschen in ihren seelischen Grundzügen alle einheitlich angelegt seien.

Bastian scheint – nach dem Gesamteindruck seines wenig klaren, ja oft sogar undurchsichtigen Werkes[30]) – überzeugt davon gewesen zu sein, mit seinem »Elementargedanken« den Schlüssel zum Verständnis nicht nur der ethnologischen Probleme, sondern der gesamten Menschheitsentwicklung gefunden zu haben. Seinem naturalistischen Psychologismus trat der bekannte Geograph und Vater der Geopolitik, Friedrich Ratzel, entgegen[31]) mit seiner historistischen »Übertragungstheorie«, nach der nur die primitive Ideenwelt und die einfachen Objekte des Kulturbesitzes als allgemein menschliches Eigentum psychologisch erklärbar sind. Alle komplizierteren Formen dagegen sollen sich aus wenigen besonderen Schöpfungsherden allmählich von Volk zu Volk verbreitet haben. Dabei wird eine ursprüngliche Armut der menschlichen Erfindungsgabe auf niederer Stufe vorausgesetzt.

Paul Ehrenreich hat gegen beide Theorien den Einwand erhoben[32]), daß sie dem Leben nicht gerecht würden. Die psychologische Theorie Bastians insbesondere müsse zuweilen damit rechnen, daß verschiedene Völker sich bei äußerlich gleichen Erscheinungen etwas gänzlich Verschiedenes gedacht hätten. Auch für Ehrenreich bleibt das Problem der Kulturkonvergenzen ungelöst. Er meint deshalb, der Einzelfall müsse geprüft werden, wobei methodisch zunächst Ratzels Auffassung zu berücksichtigen sei, bevor man seine Zuflucht zu Bastians nehme.

Jahrzehntelang wogte der Streit der Meinungen um den Elementarge-

---

[30]) Darüber klagen am meisten seine eigenen Anhänger, z.B. Eisenstädter. – Bastians Lehre ist vorbereitet in seinem Hauptwerk (1860), dessen Bände die bezeichnenden Untertitel tragen: »Die Psychologie als Naturwissenschaft«, »Psychologie und Mythologie«, »Politische Psychologie«. Den Juristen interessiert vor allem I 253ff.

[31]) (1885–88), besonders I 47ff.; (1912) II 462; systematisch: (1904). »Die Völkerkunde wächst auf die Geschichte hin.« (16).

[32]) 176

danken hin und her. Endlich setzte sich Ehrenreichs Auffassung durch. Heute scheint die Völkerkunde davon überzeugt zu sein, daß dem Leitgedanken Bastians die Anerkennung nicht versagt werden darf, daß aber Ratzels Übertragungstheorie den methodischen Vorrang genießen muß[33]).

Sind beide Arbeitshypothesen im Grunde schon für den Ethnologen nur Notbehelfe, so sind sie es erst recht für den Kulturhistoriker im eigentlichen Sinne. Denn gerade das, was ihn vornehmlich angeht, das Einmalige, das Unwiederholbare, können sie ihm nicht erklären. Der Elementargedanke nämlich versagt bereits vor den frühesten Regungen jeder höheren Geistigkeit. Überall sieht er bloß Gleichartiges als notwendige Folge natürlicher Ursachen. Hingegen die Übertragungstheorie verkennt bei Kulturbegegnungen völlig Macht und Wirkung des bodenständig Gewachsenen. Vollends aber enttäuschen beide Theorien in ihren Antworten auf die tiefere Frage, weshalb trotz ihrer unzähligen Unterschiede auch höhere Kulturen mitunter seltsame Gemeinsamkeiten aufweisen.

Ein moderner Forscher, der Leipziger Sinologe Eduard Erkes[34]), greift heute zur Deutung gerade dieses Phänomens auf Bastians Problemstellung zurück. Das erscheint nicht unverständlich, denn – wie er betont[35]) – ist er ein »alter Marxist«. Entstammen doch materialistische Geschichtsauffassung und Elementargedanke demselben geistigen Nährboden. Bestechend verweist Erkes auf bis ins einzelne gehende Gemeinsamkeiten zwischen den Hochkulturen Chinas und Ägyptens und folgert daraus eine Übereinstimmung allen menschlichen Seelenlebens überhaupt. Dem Urteil des Laien entzieht sich, inwieweit in China und in Ägypten tatsächlich die gleichen geopolitischen und wirtschaftlichen Verhältnisse vorgelegen und etwa noch das höchste Geistesleben geformt haben[36]). Über Ethik und Recht spricht Erkes sich nicht aus. Schon darum kann für uns der Fall China - Ägypten auf sich beruhen. Ohnehin bildet er offensichtlich eine Ausnahme, die man nicht verallgemeinernd auf die Morphologie höherer Kulturen übertragen dürfte.

Es bleibt sonach Erkes gegenüber dabei, daß Bastians Lehre allenfalls für niederste Kulturformen taugt. Überzeugend tut das eine Würdigung jener höchst seltsamen Ausdrucksgemeinsamkeiten dar, die unsere Kulturphilosophen (Spengler) und Geschichtsforscher, namentlich jedoch die Kunsthistoriker immer wieder bemerken. Es handelt sich um augenfällige Übereinstimmungen gewisser Kulturgebilde, die ohne erkennbare äußere und innere Ursachen – räumlich oft weit entfernt von einander – gleichsam wie aus dem Erdboden plötzlich hervorbrechen, eine Zeitlang weithin sichtbar das Feld beherrschen und häufig schließlich dem Auge wieder gänzlich ent-

---

[33]) Bernatzik (1939) 9ff.; Mühlmann (1937) 6ff.; Preuß (1926) 3–15, besonders 12; Max Schmidt (1924) 42f.; Thurnwald (1931) I, 28ff.; Ulrich (1923/1924) 449 und 750ff.; Trimborn (1928) 416ff. Über die Problemlage der Gegenwart unterrichten Trimborn (1958) 10, Adam (1958) 202f. und Schnitzer in seiner zweiten Auflage (1961) I, 147–151.

[34]) (1947)

[35]) (1948)

[36]) vgl. Spengler I 15ff., II 46ff., 341ff., 377ff., 521ff.

schwinden, um ihren Platz andersartigen – untereinander nicht minder geheimnisvoll »verwandten« – Erscheinungen zu überlassen. Anscheinend sind geopolitische oder sonstige äußere Mächte hier nicht beteiligt. Was gemeint ist, verdeutlichen schon wenige Beispiele: Warum trat mit dem gotischen Baustil zugleich die gotische Frakturschrift auf? Weshalb erschien in den florentinischen Fresken Masaccios – für ganz Europa überraschend – ein neuer Geist, der zur selben Zeit erstmalig auch in den meilenfernen Genter Altarbildern der Brüder van Eyck aufkam? Wie kommt es, daß in dem Augenblick, als plötzlich die gesamte spätantike Plastik zur Gestaltung der Raumtiefe überging, die zum ersten Male in der Geschichte der Kunst den Gegensatz Hell-Dunkel betonte, die damalige Ethik ausgerechnet die Polarität Gut-Böse entdeckte?

Wiederum stehen wir vor dem »überindividuell Seelischen«, dieses Mal in der allgemeinen und in der vergleichenden Kulturgeschichte. Vor etwa hundert Jahren faßte diese Beobachtungen Carl Justi in den Worten zusammen[37]):

»Es kommt häufig vor, daß unter getrennten Völkern, auch ohne jede direkte Einwirkung, aber in derselben Zeit, ganz übereinstimmende Richtungen und Ideen, literarische Formen und Entwürfe, ja verwandt aussehende Persönlichkeiten erstehen; die Zeit scheint eine mächtigere Bedingung der Ähnlichkeit als Land und Sprache; Erscheinungen desselben Ortes aus verschiedenen Zeitläuften sind sich fremder als gleichzeitige Erscheinungen sehr geschiedener Nationen.«

Während der bedeutende Kunsthistoriker staunend vor dem Unerforschlichen innehält, vermeint jedoch sein großer Zeitgenosse Wilhelm Wundt, in der Sicherheit des Positivisten, das Rätsel ganz einfach mit dem belehrenden Hinweis zu lösen:

»In solchen Fällen wunderbarer Übereinstimmung pflegen dann aber die allgemein menschlichen psychologischen Bedingungen auf der Hand (!) zu liegen[38]).«

Als ob Bastian oder Ratzel imstande wären, das Geheimnis zu lüften! Nicht einmal C. G. Jung mit seinen Archetypen vermöchte es[39]). Die Annahme *gleichbleibender* allgemein menschlicher Grundstrebungen nämlich könnte uns nicht das mindeste nützen. Denn unser Phänomen nötigt uns geradezu zur Vermutung, daß die verborgenen überindividuell seelischen Gestaltungskräfte förmlich dahin drängen, immer wieder Neues, nie Dagewesenes zu schaffen. Aller Wandel in den kulturellen Erscheinungsformen jedoch ist begleitet von einem »parallel« laufenden innerseelischen Wandlungsvorgang der kulturtragenden Menschen selbst. Sie behalten nicht für alle Zeiten ihre seelische Grundhaltung unverändert bei, ebensowenig wie sie sich untereinander gleichen. Metaphysische Mächte, wissenschaftlich nicht beweisbar, scheinen diese immerwährende Wandlung zu wollen[40]).

---

[37]) II, Buch 2, 299

[38]) Völkerpsychologie X, 106f.

[39]) Natürlich versagen hier auch die auf Ratzel aufbauende Kulturkreislehre Graebners (95 ff.) und die Konvergenztheorie (über sie: Ulrich 733 ff.).

[40]) Von den Forschern der Gegenwart erfaßt diesen Sachverhalt kaum jemand genauer als Adama van Scheltema. Allein, seine geniale Kulturmorphologie steht schon am Rande des Wissenschaftsfeldes, in jenem Zwielicht, das uns so leicht der Gefahr aussetzt, über die Grenzpfähle des allenfalls noch Vermutbaren hinaus zu streben und ins Bodenlose abzugleiten.

Freilich auch Bastian betont, es gebe »ein über das individuelle Dasein hinausgehendes unbewußtes (!) psychisches Schaffen.« Er meint sogar: »Nicht wir denken, sondern ›es‹ denkt in uns[41]).« Ähnlich läßt sich der Kunsthistoriker Aloys Riegl vernehmen. Nach ihm ist sein »Kunstwollen« die Frucht einer »zielbewußten Entwicklung[42]).« Beide Forscher sprechen damit nicht nur ihre eigene Auffassung aus. Der geisteswissenschaftliche Positivismus dachte allgemein so wie sie. Er wagte jedoch nicht den letzten Schritt. Vor der Metaphysik empfand er ängstliche Scheu, ja eine förmliche Feindseligkeit gegen alles Übersinnliche erfüllte ihn. Daher vermochte er aus seiner Grundüberzeugung nicht den naheliegenden Schluß zu ziehen, es könnten sich hinter seinem rätselhaften »Es« am Ende gar höhere Mächte verbergen, die zuweilen lenkend in das sichtbare Geschehen eingreifen. So beschränkte sich denn jenes nebelhafte Begriffsgebilde darauf, den Verfechtern des Positivismus den beruhigenden Dienst zu erweisen, daß es den im Hintergrunde ihres Weltbildes störend aufleuchtenden metaphysischen Horizont unauffällig verhüllte. Die Positivisten konnten sich mit Hilfe dieses logischen Kunstgriffs ungestört dem schönen Wahn überlassen, mit ihrem Psychologismus auf fest gefügter Heerstraße ohne Gefahr vorzurücken, sie wurden gar nicht gewahr, auf welchem schwankenden Moorgelände, inmitten metaphysischer Spekulationen, sie umhertappten.

Es ist von Nutzen, diesen unbegreiflichen inneren Widerspruch aufzudecken. Denn damit erweist sich unwiderleglich, wie sehr die nur richtig durchdachte Grundauffassung des geisteswissenschaftlichen Positivismus dazu nötigt, seinen Psychologismus mindestens stark einzuschränken.

Man könnte uns entgegnen, heute habe die Theorie des objektiven Geistes aber doch allen Psychologismus längst abgetan. Gewiß! Nur ist das, was sie unter transpersonalen Gegebenheiten versteht, etwas anderes als das, was wir im Auge haben, mag auch Nicolai Hartmann diese Lehre von den letzten Schlacken eines Psychologismus gereinigt haben, mag er dabei selbstverständlich keine Summe von Individualgeistern annehmen. Eines bleibt ihm versagt: der Ausblick auf den rätselhaften metaphysischen Hintergrund des geistigen Seins. Ihn behindert die zutreffende Erkenntnis, daß der objektive Geist lediglich eine Hervorbringung der menschlichen Gemeinschaft ist, mithin von der biologischen Voraussetzung abhängt, daß es auf Erden Menschen gibt, die ihn – freilich nicht im Erbgang, sondern im geistigen Verkehr miteinander – übertragen. So ist für Hartmann der Schluß durchaus folgerichtig, der objektive Geist sei nicht als »eine Substanz hinter dem Geistesleben einer Menschengemeinschaft« zu denken. Denn seiner Sehweise wären Einwirkungen aus der Transzendenz unvorstellbar[43]). Von seinem Standort aus mit Recht sieht er den bewußtseinslosen, unpersönlichen objektiven Geist ausschließlich an die Vielzahl des personalen Einzelbewußtseins gebunden, übersieht dabei jedoch die entscheidende Frage, ob es

[41]) (1881) 176. Ratzels Schüler sahen in diesen Worten eine Gefahr. Sie fürchteten, eine in Bastians Fahrwasser geratende Völkerkunde könne sich in metaphysische Spekulationen verlieren (Eisenstädter 23).

[42]) 92 und 97

[43]) N. Hartmann (1949) 205, 282, 287, 289, 296

nicht möglich ist, daß auf dem Wege über das personale Unterbewußtsein außermenschliche, transzendente Mächte an Bildung und Wandlung des objektiven Geistes beteiligt sind[44]).

Es bedarf keiner Begründung, daß die Lehre vom objektiven Geist, wie sie – soweit ersichtlich – gegenwärtig allgemein dargestellt wird, ohnmächtig wäre, unser Problem zu lösen. Ihr vornehmster Verfechter, Nicolai Hartmann, darf sonach als der Wortführer eines nur spiritualistisch überhöhten Positivismus angesprochen werden. Denn ihm sind die Gefilde des Metaphysischen ebenso verschlossen, wie den Positivisten im strengen Sinne des Wortes.

Daß die Gefilde des Metaphysischen, aus denen zu uns ein Hauch hernieder wehte, an den Grenzmarken der Wissenschaft gelegen sind, ist uns wohl bewußt. Unserem Ergebnis kommt deshalb selbstverständlich nur der Erkenntniswert der Vermutbarkeit zu, einer Vermutbarkeit freilich, die jedoch noch überzeugender als unsere Betrachtung des Massenseelischen auf transsubjektive Seelenkräfte von solcher Erhabenheit hindeutet, daß es sich verböte, sie nach den Lehren C. G. Jungs etwa mit dem Kollektivunbewußten der Menschheit zu verquicken[45]).

Nach allem sind wir nunmehr befugt, uns nach einem ewigen, in Gott ruhenden Recht auf die Suche zu begeben. Dabei werden wir aber unser besonderes Augenmerk auf die Frage richten müssen, wie sich bei der Annahme vermutbarer Kräfte aus der Überwelt angeblich unwandelbare, allgemeinmenschliche Grundstrebungen in Einklang bringen lassen mit der unleugbaren Tatsache, daß alle irdische Erscheinung dem Wandel in der Geschichte verfallen ist. Besonders sorgfältiger Prüfung bedarf dieser Umstand bei den höheren Kulturen. Allein, zunächst wollen wir uns mit dem Rechtsleben der außergeschichtlichen Völker und der Frühkulturen beschäftigen.

II. Die gleichbleibenden Grundrichtungen des menschlichen Fühlens und Strebens

– 1 –

In Deutschland erfuhr der Zweig der Rechtswissenschaft, der sich vornehmlich die »außergeschichtlichen« Völker, d. h. die vorgeschichtlichen Kulturen und die sogenannten Naturvölker zum Gegenstand wählte, eine anhaltende Belebung erst im Jahre 1878. Damals gründeten zur Förderung der »ethnologischen Jurisprudenz« die Professoren Franz Bernhöft und Georg Cohn, denen sich bald Josef Kohler zugesellte, die »Zeitschrift für vergleichende Rechtswissenschaft«. 1878 war das bahnbrechende Werk Bastians noch nicht erschienen. Seine Leitidee aber lag seit Jahrzehnten schon in der Luft. 1873 war in deutscher Übersetzung das zweibändige Werk des Engländers Tylor »Die Anfänge der Kultur« verbreitet worden, das sich in der

[44]) Vgl. hierzu Goethes Gespräch mit Eckermann am 11. März 1828

[45]) Zum Problem ist jetzt Jaspers (1949) zu vergleichen, der sich zu dem »Staunen vor dem Geheimnis« genötigt sieht (40).

gleichen positivistischen Grundrichtung bewegte, wie später Bastian, auf den es ohne Zweifel stark eingewirkt hat.

Es ist heute von besonderem Reiz, gerade die ersten Bände dieser Zeitschrift daraufhin durchzusehen, wie sich ihre Mitarbeiter zu der in jenen Tagen vorherrschenden ethnologischen Theorie einstellten. Wir sind dabei angewiesen auf gelegentliche Bemerkungen, ja wir müssen die Ansichten der betreffenden Verfasser großenteils sogar indirekt erschließen, da systematische theoretische Erörterungen hier vergeblich gesucht würden. In dem einleitenden Aufsatz zum ersten Bande berichtet Bernhöft »Über Zweck und Mittel der vergleichenden Rechtswissenschaft[46]).« Die Anschauungen, die er vorträgt, sind ihm erwachsen aus der Beschäftigung mit den indogermanischen Rechten. Es fällt auf, daß er, soweit ersichtlich, nur in dieser beiläufig auch dem Methodologischen dienenden Einführung einmal von einer »Gemeinsamkeit der Ideen und Grundbegriffe des Rechts« spricht, die auf eine Urverwandtschaft der Indogermanen schließen lasse[47]). Bereits im Jahre 1880[48]) bekennt er: »Und doch ist schon aus den Rechten, die wir jetzt kennen, mit Leichtigkeit (!) zu sehen, daß es kein allgemein gültiges Recht gibt und daß selbst die Grundideen nahe verwandter Völker nicht miteinander übereinstimmen.« Josef Kohler indessen hat von vornherein in seinen Aufsätzen und zahlreichen Besprechungen kaum Zweifel daran aufkommen lassen, daß er dem »Elementargedanken« – wenigstens für das Gebiet des Rechts – mit Zurückhaltung begegnete[49]). Seinem genialen Spürsinn gebührt das Verdienst, schon volle 20 Jahre vor Paul Ehrenreich bemerkt zu haben, daß ein stereotypes äußeres Geschehen von Rechtserheblichkeit nicht der Ausdruck eines stereotypen *inneren* Erlebnisablaufs zu sein braucht. Er warnte deshalb vor voreiligen Gleichsetzungen der inneren mit der äußeren Erscheinung, ohne vorher die näheren Umstände geprüft zu haben, durch die ein solches Rechtsphänomen in die allgemeinen Kulturzusammenhänge eingebettet ist. Die Gedanken Kohlers, die am ius primae noctis entwickelt sind, seien wegen ihrer methodischen Bedeutsamkeit hier im unverkürzten Wortlaut wiedergegeben:

> »Das Deflorationsrecht kann der Ausfluß eines Dominats und Grundherrenrechts sein, es kann aber auch der Ausfluß der religiösen Anschauung sein, daß die Braut ihren Schoß dem Gotte oder der Göttin weihen müsse. Die Rechtspflicht kann aus dem Gedanken hervorgehen, daß der für alle übrigen Männer künftig geschlossene Schoß noch zuvor einem fremden Mann geöffnet werden müsse, sie kann einer Unterdrückungslaune eines herrschenden Volkes gegenüber einem unterjochten entspringen, um dieses den Kelch der Bitterkeit bis in die Tiefe kosten zu lassen; sie kann auch einfach eine Folge der Eheschließungsform des Frauenraubes sein, indem der Bräutigam seinen Gehülfen und Helfershelfern zur Belohnung die Braut preiszugeben hat – das sind alles innerlich sehr verschiedene Institutionen, die nur äußerlich zusammenstimmen und daher nicht aus dem organischen Ideenkreise herausgerissen nebeneinander als gleichwertige Größen behandelt und so nach Ländern und Völkern geordnet, zur Prüfung gebracht werden dürfen[50]).«

---

[46]) (1878) 1ff.
[47]) a.a.O. 5
[48]) (1880) 257f.
[49]) vgl. die Rezension Bastians (1883) 277ff.
[50]) (1883) 279ff.

Hier geißelt Kohler einen Kardinalfehler, den z.B. der von manchen Naturrechtlern noch gegenwärtig geschätzte Albert Hermann Post Mitte der neunziger Jahre begeht[51]). Alles preßt er in eine nach Ländern und Völkern sauber gegliederte Systematik à la Linné, so als ob es bei äußerlich übereinstimmenden Rechtsgebilden eben nur wie bei Pflanzenarten auf die zutreffende Einordnung ankäme, anstatt auf das richtige geistige Verständnis ihrer Innenseite. Post ist Anhänger Bastians und hält die angeblich überall nachweisbaren gemeinsamen Grundvorstellungen vom Recht für bloße »Emanationen der allgemeinen Menschennatur[52]).«

Wer sich noch heute auf Post stützt, verkennt das tiefere Wesen der Geschichtserkenntnis völlig. Auch Rechtshistoriker und Vertreter der vergleichenden Rechtswissenschaft begegnen nämlich ihrem Stoff nicht wie Naturforscher. In der sorgfältigen Auswertung (Hermeneutik) aller Quellen erschöpft sich ihre Arbeit keineswegs. Um ihrer Aufgabe gerecht zu werden, bedürfen sie einer freilich selten vollkommen entwickelten psychischen Fähigkeit, der nachempfindenden Einfühlung[53]). Sie aber schwindet leider mehr und mehr dahin, je weiter zeitlich von seinem Gegenstand entfernt der Historiker seinen eigenen Standort hat. Als Faustregel mag daher die Überzeugung Karl Lamprechts durchaus zutreffen, wer tausend Jahre zurückgehe in die Geschichte, für den höre allmählich das Verstehen ganz auf. Wie leicht verfallen doch wir alle dem Irrtum, unsere heutige Geistesverfassung in einer längst verklungenen Vergangenheit bestätigt zu finden, selbst dann, wenn es sich dabei um so Fernliegendes handelt wie um die Vor- und Frühgeschichte[54]).

Könnten jene damaligen Menschen auferstehen und lesen, was in der Gegenwart so mancher ihrer gelehrten Nachfahren über sie zu schreiben pflegt, so würden sie die Köpfe schütteln und sagen: »Du gleichst dem Geist, den Du begreifst, nicht uns.« Wir heutigen Abendländer sehen alles durch die Brille unseres verstandeskühlen Individualbewußtseins, wie es sich seit der Renaissance zunehmend ausgebildet hat. Uns beherrscht vorwiegend das allgemeine Lebensgefühl der ungebundenen Einzelpersönlichkeit. Das begrifflich scharf geschliffene römische Recht, an dem wir noch gegenwärtig an unseren modernen Universitäten geschult werden, spricht uns daher als wesensverwandt an. Es entstammt nämlich ebenfalls einem geistigen Nährboden, in dem das zum Bewußtsein seines Ranges gekommene spätantike Individuum weithin den Ton angab. Daß unser Individualismus

---

[51]) Über Post: Bergbohm 306, Schnitzer (1945) 13f.

[52]) I (1894) 4

[53]) »Das bedeutet zugleich, daß historische Erkenntnis selbst ein historischer Vorgang oder ein Stadium des historischen Prozesses ist, in den der Historiker ebenso wie der Gegenstand, den er erkennen will, hineinverwoben ist. Daher sind die Ergebnisse seiner Untersuchungen nicht endgültige Feststellungen.« (Bultmann [1964] 159). Da jede Zeit sich ihr Geschichtsbild neu erarbeiten muß und keine Generation die Vergangenheit so sieht wie die Vorfahren, wird es also bis an das Ende der Menschheit keine unverrückbar feststehende Geschichtsansicht geben.

[54]) In diesem Sinne »zeitlich« fern stehen uns auch die heutigen Naturvölker.

heute ganz anders geartet ist als der damalige Individualismus, versteht sich natürlich. Auf den Geist des reifen Altertums kommen wir noch zurück. Für unseren augenblicklichen Gedankengang genügt es, diese hervorstechende Eigenschaft des römischen Rechts hier nur im Groben zu erfassen. Denn schon dadurch wird uns einsichtig, weshalb bei allen rechtsgeschichtlichen und rechtsvergleichenden Betrachtungen gerade der Jurist selbst so leicht in Gefahr gerät, an vergangene Zeiten die ihnen wesensfremden Maßstäbe der Gegenwart anzulegen.

So glauben heute sicherlich die meisten Naturrechtler, auch wenn sie sich der eindrucksvollen Macht des Wandels in aller Geschichte nicht verschließen, im Geheimen doch unbewußt, ihre eigenen Wertvorstellungen und Wünsche müßten schon die Menschen einer unvordenklichen Vergangenheit bewegt haben. Anders ist es nicht zu erklären, daß sie unausgesprochen in der Annahme übereinzustimmen scheinen, zum mindesten ein dunkles Vorgefühl für die Würde des Einzelnen zähle zu den Grundvorstellungen aller Zeiten, unabhängig von Rasse und Kultur[55]). Sie übersehen bei alledem völlig eine der Haupterkenntnisse der modernen Völkerkunde und Religionswissenschaft, eine unumstößliche Tatsache, die heute bei geistesgeschichtlichen Arbeiten auf Schritt und Tritt jedermann vor Augen haben muß: während des allergrößten Zeitraums seiner Entwicklung lebte der Mensch in einer gruppenseelisch empfindenden Welt magischen Lebensgefühls, das ein Persönlichkeitsbewußtsein, ähnlich wie jetzt bei uns im Abendlande, gar nicht hätte aufkommen lassen.

Wie unlängst Carl Heinz Ratschow nachgewiesen hat, trifft das wesentlich auf Europa selbst zu[56]). In der unio magica hat der Mensch eben noch gar nicht das Bewußtsein, ein einzelner zu sein. Bezeichnend hierfür ist die bekannte Erzählung vom Friesenherzog Ratbot. Er neigte zwar zum Christentum, lehnte die Taufe schließlich aber doch ab. Denn der christliche Missionar hatte auf seine Frage, ob er nach seinem Tode auch wirklich zu seinen Ahnen versammelt werden würde, die enttäuschende Antwort geben müssen, unter keinen Umständen könne eine abgeschiedene Christenseele mit Heidenseelen vereint sein. Dieser Germanenfürst lebte und webte noch ganz in den gruppenseelischen Vorstellungen seines Stammes. Die Zuversicht auf persönliche Unsterblichkeit war in ihm noch nicht erwacht. So bildete sein noch unentwickeltes Persönlichkeitsbewußtsein den einzigen Hinderungsgrund für ihn, Christ zu werden. Um es mit einem Wort C. G.

---

[55]) Zwei markante Beispiele: Im 19ten Jahrhundert bezeichnet Ahrens II 20ff. das Menschenopfer als »Verletzung des Rechts der Persönlichkeit«, heute meint Höffner 110, die Menschen der indianischen Hochkulturen hätten unter ihrer Religion gelitten. Eine Quelle für diese Behauptung nennt er nicht. Durch Pedro Simón aber wissen wir, daß in der südlicheren Zentralkordillere bei den Pijao »auch die tapfersten Krieger des eigenen Stammes sich frohen Mutes zerstückeln ließen, damit ihre Kraft auf alle Teilnehmer an der anthropophagen Kommunion überginge« (angeführt bei Trimborn 1961, 105).

[56]) Ratschow 44, 54, 76ff. und 149. Natürlich ist die unio magica lediglich ein jeweils ausfüllungsbedürftiges formales Deutungsprinzip.

Jungs zu sagen: damals standen die Germanen noch auf der Entwicklungsstufe der »Kollektivseele[57]).« Wenn die historische Deutung Jungs auch in der geistesgeschichtlichen Linienführung zuweilen fehlgreifen mag, so wird man sich doch *einem* nicht verschließen können: seiner These, der Abendländer habe sich zunehmend vom unbewußten zum bewußten Seelenleben entwickelt. Übrigens deckt sich diese seine Einsicht durchaus mit dem heutigen Forschungsstand der Religionswissenschaft und der Ethnologie[58]).

Bei Erörterungen über ein unwandelbares, absolutes Naturrecht ist sie – soweit ersichtlich – jedoch bisher überhaupt nicht einmal erwähnt worden.

Keines der bekannten organischen Lebewesen hat bei so geringer anatomischer Veränderung seines leiblichen Erscheinungsbildes eine so einschneidende *innere* Entwicklung erfahren, wie der Mensch, vornehmlich in der im

---

[57]) Jung 1946. Besser spräche man von Gruppenseele. Der Ausdruck Kollektivseele (= seelische Sammlungseinheit) führt leicht irre. Wir vermeiden es jedoch, von der Gruppenseele zu reden. Ihre wissenschaftliche Existenz nämlich ist zweifelhaft, weil sich für die strenge Forschung der »Ort« alles Seelischen auf die Einzelseele beschränkt (Beck 1960, 102f.). Daher sprechen wir vom Gruppenseelischen im Einzelwesen oder gebrauchen das Wort adjektivisch. Wir betonen so, daß es sich dabei nicht um mehr oder minder klare, reflektierende Bewußtheit handelt (Lersch 594ff.), sondern um das den Einzelnen beseelende »Wir-Gefühl«. Gleichwohl sind wir im Gegensatz zur Schulpsychologie von der Existenz der Gruppenseele überzeugt, wenn auch nicht aufgrund beweisbaren Wissens.

[58]) Aus P. Wilhelm Schmidt (1906) ist entnehmbar, wie schon am Anfang unseres Jahrhunderts im Anschluß an Émile Durkheim und Alfred Vierkandt innerhalb der Ethnologie die individualpsychologische Betrachtung begann angezweifelt zu werden. Lévy-Bruhl (1921) 14ff. hat der kollektivpsychologischen Richtung in der Völkerkunde zum Durchbruch verholfen. Der ihm folgende Thurnwald (1935) 23ff. sieht richtig hauptsächlich in der »Entwurzelung« und »Verwürfelung« die Ursachen des Individualismus. Felix Krueger (1915) 92 und 131ff. führt nur hart an das Problem heran, ohne es aufzugreifen. Charles Blondel gebührt das Verdienst, als Nachfahr Durkheims noch im modernen Menschen die kollektiven Züge aufgezeigt zu haben, doch ist ihm als Geisteserben Comtes der Sinn für unser Anliegen verschlossen. Als Historiker hat sich Breysig (1931) geäußert. Da er aber ausdrücklich an der »Einzelseele« des »Einzelmenschen« (22, 33) festhält, ist sein Unternehmen – von sonstigen Bedenken abgesehen (vgl. die Kritik in HZ. 147 [1933] 560ff., in der ihm Theodor L. Haering »Einseitigkeit« und »Gewaltsamkeit« vorwirft), – gescheitert. Übersehen hat das Problem Hermann Trimborn, der geschätzte Methodiker der modernen ethnologischen Jurisprudenz, offenbar deshalb, weil er gegen jeden »Evolutionismus« eingenommen ist (1928) 416–464
Methodisch klarer ist die jüngste zusammenfassende Darstellung des Rechtsgebietes von A.F. Schnitzer (1945) 89ff., 280ff., 304ff., der das Kernproblem freilich ebenfalls nicht in Erscheinung treten läßt.
Der im Jahre 1898 veröffentlichte Aufsatz Josef Kohlers bietet trotz seines verheißungsvollen Titels nichts, was heute noch von wesentlichem Interesse für unsere Frage sein könnte. Es wäre nach dem damaligen Stande der Forschung auch nicht anders zu erwarten.
Die bedeutendste Gesamtdarstellung des Gegenstandes stammt aus der Feder des Psychiaters Zucker (1950). Jedem, der mit naturrechtlichen Gedankengängen liebäugelt, sei diese »Seelengeschichte des Abendlandes«, von der bisher nur der erste Band (»vorchristliche Welt«) vorliegt, empfohlen. Sein Fachgenosse van den Berg (1960) hat das Thema für unsere Gegenwart großartig behandelt.

Vergleich zu seiner Gesamtgeschichte verschwindend kurzen Zeitspanne der letzten Jahrtausende[59]).

Alle Entwicklung aber bedeutet Wandlung. Wenn wir diesen Satz aussprechen, so haben wir die Veränderungen des *bewußten* Seelenlebens vor Augen, von dem C. G. Jung mit Nachdruck immer wieder sagt, heute entferne das Bewußtsein den modernen Einzelmenschen auf Gestirnsweite von seinem Nebenmann. Außer Betracht lassen wir also bei alledem, daß möglicherweise das Unbewußte, – schon wegen seines anscheinend stets gleichartigen, archaischen Charakters, – zum mindesten in seinen tieferen Schichten unveränderlich, d.h. ungeschichtlich sein dürfte. Diese Frage können wir deshalb getrost auf sich beruhen lassen, weil unser Rechtsbewußtsein, – wie wir noch näher sehen werden, – ein Phänomen des bewußten, nicht aber des unbewußten Seelenlebens ist[60]).

---

[59]) Ich behalte absichtlich den geläufigen Terminus »Entwicklung« bei. Treffender wäre mit Rothacker (»Schichten«) die Vorstellung einer Aufschichtung. Durch sie würden die Bedenken von Hans Leisegang (1928) 457 gegen eine entwicklungspsychologische Betrachtung der Menschheitsgeschichte ausgeräumt, die daraus entstehen, daß »überwundene Entwicklungsstufen sich immer wieder als durchaus nicht überwunden« herausstellen. In der Ethnologie macht sich durchweg eine seltsame Scheu geltend, Entwicklungsmöglichkeiten der Seele anzuerkennen. Graebner und die »Kulturkreislehre« mit ihrem überspitzten Historismus wirken offensichtlich selbst noch in ihren heutigen Kritikern nach.
Mir liegt nichts ferner als mit den Evolutionisten des 19ten Jahrhunderts die »Menschheit« für ein einheitliches Ganzes mit einheitlicher Entwicklungstendenz zu halten, etwa der Art, daß jedes Volk von demselben Ausgangspunkt den gleichen Weg zu einem gleichen Endpunkt nehme. Gleichwohl meine ich, daß eine »naturalistische« neben einer historischen Sehweise der Menschheitsgeschichte unvermeidlich ist. Ohne einen solchen von Trimborn (445) verfehmten »methodischen Dualismus« ist nicht zu arbeiten. Im übrigen ist der Entwicklungsgedanke doch auch der rein historischen Betrachtung nicht wesensfremd. Vgl. hierzu Lasch (1922) 50
Einem Naturrechtler, der sich auf den Ethnologen Jensen berufen möchte, sei entgegnet, daß J's Polemik gegen »die zahlreichen Versuche, mit dem Kollektivbewußtsein und dem Fehlen eines individuellen Lebensgefühls« zu arbeiten (2) ebenso unbegründet erscheint, wie seine Behauptung einer »von jeher bestehenden Gleichartigkeit der menschlichen Geistigkeit« (283), die durch sein eigenes Buch wiederlegt wird.

[60]) Schon deshalb dürfte die Tiefenpsychologie unfähig sein, Grundlagen für ein zeitlos allgemeingültiges Rechtsgefühl zu liefern. Neueste Bemühungen, die Jungsche Lehre hierfür auszuwerten, berücksichtigen – trotz anerkennenswerter Zurückhaltung im allgemeinen – im besonderen doch nicht genügend, wie wenig der Katalog der Archetypen der exakten Bewußtseinskontrolle standhält. Man denke an den »Wotankomplex« der Deutschen! Die Forschung der nächsten Jahrzehnte muß erst die Fundamente nachprüfen, bevor man auch nur hypothetisch die Aussage wagen dürfte, daß die »Grundform« der Einehe »im kollektiven Unbewußten angelegt und verankert« sei (Erich Fechner [1962] 171). Was übrigens wohl die mohammedanischen Tiefenpsychologen und Rechtsphilosophen zu dieser Feststellung sagen würden?
Anrich, der sich mit diesem Fragenbereich wohl heute am eingehendsten beschäftigt, nimmt zwar »Archetypen der Verhaltensweise« an, ohne die »nie ein echtes Gesetz« entstehen könne (327), betont aber deren »alogischen« Charakter und meint: »Das unbewußte Wissen muß bewußt werden, die kollektive Erkenntnis muß zu einer individuellen werden ... « (344), um im Dasein des Menschen Bedeutung zu gewinnen. Anrich läßt zwar C. G. Jungs Verdienste auch um die Rechtswissenschaft anklingen, geht jedoch auf die Naturrechtsfrage nicht einmal am Rande ausdrücklich ein. Denn

Nach allem liegt es auf der Hand, in welche Verlegenheit der moderne Forscher schon methodisch geraten muß, sobald er es unternimmt, jene uns so wesensfremden Menschen der Frühzeit richtig verstehen zu wollen, die einst ein Leben in der unio magica führten. Nicht einmal diejenigen Gelehrten, wie Lévy-Bruhl, Danzel, Thurnwald oder Ratschow, die uns auf die Andersartigkeit dieser Menschen aufmerksam machten, sind der Schwierigkeit des rechten Verständnisses ganz entgangen. So glücklich z. B. auch etwa Ratschows Entdeckung des magischen Menschen als Arbeitshypothese sein mag, so verfehlt ist sein Gedanke, dem Menschen der unio magica einen »religiösen Menschen« entgegenzustellen. Dem heutigen Abendländer dürfte es bei seiner rationalen Bewußtheit nicht mehr vergönnt sein, sich seiner abstrakten Denkweise zu entwöhnen. Nur nach seinem Denkschema vermag er das Leben zu ordnen. Immerhin gewinnt er dabei schon viel, wenn er sich wenigstens eingesteht, wie beschränkt sein Blickfeld ist. Ohne damit den hohen Wert des abstrahierenden Denkvermögens herabzuwürdigen, sollte er sich bewußt machen, wie jung in der Menschheitsgeschichte sein eigenes geistiges Wesen ist und wie wenig wir daher befähigt erscheinen, uns in die Welt unserer Altvordern verstehend einzufühlen[61]). Für den Juristen des individualistischen Abendlandes beruht das Eigentümliche des Rechts im wesentlichen auf der polaren Spannung zwischen dem einzelnen Menschen und der Gesamtheit der anderen, wobei jedoch häufig der Interessengegensatz der einzelnen untereinander den Vordergrund beherrscht, als ob die sogenannte Rechtsgemeinschaft im Grunde nichts anderes als die Summe von Individuen wäre. In der Tat scheint ja die Ichsucht des Einzelnen seit jeher das praktische Rechtsleben bewegt zu haben. Berücksichtigt man jedoch, was uns heute Ethnologie, Religionswissenschaft und Tiefenpsychologie lehren, so kann nicht zweifelhaft werden, wie verfehlt es wäre, aus der egozentrischen Grundhaltung des Menschen zu allen Zeiten den Schluß auf ein dem modernen Persönlichkeitsbewußtsein verwandtes individualistisches bezw. dualistisches Lebensgefühl unserer Urahnen zu ziehen. Die dem heutigen abendländischen Juristen geläufige unerschütterliche Überzeugung vom unzerstörbaren Wert des Einzelnen ist keineswegs allen Zeiten und Völkern vertraut gewesen, noch ist sie es etwa gegenwärtig. Wir brauchen uns nur daran zu erinnern, welche blutigen Menschenopfer man früher den Göttern darbrachte. Daß sich gegen diese uns unverständ-

---

wenn er z. B. die Gewissensnöte der am 20. Juli 1944 Beteiligten als Äußerungen archetypischer Ordnungsvorstellungen deutet, dabei aber die Konflikte »auf beiden (!) Seiten« hervorkehrt, so kann er gar nicht ein Ringen um die Befolgung von Naturrechtsgeboten vor Augen gehabt haben (326) einfach deshalb nicht, weil in jenem Falle das Naturrecht nur eine zweifelsfreie, einheitliche Entscheidung für alle Beteiligten hätte vorschreiben können.
Allein auf der Ebene der »Distanzschaffung« (Anrich 343) kann ein Naturrechtsdenken überhaupt aufkommen, also nur dort, wo eben, wie der geschulte Historiker Anrich selbst einräumt (304), »außerordentlich viel Geschichtliches« mitspricht.

[61]) In dieser bei seinen Arbeiten stets wachen Einsicht liegt die Hauptursache der bahnbrechenden Erkenntnisse Otto Brunners. Bemerkenswert ist, daß er ausdrücklich die Notwendigkeit und Unvermeidlichkeit der »Als-Ob-Betrachtung« betont. (147)

lich und grausam erscheinende Unsitte aus dem Kreise der Beteiligten auch nur eine einzige Stimme des Abscheus und der Empörung erhoben hätte, ist uns nicht bekannt. Im Gegenteil, wir sind sogar zur Annahme berechtigt, daß die Geopferten wahrscheinlich »frohen Mutes« in den Tod gingen, weil sie wähnten, das von ihnen vergossene Blut komme ihrem Volke zugute[62]). Demnach ist der Begriff des Mordes schon im Hinblick auf diesen Sachverhalt eine fragwürdige Vorstellung. Wir stimmen hier durchaus mit Wilhelm Wundt überein[63]).

Demgegenüber behauptet indessen Max Scheler, keinem Zeitalter sei der Mord etwas Fremdes gewesen[64]). Freilich könne man zu dieser Einsicht erst kommen, wenn man die »Variationen der Werttypen« zu unterscheiden gelernt habe. Die Tötung eines Menschen nämlich sei, für sich genommen, noch nicht Mord, sondern lediglich dessen Voraussetzung. Scheler meint: »Es muß in der Intention der *Personwert* eines Wesens ›Mensch‹ überhaupt gegeben sein und eine mögliche Handlungsintention auf *dessen* Vernichtung abzielen, wenn von Mord die Rede sein soll.« Welche Bewandtnis es mit dem Personwert hat, zeigt unser Beispiel vom Menschenopfer. Übrigens gesteht das Scheler sogar selbst zu. Denn er räumt ausdrücklich ein, der Personbegriff finde sich »erst auf einer bestimmten Stufe menschlicher Existenz«, man dürfe ihn »daher nur bei einer gewissen *Art* von Menschen, nicht beim Menschen überhaupt« suchen[65]). Somit bleibt Scheler den Beweis für seine Behauptung schuldig, es wandle sich lediglich die »Schale«, niemals jedoch der »Kern« der »variablen Werttypen[66]).« Wenn ganze Zeitalter im Feinde, im Kriegsgefangenen und im Sklaven nicht den Personwert erlebten, so liegen dem doch wohl nicht nur »abergläubische«[67]) Vorstellungen zugrunde, sondern vermutlich eine allgemeinmenschlich animalische Abneigung gegen alles Fremde, die auch bei uns immer wieder in schwierigen Lebenslagen in Erscheinung tritt.

Wie es in magischen Kulturen um die Geltung des Einzelnen bestellt ist, zeigt auch die strafrechtliche Grundhaltung, allein die Tat und ihre Folgen,

---

[62]) Trimborn (1961) 105

[63]) Wundt (1924) 59. Vgl. auch Makarewicz 135

[64]) Scheler (1927) 323ff. Zur Kritik an Scheler Stofer 136. – Heutige Naturrechtler, die den leitenden Grundsatz jeder nur denkbaren Ethik in der Goldenen Regel sehen (Messner 1960, 34, 54 und 316), könnten jenen frühen Kannibalen wie den heutigen Menschenfressern in Neu-Guinea vorwerfen, sie verstießen gegen die Goldene Regel. Aber welche Ironie der Geistesgeschichte! Wie wenig hat die Goldene Regel überhaupt mit dem höheren Ethos gemein! Sie entstammt, wie unlängst der Gräzist Dihle nachwies, gruppenseelisch vulgärethischem Denken, Gleiches mit Gleichem zu vergelten. Kein Weg von ihr führt zur Liebesethik Jesu (Dihle 96, 112, 116, 118 und passim). Wer den Satz: »Behandle andere so, wie du von ihnen behandelt werden möchtest!«, zum obersten alle Völker beherrschenden Naturrechtsgebot erheben will, der steht noch in der Aufklärung. So ist es z.B. bei Reiner der Fall. Seine Quellenbelege entstammen bezeichnenderweise nur der Zeit vor Kant. Auch arbeitet er mit mathematischen Vorstellungen. Vortreffliches über den Wert der Goldenen Regel bei Brecht 303, 365, 427f., 659

[65]) Scheler (1927) 496

[66]) a.a.O. 327

[67]) a.a.O. 324

nicht aber den Täter ins Auge zu fassen. Jene Ansicht, der die Tatgesinnung wichtiger erscheint als alles äußere Geschehen, treffen wir bezeichnenderweise nur dort an, wo Individualbewußtsein und diskursiver Verstand die Zügel führen. So ist es im klassischen Altertum bis in die Spätantike und dann erst wieder im neueren Europa seit der Renaissance[68]). Kein Wunder daher, daß wir in magischen Rechtsgemeinschaften stets auf die Vorstellung von der Kollektivschuld stoßen[69]). Daß dieser Gedanke sogar die hochgebildeten Griechen noch zu ihrer Blütezeit beherrschte, daß selbst ihnen fremd war, der Mensch dürfe nur für seine *eigene* Tat bestraft werden, beweist uns nur das Beharrungsvermögen der geistigen Überlieferung[70]).

Diese Tatsachen eröffnen eine ernüchternde Sicht auf das Archaische in dem noch heute lebendigen Wahn der Kollektivschuld, dem sogar moderne Christen verfallen sind.

Daß die Würde des Menschen eine Grundvorstellung zu allen Zeiten sei, ist unwahr. Vielmehr wird die Menschenwürde nur zu wenigen Zeiten und lediglich im Abendland – mit starken Einschränkungen in der Praxis – dort theoretisch anerkannt, wo das auf dem antiken Glauben an die persönliche Unsterblichkeit fußende geläuterte Menschenbild des Christentums[71]) unverfälscht das Feld beherrscht. Freilich erst die Spätantike schuf den richtigen Nährboden für die Botschaft der Nächstenliebe, nachdem sich das Bewußtsein von der Bedeutung der Persönlichkeit allgemein durchgesetzt hatte[72]). So hat denn Ahrens, ein führender Naturrechtler des 19ten Jahrhunderts, durchaus recht: Das Christentum ist »die erste Magna Charta libertatum, nicht eines einzelnen Volkes, sondern der Menschheit[73]).« Dabei übersehen wir jedoch allzu gern, daß es im Grunde die christlichen Soziallehren selbst sind, die der Ethik des wahren Christentums den ihr gebührenden Herrschaftsanspruch über alles menschliche Gemeinschaftsleben hartnäckig – bis nahe an die Schwelle unserer Gegenwart – verwehrten. In ihrer fast zwei Jahrtausende überdauernden Unfähigkeit, wenigstens in der Theorie Jesu Liebesgebote unverkürzt gelten zu lassen, wirkt das Beharrungsvermögen vorchristlicher Sozialauffassungen nach, die nicht allein in der heidnischen Antike, sondern vornehmlich im gruppenseelischen christlich germanischen Mittelalter ihren Ursprung haben[74]). Das hat unlängst Knoll einleuchtend nachgewiesen. Wir werden es noch näher untersuchen.

---

[68]) Reiches Material bei Tesar (1907). – Über das europäische Mittelalter: Achter (1951), über Germanien und das deutsche Mittelalter: Eberhard Schmidt 25ff., über China: Vogel 81ff., Grundsätzliches über den magischen Menschen: Mosbacher 34ff., Makarewicz 358ff.

[69]) Mosbacher 41ff., Carl Meinhof (1914) 141ff., Makarewicz 305ff.

[70]) Bernhöft (1880) 258

[71]) Kittel (1931) und Leipoldt (1948)

[72]) Coing nimmt an, gleichwohl habe die Nächstenliebe schon vorher als ein der Menschheit zugänglicher Wert existiert. Als Glaube wäre diese Annahme ihm nicht versagt.

[73]) Band II, 57

[74]) Troeltsch (1912) 178ff.; Fritz Kern (1919). Unter den heutigen Historikern hat Heer diesen Dingen besondere Aufmerksamkeit gewidmet. Seinen Ergebnissen muß zugestimmt werden.
Übrigens folge ich bei alledem – im Gegensatz zu einer seltsamen Theologie moderner

Anscheinend möchte Coing ausgerechnet in Dilthey einen der Väter modernen Naturrechtsdenkens sehen. Um den Fehlgriff dieser seltsamen Annahme zu erkennen, bedarf es keiner langen Darlegungen. Denn gerade Dilthey ist es, der das Naturrecht »in die reponierten Akten der Wissenschaft« verweist. So lauten seine eigenen Worte[75])! Wer seine »Einleitung« mit Verständnis[76]) und im Zusammenhang mit seinen übrigen Werken liest, wer sich vor Augen hält, wie unermüdlich und unbeirrbar der Begründer der Geisteswissenschaften sein ganzes Leben bis in seine letzten Tage mit den methodischen Schwierigkeiten gerungen hat, in allen geistigen Erscheinungen immer das Unwiederholbare, das Einmalige richtig zu erfassen, dem

---

Protestanten – der bewährten Auffassung, daß das Christentum eine Jenseitsreligion sei. Denn nur so erklärt es sich zwanglos, weshalb schon die ersten Christen ihren leidenschaftlichen Kampf gegen den Reichtum ausschließlich religiös, nicht aber sozial-wirtschaftlich verstanden, weshalb später die christlichen Soziallehren noch bis ans Ende des 19ten Jahrhunderts das widerchristlich Ausbeuterische eines machtlüsternen Privateigentums gleichermaßen ohne innere Auflehnung anerkannten, wie sie wenige Jahrhunderte zuvor nicht allein die bitteren Ungerechtigkeiten einer hierarchischen Ständeordnung, sondern sogar die Sklaverei ausdrücklich bejaht hatten. Heute, da alle diese Nachwirkungen eines längst verblaßten urchristlichen Chiliasmus langsam abklingen, kann selbst der gläubige Christ nicht mehr der drängenden Pflicht ausweichen, sich endlich mit der unbefriedigenden Sozialordnung dieser unchristlichen Welt ernstlich auseinanderzusetzen. Die Auseinandersetzung hat, wenn wir nicht irren, gerade eben begonnen. Darum gibt es zur Stunde noch gar keine wahrhaft christliche Gesellschaftsordnung, mögen auch viele Naturrechtler sie schon fertig vor Augen haben.

[75]) Das Zitat ist seiner Pädagogik entnommen (1960) 9. Gerade in jener Schrift offenbart sich seine kritische Haltung gegenüber einem Glauben an »überall gleichmäßige Grundzüge« der Sittlichkeit. D. vertritt hier – im Einklang mit seiner ständig verfochtenen Auffassung, wie sie schon 1864 in seiner Habilitationsschrift »Versuch einer Analyse des moralischen Bewußtseins« (VI [1958] 1ff. [19]) festliegt, – die Meinung, es gebe kein »allgemeines, für alle Menschen wissenschaftlich feststellbares System des sittlichen Lebens« (1960) 157. Auch in seinem Aufsatz: »Über die Möglichkeit einer allgemeingültigen pädagogischen Wissenschaft« (VI [1958] 56ff.) äußert er sich über das Naturrecht abfällig. Coing dürfte schließlich auch Diltheys Schrift entgangen sein: »Die europäische Wissenschaft des 17ten Jahrhunderts und ihre Organe«. Dort heißt es: »Aber geschichtslos wie sie waren, ohne Kenntnis der wirtschaftlichen und sozialen Zusammenhänge . . . , ohne Anerkennung der naturgewachsenen Verschiedenheiten der Nationen, haben diese Lehren (d.h. des Naturrechts) nur solange nützlich gewirkt, als es galt, veraltete Institutionen aus dem Wege zu räumen. Ihre Funktion war nur vorübergehend, wie ihre wissenschaftliche Begründung ungenügend war« ([1959] 13).
Allerdings nimmt auch Dilthey an, den Menschen wohne ein »rechtsbildendes Vermögen« inne, das weiter reiche als die positive Rechtsordnung, und folgert: »Sonach hat das Naturrecht in sich dauernde Wahrheiten.« (X [1958] 103) Diesen Ausspruch dürfen wir indessen nicht mißverstehen als ein Bekenntnis zu einem überpositiven Normensystem, sagt doch D. dazu selbst, daß er in »den Beziehungen zwischen selbstwertigen Personen, dem Verhältnis ihrer Leistungen, ihrer Verwebung in Funktionen«, die unabdingbaren geschichtlichen Elemente einer jeden Rechtsbildung sehe. (a.a.O.) Allenfalls will er damit also etwas Ähnliches sagen wie Bergbohm mit seinem geflügelten Wort (122), daß »alle Menschen geborene Naturrechtsjuristen« seien.

[76]) (1923) vornehmlich 35ff.

sollte kein Zweifel aufkommen, daß es Dilthey nicht einmal im Traume eingefallen sein könnte, beiläufig auch Grundlagenforscher des Naturrechts zu sein. Freilich war es bei diesem Bemühen nicht zu umgehen, daß er sich zuweilen seine Gedanken über die Problematik gleichbleibender seelischer Strebungen bei allen Menschen machen mußte. Naturrechtler, die das heute feststellen, sollten jedoch, bevor sie daraus voreilig günstige Schlüsse für ihre Sache ziehen, berücksichtigen, daß Dilthey immerhin »weit mehr, als meist bemerkt wird, von der positivistischen Strömung seines Zeitalters berührt worden« ist[77]). Ihm Stützen des Naturrechts entleihen zu wollen, wäre sonach ein geistesgeschichtlicher Irrtum.

Auch wir müssen uns der Problematik angeblicher seelischer Grundstrebungen stellen. Daß, trotz aller Unterschiede der Rasse und der Kultur, menschlicher Bildung und Einzelschicksale, bei uns allen etwas Gemeinsames vorhanden ist, wer könnte es leugnen? Gleicht doch jeder Mensch schon dadurch dem anderen, daß er kein Tier ist. In diesem Sinne sind Karl Jaspers' Worte richtig zu verstehen: »Dann aber erscheint uns jeder Mensch als das Unendliche selbst, dem alle Gestalten angehören oder in dem sie potentiell vorgebildet sind[78]).« Und nicht anders meint es Herman Nohl, wenn er sagt: »... im wesentlichen lebt in jedem Menschen die ganze Menschheit[79]).« Wer hier beiden Forschern auch nur die Nebenabsicht unterstellt, Grundlagen für ein Naturrechtsdenken zu liefern, mißversteht sie gröblich. Nohl und Jaspers sind Schüler Diltheys. Gedanken an gleichartige allgemeine Grundvorstellungen liegen ihnen fern. Besonders Nohl betont auf Schritt und Tritt die ständige Veränderung der unwiederholbaren Erscheinungen in der Geschichte[80]).

Der Naturwissenschaftler Lecomte du Noüy brachte uns unlängst das Verständnis dieser Dinge wieder nahe. Er wies nämlich daraufhin, daß unter sämtlichen Lebewesen lediglich der Mensch dem Gesetz des inneren Wandels unterworfen ist. In allen unseren Daseinsregungen ist unabdingbar das Geschichtliche mitenthalten. Jeden Augenblick also überlagert es das, was Nohl die ganze Menschheit in uns nennt. Aber nicht genug damit. Es »überformt« und »überhöht« (N. Hartmann) daneben zugleich diese unsere Grundanlage, wenn auch in der eigentümlichen Weise, daß dabei immer ein deutlich spürbarer animalischer Bodensatz zurückbleibt, der von »unten« her durch die von den Mächten der Geschichte gebildete geistige Oberschicht schimmert. Freilich: diese geisttragenden Tiefenschichten unseres Seins sind stets und überall die gleichen. Sie allein sind es, die die Grundstrebungen aller Menschen, wann und wo auch immer, in die gleiche Richtung lenken. Das Ahistorische in unserem Sozialverhalten bildet den Gegenstand der von Émile Durkheim begründeten Gattungspsychologie

---

77) Rothacker (1930) 254.
78) (1919) 16
79) (1959) 22
80) Jaspers bekannte sich allerdings vorübergehend unter dem Eindruck der Stimmung nach dem zweiten Weltkrieg ausdrücklich zum Naturrecht ([1949] 66, 212, 342). Später jedoch rückte er deutlich von diesem Standpunkt wieder ab ([1958] 61).

(Psychophysiologie), die durch die moderne Tierverhaltensforschung heute wieder Bedeutung gewinnt. Knochenfische, Vögel und Säuger entwickelten im späteren Erdmittelalter bereits Vorformen menschlicher Haltung bis in »lächerliche Einzelheiten«, z.B. Liebeswerben, Freundschaft, Rangstreben, Eifersucht, Gram und Feindseligkeit[81]). Der Mensch hat diese seelischen Regungen von Tieren in den ihm gemäßen Beziehungen zwischen Eltern und Kindern, Alter und Jugend, Führer und Gefolgschaft, zwischen Freunden, Feinden und Geschlechtspartnern lediglich auf eine höhere Ebene emporgehoben, nicht anders als die Abhängigkeit von Lebensraum (Revier) und Sachgütern (Nest, Nahrung). In ihrer Ungeschichtlichkeit aber liefern jene animalischen Verhaltensweisen doch nur Grundzüge für eine niedere Ordnung. Sie erreichen nicht die Höhe des eigentlich Menschlichen. Wer sich an ihnen ausrichtet, sinkt zurück auf das Niveau seiner tierischen Vorfahren, er käme also zu einer rein biologischen Rechtsordnung. Mag auch niemand gehindert sein, mit Teilhard de Chardin solche Vorformen menschlicher Seelenregungen als »evolutionäre Tastversuche« anzusehen, so sollten wir uns daher doch ernstlich vor dem Irrtum hüten, in ihnen schon »hochkomplexe Normen (!) des Verhaltens«[82]) erkennen zu wollen. Erst im Menschen nämlich gelang der Schöpfung der Entwicklungssprung vom Müssen zum Sollen. Beim Menschen allein beobachten wir, daß sich zwischen Ursachen und Folgen seiner Gattungsbedingungen stets die umgestaltenden Kräfte »der Generationen und der historischen Umwelt«[83]) einschieben. Eine wahrhaft humane Ordnung erforderte sonach Richtlinien, die der Höhenlage des Menschlichen im Stufenbau der Welt angemessen wären.

Keineswegs indessen soll damit unterschätzt werden, wie stark auch der Mensch – schon durch seine biologische Daseinsgrundlage – abhängig ist von der ihm vorgegebenen Gesetzlichkeit seiner Welt, die er beim Eintritt ins Leben fertig vorfindet. Mit allen Fasern seines Wesens, wie neben ihm die anderen irdischen Geschöpfe, ist er ihr eingegliedert. Sie ist weder seine bloße Vorstellung, noch gar seine Begriffsschöpfung. Wer also eine ideale Rechtsordnung einführen möchte, darf die nährenden Wurzeln des menschlichen Seins, die wir mit Pflanzen und Tieren teilen, nicht leichthin mißachten. Diese Einsicht ergibt die Lehre Jacob von Uexkülls. Indem wir ihr folgen, treten wir zu unserer erkenntnistheoretischen Grundhaltung durchaus nicht in Gegensatz. Im Gegenteil! Denn wir huldigen einem kritischen Realismus, nicht aber dem transzendentalen Idealismus Fichtes mit seinem seltsamen Glauben, der Mensch sei der Angelpunkt des Alls. Von der modernen Phänomenologie scheidet uns jedoch die Selbsterkenntnis, daß wir die Welt um uns doch nur mit *unseren* Sinnen und mit *unserem* Fassungsvermögen begreifen. Überheblich, ja geradezu töricht wäre es deshalb, wollten

---

81) Konrad Lorenz (1963) 327–329
82) a.a.O. 329
83) Blondel 209. Übrigens haben unlängst Neo-Psychoanalytiker und Sozialpsychologen an amerikanischen Versuchspersonen festgestellt, daß »die menschliche Natur auch in ihren Tiefenschichten nur von der Kultur her verstanden werden« kann (Hehlmann 325).

wir uns etwa zutrauen, den verborgenen Sinn jener lebensgesetzlichen Zusammenhänge, in die wir als dienende Glieder eingeordnet zu sein scheinen, mit phänomenologischer Methode irrtumsfrei zu erschauen. Vielmehr sollten wir uns bei alledem bescheiden, wie es uns wohl anstünde, eingestehen, daß wir nur die umgreifende höhere Gesetzlichkeit des Kosmos in unsere Gesetzlichkeit umformen. Dabei fällt unserem Hirn gewissermaßen die Rolle eines Ordnungstransformators zu. Die Neukantianer irrten also. Denn nicht erst der Mensch ist es, der in das Chaos da draußen Ordnung bringt. Die kosmische Ordnung ist ihm vielmehr vorgegeben. Freilich versteht er sie nur auf die Weise, wie es seine irdische Beschränktheit zuläßt. Ausschließlich in diesem Sinne wäre es vertretbar, davon zu sprechen, der Mensch schaffe sich seine Ordnungsvorstellung. So gesehen haben die Neukantianer allerdings recht, wenn sie darauf hinweisen, daß der Mensch tatsächlich unentrinnbar in seine Vorstellungswelt eingesponnen ist. Es ist nämlich wirklich nicht zu leugnen: unsere Welt und uns selbst betrachten wir doch lediglich mit *unseren* Augen und beurteilen wir allein mit *unseren* Begriffen. Diese Einsicht folgt übrigens durchaus nicht nur aus den Arbeiten Uexkülls, sondern ebenso aus der modernen Sinnesphysiologie. Sie gerade lehrt uns, daß bei jeder Wahrnehmung »ein Ich *seinem* Gegenstand«, keineswegs aber dem Gegenstand schlechthin begegnet. Die Unabhängigkeit einer abstrahierbaren Subjektivität ist ebenso ein Hirngespinst wie die Annahme einer Welt abstrahierbarer Objekte. Zwar zeigt jeder Wahrnehmungsakt eine Begegnung zwischen Ich und Umwelt in der Weise, daß der Wahrnehmungsvorgang auf die dem Subjekt zugekehrte Seite des Objekts abgestimmt ist. Das Entscheidende dabei aber ist: »Die *erlebten* Ordnungen sind nicht die *objektiven* Ordnungen[84]).«

Unsere Phänomenologen sehen das nicht ein. So meint Adolf Reinach, ein Schüler Husserls, ihm sei gelungen, »rechtliche Gesetzmäßigkeiten, unabhängig von der menschlichen Erkenntnis, unabhängig von der menschlichen Organisation und unabhängig vor allem von der faktischen Entwicklung der Welt« zu entdecken[85]). Er beruft sich dafür auf eigene »Schauungen rechtlicher Zusammenhänge, die nie ins Bewußtsein getreten zu sein brauchen«, ja von denen man sagen dürfe: »Es hat keinen Zustand gegeben, in dem sie und *nur* sie positive Geltung besessen hätten[86]).«

Wir erkühnen uns selbstverständlich nicht, die Existenzmöglichkeit derartiger Wesensgesetze zu bestreiten. Was wir aber entschieden bestreiten müssen, ist daß ein endlicher Mensch sie entdecken könnte. Freilich mag es zuweilen vielleicht vorkommen, daß unter uns ein Begnadeter in einer Art mystischer Wesensschau aufnimmt, was dem Verstand des Durchschnittlichen ewig verschlossen bleibt. Lassen doch gerade die Phänomenologen nichts unversucht, sich in einen nahezu meditativen Zustand andächtiger

---

[84]) Victor v. Weizsäcker 91ff., besonders 93f., 104f. Zustimmung zur Umweltlehre 87f., 106

[85]) 163

[86]) 161

Aufnahmebereitschaft zu versetzen, der es ihnen ermöglichen soll, ihre Gegenstände unvoreingenommen, ja vorwissenschaftlich auf sich einwirken zu lassen, um schließlich nur noch schlicht schauend einfach zu registrieren, »was es da innerhalb des so abgesteckten Gesichtskreises alles zu sehen gibt[87]).« Jedoch wird es einem Phänomenologen hierbei kaum anders ergehen als einem Mystiker. Nämlich in dem Augenblick, wo der Mystiker aus der Versenkung wieder zu sich kommt, verschwimmen ihm, wenn die Schauung sich vor den rückkehrenden Strahlen des Verstandes verflüchtigt, unversehens Jenseits und Diesseits ineinander. Schon die Wortsprache, deren er zur Mitteilung des Erlebten an sich und andere nicht entraten kann, verfälscht unmerklich das irrational Erfahrene mit ihrer logischen Begrifflichkeit und vermengt es unkontrollierbar mit seinen Phantasien und Wünschen. Am Ende weiß dann der Schauende selbst nicht mehr zu sagen, wie sich sein Erinnerungsbild verwandelt hat.

Bei alledem soll nicht in Abrede gestellt werden, daß die phänomenologische Selbsterziehung manchen befähigt, in Unvoreingenommenheit und reiner Hingabe an die Sachen wissenschaftliche Glanzleistungen zu erzielen. Aber in dem Maße, wie dies möglich wird, wächst zugleich daneben die Gefahr, daß der Forscher gar nicht unbefangen an sein Werk geht, sondern in Wahrheit nur durch die Brille seiner unbewußten Wünsche schaut. Das hat dann zur Folge, daß er genau das entdeckt, was er insgeheim zu entdecken hoffte[87]). Trotzdem rechnete Edmund Husserl damit, es werde eines Tages glücken, die »eidetische Reduktion« von sämtlichen Schlacken der natürlichen Welt und allen auf sie bezüglichen Wissenschaften zu befreien[88]). Diesen Optimismus scheinen die anderen Phänomenologen nicht uneingeschränkt zu teilen. Pfänder z. B. gibt sogar für die Logik unumwunden zu[89]), wir vermöchten uns unwissentlich mit fiktiven Gegenständen zu befassen, namentlich wenn dabei etwas Erkenntnistheoretisches im Vordergrund stehe. Und das ist bei Reinach doch der Fall. Seine logisch zwar widerspruchslosen Schlüsse können aus diesem Grunde allein noch nicht davon überzeugen, daß sie auch mit der Wirklichkeit übereinstimmten. Allerdings könnte er uns darauf verweisen, seine Entdeckungen bezögen sich ja gar nicht auf das naturale Sein, sondern auf ein ideelles Sein. Aber damit wäre er ebenso wenig der Bürde entlastet, den Beweis für die Existenz seiner Gegenstände zu führen. Denn bei ihm geht es primär nicht um Logisches. Deshalb kann es ganz auf sich beruhen, ob logische Schlüsse – wie die Phä-

---

87) Pfänder 28. Pfänder, einer der behutsamsten und klügsten Phänomenologen, räumt jedoch ein, was Phänomenologie sei und wolle, das könne »in Kürze und doch verständlich« heute noch niemand sagen, sondern nur »einigermaßen ahnen« lassen (27). Dieses Geständnis spricht für sich.
Übrigens stammt der Vergleich zwischen Phänomenologie und Mystik nicht von mir, sondern von Husserl selbst ([1958], 62).

87) In seiner apriorischen Ethik scheint Husserl selbst in diesen Fehler verfallen zu sein, soweit man das ohne Kenntnis seiner Vorlesungsmanuskripte nur nach Roths Bericht schon sagen kann.

88) Husserl (1913), I, 56f.

89) 27

nomenologen wähnen – eine von den Denkvorgängen und ihren begleitenden Gefühlen stets abgelöste Geltung genössen. Vielmehr dreht sich bei Reinach alles allein um die erkenntnistheoretische Frage: Sind die ideellen Gegenstände, die er entdeckt haben will, vorhanden oder nicht?

Er unternimmt erstaunlicherweise nicht einmal den ernstlichen Versuch, seinem Leser anzuvertrauen, auf welchem geheimnisvollen Wege er zu seinen Ergebnissen gekommen ist. Wir erfahren über seine phänomenologische Praktik nichts. Er mutet uns zu, seine Schauungen blindlings als wahr hinzuzunehmen, ohne daß er uns in die Lage versetzte, sie etwa nachzuvollziehen. Wenigstens einer kleinen Anzahl Befähigter aber müßte er das doch wohl ermöglichen, wenn anders er wissenschaftlich ernst genommen werden möchte. Trotz dieser unbegreiflichen Unterlassung will er uns jedoch glauben machen, ausgerechnet seine Schauungen bewiesen, daß die apriorischen Wesensgesetzlichkeiten zu allen Zeiten und überall unwandelbar Geltung hätten. Nur so nämlich erklärt es sich, daß er nicht in einem Atem mit den Naturrechtlern genannt werden möchte. Das Naturrecht sei nur ein Gebilde menschlichen Geistes. Seine Begriffe entlehne es ausschließlich dem positiven Recht. Hingegen die apriorische Rechtslehre entdecke Kategorien, so unabhängig vom Menschen, wie die Gesetze der Mathematik oder wie Häuser und Bäume[90]).

---

[90]) Reinach 4. Diese Auffassung erinnert uns lebhaft an die Gleichsetzung von Nomos und Kosmos bei den archaischen und klassischen Griechen. So greift denn auch jetzt Spiegelberg (194) bei seiner Fortentwicklung dieses Reinachschen Grundgedankens bewußt auf die klassische griechische Ethik zurück. Er schlägt vor, den Begriff des Gesetzes aus der Ethik überhaupt ganz zu entfernen, weil die Grundlagen des Tunsollens, Tundürfens und Nichttundürfens allein in den ontischen Ordnungen zu suchen seien.

Wenn Reinach befürchtet, man werde ihn als Naturrechtler »brandmarken« (157), so geht er zweifellos von einem viel zu engen Naturrechtsbegriff aus. Denn unbestreitbar folgt doch aus seiner apriorischen Rechtslehre ein in der Natur der Dinge begründetes Recht (vgl. auch Spiegelberg 259). Daß Reinach bei den modernen Naturrechtlern besonders beliebt ist, kann daher nicht verwundern. Vornehmlich katholische Kreise schätzen ihn sehr. Die starken Beziehungen gerade der katholischen Kirche zur phänomenologischen Ontologie machen es begreiflich.

Wer sich in das Schauen einüben will, findet nicht einmal in Reinachs Vortrag (1951) Dienliches, geschweige bei Husserl selbst, der sein Leben lang darum gerungen hat, alle Voreingenommenheiten des Subjektiven, der Theorie und der Tradition »einzuklammern«. Er hat keine brauchbare Anleitung zur Technik des Schauens hinterlassen. Das ist sogar verständlich. Denn er glaubt an eine mathesis universalissima ([1959] II, 249) und sieht den Einzelfall als Einzelfall apriorischer Allgemeinheit. Er versetzt das Erkenntnisproblem »aus dem Faktum in das Reich reiner Möglichkeiten und ihres Apriori« ([1956] I, 140). Folgerichtig fordert er also, »prinzipiell jedes reale Dasein, die ganze räumlich-zeitliche Wirklichkeit« auszuschalten ([1952] III, 47), weil deren Nichtexistenz schon im Hinblick auf »die Möglichkeit der Verrücktheit (!)« des erfahrenden Subjekts in Betracht zu ziehen sei ([1959] II, 55ff., 304, 391ff.). Ob H. etwa wähnte, die Entfernung von der Wirklichkeit hebe die »Verrücktheit« auf? Hartnäckig verwehrt er es dem Schauenden, sich wenigstens von Zeit zu Zeit an den Kontrollpunkten der »Lebenswelt« auszurichten. Lotse im Neuland des zeitlos Unräumlichen soll ihm allein sein eigenes Reduktionsvermögen sein. Wie unverläßlich dieses aber sein kann, das hat H. kurz vor seinem Tode selbst nicht mehr bestritten ([1962] 152, 172f.). Immerhin vertraut er ganz auf die Hilfe einer fernab von jeder

Sähe Reinach richtig, so müßte jeder geeignete Phänomenologe – welcher Kultur und Rasse er angehört, wann und wo auch immer er Schauungen hat, – stets das gleiche erleben. Z.B. hat Reinach den apriorischen Rechtssatz erkannt: »Die Rechtsfähigkeit des Menschen beginnt mit der Vollendung der Geburt[91]).« Irrt er nicht, so müßte schon ein phänomenologisch geschulter Germane – sofern es ihn hätte geben können – vor 2000 Jahren in der Lage gewesen sein, denselben Rechtssatz auf die gleiche Weise zu finden. Aber es steht zu befürchten, daß dieser fiktive Phänomenologe der Frühzeit etwas ganz anderes entdeckt haben würde, nämlich den apriorischen Rechtssatz: Erst neun Nächte nach seiner Geburt, mit der Wasserweihe erlange der Neugeborene Rechtsfähigkeit. In der Zwischenzeit sei sein Vater nicht gehindert, ihn umzubringen, und dürfe dafür nicht einmal bestraft werden[92]). Natürlich werden uns die Anhänger Reinachs hier sofort einwenden, der Germane sei leider noch völlig den religiösen Wahnvorstellungen seiner Zeit verfallen. Er verkenne, daß zwischen »vitalem« und »wahrem« Leben[93]) in Wirklichkeit doch gar kein Unterschied bestehe. Daher habe er überhaupt nicht auf den »Seinssachverhalt« der Wesensgesetzlichkeit geschaut, sondern versehentlich auf den falschen »Sollenssachverhalt« der germanischen lex positiva[94]). Von dieser harten Kritik nicht sonderlich beeindruckt, würde unser alter Germane nicht ohne Spott erwidern, für Phänomenologen sei gerade er eine besonders geeignete Versuchsperson. Nämlich selten vereinige einmal jemand so wie er alle Voraussetzungen des richtigen Schauens. Niemals belastet mit irreführendem modernen Wissensballast, vorbildlich unvoreingenommen also, pflege er an die Sachen heranzutreten. Schließlich sei ja wohl auch Reinach nur ein Kind seiner Zeit. Der spreche doch lediglich aus, was um 1914 förmlich in der Luft gelegen habe. Ontische Rechtsgeheimnisse habe er seinen Zeitgenossen wahrlich nicht enthüllt. In der Tat! Seine Ausführungen über den Eigentumsbegriff lassen mit am besten erkennen, wie abhängig Reinach in allem von den Anschauungen seiner individualistischen, spätbürgerlichen Epoche

---

Wirklichkeitserfahrung tätigen »anschaulichen Phantasie«, die ihre Schwungkraft gleichwohl durch ihre »Dingerinnerungen« empfange ([1952] III, 51ff.). Er übersieht dabei ([1959] II, 486), daß »Wiedererinnerung ... zugleich Metamorphose« ist (Dilthey [1929] 181f.; vgl. Lersch 416ff. [428]). Wie läßt sich also verhindern, daß uns gerade die fruchtbare Phantasie auf die ärgsten Holzwege führt, daß wir die bloße Fata Morgana unserer unbewußten Sehnsucht nach Erkenntnis mit reiner Wesensgesetzlichkeit verwechseln? Daß H's Idee eines von aller menschlichen Körperlichkeit abgelösten »Reinen Ich« ([1952] II) eine hanebüchene Verstiegenheit ist, bedarf keines Wortes. Es kann nicht wundernehmen, daß die Phänomenologie bei ihrer Erprobung an den Grundlagen einzelwissenschaftlicher Erkenntnisse im Chaos tausendfältiger Solipsismen verschwimmt. Dafür liefert uns Reinach das Schulbeispiel. Diese »unbehagliche Situation« hat H. übrigens vorausgesehen ([1959] II, 185).

[91]) 121

[92]) Brunner-Heymann 188

[93]) Ratschow 30ff.; Lévy-Bruhl (1930) 213ff.

[94]) Reinach 132ff. betont, die Nichtachtung durch das positive Recht lasse die Geltung der Wesensgesetze unberührt.

ist[95]). Auch hier meint er wieder: »Es ist nicht so, wie man allgemein behauptet, daß etwas Eigentum ist, weil das positive Recht es schützt, sondern das positive Recht schützt es, weil es Eigentum ist[96].« Selbstverständlich steht der Mensch seit jeher zu den ihm unentbehrlichen Sachgütern seines Bereichs in Rechtsbeziehungen. Fraglich ist nur, wie sie im Einzelfall juristisch getönt sind. Das wußte schon die Antike, in der bereits die verschiedensten Vorstellungen über Besitz und Eigentum einander das Feld streitig machten[97]). Am allerwenigsten könnte also gerade beim Rechtsinstitut des Eigentums von einer ewigen, unabänderlichen Wesensgesetzlichkeit die Rede sein. Emil Brunner hat somit durchaus recht, »... daß das Privateigentum von der Schöpfungsordnung aus weder bejaht noch verneint werden kann[98]).« Aber Reinach will es genau wissen.

Dem endlichen Menschen ist es nicht beschieden, die reine Wahrheit zu erschauen, auch wenn er die Gegenstände mit größtmöglicher Unbefangenheit und liebender Hingabe befragt. Immer nur vernimmt er das Echo seiner Zeitlichkeit. Eine Phänomenologie, die den Wahlspruch ihres Meisters auf ihre Fahne geschrieben hat, gänzlich abzusehen von der »Wahrheit über

---

95) Bloch sieht natürlich auch hier nur »völlig kritikloses Preisgegebensein an die historisch gewordene Ideologie des Kapitalismus« (166).

96) 63

97) V. Pöhlmann unter »Eigentum« II, 588. Schon Hegel erkannte die Bedeutung dieser Unterschiede für die Rechtsphilosophie (Glockner 180f.). – Auch bei den Naturvölkern zeigt die Eigentumsvorstellung das gleiche Bild der Widersprüche (Thurnwald III [1932], 190ff.; Schnitzer [1945], 102, 383ff.; Nippold).

98) (1932), 389. Später bekannte B. sich zum naturrechtlichen Eigentumsbegriff. Das Schwanken der protestantischen Theologie gerade in dieser Frage ist auffällig. So lehnt heute Thielicke (1951), 604–713 das Naturrecht überhaupt ab. Seine bedeutenden Ausführungen verdienten mehr Beachtung. Auch Soe (257) verneint das Eigentum als Schöpfungsordnung. Dagegen bejahen es in altgewohnter Einmütigkeit die Katholiken, wenn sie einander im einzelnen auch oft widersprechen (Utz, Messner). Widersprüche in den naturrechtlichen Lehren vom Eigentum deckt Flückiger I, 229f., 265f. auf. Sowohl Juristen wie Theologen vernachlässigen dabei seltsamerweise das geistige Eigentum. An ihm könnte sich doch die Idee des Naturrechts viel wirksamer entzünden als am Eigentum der körperlichen Gegenstände. Und dabei verdankt die Lehre vom geistigen Eigentum sogar ihre Entstehung dem Naturrecht im 18ten Jahrhundert! Das Mittelalter kannte den Rechtsschutz des Urhebers noch nicht, wenn es auch den Plagiator verabscheute (Gieseke 15–20, 75ff.). Der deutsche Bundesgerichtshof freilich hat die alte Privilegientheorie, die dem Urheber sein Recht verleihen möchte, für überholt erklärt: »Die Herrschaft des Urhebers über sein Werk... wird ihm ... nicht erst durch den Gesetzgeber verliehen, sondern folgt aus der Natur der Sache, nämlich aus seinem geistigen Eigentum, das durch die positive Gesetzgebung nur seine Anerkennung und Ausgestaltung findet.« (Urteil vom 18. 5. 1955 in BGHZ. 17, 266–296). Das hohe Gericht dürfte hier aber wohl kaum Reinach gefolgt sein, sondern vermutlich Einflüssen der katholischen Ontologie. Ob indessen seine Auffassung auch nur von der deutschen Wissenschaft des Immaterial-Güterrechts uneingeschränkt einmütig für praktikabel erachtet wird, ist eine Frage, auf die ich hier nicht eingehen kann. Dazu müßte man vor allem rechtsvergleichendes Material heranziehen. Immerhin hat die Naturrechtsidee hier Segen gestiftet.
Die Außenseiter des Naturrechts, der Nationalsozialist Dietze (1936) 275f. und der Kommunist Bloch (215) verwerfen die Idee eines unveränderlichen Privateigentums.

Wirklichkeiten dieser Welt[99])«, könnte uns ohnehin nur formale Ordnungsprinzipien an die Hand geben, also leere Hülsen gleichsam, die einen Leitwert allenfalls erst dadurch bekämen, daß sie das geschichtliche Leben in seiner bunten Vielfalt im Einzelfall mit Inhalt erfüllte.

Solange wir als Menschen von Fleisch und Blut nämlich in die Wirklichkeiten dieser Welt verstrickt bleiben, nützt es niemandem unter uns – nicht einmal dem Rechtsphilosophen –, wenn jemand »ohne Hinzunahme realer Dinglichkeit, frei von allen praktischen Zwecksetzungen in Bezug auf das konkrete Handeln[100])«, aber scharfsinnig und logisch unwiderleglich, ein System reiner Ethik oder gar apriorischen Rechts ersinnt. Denn allein in dem geringschätzig beiseite geschobenen »konkreten Handeln« liegt für den Juristen das tiefere Problem[101]).

Sicherlich ergibt sich aus dem Zusammenleben von Menschen, wann und wo auch immer, z. B. die Notwendigkeit, daß man sich auf das gegebene Wort des anderen verlassen kann. Doch kommt es dabei nicht auf das formale Prinzip des Worthaltens an, sondern ausschließlich auf die geistige, d. h. die geschichtliche Lage, in der das Versprechen erteilt wurde. Sie jedoch kann, je nach Ort und Zeit, nach Kultur und Rasse, sehr verschieden ausfallen. Dennoch hat sie das Hauptgewicht bei der Schaffung der positiven Rechtsordnungen. Stendhal, ein Meister in der Erfassung feinster seelischer Abweichungen, läßt in seinem Roman »La châtreuse de Parme« die Marchesa Clelia freiwillig der Madonna das Gelübde ablegen, daß sie ihren Geliebten Fabrizzio niemals wiedersehen werde. Die Marchesa, die sich

---

[99]) Husserl (1913) I, 56f. – Übrigens wird Reinach heute aus seinem eigenen Lager von Schapp (37–58) angegriffen wegen seiner mathematisch lebensfremden. Denkweise. Larenz ([1935], 55f.), einem Gegner R's, kann insoweit nicht zugestimmt werden, als er bei ihm den »sehr berechtigten Gedanken« anerkennen möchte, das Recht folge aus der Natur der Sache. Erich Fechner (1962), 146–154 und besonders überzeugend Maihofer (1963), 21–36 haben nachgewiesen, wie sehr die wandelbare Sinngebung die Apriorität ausschließt. Schambeck, der heute am übersichtlichsten in die Problematik des Begriffs »Natur der Sache« einführt (1964), berücksichtigt dabei leider gar nicht Grenzen und Illusionsfähigkeit aller menschlichen Erkenntnis und redet sich ein, man könne mit Hilfe phänomenologischer Reduktion, frei von störenden Gefühlen und zeit- und ortsgebundenen Wertungen, zu einer »apriorischen Sachlogik der Seinsstruktur« vordringen. Sch. erliegt dem Trugschluß: »Jede Aussage über die Würde des Menschen ist ... zugleich eine solche über sein Wesen.« (a.a.O. 52) Nirgends jedoch ist der erkennende Mensch fähig, Seinsstrukturen säuberlich von Wertgesichtspunkten getrennt zu halten. Immer verfällt er unbewußt in die Anschauungsweise seiner Zeit, wo seine Wertgefühle mitsprechen. Schon die einschlägige deutsche Rechtsprechung, auf die Sch. sich beruft (93–121), beweist das unwiderleglich. Immerhin wirkt die Besinnung auf die Natur der Sache manchmal als segensreiches Regulativ des positiven Rechts, namentlich, wo Wertgesichtspunkte nicht im Vordergrunde stehen, so daß echte Unvoreingenommenheit am Aufkommen also nicht gehindert ist, wie z. B. in der Rechtsprechung zum nichtrechtsfähigen Verein.

[100]) Es scheint sich um Zitate aus Husserls Vorlesungsmanuskripten zu handeln, zum mindesten aber sind diese Worte sinngemäß eine Wiedergabe seiner Gedanken über die reine Ethik (vgl. Roth 72 und 106).

[101]) Auch Bemühungen heutiger Rechtsdenker, die sich – zwar methodologisch, aber nicht in der Zielsetzung – von Reinach unterscheiden, wie v. Kempskis Strukturtheorie des Rechts (1961), werden allzu leicht zu intellektuellen Spielereien ohne Nutzwert.

hieran gebunden fühlt, kommt dennoch nach wie vor mit Fabrizzio zusammen, aber hinfort nur noch im Stockdunkeln. Als das aus ihrer Verbindung hervorgehende Kind stirbt, wähnt sie, sein Tod sei die göttliche Strafe dafür, daß sie den Geliebten unbeabsichtigt einmal an seinem Krankenbett bei Kerzenschimmer zu Gesicht bekommen habe. Diesen Vorfall allein wertet sie als Verletzung ihres Gelübdes. Stendhal meint, ihre Auffassung werde man nördlich der Alpen sicherlich als »bizarr« empfinden[102]).

Jene dichterische Darstellung macht uns deutlich, wie wenig es für das Verständnis sittlicher Gefühle auf blasse Allgemeinvorstellungen von Recht und Unrecht ankommt. Nicht so wichtig ist zu wissen, ob etwa allen Menschen die Unerlaubtheit des Ehebruchs bewußt ist, als in Erfahrung zu bringen, welches Verhalten sie denn im Einzelfall überhaupt als Ehebruch ansehen. Für die allgemeinmenschliche Sitte, das Alter zu ehren, gilt das gleiche. Auch hier entscheidet, was man jeweils als Ehrung empfindet und wie man ihm Ausdruck gibt. Weitere Beispiele dieser Art liefern uns Völkerpsychologie, Ethnologie und Rechtspsychologie in Hülle und Fülle[103]).

Otto Friedrich Bollnow meint allerdings: »Die Forderungen der natürlichen Sittlichkeit bleiben sich gleich gegenüber den Schwankungen des hohen Ethos und sind insofern ungeschichtlich. Sie sind zugleich in starkem Maße international, d.h. gleichbleibend gegenüber den verschiedenartigen Ausprägungen der Völker.« Und er kommt zu dem Schluß: »Die einfache Sittlichkeit gehört zur Natur wie das hohe Ethos zur Geschichte[104]).« Zwar könnte ihm niemand bestreiten, daß der Mensch als Glied der organischen Lebewelt überall gewisse unveränderliche Eigentümlichkeiten zeigt, die offensichtlich nach dem Leitbild seiner »ungeschichtlichen« tierischen Stammverwandten angelegt sind. Das hat vor Jahren schon der Zoologe Alverdes betont. Soweit es hierbei allein um biologische Gemeinsamkeiten mit den Tieren geht, dürfte man daher sehr wohl von einem gleichbleibend Ungeschichtlichen am Menschen sprechen, das ihm allerorten und immerdar anhaftet. Aber diese Tatsache gibt doch keineswegs bei unserer Frage den Ausschlag. Das Problem des Sittlichen nämlich kann niemals in der Ebene des Naturhaften gelöst werden. Denn die ethischen Regungen, die uns vor allen anderen Geschöpfen auszeichnen, sind »oberhalb« unserer Tierheit beheimatet. Das Sittliche ist ein Problem der Überformung, ja der Überhöhung des rein Animalischen in uns. Es vollzieht sich in der Geschichte, nicht in der Natur. Es gehört unseren höheren Seinsschichten an, wenn auch das tierhaft Gleichbleibende unserer Triebschichten dabei immer seine Rolle mitspielt. »Der Mensch ist ein ontologischer Zentaur, der in die Natur eingebettet ist, sie jedoch halb überschreitet«, sagt Ortéga y Gasset[105]). Heutige Psychologen gehen übrigens so weit, daß sie die menschliche Natur

---

[102]) Kap. XXVIII
[103]) Vgl. Kelsen (Charlottenburg 1928); Thurnwald II (1932), 71 ff.; Mosbacher 10, 35
[104]) (1962), 23
[105]) (1949), 50. – Schon den Urchristen war diese Vorstellung nicht unbekannt (Dempf 49). Auch die Spanier des 16ten Jahrhunderts verglichen den Menschen mit einem Wesen, das Pferd und Engel zugleich sei (Castellote 36).

sogar schon in den Äußerungen ihrer Tiefenschichten lediglich von der Kultur, d. h. von der Geschichte her, verstehen möchten[106]). Die Geschichte aber ist der Wandel aller Dinge. Sehr schön hat Albert Schweitzer[107]) herausgearbeitet, wie sehr jeder sittlichen Gefühlsäußerung stets ein Element der Resignation beigemischt ist, weil »das Grundprinzip des Ethischen lautet: Hingebung an Leben aus Ehrfurcht vor dem Leben«. Resignieren kann eben nur, wer Kultur hat. Die Natur folgt überall hemmungslos dem blinden Triebe. Daher kannte der Mensch, solange er bloßes Naturwesen war, keine Sittlichkeit. Erst mit dem Aufkommen dessen, was wir Gewissen nennen, wurde er zum sittlichen Wesen. Hierin sind heute Ethnologen und Theologen einer Meinung.

Bollnows fiktive Scheidung zwischen hohem und einfachem Ethos gibt allzu leicht der falschen Vorstellung Raum, als bestehe alles Sittliche aus zwei sich überlagernden Schichten, deren untere der Natur und deren obere der Geschichte zugehöre. Gäbe es wirklich eine Sittlichkeit »unterhalb« des Geschichtlichen, so wäre man berechtigt, zum mindesten ihre Spuren schon in den Anfängen der Vorgeschichte zu suchen. Jedoch nicht einmal Bollnow möchte einen derart weiten Schritt tun. Denn er meint: »Diese Gleichheit (der einfachen Sittlichkeit) gilt . . . nicht mehr in gleicher Weise von den sittlichen Anforderungen beliebiger Naturvölker.« Und er fügt hinzu, »neben einem allgemein menschlichen Grundstock« wirkten auf die einfache Sittlichkeit doch zugleich auch »die besonderen Einflüsse einer christlichen Ethik . . . bürgerlich gemäßigter Form« mit ein[108]). Es bedarf keines Wortes: Mit dieser Einschränkung hebt Bollnow seine These von der Ungeschichtlichkeit und Internationalität einer gleichbleibenden natürlichen Sittlichkeit selbst auf.

Man kann heute zu der Problematik, die uns das Phänomen des Gewissens aufgibt, nur noch die Auffassung vertreten, daß es ein formales Prinzip ist, das erst in der historischen Prägung des Einzelfalls seine Geltung und Wirksamkeit entfaltet. Um unsere Darstellung nicht zu überlasten, müssen wir darauf verzichten, hierzu die Anthropologen und Ethnologen, die Psychologen der beteiligten Fächer (Völker-Sozial-Tiefenpsychologie) und die Psychiater zu Worte kommen zu lassen. Sie alle sind – trotz mancher Unstimmigkeiten im Nebensächlichen –, soweit ersichtlich[109]), sich insoweit einig, als sie einer naturalistischen Erklärung des Gewissens den Vorzug geben und unter diesem Gesichtspunkt seine Entstehung und Äußerung ins Auge fassen[110]). Wir wollen uns in dieser Frage allein den Theologen

---

[106]) Hehlmann 325

[107]) 236

[108]) a. a. O.

[109]) Zur Einführung ist immer noch Kaehler (1899), 646ff. vortrefflich. Trendelenburg (1868), 61, der bekannte Naturrechtler und Philosoph meint: » . . . so erhellt, daß das Gewissen im Menschen kein fertiges Organ mit bestimmtem gegebenen Inhalt ist, sondern sich mitten in den Beziehungen des Lebens und in den individuellen Erlebnissen entwickelt.« Über den heutigen Stand vom Standpunkt der Theologie vgl. die zahlreichen Stellen in Thielickes theologischer Ethik (passim, hauptsächlich I [1951], 475ff.).

[110]) Menzel.

und den Missionaren anvertrauen. Wer nämlich erwarten sollte, bei ihnen als den geborenen Verfechtern einer antinaturalistischen Ethik müsse man doch wohl auf die einmütige Ansicht stoßen, wegen seines göttlichen Ursprungs sei das Gewissen etwas Absolutes, der wäre nur einseitig unterrichtet. Lediglich die katholische Moraltheologie zählt das Gewissen zu den »objektiven Bestandstücken der Natur[111])«, wenngleich auch sie zugibt, daß schon Thomas von Aquino gewisse Zugeständnisse an das schwankende Wertbewußtsein der Menschen gemacht hat. Die reformatorische Theologie hingegen sieht die Relativität aller Gewissensregungen heute durchaus ein. Sie weiß genau, daß das Gewissen »nicht vom Himmel fällt[112])«, sondern stark von geschichtlichen Einflüssen abhängig ist. Wir beschränken uns auf wenige repräsentative Aussagen führender Protestanten. So stellt z.B. Alfred Dedo Müller[113]) in Frage, ob das Gewissen überhaupt auch nur bei der Mehrzahl der Menschen allgegenwärtig sei. Damit weist er zugleich auf das Problem des Gewissensschwundes, das den Missionaren und den Religionspsychologen in ihrer Praxis ständig begegnet[114]). Der reformierte Theologe Emil Brunner – möglicherweise hier unter den Nachwirkungen Schelers stehend – geht sogar so weit, daß er dem Gewissen »das Bewußtsein eines moralischen Gesetzes« absprechen möchte, weil es eine dem Menschen fremde, irrationale, dunkle, ja feindliche Macht sei, die ihn als »flammendes Schwert ... aus der Nähe Gottes vertreibt[115]).« Auch Trillhaas fühlt sich »verhindert«, das Gewissen zu göttlichem Rang zu erheben. »Schon das normal funktionierende Gewissen ist außerordentlich relativ«, sagt er[116]). Ihm als Fachmann der praktischen Theologie mit langer eigener Erfahrung in der Seelsorge steht dieses Urteil sicherlich zu.

Eine eigenartige Zwischenstellung nehmen demgegenüber hie und da im Protestantismus einige Schriftsteller ein. Zwar wollen auch sie anscheinend nicht diese Relativität bestreiten, aber doch nur im Hinblick auf die Gegenwart und ihre Ursprünge. Da sie – freilich nicht mit Unrecht – ein phylogenetisches Wachsen des Gewissens annehmen, halten sie die Erwartung für unbezweifelbar, allmählich werde die Höherentwicklung des Menschen zur absoluten Herrschaft des Gewissens führen. Schon vor Jahrzehnten meinte der bedeutende Afrika-Missionar Bruno Gutmann im Schlußkapitel seines klassischen Werkes über das »Recht der Dschagga«, es handle sich bei dem

---

[111]) Thielicke I (1951), 335

[112]) Gruehn 199

[113]) 50f.

[114]) Gruehn 196–207, 440ff. Für die Missionare sprechen z.B. die eindrucksvollen Erfahrungsberichte bei Johanssen 123ff. und bei Gutmann (1928), 67 und 74

[115]) (1932), 140ff.

[116]) 68. T. widmet der Entstehung des Gewissens im Leben des Einzelnen, den Fällen seiner Erkrankung und Verdrängung besondere Aufmerksamkeit, 70ff.
In der gleichen Richtung bewegen sich die Gedankengänge des dänischen Lutheraners Soe 42–45
Übrigens wußten bereits die Konfuzianer des 11ten Jahrhunderts n. Chr. genau, wie relativ das Gewissen zu bewerten ist. Sie waren sich vornehmlich darüber klar, daß die Begriffe »gut« und »böse« durchaus relativ sind (vgl. Forke [1938], 145 und 393).

Gewissen um eine »werdende Größe ..., die, wie die Geistesgeschichte ... zu zeigen beginnt, ihrer Führerstellung erst entgegenwächst.« Daher werde die Geschichte der Menschheit »immer deutlicher zu einer Geschichte des Gewissens«, deren Ziel erreicht sei, sobald es gelinge, »alle grundtragenden Organinstinkte anschlußempfindlich diesem sich ständig verfeinernden Zentralorgan einzubauen[117]).«

Gegenwärtig finden dergleichen Hoffnungen ihre Stütze in den Schriften des jüngst verstorbenen Jesuitenpaters Teilhard de Chardin. Niemand vermöchte diesem großen Manne natürlich darin zu widersprechen, daß es gewiß auch außerhalb der Reichweite mathematischer Vorausberechenbarkeit unter Umständen möglich ist, Künftiges – wenigstens in den groben Umrissen seiner Entwicklung – allein aus der Beobachtung des Vergangenen einigermaßen treffsicher zu erschließen. Teilhard selbst würde uns freilich nicht bestreiten, daß wir mit solchem Schlußverfahren niemals exaktes Vorauswissen, sondern allenfalls nur mehr oder minder verläßliche Vermutbarkeit gewinnen könnten. Auch wenn es dem Ethiker und dem Rechtsphilosophen in der Frage des Gewissens vergönnt wäre, sich mit bloßen Vermutbarkeiten zufriedenzustellen, erschiene es bei alledem aber doch mehr als zweifelhaft, ob der Verlauf der bisherigen Geistesgeschichte Gutmanns kühne Zukunftserwartungen wirklich auch nur annähernd rechtfertigt. Wir jedenfalls halten uns nicht für befugt, darauf zu hoffen, daß die Zukunft uns die Alleinherrschaft des unangefochtenen Gewissens jemals bescheren wird.

Dabei soll keineswegs bestritten werden, daß die Vorstellungen von Gut und Böse »wahrscheinlich spontan in den primitivsten Wesen entstanden waren und deshalb als absolute Werte untersucht zu werden verdienten[118]).« Aber auch das ändert an der Tatsache nichts, daß es sich bei dem Gewissen lediglich um ein formales Prinzip handelt, das nur in bestimmter geschichtlicher Lage Gestalt annimmt und den wandelnden Einflüssen alles Historischen unterliegt. Werte existieren für den Menschen nur als universalia in rebus[119]). Durch das Spektrum seiner Endlichkeit gebrochen nimmt er das Ewige in sich auf. Zwar meint Lecomte du Noüy: »Gut ist, was zum Aufstieg der Entfaltung beiträgt und uns vom Tiere weg zur Freiheit führt. Böse ist, was der Entfaltung widerstrebt und sich ihr entzieht, indem es zur alten Knechtschaft und zum Tier zurückführt[120]).« Darin mag eine tiefe

---

117) Gutmann (1926), 726f. und dazu Felix Krueger ebenda im Anhang 776

118) Lecomte du Noüy 150

119) Auch im Reich des Geistes gibt es nur solche Elemente, die jeweils in der Einheit eines bestimmten Funktionsverhältnisses zusammenwirken. Dinge »an sich« trifft man hier ebensowenig an, wie in der Physik Raum, Zeit, Materie oder Energie als isolierbare absolute Größen vorhanden sind. Die Relativitätsstruktur im Sinne Einsteins durchwaltet die gesamte Welt. Diese Tatsache aber führt durchaus nicht zur Auflösung sämtlicher Werte, sondern nötigt lediglich zu dem Schluß: ein an sich richtiges sittliches Verhalten gibt es nicht, sondern nur die der jeweiligen geschichtlichen Lage entsprechende ethische Entscheidung im Einzelfall.

120) Lecomte du Noüy 152. Ob die Abgründigkeit des Bösen sich hierin erschöpft, soll hier nicht erörtert werden.

Erkenntnis liegen, aber mit dieser theoretischen Einsicht sind für den Alltag des Lebens keine absoluten, d.h. im geschichtlichen Wandel unveränderlich festen Werte ermittelt.

Wir zählen uns übrigens keineswegs zu jenen Positivisten, die zwar eine evolutionistische Ethik annehmen, gleichwohl aber die zeitlichen und örtlichen Unterschiede im sittlichen Empfinden der Völker für bloße Folgen soziologischer und psychologischer Gesetzlichkeiten halten. Nein, wir sind überzeugt: es ist eine höhere Macht, die dem Menschen auf seinen irdischen Pfad das Licht der Sittlichkeit mitgegeben hat, daß er sich auf dieser Welt nicht in Abwege verirre. Allein dieses jenseitige Leuchtzeichen vermag sich nicht in seiner himmlischen Reinheit mitzuteilen. Denn immer, wenn es in die Erdsphäre dringt, bricht es sich im trüben Prisma des Menschlichen.

Gerade diesen hier gleichnishaft verdeutlichten Vorgang sehen unsere Naturrechtler falsch, auch wenn sie sich noch so sehr bemühen, die Geschichtlichkeit unseres Daseins zu berücksichtigen. Es ist nichts anderes als eitel Selbsttäuschung, ernstlich zu glauben: »Mit dem Naturrecht verhält es sich so, wie mit den Wasseradern in der Erde. Man muß viel Schutt und Erde weggraben, bis man das Wasser findet, und dann noch bedarf es kluger Überlegung, ob man die kräftige Ader gefunden hat, die auch bei Trockenheit Wasser zu spenden imstande ist[121]).« Selbst die größte Umsicht und Behutsamkeit nämlich führt uns endliche Menschen niemals an die lichten Quellen des reinen, unverderbten Naturrechts. Das Wegräumen der Erde nützt gar nichts. Kein noch so klug überlegter chemischer Prozeß vermag das Wasser von seinen allzumenschlichen Beimischungen zu reinigen. Es ist des Menschen unentrinnbares Schicksal, auch bei seinem edelsten Streben sich selbst im Wege zu stehen. Der Ausblick auf absolute Werte ist ihm verschlossen. Denn immer bleibt er in seine animalischen Daseinsbedingungen verstrickt. Damit soll nicht etwa versteckt behauptet werden, also sei er im Grunde eben doch nur ein Säugetier höherer Ordnung. Durchaus nicht! Schon den frühen magischen Menschen zeichnete vor allen Tieren deutlich das in ihm aufkeimende Sittlichkeitsgefühl aus[122]). Freilich darf uns diese wichtige Tatsache nicht zu dem Fehlschluß verleiten, eine durchgehende Gleichheit alles dessen anzunehmen, was Menschenantlitz trägt. Der Vergleich zwischen ethischen Regungen magischer und moderner Menschen zeigt vielmehr, daß sogar Angriffe der Art, wie sie seinerzeit Mausbach gegen den Wertrelativismus führte, unsere Stellung nicht erschüttern können[123]).

---

[121]) Utz (1949) 25

[122]) Malinowski (1929) passim.

[123]) Mausbach (1918) 17ff. – Mit seinen Argumenten arbeiten noch heute Süsterhenn-Rüfner (1948) 13ff. Zur richtigen Sicht verhilft immer noch Meinhof (1914) 78 und 80. Auch der protestantische Theologe Wünsch (1925) 51 und 60 weist darauf hin, daß nur Menschen einer christlichen Gemeinde die Botschaft einer theologischen Ethik aufnehmen könnten. Das scheint freilich auch Mosbacher (1934) 27 nicht bestreiten zu wollen, wenn er auf die Furcht vor den Tatfolgen bei den Naturvölkern aufmerksam macht.

Wir dürfen dieser Frage indessen nicht den Rücken zukehren, ohne uns wenigstens noch mit dem wissenschaftlichen Lebenswerk eines Afrikamissionars beschäftigt zu haben. Ernst Johanssen, der von 1891 bis 1916 und von 1925 bis 1929 in Deutsch-Ostafrika und in Britisch-Kenya Eingeborene bekehrte, suchte in seinem Buch »Geistesleben der afrikanischen Völker im Lichte des Evangeliums« nachzuweisen, die Heiden Afrikas stünden dem christlichen Europäer keineswegs so fern, wie die neuere Ethnologie behaupte. In der Tat klingt Johanssens Vortrag zunächst bestechend. Bei näherer Prüfung drängen sich aber selbst dem Laien schwere Bedenken gegen seine Methoden und Ergebnisse auf. Dabei kann es offen bleiben, ob seine linguistischen Materialien überhaupt geeignete Handhaben für die weitgehenden Schlüsse bieten, die er aus ihnen zieht. Auch wenn nämlich grammatische Eigentümlichkeiten afrikanischer Sprachen wirklich auf ein bereits klares Bewußtsein der Neger vom Unterschied zwischen Mensch und Tier deuten sollten, könnte man aber daraus doch nicht mit Johanssen folgern, die Eingeborenen seien von »der Eigenart (!) der menschlichen Persönlichkeit« überzeugt[124]). Zum mindesten hätte er sagen müssen, wie sein Leser den schillernden Begriff »Persönlichkeit« zu verstehen habe, um so mehr als Johanssen selbst es ist, der uns wiederholt unmißverständlich und mit Nachdruck auf gruppenseelische Züge der Neger aufmerksam macht, so wenn er beispielsweise betont, daß von ihnen »der ethische Begriff . . . der Persönlichkeit . . . nicht bewußt erkannt« wird und sich auch nicht leugnen läßt, daß in ihrer Vorstellungswelt »die Grenzen zwischen Tier und Mensch verschwimmen[125]).«

Wenn Johanssen bei Vergleichen mit dem heutigen Abendland natürlich auch nicht umhin kann, die wesenhaft andere Geistigkeit der Naturvölker hervorzuheben[126]), spürt man aber doch aus jeder Zeile seiner Arbeit die Absicht, eine Seelenverwandtschaft »aller Gotteskinder«, unbeschadet ihrer Rasse und Kultur, sichtbar werden zu lassen. Ob es ihm freilich geglückt ist, hierbei auch nur seine eigene Verwandtschaft mit der Seele des Primitiven überzeugend zu beweisen, muß jedoch bezweifelt werden. Hier sprechen denn doch folgende seiner Sätze eine allzu seltsame Sprache: »Die Magie führt zu völligem Verfall (!) der Denkfähigkeit. Dieser Verfall beherrscht die Mentalität des Afrikaners und hält ihn auf der niedrigen Kulturstufe zurück[127]).« Für seine Annahme »eines Blutes aller Menschengeschlechter auf dem ganzen Erdboden[128])« stützt sich Johanssen wesentlich auf Märchen, die ihm Eingeborene erzählten und von denen er viele ausführlich wiedergibt. Er wird dabei nicht müde, zu betonen, es handle sich meist um Quellenmaterial »heidnischen« Ursprungs[129]). Wo er dagegen über die Her-

---

[124]) 27

[125]) 237 und passim. Wie sehr gerade dieses Verschwimmen für den gruppenseelisch Empfindenden kennzeichnend ist, bezeugt Ratschow 58

[126]) Z.B. 216

[127]) 253, vgl. Ratschow 86 unten.

[128]) 27

[129]) 96

kunft der Märchen nichts sagt, dürfen wir ebenfalls auf heidnische Quellen schließen. Denn andernfalls verlöre seine Beweisführung ihre Grundlage. Johanssen führt nämlich den Leser vor das geradezu verblüffende Ergebnis, nicht nur wesentliche Elemente des christlichen Ethos, sondern ohne Ausnahme der gesamte Inhalt der zehn Gebote sei bei Ostafrikas heidnischen Primitiven lebendig[130]).

Er glaubt, damit bewiesen zu haben, »in welcher Weise auch der Primitive unter einem Gesetz steht, das ihn auf Schritt und Tritt einengt und in Knechtschaft hält[131]).«

Es steht uns nicht zu, einem Sachkenner wie Johanssen auf seinem Gebiet entgegenzutreten. Eine glückliche Fügung ermöglicht es uns jedoch, in dieser Einzelfrage eine Autorität von Weltruf zu Rate ziehen zu können. Der bekannte Afrikanist Carl Meinhof nämlich hat in die Ausgabe seiner afrikanischen Märchen zum Teil Erzählungen mit denselben Motiven, ja sogar einmal inhaltlich das gleiche Märchen aufgenommen wie Johanssen[132]). Selbst die örtliche Herkunft der Berichte ist bei beiden Schriftstellern dieselbe. Sie entstammen nämlich überwiegend den ostafrikanischen Bantunegern. Meinhof betont nun in seinem Vorwort, wie groß gerade in Ostafrika indische, arabische und persische Einflüsse seien[133]. Freilich sieht er diese Einflüsse in erster Linie bei den Suaheli, die Johanssen allerdings ebenfalls missioniert hat[134]). In anderem Zusammenhang weist Meinhof eingehender sogar ausdrücklich auf christliche Einflüsse in Ostafrika hin. Er nimmt dabei an, daß ihnen vielleicht besonders das Land Ruanda unterliege[135]), welchem Johanssen nicht weniger als neun Jahre der Missionsarbeit widmete[136]).

Als unzweifelhaft sieht es Meinhof an, daß die der herrschenden Schicht Ruandas anthropologisch nahestehenden Galla zu ihrer Heidenzeit in Abessinien mit jüdischen, christlichen und mohammedanischen Stämmen in Berührung getreten sind[137]). Man sieht: methodisch verliert die Arbeit Johanssens schon dadurch beträchtlich an Wert, daß sie mit keinem einzigen Worte zu der entscheidenden Frage nach überfremdenden Kultureinflüssen in Ostafrika Stellung nimmt. Diese Unterlassung überrascht uns um so mehr, als Johanssen die Möglichkeiten auswärtiger Einwirkungen, z.B. bei einer doch so nebensächlichen Angelegenheit wie der Beschneidungssitte, ausdrücklich erörtert[138]).

Aber auch dadurch büßt Johanssen an Überzeugungskraft ein, daß ein wissenschaftlich so hoch befähigter Missionar und Sachkenner Ostafrikas wie Bruno Gutmann immer wieder auf das primitiv Fremdartige im Seelen-

---

[130]) 114ff.
[131]) a.a.O. 123
[132]) Meinhof (1917) 81, Johanssen 66
[133]) Meinhof a.a.O. 3f.
[134]) Johanssen 13
[135]) Meinhof (1913) 4
[136]) Johanssen 13
[137]) Meinhof (1913) 39. Vgl. jetzt Jensen 112
[138]) Johanssen 199

leben der Ostafrikaner hinweist[139]). Damit soll natürlich kein Einwand gegen Johanssens tatsächliche Angaben erhoben werden. Angreifbar sind allein seine Schlußfolgerungen, vor allem die Leichtfertigkeit, mit der er den von ihm zusammengetragenen Stoff zu abstrakten Verallgemeinerungen verwertet. Er hält es nämlich unbedenklich für gerechtfertigt, aus seinen wenigen Beobachtungen an einigen Naturvölkern der Gegenwart den weitgehenden Schluß zu ziehen, so seien die magischen Menschen immer und überall geartet[140]). Daß Johanssen gerade am Nachweis dieser Behauptung gelegen ist, ergibt sich ohne Frage aus der Gesamtanlage seines Buches. Es atmet jene tiefe christliche Gläubigkeit, deren Einfühlung unsere Völkerkunde einen großen Beitrag zu ihren bewundernswerten Leistungen verdankt. Zugleich hiermit aber ist auch die nicht zu unterschätzende Gefahr für jede wissenschaftliche Bemühung gekennzeichnet, die ihren Ausgang von einer erklärten Glaubensgrundlage nimmt. Carl Meinhof, selbst Theologe und strenggläubiger Christ, wies im vertrauten Kreise auf dieses Bedenken gegen alle wissenschaftlichen Arbeiten unserer Missionare immer wieder nachdrücklich hin. Sein großer Schüler und Nachfolger Otto Dempwolff pflegte ihm vollauf darin beizupflichten[141]).

Was von dem fehlgeschlagenen Versuch des Protestanten Johanssen gilt, trifft in gleichem Maße zu auf das umfangreiche Werk des gelehrten Jesuiten Viktor Cathrein. Vergeblich hat auch er sich bemüht, mit einem wahrhaft riesigen ethnographischen Material aus allen Zeiten und Erdteilen die Allgültigkeit des Dekalogs nachzuweisen. Immerhin verfährt er methodisch insofern klar, als er von vornherein die bunt schillernde Widersprüchlichkeit der sittlichen Auffassungen in Rechnung stellt. Ihm ist nur darum zu tun, gleichbleibende formale Prinzipien der Sittlichkeit nachzuweisen, die allen Völkern gemeinsam seien. Nur insoweit gelten ihm die zehn Gebote allerorten[142]). Diesen Nachweis freilich dürfte er geführt haben. Denn ohne Zweifel ist das Phänomen des Sittlichen bei allen Menschen festzustellen. Selbst wenn wir dabei von der alten Streitfrage absehen, ob es wirklich erst auf einer höheren Entwicklungsstufe der Religion zur Entfaltung kommt[143]), müssen wir uns aber eingestehen: mit Cathreins Nachweis ist uns leider nicht gedient. Denn formale Prinzipien ohne den geschichtlichen Stoff, den sie jeweils regeln, sind wertlos.

»Das Recht ist ein Ordnungsbegriff; zu einer Ordnung gehören aber immer zwei Dinge, etwas, was ordnet und etwas, was geordnet wird. Dies letztere ist die Substanz der Sache, der Stoff, der durch seine Natur das Tun des Ordnenden bestimmt. Der Stoff des Rechtes aber ist nichts weniger als die ganze unabsehbare Fülle aller menschlichen Lebensverhältnisse. Das Recht erzeugt und schafft nicht etwa aus seinen Mitteln die persönliche Freiheit, das Eigentum, die Familie, den Vertrag, sondern es findet diese Verhältnisse als Wirkungen des natürlichen Trieblebens vor; es zeichnet nur seine ordnenden Linien hinein . . .[144])«

---

[139]) Gutmann (1928) passim. Zum Grundsätzlichen vgl. immer noch Bergbohm 410ff.
[140]) Zur grundsätzlichen Kritik vgl. Schnitzer (1945) 90
[141]) mündlich von Herrn Prof. Giulio Panconcelli-Calzia.
[142]) Cathrein (1914) I, 11ff., III, 563ff.
[143]) Cathrein a.a.O. III, 575
[144]) G. Rümelin (1871) in der Neuauflage 1907, 63

Diese Worte eines Naturalisten enthalten dennoch eine tiefe Wahrheit, und so müssen wir denn feststellen:

Cathrein und Johanssen und alle, die in ihren Bahnen wandeln[145]), bieten uns keine Anhaltspunkte für die Annahme, daß alle Völker zu allen Zeiten und allerorten von *inhaltlich* gleichbleibenden Grundvorstellungen geleitet werden. Wenn es schon bezüglich der geschichtslosen Menschen unbestreitbar ist, daß man »keine Regeln aufstellen kann, die für alle Völker gelten«[146]), so trifft dieser Erfahrungssatz erst recht auf die modernen Kulturen zu, denn in ihnen lebt der einzelne meistens im vollen Bewußtsein vom Wandel alles Geschichtlichen[147]).

Nach dem heutigen Stand der ethnologischen Jurisprudenz läßt sich freilich ein allgemeinmenschlicher Trieb zur Ordnung des Zusammenlebens nicht leugnen. Darauf wies schon 1871 Gustav Rümelin hin und später nochmals sein Sohn Max[148]). Aber mit der bloßen Einsicht, daß der Mensch nicht allein in seiner Begriffsbildung, sondern eben in allem das Ordnungswesen par excellence ist, kommt der Rechtsphilosoph ebensowenig wie der Rechtspraktiker auch nur einen Schritt vorwärts. Die Erkenntnis gewisser Grundlinien eines stereotypen Sozialverhaltens, die seine animalische Anlage dem Menschen vorzeichnet, ist wertlos, solange sie nicht erhellt wird vom klaren Wissen um den geschichtlich jeweils einmaligen Ordnungsinhalt, der das menschliche Verhalten erst mit Blut und Leben erfüllt. Das veranschaulicht ein Beispiel aus der Rechtsgeschichte: einstmals vertraten die alten Römer den Grundsatz, »suum cuique tribuere«, der bis zur heutigen Stunde noch von den Naturrechtlern verfochten wird. Aber dabei bleibt doch, wie Erwin Riezler[149]) treffend sagt, die eigentliche Frage offen, was denn nun für jedermann das ihm Gebührende sei. So ist die Forderung also in Wahrheit ein »inhaltsleeres Prinzip, das auf eine nicht in ihm liegende Ordnung verweist.«

Jede Ordnung unterliegt, wie alles Menschliche, den Veränderungen der Geschichte. Am ehesten könnte man noch mit Kohler[150]) darlegen, daß das Ethos des Rechts bei allen Völkern zuerst im Obligationenrecht hervortritt, insofern das in rituell sichtbaren, bestimmten Formen erteilte Versprechen für den magischen Menschen ganz besondere Rechtsverbindlichkeit erzeugt. Wenn Viktor Cathrein[151]) also folgenden Naturrechtssatz aufstellt: »Du sollst die rechtmäßig eingegangenen Verträge halten!« und hinzufügt, dieser Satz gelte immer und allgemein, so ist gegen ihn als formales Prinzip kaum etwas einzuwenden. Aber wir wiederholen: Was wäre uns mit formalen Prinzipien gedient, mit Hülsen ohne Inhalt?

---

[145]) so vor allem Cathreins Vorläufer Hobhouse und sein heutiger Anhänger Koppers.

[146]) Mosbacher 11 und das bei ihm aufgeführte Schrifttum.

[147]) Vgl. Koschaker 198ff., 297, Note 1

[148]) Gustav R. (1907), Max R. (1925, 29ff.).

[149]) (1946) 93f.

[150]) (1882) 161ff. – Bei seinen Gegenargumenten a.a.O. 65 übersieht Riezler das Wesen des Magischen.

[151]) (1909) 224

Immer können wir doch erst bei genauer Kenntnis des Einzelfalls mit allen seinen niemals wiederkehrenden Besonderheiten das Urteil wagen, was rechtens sei[152]). Leere Hülsen hingegen bekunden überdies gar oft die verhängnisvolle Neigung, unversehens Beimischungen sachfremder Interessen mitaufzunehmen, die sich den Vorsätzen der beteiligten Politiker und Schriftsteller meist unterbewußt beigesellen, so daß diese nicht einmal ahnen mögen, was sie ihren Zeitgenossen und der Nachwelt in bester Absicht antun. Was hat nicht allein das wohltönende Wort »Gerechtigkeit« in den Jahrtausenden seit seiner »Entdeckung« an Unheil über die Menschheit gebracht[153])! Oder hat es die Wissenschaft und die Praxis des Rechts in unserer langen Geistesgeschichte wirklich auch nur einen einzigen Schritt emporgeführt? Kalte Menschenverächter vermöchten die Frage aufzuwerfen, ob nicht formale Prinzipien wie die Worte »Gerechtigkeit« oder »Jedem das Seine!« massenpsychologisch vortrefflich wirksame Lockrufe abgeben könnten für eine gewissenlose politische Führerschaft, welche bekanntlich bei der großen Menge immer dann am leichtesten Glauben und Gefolgschaft findet, wenn sie es fertig bringt, ihr ruchloses Treiben unter dem ornamentalen Deckmantel ethischer Grundsätze verborgen zu halten. Unseren Menschenverächtern dürfte daher nicht die nächste Frage verwehrt werden, ob es denn nicht gerade jene zu politischen Schlagworten mißbrauchten »Entdeckungen« gewisser formaler Rechtsprinzipien seien, die die Welt immer wieder neu in Blut und Tränen tauchten und so das ihrige dazu beitrügen, daß die Menschheit in ihrem sozialethischen Verhalten keinen einzigen Schritt vorankomme.

Sogar die Naturrechtler selbst widersprechen uns hierin heute nicht mehr. Das ist gar nicht erstaunlich. Denn als überzeugte Verfechter christlichen Glaubens ziehen sie zwischen sich und den Vernunftrechtlern des 18ten Jahrhunderts einen scharfen Trennungsstrich, tadeln sie deren unbekümmertes Bestreben, »durch uferlose Deduktion von den allgemeinen in sich evidenten Grundsätzen aus alle, auch die speziellsten Rechtsfragen allgemeinverbindlich entscheiden zu wollen[154]).« Das gesamte Anliegen des Naturrechts seit den Tagen der deutschen historischen Schule hätten die Aufklärer in Verruf gebracht, zumal ihnen bei ihrer maßlosen geistigen Überheblichkeit die besonnene Selbstkritik des klassischen Naturrechts verloren gegangen sei, wie es Mittelalter und Neuscholastik einst so einleuchtend und segensreich gepflegt hätten. Nur den allgemeinen Rechtsgrundsätzen komme selbstverständlich Allgemeingültigkeit zu. Wer jedoch im Einzelfall Folgerungen aus ihnen ziehen möchte, könne natürlich nicht dessen nähere Umstände außer Betracht lassen. Das hätten gerade die großen Spanier betont. Auch die menschliche Irrtumsfähigkeit dürfe man bei alle-

---

152) Emge (1940) 28 sagt: »Gerecht sein heißt so im tieferen Sinne, sich geschichtlich richtig verhalten.«

153) Ich stimme insoweit voll mit Emge (1925) 47 überein, »an Stelle naturrechtlicher Formeln die historische und dabei doch normative Betrachtung zu setzen.« Vgl. weiter Emge (1944), besonders 20ff.

154) Stadtmüller 20

dem nicht unterschätzen, ebensowenig wie man nach dem schlechten Vorbilde der Aufklärer allzu sehr der menschlichen Vernunft vertrauen sollte. Zur besonnenen Selbstkritik des klassischen Naturrechts zurückzufinden, sei daher das Gebot der Stunde[155]). Dieses Arbeitsprogramm unserer heutigen Naturrechtler klingt in der Tat bestechend. Allein, bei dem Versuch seiner Erprobung an der Praxis des Alltags zeigt sich kaum ein nennenswerter Unterschied zwischen den uns gegenwärtig so anempfohlenen »Obersten Grundsätzen des Rechts« und jenen abstrakten, angeblich allgemeinverbindlichen Leitsätzen, mit deren Hilfe einstmals die Aufklärer sogar die speziellsten Einzelfragen glaubten befriedigend lösen zu können[156]). Auch heute noch bei den Wortführern des modernen Naturrechts treffen wir nämlich auf Schritt und Tritt immer wieder die altgewohnten Grundregeln an, die wir aus den Schriften der Alten kennen, z.B. »Du sollst nicht Unrecht tun (neminem laedere)«, »Du sollst nicht töten, nicht falsches Zeugnis ablegen usw.«, »Jedem das Seine« oder »Pacta sunt servanda[157]).« Leider erteilen uns die Verfasser nur keine überzeugende Antwort auf die brennende Frage, wie denn ihren »Obersten Grundsätzen des Rechts« eigentlich der Charakter bindender Rechtsnormen zuerkannt werden könne, wenn sie immer erst vor ihrer praktischen Anwendung den jeweils wechselnden Besonderheiten des geschichtlich unwiederholbaren Einzelfalls angepaßt werden müssen, wie diese Naturrechtler es doch anscheinend selbst für unerläßlich halten. Ganz offenbar hat es mit den »Obersten Grundsätzen des Rechts« Schwierigkeiten, denen diese Schriftsteller nicht gern nähertreten möchten. Im Anschluß an Kant hat nämlich Manigk darauf hingewiesen, daß dergleichen allgemeingültige Urteile, die man lediglich a priori gewinnen könne, nur den Ordnungsgedanken selbst, aber gar kein inhaltliches Ordnungsprinzip enthalten[158]). Solche und ähnliche allgemeine Sätze stellen also überhaupt keine Rechtsnormen dar. Denn um Rechtsnorm zu sein, muß ein Satz seinen Inhalt konkret auf einen bestimmten Sachverhalt beziehen. Der Satz jedoch »Jedem das Seine« ist – bei Licht besehen – nichts anderes als die sich bei der Analyse seines Inhalts ergebende Befehlsform, die gar nichts Neues zu dem schon bekannten Satzinhalt hinzufügt. Eine Rechtsnorm aber entsteht erst dann, wenn ein bestimmter geschichtlicher Sachverhalt geregelt wird. »Es gibt keine Rechtsnormen, die einerseits über die Analytik des Subjektbegriffs hinausgehen und zugleich andererseits von der Erfahrung unabhängig sind. Analytische Rechtssätze liefern keine Rechtsordnung[159]).« Immer ist es also das geschichtlich Einmalige, das den Inhalt der Rechtsnorm bestimmt. Dieses Historische aber ist so grundverschieden nach Zeit und Ort, daß mit der bloßen Kenntnis formaler Prinzi-

---

155) Stadtmüller 20, 66; Cathrein (1909); Rommen (1947); Coing (1948)
156) Hierzu sagt Ryffel 54ff. Vortreffliches.
157) Rommen (1947); Stadtmüller 63
158) Manigk 1926, 7
159) Manigk ([1925/26], 402ff.) Küchenhoffs Kritik (37ff.) an M. ist unverständlich. Für K. ist allerdings der Dekalog unmittelbar verbindliches Naturrecht. Hiergegen wandte sich schon Emil Brunner ([1943], 143ff.).

pien niemandem im mindesten gedient wäre[160]). Was vermöchte z.B. ein magischer Mensch mit dem »allgemeingültigen« Satz anzufangen: »Du sollst nicht töten!«?

Übrigens trifft es nicht zu, daß die heute so viel berufenen »Obersten Rechtsgrundsätze« ausschließlich Naturrechtsgebote sind. Denn auch das geltende positive Recht nimmt sie gleichermaßen für sich in Anspruch. Sogar die nationalsozialistischen Machthaber hatten nicht den Mut, sich vor aller Augen von jenen »allgemeinen Grundregeln« loszusagen, die sie wenigstens äußerlich bei der Übernahme ihrer Herrschaft anerkannten[161]). Dem geltenden staatlichen Recht sind die »Obersten Rechtsgrundsätze« vielmehr recht gut bekannt. Das berechtigte Anliegen der Naturrechtler läßt sich daher auf die Forderung an die Inhaber der Staatsgewalt beschränken, das, was sie theoretisch äußerlich ebenfalls längst anerkannt hätten, nun aber auch praktisch zu befolgen. Wenn diese Forderung indessen ohne Schwierigkeit durchzusetzen wäre, wie es uns die Freunde eines überpositiven Rechts glauben machen möchten, dann brauchte sich die Rechtspraxis doch nur nach ihr zu richten. Allein, wir stehen vor der betrüblichen Tatsache: seit jeher legt alle Welt, auch das positive Recht aller Staaten, immer wieder voller Stolz und mit Feierlichkeit das Lippenbekenntnis zu jenen erhabenen »Obersten Rechtsgrundsätzen« ab, ohne sich im harten Kampf ums Dasein stets so zu verhalten, wie sie gebieten. Mithin: hier verletzen die staatlichen Machthaber nicht Naturrecht, sondern setzen sich mehr oder minder unbedenklich über positives Recht hinweg.

Möglicherweise wird man uns jetzt vorwerfen, wir hätten für unsere Beweisführung aus der Fülle allgemeiner Naturrechtssätze nur solche herausgegriffen, deren Abhandlung uns keine sonderlichen Schwierigkeiten zu bereiten scheine. Wir hätten nämlich versäumt, die naturrechtlichen Leitsätze für das öffentliche Recht zu erwähnen. So setzten doch die Menschenrechte jedem Staate heute feste Schranken. Selbst der Krieg als Angriffsmittel sei doch »ein Bruch des höheren Rechtes der Menschlichkeit[162]).«

Absichtlich haben wir die Gruppe von Naturrechtssätzen, die sich auf das öffentliche Recht beziehen, gesonderter Würdigung vorbehalten. Denn erst sie führen uns vor das eigentliche Problem. Hinter ihnen nämlich verbergen sich die tieferen Ursachen allen Naturrechtsdenkens überhaupt. Vergegenwärtigen wir uns die Leidenschaftlichkeit, mit der unsere Naturrechtler ausgerechnet immer wieder den Staat in Fesseln schlagen möchten, so be-

---

[160]) Rüfner ([1941], 167) sieht das durchaus ein, glaubt aber an die Möglichkeit, daß »formal-allgemeine Sätze von tieferen Sinnstrukturen gefüllt werden können, von einem Apriori, das zwar kein überzeitliches und weltfernes, aber ein menschlich nahes und sinnvolles Gebilde darstellt.« Was für ein seltsames Apriori mag das sein?

[161]) Es spricht manches dafür, daß die Führenden damals sehr wohl um ihre Normabweichungen wußten. Zum mindesten waren sie ängstlich darum besorgt, ihr rechtswidriges Verhalten dem Untertan zu verschleiern. Daher erfuhren nur Geheimnisträger vom Als-Ob-Charakter der Fortgeltung gewisser oberster Rechtsgrundsätze. Für das Gebiet der Tötung sogenannten lebensunwerten Lebens berichtet hierüber kulturpsychologisch und staatsrechtlich fesselnd der Psychiater Ehrhardt.

[162]) Stadtmüller 59

stätigt sich unsere Erkenntnis: das Naturrecht als kulturpsychologisches Phänomen ist eben nur das juristische Sprachrohr des vom Leben unter seinen Mitmenschen enttäuschten Einzelnen, der seine irdische Lage verbessern will. Auch der überzeugteste Naturrechtler kann uns nicht bestreiten: seine Rechtsbeziehungen zu Staat und Gesellschaft erlebt der moderne Individualist anders als ehemals der magische Mensch sein unerschüttert naturgewachsenes Verhältnis zur Stammesgemeinschaft. Heute nagt doch an den Wurzeln der Polaritätsbeziehung zwischen dem Staat und seinem Bürger fast stets jene mißtrauische Verächtlichkeit, mit der der Mensch seiner Obrigkeit überall entgegentritt. Ihren rechtlichen Ausdruck findet diese feindselige Grundhaltung auch in jenen Naturrechtssätzen, die das Verhältnis »Individuum – Gemeinschaft« regeln möchten.

Mögen die Verfechter des Naturrechts auch alle Register ziehen. Niemals wird ihnen der Beweis glücken, daß ihre allgemeinen Rechtsgrundsätze bei sämtlichen Völkern der Erde »unverrückbar« Gültigkeit genossen hätten, am allerwenigsten jedoch ihre öffentlichrechtlichen Grundgebote. Der magische Mensch aller Zeiten steht der Hintergründigkeit des irdischen Seins ohne jede revolutionäre Kritik gegenüber. Er will die Welt nicht verbessern. Denn er leidet noch gar nicht unter der Unzulänglichkeit seines Lebens, wenn ihm auch die Launen seines Häuptlings oft durchaus nicht behagen. Wie aber sollte er, der sich als bloßes Glied in einem Allzusammenhang fühlt, gegen seine Stammesgemeinschaft Menschenrechte verteidigen wollen? Dergleichen auch nur für möglich halten zu dürfen, liegt außerhalb jeglicher Vermutbarkeit.

Es ist seltsam: alle diese Erwägungen, die doch schon die Ergebnisse unserer modernen Einzelwissenschaften uns nahelegen, sollten auch die Naturrechtler beschäftigen. Aber das ist nicht der Fall. Nicht einmal gewichtige Einwände ihrer bekanntesten Gegner nehmen sie zum Anstoß genauerer Prüfung ihres eigenen Standpunktes. Statt dessen scheinen sie häufig vorzuziehen, Problemen mit wohltönenden Worten aus dem Wege zu gehen. Das alles erklärt sich keineswegs daraus, daß Männer wie Bergbohm, Kelsen oder Ryffel etwa unfähig gewesen wären, sich allgemeinverständlich auszudrücken, mag auch Ryffel, ihr bedeutendster Widersacher, mitunter einen esoterischen Stil pflegen. Nein, der ausschlaggebende Grund für die unbestreitbare Tatsachenblindheit unserer Naturrechtler liegt vielmehr in einer seelischen Eigentümlichkeit, die allgemeinmenschlich zu sein scheint, nämlich in ihrem Illusionsbedürfnis. Verdienstvolle, in ihrem Fach ergraute Forscher scheuen sich vor dem ernüchternden Blick auf das Leben wie es wirklich ist. Sie hindert nicht mangelnde Bildung, sondern die Beschaffenheit ihrer Wahrnehmungsapparatur, die mikroskopischen Feinheiten des unwiederholbaren geschichtlichen Einzelfalls richtig ins Auge zu fassen und zu erkennen. Nur das gattungsmäßig Gleichartige aller Vordergründe bemerken sie und halten es jeweils für die ganze Fülle der Wirklichkeit. Daß dieser Vorgang als akademische Massenerscheinung ausgerechnet in Deutschland, dem klassischen Lande der Geisteswissenschaften, heute beobachtet werden kann, gibt zu denken.

Wir müssen also feststellen: die optischen Geräte unserer Naturrechtler sind nur auf das Makroskopische geeicht. Nur in groben Umrissen vermögen sie die Welt des Geistigen in sich aufzunehmen. Denn höher als bei Leuten mit geschichtlichem Sinn liegt die Reizschwelle ihrer Augen. Das erklärt auch ihre seltsame Vorliebe für nebelhaft verallgemeinernde Begriffe. Nicht einmal fragwürdig wird ihnen, ob sich hinter ihren Abstraktionen Wirklichkeiten verbergen. Und so verwenden sie allerorten sorglos und unbekümmert unverrückbare, unwandelbare oberste Rechtsgrundsätze. Wenn Siegmund Freud mit seiner Behauptung recht haben sollte, Komplexe müsse man bewußt machen, um sie abzureagieren, so wäre diese Anmerkung zur Psychologie unserer Naturrechtler vielleicht nicht ganz nutzlos. In der Tat: die Frage nach einem Naturrecht wirft die Vorfrage nach der geistigen Grundhaltung derer auf, die es verfechten oder auch bekämpfen. Am Anfang prüfe also ein jeder von uns sich selbst! Er untersuche zunächst die Sehschärfe seiner eigenen Wahrnehmungsapparatur, bevor er sich seinem eigentlichen Geschäft zuwendet. Um diese Arbeit der Selbstüberwachung uns und dem Leser ein wenig zu erleichtern, wollen wir auch jetzt wieder zur heuristischen Konstruktion greifen, d.h. uns schwerer Verständliches an der Gegenüberstellung von extrem verschiedenen Fällen einsichtig machen.

Wir befolgen also abermals den erprobten Grundsatz, Vergleiche zwischen dem modernen Abendland und den uns so wesensfremd anmutenden Frühkulturen der magischen Menschheit anzustellen. Schon die Beschränkung auf zwei der uns bereits näher vertrauten formalen Prinzipien ist hier aufschlußreich. Nämlich allein die beiden Sätze »Du sollst nicht töten« und »Du sollst niemandem wehe tun« (neminem laedere) zeigen einer vergleichenden Rechtsbetrachtung, wie rasch sich die hoffnungsfreudige Vorstellung eines sogenannten moralischen Entdeckungsprozesses in Rauch und Nebel auflöst. Oder will uns wirklich jemand ernstlich nachweisen, die Entwicklungskeime eines fehlerfreien Rechtsgefühls, wie es vor der Prüfung durch ein christlich geläutertes Bewußtsein Bestand hätte, seien bei den Primitiven und den Menschen selbst der großen Frühkulturen anzutreffen? Wer den Kriegsgefangenen, ja jeden Fremdling schlechthin mißachtet und wie ein Beutetier behandelt, wer in der Frau nur das Weib sieht und sie oft geradezu zur Sache erniedrigt, wer Altersschwache umbringt, wenn sie ihm zur Last fallen, wer gar seinesgleichen blutig den Göttern opfert,[163]) der kann nicht einmal den Anfangspunkt eines moralischen Entdeckungsprozesses für uns bedeuten. Solche Menschen nämlich, wenn wir heute sie auch keineswegs amoralisch nennen dürften, haben kaum etwas gemein mit uns. Verstehen können wir sie jedenfalls nicht mehr. Ein zu höherer Sittlichkeit anspornendes göttliches Naturrecht ließe sich sicherlich bei ihnen nicht nachweisen[164]). Und trotzdem besteht für die Überzeugung aller dieser

---

[163]) Makarewicz 49ff.; Ratschow 30ff.; Thurnwald (1932) 29ff., 272ff. und (1935) 202ff.

[164]) Vor Jahren entgegnete mir ein Theologieprofessor, selbst alle diese Menschen glichen uns darin, daß sie fähig wären, sich die christliche Ethik anzueignen. Diese Behaup-

magischen Menschen selbst nicht der leiseste Zweifel daran, daß es die Götter in eigener Person gewesen sind, die ihnen ihr irdisches Recht verordnet hätten, welches uns in seiner unbegreiflichen Blutrünstigkeit so abstößt. Sie nämlich kennen die uns geläufige Unterscheidung zwischen einem »Jenseits« und einem »Diesseits« überhaupt noch nicht. Der von ihren späten Nachfahren schmerzlich empfundene Dualismus zwischen dem unvollkommenen irdischen Recht und einem vollkommenen Gottesrecht ist ihnen gänzlich fremd. Denn das Lebensgefühl des magischen Menschen ist eben, wie Otto Höfler[165]) es glücklich ausdrückt, »vordualistisch«. In dem berühmten Gesetz des Babylonierkönigs Hammurabi an der Wende des dritten zum zweiten Jahrtausend v. Chr. tritt uns dieser vordualistische Geist in klassi-

---

tung entbehrt ohne Zweifel für die vorchristliche Menschheit – vornehmlich der Prähistorie auf sämtlichen Entwicklungsstufen – jeglicher Möglichkeit eines Beweises. Analogien aus christlichen Erfahrungen der Heidenmission wären unstatthaft. Rückschlüsse von der Bekehrung rezenter Naturvölker auf die graue Vorzeit wären schon deshalb bedenklich, weil nicht einmal die Beobachtungen an »Wilden« der jüngsten Vergangenheit und Gegenwart die Annahme uneingeschränkt rechtfertigen könnten, alle Menschen ohne Rücksicht auf ihre Rasse und Kultur ließen sich gleichermaßen willig und einsichtig dem christlichen Sittengesetz unterordnen. Richtig behandelt werden kann diese Frage nur im Zusammenhang mit der umfassenderen Problematik der Kulturbegegnungen. Niemand wird ernstlich bestreiten wollen, daß das Christentum, vor allem seine erst im Laufe einer langen Geschichte zu ihrer heutigen Vollkommenheit gediehene Ethik, ausgesprochen abendländisches Gepräge in der irdischen Gestalt zeigt. Daß z.B. die Kulturvölker Asiens – wenn man auf das Ganze blickt – bisher sämtlichen Bekehrungsversuchen widerstanden, hat seine Ursache allein in der Schwierigkeit, wenn nicht in der Unmöglichkeit, daß der Mensch das Fremde richtig versteht, geschweige denn willens und fähig ist, es sich unverfälscht zu eigen zu machen. Nicht einmal davon kann die Rede sein, daß wenigstens die christliche Ethik bei den Asiaten auf Annahmebereitschaft gestoßen sei.

Man wird im übrigen auch unterscheiden müssen zwischen einer mehr oder minder stumpfsinnigen oder gar von Machthabern gelenkten verständnislosen und oberflächlichen Massenbekehrung – aus der Germanenmission ist sie erinnerlich – und einer verständnisvollen, innerlichen Aneignung, die Seele und Gemüt des Einzelnen von Grund auf verwandelt. Dieser Sachverhalt begegnet uns – zeitgeschichtlich verändert – heute in Lateinamerika, das von seiner vollen Evangelisation noch weit entfernt ist. Nach allem ist nicht zu leugnen: Auch unter Christen reichen die Unterschiede im Ethos vom bloßen Lippenbekenntnis bis zum tiefsten Ergriffensein. Neben ihnen aber steht die Unzahl derer, die nicht einmal äußerlich von der christlichen Liebesbotschaft berührt werden, die allenfalls das Niveau einer »Binnenmoral« (Max Weber) erreichen. Wie will man da sagen, alle Menschen seien für die christliche Ethik gleichermaßen empfänglich?

Wer hier urteilen möchte, darf auch nicht übersehen, was die moderne Religionspsychologie an »Niederungen des Glaubenlebens« (Gruehn) im christlichen Abendland entdeckt hat. Man denke nur an »eine ungemein verbreitete und doch der Wissenschaft unbekannte Form des Betens, das Totbeten« (Gruehn 303 ff.). Mitten unter uns geschieht es! Von anderen Entartungen einer Vulgärethik zu schweigen.

Daß hierbei jedoch auch das Problem der Elite berücksichtigt werden müßte, versteht sich. Ist doch bei alledem wichtig, wie weit sich überhaupt eine Sittenlehre von hohen Anforderungen verbreiten läßt. Allerdings darf sich nicht auf das Problem der Elite zurückziehen, wer davon ausgeht, daß soziologischen Erwägungen kein Raum gebühre, da die Fähigkeit, die christliche Ethik anzunehmen, allen Menschen ohne Ausnahme eigentümlich sei.

[165]) 219

scher Weise entgegen[166]). »Auf Geheiß Schamachs, des großen Richters von Himmel und Erde, werde meine Gerechtigkeit im Lande offenbar!«, befiehlt der König[167]). Wie diese Worte zu erkennen geben, schließt also vordualistisches Rechtsgefühl keineswegs das Bewußtsein aus, trotz seiner unvermittelten göttlichen Herkunft sei das Recht dennoch zugleich auch Menschenwerk[168]). Dafür sind die recht selbstbewußten Verlautbarungen dieses orientalischen Herrschers im Proömium und im Epilog zu seinem Gesetz ein beredtes Zeugnis, wenngleich die steinerne Stele, auf der es uns überliefert ist, den Sonnengott in eigener Person zeigt, wie er Hammurabi die Gesetzestafel einhändigt.

Auch die alten Griechen bewegte einst vordualistisches Rechtsgefühl. Ihrer Obrigkeit fiel daher damals keine andere Aufgabe zu, als auf die Innehaltung der göttlich verordneten Gesetze zu achten. Insbesondere die jeweiligen Inhaber der irdischen Strafgewalten wurden lediglich als Vollziehungsorgan höherer Mächte angesehen[169]). In diesen Vorstellungen lebten in ihren Anfängen ausnahmslos auch die großen Kulturvölker. Die vordualistische Überzeugung der Alten, alles Recht sei unmittelbar von himmlischen Göttern gesetzt, kann für uns heute aber doch niemals die Annahme begründen, das positive Recht jener verklungenen Zeiten sei Naturrecht gewesen[170]). Denn wir wissen doch schon: allenfalls könnte sich die Stimme eines göttlichen Rechts dort Gehör verschaffen, wo der Mensch wenigstens so reif ist, daß er die Mängel seiner irdischen Rechtssatzung zu durchschauen beginnt. Nur auf dieser Entwicklungsstufe erwacht in ihm die Sehnsucht nach dem verläßlichen Halt an einer überirdischen Gesetzlichkeit, die ihn sicher durch die Wirrsale dieser Welt zu leiten vermag, die ihn emporhebt über die bedrückenden Niederungen seiner Menschlichkeit. Erst da, wo ein ausgeprägt dualistisches Lebensgefühl darauf sinnt und trachtet, irdische Unzulänglichkeit durch Annäherung an überirdische Allgesetzlichkeit zu überwinden, erst da kann überhaupt von einer Naturrechtsproblematik die Rede sein. Immer also ist Voraussetzung allen Naturrechtsdenkens die Entfaltung eines Persönlichkeitsbewußtseins, dem sich das Erlebnis des inneren Abstandes von seiner Umwelt erschlossen hat, d.h. die Polarität zwischen Subjekt und Objekt. Überraschenderweise trifft man in heutigen Darstellungen häufig auf eine Verkennung dieser elementaren Tatsache[171]).

---

166) Text in deutscher Übersetzung bei Eilers. Zur Chronologie vgl. Koschaker 203 und das dort aufgeführte Schrifttum.

167) Eilers 56. Vgl. Wundt (1918) 423

168) Weitere lehrreiche Fälle bringt hierzu Meinhof (1914) 147ff.

169) Jaeger (1934) I, 408; Tesar (1914) 92ff.

170) So meint es möglicherweise sogar Schönfeld (1943) 129ff.

171) Ellul 13f.
Auch Friedrich Horst bereitet es Schwierigkeiten zu verstehen, weshalb nicht nur die alten Juden, sondern auch die zeitgenössischen anderen Völker ihr Recht als göttlichen Ursprungs erlebten, obwohl doch »die rechtshistorische Frage« nach dem Naturrecht im Alten Testament nur mit »Nein« beantwortet werden könne (261 u. 271). H. kennt offenbar nicht das vordualistische Lebensgefühl.

Diese grundsätzliche Feststellung verliert ihr Gewicht keineswegs dadurch, daß uns heute z.B. das antike dualistische Lebensgefühl, obwohl es neben dem Naturrechtsdenken doch auch unser Christentum aufkommen ließ, trotz aller seiner anziehenden Wesensverwandtschaft recht fremdartig anmutet.

Alles in allem lassen schon unsere kurzen Betrachtungen zur ethnologischen Jurisprudenz deutlich werden: es gibt keine allgemeinmenschlichen, inhaltlich unveränderlichen Grundvorstellungen vom Recht. Und gerade aus diesem Grunde ist uns das wahre Verständnis des magischen Menschen in allen seinen Spielarten für immer verwehrt[172]). Der gruppenseelisch empfindende Mensch fühlte sich eben in einen Allzusammenhang eingebettet, der uns verschlossen bleibt. Denn wir Wesen des diskursiven Verstandes leben in dem eigentümlichen Zwiespalt zwischen Innenwelt und Außenwelt, der in ihm noch nicht aufgebrochen war. Damit soll nicht angedeutet werden, das Gruppenseelische könne nur in magischer Lebensform auftreten. Auf diese anziehende Frage kommen wir zurück, sobald wir uns der Gegenwart und ihren einzelnen Kulturkreisen zuwenden.

Daß zuweilen sogar Vertreter der ethnologischen Jurisprudenz darauf verfallen konnten, äußerlich gleichartig erscheinende Rechtseinrichtungen gruppenseelischer Frühkulturen und heutiger Naturvölker für Emanationen ewig gleichbleibender allgemeinmenschlicher Grundgefühle zu erklären, hat seine Ursache in mangelnder Selbsterkenntnis dieser Forscher. Sie übersahen nämlich die unübersteiglichen Schranken ihrer Fähigkeit, fremdseelisches Leben zu verstehen. Vor allem verkannten sie, – was wir so oft betonen mußten, –: im Wechsel der Zeiten und an verschiedenen Orten haben sich die Menschen unter äußerlich übereinstimmenden oder ähnlichen Gebräuchen und Vorgängen häufig etwas sehr Unterschiedliches gedacht, zu dessen Tiefen uns der wissenschaftliche Zutritt verwehrt ist. Der kühle Blick unseres zergliedernden Verstandes bleibt an der Außenfläche der Erscheinungen haften. Im Grunde beschränkt sich damit unsere ganze mühselige Arbeit darauf, die gesamten Äußerungen jener magischen Kulturen nach ihrem äußeren uns sichtbaren Sinnenschein registrierend so zu ordnen, wie wir mit unserem unzureichenden Verständnis es für richtig halten. Was

172) In dieser Hinsicht sind die Psychoanalysen lehrreich, die Parin und Morgenthaler bei Negern Nordwestafrikas, den Dogon, anstellten. Obwohl beide Analytiker zur Annahme allgemeinmenschlicher Seelenanlagen neigen, gestehen sie am Schluß ein (451): »Es ist aus unseren Beobachtungen klar zu sehen, daß die Psychologie des abendländischen Menschen nur einen Spezialfall der Möglichkeiten beschreibt, wie das menschliche Seelenleben beschaffen sein kann.« Freimütig geben beide Forscher zu (18): »Die Frage: ›Was für Menschen sind die Dogon?‹, mußte unbeantwortet bleiben.« Wer dennoch weiterhin an allgemeine, gleiche Grundstrebungen des menschlichen Seelenlebens glauben möchte, sollte sich von Parin und Morgenthaler eines Besseren belehren lassen (498): »Die Psychologie versagt beim Versuch, die Persönlichkeit der Dogon als Ganzes mit der des abendländischen Menschen ... zu vergleichen. Die Persönlichkeit und ihr Verhalten wird von zahlreichen Faktoren mitgeformt und bestimmt, deren Erfassung der Psychologie nicht möglich ist: von sozialen, oekonomischen und historisch-politischen Einflüssen, von Werten und Idealen.«

jene so ganz andersartigen Menschen innerlich bei alledem bewegte, kann unter uns vielleicht nur der ahnend nachfühlen, der mit den Gaben des Dichters begnadet ist[173]). Diese Einsicht sollte auch den Juristen und den Rechtsphilosophen zur Vorsicht mahnen, ein vorschnelles Urteil über Wesen und Lebensanschauung des magischen Menschen zu wagen.

Nach allem steht außer Frage: ein »Entdeckungsprozeß moralischer Werte«, der Herzen und Hirne jener magischen Menschen schon für die Entwicklungsziele eines göttlichen Naturrechts erwärmt haben könnte, würde uns wahrlich ein wissenschaftliches Scheinproblem aufgeben. Es wäre daher ungereimt, wollten wir dergleichen auch nur zu den Vermutbarkeiten zählen.

Sonach scheiden die magischen Kulturen der Vergangenheit und der Gegenwart – d. h. also ebenfalls die heutigen Naturvölker[174]) für jede weitere Untersuchung aus.

– 3 –

Schon unsere bisherigen Ergebnisse zeigen, wie wir jenem seelischen Phänomen begegnen müssen, das den schillernden Namen »Rechtsgefühl« hat. Moderne Naturrechtler denken es sich als Träger der angeblich allen Völkern vertrauten gleichen Grundvorstellungen. Sie nennen es darum gern

---

[173]) Ratschow 76ff. – Forscher vom Range Malinowskis ([1913], 1ff.) und Thurnwalds ([1931] 28ff) lassen erkennen, wie sehr sie unter den Schwierigkeiten des Verstehens, insbesondere infolge der unzureichenden modernen Begriffssprache leiden.

[174]) Zur Begriffsbestimmung der Naturvölker vgl. Mühlmann (1943), 5f. – Die in diesem Abschnitt vertretene Auffassung wird m.E. nicht erschüttert durch das posthume Werk des Historikers Fritz Kern (1953), der das Naturrecht als »geltendes positives Recht . . . in den Anfängen der Geschichte« wirksam sieht (259). Bei den Naturvölkern herrsche dasselbe Rechtsgefühl, das die Grundrechte aller Verfassung zu befriedigen wünschten (258). Seine Rekonstruktion altsteinzeitlichen Rechtslebens errichtet K. aus dem Gegenwartsmaterial rezenter Wildbeuterstämme, indem er mit Hilfe des »Abschichtungsverfahrens« die mehr oder minder entstellenden Kulturüberfremdungen vom »rekonstruierten Typus« der Urzeit abträgt (69). So gelangt er zu dem Ergebnis, daß der in der Wildbeuterkultur geltende – wenn auch nicht formulierte – Rechtsbegriff wohl von keiner sonstigen Definition näher getroffen werde als von Fichtes »Obersten Rechtssatz« in seiner Grundlage des Naturrechts: »Ich muß das freie Wesen außer mir in allen Fällen anerkennen als ein solches, d.h. meine Freiheit durch den Begriff der Möglichkeit seiner Freiheit beschränken.« (205) K. hält es für ausgemacht, daß das Wildbeuterrecht »keinesfalls von einem do ut des von vertraglichen Gegendiensten einer bestgenutzten Existenz« ausgegangen sei (203). Die düsteren Schatten, welche die strahlende Paradieslandschaft dieses rousseauhaften Idylls eines »weisen Analphabetentums (!)« trüben, übersieht K. freilich nicht (252), aber er scheint geneigt, sie zu verharmlosen. So meint er, die Altsteinzeitler hätten die Blutrache »eigentlich (!) als rechts- und sittenwidrig« gewertet, weil sie »noch unbetäubt in ihrem redlichen Schuldgefühl lebten« (247).
Kerns illusionär verfärbter Darstellung mangelt die Erkenntnis des vordualistischen Lebensgefühls. Auch übersieht er, daß primitives Ethos stets »Binnenmoral« (Max Weber) ist. – Gegenüber solchen wissenschaftlichen Grenzüberschreitungen empfiehlt sich zur methodischen Besinnung die Lektüre Richard Pittionis (1952).

ein »Urgefühl[175])«. Sie gehen also dabei von der sogenannten nativistischen Theorie aus, daß allen Menschen das übereinstimmende Gefühl für ein richtiges Rechtsverhalten eingeboren sei. Diese Lehre galt lange Zeit als überholt, nachdem nämlich Rudolph von Jhering ihr seine historisch empirische Auffassung mit dem Leitsatz entgegengestellt hatte: »Nicht das Rechtsgefühl hat das Recht erzeugt, sondern das Recht das Rechtsgefühl[176])«.

Psychologen und Psychiater freilich haben ihre Bedenken gegen Jhering niemals verstummen lassen. Sie neigen vielfach zur Ansicht, die Anlage zu einem Rechtsgefühl sei allen Menschen in die Wiege gelegt[177]). So meint z. B. Hoche[178]), diese Streitfrage erinnere ihn an die andere ethnographische Erwägung, ob die Bedeckung der Schamteile die Scham erzeugt, oder vielmehr das Schamgefühl die Verhüllung veranlaßt habe. Er selbst sei zu sehr vom Übergewicht aller gefühlsmäßigen Seelenzustände überzeugt, um nicht auch im Rechtsgefühl die Quelle des Rechts zu sehen. Hoches Fachgenosse Gruhle hingegen bekennt sich heute entschieden zu Jhering[179]).

Wer sich hier ein eigenes Urteil bilden will, muß die Vorfrage stellen: was verstand denn Jhering überhaupt unter »Rechtsgefühl«? Hierbei kann man nämlich leicht auf verschiedenartige Vorstellungen verfallen. Man kann an die ungetrübte Herrschaft des kühl abwägenden Verstandes denken, aber auch an die vom Intellekt ungestörte Regung eines reinen Gefühls, oder schließlich an eine der zahlreich möglichen Mischformen dieser beiden äußersten Grenzfälle. Um zu erfahren, was Jhering vorgeschwebt haben mag, muß man sein geflügelt gewordenes Wort in seinem Sinnzusammenhang auf sich wirken lassen. Dann jedoch darf nicht der ihm unmittelbar vorangehende Halbsatz übersehen werden. Er lautet: » . . . jeder vorhergehende Zweck erzeugt den folgenden, und aus der Summe alles einzelnen ergibt sich später durch bewußte oder unbewußte Abstraktion(!) das Allge-

---

[175]) Coing (1947) 22. Hubmann (342) empfindet das Naturrecht als Postulat des Rechtsgefühls, freilich mit Vernunftgründen unbeweisbar, aber gerechtfertigt vom Glauben, den dieses »innere Phänomen« fordere. »Das Naturrecht ist gerettet, wenn seine bloße Möglichkeit vernunftmäßig aufgezeigt ist, da das Rechtsgefühl dem Zweifler die Last des Gegenbeweises aufbürdet.« Was H. vorschwebt, ist kein Recht, sondern jenes rätselhafte emotionale Antriebserlebnis, das individualistische Menschen befallen kann, ihr positives Recht umzugestalten nach den Geboten der inneren Stimme ihrer Sittlichkeit. Daß der Jurist »vernunftmäßig« aufgewiesene »bloße Möglichkeiten« der Existenz eines Naturrechts aber nicht als praktisch geltendes Recht anwenden dürfte, braucht nicht besonders begründet zu werden, zumal der Gegenstand solcher Vernunftbemühungen allenfalls den Gewißheitsgrad einer Vermutbarkeit erlangen könnte, – wie H. selbst einräumt –, nicht jedoch der rationalen Erkennbarkeit, wie sie die unverzichtbare Grundlage für die Feststellung jeden Rechtes, ja selbst oberster Grundsätze des Rechtes bildet.

Eine weitere Auseinandersetzung mit H's petitio principii erübrigt sich. Denn der Glaube ist mit Argumenten nicht zu widerlegen, und wo Beweise unmöglich sind, fallen die Gegenbeweise aus.

[176]) (1916) I, Vorrede X. Auch Bergbohms Kritik an der nativistischen Theorie verdient noch heute Beachtung.

[177]) Dyroff 338 ff.

[178]) 30

[179]) (1956) 516

meine: die Rechtsidee, die Rechtsanschauung, das Rechtsgefühl.« Berücksichtigt man noch dazu den geistigen Grundzug seines ganzen Werkes, so ist kein Zweifel: Jhering sah seinen Gegenstand vorwiegend vom intellektualistischen Standort. Er behandelte das Rechtsgefühl als eine kognitive Größe. Es würde uns von unserem eigentlichen Vorhaben entfernen, wollten wir hier eine förmliche Theorie des Rechtsgefühls entwickeln[180]). Nur eines muß noch gesagt werden: sicherlich kommt Hoche mit seinem Hinweis auf die vorwaltende Kraft des Gefühlsmäßigen der Wirklichkeit näher. Mag er auch den Kern des Problems ebensowenig bemerkt haben, wie Jhering und seine Anhänger, so eröffnet er uns unbewußt durch seinen Vergleich des Rechtsgefühls mit dem Schamgefühl doch wenigstens die rechte Aussicht auf das Ganze. Die Wissenschaft ist nämlich unfähig, die entwicklungsgeschichtliche Frage zu lösen, was in der Vergangenheit der Menschheit früher da war, das Rechtsgefühl oder das Recht. Nur vermuten läßt sich, daß beide Phänomene einstmals gleichzeitig auftraten, das eine als »Inneres«, das andere als »Äußeres« desselben ganzheitlichen Geschehens. Die Naturalisten wie ihre Gegner sehen also die Dinge nicht im richtigen Licht. Es ist ebenso falsch, mit Jhering zu meinen, das Recht als Bestandteil des objektiven Geistes, d.h. hier als Umwelteinfluß, rufe den seelischen Begleitvorgang erst hervor, wie mit Hoche die Rechtsordnung lediglich für die bloße Folgeerscheinung eines inneren Erlebens oder einer keimhaft gegebenen Gefühlsanlage zu halten[181]).

Jherings Auffassung findet heute auch keine haltbare Stütze in den Forschungen der französischen Kollektivpsychologie zu der verwandten Frage, ob die Familie älter sei als der Familiensinn. Denn es kann uns keineswegs zufriedenstellen, daß jene Franzosen seinerzeit die Lösung fanden, älter sei die Familie deshalb, weil eben alle gesellschaftlichen Einflüsse gegenüber den ihnen entsprechenden Sozialgefühlen das erdrückende Übergewicht hätten[182]). Auf unsere Frage angewandt, kann die wenig einleuchtende Schlußfolgerung der Kollektivpsychologen allenfalls ein beschränktes Interesse beanspruchen, nämlich nur dort, wo allein das schon vom voll erwachten Verstand verfeinerte Rechtsgefühl des nachdenklichen modernen Menschen zur Erörterung steht. Er allerdings steigt erst im Laufe einer indi-

---

180) Jherings vorwiegend rationalistische Auffassung des Rechtsgefühls ist 1882 schon von Liszt (150f.) aufgefallen. Interessant ist, daß J. in seinem hier nicht zur Erörterung stehenden Vortrag vom Jahre 1872 »Der Kampf ums Recht« (1897, 41f.) demgegenüber gerade das Emotionale im Rechtsgefühl betont hatte.

181) Daß Jhering diesen Vorgang buchstäblich so aufgefaßt hat, zeigen die Stellen (1916) II 89 und die Vorrede zu II IV: »Das subjektive sittliche Gefühl ist nicht das historische Prius, sondern das Posterius der realen, durch den praktischen Zweck geschaffenen Welt.« Er vergleicht die sittlichen Wertungen mit den um uns in der Luft schwebenden Bakterien, die der einzelne unbewußt einatme. – Interessant ist, daß darin Lévy-Bruhl J. gleicht, indem auch er verkennt, daß »Inneres« und »Äußeres« nur die auf zwei verschiedenen Erscheinungsebenen liegenden Ausdrucksformen desselben ganzheitlichen Vorganges sind. So glaubt er, der Übergang zur modernen Sozialordnung sei die Ursache für die Geburt des Individuums. – In beiden wirkt Comte nach.

182) Blondel 60.

viduellen Entwicklung langsam – oft in schmerzlich empfundener Auseinandersetzung mit der äußeren Ordnung, in die er hineingeboren ist – zur Verinnerlichung seines Rechtsgefühls auf. Daher dürfte man bei ihm auch nur davon reden, sein innerer Entwicklungsprozeß überforme oder überhöhe lediglich seinen angeborenen Ordnungstrieb, d.h. die seelische Mitgift aus den Tagen seiner Urahnen, die schon das Verhalten des magischen Menschen bestimmte. Keine Epoche menschlicher Geschichte nämlich ist denkbar ohne die Einwirkung des inneren Ordnungstriebes auf die äußere Ordnung selbst und umgekehrt. Rechtsordnung und Rechtsgefühl sind also im Dasein des Menschen immer gleichzeitig vorhanden als die Außenseite und die Innenseite eines und desselben Kulturgebildes.

Damit ist eine Frage angeschnitten, die – soweit ersichtlich – bisher noch niemand näher untersucht hat. Zu ihrer Beantwortung müßte man die heutige Lehre von den Seinsschichten, wie sie Rothacker vorträgt, zu Rate ziehen. Doch hier ist nicht der Ort, dieser Aussicht nachzusinnen. Wir können uns mit der Feststellung begnügen, daß sowohl Jhering wie Hoche die Tiefe ihres Problems nicht erkannt haben. Bis zur Gegenwart geht der Streit der Meinungen nur um Vordergründiges.

Um ein angeborenes einheitliches Rechtsgefühl überzeugend nachzuweisen, hat man nach dem ersten Weltkrieg mit Fragebögen Reihenuntersuchungen an tausenden von Schulkindern vorgenommen[183]). Schon die in die Augen springende Tatsache, daß die Antworten nicht einhellig, wie erwartet, sondern recht unterschiedlich ausfielen, hätte dabei von vornherein bedenklich stimmen sollen, ebensosehr wie der andere Umstand, daß sich durch die unvermeidliche Mitwirkung ungleich geeigneter unzähliger Experimentatoren massenhaft grobe methodische Fehler einschleichen mußten. Allem Anschein nach war man sich aber nicht einmal über die Grundvoraussetzung der Experimente völlig im klaren, nämlich über die Frage, was wir uns denn überhaupt unter einem angeborenen Rechtsgefühl vorzustellen haben. Infolgedessen bleibt bei allen diesen Versuchen offen, ob ihre wissenschaftlichen Veranstalter nicht vielleicht von der seltsamen Auffassung ausgingen, der neugeborene Mensch trete in die Welt, fertig ausgerüstet mit einem Rechtsgefühl, das sich ohne Zutun formender Umwelteinflüsse von selbst entfalte. Methodische Besinnung hat diese Untersuchungen nicht gelenkt. Um zu methodisch einwandfreien Ergebnissen zu gelangen, hätte auch etwas Unmögliches durchgeführt werden müssen. Man hätte nämlich nur solche Kinder untersuchen dürfen, welche in ihrem ganzen bisherigen Dasein noch niemals mit Rechts- und Moralanschauungen Erwachsener, ja nicht einmal anderer Kinder, in Berührung gekommen waren. Man hätte also, um das angeborene Rechtsgefühl, unverderbt durch Umwelteinwirkungen, zu ermitteln, bei Lamettrie in die Lehre gehen sollen, bevor man mit den Experimenten begann. Lamettrie hat einst den Vorschlag gemacht, es sollten Neugeborene, getrennt voneinander, in unterirdischen Gemächern bei schwacher Beleuchtung von immer schwei-

---

[183]) Warschauer. Weiteres Schrifttum bei Riezler (1946) 41, Note 56 und bei Haff 14ff.

genden Ammen bis zur Pubertät und länger betreut und von dort aus unmittelbar dem Experimentator vorgeführt werden. Dann werde sich die »Seele« des Menschen als eine Fiktion herausstellen, die uns nur die Umwelteinwirkung auf unseren Leib vorgaukele[184]). In ihrer Unsinnigkeit zeigt diese originelle Idee des geistreichen Franzosen auch für uns recht deutlich, wie gänzlich verfehlt die Erwartung wäre, eine sich erst im geschichtlichen Dasein entfaltende Eigenschaft bereits als keimhaft gestaltlose Anlage exakt feststellen zu können. Ein angeborenes Rechtsgefühl ist eben nicht nachzuweisen. Wer das Gegenteil behauptet und dabei meint, aber jedes Kind pflege doch ohne die geringste Rechtsbelehrung Eingriffe in seine Rechtssphäre abzuwehren[185]), dem müssen wir entgegnen: wenn das Kind sein Spielzeug verteidigt, so sagt das noch gar nichts für sein verletztes Rechtsbewußtsein, denn auch der Hund weist jeden vermeintlichen Angriff auf seinen Knochen zurück, ohne daß uns einfiele, in seinem Verhalten etwas anderes als die Äußerung eines bloßen Abwehrinstinktes zu sehen. Wir brauchen uns nicht mit Grenzfragen der Tier- und der Humanpsychologie zu beschäftigen, um zu wissen, daß auch der Selbstbehauptungstrieb, den wir mit allen übrigen Lebewesen teilen, noch kein Rechtsgefühl ist, nicht einmal dann, wenn wir uns eingestehen müssen, wie stark sogar das hochentwickelte Rechtsempfinden eines modernen Kulturmenschen in Seelenschichten aus uraltem Erbgut seines Stammes wurzelt. Bevor von einem echten Rechtsgefühl überhaupt die Rede sein kann, müssen erst ethische Regungen jenen rohen Abwehrinstinkt läutern. Mit einem Wort: um die im Menschen schlummernde Anlage zur Zähmung seiner Tierheit[186]) wachzurufen, bedarf es veredelnder Einwirkungen seiner Umwelt. Erziehung und Lebenserfahrung müssen ihm die höheren Werte erschließen. Nur so vermag er sich über das ewig gleichbleibende Tier in ihm zu erheben. Stets sind es oft nur schwer aufweisbare geschichtliche Einflüsse der verschiedensten Art, die ihn innerlich reifen lassen. Daß es uns Menschen dabei nie ganz glückt, die unentbehrlichen Nährkräfte unseres animalischen Wurzelreichs – mögen sie nun zerstörend oder segensreich wirken – in Zaum und Zügel zu halten, ist eine Sache für sich. Nichts kann den sogenannten Stufenbau der geistigen Welt besser begreiflich machen als das Bild einer mühseligen Aufschichtung, in der die Mächte der Tiefe immer wieder nach oben durchzubrechen versuchen. Jeder Generation, ja jedem einzelnen unter uns, ist daher stets neu die Aufgabe gestellt, ständig an sich zu arbeiten, um die überall unser Dasein bedrohende Gefahr solcher Durchbrüche einzudämmen.

Es wäre töricht zu bestreiten, daß die Anlage zu einem Rechtsgefühl allen Menschen – von pathologischen Ausnahmen abgesehen – angeboren ist.

---

[184]) Chap. VI § VII (Belle conjecture d'Arnobe) p. 226 et sq.

[185]) so Küchenhoff 27f. Schon mittelalterliche Juristen begründeten so ihre nativistische Auffassung (Grabmann I, 73).

[186]) Damit ist nicht gesagt, daß der Mensch ein Säugetier höherer Ordnung sei, sondern lediglich betont, daß sein die Tierheit überhöhendes Wesen das Animalische als Daseinsgrundlage notwendig miteinschließt.

Was aber beweist das? Es beweist, daß auch das Rechtsgefühl, wie das ihm verwandte Gewissen, nur als formales Prinzip jedem Menschen mitgegeben ist. Erst im Concretum der einmaligen unwiederholbaren geschichtlichen Situation gewinnt das Principium Bedeutung und Leben. Im Dasein des handelnden Menschen begegnen wir nirgendwo Anlagen, sondern überall nur mehr oder minder entfalteten Eigenschaften, zu denen sich die Anlagen, sobald sie vom geschichtlichen Leben »angesprochen« werden, ausgestalten, nachdem das Kind den Mutterleib verlassen hat. Eigenschaften der Seele und des Geistes tragen das wandelbare Angesicht von Ort und Zeit. Absolute Größen im Flusse des Geschehens gibt es nicht. Wir werden bei der systematischen Abhandlung darüber, wie sich der »Einbruch« der Überwelt in die Erscheinungswelt vollzieht, auf diese Frage zu sprechen kommen. Ohne späteren Erörterungen vorzugreifen, genügt im Augenblick die Feststellung, daß auch das Rechtsgefühl – gleichgültig, wie man es begrifflich im einzelnen bestimmen will – dem Wandel alles Geschichtlichen verfallen ist[187]). Hartnäckigen Anhängern der nativistischen Theorie sei empfohlen, hierzu den einschlägigen Abschnitt in Bruno Gutmanns »Recht der Dschagga« nachzulesen[188]).

Nach allem bedarf es keines Wortes, was wir vom »Rechtsinstinkt als Teil des Charakters«[189]) zu halten haben. Aus geistesgeschichtlichem Interesse sei auf diese »Grundeigenschaft« des Menschen hingewiesen, weil sie von einem Vertreter biologistischen Rechtsdenkens entdeckt worden ist. Das macht nämlich deutlich, wie beängstigend nahe eine gewisse Richtung unseres heute doch so betont christlich auftretenden Naturrechtsdenkens einem geistfeindlichen Biologismus steht. Es ist eben nicht ungefährlich, die Fundamente eines göttlichen Rechts in den ahistorischen Schichten des Seins zu suchen, die der Mensch mit allen übrigen organischen Lebewesen gemein hat.

– 4 –

Nach dieser Abschweifung in die Rechtspsychologie sind wir gerüstet, den Gang durch die Geistesgeschichte im engeren Sinne anzutreten.

Für uns ist »der magische Mensch« Träger einer vordualistischen Haltung, d.h. einer unio magica »undifferenzierter Bewußtheitlichkeit[190])«. Als Idealtypus trifft daher dieser Begriff schon auf den Griechen des fünften Jahrhunderts v. Chr. nicht mehr zu. Während sich nämlich noch die Kämpfer

---

187) Das betont sogar der strenge Positivist Hoche (5). Er ist also in Wahrheit kein Zeuge für Coings Anliegen.

188) »Vom Rechtsgefühl« 689ff. – Vgl. auch Haff 14ff.

189) C. G. Meinhof, der Sohn des Afrikanisten. Er war tonangebender Richter in Erbgesundheitssachen in Hamburg. In diesem Zusammenhang siehe jetzt auch den Abschnitt: »Die Denaturierung des Gewissens zum Rechtsgefühl« bei Scholler 66–71

190) Danzel (1928) 42. Oswald Spenglers »Magische Kultur« II, 227ff. deckt sich also nicht mit unserem Begriff.

von Marathon »ganz als Glied des Volksganzen[191])« empfunden hatten, kam damals nach den Perserkriegen ein individualistisches, neues Lebensgefühl auf, das im Hellenismus und bis zuletzt in der römischen Kaiserzeit das Feld beherrschte. Wie nirgendwo in der Frühzeit begegnet uns in diesen tausend Jahren ein ausgeprägtes Persönlichkeitsbewußtsein, das getragen war von einem diskursiven, kritischen Verstand, der sowohl den Unsterblichkeitsglauben der Einzelseele als auch die Vorstellung eines über der Menschheit waltenden Naturrechts wachhielt. Weshalb das geschehen konnte, werden wir, sobald die Frage nach dem Wesen des modernen Individualismus auftaucht, prüfen. Um den Weg abzukürzen, überspringen wir die Zeit des antiken Individualismus und beginnen sogleich mit dem Mittelalter. Berechtigt ist dieser Vorgriff, denn der mittelalterliche Mensch – anders als im Altertum der entwurzelte Einzelne – stand innerlich fest zu Heimat, Volk und Herkommen, genau so wie einst die vordualistische Frühantike.

Unzweifelhaft verlieh das germanisch Gruppenseelische bis zum Aufgang der Gotik dem Mittelalter noch seine Züge. Das steht durch Heers Forschungen außer Frage. Wenn der einzelne in jenen Tagen vor seiner schwachen Obrigkeit eine erstaunliche Selbständigkeit behauptete, wenn er »aus dem Recht unvertreiblich« war und es für ihn »keine Majorisierung«[192]) gab, so wäre dennoch nichts verfehlter als der Schluß auf Regungen einer inneren Bindungslosigkeit. Ein Individualist war der mittelalterliche Mensch nicht. Das Christentum, die Erlösungsreligion des Vereinzelten, hatte allerdings in ungestümem Siegeslauf das Heidentum überrannt, aber seine Seele hatte es damit noch nicht gewonnen. Das gelang erst späteren Jahrhunderten. Nach dem »Glaubenswechsel« blieb vielmehr lange Zeit »die alte soziale und wirtschaftliche, politische und gesellschaftliche Ordnung erhalten[193]).« Der allmächtige germanische Feudalgeist erstickte, was ihm wesensfremd war. Gerade im Hinblick auf Deutschland sagt Baetke treffend, daß »weite Teile unseres Vaterlandes wohl christianisiert, aber nie wirklich evangelisiert worden sind[194]).« Heer meint sogar, »die Kontinuität der alten germanisch-volkhaften politischen Religiosität (sei) gesichert« gewesen[195]). Auf die gruppenseelische Grundhaltung der damaligen Menschen deutet übrigens schon der bemerkenswerte Sachverhalt, daß sich bis zur Höhe des Mittelalters noch gar nicht die soziale Frage erhebt, die doch das Altertum so häufig in Atem versetzt hatte. Ferner fällt auf, daß nicht einmal die Führenden den Unterschied zwischen Geistlichem und Weltlichem empfanden, wie Hashagen[196]) an einem Beispielsfall erörtert, den er

---

[191]) Pohlenz I 12–15
[192]) Fritz Kern (1919), 60
[193]) Heer (1949), 35f.
[194]) 34
[195]) a.a.O. 57f. Den Durchbruch des Christentums sieht Heer erst im 11. und 12. Jahrhundert (a.a.O. 385 und [1952], 285). Er betont: »Im 12. Jahrhundert kommt es ... zum erstenmal seit der Spätantike zum Aufbau eines selbstbewußten Personalismus.« ([1949], 223, vgl. auch [1952], 267, 296).
[196]) 337ff.

sogar noch südeuropäischen Quellen des ausgehenden 15ten Jahrhunderts entnimmt. Das »positivistische Trennungsdenken«[197]), mit dem wir den fließenden Strom des geschichtlichen Lebens begrifflich in die eigengesetzlichen Bereiche des Staates, der Kirche, der Wirtschaft, des Rechts usw. zerteilen, wäre einem Menschen jener Zeit unbegreiflich erschienen. Daß z.B. das mittelalterliche Nationalgefühl naturhaft und »mehr in der Sphäre des Gefühls als des hellen Bewußtseins[198])« wirkte, kann nicht überraschen: war doch dem Volke noch kein diskursives Denken beschieden. Welche Bewandtnis es damals mit der Einzelpersönlichkeit hatte, zeigt am besten ein Blick in die zeitgenössische autobiographische Literatur. Das, was uns heute vornehmlich an den Erzeugnissen dieser Schriftgattung fesselt, das individuell Reizvolle, lassen nämlich sogar die führenden Köpfe an ihren Selbstdarstellungen vermissen. Das »Original« wird eben unter ihrer Feder stets zu einem »traditionell vorgezeichneten Persontypus[199]).« Nur zum Teil freilich liegen die tieferen Ursachen hierfür – wie wir bei der Erörterung der modernen Schizoidie sehen werden – in einem von den Germanen vererbten vordualistischen Lebensgefühl. Immerhin aber erweist sich diese archaisch gruppenseelische Haltung während des Mittelalters noch als so stark, daß das Volk sein jeweils geltendes positives Recht ohne Bedenken mit der Gerechtigkeit schlechthin gleichsetzte[200]). Ihm mangelte der kritisch wägende Abstand von den Dingen, und so kam ihm trotz allem Abscheu vor den öffentlichen Zuständen niemals auch nur der Nebengedanke, seine Ordnung umstürzen zu können[201]). Lediglich das eine bewegte sein Herz: das bewährte Alte in seiner Unverletztheit wiederherzustellen. Denn die quälende Kluft zwischen Sein und Sollen war noch nicht aufgebrochen.

Unlängst hat nun Heinrich Mitteis[202]) betont, schon das Mittelalter habe den »Dualismus zwischen Sollen und Sein« gekannt. Der Sachsenspiegel z.B. zeige ihn »in der Bekämpfung der positivrechtlich anerkannten Unfreiheit« (Landrecht III 42). Kaum weniger scharf hatte, gestützt auf ein breiteres Quellenmaterial, zehn Jahre vor ihm Hans von Voltelini[203]) den gleichen Gedanken ausgesprochen und in der fraglichen Textstelle bereits einen »revolutionären« Geist am Werke erblickt. Beide Forscher sind Anhänger des Naturrechts.

Ihre Auffassungen treten in das richtige Licht, wenn man folgende Tatsachen vor Augen hat: Die Tradition des antiken Naturrechts war während langer Jahrhunderte vom kirchlich theologischen Denken des Mittelalters bewahrt worden. In dieser Überlieferung lebte etwas vom Geiste des »dualistischen« Rechtsempfindens des Altertums nach, in dem individualistische Menschen den Unterschied zwischen Recht und Sittlichkeit gespürt hatten.

---

[197]) Otto Brunner 128–130
[198]) Kirn 15, 79, 111
[199]) Misch III (1962), 2. Teil, 1313
[200]) Otto Brunner 155
[201]) Andreas 140
[202]) (1947) 127f.
[203]) (1937) 182ff.

Dieser intellektbeherrschte Dualismus fand Resonanz in der verstandeskühlen Wissenschaftsgesinnung der Scholastik. Wir wissen heute, daß eine Hauptursache für das Aufkommen der Renaissance die leidenschaftliche Empörung des mittelalterlichen Gefühlslebens gegen den ausgedörrten Intellektualismus der Hochscholastik gewesen ist[204]). Wichtig bei alledem ist, sich zu vergegenwärtigen, daß die naturrechtliche Überlieferung nur in exklusiven akademischen Kreisen ein kümmerliches Dasein fristete und zu einer Lehre als Gegenstand eigener und eingehender Behandlung erst von der Scholastik des 13ten Jahrhunderts entwickelt wurde[205]). Schon hieraus folgt, daß wir vor dem Eintritt in das 13te Jahrhundert nirgendwo in Europa damit rechnen können, in der Rechtspraxis und in theoretischen Betrachtungen auf Spuren des Naturrechtsdenkens zu stoßen. Bis dahin beherrschte das vornehmlich aus germanischen Quellen genährte Rechtsempfinden das Feld. Es war »vordualistisch«, wie das Lebensgefühl aller gruppenseelischen Kulturen, d.h. nicht bloß dem Mittelalter eigentümlich. Die moderne Forschung erklärt die Einstellung des mittelalterlichen Menschen zu Gesetz und Sittlichkeit für »eine außerordentlich weit verbreitete Denkweise, die überhaupt nur auf dem Boden des neuzeitlichen Europa eine wesentliche Erschütterung erfahren« hat[206]).

Auf diesem Hintergrunde nehmen sich die Äußerungen heutiger Naturrechtsfreunde anders aus. Die wenigen Quellenbelege nämlich, die Voltelini für seine These vorweist, sind ohne Ausnahmen der Zeit nach dem Jahre 1230 entnommen. Vornehmlich handelt es sich dabei um die dem Sachsenspiegel folgenden deutschen Rechtsbücher, wie z.B. um den Schwabenspiegel, der sich an Eike von Repgows Landrecht III 42 anlehnt. Nur dort, wo Voltelini auf Kaiser- und Privaturkunden verweist, stehen ihm auch vereinzelte Fälle aus dem südostdeutschen Raum vor Augen, die samt und sonders der Zeit vom ausgehenden 13ten bis zum Beginn des 15ten Jahrhunderts entstammen. Hier allerdings klingt der Gegensatz zwischen positiver Rechtssatzung und einem höheren Recht bereits leise an. Das kann nicht wundernehmen. Wir stehen bei ihm schon in den Anfängen des aufkeimenden neuzeitlichen Individualismus, und Voltelini selbst versäumt denn auch nicht, in diesem Zusammenhang überall den kanonistischen Einfluß hervorzuheben, der sich ja seinerseits aus antiken Wurzeln eines dualistischen Lebensgefühls herleiten läßt. Jedenfalls sind die in diesen spätmittelalterlichen Urkunden angeschlagenen Töne dem eigentlichen Mittelalter noch bis zu seiner Höhe fremd. Es ist deshalb durchaus nicht zu beanstanden, wenn Erik Wolf bemerkt[207]), erst der im Italien der Frührenaissance ausgebildete Glossator habe den Begriff des ius naturale in den Sachsenspiegel eingeführt, wie er uns in der Glosse zum Landrecht III 78 begegnet, wo es heißt: »... ein gesatzt Recht mag wol das ander auffheben, aber kein

---

204) Burdach 501

205) Grabmann I 67. Gegen Mitteis vgl. Schönfeld (1951) 256, Note 480. Siehe auch Flückiger I 411.

206) Otto Brunner 155

207) Wolf (1944) 10–15

natürlich Recht mag es abthun[208])«. Man darf bei alledem eben nicht den unbestreitbaren romanistisch kanonistischen Einfluß übersehen, der diese Glosse förmlich durchtränkt[209]). Das scheint Mitteis zu verkennen, wenn er meint, gerade sie zeige doch, welche Rolle das Naturrecht auch während des ganzen Mittelalters gespielt habe[210]). Selbstverständlich darf man nicht außer Betracht lassen, daß schon Eike von Repgow selbst nicht frei von Einwirkungen antiker und christlicher Vorstellungen war. Anders nämlich wäre kaum die Art und Weise begreiflich, wie er die Unfreiheit des Menschen ablehnte. Doch ist es nicht vertretbar, hierbei mit Voltelini[211]) und Mitteis stillschweigend darüber hinwegzusehen, wie sich der am Mittelmeer beheimatete Naturrechtsgedanke von der Freiheit des Einzelmenschen im späten, fernen Sachsen in der Vorstellung eines mittelalterlichen Landedelmannes verwandelte. Wie auf Eike selbst, so wirkt auch noch auf seine nur wenig jüngeren Abschreiber das gemeinsame Geisteserbe ihrer gruppenseelisch empfindenden germanischen Vorfahren.

Lesen wir nämlich die einschlägige Stelle des Landrechts III 42 im Sachsenspiegel in ihren Zusammenhängen unvoreingenommen, so können wir Eikes tiefe Ehrfurcht vor aller tatsächlichen Rechtsübung nicht überhören. Im Grunde wagt er das positive Recht gar nicht anzuzweifeln. Seine Rechtsauffassung ist eben noch nicht »dualistisch«, sondern unerschüttert »vordualistisch« (Otto Höfler), d.h. er erlebt das Recht genau so wie vor ihm die magischen Menschen. Innerlich stehen demnach Eike und seine Abschreiber[212]) jedem Naturrechtsdenken meilenfern. Sie sind keine Individualisten mit diskursivem Verstand.

Inwieweit seit dem ausgehenden 13ten Jahrhundert vereinzelt ein ausgesprochener Dualismus zwischen positivem Recht und Naturrecht als Vorbote des neuzeitlichen Geistes spürbar wird und etwa auch schon im nördlicheren Europa zaghaft Fuß faßt, ist eine Frage, die die Analyse des Einzelfalles erfordert[213]). Jedenfalls ist eine Verquickung des Widerstandsrechtes mit naturrechtlichen Vorstellungen *vor* diesem Zeitpunkt nicht nachweisbar. Die ersten Fälle, in denen das Widerstandsrecht gegen die Obrigkeit urkundlich verbrieft wurde, sind aus dem 13ten Jahrhundert nachweisbar und häufen sich erst am Ausgang des späten Mittelalters. Um diese Zeit erst

---

[208]) Mir war nur diese Wortfassung der Sachsenspiegelausgabe von Christoff Zobel (Leipzig 1595) zugänglich.

[209]) K. Schilling passim.

[210]) (1947) 119

[211]) V's Sehweise wird psychologisch begreiflich, sobald man seinen lehrreichen Aufsatz (1910) gelesen hat.

[212]) vgl. den Text etwa bei Wackernagel 253

[213]) Ein Sachkenner wie Konrad Burdach 489 bestreitet uns ja das Recht, vom Anfang des 14ten Jahrhunderts an noch vom Mittelalter zu sprechen. Die Erörterung der immer noch streitigen Periodisierung gehört nicht hierher. Ich weiß, daß gerade für das so komplexe Kulturgebilde des Mittelalters die Aufstellung der Fiktion »des« mittelalterlichen Menschen bedenklich ist. Für unsere Untersuchung jedoch war sie nicht nur vertretbar, sondern unentbehrlich.

ist das Naturrecht auch in den Kanzleien des nördlicheren Europa anzutreffen[214]).

Wir sind der Notwendigkeit enthoben, unser Augenmerk diesen Übergängen zur Neuzeit zuzuwenden. Denn auf das Große und Ganze gesehen, überwiegt für den Zeitraum des eigentlichen Mittelalters[215]) die gruppenseelische Haltung des allgemeinen Lebensgefühls. Der mittelalterliche Mensch kennt nicht den Unterschied zwischen positivem und idealem Recht. Für ihn ist das positive Recht ein und dasselbe wie das von Gott herrührende Recht. Das Mittelalter kennt kein werdendes, sondern nur ein ewig ruhendes Recht. Faktische Rechtserneuerung stellt sich mittelalterlichem Denken dar als »legem emendare«, d.h. das Recht von Verunstaltungen befreien[216]). Dabei ist die Rechtsprechung materiell mangelhaft trotz der Erhabenheit des Rechtsbegriffs. Die Rechtsunsicherheit ist unvorstellbar groß[217]), obwohl Recht und Sittlichkeit noch nicht als Getrenntes empfunden werden. Wenn wir Fritz Kern folgen dürfen, hat »der« mittelalterliche Mensch noch nicht die Einsicht besessen, daß sein positives Recht, das er für gottgewollt ansah, eine unzulängliche Schöpfung der Menschen war, wie es jede positive Rechtsordnung nicht anders sein kann. Für ihn also ist der Widerstreit zwischen einer idealen göttlichen Ordnung und einer fehlerbehafteten irdischen Satzung noch nicht existent. Zum mindesten trifft dies auf den Menschen des frühen Mittelalters zu, dem Kern sein Hauptaugenmerk zugewendet hat. Auf die breite Masse auch der politischen und geistigen Führungsschicht gesehen, können wir davon ausgehen, daß das von Kern entworfene Bild für das gesamte Mittelalter Gültigkeit besitzt. Daran ändert sich nichts durch die Tatsache, daß der Begriff »Mittelalter« eine Fiktion ist und seine Periodisierung daher der Willkür ausgeliefert bleibt.

Fassen wir das positive Recht des Mittelalters mit unseren modernen christlichen Wertmaßstäben näher ins Auge, so bedarf es weder genauerer Einzeluntersuchung noch eingehenderer Darlegung, um zu dem Ergebnis zu gelangen, daß das Recht der damaligen Zeit in vieler Hinsicht nicht den Anforderungen eines christlich geläuterten Rechtsempfindens entspricht. Es genügt, auf die Härte der mittelalterlichen Kriminaljustiz hinzuweisen, die uns »grausam« erscheint, was immer auch subjektiv von den Zeitgenossen empfunden worden sein mag[218]). An der Ordnung des Sozial- und Wirtschaftsrechtes erscheint uns vieles zu bemängeln, obwohl die bahnbre-

---

[214]) Wolzendorff 24ff. W's Darstellung ergibt jedoch für unsere Betrachtung nur sehr spärliche Ernte.

[215]) Achter (1951) hat nachgewiesen, daß sich die ersten um die Mitte des 12. Jahrhunderts aufkeimenden Regungen neuzeitlichen Individualismus auf die Landschaft Languedoc beschränken. Daß die gruppenseelische Haltung bis tief in das hohe Mittelalter vorherrschte, ist durch die Arbeiten von Friedrich Heer ([1949], [1952]) erwiesen. William Seagle greift also mit der Behauptung fehl (299, 301), das ganze Mittelalter habe praktisch nach Naturrecht gelebt, es sei für das Naturrecht ein Höhepunkt gewesen.

[216]) Es liegt nahe, auch die Stelle des Sachsenspiegels (Landrecht III 42) so zu deuten.

[217]) Fritz Kern (1919) 5, 7, 24f., 36

[218]) His passim; Eberhard Schmidt 52

chenden Arbeiten Otto Brunners gelehrt haben, die Ansicht über das »finstere« Mittelalter zu berichtigen. Es ist nicht aus der Welt zu schaffen, daß der mittelalterliche Mensch niemals gegen alles das, was uns heute geradezu widerchristlich berührt, den mindesten Protest erhoben hat. Keine Stimme eines Rechtes aus der Überwelt raunte in ihm wider sein positives Recht, das uns nicht selten in offene Empörung versetzt haben würde. Von den gelegentlichen Revolten gegen gewisse soziale Mißstände im späten und ausgehenden Mittelalter in Frankreich, England, Ungarn und Deutschland können wir absehen. Diesen Aufrührern nämlich hat nichts ferner gelegen als das Gefühl, Apostel eines dem positiven Recht entgegentretenden göttlichen Naturrechts zu sein. So kennzeichnet es denn auch Charakter und Lebensgefühl des Menschen im ganzen Mittelalter, daß sein sogenanntes Widerstandsrecht gegen die Obrigkeit, das ihm seine germanischen Altvorderen mit ihrem Blut vererbt hatten, nirgendwo das Gesicht eines Revolutionsrechtes annimmt, dem alle irdische Ordnung verbesserungsbedürftig erscheint. Für das Mittelalter ist eben der Widerstreit zwischen Sittlichkeit und positivem Recht noch nicht aufgebrochen[219]).

---

[219]) Fritz Kern (1919) 63. Erst im 16ten Jahrhundert wird das Widerstandsrecht allmählich revolutionär (Wolzendorff 494ff.). Wenn am Vorabend der Reformation aufständische Bauern das Schlagwort »göttliches Recht« verwandten, so drückt sich darin lediglich die Sehnsucht des mittelalterlichen Menschen nach dem »alten« Recht aus. Ausdrücklich unter der Losung »Zurück zum alten Recht« stand 1515 die Bauernempörung in den österreichischen Alpen. Aber das objektiv Revolutionäre ihres Tuns war diesen Menschen gar nicht bewußt (Andreas 145, 438, 492, 496). Erst im eigentlichen Bauernkrieg mag den Forderungen der Aufrührer hie und da schon ein echt revolutionärer Ton beigemischt gewesen sein. Das könnte sich aus soziologischen Verschiebungen in der Führerschicht der Empörer erklären. Damals nämlich begann bereits ein wurzellos gewordenes Element – darunter vielleicht sogar entgleiste Akademiker – das große Wort zu führen. Reiche Quellenbelege bei Franz (1935 und 1963) unter dem Stichwort »Recht (göttliches)«.

Auch die moderne Forschung (Wolzendorff/1916; Fritz Kern/1914; Fehr/1920; v. Keller/1933; Heyland/1950) verkennt über der teilweisen Übereinstimmung der äußeren Erscheinungsformen des germanischen Widerstandsrechts und des Naturrechts, daß beide Kulturgebilde innerlich sehr verschiedenartig sind und somit – um ein Wort Kohlers auf diesen Sachverhalt zu übertragen ([1883] 279ff.) – »nicht aus dem organischen Ideenkreise herausgerissen nebeneinander als gleichwertige Größen ... zur Prüfung gebracht werden dürfen.« Zwar wird gelegentlich beiläufig darauf hingewiesen, daß »weltliches und kirchliches Widerstandsrecht in Ursprung und Lehre auseinandergehen« (Fehr 9), daß das germanische Widerstandsrecht nicht »das Heraustreten des Einzelnen aus der Masse« kenne (Fehr 30), aber es wird – soweit ich sehe – allgemein nicht beachtet, daß das Widerstandsrecht dem vordualistischen Lebensgefühl (im Sinne Höflers) zuzuordnen ist. Aus der Verkennung dieses Sachverhaltes erklärt sich die tastende Unsicherheit v. Kellers in seinem Abschnitt: »Mittelalterliche Freiheitsrechte und neuzeitliche Grundrechte« 261ff. Zwar räumt v. K. ein, daß das Naturrecht im Mittelalter nur »als entfernteres Motiv« (284) wirke, aber es erscheint ihm dennoch unzweifelhaft (280), daß man das germanische Widerstandsrecht zum Phänomenkreis des Naturrechtsdenkens zu rechnen habe, wenn er andererseits auch vor einer retrospektiven Sinnerfüllung der Rechtsgeschichte warnt (265, Note 5) und sein besonderes Augenmerk der Problematik der »inneren Übereinstimmungen« zwischen mittelalterlichen Freiheitsrechten und neuzeitlichen Grundrechten zuwendet (277ff.).

Es würde einer noch nicht geleisteten Sonderuntersuchung bedürfen, die Richtigkeit

Nach allem sind wir nicht zu der Erklärung befugt, im Mittelalter habe ein von Gott eingegebenes Naturrechtsdenken in fortschreitendem Entwicklungsprozeß danach gedrängt, gegen das als unzulänglich empfundene positive Recht Front zu machen. Wir haben gesehen, mit welcher Vorsicht Einzelstimmen des »Naturrechts«, wie die Eike von Repgows und seiner Nachfahren zu deuten sind. So kommen wir zu dem Schluß: Das europäische Mittelalter hat als weiterer Stoff unserer Untersuchung auszuscheiden, denn es bietet keine Anhaltspunkte anzunehmen, daß es an einem fortschreitenden Entdeckungsprozeß ewiger moralischer Werte teilgehabt hat.

– 5 –

Wir wenden uns nunmehr der Neuzeit und der Gegenwart zu. Dabei wollen wir, um einen sicheren Ausgangspunkt zu gewinnen, unser Augenmerk zunächst allein auf unseren abendländischen Kulturkreis richten. Wir müssen uns also von vornherein bewußt sein, daß unsere an diesem begrenzten Untersuchungsstoff erzielten Ergebnisse nicht für die gesamte heutige Menschheit zutreffen. Im einzelnen bleibt diese wichtige Frage einem besonderen Kapitel vorbehalten, das Rußland gewidmet ist.

Unser rechtsphilosophisches Anliegen erfordert bei diesem Vorhaben nur, die dabei wichtigen geistesgeschichtlichen Zusammenhänge in ihren Umrissen sichtbar zu machen. Auf mikroskopische Feinheiten kommt es nicht an, wir dürfen mit dem groben Pinsel des Dekorationsmalers zu Werke gehen. Wir werden uns deshalb damit begnügen, »den« modernen Menschen in Gegenüberstellung zu den verschiedenen andersartigen Typen der Menschen vergangener Tage zu zeichnen. Wir abstrahieren also von der Wirklichkeit des geschichtlichen Lebens, indem wir mit diesen Idealtypen arbeiten, die Extreme, Vergröberungen darstellen. Zu diesem Verfahren sind wir berechtigt, weil uns lediglich daran liegt, unseren eigenen geistigen Standort zu ermitteln. Es ist uns nicht allein erlaubt, sondern sogar geboten,

---

der u.a. von Carl Schmitt (158) verfochtenen These (vgl. auch Voigt 10) zu erhärten, daß die Freiheitsrechte des Mittelalters im Vergleich zu den individualistischen Grundrechten der Neuzeit etwas ganz Verschiedenartiges darstellen. Eine solche ins Einzelne gehende Untersuchung würde vermutlich hie und da schon auf der Höhe des Mittelalters »diagnostische« Schwierigkeiten erleben, weil das germanische Element des Widerstandsrechtes in dem allmählichen Verschmelzungsprozeß im Naturrechtsdenken aufgegangen ist.

Jedenfalls wäre es nicht zu vertreten, den vordualistischen Wesensgehalt des mittelalterlichen Rechtsbewußtseins einzuräumen, gleichwohl aber zu urteilen: »Jedes Recht ist dem Denken der Zeit positives Recht und Naturrecht (d.h. hier »Widerstandsrecht«) zugleich.« (so von der Heydte [1952] 365) In der Richtung Carl Schmitts bewegt sich Stadelmann ([1954] 103ff.), der meint, daß keine einzige der Volkserhebungen vor der Aufklärung »für ein Neues, ein Niedagewesenes, ein aus den Sternen oder der eigenen Brust geholtes ewiges Recht, sondern für ihre alten Privilegien« gekämpft habe.

Einen eindrucksvollen Beitrag zur Bestätigung der Ergebnisse Stadelmanns liefert Reimanns Dissertation über das mittelalterliche Braunschweig, eine Arbeit aus der Schule Otto Brunners.

hierbei das Wesen der Vergangenheit auf eine verkürzte Formel zu bringen, als sei sie weniger differenziert gewesen als unsere Zeit. Wir müssen beispielsweise davon absehen, daß das Mittelalter keineswegs jene harmonische, homogene Kultur darstellt, wie der Laie oft annimmt. Wir haben außer Betracht zu lassen, daß das geschichtliche Dasein keine scharfen Einschnitte und plötzlichen Übergänge kennt, daß also auch in dieser Hinsicht unsere historischen Idealtypen nicht der Wirklichkeit entsprechen. Das gleiche gilt für die Periodisierung der geschichtlichen Epochen. Es ist notwendig, uns ständig vor Augen zu halten, daß wir mit Fiktionen arbeiten[220]).

Aus der Völkerkunde ist geläufig, daß der sogenannte Primitive die Welt anders erlebt als wir. Es genügt hervorzuheben, daß der magische Mensch noch nicht zwischen Subjektivem und Objektivem zu scheiden weiß. Die Außenwelt ist ihm daher gleichsam eine Vergegenständlichung seiner Gefühle, die er in den äußeren Erlebnisraum hinausversetzt. Der magische Mensch ist darum noch nicht kritikfähig. In ihm ist der diskursive Verstand noch nicht erwacht[221]). Tiefenpsychologisch muß er als ein Gruppenwesen angesprochen werden.

---

220) Selbst ein so strenger Kritiker des modernen Historismus und seines methodischen Postulates der Struktur-Verschiedenheit der geschichtlichen Zeitalter, wie Freyer (1961, 8), gesteht uns das »gute Recht« zu, »idealtypische Begriffe« zu bilden. Wer Rothackers Gleichnis der Aufschichtung für treffend hält, wird leicht einsehen, daß Reste des Vergangenen in uns allen nachwirken können – bei dem einen stärker als bei dem anderen –, ja, daß bei einzelnen Individuen sogar »Vorgriffe« auf die Zukunft vorkommen mögen. Das aber hindert die Wissenschaft, sofern sie überhaupt Wissenschaft sein, d.h. größere Zusammenhänge erfassen will, nicht daran, mit Idealtypen zu arbeiten.
Vaihinger nennt die Idealtypen abstraktive oder neglektive Fiktionen. Ihre Nützlichkeit und Notwendigkeit erblickt er darin, daß sie »wichtige Wirklichkeitselemente« vernachlässigen (28ff.), die der Erkenntnis hinderlich wären. Nach ihm liegt die Rechtfertigung (Justifizierung) der fiktiven Vorstellungsgebilde darin, daß sie dem diskursiven Denken Dienste leisten.« Diese Rechtfertigung ist immer also Sache eines speziellen Nachweises ... Fiktionen, welche sich nicht justifizieren, d.h. als nützlich und notwendig rechtfertigen lassen, sind ebenso zu eliminieren, wie Hypothesen, denen die Verifikation fehlt« (150).
Den Begriff der Fiktion im Sinne Vaihingers verwende ich als Synonymum für Idealtypus, jedoch mit der Maßgabe, daß ich diesen Terminus hier – wie auch in andersartigen Fällen – als Oberbegriff gebrauche. Ich versage es mir, zu erörtern, zu welcher Klasse von Fiktionen ich z.B. das Naturrecht – seine Wesenheit als »Hirngespinst« vorausgesetzt – zu rechnen habe, vielmehr überlasse ich es dem Leser, sich hierüber sein Urteil allein zu bilden. Vaihinger selbst ist nicht überall mehr zu den Feinheiten der Klassifikation vorgedrungen.

221) Dieser Satz enthält kein Bekenntnis zur Theorie vom »prälogischen« Denken des Primitiven (Lévy-Bruhl). Die magischen Menschen wissen ihren nüchternen Verstand trefflich arbeiten zu lassen – nur auf eine uns befremdliche Art. (Thurnwald [1922] 296ff.) Insoweit hat P. Wilhelm Schmidt (1923) 37f. mit seiner Kritik an Rudolf Ottos irrationalem Seelenleben des Primitiven recht.
Sicherlich ist die Denkform als solche nicht ein Phänomen, das erst bei dem Menschen der höheren Kulturen aufträte. Gleichwohl dürfte sich unleugbar der Kulturmensch zunehmend zum rationalen Wesen entwickelt haben, schon dadurch, daß er nach und nach fast alle seine seelischen Funktionen der Oberherrschaft des Verstandes unterordnet. Die Tatsache, daß der moderne Mensch unter der dem Vordergrundbeobachter allein ins Blickfeld tretenden rationalen Oberschicht die archaische Seelen-

Das soll nicht heißen, daß es unter den »Primitiven« etwa keine Individualitäten, insbesondere keine führenden Persönlichkeiten gebe. Nur das soll mit dem Worte »gruppenseelisch« betont werden, daß jene Individualitäten etwas ganz anderes darstellen, als unsere modernen abendländischen Einzelpersönlichkeiten[222]). Das Merkmal des magischen Menschen ist die Bindung an seine Umwelt. Er wurzelt unlöslich im Ordnungsgefüge des Stammes oder Volkes in seiner Heimat. Der moderne Einzelmensch hingegen ist stets von der Gefahr der Entwurzelung umlauert, mag es auch Abstufungen geben, z.B. zwischen einem akademisch gebildeten Großbauern und einem vom fühllosen Intellekt beherrschten Kosmopoliten einer Weltstadt. Die Auffindung solcher feinen Unterschiede liegt außerhalb unseres Vorhabens, mit dem Pinsel des Dekorationsmalers zu arbeiten. Die Armut der Wortsprache zwingt uns ohnehin, eine Terminologie zu gebrauchen, die mit schillerndem Vorstellungsgehalt vorbelastet ist. Bei unserer Absicht, nur die großen Linien der Entwicklung nachzuziehen, können wir es getrost auf sich beruhen lassen, daß die Wirklichkeit überall sehr viel tiefer und widerspruchsvoller ist, als sie sich unserem unvermeidlichen Abstraktionsvorgang notgedrungen darstellt[223]). So bedarf es keiner besonderen Rechtfertigung, daß die von uns verwendeten Idealtypen unentbehrlich sind, wenn wir zeigen wollen, wie wenig geeignet die uns vertraute Begriffsapparatur unseres diskursiven Verstandes dazu ist, das volle Verständnis unseres Gegenstandes zu vermitteln.

---

schicht des magischen Denkens verbirgt, macht uns Rothackers Vorstellung der »Aufschichtung« einsichtig. So erklärt sich, daß in jedem von uns das Magische in der Tiefe noch am Leben ist und zu Zeiten an die Oberfläche durchbrechen kann. Daß das Primitive in uns sich als unausrottbar bekundet, beweist – wenn man das Bild einer Aufschichtung vor Augen behält – gar nichts für die Richtigkeit jener Auffassung, die aus diesem Umstand den Schluß zieht, das Denken des Menschen könne keine Entwicklung durchgemacht haben.

Bei Zucker (1948) 14–18, dessen Ansichten über primitives und modern rationales Denken ich zustimme, vermisse ich die Erwähnung Rothackers und seiner Schichtenlehre, so daß der sorgfältigen Darstellung des Problemstandes die letzte Abrundung versagt geblieben ist.

222) Das verkennt der Psychologe Beck in seiner ethnologischen Jugendarbeit, indem er (4ff.) bewußt zur Individualpsychologie zurückkehren zu müssen glaubt. Unter den führenden Historikern meint Eduard Meyer ([1955] 175ff.), schon der »Wilde«, vollends der mittelalterliche Mensch habe »Individualität« in unserem Sinne besessen. Andere namhafte Geschichtsforscher (z.B. Dietrich Schäfer und Jan Huizinga) vertreten die gleiche Auffassung (Belege bei Misch [1955] II, 1, 16ff. mit ausführlichen Zitaten). Sie alle widerlegt Misch a.a.O. einleuchtend. Danach handelt es sich bei allen diesen Individualitäten nur um eine »morphologische« Selbständigkeit.

In den weiteren bis heute erschienenen Bänden seiner Geschichte der Autobiographie liefert Misch zur Frage des Individualismus im Mittelalter abermals wertvolle Beiträge: Band III, erste Hälfte (1959) 179, 365, 490; Band III, zweite Hälfte (1962) 729, 780, 819, 875, 908, 916, 922, 927f., 942f., 949f., 1018, 1077f., 1082–1084, 1093f., 1120, 1124–1137, 1154, 1294, 1309–1314 (besonders wichtig), 1440, 1476–1479. – Wenn demgegenüber der Soziologe Freyer ([1961] 135) heute noch einem Individualismus im Mittelalter das Wort redet, so hindert ihn sein vielschichtiger Individualismus-Begriff wahrscheinlich daran, das Gruppenseelische wahrzunehmen. Sein Fachgenosse v. Oppen ([1960] 39–42) sieht das Problem richtiger.

223) Vgl. den Ausspruch Cassirers ([1960] 184).

Nach allem dürften wir nunmehr hinreichend gegen Vorwürfe der Entwicklungspsychologen und der Geisteshistoriker gesichert sein[224]).

Erst zu der Zeit, wo der Abendländer anfängt, das Leben mit innerem Abstand zu betrachten, weichen vor seinem Blick langsam die Nebel der magischen Welt[225]). Die Umwelt tritt ihm als Objekt entgegen, und allmählich entdeckt er sich als Subjekt. Jetzt erst lernt er im eigentlichen Sinne, Werte zu schätzen. Seine tiefere Urteilsfähigkeit für die Hintergründe des Daseins erwacht[226]). Immer häufiger hat er das Empfinden von der Unzulänglichkeit alles Irdischen. Sein Individualitätsbewußtsein reift heran, wenn auch noch nicht in der uns heute vertrauten Form abgesonderter Vereinzelung, sondern lediglich als »Bewußtwerdung der allgemeinen Wesensgesetze des Menschen[227]).«

Nur auf diesem geistigen Nährboden – wir deuteten es schon an – konnten jene beiden Kulturgebilde gedeihen, die, aus der Sehnsucht nach etwas Höherem erwachsen, seit dem Ausgang der Antike unlöslich in Symbiose miteinander leben: Naturrecht und Christentum. Welchen Schwankungen im Mittelalter das ihnen zugrundeliegende Individualitätsbewußtsein durch die germanische Blutzufuhr ausgesetzt war, haben wir bereits gesehen. Seit Burckhardt, Dilthey und Burdach weiß man, daß uns der so fremde Individualismus des sterbenden Altertums in mancher Hinsicht näher steht als das Wesen des mittelalterlichen Menschen, mag dieser uns auch zeitlich und rassisch enger verwandt sein[228]).

In der Neuzeit setzt mit der »Entdeckung der Welt und des Menschen« jene allbekannte innere Wandlung des Lebensgefühls ein, die schließlich zur Aufklärung hinführte. Mit ihr nehmen Fähigkeit und Neigung zur Selbstreflexion unmerklich mehr und mehr eine Entwicklung, deren umwälzende Folgen erst seit kurzem augenfällig sind. Die geistige Innenschau ist eine noch junge Gabe der Menschheit. Den großen Geistern des Altertums war sie nicht beschieden, selbst nicht Augustinus und Boëthius in der Spätantike. Erst in der Frührenaissance tritt sie vereinzelt auf, greift rasch um sich[229]),

---

[224]) Siehe besonders Felix Krueger (1926) 769ff.

[225]) Ratschow 88ff.

[226]) Daß dem magischen Menschen die Gabe versagt gewesen sei, Kritik am Vordergründigen zu üben, soll damit nicht behauptet werden. Er hat vielmehr für seinen Nächsten ein scharfes Auge.

[227]) Jaeger (1934) I, 13

[228]) So hat unlängst der Kunsthistoriker Sedlmayr geäußert, daß auf seinem Gebiet Gotik und Renaissance »anthropozentrisch« seien und deshalb »in manchem der hohen Antike nahe« stünden (228). – Ob den Renaissance-Menschen, wie Burckhardt meinte, gegenüber dem Mittelalter im wesentlichen allein sein Individualismus auszeichnete, muß hier unerörtert bleiben. Jedenfalls wäre es falsch, in Mittelalter und Renaissance nur »Typen der Weltauffassung« zu sehen, wie es die Anhänger eines zyklischen Geschichtsverlaufs taten. Vgl. hierzu Burdach 477ff., besonders 492ff. und das bei ihm aufgeführte Schrifttum.

[229]) Erste Anklänge zeigt Dante, ausgeprägt erscheinen schon Ignatius von Loyola und seine Schüler, Montaigne und die großen Mystiker in Spanien und Frankreich, vollends Pascal und die Pietisten am Ausgang des 17ten Jahrhunderts.

ist zur Aufklärungszeit häufig – namentlich in Frankreich[230]) – anzutreffen und erfüllt gegen 1800 bereits den Vordergrund. Sie ist es, die das moderne Geschichtsbewußtsein wachruft und dem 19ten Jahrhundert und vor allem uns – fast als Massenerscheinung[231]) – jenes eigentümliche, von Karl Jaspers[232]) so benannte »schizoide« Gepräge verleiht, das der beherrschende seelische Zug des heutigen Menschen ist. Männer, wie Wilhelm von Humboldt (1767–1835), Stendhal (1783–1842) oder Kierkegaard (1813–1855) stellen seelengeschichtlich einen neuen Typus dar, der die Selbstbeobachtung bis zur Selbstzerfaserung treibt. Dergleichen hat es früher nicht gegeben, selbst nicht bei Euripides, dem ältesten Psychopathologen. Schneller als umständliche Ausführungen zeigt uns dieses Phänomen ein großer Seelenkenner[233]):

»Aussi loin que je remonte en arrière dans mon passé, je constate que ma faculté dominante, celle qui s'est trouvée présente à travers toutes les crises de ma vie, petites ou grandes, comme elle se retrouve présente aujourd'hui, a été la faculté, j'entends le pouvoir et le besoin du dédoublement. Il y a toujours eu en moi deux personnes distinctes: une qui allait, venait, agissait, sentait, et une autre qui regardait la première aller, venir, agir, sentir avec une impassible curiosité.«

Mit derselben unrührbar kalten Neugier versucht der Mensch dieser seelischen Eigenart, auch in seiner ihn umgebenden Umwelt bis in die letzten Hintergründe vorzudringen. Die eigene Zeit und sich selbst als Geschichte zu erleben, ist sein fragwürdiger Vorzug, der ihn vor seinen sämt-

---

230) In die Augen springt es bei Choderlos de Laclos, dem Abbé Prévost, vor allem jedoch bei Jean Jacques Rousseau.

231) Die Innenschau scheint sich zuerst bei geistig hochstehenden Einzelnen gezeigt zu haben, bevor sie eine Erscheinung von größerem Umfang auch bei weniger Gebildeten wurde. Der gleiche Vorgang spielte sich, wie Zucker glaubhaft macht ([1950] 423 ff.), seinerzeit beim Übergang vom gruppenseelischen Erleben zum Ichbewußtsein ab. Von der wissenschaftlichen Psychologie ist die moderne Spaltsinnigkeit bisher kaum beachtet worden. Dichterisch behandelt sie fesselnd Hermann Löns in dem Kapitel »Der eiserne Ritter« seines Romans »Das zweite Gesicht.«

232) (1926) 148 ff. Jaspers betont, daß Leben und Schöpfungen Schizophrener erst seit dem 18 ten Jahrhundert eine soziale Bedeutung gewinnen. In der Zeit der französischen Revolution von 1789 sieht auch Breysig den letzten großen Entwicklungssprung der menschlichen Seele. Ohne freilich auf die Schizoidie einzugehen hebt er Rousseaus Einfluß im 19ten Jahrhundert und in der Gegenwart hervor und weist darauf hin, daß die Romantiker, wie schon ihre Ironie verrate, ständig auf der Flucht vor sich selbst gewesen seien (Breysig 122, 140 ff., 361 ff.). – In der Philosophiegeschichte begegnet die Spaltsinnigkeit uns bei Husserl auf ihrem Höhepunkt. H. fordert eine förmliche Selbstschulung in der »Ich-Spaltung« ([1952] III, 93; [1956] I, 262 ff.; [1959] II, 90 ff.), wie wir sie angedeutet zuerst in Fichtes »Intellektueller Anschauung« bemerken. – Nur als Erzeugnis der zunehmenden Schizoidie kann die Verbreitung und Beliebtheit der Soziologie verstanden werden (Freyer 1930, 200 f.).
Heute würde Jaspers vielleicht den von ihm gewählten Ausdruck »Schizoidie« durch das Wort »Schizothymie« ersetzen. Denn, soweit ersichtlich, neigen die führenden Psychiater gegenwärtig überwiegend dazu, mit dem schillernden Begriff Schizoidie eine zwischen dem normalen schizothymen Temperament und der Psychose Schizophrenie stehende Form der Psychopathie, also etwas Krankhaftes, zu bezeichnen. Dessen ungeachtet behalten wir Jaspers' Terminologie bei.

233) Paul Bourget (1852–1935) in seinem 1889 erschienenen Roman »Le disciple« S. 100. Noch mehr tritt das Motiv des Dédoublement hervor in seinem Alterswerk »La rechute«.

lichen Ahnen auszeichnet. Ihm zuerst im Leben der Menschheit wird die Relativität alles Geschichtlichen[234]) bewußt, jedoch um den lebenbedrohenden Preis, daß er den festen Boden unter den Füßen verliert, daß ihn schwindelt und er am Ende nicht mehr weiß, wo er Halt finden könnte. Die Mannigfaltigkeit nacherlebbarer Vergangenheiten, die sich seinem einfühlenden Verstehen darbieten, bringt es dahin, daß er schließlich nur noch ursächlich Bedingtes zu sehen vermeint. So bildet sich eine innere Standpunktlosigkeit heraus, die allmählich zum beherrschenden Lebensgefühl wird. Der Zeit Oscar Wildes vermittelte diese Haltung immerhin noch den ästhetischen Genuß, »merely a method by which we can multiply (!) our personalities[235]).« Mittlerweile hat sich das geändert. Seit dem 1. August 1914 – im Angesicht *einer* Generation – haben erdbebenhafte Erschütterungen altüberlieferte Wertordnungen ins Wanken und teilweise sogar zum Einsturz gebracht, so daß keine Schicht der Menschheit davon unberührt geblieben ist. Erst heute bewahrheitet sich im vollen Umfang Diltheys berühmter Ausspruch von 1903, den geheimnen Untergrund unserer Zeit bilde die »Anarchie der Überzeugungen[236]).«

Nicht die Geschichtswissenschaft darf man für diese Entwicklung verantwortlich machen, sondern allenfalls die Schizoidie, die indessen kein Sterblicher – fahrlässig oder gar mit Bedacht – herbeigeführt hat. Ist doch die Spaltsinnigkeit ein von Gott verhängtes Geschick – gleichermaßen unser Glanz wie unser Elend –, mit dem wir fertig zu werden haben. Der Historismus ist nur eine der geistigen Folgen dieser seltsamen Begabung. Er hat die geschichtliche Relativität lediglich entdeckt, die Anarchie der Wertvorstellungen aber nicht selbst erzeugt[237]). Es konnte freilich nicht ausbleiben, daß er im Laufe einer jahrzehntelangen Popularisierung seiner Grundeinsicht zur Entstehung der allgemeinen modernen Wertelosigkeit das seinige beitrug. Denn auf die Dauer läßt sich keine neue Erkenntnis von grundstürzender Kraft in den Kreisen der Wissenschaft geheimhalten. Deshalb wäre es töricht, wollte man daraus einen moralisch klingenden Vorwurf gegen ihn ableiten. Wir entrinnen unserer Schizoidie nicht durch eine Anklage gegen den Historismus. Wenn also der aus diesem Grunde geführte Angriff auch das Ziel verfehlt, so ist er dennoch kulturpsychologisch begreiflich. In stillen Stunden nämlich verspürt der heutige Mensch – zumal, falls er sittlich hoch steht – ein geheimes Sehnen nach der befreienden Wiederkehr jener zerbrochenen Werte, die einstmals seine glücklicheren Väter nur deswegen als unzerstörbar empfinden konnten, weil der zweifelhafte Blick in die Tiefen der Geschichte ihnen noch nicht beschert war. So kommt es, daß

---

[234]) Hier ist der Begriff im ursprünglichen Sinn gemeint als Relation, als Beziehung historischer Größen zueinander. So verstanden haftet dem Wort nicht der peinliche Klang des bedingt Richtigen, des annähernd Gültigen an. Nach der heutigen Wissenschaftslage kann man nicht leugnen, daß relativ in diesem Sinn jedes geschichtliche Gebilde ist, ebensowenig wie sich der Wandel aller Dinge bestreiten ließe. Vgl. Wein 431 ff.

[235]) Siehe das geistesgeschichtlich interessante Kapitel XI des »Picture of Dorian Gray«.

[236]) (1924) 9

[237]) Heussi 74

in ihrem Fach verdiente Gelehrte mit Erregung gegen die unumstößliche Tatsache der historischen Relativität geradezu Sturm laufen, daß die – freilich schillernden – Begriffe »Historismus« und »Relativismus« in ihrem Munde fast zu Scheltworten werden[238]).

Rothackers ironische Bemerkung trifft zu, die Geschichtsforschung als Erfahrungswissenschaft habe »in den leicht komischen Zügen von Angst vor dem Relativismus höchstens einen Stoff ihrer Untersuchungen« vor sich[239]). In einem allerdings sehen die Gegner des Historismus richtig: Unsere eigene Seelenhaltung wirkt auf unser äußeres Schicksal mit ein. Wir selbst sind es, die die Richtung, welche wir einschlagen, mitbestimmen. Menschliche Vorstellungen werden zu geschichtsmächtigen Kräften[240]). Sie formen das uns von »außen« begegnende Geschehen. In dem Maße, wie sich unsere Bewußtheit steigert, scheint sich sogar das Tempo zu beschleunigen, mit dem die geschichtlichen Ereignisse einander ablösen. Indem wir uns ändern, verändert sich unsere Umwelt. Gleichwohl wäre es abwegig zu hoffen, die Gefahr der Wertauflösung könne man mit dem einfachen Kunstgriff bannen, die Augen vor Tatsachen zu schließen. Keiner der Werte, die einer unwiederbringlichen Vergangenheit absolut erschienen, läßt sich heute zu einem neuen Leben der Unverrückbarkeit erwecken, mögen auch noch so viele unserer enttäuschten Zeitgenossen es edlen Herzens wünschen.

In gleicher Weise herrschte schon im Mittelalter das unerbittliche Gesetz des Wandels aller Dinge. Allein, der damalige Mensch hatte es noch nicht entdeckt. Er wähnte nämlich noch, in einer Welt ohne Wesensänderungen zu leben. Das verlieh ihm ein traumwandlerisch sicheres Gefühl der Geborgenheit, das sich als wohltätige Macht der Bewahrung sogar im äußeren Verlauf seines Daseins widerspiegelte. Die felsenfeste Überzeugung, von unumstößlichen Werten getragen zu werden, behütete den Menschen im Mittelalter vor jener neuzeitlichen von Kierkegaard ins Allgemeinbewußtsein gehobenen inneren Unsicherheit, die mit ihrer lähmenden Schwäche heute die gesamte geschichtliche Entwicklung des Abendlandes verhäng-

---

[238]) Hierfür bezeichnend z.B. v. Hippel (1942) 70f.

[239]) »Kulturanthropologie« 177. Systematische Ausführungen in unserem Sinne bei R. (1927) C 139ff. und bei Wein 534

[240]) Litt (1948, Leipzig). – Daß wir von den geschichtlichen Vorgängen gar nicht unmittelbar bewegt werden, sondern erst von der Art und Weise, wie wir Geschichte erleben und geschichtlich denken, gibt auch Löwith (1953) zu. Gleichwohl verwirft er die Einsichten unseres modernen Geschichtsbewußtseins. Dabei bedient er sich eines logischen Kunstgriffs. Er reißt nämlich eine Kluft auf zwischen dem von jeder Historie unberührten dynamischen Geschehen schlechthin und dessen historischer Deutung. So aber läßt sich heute keine »natürliche Welt« zurückgewinnen, die sich »ganz unabhängig« davon bewegt, was wir an ihr historisch erkunden, mag auch unbestreitbar in und hinter den Geschichten des Historikers etwas Undeutbares am Werke sein. Vielmehr sind das von außen auf uns zukommende Ereignis und seine innerliche Verarbeitung durch uns die von einander unlöslichen Komponenten eines ganzheitlichen Vorgangs, eben dessen, was wir als Geschichte erleben, die einem Tier niemals widerfährt, weil ihm nicht der Sinn für ein solches Erleben beschert ist. Auch ist es ein Rückfall in das zyklische Denken der Antike, wenn L. meint, in wechselnden Formen ereigne sich immer wieder das gleiche.

nisvoll zu stören scheint. Dem mittelalterlichen Menschen wurde überhaupt nicht bewußt, daß auch er – genau wie wir – schon sein positives Recht stets den veränderlichen Verhältnissen anpaßte. Für ihn blieb daher seine gesetzliche Ordnung immer die alte, obwohl sie sich doch in Wahrheit fortwährend verjüngte. Damals kam eben alle Rechtserneuerung unmerklich aus der Zeugungsstätte des Unbewußten[241]).

Diese seltsame Vorstellung konnte nur solange von Dauer sein, als der Mensch noch nicht um den eigentlichen Sinn aller Geschichtlichkeit wußte. Was ihm das Vergängliche zu etwas Unwandelbarem umformte, war also die Macht seiner Illusion. Der schizoide moderne Mensch hingegen läßt sich nicht mehr über die Relativität geschichtlicher Erscheinungen hinwegtäuschen. Ihn begabt sein ätzender Verstand auch für die Hintergründe seiner Existenz mit jenem selbstmörderischen Scharfblick, vor dessen hellen Strahlen nach und nach alle festen Werte, denen sich seine Vorfahren verehrend beugten, in ihre historischen Bedingtheiten zerfließen.

Heute überflutet den Menschen schon in früher Kindheit nahezu ohne Unterbrechung eine erdrückende Fülle mannigfaltigster Sinneseindrücke aus allen Richtungen. Aber die vorzeitige Einengung seines Blicks nur auf das Berufsziel hält ihn fast noch mehr davon ab, über sich und seine Stellung in der Welt tiefer nachzudenken. Gerade in dieser Hinsicht sollten wir das *eine* nicht vergessen: die stille, unablässige Nachwirkung der Kindheits- und Jugendeindrücke, die das Wesen des Menschen prägen. Kein Zeitalter vor uns stand so wie wir unter den heterogensten Eindrücken. Kein Zeitalter dürfte so wie das unserige gelitten haben unter den Spannungen der Generationen, insbesondere unter dem unversöhnlichen Widerstreit ihrer auf fast allen Gebieten widerspruchsvollen Wertvorstellungen. Die nicht minder bedeutende Ursache für die »weithin bestehende Unmöglichkeit, an ein wirklich verbindliches, homogenes Wertgefühl der Gesamtgesellschaft zu apellieren[242])«, liegt jedoch in den erdbebengleichen Umwälzungen, die die allumfassende Technisierung und die dadurch wesentlich geförderte Spezialisierung der Arbeit unserer allgemeinen Lebenshaltung zufügen. Noch bis in unser Jahrhundert hinein war der Mensch – namentlich auf dem Lande – in der beneidenswerten Lage, wie in der Frühzeit und im Mittelalter, alle Vorgänge des Daseins in Häuslichkeit und Familie, in Beruf, Stand und Öffentlichkeit anteilnehmend mitzuerleben. Das Leben, das einstmals vor seinen Augen ablief, vollzieht sich dagegen heute für den Menschen meist in Bereichen, zu denen er keinen Zugang hat. In dem Maße aber, wie das tägliche Tun und Treiben seines Nächsten für ihn unsichtbar wird, muß er zugleich auch das Verständnis seines Wesens und seiner Wertvorstellungen einbüßen. Es kann somit gar nicht ausbleiben, daß schon hierdurch das allgemeine Chaos der Werte nur gesteigert wird. Denn am Ende lebt ein jeder von uns eingesponnen in die ihm gemäße Eigenwelt. Damit

---

[241]) Fritz Kern 43. Zur Charakteristik des modernen Rechtsdenkens vgl. dagegen die vortreffliche Analyse Jerusalems 214ff.

[242]) Thielicke III (1964), 29

sind die Brücken des Verstehens eingestürzt, die einst die geheinnisvolle Homogenität der Wertgefühle in den gruppenseelischen Kulturen trugen[243]).

Diese Revolution des soziologischen Grundgefüges ist es, die im Zusammenwirken mit der Schizoidie des modernen Menschen in das Bild unserer Tage jene einander widerstreitenden, unvergleichlichen Züge einträgt, die demgegenüber die doch oft so wildbewegte Zeit des spätantiken Individualismus geradezu als Stilleben erscheinen läßt. Wollen wir unsere Gegenwart mit einem Schlagwort von der gesamten hinter uns liegenden Vergangenheit in ihrer seelischen Eigentümlichkeit unterscheiden, so könnten wir sie ohne Übertreibung als illusionsarm bezeichnen. Der bohrende Verstand nämlich hat den modernen Menschen jener wohltuenden Selbsttäuschungen beraubt, die das Dasein früher erträglich machten. Alles gesunde Leben bedarf der Illusion[244]).

Für das allgemeine Bewußtsein bei uns ist das Chaos der Werte erst nach dem Zusammenbruch 1945 voll zutagegetreten als unausbleibliche Folge der erdbebenhaften Erschütterungen unserer nationalen und einzelmenschlichen Existenzgrundlagen. Eine bis in die untersten Volksschichten hinabgreifende Desillusionierung hat dabei vor allem auch die Repräsentanten der staatlichen Macht jener Numinosität entkleidet, deren bei uns im alten Europa ein geordnetes Gemeinwesen nicht entraten kann, ohne in sich zu zerfallen. Eben diese Desillusionierung des »kleinen Mannes« – im weitesten Sinne des Wortes – ist für die Zertrümmerung unserer alten Werte nicht minder verantwortlich als die für alles höhere Geistesleben schädlichen Veränderungen der materiellen Lebensbedingungen. Natürlich dürfen dabei auch jetzt – zwanzig Jahre nach dem Ende des letzten Krieges – nicht die unauslöschlichen Wirkungen der Heimatlosigkeit und Entwurzelung verkannt werden, einschließlich aller jener anderen seelischen und geistigen Dauerschäden, die unsere nationale Geschichte seit mehr als einem Menschenalter über so manchen unter uns hat hereinbrechen lassen.

So erschüttert denn diese Wurzellosigkeit des Geistes unser ganzes Volk in allen seinen Rangstufen und vollendet damit das Zerstörungswerk, wel-

---

[243]) Wenigstens hinsichtlich der Vielfalt menschlicher »Umwelten« scheine ich mich zu berühren mit Müller-Freienfels 103 ff. – Neben den bekannten Zeitanalysen unserer Dichter, Philosophen, Historiker und Soziologen, unserer Theologen und Pädagogen, Juristen, Ärzte, Psychologen und Biologen ragt die in Deutschland noch zu wenig gelesene Arbeit des holländischen Psychiaters van den Berg »Metabletica« hervor. Dieser von Dilthey inspirierte Forscher weist anhand psychologischen Materials namentlich aus dem 19ten Jahrhundert – wesentlich gegenüber Freud – überzeugend nach, daß der Mensch seelisch nicht unveränderlich ist. Besonders eindrucksvoll ist ihm dieser Nachweis für den Wandel der Kinderseele und des Pubertierenden gelungen. Vornehmlich was van den Berg über die »Polyvalenz« unserer Wortsprache, über die Unsichtbarkeit des Berufes des Nebenmenschen und die dadurch bedingten allgemeinen seelischen Veränderungen in der Gegenwart zu sagen hat, sollte jeden interessieren, der sich mit der Frage befassen möchte, ob es immerdar ungetrübt erkennbare absolute Normen geben kann.

[244]) Mit uns stimmt Wein (431 ff. und 536) überein: »Am Heraustreten aus der unbewußten Einseitigkeit in die Vernunft und Abwägung hängt die ungeheure Gefahr der Auflösung aller menschlichen Substanz . . .«.

ches bisher in den voraufgegangenen Jahrhunderten die Wertzersetzung hauptsächlich in den geistigen Führungsschichten vorantrieb.

Wenn wir bei unseren bisherigen Erörterungen vom »modernen« Menschen sprachen, so schwebte uns dabei das Bild der zu selbständigem Denken befähigten Einzelpersönlichkeit vor Augen, d.h. also eine Erscheinung, die im Angesicht der Masse des Durchschnitts fast dem Blick entschwindet. Wir wollen deshalb gar nicht bestreiten, daß unsere Vorstellung vom modernen Menschen nichts anderes darstellt als eine nützliche Fiktion, eine Arbeitshypothese, auf die nicht verzichtet werden kann[245]).

Wie unentbehrlich unsere Betrachtungsweise ist, erweist sich allein schon in unserer Feststellung, daß gerade die breite Masse der unselbständig Denkenden der zerstörenden Desillusionierung am nachhaltigsten verfallen ist. Der Entwurzelte, ein schwankes Rohr im Winde, wird am raschesten zum formbaren Stoff der Massenbildung, weil er den Rückhalt im Glauben an seine hergebrachte Welt fester Werte verloren hat. Der »Aufstand der Massen« hat sich die Führung der modernen Staaten bereits weithin erobert und gesichert. Dieser Frage nachzugehen, ist hier nicht unsere Aufgabe. Immerhin muß aber auch der Rechtsphilosoph wissen, wie er diese unaufhaltsame Geschichtsentwicklung für seine Arbeit zu berücksichtigen hat. Wir kommen später auf diese Frage zurück.

Das sogenannte biologisch gesunde Leben hat oft ein Mißtrauen gegen die Grunderkenntnisse unserer Geisteswissenschaften, insbesondere gegen die Einsichten der modernen Geschichtsphilosophie. Wir haben das in Deutschland in den Jahren nach dem Frühling 1933 beobachten können. Man verabsolutierte naiv die eigene Wertewelt, indem man mühselig Erarbeitetes einfach in den Wind schlug. Es bedarf keiner gelehrten Begründung, daß die Scheinabsolutheit so gewonnener Werte nur um den Preis einer rebarbarisierenden Vereinfachung des Geisteslebens aufrecht erhalten werden kann. Was wir in dieser Hinsicht an uns selbst erfahren haben, erleidet ein großer Teil unserer Nation in ähnlicher Weise noch heute.

Inwieweit dergleichen scheinabsolute Werte vor dem Richterstuhl christlicher Sittlichkeit bestehen können, soll hier nicht untersucht werden[246]). Wie zweifelhaft im geistigen Klima des heutigen Abendlandes jeder Versuch wäre, erneut eine Wertewelt der Absolutheit allein aus einer »Weltanschauung« aufzurichten, zeigt das deutsche Unternehmen der Jahre 1933–1945, ein »Naturrecht aus Blut und Boden«[247]) erstehen zu lassen. Weshalb die Rasse keine Naturrechtsquelle ist, braucht gegenwärtig nicht mehr näher begründet zu werden. Immerhin verdient es aber doch unser kulturpsychologisches Interesse zu sehen, daß der Wahnglaube an

---

[245]) Vgl. hierzu Jerusalem 217. Daß es keine völlige geistige Eigenständigkeit gibt, ist selbstverständlich. Auch große Einzelne können – zumal heute – nur partiell selbständig denken.

[246]) Vgl. hierzu die vortreffliche Analyse von Benedetto Croce. Ähnlich wie er äußert sich Wein 536

[247]) Vgl. hauptsächlich Dietze (1936). Zur Einführung genügt schon sein kurzer Aufsatz (1936) in ZAKDR.

scheinabsolute Werte seinen Jüngern gesteigerte Lebenssicherheit und unbeschwerte Handlungsfreudigkeit zu verleihen vermag, bis auch hier die Stunde der Desillusionierung kommt, wie es eben in einem Zeitalter des vorgeschrittenen Nihilismus kaum anders denkbar ist. Heute lassen sich weniger denn je zuvor Grundlagen zu einer absoluten Wertewelt ausschließlich aus säkularen Größen herleiten. Was noch die französische Revolution – trotz ihrer Auswüchse – bei aller ihrer Metaphysikfeindlichkeit an Segen mit ihrem säkularen Vernunftrecht stiftete, das entbehrt in unseren Tagen der vertrauenerweckenden Überzeugungskraft. So sah schon Josef Kohler vor einem halben Jahrhundert richtig, als er einem Naturrecht ohne theologische Grundlage die Existenzberechtigung in unserer Zeit absprach. Treffend sagte er, die Idee von einem »eingepflanzten ewigen Recht (habe) gar keinen rationellen Boden, so rationalistisch« sie sich auch gebärde, denn sie widerspreche dem Menschenleben als einer stetem Wandel unterworfenen Erscheinung[248]). Er hat recht. Ein den doch ständig wechselnden politischen Ideologien verfallenes säkulares Naturrecht, – mag es sich nun berufen auf die »Rasse« oder auf das »sozialistische Rechtsgewissen« – entartet allzu leicht zum »ornamentalen Deckmantel für eine rohe Egoismusmoral[249])« der jeweils Herrschenden. Allein ein theologisch begründetes Naturrecht erscheint demnach weiterer Betrachtung würdig. Die Frage ist nur, wie sich seine angebliche Unveränderlichkeit mit den Erkenntnissen unserer Geschichtbetrachtung vereinbaren lassen will. Ist doch alles, was den Menschen in ihrem irdischen Dasein begegnet, der Vergänglichkeit und dem unablässigen Wandel verfallen.

Diese Einsicht vermag selbst Nicolai Hartmann nicht mit seinem Angriff auf den »Denkhistorismus« zu erschüttern. Dabei kann es hier durchaus auf sich beruhen, ob auch wir dem Wahn erlegen sind, man dürfe »die Relativität der Denkformen auf die in ihnen selbst enthaltenen Kategorien« übertragen. Diese Kategorien nämlich, um deren Aufweisung Hartmann sich sicherlich verdient gemacht hat, würden uns leider ebensowenig festen Halt im ständigen Fluß der geschichtlichen Erscheinungen bieten. In *einem* allerdings ist Hartmann im Rückblick auf die letzten Jahrzehnte unserer Wissenschaftsgeschichte recht zu geben: »Die Analyse der Brillengläser hat es bewirkt, daß sie nur noch Brillengläser sehen kann, aber keine Gegenstände mehr durch sie hindurch[250])«. Hartmann übersieht dabei freilich, daß uns die universalia lediglich in rebus begegnen. Das Absolute nimmt also nur im Einzelfall durch unsere logische Abstraktion die Gestalt eines selbständig erscheinenden formalen Prinzips an. Gebrauchswert gewinnt die Kategorie demnach nur im Einzelfall, wie ihn jeweils die unwiederholbaren Umstände formen, die sein Bezugssystem ihm zuordnet. Welche Fehlerquellen damit für eine einwandfreie Kategorialanalyse gegeben sind, liegt auf der Hand. In dieser Sicht ist eben alles Menschliche relativ. Das betont Hartmann übrigens an anderer Stelle selbst[251]). Wir sind dazu ver-

---

[248]) (1915) 5
[249]) Dieses Wort münzte Wundt auf die Ethik des Utilitarismus (Erlebtes 357).
[250]) (1940) 20
[251]) (1935) 294

urteilt, die Gegenstände niemals unvermittelt ins Auge zu fassen, sondern stets nur durch unsere Brillengläser. Auch dann, wenn der so wahrgenommene Gegenstand nicht halluziniert ist, sondern im Raume wirklich vor uns steht, ändert sich nichts an der unumstößlichen Tatsache, daß wir ihn ausschließlich mit unserer Brille in uns aufnehmen. In dieser Auffassung kann uns lediglich bekräftigen, was Hartmann bei seiner Abhandlung über den »objektivierten Geist« ausführt. Dort sagt er nämlich, die dem Beschauer eines Kunstwerkes erscheinende Überzeitlichkeit sei dagegen gleichgültig, ob sie »auch nur ein zweites Mal« als dieselbe erlebt werde. Alles ästhetische Schauen dürfe nicht allein als ein Nachschaffen, sondern müsse auch als ein »Umschaffen« aufgefaßt werden, bei dem sich der irreale Gehalt des Hintergrundes dem Kunstgenießenden als zeitlos darstelle. Er erlebe ihn infolgedessen als in die Idealität erhoben, ohne dabei allerdings gewahr zu werden, »daß er selbst in seiner Schau ihn abwandelt«. Hier betont Hartmann ausdrücklich, überhaupt nur die lebendige Mitwirkung des geschichtlichen Geistes hauche dem Übergeschichtlichen den Odem ein. Es verdient hervorgehoben zu werden, daß er in diesem Zusammenhang den Begriff des Übergeschichtlichen nicht etwa auf das Ästhetische beschränkt, sondern dabei alle denkbaren Objektivierungen des Geistes in Betracht zieht. Freilich sieht er bei alledem die irreale Zeitlosigkeit »nur in ihrem Erscheinen als solchem für zeitgebunden, geschichtlich bedingt, dem Zufall und dem Wandel des lebenden Geistes preisgegeben (!)« an. Daß es indessen keine irreale Zeitlosigkeit außerhalb menschlichen Geisteslebens als ein »An-sich-sein« gibt, ist Hartmann gleichwohl gewiß. Denn er führt selbst dazu näher aus, daß menschliches Geistesleben – objektiver wie subjektiver Art – dem ständigen Wandel und damit der Vergänglichkeit alles Irdischen unterliegt. Spinnt man diese Gedanken Hartmanns folgerichtig weiter aus, so müssen aber absolute Werte vollends fragwürdig werden, denn die gerade auf den höheren Geistesstufen anwachsende Zahl der Kategorien erschwert doch deren Erkennbarkeit noch beträchtlich.

Hartmann selbst also nötigt uns hier – freilich ohne es zu wollen –, die Relativität des Geistigen anzuerkennen[252]).

Eine Erörterung der Wertautonomie darf nicht beendet werden ohne ein Wort über den Mann, der neben Hartmann auf die Hauptströmungen des heutigen Naturrechtsdenkens den spürbarsten Einfluß ausübt, Max Scheler und seine »materiale Wertethik[253]).« Scheler ist – darin Nietzsche verwandt[254]) – ein genialer Seelenkenner, aber kein Philosoph im strengen Sinne. Was die Schulphilosophie gegen Nietzsche einzuwenden hat, trifft deshalb auch ihn. Er geht in seiner Neigung, die philosophischen Probleme zu psychologisieren, so weit, daß er z.B. Kants gesamte Erkenntnistheorie einzig und allein aus seiner feindseligen, mißtrauischen Haltung gegen die »Welt« erklärt. »Angst und Furcht vor dem Chaos«, vor »der Welt da draußen und

---

252) (1949) 175 ff., 406 ff., 477, 494 f.
253) Rommen (1947) 208 ff.; Coing (1947).
254) Troeltsch (1922) 606 ff. nennt ihn den »katholischen Nietzsche«.

der Natur da drinnen« hätten Kant dazu vermocht, alles Leben unter seinen Begriffen zu »formen«, um es zu »beherrschen«. Die allein richtige Einstellung zu den Dingen dagegen sei die »Liebe zur Welt, schauende und liebende Hingabe« an sie[255]). Zum Geschichtlichen gewinnt Scheler kein Verhältnis, auch dort nicht, wo er notgedrungen historische Betrachtungen anstellen muß. Die tiefere Ursache dieses Unvermögens dürfte sein, daß er im Grunde Mystiker ist. Das läßt schon folgender Satz erkennen: ». . . sage ich, es seien absolute Werte diejenigen Werte, die für ein ›reines‹ Fühlen, . . . d. h. für ein von dem Wesen der Sinnlichkeit und dem Wesen des Lebens in seiner Funktionsart und seinen Funktionsgesetzen unabhängiges Fühlen existieren[256]).« Man sieht sich bei einem solchen Ausspruch, der die geistige Ausgangsstellung seines Verfassers erhellt, lebhaft an Selbstzeugnisse großer Mystiker erinnert. So dienen ihm denn die oft recht widerspruchsvollen anthropologischen Ausführungen zur Geschichtlichkeit des menschlichen Wesens im Grunde doch nur als Folie für sein wichtigstes Anliegen, nämlich zum Nachweis einer individualgültigen Absolutheitsgewißheit der Werte. Diese Absolutheitsgewißheit aber schöpft Scheler allein aus dem Glauben, nicht aus der Wissenschaft. Nur aus dem vollen Bewußtsein dieser höchstpersönlichen, also immer einmaligen, individuellen Glaubensgewißheit ist sein Ausspruch begreiflich: »Gleichwohl liegt auch in dieser *radikalsten* ›Relativität‹ der sittlichen Wertschätzungen keinerlei Grund zur Annahme eines Relativismus der sittlichen Werte und ihrer Rangordnungen selbst[257]).« Scheler ist zu einsichtig und gebildet, um zu übersehen, daß die »Menschheit, wie jede Rasse, jedes Volk und jedes Individuum (!) ein prinzipiell veränderliches und in ihrer psychophysischen Konstitution durchaus gewordenes Ergebnis der universellen Lebensentfaltung« ist[258]). Allerdings wähnt er, daß die Existenz der absoluten Werte durch die Geschichte gleichwohl nicht beeinträchtigt werde. Es sei demnach »völlig gleichgültig, ob alle Mitglieder dieser Art (d. h. des Menschen) sie besitzen, oder ob es z. B. Rassen und Völker gibt, die . . . keine solche spezifische Einsicht haben. Auch prinzipiell gleichgültig, auf *welcher* Stufe historischer Lebensentfaltung der Menschheit solche Akte in die Erscheinung treten. Die Hauptsache ist, daß, wo immer und sofern sie da sind, sie und ihre Gegenstände einer Gesetzmäßigkeit gehorchen, die von induktiver Erfahrung so unabhängig sind, wie die Sätze der Farben- und der Tongeometrie[259]).« Scheler anerkennt demgemäß eine absolute Norm nur für ein singuläres Individuum, wobei er sich »gleichzeitig völlig klar bewußt ist«, daß sie nur für einen »einzigen Fall« gültigen Sollensinhalt habe, also nicht zum Prinzip einer »allgemeinen

---

[255]) (1927) 63

[256]) (1927) 96 – Hier offenbart sich Schelers Abhängigkeit von der Phänomenologie. Schon sein Lehrmeister Husserl hatte sich in seinem Verfahren den Mystikern verwandt gefühlt, wenn er danach strebte, »möglichst wenig Verstand, aber möglichst reine Intuition« walten zu lassen ([1958] 62).

[257]) (1927) 314

[258]) (1927) 278

[259]) (1927 279

Gesetzgebung« erhoben werden könne[260]). Den Rechtsphilosophen geht vornehmlich dieser eine Satz an. Schelers Anliegen ist nämlich ein höchstpersönlich religiöses. Ihm liegt nur an dem Nachweis, daß die ethischen Werte übermenschlichen, d.h. göttlichen Ursprungs sind. Ausdrücklich warnt er dagegen vor der »irrigen Vorstellung, es könnte die ganze Fülle des Wertreiches und der in ihm bestehenden Rangordnung je *einem* Individuum, *einem* Volke, *einer* Nation, oder an *einer* Stelle der Geschichte auch *gegeben* sein[261]).« Für Scheler sind also Werte nur insoweit absolut, als jeweils ein einzelner Mensch sie als solche erlebt. In fortgesetzten »Einbrüchen« aus dem Jenseits ins Diesseits offenbart sich sein platonisches Wertreich[262]) eben immer nur dem Einzelnen. Als »Person« ist er nach Schelers Auffassung aber von Raum und Zeit geschieden und gehört dem »absoluten Sein« an[263]). Man sieht: hier bewegen wir uns auf Ebenen, zu denen der Wissenschaft der Zutritt versagt bleibt. Daher hat Emil Brunner durchaus recht mit seinem Urteil, daß man bei Scheler »nicht mehr in einer philosophischen, sondern in einer theologischen Debatte« steht[264]).

Wenn Scheler beiläufig von einem »Entdeckungsprozeß moralischer Werte« spricht, ist demnach kaum anzunehmen, bei diesem Wort habe ihm etwa der Gedanke an den ethischen Evolutionismus vorgeschwebt. Mit Sicherheit können wir sagen: hegelsche Geschichtsdeutungen liegen Scheler vollkommen fern. An eine Moral – oder Rechtsentwicklung der Völker als an eine zusammenhängende Entfaltung der Moral und des Rechts ist bei ihm nicht zu denken. Keineswegs wertet Scheler jedes Volk nur als Vorstufe des nächst folgenden höheren[265]). Wenn man sich im Angesicht dieser unabweislichen Feststellung fragt, was Scheler denn mit dem Ausdruck »Entdeckungsprozeß« gemeint haben könnte, so gerät man in einige Schwierigkeiten. Am nächsten liegt die Vermutung, daß er dabei an die Individualentwicklung des Einzelnen gedacht habe[266]), so wenn er meint, der Mensch »schreite in die Wertfülle hinein«. Allein, sicher ist diese Deutung keineswegs. Der nüchterne Ernst Troeltsch[267]) urteilt nicht zu scharf, wenn er von Schelers Buch sagt: »Es geht, wie man sieht, dabei ziemlich kraus und bunt zu. Das Ganze ist eine seltsame Mischung von Scharfsinn, Tiefsinn und Leichtsinn, bietet aber doch eine Reihe sehr bedeutender Gedanken.« Es ist »ein in Paradoxien schwelgendes Gemälde«.

So ergibt sich denn aus allem: Schelers Begriff einer »Autonomie der Werte« entstammt allein der religiösen Erfahrung, die immer nur höchstpersönlich gilt. Für unsere Frage nach einem ewigen, unwandelbaren Naturrecht hingegen bietet uns Scheler keinen Aufschluß. Vor allem unzulässig

---

260) (1927) 382
261) (1927) 514
262) Troeltsch (1922) 606ff.
263) Scheler (1927) 384ff. und 410
264) Emil Brunner (1932) 565
265) Unklar und dem Gesamthabitus Schelers widersprechend sind in diesem Punkte nur seine Ausführungen (1927) 565. – Zum Vergleich siehe Hegel 82ff.
266) (1927) 275 und 277, dagegen aber 556ff.
267) (1922) 613, 615

erscheint es, seinen Begriff eines »Entdeckungsprozesses« moralischer Werte auf den Verlauf der allgemeingeschichtlichen Entwicklung des Menschengeschlechtes anzuwenden. Um Fehldeutungen zu begegnen, sei erwähnt: mit dieser Feststellung bezweifeln wir natürlich in keiner Weise die Gültigkeit religiöser Erfahrung, sondern bestreiten lediglich, daß sie für ein allgemeinverbindliches, unabänderliches, göttliches *Recht* tragfähige Beweisstützen liefern kann. Übrigens hat Scheler selbst das auch nicht erwartet. Dennoch ist es geraten, diese Besprechung seiner »materialen Wertethik« nicht ohne eine gleichzeitige nochmalige Prüfung unseres eigenen erkenntnistheoretischen Standortes abzuschließen.

Bei unserer Abneigung gegen die heutige Phänomenologie berufen wir uns zum guten Teil auf die Grundeinsichten der uexküllschen Umweltlehre, die gerade Scheler ein Dorn im Auge war. Klarer als andere nämlich sah er als gründlicher Kenner der theoretischen Biologie die Gefahr dieser Lehre für die Annahme der von ihm verfochtenen absoluten Werte. Begreiflicherweise wandte er sich deshalb vornehmlich gegen eine Auffassung, die zu dem Glauben führen konnte, daß dem Menschen in seiner Umwelt nichts als »bloße subjektive« Vorstellungen beschert seien[268]). Freilich wird man Scheler beipflichten müssen, daß es »ein prinzipieller Irrtum wäre, dem Organismus als Gegenglied die tote Natur und ihre Gegenstände zu geben, oder die ›Anpassungsbeziehungen‹, die zwischen Organismus und Umwelt bestehen, als einseitige Anpassungen des Organismus an seine Umwelt anzusehen, anstatt beide als abhängig Variable des Lebensprozesses zu erkennen, der da einheitlich stattfindet[269]).« Soweit ersichtlich, hat jedoch nicht einmal Uexküll selbst seinen Umweltbegriff so oberflächlich verstanden, sondern vielmehr das Ganzheitliche des Aufeinander-Angelegtseins im Wechselverkehr zwischen dem »Lebewesen« und seiner »Außenwelt« sehr wohl berücksichtigt.

Für uns braucht nicht entschieden zu werden, ob Scheler Uexküll hier etwa mißverstanden hat, denn auf jeden Fall sind in unserer Frage schon die Folgerungen nicht überzeugend, die er aus seinen eigenen Gedanken ziehen zu müssen vermeint[270]). Was soll man von seiner Annahme halten, der »Lebensprozeß« des Menschen könne doch nicht den Sinn haben, sich auf die »Hervorbringung von subjektiven Empfindungen« zu beschränken? Wie soll diese Behauptung bewiesen werden? Ist Scheler im Ernst der Meinung, hiermit überhaupt etwas gegen die bloß für uns endliche Menschen bestimmte Gültigkeit unseres Weltbildes gesagt zu haben? Oder wähnt er gar, mit solchen Worten die Grundauffassungen Uexkülls oder Kants auch nur erschüttert zu haben[271])?

---

[268]) (1927) 143 ff.
[269]) (1927) 156
[270]) (1927) 158
[271]) Anhängern Schelers gegenüber sei nochmals betont, daß der Terminus »subjektive Gültigkeit« nicht dem Begriffe der »Fiktion« im Sinne Vaihingers gleichzusetzen ist, sondern mit Kant (203) meint, daß die »unerforschliche Weisheit nicht minder verehrungswürdig ist, in dem, was sie uns versagte, als in dem, was sie uns zuteil werden ließ.«

Das Fehlerhafte seiner ganzen Beweisführung möge uns ein Gleichnis klarmachen, das William James ersonnen hat. Er sagt von uns Menschen[272]: »Wir mögen uns vielleicht im Universum in einer ähnlichen Lage befinden, wie die Hunde und Katzen in unseren Bibliotheken, die unsere Bücher sehen und unsere Unterhaltungen hören, ohne die geringste Ahnung davon zu haben, was das alles bedeutet.«

Die erhellende Bedeutung dieser sokratischen Selbsterkenntnis für unseren Gedankengang wird erst einsichtig, wenn wir darauf achten, was uns von den Hunden und Katzen trennt. Kein Tier nämlich folgt einem logischen Ordnungstrieb. Allein der Mensch ist es, den sein unwiderstehlicher Drang nach logischer Ordnung dazu zwingt, das ihm in seiner Welt Gegebene Regeln zu unterwerfen und sich zu erklären. Fühlt sich jemand dabei auch noch zum Philosophieren berufen, so wähnt er schließlich, alles gar trefflich zu verstehen. Freilich muß dem Beobachter dieses Treibens auffallen, wie sich seit Überwindung der alten magischen Weltbilder die Menschen bis zum heutigen Tage um die gültige Weltdeutung streiten. Jedermann will nur seine eigene Wirklichkeitsauffassung gelten lassen. Darin liegt die Hauptursache, daß er dann aber leicht dem allgemeinmenschlichen Illusionsbedürfnis zum Opfer fällt, seine stillen Wünsche für erwiesene Tatsachen zu halten. Daraus wiederum erklärt sich bei vielen das Gefühl jener beruhigenden Geborgenheit, welches das Bewußtsein zu verleihen pflegt, absolute Werte verehren zu können. Nur so muß Max Scheler als psychologischer »Fall« verstanden werden, d.h. als Beitrag zur Erkenntnis, wie der in uns allen wohnende Ordnungstrieb unablässig danach drängt, uns absolute Werte vorzugaukeln. Wer diesen seelengesetzlichen Sachverhalt einmal durchschaut hat, dem sollten schon im Hinblick auf die unzähligen Unterschiede und Abweichungen der uns von den Philosophen anempfohlenen »absoluten« Werte allerdings ernstliche Zweifel aufsteigen, ob es denn überhaupt möglich ist, auf dem Wege der Wissenschaft oder der Philosophie Zugang zu absoluten Werten zu gewinnen.

In diesem Zusammenhang mag es interessieren, daß Scheler mit seinem Buch jede Kritik am Historismus ferngelegen hat. Auch verdient vor allem bei Rechtsphilosophen Beachtung, daß er die »Idee einer Weltkultur« sogar für »widersinnig« erklärt[273].

Nach allem läßt sich eine »Unveränderlichkeit der ersten Prinzipien[274]« des Naturrechts also wissenschaftlich nicht erweisen, nicht einmal in der Beschränkung auf eine bloß vermutbare Existenz »über« aller Geschichte. Daß wir freilich in dieser Frage dem reinen Glauben keine hemmenden Vorschriften machen dürfen, braucht nicht nochmals begründet zu werden. Ebenso wie hier die Wissenschaft ihre Grenzen zu beachten hat, muß es umgekehrt ihr gegenüber aber auch der Glaube. Die Wissenschaft ist nicht nur befugt, sondern sogar verpflichtet, dafür zu sorgen, daß sich in ihrem

---

272) James (1914) 199
273) (1927) 578
274) Rommen (1947) 227

Hoheitsbereich kein voreingenommener Glaube Rechte anmaßt, die ihm nicht zustehen. Insbesondere die vielberufene Intuition muß es sich gefallen lassen, daß wir ihre oft sehr nützlichen Einfälle am nachprüfbaren Forschungsstoff auf ihre wissenschaftliche Brauchbarkeit näher untersuchen[275]).

Was gegenüber dem Geltungsanspruch der Intuitionisten in Schelers Gefolge zu sagen ist, gilt entsprechend für die leidige Angewohnheit mancher Naturrechtler, das, was sie an der Vergangenheit oder heutigen Naturvölkern nicht verstehen, kurzerhand moralisch zu verurteilen, ohne dabei wenigstens die doch so leicht zugänglichen Arbeiten der modernen zuständigen Einzelwissenschaften auch nur eines Seitenblicks gewürdigt zu haben. So nennt z.B. Rommen die »Blutschande« bei Primitiven »naturrechtswidrig, auch wenn diese infolge der Korruption (!) der Sitten das für Recht erachten[276]).« Derselbe Schriftsteller – aus der Höhe der Gegenwart hinabschauend auf weniger vollkommene Zeiten – ist übrigens davon überzeugt, es sei die »wichtigste Errungenschaft der Kulturgeschichte, daß die christliche Rechtsvernunft die Sklaverei überwand.« Allerdings bearbeitete Rommen die zweite Auflage seines Buches, in der dieser Satz wiederkehrt, – die erste Auflage erschien 1936 – in den Vereinigten Staaten von Nordamerika[277]). Wer seit 1939 nämlich ununterbrochen in Europa lebt, braucht nur

---

[275]) Vgl. hierzu gerade im Hinblick auf die Naturrechtsmethoden Brecht 379 und passim.

[276]) (1947) 232. – Man kann schon bei Thurnwald (1932, Band II, 162ff.) mühelos nachlesen, welche Bewandtnis es in Wirklichkeit mit dieser Sittenkorruption hat. Rommen hätte auch sonst hier vorsichtiger urteilen sollen. Führende Lehrer der älteren Stoa nämlich lehnten den Begriff der Blutschande mit dem Hinweis auf die Tiere ab. Vielmehr hielten sie es z.B. im Falle einer Weltkatastrophe sogar für ein Gebot des Naturrechts, daß nahe und nächste Blutsverwandte Nachkommen miteinander erzeugten (Pohlenz I, 138).

[277]) Rommen (1947) 214. – Rommens Hinweis auf die christliche Rechtsvernunft darf aber nicht zum Fehlschluß verleiten, schon das scholastische Naturrecht habe die Sklaverei verurteilt. Das Gegenteil ist der Fall! Augustinus und Thomas von Aquino hielten sie für »naturrechtlich erlaubt« (Flückiger I, 465 f.). Knoll ([1962] 24, 68, 73 f.) hat nachgewiesen, wie sich das katholische Naturrechtsdenken seit jeher in seiner konservativen Grundhaltung »sämtlichen Sozialsystemen« in einer Weise angepaßt hat, die es nach seiner Meinung für jede Sozialreform wertlos mache. Allein der Aufklärung – trotz deren fragwürdiger Anthropologie – verdankten die modernen Freiheitsrechte ihr Dasein. Leider wird K's bedeutende Arbeit durch den nahezu »klassenkämpferisch« anmutenden Ton seines Vortrags beinträchtigt.

Das scholastische Naturrecht anerkannte übrigens auch die Feudalordnung, Leibeigenschaft, Inquisition, ja die Polygamie und sogar das Kastratensängertum (Messner 1961, 30), also Tatbestände, über die heute jeder Naturrechtler in laute Empörung ausbräche. Wie verträgt sich dieser Wandel der Wertvorstellungen mit einem absoluten Naturrecht? Darauf antworten seine Verfechter, entsprechend dem Wandel des Lebens wandele sich auch das vernünftige Urteil, die sachliche Analyse und damit das konkrete Recht der Natur. Die Änderung der Wertanschauungen berühre gar nicht die von Zeit und Zone unabhängige, unwandelbare Rechtsidee. Irrtümer erklärten sich aus Zeiteinflüssen. Die Vernunft schreite fort. Irrtümer würden überwunden (Messner a.a.O. und Schambeck 444).

Wenn man jedoch davon ausgeht, daß »das persona pro re uti« die Grundidee des Naturrechts verletzt (Hommes 60), so müssen sich die großen Scholastiker beim »Anschauen« der Rechtsidee »versehen« haben. Oder sollte ihnen nicht doch eine andere Idee (d.h. Leitbild) vorgeschwebt haben? Kann denn eine und dieselbe Idee

das Wort »Kriegsgefangener« zu hören, um zugeben zu müssen, daß mitunter in der Sozialgeschichte das Alte lediglich in neuem Gewande wieder auftritt. Übrigens auch das ist ein Beitrag zur Schichtenlehre Erich Rothackers. Immer liegen die Elementargeister der Tiefe auf der Lauer, um uns in Augenblicken der Unachtsamkeit zu unterjochen. Unversehens haben sie uns überwältigt, wenn wir nicht ständig auf der Hut sind. Heute passen sie sich sogar dem fortgeschrittenen Kulturbewußtsein geschickt an. Verkleidet als Sittlichkeitsapostel rechtfertigen sie selbst unbestreitbare Scheußlichkeiten, als ob es sich bei ihnen um unvermeidliche Kreuzzugstaten im Abwehrkampf wider barbarische Unchristlichkeit handelte.

Vielleicht bemühen sich unsere Soziologen auch einmal um einen Vergleich gewisser Gruppen unter heutigen »Fremdarbeitern« und einheimischen Industriearbeitern mit den Sklaven in der Antike[278]).

Die lehrreichen Beispiele, zu deren Bildung uns hier eine moderne Naturrechtsarbeit herausfordert, führen wir nur an, um recht deutlich zu machen, wie zweifelhaft doch ein unaufhaltsam fortschreitender Entdeckungsprozeß moralischer Werte ist.

Bei dem Ausdruck »Prozeß«, der allzusehr an den naturwissenschaftlichen Wortschatz erinnert, denkt man an eine Kausalentwicklung, die unmerklich meist die Vorstellung von Fortschritt und Aufwärtsbewegung hervorruft. Aber gerade die Beschäftigung mit Schelers materialer Wertethik zeigt uns, wie bedenklich es wäre, auf Erkenntnis und Befolgung sittlicher Normen etwa die Kategorie einer naturwissenschaftlichen Entwicklungsgesetzlichkeit anzuwenden. Dabei kann die Frage, ob die Naturgesetze nur in unserer Vorstellung existieren, ganz außer Betracht bleiben. Unter dem Blickwinkel eines »Prozesses« müßte übrigens auch die Religionsgeschichte ihre Einwendungen gegen die Annahme erheben, daß schon in der Spätantike das Sinnen und Trachten der Christen auf die Ethik ihrer Nächstenliebe allein gerichtet gewesen sei, so als ob damals gerade die Sit-

---

so zwielichtig sein, daß sich an ihr zwei miteinander derart unvereinbare Lehren entzünden könnten, wie die über die Erlaubtheit der Sklaverei bei Thomas und bei Leo XIII, der als erster Papst die Sklaverei verdammte?

Seltsam! Die Naturrechtler meinen selbst, daß »menschliche Erkenntnis nie fortschreitet ohne Irrtum« und »die Wissenschaft jederzeit unvermeidlich Einflüssen geschichts- und gesellschaftsbedingter Natur unterliegt«, ja daß es »eine objektive Darstellung der philosophischen Grundprobleme nicht gibt.« (Messner a.a.O. 33f.) Nur gegen sich lassen sie diese treffliche Einsicht nicht gelten. Sonst müßten sie doch wenigstens für fraglich halten, ob ihre »unwandelbare Rechtsidee« noch vor den Augen der nächsten Forschergeneration Bestand haben oder schon als zeitgeformte Wunschvorstellung entlarvt werden wird. Bei alledem ist zu berücksichtigen, daß ein stetiger Vernunftfortschritt – trotz allem Respekt vor Teilhard de Chardin – doch höchst zweifelhaft erscheint.

Das Problem wird auch nicht durch die Entdeckung der »vorrechtlichen Ideen« (Nawiasky 390) gelöst. Bei Licht besehen, sind sie nämlich gar nichts anderes als der Geist der Zeit, also ein Element des objektiven Geistes. Es handelt sich bei ihnen also nicht um »positivierte überpositive Normen eines absoluten Naturrechts«.

278) Eduard Meyer (1910) 169ff. Schon 1940 sah das alles sehr klar der schottische Naturrechtler Lindsay 53ff., dagegen verkennt die Lage selbst Emil Brunner völlig (1943) 306

tenlehre der Ausbreitung der neuen Heilslehre den entscheidenden Auftrieb verliehen habe. Vielmehr sind sich, soweit ersichtlich, heute doch alle Sachkenner darin einig, daß es vorwiegend die eschatologischen Verheißungen waren, die dem Christentum in jenen Tagen aller Herzen öffneten, um so mehr, als die unermeßliche Wundersucht der Menschen deren seelische Empfänglichkeit für die Botschaft der Erlösung noch steigerte. So kann die Forschung denn mit Recht sagen, daß »die Pflege der Ethik im Hintergrund« gestanden habe[279]). Wie sehr gerade Jesus selbst auch in seinem ethischen Anliegen oft mißverstanden wurde, lassen bereits die Evangelien durchblicken. Sogar unter seinen vertrauten Jüngern war der Heiland einsam[280]).

Daß die erhabene Ethik des Christentums trotz ihrer Vertiefung im Wandel der Zeiten immer nur im Herzen Einzelner Widerhall fand, beweist bis zur gegenwärtigen Stunde der Verlauf der politischen Geschichte. Ob indessen diese Vertiefung[281]) die Frucht einer – wenn auch nur bei wenigen Einzelnen augenfälligen – ständigen Aufwärtsentwicklung im Sinne eines »Entdeckungsprozesses« sei, ist eine Frage, die wissenschaftlich kaum gelöst werden könnte. Ebensowenig freilich ließe sich mit den Mitteln der Wissenschaft der Gegenbeweis führen, daß die »Menschheit« einmal entdeckte moralische Werte wieder »vergessen« könne. Bei alledem darf man doch nicht die einfache Tatsache übersehen, daß das Edelste, was Menschenherzen bewegt, großenteils nirgendwo und zu keinem Zeitalter in den Quellenbestand der Kulturgeschichte, geschweige der politischen Geschichte oder der Kirchengeschichte, eingeht. Diese Erkenntnis verdanken wir dem scharfsinnigen Geschichtsphilosophen Theodor Lessing. Die Wahrscheinlichkeit spricht vielmehr durchaus dafür, daß die von Jesus verkündete Ethik in den zweitausend Jahren, die seit seinem Erdenleben vergangen sind, niemals in Vergessenheit geriet. Denn in den ihm nachfolgenden Zeiten gab es immer Einzelne, in deren Herzen die unauslöschliche Flamme der Nächstenliebe brannte und Notleidende wärmte. Daß das christliche Ethos dagegen in der »Geschichte« nur sehr spärlich in Erscheinung getreten ist und daher auch das Rechtsleben nicht entscheidend zu läutern vermocht hat, steht auf einem anderen Blatt[282]). Wenn das christliche Ethos bei seiner geringen Ausstrahlung, die es seit jeher auf die politische Geschichte hat ausüben können, dem Zeitgenossen besonders bewegender Ereignisse völlig aus dem Gesichtsfeld verdrängt zu sein scheint, so liegen die Ursachen dafür weniger im vergeßlichen Gedächtnis der »Menschheit« als in jenem seltsamen Abhängigkeitsverhältnis des menschlichen Geistes zu seinen Unterschichten.

---

279) Baumgartner 24. – Vgl. ferner v. Harnack 18f., Bultmann (1933) 214ff., Lietzmann 93f., Völker 36ff., Dannenbauer 113 und 135

280) Vgl. den Abschnitt »Das Weltbild Jesu« bei Schubart.

281) Das Grundsätzliche zur Vertiefung der christlichen Ethik in der Geschichte bei Troeltsch (1925) 218ff.

282) Darüber hat Berdiajew Wertvolles gesagt. Vgl. heute insbesondere Thielicke II/2 (1958) und das großartige Schlußkapitel im zweiten Bande seines leider unvollendeten Bismarck-Buches bei Ludwig Reiners.

Mit diesen Ausführungen ist schon das Wesentliche unserer Stellungnahme zu der »Ethik« Nicolai Hartmanns vorweggenommen[283]). Neben Schelers »materialer Wertethik« hat dieses Werk den bestimmenden Einfluß auf Coings Naturrechtsdenken ausgeübt. Hartmann verdankt es seine entscheidenden Anregungen. Hartmann nämlich ist es, der ausführlich vom »Entdeckungsprozeß moralischer Werte«, von der »platonischen Anamnesis im großen Stile«, vom »geschichtlichen Reifen des Wertorgans der Menschheit« und von »echter Wertenthüllung« spricht. Er ist es, der die moralischen Errungenschaften aber auch dem Gedächtnis der Menschheit wieder entschwinden sieht[284]). Wir wollen den Leser nicht mit Wiederholungen ermüden. Daher beschränken wir uns darauf, hier nur Hartmanns Satz entgegenzutreten: »Nicht Werte, wohl aber der Wertblick ist variabel[285]).« Für den wissenschaftlich Arbeitenden existieren Werte ausschließlich im Blickfeld menschlicher Wertschau. Werte außerhalb dieses Blickfeldes, d.h. Werte an sich, können nicht Gegenstand der Wissenschaft sein. Zwar sind wir nicht gehindert, an die Existenz solcher Werte zu *glauben*, nur *wissen* können wir über sie nichts. Allein durch das trübende Medium des endlichen Menschen vermag der Forscher das Absolute ins Auge zu fassen und zu erkennen. Ein Wert, der nicht vom Wertblick eines Menschen getroffen wird, der also außermenschlich existieren soll, gibt uns wissenschaftlich ein Scheinproblem auf. Hartmann selbst hat das in anderem Zusammenhang übrigens durchaus eingesehen. In seiner Theorie des »objektiven Geistes« redet er von dem »Verfälschungsphänomen« und bezeichnet all unser Wissen als »Gemisch von Erkenntnis und Irrtum«. Diese Feststellung läßt er ausdrücklich auch für die Gebiete »der Wertung und der Moral« gelten[286]). Dann aber ist es unverständlich, wie Hartmann im Vorwort zur zweiten Auflage seiner Ethik meinen kann, gerade seine Lehre vom objektiven Geist stütze im Verein mit Teil IV seiner »Grundlegung der Ontologie« die These von der »Wertapriorität[287]).« Daß Urteile a priori immer Vorurteile sein können, gibt er unumwunden zu. Auf ethischem Gebiet jedoch, sagt er, sei ein Gleiches nicht möglich. »Denn Werte sind, auch wenn sie von echtester Objektivität sind, niemals Seinsgesetze, sind nicht in allem Wirklichen erfüllt.« Zwar leuchtet ihm ein, daß gerade hierdurch »die Gefahr der Subjektivität und der bloßen Erdichtung . . . an den Werten weit größer als an den Kategorien« ist, aber, so fährt Hartmann fort, »das Entscheidende . . . ist am Wesen der Werte dieses, daß ihre Apriorität selbst auf diese Gefahr hin außer Frage steht. Auch wenn sie Erdichtungen sind, bleiben sie doch dieselbe innere Bedingung ihrer Wertschätzung. Sie bleiben

---

[283]) Im folgenden richten sich die Zitate nach den Seitenzahlen der ersten Auflage (1927), mit der sowohl die zweite (1935) wie die dritte (1949) Auflage übereinstimmt.

[284]) N. Hartmann (1927) 40–46, 142

[285]) a.a.O. 142

[286]) N. Hartmann (1949) 355, 379

[287]) Übrigens spricht auch seine Ontologie (1935) 294ff. und 305 ff. hier nicht für, sondern eindeutig gegen ihn.

auch so der Angelpunkt des platonischen Regresses. Kurz, der ganze Sinn der Apriorität bleibt bestehen[288].»

Bei alledem bleibt nur unerfindlich, wie sich die auch Hartmann nicht entgangene »andauernde ethische Revolution (!) im Laufe der Geschichte« mit dieser möglicherweise bloß erdichteten Apriorität vereinbaren lassen soll, um so mehr als wir nach seinem Eingeständnis »noch nicht wissen, was Gut und Böse ist[289].«

Ob man sagt, es handle sich um »erdichtete« Apriorität, oder ob man meint, es liege eine »apriorische« Erdichtung vor, bleibt sich im Ergebnis gleich. Beide Vorstellungen sind widerspruchsvoll. Der Mensch keiner Zeit nämlich hat bisher derartige Wertvorstellungen schon vorgebildet mit auf die Welt gebracht. Vielmehr kann etwas, das Menschen erdichten, wie jede andere Hervorbringung ihrer Phantasie, nur geschichtlich in ihrem Erdendasein entstehen und sich entwickeln.

Wenn man übrigens Hartmann nachweisen möchte, daß sein Gedanke an ein »platonisches Ideenreich der Wertapriorität« nur ein metaphysisches Luftschloß ist, dann brauchte man ihn lediglich daran zu erinnern, daß nach seiner eigenen Überzeugung doch aller Geist nicht anders als »aufruhend« vorzustellen ist. Allerdings mag es vielleicht zutreffen, daß die Nichtübereinstimmung der Werte mit der Wirklichkeit gar kein Zeugnis wider ihre Geltung ist. Aber selbst dann ist noch nicht einmal die bloße Vermutung begründet, daß es tatsächlich absolute Werte vor und über aller Geschichte gibt, um so weniger als keinesfalls beweisbar wäre, wie man sich deren Erkenntnis zu denken hätte. Denn wo in der ganzen Menschheitsgeschichte finden wir auch nur ein einziges irdisches Wesen, welches solche Werte, unverfälscht durch Allzumenschliches, in ihrer überirdischen Reinheit jemals in sich erlebt hätte? Vielmehr stellt Spranger mit Recht fest: »Die Moral ist auch darin mit der Sprache vergleichbar, daß man sie nirgendwo jenseits der Seelen als ein für sich bestehendes Gebilde vorfindet[290].«

Daß Hartmanns Ethik besonderen Anklang bei Anhängern eines überpositiven Rechts erfährt, ist kein Wunder. Seit jeher nämlich verspürt das Naturrechtsdenken Scheu vor nüchterner Besinnung auf bestimmte geschichtliche Lagen. Blutleere Konstruktionen, die vom Leben absehen, liebt es dagegen besonders. So erklärt sich seine seltsame Neigung zum Schematischen und Allgemeinen. In seiner Ethik zeigt Hartmann, der sonst so kluge Denker, erstaunlicherweise eine unbegreifliche Zurückhaltung vor der Wirklichkeit. Er, der sich wie kaum ein anderer mit seiner Lehre von

---

288) (1927) 113

289) (1927) 40, 44

290) Spranger (1964) 111. – Daß ein Unterschied zwischen Genesis und Geltung der Werte besteht, verschleiern wir keineswegs. Aber für unser rechtsphilosophisches Anliegen entscheidet doch nur, ob sich die Geltung absoluter Werte wissenschaftlich beweisen läßt. Ein ideales Wertreich ist und bleibt ein Scheinproblem. Andererseits ist nicht zu bestreiten, daß jedes Wertsystem als Gebilde des objektiven Geistes dem geschichtlichen Wandel ausgesetzt ist. Das hat Spranger gerade gegenüber Scheler und Hartmann betont, indem er darauf hinwies, daß in der von ihnen vorgeführten Wertordnung »doch nur die Landkarte des modernen, abendländischen, stark christlich beeinflußten Wertbewußtseins« gezeichnet sei ([1948] 408).

den Seinsschichten zur Anthropologie, zur Soziologie und Geschichte Zugang eröffnet, gerade er berücksichtigt hier das Soziologische und das Geschichtliche überhaupt nicht. Das, worauf es im Leben entscheidend ankommt, das Unwiederholbare im Einzelfall, läßt ihn völlig kalt. Treffend meint ein Kritiker, mit seiner Abneigung gegen den Empirismus verschließe er sich die Pforte zur Anwendbarkeit seines eigenen Systems. Zwar habe er sich befreit vom Intellektualismus und Subjektivismus der älteren Ethik, nicht aber von deren Leere. Denn er verbanne jede Berücksichtigung der Situation[291]). Unverkennbar macht denn auch allein Hartmanns »Ferne von der tatsächlichen Erlebniswelt[292])« seine ethischen Arbeiten zur hochwillkommenen Stütze allen modernen Naturrechtsdenkens.

Hartmanns Ethik ist ein lehrreicher Beitrag zur Erkenntnis, daß sich jede mit dem Anspruch der Absolutheit auftretende Lehre selbst aufhebt. »Dem Menschen kann keine Lehre helfen. Versucht man menschlichem Tun allgemeine und begründbar gültige Richtlinien zu geben, so wird alles widersprüchlich[293]).«

Unser Überblick über Neuzeit und Gegenwart soll nicht abgeschlossen werden, ohne wenigstens andeutend auf einige Sonderfragen hinzuweisen, deren tiefere Erörterung Aufgabe einer Einzeldarstellung über die Möglichkeiten absoluter Werte wäre. Richten wir im Zusammenhang mit unseren bisherigen Gedanken das Augenmerk hauptsächlich auf das richtige Erkennen eines ewigen, unveränderlichen Naturrechts durch alle Menschen, wann und wo immer sie leben mögen, so stoßen wir dabei stets auf das sogenannte »Problem der Generation«, das seit Diltheys und Pinders Tagen noch heute die Geister beschäftigt. Hier ist dann aber auch nicht eine nähere Auseinandersetzung mit den Ergebnissen unserer Wissenssoziologie zu umgehen, lehrt sie uns doch, wie all unser Denken im »sozialen Raum« (Karl Mannheim) abläuft, d. h. gebunden an die jeweilige Situation des Denkenden. Gerade das freilich wollen unsere führenden modernen Naturrechtler keineswegs bestreiten. Merkwürdig ist leider nur, daß sie für ihr eigenes Denken daraus keinerlei Folgerungen ziehen[294]).

Schließlich sind auch nicht die von Hans Leisegang aufgedeckten »Denkformen« danach beschaffen, die Sache eines unwandelbaren Naturrechts zu fördern. Denn auch sie machen das Anliegen absoluter Werte und ihre zutreffende Ermittlung durchaus zweifelhaft.

---

[291]) von Wiese 69ff.

[292]) von Wiese 70

[293]) Wein 470 – Sogar der weithin in Hartmanns Bahnen wandelnde Eduard May betont den »Apriori-Verfall« (172ff., 286ff.). Das Entscheidende aus theologischer Sicht zur Kritik an Hartmanns Ethik bringt Emil Brunner ([1932] 565f.). Juristen dürfte vornehmlich Brecht 139ff. interessieren.

[294]) Messner (1961) 33f.

– 6 –

Wir haben bislang nicht beachtet, wie sich die nichtabendländischen Kulturen zu unserem Problem stellen. Manche Naturrechtler halten diesen Punkt für »völlig belanglos[295])«, die Zustimmung der gesamten Menschheit sei keine notwendige Existenzbedingung des Naturrechts, setze doch dessen Entdeckung die Pflege der Vernunft voraus, mit der bekanntlich nicht jedermann und nicht einmal jedes Volk begabt sei. Über Sein und Wert einer Wahrheit entscheide zudem nicht Anerkennung, sondern Geltung. Natürlich können auch wir nicht leugnen, daß wissenschaftliche Einsichten nicht jedermann begreiflich sind. Zweifellos gibt es ebenso bei Völkern geistige Rangstufen. Unberührt davon bleibt jedoch die Vorfrage, ob denn das Naturrecht überhaupt eine Wahrheit ist, ob es wirklich existiert. Woraus leiten die Naturrechtler ihr Vorrecht ab, im alleinigen Besitz dieser Wahrheit zu sein[296])? Sie dürften sich freilich immerhin darauf berufen, daß die Logik, mit der die Vernunft sich zurechtfindet, eine »Schöpfung der indogermanischen und teilweise der semitischen Kultur[297])«, eine Gabe Gottes ist, die den Abendländer sichtbar vor allen übrigen Kulturen auszeichnet, ähnlich

---

[295]) Strauß 10. Recht hat St. nur insoweit, als alles naturrechtliche Denken auf dem Entwicklungssprung vom gruppenseelischen zum individualistischen Lebensgefühl beruht, oder – wie er selbst betont (86): »Die Entstehung der Naturrechtsidee (setzt) den Zweifel an der Autorität voraus.«

[296]) Strauß 26f. stürzt sich in das Schwert seines Hauptarguments, wenn er meint, daß der Historismus als »menschlicher Gedanke« nur begrenzte Zeit gültig und daher »nicht ohne weiteres wahr« sein könne, andererseits jedoch sagt, der Mensch vermöge mit seiner Vernunft das Naturrecht immerdar unverfälscht aufzunehmen. Wie will er beweisen, daß nicht auch das Naturrecht nur ein »menschlicher Gedanke« ist?

[297]) Wundt »Erlebtes« 269. Am überzeugendsten hat das Max Weber nachgewiesen (1920, 1–16). Alles Denken bringt unsere Sprache hervor. Sie ist der wissenschaftlichen Erkenntnis und Weltdeutung also vorgeordnet. Jede Sprache aber – es gibt nur Einzelsprachen, keine Universalsprache – »entfaltet einen ihr eigentümlichen Weltaspekt« (Noack 213, 19–20). Nicht nur die Philosophie im allgemeinen, sondern auch die Logik im besonderen ist nichts anderes als eine Entwicklung der Sprache auf höherer Ebene (Snell 1952, 213). Eine allgültige Logik, wie sie unseren Naturrechtlern vorschwebt, würde eine allgültige Sprache voraussetzen, d.h. eine Weltsprache, die auch nur anzustreben heute utopisch wäre (Lurz). Einen meisterhaften Beitrag zum Problem liefert Snell 1948 passim, besonders 181ff. Schon Ludwig Klages 1948, 68–101, 350 und vor ihm die vergleichende Sprachwissenschaft (Finck 1910) zerstörten den Wahn einer allgültigen Logik. Wer sich mit dieser Frage tiefer befassen möchte, darf nicht an dem Buch des Japaners Nakamura vorübergehen, der die östliche Geisteswelt (Indien, China, Japan, Tibet) mit bedeutsamen Seitenblicken auf das Abendland darstellt und dabei Sprache und Logik breit behandelt.
Wer heute in der kybernetischen Entwicklung eine Bestätigung des Husserl-Wortes ([1962] 14) findet, daß die »Europäisierung aller fremden Menschheiten ... das Walten eines absoluten Sinnes« bekunde, oder wer unter Berufung auf seine logistischen Vorgänger, wie Norbert Wiener (182), einer allgültigen Logik das Wort reden möchte, der sollte sich freilich eingestehen, wie wenig die Kybernetik im Augenblick zu alledem zu sagen hat. Ihre gegenwärtigen ersten Tastversuche liefern noch keine tragfähige Grundlage, ihre wahrscheinlich umstürzenden Auswirkungen auf unser Weltbild tiefer zu erörtern. Ob die Kybernetiker oder wir in dieser Frage auf dem rechten Wege sind, muß die Zukunft entscheiden.

wie sein schizoides Individualitätsbewußtsein. Fragwürdig wäre indessen, woher wir uns die Freiheit nehmen dürften, vor Menschen anderer Geistesart diesen Vorzug in einer Weise hervorzukehren, die – zumal im Angesicht der großen asiatischen Hochkulturen – sehr leicht als gewollter Ausdruck einer Geringschätzung fehlgedeutet werden könnte[298]). Die Erfahrung, daß andere in fernen Ländern anders sind als wir, ist wohltätig. Sie behütet uns vor der schädlichen Selbsttäuschung, unsere Kultur als Angelpunkt des Geisteslebens schlechthin anzusehen.

Überschreiten wir in dieser Gesinnung nunmehr die Grenzen unseres Abendlandes, um uns bei anderen Völkern umzutun, so empfiehlt sich zur Erleichterung des Unternehmens, zunächst das Augenmerk allein auf eine Kultur zu richten, die bereits vielen von uns aus näherer persönlicher Berührung seit einigen Jahrzehnten nicht mehr allzu fernsteht. Wir meinen Rußland, unseren östlichen Nachbarn, dessen fremdartiges Lebensgefühl uns seit 1941 so stark zu schaffen macht. Wir rechnen Rußland gleichwohl nicht etwa zu Asien, aber auch nicht zum Abendland, wie es früher meistens geschah und zuweilen noch heute geschieht[299]). Da wir nicht die innerrussischen Gegensätze, sondern lediglich den für uns entscheidenden völkerpsychologischen Unterschied zum »Westen« herausarbeiten möchten, ist es erlaubt, die mannigfaltigen russischen Völkerschaften unter dem Begriff »des« russischen Menschen zusammenzufassen.

Wer allein die dünne Oberschicht der politischen und der geistigen Führerschaft betrachtet, die Rußlands Schicksale seit dem Beginn seiner Aufklärung bis in die ersten Wochen des Jahres 1917 geistig beeinflußte, könnte bei oberflächlicher Betrachtung vielleicht daran zweifeln, ob man ein Volk noch als gruppenseelisch ansprechen darf, das einen zur Selbstanalyse so begnadeten Mann wie Dostojewskij hervorbrachte. Hier geht es um eine besonders schwer zu bewertende Kulturbegegnung. Rußland wurde über Jahrhunderte hin vom Westen her überfremdet, nicht erst seit den Tagen Peters des Großen[300]). Die bolschewistische Revolution stand selbst unter westlichen Antrieben, aber sie befreite Rußland von einer Oberschicht, deren Lebensform weithin doch zu keiner Zeit dem eigentlichen Wesen des Volkes entsprochen hatte. Sie fegte die abendländischen Überformungsansätze hinweg.

Dennoch ist unverkennbar, daß es gerade diese Revolution war, die auf der anderen Seite gewisse individualpsychische Eigentümlichkeiten nicht allein nur gefördert, sondern möglicherweise sogar erst wachgerufen hat. Wir brauchen uns dabei nur daran zu erinnern, wie gut es die Sowjetregierung verstand, bei ihren so verschiedenartigen Völkerschaften ein wirkliches Nationalbewußtsein zu wecken[301]). Daß das neuzeitliche Nationalbewußt-

---

[298]) Man lese nur, was der Japaner Nakamura uns in seiner vornehmen Art vorzuhalten hat.

[299]) Zum Abendland rechne ich mit Hassinger (XIVf.) die Völker, die das Christentum unmittelbar oder mittelbar in seiner römischen Gestalt empfangen haben. Trotz seiner asiatischen Einflüsse kann man Rußland nicht zu Asien zählen. Über die älteren Auffassungen unterrichtet Troeltsch (1922) 728

[300]) Vgl. den geistesgeschichtlich vorzüglich unterrichtenden Aufsatz Pusinos.

[301]) Karpinskij 44ff.

sein im Abendland nichts anderes als eine Regung des modernen Individualismus ist, wissen wir ja aus unserer eigenen Geistesgeschichte[302]). Der Bolschewismus hat das Selbstgefühl der breiten unteren Volksschichten gehoben, vor allem aber die Frau dem Manne gleichberechtigt gegenübergestellt. Bereits in der sowjetischen Verfassung von 1936 finden wir einen Katalog von Grundrechten nach abendländischem Muster, die die Unverletzlichkeit des Einzelnen sichern sollen wie bei uns. Alle willkürlichen Freiheitsentziehungen werden hier verboten, Rede-, Presse- und Versammlungsfreiheit, Unverletzlichkeit der Wohnung und Briefgeheimnis, sogar Glaubens- und Gewissensfreiheit sind ausdrücklich garantiert[303]). Bei der bloßen Verkündung dieser Rechte ließ es die politische Führung nicht bewenden. In Massenversammlungen unter »anhaltendem, stürmischem Beifall« wehrte sich sogar Stalin persönlich gegen ausländische Pressestimmen, die behauptet hatten, in Rußland bedeuteten Menschen- und Bürgerrechte so viel wie ein »leeres Stück Papier[304])«. Was es mit dem Widerhall auf solche Reden im allgemeinen auf sich hat, wissen wir aus eigener Erfahrung. Trotzdem sollte man aber gerade in diesem Fall nicht übersehen, mit welch unermüdlichem Nachdruck die bolschewistische Regierung ihren Untertanen nun schon seit Jahrzehnten stets mit den gleichen Wendungen die Errungenschaft der freien Einzelperson wieder und wieder einzuprägen sucht[305]).

Daß die geistige Rüstkammer des Bolschewismus im Abendland liegt, kann niemand bestreiten, der genauer über den gleichsam religiösen Verehrungssinn der Russen für ihre westlichen Lehrmeister unterrichtet ist. Die Frage ist dabei jedoch nur, ob sich hinter dem Vordergründigen, das Rußland hier vom Westen entlehnte, am Ende nicht etwa doch ein Geist verbirgt, der mit uns Abendländern kaum noch eine Gemeinsamkeit zeigt. Von den möglicherweise ausschließlich wirtschaftspolitischen Beweggründen für die Übernahme der Menschenrechte können wir dabei getrost ganz absehen[306]). Denn daß der Russe bei alledem mit Vorstellungen und Begrif-

---

[302]) F. Meinecke (1928) 1ff., Breysig 152ff.

[303]) Art. 122, 124, 125, 127 und 128, deutsche Ausgabe, Weimar 1946.

[304]) Stalin 613ff., besonders 627ff.

[305]) Vgl. »Geschichte der Kommunistischen Partei der Sowjetunion« 418ff. und passim, zur Verkündung der Menschenrechte siehe Maurach (1935) 119ff., besonders 122ff.

[306]) Maurach (1935) 239, Gsovski 311f. Der abendländische Individualist setzt unbewußt seine Wesensart bei anderen voraus. Daher fällt es ihm so schwer zu begreifen, daß sich die Grundrechte in Rußland verwandelt haben. Sicherlich hat Helmut Thielicke durchaus (1958, 84f.) recht, »daß die Menschenrechte als abstrakte Geltungen ohne den Mutterboden ursprünglicher Glaubensbindungen . . . der Gefahr des Verdorrens preisgegeben sind«. Aber muß daraus gefolgert werden, daß sie auf fremdem Boden zum »bloßen Mittel« werden? Öffentlichkeit und Rechtstheorie nehmen in Rußland seit Jahrzehnten an den Grundrechten starken Anteil (Maurach 1955, 326). So wurden die Verfassungsartikel 118–133 unlängst überprüft und die Rechte des Einzelnen auf Bildung, Erholung und Freizeit sogar noch verbessert (Verfassung der UdSSR, 6. Tagung des Obersten Sowjets, 5. Legislaturperiode, Moskau, Verlag für fremdsprachliche Literatur 1961). Daß die sowjetische Praxis mit Füßen tritt, was ihre Theorie als eine der Haupterrungenschaften der Weltrevolution feiert, ist keine gewollte Mißachtung einer Wertordnung. Vielmehr sollte es völkerpsychologisch einleuchten, daß die auf individualistischem Nährboden gewachsenen Grundrechte bei einer Ver-

fen umgeht, die ihm infolge ihres rationalen, individualistischen Gepräges wesensfremd bleiben müssen, wird uns sogleich einleuchten, wenn wir russische Eigenart dort kennenlernen, wo sie uns vom modernen Abendland noch völlig unberührt begegnet, in der Volksreligiosität.

Glücklicherweise können wir uns bei dieser Betrachtung auf den Bericht eines Baltendeutschen stützen, welcher sein bildungsfähigstes Alter in Rußland verbrachte. Der 1890 in Riga geborene spätere heidelberger Soziologe Hans v. Eckardt hat vor mehreren Jahren ein aufschlußreiches Buch über das russische Christentum veröffentlicht. Darin läßt er uns vornehmlich die russische Seele[307]) spüren, wie sie sich am leichtesten verständlich in der Volksreligiosität offenbart. Daß das Archaische noch heute so lebendig sein kann, ist erstaunlich. Das Bild, welches v. Eckardt zeichnet, weicht stark von den Vorstellungen ab, die uns die einseitige Betrachtung politischer Zustände und Vorgänge wachrufen könnte. Das Magische nämlich erfüllt diese Frömmigkeit ganz. Für den gläubigen Russen gibt es keine dogmatischen Fragen oder gar Spitzfindigkeiten. In der gesamten russischen Kirchengeschichte bis zur Gegenwart spielt die Intellektualität überhaupt keine Rolle. Der russische Priester ist kein Theologe. Er kennt lediglich den Formalismus der Liturgie. Er muß eine Reihe geheimnisvoller Handlungen in altgewohnter Weise richtig vollziehen können. Versagt er hier, läßt er sich etwa einmal willkürliche Abweichungen vom Hergebrachten einfallen, so bräche in der Gemeinde ein förmlicher Aufruhr los. Sonst aber unterscheidet sich der Pope vom übrigen Volke kaum.

In allen seinen Einzelheiten erinnert dieses Erscheinungsbild des heutigen russischen Popen lebhaft an die von Johannes Haller entworfene Darstel-

---

pflanzung in eine gruppenseelische Kultur einen Rangverlust erleiden. Sie büßen dabei nämlich ihren Charakter als »vorstaatliche« Individualrechte ein. Die neue Umwelt läßt sie nur mit der in der Verfassungsurkunde freilich unausgesprochenen – weil selbstverständlichen – eingeschränkten Geltung zu, daß sie den jeweils vorherrschenden Gruppeninteressen nachgeordnet seien. Solange als selbst die tonangebenden Männer Rußlands außerstande sind, Individualitäten wahrzunehmen, geschweige denn vor den Grenzen der Individualsphäre anderer haltzumachen, solange werden die Grundrechte zu den eschatologischen Verheißungen des Leninismus zählen. Vgl. auch Erich Fechner (1954).

307) Während die Slavistin Hildegard Schaeder v. Eckardt im Grundsätzlichen lobend anerkennt, tadelt der Kirchenhistoriker Ernst Benz (1950) seine Grundauffassung scharf, insofern er die methodische Berechtigung einer Nomenklatur angreift, die mit »dem« russischen Menschen und mit der russischen »Seele« arbeite. – Mag auch völkerpsychologische Betrachtung und Begriffsbildung ihre Gefahren in sich bergen, heuristisch ist die Verwendung derartiger nützlicher Fiktionen – zumal bei kulturvergleichenden Analysen – nicht zu entbehren. Schon aus dieser Erwägung gibt mir die vernichtende Kritik, die B. an v. E. übt, keinen Grund, meine Ausführungen zu berichtigen, vor allem auch deshalb nicht, weil B. mit den Ergebnissen einer eigenen Arbeit (1949, 97f.) selbst eine Stütze für meine Deutung geliefert hat.
Die Einsicht des Neukantianers Ernst Cassirer (1960, 184) hat sich anscheinend noch nicht durchgesetzt: »... die Triumphe der theoretischen Vernunft müssen wir mit einem sehr hohen Preis bezahlen. Wissenschaft ist immer Abstraktion und deshalb Entleerung und Verarmung der Wirklichkeit. Die Wissenschaft gibt uns keine Erkenntnis der Dinge selbst, sondern sie operiert mit den stellvertretenden Begriffen und Symbolen für die Dinge.«

lung des römisch katholischen Priesters im 10. und 11. Jahrhundert[308]). Wie einst im abendländischen Mittelalter vor dem Durchbruch der Reformbewegung von Cluny steht gegenwärtig noch in Rußland das Magische im Vordergrund allen religiösen Lebens. Trotz starker, tätiger Nächstenliebe ist von religiöser Ethik kaum etwas zu spüren.

Mag auch die bei uns immer noch hier und da verbreitete Ansicht durchaus falsch sein, dem heutigen Russen fehle jedweder Sinn für die uns schon seit Homer vertraute Heldenverehrung[309]), so läßt sich dennoch nicht bestreiten, wie sehr unseren östlichen Nachbarn die Einsicht widerstrebt, daß **Männer** die Geschichte machen[310]). Das ist auch der tiefere Grund dafür, daß gerade in Rußland die von uns importierte marxistische Geschichtsauffassung mit ihrem vom Positivismus übernommenen Schlachtruf: „Histoire sans noms!" auf fruchtbaren Boden fiel und eine so unerwartet schnelle Verbreitung fand. Erst dort in der fremdartigen gruppenseelischen Luft des Ostens ist die auf dem Boden des modernen individualistischen
Luft des Ostens ist die auf dem Boden des modernen individualistischen
Abendlandes gediehene kollektivistische Gesellschaftslehre des Marxismus zu ihrer eigentlichen geschichtlichen Bedeutung gelangt. Die sowjetische Staatslehre beweist das handgreiflich. Ein Mann alter westeuropäischer Schule, der bis zu seinem jähen Sturz im Jahre 1937 schier allmächtige Führer der bolschewistischen Rechtswissenschaft, E. Paschukanis, äußerte sich zum Gegenstand »Individuum und Gemeinschaft« bezeichnenderweise folgendermaßen:

»Wenn das lebendige Band, das das Individuum mit der Klasse verbindet, tatsächlich so stark ist, daß die Grenzen des Ichs sozusagen verwischt werden, und der Vorteil der Klasse tatsächlich mit dem persönlichen Vorteil identisch wird, dann hat es keinen Sinn mehr, von der Erfüllung einer moralischen Pflicht zu reden, dann fehlt überhaupt das Phänomen der Moral.«

Paschukanis sieht das Ziel der Gesellschaft im »sozialen Menschen der Zukunft, der sein Ich im Kollektiv aufgehen läßt[311]).« In einem Kollektiv solcher Art, das der Individualität nicht den engsten Lebensraum übrig läßt, kann natürlich auch für ein Naturrecht kein Platz sein. In der Tat bekämpfen Paschukanis und seit ihm alle sowjetischen Juristen jede Regung eines überpositiven Rechts förmlich mit Hohn und Spott[312]). Das beweist

---

308) Haller 254

309) v. Eckardt 210

310) Diese unseren Historikern noch vor kurzem unzweifelhafte Wertung des großen Einzelnen ist uns heute zum mindesten fragwürdig geworden. Das aber beruht nicht auf einer Schrumpfung unseres individualistischen Grundgefühls, also nicht auf einer unmerklichen Regression in die Kollektivpsyche.

311) 141f. – Über P. vergl. Maurach (1937) 737ff. – Auch die Sowjetpsychologie lehrt: »Die Tragödie der Vereinsamung der Persönlichkeit, die charakteristisch ist für die Klassengesellschaft, ist liquidiert.« (Wetter 274).

312) Paschukanis 42f., 124ff., 134. – Allerdings hat schon P. selbst einen heftigen Kampf gegen den »Gesetzesfetischismus« geführt (Maurach [1937] 737ff.). Aber das erklärt sich nur aus der marxistischen Doktrin, daß alles Recht zusammen mit dem Staat absterben müsse. Freilich ist es eine Ironie der Geistesgeschichte, daß die durch P's

aber nur die Richtigkeit unserer These vom alleinigen Ursprung des Naturrechtsdenkens im Lebensgefühl der kritisch denkenden, freien Einzelpersönlichkeit. Bereits 1892 weiß der Balte Karl Bergbohm davon zu berichten, daß in der doch westlerischem Geist so weit geöffneten Rechtswissenschaft des Zarenreichs seit jeher »verhältnismäßig sehr geringe Anzeichen für die Theorie von dem nichtpositiven Recht« bemerkbar waren[313]). Die Verständnislosigkeit für das Anliegen des Naturrechts ist nicht erst seit dem Eindrin-

---

Schule gegangenen sowjetischen Volksrichter unter Hinweis auf ihr »proletarisches Rechtsgewissen« in der Praxis dann auch gegen das von den Sowjets selbst geschaffene positive Recht Front machten. Hier liegt eben psychologisch die Situation vor, aus der auch der führende Rechtstheoretiker der deutschen Ostzone die Feststellung traf: »Die legitime Erbin der Theoretiker des Naturrechts (sc. der Aufklärung) ist die Arbeiterklasse.« (Such [1949] 128). Mit einem Naturrechtsdenken indessen haben solche Äußerungen nicht das mindeste gemein. Denn alles echte Naturrecht ist unlöslich vom Ethos. Der Leninismus nämlich verdammt jede ethische Regung (Wetter 86ff.). Lenin selbst sagt: »Man kann nicht umhin, die Richtigkeit der Behauptung Sombarts anzuerkennen, daß es ›im Marxismus selbst von Anfang bis zu Ende kein Gramm Ethik‹ gebe« (Lenin 372). – Vgl. auch die scharfe Absage an das Naturrecht bei dem Marxisten Beyer 35ff.

313) Bergbohm 339. – Der mögliche Einwand, Bergbohms Anmerkung betreffe lediglich die zweite Hälfte des 19. Jahrhunderts, beschränke sich also auf den Zeitraum, in dem auch Rußland dem westeuropäischen Positivismus erlegen gewesen sei, wird widerlegt durch die Arbeiten des Russen Fedor Stepun (457), der freilich nicht den gruppenseelischen Charakter des Volkes, sondern die Eigenart des russischen Christentums als Ursache dafür ansieht, daß der Russe vom Naturrecht seit jeher unberührt geblieben ist.

Bei seinem Bemühen, in der Ostkirche »Menschenrechte« nachzuweisen, dürfte Ernst Benz kaum selbst der Meinung sein, dem Naturrecht auf die Spur zu kommen. Denn er hält es für falsch, die Menschenrechte »nur« in jener »individualistischen« Auffassung des westeuropäischen Christen zu vertreten, und sagt: »Das christliche Menschenbild der Ostkirche neigt zu einer Überbetonung der sakramentalen Gemeinschaft der Kirche und darüber hinaus der Bruderschaft der Menschheit, in der der Einzelne sein eigenes Recht und sich selber aufgibt, um den anderen zu dienen ([1949] 97). So kommt B. denn auch zum Schluß, die erste Hälfte des Lutherwortes: »Ein Christenmensch ist ein freier Herr über alle Dinge und niemand untertan, und abermals: Ein Christenmensch ist ein dienstbarer Knecht aller Dinge und jedermann untertan«, in der Beschränkung auf den westlichen Christen, die zweite Hälfte dieses Satzes aber nur auf den östlichen Christen anzuwenden (a.a.O. 98).

Neuerdings macht Tschizewskij (I, 123; II, 46) im 16ten und im ausgehenden 18ten Jahrhundert auf Naturrechtsregungen in Rußland aufmerksam, zwischen denen freilich kein Zusammenhang nachzuweisen ist. Das wäre auch kaum möglich. Denn im 16ten Jahrhundert sind es höchstens drei Schriftsteller, die längere Zeit im Ausland lebten, sie äußern auch nur beiläufig – meist in Briefen – ihre naturrechtlichen Gedanken, beeinflußt von Aristoteles oder von protestantischen Theologen. Das aus dem Westen übernommene Vernunftrecht der Aufklärung war demgegenüber immerhin an den Universitäten (Petersburg, Moskau, Charkov, Kazan und Nezin) Pflichtfach. Es wurde aus deutschen, lateinischen und höchstens drei russischen gedruckten Lehrbüchern, teilweise noch nach dem Dekabristenaufstand (1825) vorgetragen. Nach einem Briefwechsel mit Prof. Tschizewskij, dem ich diese Einzelheiten verdanke, dürfte es sich bei alledem um wirkungslos vorübergehende, schwache Ausstrahlungen des Abendlandes handeln. Nicht einmal von eigener gedanklicher Verarbeitung kann dabei die Rede sein.

Daß die spärlichen Spuren des Naturrechts in Rußland auf westliche Ursprünge deuten, ja teilweise Äußerungen des abendländischen Geistes selbst sind, wird noch

gen des europäischen Positivismus in Rußland allgemein anzutreffen, sondern vielmehr seit den ältesten Tagen seiner Geschichte.

Ohne Zweifel liegen die Ursachen dieser eingewurzelten Unansprechbarkeit allein im gruppenseelischen Volkscharakter des Russen. Sein fremdartiges Wesen verspürten wir im letzten Kriege an der Ostfront aus erster Hand. Nämlich nie trat er hier einzeln in Erscheinung, stets nur im Rudel einer dicht geballten Masse. Der russische Infanterist wäre offensichtlich auch gar nicht zur Anpassung an die moderne abendländische Taktik zu erziehen gewesen. Er war einfach unfähig, als Einzelkämpfer im leeren Gefechtsfeld zu wirken. So brachen die östlichen Sturmtruppen denn immer wieder zu Aberhunderten im Abwehrfeuer zusammen, und unbelehrbar lief die nächste Angriffswelle genau so in ihr Schicksal. Dabei deutete der äußere Anschein darauf, daß die Beteiligten oft geradezu gleichmütig in den Tod gingen, so wie es unsere Ethnologen aus vielfältiger Erfahrung mit gruppenseelischen Naturvölkern kennen[314]). Aber diese ständig wiederkehrenden riesigen Verluste schienen die russische Führung nicht zu rühren. Das Einzelschicksal ließ sie eben kalt, und auf Menschenleben kam es ihr ohnehin nicht an. So beschoß russische Artillerie häufig deutsche Stellungen selbst dann noch weiter, als bereits die eigene Infanterie in die feindliche Hauptkampflinie eingebrochen war. Die russische Angriffsspitze erlitt dadurch nicht selten schwere Verluste im eigenen Feuer.

Auch durch seine Meisterschaft in der Tarnung und Anpassung an die jeweiligen Gegebenheiten des Geländes erwies sich der Russe als Wesen von einer erdhaften Naturnähe, die wir heutigen Abendländer meist längst eingebüßt haben. Mutet man uns zu, unser Schlafzimmer auf die Dauer mit mehreren anderen zu teilen, so fühlen wir uns in unserer Persönlichkeitssphäre verletzt. Anders die Russen. Bei ihnen nehmen selbst Gebildete und Führende oft keinen Anstoß daran. Der Fall des Stabsoffiziers, der mit Kind und Kegel einschließlich der Schwiegermutter nur einen Raum bewohnt, ist keine Seltenheit.

Schon diese Andeutungen machen deutlich, weshalb der Russe uns und unsere Rechtsordnung nicht versteht. Kein Wunder, daß ihm unser individualistischer Eigentumsbegriff unfaßbar bleiben muß. So erklärt es sich denn auch leicht, wie die marxistische Lehre vom Privateigentum erst in Rußland wirklich heimisch werden konnte. Schon seit unvordenklichen Zeiten nämlich war dort nicht einmal die bloße Vorstellung möglich, ein

---

unzweifelhafter, wenn man sich vergegenwärtigt, daß von 1772 bis 1820 die als Lehrer sehr begehrten Jesuiten im Zarenreich arbeiteten und zeitweilig sogar ihre Hauptniederlassung unterhielten. Die damals im Unterricht der juristischen Fakultäten mitbenutzten lateinischen Lehrbücher lassen es ohnehin wahrscheinlich sein, daß neben dem neuen Vernunftrecht auch das alte kirchliche Naturrecht vorgetragen wurde. – Vgl. hierzu jetzt den sehr ergiebigen Aufsatz (1962) von Marc Raeff.

314) Danzel (1921) 100. – Im großen und ganzen treffen diese Beobachtungen der vierziger Jahre noch für die Gegenwart zu, mag sich heute vielleicht auch bei manchen Großstädtern schon hie und da ein leiser Zug zum Individualismus ankündigen (vgl. das bei Abschluß dieser Arbeit noch nicht erschienene Buch von Helen von Ssachno: »Der Aufstand der Person. Sowjetliteratur seit Stalins Tod«, Berlin 1965).

Einzelner vermöge etwa persönliches Eigentum an Grund und Boden zu haben. Alles Land gehört nach altrussischer Auffassung vielmehr der Allgemeinheit, d.h. genauer: dem Zaren. Er allein ist Herr der heimatlichen Erde. Seit alters saß auf einem und demselben Stück Land zwar immer dieselbe Gutsbesitzerfamilie mit ihren Bauern. Aber rechtlich waren auch diese »Herrschaften« nichts anderes als eigentumslose Leibeigene des Zaren, genau so wie die Bauern, die für sie fronten, ihre Sklaven waren[315]). Solche Tatsachen zu beachten empfiehlt sich, wenn man in einer westdeutschen Gerichtsentscheidung nach 1945 die Sätze liest:

»Nach naturrechtlicher Lehre gibt es Rechte des Menschen, die auch der Staat durch seine Gesetzgebung nicht aufheben kann. Es sind dies Rechte, die mit der Natur und dem Wesen des Menschen so im Innersten verbunden sind, daß mit ihrer Aufhebung die geistig sittliche Natur des Menschen zerstört würde. Zu diesen Rechten gehört das Recht des Menschen auf persönliches Eigentum[316]).«

Um uns nicht dem Vorwurf auszusetzen, bei alledem unterschätzten wir aber doch den tötenden Geist des gleichmacherischen Kommunismus, wollen wir am Schluß wenigstens einen flüchtigen Seitenblick auf ein nichtkommunistisches Land werfen. Bekanntlich ist Japan schon seit vielen Jahrzehnten vom Abendland überfremdet und westlichem Rechtsdenken unaufhörlich ausgeliefert. Erstaunlicherweise vollbrachte die japanische Rechtsprechung es dennoch, die nach 1945 von Nordamerika bescherten Grundrechte in der Alltagspraxis sehr stark zu beschneiden[317]), und zwar zugunsten der »Allgemeinheit«. Darin zeigt sich eben die unverdrängbare Lebenskraft gruppenseelischen Empfindens. Nicht anders ist es um China bestellt, wie wir noch sehen werden[318]). Daß der neuerdings überall einsetzenden Rezeption der abendländischen Menschenrechte eine »große Entwicklung« bevor-

---

[315]) Zaitseff 46. Erst 1762 erhielt der Adel seine Freiheit.

[316]) AG. Wiesbaden in SJZ. 1946, 36. – Der stark unter den positivistischen Einflüssen seiner Zeit stehende führende Naturrechtler Ahrens wußte es besser als seine modernen Nachfahren. Er nämlich räumte ein: »Die Geschichte beweist, daß das individuelle Eigentum meistens erst durch eine Ausscheidung aus dem Gesamteigentum entstanden ist.« (II, 107ff., 137, 158ff., ferner Thurnwald III [1932], 190ff. und Schnitzer [1945], 102, 383ff.).
Eine Analyse des russischen Strafrechtsdenkens versagen wir uns. Gerade hier ließe sich, allen gegenteiligen Beteuerungen der sowjetischen Theorie zum Trotz, an Hand etwa der Praxis des »Sabotagerechts« nachweisen, daß die Tat alles, der Täter aber nichts bedeutet, wie es seit jeher in gruppenseelischen Rechtsgemeinschaften der Fall ist. Voraussetzung für die Berücksichtigung der strafrechtlichen Schuld ist das diskursive Denken einer individualistischen Kultur. So haben denn erst die antiken Naturrechtler (Aristoteles!) das Schuldmoment herausgearbeitet (Loening [1903]). Wo man gruppenseelisch empfindet, gibt es noch kein Täterstrafrecht, ebensowenig wie ein Naturrechtsdenken. Eine vergleichende Geschichte der strafrechtlichen Schuldlehre und des Naturrechts zeigt eine genaue Parallelität.

[317]) Röhl (1963) 61–67 und 99, der hierzu a.a.O. 10 bemerkt: »Die Wirklichkeit mit ihrer Gewalt (hat) das Ideal in eine hoffnungslose Position gedrängt.« An anderer Stelle ([1959] 27) führt R. aus: »Versuche, mit dem Naturrecht oder anderem übergesetzlichen Recht zu arbeiten, haben die Praxis nur in wenigen Fällen befruchtet.« So hegt denn auch der Japaner Sugano, ein abendländisch gebildeter Anhänger Messners, nur eine schwache Hoffnung auf das Naturrecht in seiner Heimat.

[318]) Das Gruppenseelische in China und Japan tritt deutlich in dem Buche Lily Abeggs in Erscheinung. Vgl. jetzt auch Nakamura.

stehe, wie Verdroß glaubt[319]), dürfte doch wohl Ausdruck eines verfrühten Optimismus sein, den übrigens auch nicht der in aller Welt um sich greifende Kommunismus rechtfertigt[320]).

Unsere Erörterung über den östlichen Nachbarn maßt sich natürlich nicht an, den Naturrechtsanspruch auf alles, was Menschenantlitz trägt, zu entkräften oder ihm gar den Boden zu entziehen. Denn der Mangel an allgemeiner Zustimmung zerstört niemals schon die Geltung einer Wahrheit. Trotzdem sind unsere Betrachtungen jedoch nicht unnütz, beweisen sie uns doch, daß sich gruppenseelisches Lebensgefühl auch in nichtabendländischen Kulturen der Stimme des Naturrechts verschließt. Die Naturrechtsidee bleibt gebunden an das Individualitätsbewußtsein[321]).

III. Sollen und Sein

– 1 –

Man stößt zuweilen – nicht nur in der Tagespresse, sondern sogar in wissenschaftlichen Abhandlungen – auf den Gedanken, daß eine unaufhaltsame Entwicklung dahin treibe, die völkertrennenden Geistesunterschiede allmählich auszulöschen und die ganze Menschheit seelisch zu vereinheitlichen.

Von Bernhard Bavink stammt der Ausspruch, das Trennende nehme ab mit steigender Niveauhöhe, das Gemeinsame dagegen nehme zu. Bavink meint:

> »Die Völker gleichen bezüglich ihrer kulturellen Entwicklung einer Anzahl von Wandergruppen, die sich in einem gebirgigen Gelände vorwärts bewegen. Solange sie unten in den Tälern sind, sieht jeder nur seinen eigenen Weg. Steigt einer auf eine Anhöhe, so

---

319) (1963) 267

320) Einzelgänger des Naturrechts, wie der in den Westen entkommene humanistische Marxist Ernst Bloch, sind Prediger in der Wüste. Übrigens ist sein einschlägiges Werk erschienen in Frankfurt am Main.

321) Der »individualistische Abendländer« ist selbstverständlich ein Idealtypus. Auch bei uns dürfen natürlich die kollektivistischen Unterströmungen nicht übersehen werden. Nur man sollte sie gegenwärtig noch nicht überbewerten. Man halte sich ständig Rothackers Bild der Aufschichtung vor Augen. Es veranschaulicht den zu jeder Zeit drohenden Durchbruch aus den Unterschichten. Genauso idealtypisch ist der Begriff »gruppenseelisch« zu nehmen, als eine abstraktive oder neglektive Fiktion im Sinne Vaihingers. Gruppenseelisches begegnet uns zudem in sehr verschiedener Gestalt. Der moderne Russe z.B. unterscheidet sich erheblich vom magischen Menschen, strukturpsychologisch aber steht er ihm beträchtlich näher als dem heutigen Abendländer.

Wahrscheinlich wären Sprachgeschichte und vergleichende Sprachwissenschaft imstande, die These vom Gruppenseelischen noch weitaus besser zu unterbauen. So gibt es im Chinesischen nicht die Kategorien Subjekt, Prädikat und Objekt. »Das hängt eng mit der Geistesstruktur der Chinesen zusammen, bei welcher der Subjektivismus ganz hinter dem Kollektivismus zurücktritt. Die einzelne Persönlichkeit wird von der Masse erdrückt ... Nur die Handlung ... interessiert ..., auf den Handelnden kommt es viel weniger an.« (Forke [1927] 19)

Einen wertvollen Beitrag zu dieser Juristen meist wenig bekannten Problematik liefert Neuhaus, einer der führenden Kenner ausländischen Privatrechts ([1949] 514–524).

sieht er auch wohl den Weg des oder der Nachbarn. Die wenigen aber, denen es gelingt, ganz oben auf die ewigen Schneegipfel der höchsten Höhen hinaufzukommen, die sehen dann das ganze Gelände, zwar alle in etwas verschiedener Perspektive, aber doch in allem Wesentlichen als dasselbe Gebiet und können einer den Weg des anderen zur Höhe verstehen lernen, auch wenn sie ihn selber nicht gegangen sind.«

Zu Spenglers Kulturmorphologie, die die einzelnen Kulturen mit einander ungleichen und daher unvertauschbaren Bäumen vergleicht, meint Bavink, es komme gar nicht darauf an, auf welchem Baume man sitze, sondern lediglich das eine sei von Wichtigkeit, wie hoch man sitze. Der Mensch nämlich sei keine Schmetterlingsraupe, die sich nur von den Blättern *eines*, – ihres – Baumes nähren könne, er lebe nicht nur in *seiner* biologisch abgegrenzten Welt. Mit diesen Sätzen, die mit dem besonderen Hinweis auf die »potentiell unendliche Welt des Menschen« schließen, glaubt Bavink, wie er wörtlich sagt, zugleich die Existenz »autonomer Werte« nachgewiesen zu haben[322]).

Der Vergleich der fortschreitenden Menschheit mit Wanderern im Hochgebirge klingt bestechend, trifft aber nicht den Kern. Bavink geht von der unrichtigen Voraussetzung aus, daß es gar keine anderen Menschen als Forscher und Philosophen gebe. Nur wenn es erlaubt wäre, die verschwindend wenigen Geistigen eines Zeitalters als Repräsentanten der jeweils lebenden Gesamtmenschheit zu nehmen, könnte man seinen Vergleich überhaupt in Erwägung ziehen. Doch selbst dann würde dem Kundigen offenbar, daß das Bild der Schmetterlingsraupe nicht einmal auf den Gelehrten zutrifft. Denn unbestreitbar sind auch Gelehrte Menschen, die nicht lediglich aus Geist bestehen. Nur mit ihrem höheren Sein bewegen sie sich in der Welt des Geistes, im übrigen jedoch sind auch sie vom Wesen der anderen Menschen. Mit den Unterschichten ihres Geistes sind auch sie einem bestimmten Baum biologisch und kulturell verbunden. Sogar ihr Geistesleben selbst läßt sich nicht ablösen von dem Erdboden, auf dem es gewachsen ist. Hinzu kommt, daß oft auch die Entwicklungsrichtung, welche der Geist einschlägt, von der Rücksichtnahme auf geistfremde Faktoren der Umwelt bestimmt wird. Eine internationale Begegnung, eine Aufnahme fremden Gedankengutes und eine Verständigung über Gemeinsamkeiten ist nur in gewissen räumlich eng begrenzten Provinzen des Geistes möglich. Das sollte allen denen nicht mehr zweifelhaft erscheinen, welche die Geschichte internationaler Gelehrtenkongresse und internationaler Forschung seit den unheilvollen Augusttagen von 1914 überblicken.

Fassen wir Bavinks Gedanken unter dem Gesichtspunkt eines international verbindlichen Naturrechts ins Auge, so zeigt sich, daß sie für unser Anliegen nicht ernstlich in Betracht kommen. Denn das Recht befaßt sich nicht damit, das Leben auf den »ewigen Schneegipfeln der höchsten Höhen« zu regeln, vielmehr obliegt ihm die alleinige Aufgabe, die profanen Alltagsbedürfnisse des vitalmenschlichen Daseins zu ordnen, in denen auch der höchststehende Gelehrte ein Mensch unter Menschen ist.

Bavinks einprägsames Bild erscheint übrigens auch sonst nicht als eine

---

322) Bavink 709–711

getreue Wiedergabe der Wirklichkeit. Es vergleicht die zielstrebige Aufwärtsbewegung von Wandergruppen im Gebirge mit dem angeblich stetigen Fortschreiten der Kultur der einzelnen Völker. Gibt es wirklich einen Kulturfortschritt schlechthin? Oder ist es nicht vielleicht so, daß Fortschritte auf einem Teilgebiet des Geistes Stillstände oder gar Rückschritte in anderen Bezirken des Kulturlebens voraussetzen oder zur Folge haben? Und nicht zuletzt: hat Bavink bei alledem nicht lediglich die Verstandestätigkeit im Auge? Dürfen wir aber heute noch in den Fehler der Aufklärung zurückverfallen, einen beständigen Fortschritt des Verstandes mit einem allgemeinmenschlichen Fortschritt schlechthin gleichzusetzen? Bavink vergißt, uns zu sagen, wo sich der Fortschritt der Kultur vollziehe. Da er Naturwissenschaftler ist – er zählt zu den schärfsten Denkern der modernen Naturphilosophie – muß angenommen werden, ihm habe eine internationale Angleichung der Forschungsergebnisse auf seinem Fachgebiet vorgeschwebt. Unbestreitbar sind augenblicklich Naturwissenschaften und Technik in einem noch nie erlebten Aufschwung begriffen. Bei einseitiger Betrachtung kann dadurch gar leicht das Trugbild eines ständigen Fortschritts der Gesamtkultur entstehen. Unvoreingenommener Würdigung jedoch kann nicht verborgen bleiben, daß der vorwiegende Umgang mit Naturwissenschaft und Technik bei sehr vielen Menschen eine Geisteshaltung erzeugt, die sittlich keineswegs förderlich wirkt[323]). Unserem Anliegen genügt es, festzustellen, daß eine im Bereich der Naturwissenschaften heranreifende »Konvergenz« der Überzeugungen schwerlich jemals eine Existenz »autonomer« Werte, unbeschadet der Kultur und Rasse ihrer Träger, zu beweisen vermag, um so weniger als außerhalb der Naturwissenschaften und der Technik keine Rede von einem allgemeinmenschlichen Fortschritt sein kann[324]). Selbst Bavink will das anscheinend nicht behaupten, obwohl aus ihm trotz seiner auch geisteswissenschaftlich bemerkenswerten Belesenheit doch noch der alte Fortschrittsglaube der Aufklärung zu sprechen scheint.

Die Behandlung der Frage erfordert freilich eine Ungetrübtheit des Blicks, wie sie uns als den Zeitgenossen zweier Weltkriege und ihrer Folgen selbst bei größter methodischer Sorgfalt vielleicht nicht vergönnt ist.

Wir dürfen in unserer nur allzu verständlichen Untergangsstimmung nämlich nicht in die Bavink extrem entgegengesetzte Auffassung eines Kulturpessimismus verfallen. Der heute in Europa so gepflegte Fortschrittspessimismus ist eine Folge davon, daß wir ausschließlich die kurze Zeitspanne unserer »Geschichte« betrachten, die gerade unserer Generation die Erkenntnis der menschlichen Unzulänglichkeit besonders schmerzlich aufdrängt. Unser Urteil bedarf der Berichtigung durch den Blick auf die Jahrzehntausende der Entwicklungsgeschichte menschlichen Geistes. Wenn wir in dieser Sicht von einem Fortschritt – über größtdenkbare Zeiträume –

---

[323]) Heisenberg (1947) 94

[324]) Es zählt nicht zu unseren Aufgaben, hier in die Tiefen der vielschichtigen Problematik des Fortschrittsbegriffs einzudringen. Wem daran liegt, der möge zu dem bedeutenden Buch des Engländers Collingwood (vornehmlich 335–349) greifen.

sprechen, dürfen wir nicht den heutigen Massenmenschen zum Maßstab wählen, der sich lärmend im Vordergrunde breitmacht. Vielmehr haben wir die Aufwärtsentwicklung nur im Auftreten großer Einzelner zu suchen. Da wäre es dann aber ungereimt, Gestalten vom Range eines Kant, Goethe, Moltke oder Jacob Burckhardt etwa schon im Paläolithikum nachweisen zu wollen. Geschult an diesem extremen Beispiel, müssen wir indessen feststellen, daß dies auch das einzige wäre, was wir zum Thema »Aufstieg« mit dem Anspruch aussagen können, wissenschaftlich ernst genommen zu werden. Alles weitere wäre müßige Gedankenspielerei. Als nüchterne Beobachter der Gegenwart sind wir nicht zu der Annahme berechtigt, daß die Völker der Erde sich etwa gerade jetzt anschickten, auf ihrer Gebirgswanderung einen weiteren Höhenzug zu erklimmen. Sofern die Fortschrittsfrage ein Problem der Wissenschaft sein könnte, wäre es am ehesten zulässig, den vermuteten Aufstieg bei dem Einzelnen zu untersuchen. Dies hat unlängst auch Lecomte du Noüy mit dem Gedanken an die »Elite der jeweils Lebenden« betont. Um so befremdlicher mutet daher seine Hoffnung auf einen Gesamtaufstieg der Menschheit an, sein Glaube, daß wir »die Ahnen einer Rasse« seien, »welche uns unendlich überlegen sein . . . wird[325]).« Sieht man nämlich auf das Ganze der sogenannten Menschheit, d. h. auch auf die großen Kulturen Asiens, so kann die Frage nicht abgewiesen werden, ob nicht das Kulturwesen Mensch, sofern sich eine Änderung in seinen soziologischen Verhältnissen in naher Zukunft nicht erreichen läßt, die in ihm ruhenden Fähigkeiten zur Geistesentwicklung bereits erschöpft habe, so daß man eher von einem allgemeinen allmählichen Leerlauf der Kulturen zu sprechen hätte[326]). Doch auch diese Frage führt uns auf die Grenzgebiete der Wissenschaft, wenn nicht gar vor ein Scheinproblem, das als solches nur aus methodischen Erwägungen aufgeworfen wurde, um Bavinks Optimismus in das rechte Licht zu rücken.

Nach allem ergibt sich, daß durch Bavinks Verfahren eine absolute Größe unter lauter relativen nicht zu ermitteln ist. Gesetzt den Fall, Bavink sähe dennoch recht, so würde eine Welt autonomer Werte gleichwohl zweifelhaft bleiben. Denn wo wäre alsdann die Gewähr gegeben, daß die absoluten Werte von morgen, denen die Geistesentwicklung von allen Seiten zusteuern soll, übermorgen noch unverändert dieselben sein würden? Hier liegt die zweite optische Täuschung Bavinks. Geben wir ihm ein Zeitalter homogener Werte zu! Was wäre uns damit gedient? Ein neues Zeitalter wird das alte ablösen und über dessen »autonome« Werte lächeln, wie unsere Naturforscher heute schon über die einst so selbstsicher verkündeten Einsichten ihrer Kollegen vor 50 und 60 Jahren lächeln. Es mag durchaus so sein wie Bavink meint, daß in einem und demselben Zeitalter überall auf Erden in

---

[325]) 180f. und 211

[326]) Selbst Lecomte du Noüy (163) ist nicht frei von Zweifeln an seinem eigenen Fortschrittsoptimismus.
Die Fortschrittsfrage muß hier so breit erörtert werden, weil mehr oder minder unausgesprochen der Kulturoptimismus unserer Naturrechtler mit ihr im Zusammenhang steht.

den heterogensten Kulturen gewisse übereinstimmende Züge anzutreffen sind, wie es namentlich von unseren Kunsthistorikern gern behauptet wird. Damit aber wäre lediglich ein Beitrag zu der kühnen Hypothese der »Zeitsignaturen« von Edgar Dacqué[327]) geliefert, keineswegs jedoch eine Welt »autonomer« Werte bewiesen. Wir wiederholen: derartige Annahmen wären allenfalls vermutbar zu machen, niemals jedoch zu beweisen.

Ein so gewiegter Kenner der Völkerpsychologie wie Wilhelm Wundt[328]), hat denn auch immer wieder betont, daß er von einer sich zunehmend vereinheitlichenden Weltkultur nichts halte. Infolgedessen hat er den Gedanken an die Möglichkeit einer internationalen Rechtsvereinheitlichung bei fortschreitender Kultur nachdrücklich abgewiesen. Wundt sagt[329]):

»... es fügt sich von selbst, daß die Anfänge der Kultur vermöge der Einfachheit der Bedingungen, denen sie unterworfen sind, Übereinstimmungen mit sich führen, die später verschwinden und mannigfaltigere Differenzierungen sowie infolge des Eintritts sonstiger nach anderer Richtung gehender Bedingungen neue Übereinstimmungen hervorbringen.«

Unter den »nach anderer Richtung gehenden Bedingungen«, die später wieder zu gewissen Übereinstimmungen führen, versteht Wundt die Einflüsse der Technik, des Verkehrs und der Wirtschaft, kurz alles das, was er unter dem Worte »Zivilisation« im Gegensatz zur Kultur begreift. Für die Zivilisation nämlich ist ihm

»der entscheidende Gesichtspunkt nicht mehr der für die Kultur maßgebende der Gesamtheit der Kulturwerte mit ihrer Unterordnung unter die geistigen, sondern derjenige der Überordnung des staatlichen Lebens in seinen innerhalb der bürgerlichen Gesellschaft sich ausprägenden Wirkungen auf Gesinnung und Gesittung[330]).«

Diese Unterscheidung zwischen Kultur und Zivilisation dürfte durch den Verlauf der Bemühungen um eine internationale Vereinheitlichung des Rechtes, namentlich des Privatrechtes, glänzend gerechtfertigt erscheinen. In einer Kultur sind alle höheren Werte vom bodenständigen Geist geprägt und bestimmt, bei überwuchernder Zivilisation hingegen verflüchtigt sich der geistige Wertmaßstab zugunsten mechanischer und damit aller Orten verwendbarer technischer Ordnungswerte.

Demgemäß hat sich eine Rechtsvereinheitlichung nur auf solchen Gebieten anbahnen lassen, die allein mit Vorschriften ordnungstechnischen Charakters geregelt werden können, wie sie der internationale Rechtsverkehr zwischen Staatswesen annähernd ähnlicher Zivilisationsstufe erheischt. Hierher gehören z.B. das Post-, Luftverkehrs-, Eisenbahn- und Seerecht, das Wechsel- und Scheckrecht, das Urheberrecht und gewisse Teile des Zivilprozeßrechts. Schon die einheitliche Behandlung des Obligationenrechts dagegen ist bei so nahe verwandten Völkern wie den Franzosen und den Italienern gescheitert. Wo vollends erst vitalvölkische Belange berührt werden, wie im Familien-, Sachen- und Erbrecht, haben sich alle Bestrebungen um eine Vereinheitlichung auf der ganzen Welt von vornherein als aussichtslos erwiesen[331]).

---

[327]) 36–39
[328]) Völkerpsychologie X 56 und passim, sein Urteil über absolute Werte: ebenda 217
[329]) (1918) 442
[330]) Völkerpsychologie X 15 ff., besonders 18 unten.
[331]) Riezler (1946) 162 ff. und das Schrifttum ebenda

Der Begriff »Weltrecht« schillert. Wir haben hier nicht den anscheinend im Völkerrecht gebräuchlichen Fachausdruck im Auge, der an die Einschränkung der einzelstaatlichen Souveränität und deren Aufgehen in einer die gesamte Menschheit umspannenden überstaatlichen Rechtsordnung denkt.[331a]) Mit dieser Bezeichnung meinen wir vielmehr einen bestimmten Rechtsinhalt, der allen gleichzeitigen staatlichen Rechtsordnungen gemeinsam ist und eben dadurch heutigen Naturrechtlern als der willkommene Ausdruck angeblich ewig gleichbleibender menschlicher Grundstrebungen erscheinen mag. Freilich lassen die Naturrechtler selbst eine klare Bestimmung dieses von ihnen verwendeten Begriffs vermissen[332]). Ein Weltrecht als System allgemeinverbindlicher Normen für alle Einzelmenschen, gleich welchem Staat sie angehören, gibt es nicht. Nicht einmal die Wahrscheinlichkeit besteht, daß es in absehbarer Zeit zu einer solchen umwälzenden Rechtsvereinheitlichung kommen könnte, selbst nicht in der Beschränkung auf leitende Rechtsgrundsätze. Voraussetzung dafür wäre nämlich die Gleichheit des geistigen Wesens aller Völker der Erde, ihrer logischen Funktionen nicht weniger als ihrer ethischen Strebungen[333]). Die Kenner der vergleichenden Rechtswissenschaft und des internationalen Privatrechts stehen der Erwartung einer allgemeinen Rechtsvereinheitlichung denn auch ablehnend gegenüber[334]).

Vollends die bisherigen Erfahrungen mit der Übernahme abendländischen Rechts in Asien und Afrika wären nicht geeignet, eine solche Erwartung zu begründen[335]). Als z.B. die Kuomintang-Regierung 1935 aus außenpolitischen Rücksichten in China europäisches Strafrecht einführte, war der

---

331a) Affolter, Stammler (1928) 289ff.

332) vgl. nur Radbruch (1948) und Stadtmüller, aber auch Beyer 76f.

333) Aus Raapes Arbeit (1948) ersieht man, wie stark immer noch der Staatsegoismus ist.

334) Schnitzer (1945) 55, 482ff.; entschiedener Martin Wolff, der auf Schwierigkeiten selbst im Wechselrecht, einer ordnungstechnischen Materie, hinweist (9, 25ff., besonders 28f.). Zum neuesten Stand vgl. Schnitzers zweite Auflage 1961, I, 74–97. Im Völkerrecht ist die Lage nicht trostreicher, zumal auch dort die Gegensätze zwischen den kommunistischen und demokratischen Staaten eine Übereinkunft unmöglich machen (Lummert 1959). – Damit ist auch das »Weltgewissen« abgetan, das psychische Komplementärgebilde des Weltrechts, auch wenn man darüberhinwegsieht, daß seine Verfechter jeden Beweis für seine Entstehung und sein Dasein schuldig geblieben sind. Bestandteil eines entpsychologisiert zu denkenden objektiven Geistes könnte es nicht sein. Denn als menschliche Gefühlsregung könnte es nur in gleichklingenden, d.h. gleichgearteten Einzelseelen beheimatet sein. Nicht bloß daran würde sein Aufkommen scheitern, daß es eine solche seelische Gleichförmigkeit Einzelner überall auf Erden nicht gibt, sondern am Mangel einer zweiten unerläßlichen Voraussetzung, einer verfeinerten, geradezu seismographisch hochgezüchteten Seelenkultur zum mindesten einer allerorten in allen Kulturen führenden Elite. Allein, sogar der Umgang mit sittlich Hochstehenden beweist, wie recht Goethe hat, daß die Zeitgenossen kaum innerlich berührt werden, »wenn hinten, weit, in der Türkei die Völker aufeinander schlagen.« – Wer ein Weltgewissen annimmt – selbst wenn er dabei von einem »wachsenden Wertorgan« (N. Hartmann) ausgeht, lebt noch im 18ten Jahrhundert. Bezeichnend ist denn auch, daß seine Anhänger (vgl. Laun 1949, 14f.) der Bedeutung einer allgültigen Logik und der Mathematik für die künftige Rechtsentwicklung das Wort reden.

335) Es fehlen bisher systematische Erfahrungsberichte. Ein Beispiel: Korea, seit 1945 unter amerikanischem Einfluß, hat seit 1947 eine freiheitliche Verfassung und seit

Widerstand des Volkes von vornherein groß[336]). Die kommunistischen Machthaber hatten daher leichtes Spiel, das kulturfremde Recht wieder zu beseitigen[337]).

Die Geschichte der Rezeptionen gehört zur Problematik der »Kulturbegegnungen«, die keine Anhaltspunkte bietet zu hoffen, daß die Menschheit sich schon in absehbarer Zukunft geistig und seelisch vereinheitlichen werde. Die tiefer Blickenden unter den Verfechtern des Weltrechtsgedankens wissen das[338]). Schon 1680 sagte Johann Wolfgang Textor, der bekannte Völkerrechtler und Urahn Goethes, resignierend:

»Sed tales gentium communes leges expresso consensu firmatas nondum vidit orbis, neque forsan videbit[339]).«

Mithin ist das Weltrecht nicht Gegenstand der Wissenschaft, sondern bloßes Wunschgebilde. Der Wissenschaft verwehrt das freilich nicht, darüber nachzusinnen, wie aus dem Wunsch Wirklichkeit werden könnte. Das edle Bemühen, die verletzte Menschenwürde in der ganzen Welt für immer zur Anerkennung zu bringen, dürfte ohnehin niemals erlahmen, weil wir sonst getrost alles höhere Streben aufgeben müßten[340]). Gleichwohl wird jeder geschichtlich und völkerpsychologisch Erfahrene kaum erwarten, daß

1958 ein Bürgerliches Gesetzbuch, das am 1. Januar 1959 in Kraft trat. Ein einheimischer Jurist (Bong Kun Kal 139), der das neue Recht in den ersten drei Jahren seiner Erprobung an Ort und Stelle studiert zu haben scheint, meint, bei der konservativen Haltung großer Teile des Volkes lasse sich noch nicht voraussehen, wie weit das Gesetz tatsächlich geübtes, wirkliches, lebendiges Recht werde. – Asien lebt eben gruppenseelisch! Vgl. Thielicke (1958) 84f.

336) Herrfahrdt »Chin. Strafgesetzb.« 4; Ruete 45ff. Der Chinese Liau Schang Kuo (173) verwahrt sich gegen eine »falsche Kultur«. Leider geht Bünger in keiner seiner Arbeiten darauf näher ein, wie sich die chinesische Rechtspraxis 1935–1949 mit dem fremden Recht abgefunden hat.

337) Schnitzer meint in seiner zweiten Auflage (1961, I, 386) dazu: »Nachdem auch im alten chinesischen Recht, im Gegensatz zum europäischen Recht, die subjektiven Rechte nicht stark ausgebildet waren, wird insofern der Kommunismus mit seiner Betonung des Gesamtinteresses keinen stärkeren Widerstand gefunden haben.« In der Tat: Die chinesische Rechtsprechung hat zu ihrem gruppenseelischen Geist zurückgefunden. So muß im Strafverfahren der Angeklagte seine Unschuld beweisen (Bonnichon 4–11, mündlich bestätigt von Herrn Prof. Wolfgang Franke). – Das Gruppenseelische des heutigen Rechtslebens in China kommt eindrucksvoll zur Geltung im Reisebericht von Nathan und Schüßler. Daß die Volksrepublik, den Russen folgend, den Katalog der Grundrechte in ihre Verfassung aufgenommen hat, ist demgegenüber ohne praktische Bedeutung. Vgl. Art. 5 der »Allgemeinen Richtlinien des Politischen Konsultativrates« vom 29. September 1949, abgedruckt in ZaöffRVR XIII (1950/51) 848, die Aufsätze Büngers und auch Gsovski 311ff.

338) Freilich läßt sich James Brown Scott ([1933], amerikanische Ausgabe 1926) über Gebühr hoffnungsfreudig vernehmen, während z.B. Radbruch ([1948] 104ff.) sagt: »Wir können die Hoffnung nicht aufgeben.« Laun dagegen schwebt eine Zukunft vor Augen, die »leider wahrscheinlich noch ferne liegen dürfte«. »Ob ein ... Weltrecht jemals praktisch durchgesetzte Wirklichkeit werden wird, können wir nicht wissen.« ([1947] 4; [1948] 137).

339) »Solche den Völkern gemeinsamen Gesetze, durch ausdrückliche Übereinkunft gesichert, hat die Welt noch nicht gesehen und wird sie vielleicht auch nicht sehen.« Textor Cap. I § 24. – Selbst die Römer seit Caracalla haben es nicht zu einem Weltrecht für ihr Reich gebracht (Sohm 114–120).

340) Damit dürfte ich wohl gegen den Vorwurf gefeit sein, einer »Staatsvergottung« das Wort zu reden (Hölscher II 72).

es dereinst selbst einer Weltregierung gelingen könnte, ein dauerhaftes Weltrecht einzuführen. Der Zug unserer Zeit zum Gleichklang der Verfassungsurkunden, zur Vereinheitlichung des Sozialen und Wirtschaftlichen – von der Technik ganz zu schweigen – kann Kundige nicht darüber täuschen, daß im Untergrund die bodenständigen historischen Mächte überall noch sehr bei Kräften sind. Denn sie wurzeln in tieferen Schichten als der »europäische Ideenimport[341]).«

– 2 –

Der Glaube heutiger Naturrechtler, eines Tages würden sich auf dem ganzen Erdball alle staatlichen Rechtsnormen vereinheitlichen lassen, beruht auf einem längst überholten Menschenbild. Das 1919 erschienene Buch Erich Cassirers macht uns diesen geistigen Zusammenhang klar. Cassirer, Anhänger des säkularen Vernunftrechts und Neukantianer, bekennt sich zu einem »die Menschheit umfassenden Weltreich[342]).« Bemerkenswert hierbei ist der immer wiederkehrende Hinweis auf die Zusammengehörigkeit von Jurisprudenz und Mathematik. Bei seinem Streifzug durch das Naturrechtsdenken von Platon bis Kant betont er mit sichtlicher Genugtuung seine Übereinstimmung mit den großen Geistern seit der Antike. Dabei verweilt er mit besonderer Vorliebe bei dem Wort von Hugo Grotius[343]):

»Ich bezeuge wahrheitsgemäß, daß, gleichwie die Mathematiker die Figuren von den Körpern abgesondert betrachten, so ich in der Abhandlung des Rechtes den Geist von jedem besonderen Tatbestand, von jeder einzelnen Handlung abgezogen habe.«

Cassirer, der die Kronzeugen der Vergangenheit anscheinend nur deshalb sprechen läßt, um durch sie seine eigene Meinung zu Gehör zu bringen, schließt seine Darstellung mit dem Ende des 18ten Jahrhunderts, d.h. vor dem Durchbruch des Historismus. Der Verzicht auf einen Ausblick in das 19te und 20te Jahrhundert ist nicht nur für ihn, sondern auch für seine heutigen Gesinnungsfreunde charakteristisch.

Im Zeitalter der Aufklärung stand das mathematische Denken allbeherrschend und alldurchdringend im Vordergrunde, nicht nur in sämtlichen Wissenschaften, sondern auch bei den Gebildeten aller Stände[344]). Wir haben hier nicht zu untersuchen, inwieweit dabei nicht verdrängte Einflüsse platonischer und pythagoräischer Philosophie am Werke sind. Auch deren Ausstrahlungen auf die Stoa, die Römer, die Scholastik und Aufklärung nachzugehen, ist nicht unsere Aufgabe[345]). Wir begnügen uns mit der Fest-

[341]) Ohne das Weltrecht zu streifen, da es nicht zu seinem Thema gehört, vertritt diese Auffassung der Altmeister der deutschen Übersee-Geschichtsforschung, Gustav Adolf Rein.

[342]) 95

[343]) »De iure belli ac pacis« Prolegomenon 58, Übersetzung von Cassirer 113

[344]) Hazard 354 und passim; Fueter.

[345]) Wertvolle Hinweise auf den neuesten Stand der Forschung bei Pohlenz I 135ff., 263, 418, 471. – Schönfeld (1943) 227 ff. übersieht das geistesgeschichtliche Problem, gesteht aber zu, daß der mos geometricus »furchtbar entarten kann.« (242) Den großen Einfluß der Stoa schon auf die Vorläufer der Aufklärung hebt Dilthey (1940) 416ff. hervor in dem Abschnitt: »Die Funktion der Anthropologie in der Kultur des 16. und 17. Jahrhunderts.«

stellung, daß jenes mathematisch mechanistische Weltbild noch im heutigen Naturrechtsdenken stark nachwirkt.

In dem Bekenntnis zur Mathematik in Theorie und Philosophie des Rechts offenbart sich eine Tatsachenblindheit gegenüber der heute nicht mehr wegzuleugnenden Welt des historisch Individuellen. Auch gegenwärtig könnte man den Erben der überwundenen aufklärerischen Weltanschauung die Worte entgegenhalten, die einst Savigny auf das mechanistisch egalitäre Naturrecht des 18ten Jahrhunderts gemünzt hat, nämlich daß seine Gesetzbücher »sich aller historischen Eigentümlichkeit enthalten und in reiner Abstraktion für alle Völker und alle Zeiten gleiche Brauchbarkeit haben« sollen[346]).

Beiläufig sei angemerkt, daß der Glaube an ein kommendes Weltrecht in demjenigen Teil der vielgestaltigen abendländischen Welt den günstigsten Nährboden findet, wo sich die stärksten Überbleibsel des mechanistisch mathematischen Menschenbildes der Aufklärung bis heute lebendig erhalten haben[347]). Überall, wo man in der Psychologie einem Behaviorismus huldigt und wähnt, alle Menschen kämen mit derselben »Geburtsausrüstung« zur Welt, wird man den Gedanken an die Möglichkeit eines Weltrechtes nicht ablehnen. In Deutschland jedoch vermögen dergleichen Vorstellungen nicht zu gedeihen. Hiermit ist eine Tatsache festgestellt, die niemand mißachten sollte, der in unserem geistigen Klima einem Weltrecht das Wort reden möchte. Jenes mechanistische mathematische Welt- und Menschenbild verkennt die Tiefendimension des Lebens auf dieser Erde. Es steht nicht im Einklang mit der unausschöpfbaren Wirklichkeit des Einzelfalls, des Individuums. Die abstrahierend mathematische Denkweise, angewandt auf das Recht, kann infolgedessen nicht zur Findung des »richtigen Rechts« führen, vielmehr wird sie das Leben schädigen und damit das Unrecht fördern helfen, wie alles blutleere und wirklichkeitsabgewandte Denken[348]). Dieses möge denjenigen zur Überlegung dienen, welche glauben sollten, wenn nur der gute Wille und die Bereitschaft zu jenem mechanistischen Denken alle führenden Geister und entscheidenden Politiker in sämtlichen Nationen erfasse, dann werde sich am Ende doch noch ein Weltrecht verwirklichen lassen; denn – wenigstens beschränkt – habe doch der Mensch die Kraft, mit seinen bloßen Vorstellungen eine Rückwirkung auf sein Leben selbst auszuüben. Wir selbst schienen ja dieser Möglichkeit nicht ganz verschlossen, wie unsere eigenen Ausführungen zum mittelalterlichen und zum neuzeitlichen Rechtsdenken bewiesen hätten. Schließlich habe doch kein Geringerer als André Gide einmal gesagt:

---

346) (1814) 5

347) Wundt (1915); bezeichnend der Naturrechtsgegner Beyer 76f.

348) Nicht von dieser Feststellung betroffen werden die »axiomatischen Gedanken« Emges (1942), weil sie in praxi erst durch den Hinzutritt dessen, was E. »Situation« nennt, Gestalt annehmen. E's Lehre hat mit dem mathematischen Menschenbild nichts gemein. Er sieht im axiom. Denken auch nur ein heuristisches Prinzip. Vgl. seine Schriften (1939) und (1944) 20ff.

»que le monde des chiffres et des formes géométriques n'existe pas, il est vrai, en dehors du cerveau qui le crée; mais que ce monde, une fois créé par le savant, lui échappe, obéit à des lois qu'il n'est pas au pouvoir du savant de modifier, de sorte que cet univers né de l'homme rejoint un absolu dont l'homme lui-même dépend[349]).«

Wer die Lehre von den Seinsschichten billigt, muß jedoch zugeben, daß diese Abhängigkeit von den Zahlen nur dort herrscht, wo es um mengenmäßige Messungen geht, nicht aber auch da, wo wir etwas einmalig Personhaftes bewerten sollen, wie im Geltungsbereich des Rechts. Wer freilich einer mechanistischen Weltansicht huldigt, wird weiterhin geneigt sein, einer mathematischen Rechtswissenschaft das Wort zu reden, selbst dann, wenn er sich nicht für das Naturrecht zu erwärmen vermag, wie heute z.B. Beyer. Er empfiehlt uns die schon fast vergessenen Arbeiten Felix Kaufmanns[350]), der sich wie kein anderer für die Mathematisierung des Rechtes eingesetzt hat, mit einem überspitzten Nachdruck, wie er kaum besser seine fehlerhafte Ausgangsstellung hätte aufdecken können. Eine Einzeluntersuchung ersparen wir uns. Sie wäre auch nicht durchzuführen ohne Aufhellung der Einflüsse von Hermann Cohen, Edmund Husserl[351]) und Hans Kelsen auf ihren gemeinsamen Schüler Felix Kaufmann. Daß ihre Lehren, vor allem Kelsens wirklichkeitsferne Logistik, Hoffnungen auf ein Weltrecht nähren könnten, steht außer Frage, würde uns aber zu weit von unserem Gegenstand abführen[352]).

Die utopische Vorstellung, daß sich eine internationale Vereinheitlichung der positiven einzelstaatlichen Rechtssatzungen bewerkstelligen und dem fließenden Leben gegenüber behaupten lassen werde, beruht auf der stillschweigend angenommenen Voraussetzung, daß es – wie Kelsen in seiner Kritik des Naturrechtsdenkens meint – ein System ohne Rücksicht auf Rasse und Kultur international wirkender Normen gebe, die »statischen Charakter« tragen[353]).

Bedenken wir, daß eine internationale Vereinheitlichung – wenn überhaupt – nur hinsichtlich solcher Rechtsmaterien durchzuführen wäre, die ausschließlich dem Zivilisationsbereich angehören, so wird ein innerer Widerspruch des Naturrechtsdenkens offenbar. Das Naturrecht nämlich soll nach der unwidersprochenen Auffassung seiner vornehmsten Wortführer[354]) unmittelbarer Ausfluß des Ethos sein. D.h. es gehört zum Kernbestand der Kultur des Menschen, nicht jedoch zur ethosfernen Zivilisation. Kultur ist

---

[349]) p. 214

[350]) In Frage stehen seine beiden Arbeiten von 1922, Beyer 76f.

[351]) Cohen und Husserl begannen ihre akademische Laufbahn beide als Mathematiker. – Die Anhänger eines Weltrechts verkennen den Stand der internationalen – nicht allein der deutschen – Völkerpsychologie (Nohl 1959, 158ff.). Schon die allgemeine Psychologie lehrt heute, daß alle höheren seelischen Vorgänge »nicht nur seelischen Ursprungs, sondern ... zugleich auch kulturell geformt« sind (Rothacker »Schichten«, 108ff.). »Die Begriffe ›geistig‹ und ›historisch‹ decken sich (Rothacker 1927, C 159). Im gleichen Sinne äußert sich Emil Brunner 1943, 295

[352]) Kelsen selbst hat in seiner »reinen Rechtslehre« die »organisatorische Vorbereitung einer Weltrechtsordnung« gesehen (1931, 154).

[353]) Kelsen (1927/1928) 71ff.

[354]) z.B. Trendelenburg in systematischer Darstellung – vgl. auch Sauter (1932) 8

nur möglich in völkisch und örtlich verschiedener Gestalt. Ein ewiges unwandelbares übervölkisches Naturrecht also müßte als ein kulturfremdes Geistesgebilde aufgefaßt werden.

Dieser unserer Ansicht liefert eine Stütze der französische Naturrechtler Jacques Ellul mit seinem Angriff auf die Technisierung des heutigen Rechts, das nicht »eine rein rationale, mathematische Einrichtung« sei, die »mit den Verhältnissen[355]) nichts zu tun hätte.« Daß das Recht durch die mechanisierende seelenlose Gleichmacherei aller menschlichen Erscheinungen die Idee der Gerechtigkeit aus dem Auge verliert, hat Ellul trefflich herausgearbeitet. Ob ihm bewußt geworden sein mag, daß er damit nicht allein die Möglichkeit eines Weltrechtes, sondern auch das Naturrecht selbst in Frage gestellt hat?

– 3 –

Vorhin führten wir gegen das gleichmacherische Naturrecht ein Wort Savignys ins Treffen[356]). Wir dürfen dem Leser aber nicht verheimlichen, daß dieser große Gelehrte der mathematischen Rechtsbetrachtung sein besonderes Wohlwollen bekundet hat, sogar in derselben Arbeit, der wir das Zitat entnahmen[357]). Es wäre allzu billig, anzunehmen, die noch nicht voll überwundene Aufklärung zeige hierin ihre Nachwirkung im Haupt der historischen Schule. Das Problem liegt tiefer. Denn offensichtlich erklärt sich die seltsame Vorliebe für den »mos geometricus« im Recht aus einer philosophischen Grundhaltung, die den Wandel der Zeitalter überdauert[358]). Um das zu begreifen, wenden wir uns einem unserer führenden Rechtshistoriker zu, der erst kürzlich gestorben ist. Heinrich Mitteis, der uns schon als Gegner des Rechtspositivismus bekannt ist, verficht ein metaphysisches Naturrecht kosmologischen Charakters, eine Eigentümlichkeit, die es vielleicht verständlich macht, daß noch ein moderner Geschichtsforscher für das Naturrecht in die Schranken tritt. Mitteis' Haltung verliert das Erstaunliche, wenn man sich an Worte erinnert, die er bereits etliche Jahre vor seinem offenen Bekenntnis zu einem überpositiven Recht ausgesprochen hat:

»Die Zahl ist nichts Zufälliges, den Dingen nur äußerlich Beigesetztes, sondern sie gehört zum Wesen der Dinge selbst. ›Tolle numerum rebus omnibus et omnia pereunt!‹ Dieser Satz Isidors von Sevilla ist noch längst nicht ausgeschöpft. Es gibt immer noch Leute, die von Zahlenspielerei reden, wo es sich um das Streben nach Zahlenharmonie handelt, das ein Teil des Strebens nach der Vollendung ist. Die Zahl ist die Seele der Welt, die Richtschnur der Dinge[359]).«

---

[355]) 23 ff. – Was der Ausdruck »Verhältnisse« hier meint, dürfte klar sein. Offensichtlich schwebt Ellul dabei das nämliche vor wie Emge bei seinem Begriff »Situation«. Das französische Original war mir allerdings nicht zur Hand.

[356]) oben S. 270

[357]) (1814) 22. Vgl. Koschaker 278 und das dort genannte Schrifttum.

[358]) Wie jetzt Gaiser im einzelnen nachgewiesen hat, war es schon ein wesentliches Anliegen Platons, die vorwaltende Bedeutung der Mathematik und insonderheit der kosmischen Zahlenharmonie für das Leben des Menschen zu betonen.

[359]) (1944) 102. Ich zitiere nach der Seitenangabe der zweiten Aufl. Die erste Aufl. ist von 1938

Bei diesen Sätzen entsinnen wir uns lebhaft Reinachs und seiner apriorischen Jurisprudenz. Wir beschränken uns hier auf die bloße Vermutung, daß die ausgeprägte Neigung zur Ontologie das Bekenntnis des Historikers zum Naturrecht bewirkte. Damit erkennen wir zugleich den metaphysischen Hintergrund nicht nur der Rechtsphilosophie im allgemeinen, sondern auch des Gegenstandes, dem unsere Bemühung gilt.

Wer sich zur realen Existenz einer Zahlenharmonie außerhalb des menschlichen Erfindungsgeistes bekennt, sieht sich folgerichtig genötigt, einer mathematisch gerichteten Denkweise und Methodik in der Rechtswissenschaft zuzustimmen. Wenn wir bislang einer Mathematisierung des Rechtsdenkens widersprochen haben, so sehen wir keinen Grund, von dieser Haltung jetzt auch nur *einen* Schritt abzuweichen. Wir wiederholen vielmehr, was wir bei der Würdigung der apriorischen Jurisprudenz Reinachs ausführten: es mag sein, daß jenseits des menschlichen Bewußtseins eine Seinsgesetzlichkeit waltet. Wir glauben es sogar. Allein wir sind außerstande, sie mit den Mitteln unserer Wissenschaft festzustellen. Infolgedessen ist uns auch jene angeblich mathematische Gesetzlichkeit, die unser Rechtsleben regeln soll, wissenschaftlich nicht zugänglich. Wir mögen formale Prinzipien des Rechtes ahnen, sie aber bedürfen, jenen Schatten der Unterwelt gleich, die einst Odysseus ans Licht beschwor, des warmen Herzblutes des Lebens, damit wir mit ihnen Umgang pflegen können[360]). Nicolai Hartmann selbst hat das mit aller wünschenswerten Deutlichkeit ausgesprochen. Seine einleuchtenden Ausführungen zur »Allgemeinheit und Individualität« sollte jeder lesen[361]), der sich mit der Frage beschäftigt, wie man die Seinsweise des Allgemeinen zu denken habe. So, wie die »reale Außenwelt« sich

---

[360]) Immer also kommt es darauf an, das Einmalige, Unwiederholbare des Einzelfalls verstehend zu ergründen. Die Mathematik hingegen spielt ihre beherrschende Rolle allein im Anorganischen. Nur von »unten« ragt sie in die »höheren« Seinsschichten hinein, indem sie das in ihnen noch quantitativ Greifbare erfaßt. Quantität ist ja immer Quantität »von etwas«, dem Meßbarkeit lediglich »äußerlich« anhaftet. Die Kategorien der Quantität liegen somit »unterhalb« des Rechtslebens, das sich mit dem mos geometricus nicht bewältigen läßt, weil es auch Qualität hat. Treffend sagt Nicolai Hartmann ([1950] 24): »Die Mathematik ist nicht, wie man meinte, die höchste aller Wissenschaften. Dem Gegenstande nach ist sie die niederste. Sie ist wohl die vollkommenste Wissenschaft, die wir haben. Aber sie ist es deswegen, weil sie die kategorial höheren Seiten der Gegenstände gar nicht berührt.«
Aus dieser Erkenntnis folgt, daß bei der Rechtsfindung quantitative Methoden zwar manchmal ihren unentbehrlichen Beitrag liefern mögen, – man denke z.B. an Unterhaltsprozesse – sicherlich aber in keinem Falle jemals den Ausschlag geben dürfen. Wer das nicht einsehen will, ist anthropologisch gemeingefährlich tatsachenblind. Er merkt nämlich nicht einmal, wie sehr er mit seiner mathematisierenden Haltung dem Kommunismus in die Hände arbeitet, dem nichts erwünschter sein kann, als geräuschlos mitten unter uns sein gruppenseelisches Menschenbild ohne alle höheren Persönlichkeitswerte aufzurichten. Übrigens haben kybernetische Versuche in der Tschechoslowakei unlängst bei Ehescheidungen schlagend bewiesen, daß Automaten außerstande sind, Rechtsentscheidungen vorzubereiten, geschweige zu fällen. Sogar der ehrliche Leninist muß daher mit leisem Bedauern einräumen, wie ungeeignet Maschinen wären, den Kern des Einzelfalls hier auch nur zu berühren (Knapp).

[361]) (1940) 368ff., besonders 376; ferner (1935) 287ff.

uns darstellt, gibt es nämlich keine Zweiheit, kein »Übereinander« oder »Nebeneinander« von Allgemeinem und Individuellem, von »Principium« und »Concretum«. Zweierlei Seiendes gibt es nicht. Das Individuelle ist »in mancherlei Hinsicht auch ein Allgemeines«, genauso, wie das Allgemeine »seine Realität nirgends anders als im Individuellen« hat. Wir leugnen nicht die Realität eines das Leben, insonderheit das Leben des Menschen und seines Geistes, regelnden »kategorialen Systems«. Aber wir wissen aus Hartmanns eigenem Munde, daß man das Wesen der Kategorie nur auf einem einzigen Wege trifft: »Das Prinzipielle am Concretum rein herauszuheben . . . Man kann . . . die Kategorien vom Concretum aus rückerschließen, soweit man das Concretum auf prinzipielle Bestimmtheiten hin zu analysieren vermag[362]).«

Unsere Bedenken richten sich nicht gegen das Dasein von Kategorien, sondern allein gegen die Möglichkeit, daß ein Mensch sie unverfälscht erkennen könne. Mit Recht bemerkt der Neukantianer Ernst Cassirer[363]),

»daß wir die Begriffe niemals unmittelbar aus den Eigenschaften der Dinge ablesen können, weil vielmehr umgekehrt das, was wir ›Eigenschaft‹ nennen, erst durch die Form des Begriffs bestimmt wird. Alle Setzung von Merkmalen, von objektiven *Eigenschaften* geht auf eine bestimmte *Eigenheit* des Denkens zurück – und je nach der Orientierung dieses Denkens, je nach seinem beherrschenden Gesichtspunkt wechseln für uns die Bestimmtheiten wie die Beziehungen, die wir im ›Seienden‹ annehmen.«

Wem diese Feststellung als Ansicht einer überwundenen philosophischen Haltung nicht behagt, der möge jedoch bedenken, daß kein Irdischer gegen die Gefahr gefeit ist, bei einer phänomenologischen Suche nach ontischen Gegebenheiten immer gerade diejenigen Seinsgesetze zu entdecken, die ihm bereits seine Wunschträume vorgegaukelt hatten. Es ist nämlich allen Menschen eigentümlich zu sehen, was sie sehen möchten. Unsere Naturrechtler richten ihr Sinnen und Trachten darauf, das Recht nach den Geboten der christlichen Nächstenliebe zu gestalten. Ist es verwunderlich, daß sie aus kosmischen Gesetzen herauslesen, was unbewußt ihre Herzen erfüllt? So stützt z.B. Mitteis sich auf ein Wort Eichendorffs[364]):

»Die Staatskunst ist wie die Astronomie, wie diese den Gang der Gestirne, so sucht jene das ewige Gesetz der Bewegungen und Wechselbeziehungen der ethischen Kräfte des Menschen zu entdecken, um das natürliche Planetensystem der Gesellschaft herzustellen.

Allein, für die Wissenschaft gibt es Geist und Sittlichkeit nur im Leben des Menschen, nicht jedoch im außermenschlichen Sein. Die gesamte übrige Natur lebt jenseits von Gut und Böse. Wer unter dem ästhetisch erhebenden Eindruck des Sternhimmels ein »natürliches Planetensystem der Gesellschaft« ersehnt, übersieht das Besondere am Menschen. Zwar gehorcht als organisches Lebewesen auch der Mensch außermenschlichen Gesetzen, aber doch mit der Einschränkung, daß sich die Natur im Falle ihrer Mißachtung an seinem Geist rächt. Jene Gesetze, die nur die niederen Schichten des Anorganischen, des Organischen und des tierischen Seelenlebens durch-

---

[362]) (1940) 583
[363]) (1922) 53
[364]) Mitteis (1948) 9 und 44, Anmerkung 5. Das Zitat ist bisher unveröffentlicht.

walten, jene Gesetze, die nichts von christlichen Liebesgeboten ahnen, vermögen nicht Richtschnur eines Strebens zu sein, das über alles Animalische hinausweist in die Höhe. Allein darauf beruht der Menschheit ganzer Jammer, daß sich der Geist *nicht* von den außermenschlichen Grundlagen seines Seins befreien kann[365]).

Die Naturrechtler erweisen ihrer Sache wahrlich einen schlechten Dienst, wenn sie ewig gleichbleibende Grundstrebungen aller Menschen in kosmischen Gesetzlichkeiten angelegt wähnen, die doch nur die biologische Voraussetzung des Geistigen bilden. Freilich: Das Inhumane jener Gesetze ist – als allgemeine unerläßliche Unterschicht allen Geistes schlechthin – allüberall ohne Rücksicht auf Kultur und Zeitalter sämtlichen Menschen gemeinsam. Wo ihn die Mächte des Biologischen vorwiegend beherrschen, dort anerkennt der Mensch – zum mindesten in der Lebenspraxis – kein sittlich geläutertes Recht, wie es das christliche Gewissen fordert. Nicht allein die ethnologische Jurisprudenz und die ältere Rechtsgeschichte beweisen das, sondern noch die christlichen Zeiten: Oft ist Fremder nur ein anderes Wort für Feind[366]). Man braucht keine Bibliotheken und Archive, um innezuwerden, daß sich hieran bis heute weder in der öffentlichen noch in der privaten Lebensführung seit den magischen Frühkulturen etwas Wesentliches geändert hat. Der Aggressionstrieb, den wir von tierischen Ahnen ererbt haben, verhindert die Vorherrschaft unserer Friedfertigkeit[367]). Allenfalls könnte man mit Hebbel sagen[368]): »Die Bestialität hat jetzt Handschuhe über die Tatzen gezogen. Das ist das Resultat der ganzen Weltgeschichte.«

Wem ein wahrem Menschentum dienendes Recht am Herzen liegt, der dürfte demnach nur die Parole kennen: Du sollst in sittlicher Freiheit die kosmische Gesetzlichkeit in dir überwinden[369])! Daß die Naturrechtler ihre Zuflucht jedoch immer wieder zu jenen Gesetzen der außermenschlichen Ordnung nehmen möchten, erklärt sich – wie wir am Ende dieses Abschnitts noch näher sehen werden – aus ihrer seltsamen Vorstellung vom Sein. Zwar

---

[365]) Nur wenige Begnadete erfahren in ihrem Leben selten einmal die Verwirklichung des Goethewortes: »Von der Gewalt, die alle Wesen bindet, befreit der Mensch sich, der sich überwindet.« Kant verkannte das Problem bekanntlich völlig, wenn er jedermann in jeder Lage für fähig hielt, den Geboten der Sittlichkeit Folge zu leisten.

[366]) Beispiele bei Makarewicz 274ff. und bei Meinhof (1914), 79, 131f.

[367]) Der Zoologe Konrad Lorenz, dem wir diesen Nachweis verdanken, ist – für das Ganze der Menschheitsentwicklung – freilich keineswegs pessimistisch, muß aber immerhin zugeben (1963, 389): »Das ist der Januskopf des Menschen: Das Wesen, das allein imstande ist, sich begeistert dem Dienste des Höchsten zu weihen, bedarf dazu einer verhaltensphysiologischen Organisation, deren tierische Eigenschaften die Gefahr mit sich bringen, daß es seine Brüder totschlägt, und zwar in der Überzeugung, dies im Dienste eben dieses Höchsten tun zu müssen . . .«. – Albert Schweitzer (XVIII) irrt also, wenn er die heutige »Vogelfreiheit« des Fremden als »Entsittlichung« des Rechtes ansieht. Vielmehr ist dem Christentum bis heute nicht gelungen, primitives Rechtsempfinden voll zu überformen.

[368]) Tagebuch am 29. VII 1837 (I, 163).

[369]) Ob das zu verwirklichen wäre, steht auf einem anderen Blatt (vgl. Vierkandt 56ff.). Gleichwohl sollte es das Streben aller werden!

geht auch ihr Denken aus von der richtigen Erkenntnis, daß in unserem Dasein das lieblos Biologische den Ton angibt. Dann aber drehen sie sich gleichsam im Kreise. Denn beim Nachsinnen über eine bessere Ordnung bleibt ihr Auge schließlich voller Bewunderung auf der Harmonie der Zahlen haften, die allem Sein zugrunde liegen soll. Sie bemerken indessen gar nicht, daß sich ihr Blick dabei um 360 Grad wendet und auf eben jene kosmische Wirklichkeit zurückgleitet, von der sie wähnen, sich ein für allemal abgewandt zu haben.

Der Fall Mitteis ist artvertretend für alle Rechtsontologen. Wenn z.B. Reinach den Grund unseres Ungemachs mit dem positiven Recht im Abirren von der Seinsgesetzlichkeit sieht, verkennt er deren Gleichgültigkeit gegen alles Ethische. Weicht nämlich der Mensch von ontischen Gesetzen ab, so verletzt er unmittelbar nur solche Vorschriften, die das Dasein seiner geisttragenden Unterschichten regeln. Also mißachtet er Gesetze, die gleichermaßen auch für die übrige organische Welt gelten. Mittelbar pflegt er damit dann meist seinen Geist, seine Gesundheit, ja oft sein Leben zu gefährden. Gerade darin liegt die Tragik des Menschen: Die allbeherrschenden Gesetze des Anorganischen, des Organischen und des niederen Seelenlebens überschneiden sich mit der unverkennbar höheren Gesetzlichkeit seines Geistes, der darauf angelegt zu sein scheint, seine Wirkung oberhalb des Reiches kausal-vitaler Zwangsläufigkeiten zu entfalten[870]). Wollte man den Menschen allein kosmischen Gesetzen unterstellen, so hieße das, ihn auf die Rangstufe seiner affenähnlichen Vorfahren zurückzuversetzen. Damit soll nicht etwa das Tierische im Menschen verächtlich gemacht werden. Sicherlich hat Konrad Lorenz durchaus recht, wenn er betont: »Der alles sogenannten Tierischen entkleidete, des Drangs der Dunkelheit beraubte Mensch, der Mensch als reines Vernunftwesen, wäre keineswegs ein Engel: er wäre weit eher das Gegenteil[871])!« Trotzdem kann diese Besinnung aber nicht unsere Einsicht erschüttern, daß der irdische Gesetzgeber sich niemals an der obersten Richtschnur ontischer Gesetzlichkeiten ausrichten dürfte, weil sie doch lediglich – im Sinne Darwins – das Überleben des Tüchtigsten gewährleisten.

Verwunderlich erscheint es keineswegs, daß nachdenkliche Menschen seit alters beim erhebenden Anblick des nächtlichen Sternhimmels wähnten, einer allumfassenden kosmischen Gesetzlichkeit eingebettet zu sein. Das Bewußtsein ihrer eigenen Winzigkeit mag ihnen die schöne Vorstellung einer Zahlenharmonie eingegeben haben, die die gesamte Schöpfung durchwalte. Der fromme Glaube war damit auf dem rechten Wege. Wenn er dennoch in die Irre ging, so geschah das deshalb, weil diese Menschen sich keine Gedanken darüber machten, ob sie nicht vielleicht höheren Geboten zu folgen hätten, als den niederen Gesetzen, die die Welt des sichtbar Stofflichen

---

[870]) Ob in Wahrheit auch das Geistesleben, das für die Wissenschaft allein dem Menschen eigentümlich ist, einer den ganzen Kosmos durchwaltenden Gesamtgesetzlichkeit folgt, wissen wir nicht. Darüber zu spekulieren – etwa im Sinne Gustav Theodor Fechners – wäre unstatthaft.

[871]) (1963) 381f.

beherrschen. Als Augenwesen hielten sie sich in ihrem vorwissenschaftlichen Denken vielmehr allein an das ihnen Sinnenfällige, an die astrophysikalischen Gesetze und die biologische Ordnung der Tierwelt, neben der sie lebten. Bei alledem übersahen sie jedoch eines: ihre eigene Seele und ihren eigenen Geist, die nirgendwo sonst im Kosmos ihresgleichen haben. Sie verhielten sich so, als ob der von ihnen berücksichtigte sinnlich wahrnehmbare Ausschnitt der »Wirklichkeitstotalität« das Gesetz des Ganzen darstelle.

Wenn heutige Naturrechtler ihnen hierin folgen und ernstlich annehmen, die tieferen Fragen unseres Rechts im Aufblick zu kosmischen Gesetzlichkeiten erfolgreich behandeln zu können, so geraten sie gar leicht in die Gefahr, sich einer archaischen Anthropologie zu verschreiben, die »blind« war für die Eigenwelt des menschlichen Geistes.

Für die tiefere Problematik des Naturrechtsdenkens ist dieser Sachverhalt von unermeßlicher Bedeutung. Genauere Untersuchungen würden ihn unschwer in der abendländischen Geistesgeschichte bis zurück in die graue Vorzeit aufdecken können.

Mitteis macht darauf aufmerksam, auch die alten Chinesen hätten angenommen, ihr Staatswesen werde erst dann die höchste Stufe der Vollendung erreichen, wenn es einmal gelingen sollte, es der Gesetzlichkeit der Gestirne anzupassen[372]). Mitteis selbst scheint aus diesem also nicht auf das Abendland beschränkten Glauben eine Stütze für seine eigene Rechtsontologie entnehmen zu wollen. Indessen ist es oft recht bedenklich, sich in der Wissenschaft auf eine communis opinio zu berufen.

Beschränken wir uns auf die Entwicklungsgeschichte des abendländischen Naturrechtsdenkens, so wird es nicht schwer fallen, einen der Ursprungsorte der ontologischen Rechtslehre in der Antike zu finden. Ottokar Tesars Forschungen zum griechischen Strafrecht[373]) haben beiläufig für diese Zusammenhänge eine unübersehbare Fülle von Einzelhinweisen erbracht. Bei den Stoikern, die den nachhaltigsten Einfluß auf die römische Rechtswissenschaft ausübten, treffen wir auf die Lehre von der allgemeinen Weltvernunft, die als kosmische Grundordnung zugleich Quelle der den irdischen Menschen bindenden Normen sei. Diese Lehre erhielt sich im Mittelalter am Leben. Sie war es, die bei einem Manne wie Isidor von Sevilla die Überzeugung hervorbrachte, der Name »Sittenordnung« sei nur eine andere Bezeichnung oder ein anderer Aspekt für diese kosmische Gesetzlichkeit[374]). Es ist nicht unsere Aufgabe, den Entwicklungsgang der Ideen durch die verschlungenen nur wenigen Kennern wirklich vertrauten

---

[372]) (1948) 9. – Wie fremd jedoch den Chinesen dabei alles »Naturrechtsdenken« gewesen ist, betont Max Weber, denn ihnen war »die Spannung zwischen Natur und Gottheit, ethischen Anforderungen und menschlicher Unzulänglichkeit ...« fremd (522). Er hebt die »Irrationalität« ihrer Justiz und Verwaltung hervor, sowie das Fehlen »wirklich garantierter Freiheitsrechte« (276ff. [391, 394, 435, 437]).

[373]) (1914) 98–256

[374]) Rommen (1926) 59f.

Pfade der scholastischen Philosophie zu verfolgen[375]). Wir können das Verfahren abkürzen und ganze Jahrhunderte mit ihren Auseinandersetzungen um diese Frage überspringen.

Wir begeben uns unmittelbar zu den großen spanischen Theologen und Juristen des 16ten Jahrhunderts, die immer mehr in den Brennpunkt des Interesses nicht nur unserer Völkerrechtler, sondern auch unserer Naturrechtsphilosophen treten. Ein Schriftsteller der Gegenwart, welcher jenem Abschnitt der iberischen Geistesgeschichte ein eindringenderes Studium gewidmet hat, versichert, Franz Suarez habe eine deutliche Empfindung dafür gehabt, wie unzulässig es sei, die Begriffe »Naturgesetz« und »Sittengesetz« unbedenklich miteinander zu vermengen[376]). Allein, man braucht nur einige Äußerungen jener Zeit zur Theorie des Staates zu hören, um bereits mit der für unsere Zwecke hinreichenden Gewißheit zu spüren, wo das Problem liegt und wie es in einer gesonderten Abhandlung geistesgeschichtlich zu bearbeiten wäre.

Der berühmte, auch heute noch als Autorität des Naturrechts hochgeschätzte Bischof Didacus Covarruvias a Leyva (1512–1577) vergleicht den menschlichen Staat mit den tierischen Gemeinschaftsverbänden. Er ist insoweit ein Nachfahr der römischen Juristen und ihres »naturalistischen Naturrechtsbegriffs[377])«, für den das Naturrecht allen Lebewesen, den Tieren wie den vernunftbegabten (Menschen), innewohnt. Ausdrücklich nennt Covarruvias nur die Bienen, Ameisen und Kraniche. Er erwägt, welche Vorteile für das Individuum aus der Vereinigung mit seinesgleichen herausspringen, Vorteile, welche der gemeinschaftlich lebende Mensch mit den genannten Tieren gemein habe. Nachdem Covarruvias diese animalischen Annehmlichkeiten gebührend gewürdigt hat, geht er zu der Frage über, woher denn die tierische und die menschliche Gemeinschaftsordnung stamme, und betont – was auch uns einleuchten muß – daß selbstverständlich nicht der Mensch der Erfinder dieser seiner – wir würden heute sagen »vorgegebenen« – Ordnung sei. Covarruvias erklärt: »... per legem naturalem ... sanctissima fuit ordinatio.« Es fällt auf, daß seine Untersuchung nicht auf Wesen und Ursprung der Sittlichkeit eingeht. Ja, die sittlichen Normen als solche werden neben der hervorgekehrten biologischen

---

[375]) Sauter (1932) betont (45, Note 1), daß man weder begrifflich noch ideengeschichtlich berechtigt sei, das »physisch-biologische« Sein der Stoa gleichzusetzen mit dem »idealen An-sich-sein«, dem »Wesensgrund«. Auch werde der stoische Einfluß erheblich überschätzt. Diese Fragen können dahingestellt bleiben. Unsere Darstellung zeigt demgegenüber, wie sehr sich bis heute im Naturrechtsdenken das »physisch-biologische« Sein behauptet hat. Es fällt auf, daß S. in der Polarität »Sittengesetz – biologisches Gesetz« nicht einmal ideengeschichtlich ein besonderer Behandlung würdiges Problem erkannt zu haben scheint.
Wenig klar ist auch der Kirchenhistoriker Ernst Wolf 241 ff. – Der klassische Philologe Hirzel, der es liebt, geistesgeschichtliche Durchblicke bis in die neueren Zeiten zu gewähren, hat unser Problem ebenfalls nicht aufgegriffen (386 ff.).
Einführend unterrichtet immer noch am besten Martin Grabmann in dem Abschnitt: »Das Naturrecht der Scholastik von Gratian bis Thomas von Aquin« in Bd. I 65 ff.

[376]) Rommen (1926) 60

[377]) Höffner 233 f.; Kohler (1923) 203 f.

Wesensseite des Menschen und seines Staates nicht einmal beiläufig erwähnt. »Dei ordinatio est ad humanum convictum et humani generis conservationem (!) necessaria omnino.« Für diese animalische Daseinsordnung wird – das sei wiederholt – als alleinige Rechtsquelle die »lex naturalis« genannt[378]). Diese Nomenklatur ist bezeichnend aber auch zweischneidig. Man wird genötigt sein, ihr bei künftigen entwicklungsgeschichtlichen Erörterungen größere Aufmerksamkeit als bisher zu widmen. Ohne Schwierigkeiten vermöchte eine geistesgeschichtliche Untersuchung zu beweisen, wie stark die bei Covarruvias nur besonders klar in Erscheinung tretende naturalistische Naturrechtsbetrachtung noch unterbewußt bei heutigen Naturrechtlern nachwirkt. Nicht übertreibend sagt Ottokar Tesar[379]), das »Triebartige« sei zur Quelle des Naturrechts geworden. Zum Beweise dessen mögen einige Beispiele dienen.

Ein so gründlicher Kenner wie Martin Grabmann[380]) belehrt uns, schon im Mittelalter habe der Begriff »lex naturalis« nicht überall den gleichen Inhalt gehabt. Es mag hier dahingestellt bleiben, woran die einzelnen scholastischen Richtungen bei diesem Terminus gedacht haben. Fest steht jedenfalls, daß die herrschende Lehrmeinung in Übereinstimmung mit Thomas von Aquino in der lex naturalis das »natürliche Sittengesetz« erblickte, das uns erkennen läßt, was wir zu tun und zu lassen haben[381]). In diesem Sinne sagt der angesehene Naturrechtler unserer Tage, Viktor Cathrein[382]):

»Das Naturrecht ist die Summe von solchen bindenden Normen, die für die ganze Menschheit durch die Natur selbst . . . gelten.«

Ein anderer neuerer Naturrechtler unterrichtet uns zwar, das »Naturgesetz in der Moral« sei »wesentlich« unterschieden vom »Naturgesetz der Naturwissenschaft«. Nämlich das eine sei ein »Sollen«, das andere ein »Müssen«. Aber, so fährt er fort,

». . . der gleiche Name ›Naturgesetz‹ ist ein Zeichen ihrer Verwandtschaft, ihrer Herkunft von dem einen Vater, dem Urgrund der Natur- und Geisteswelt, ihrer Abstammung von den ›Müttern‹. Hinter dem ›physischen‹ und dem ›ethischen‹ Naturgesetz steht die tiefste und stärkste Gesetzlichkeit, die des Metaphysischen[383]).«

---

[378]) Covarruvias, caput 1 conclusiones 1 et 6, pp. 168–70. Selbst habe ich das Original nicht einsehen können. Die Herren Prof. Dr. Hubert Koffler (theol. Hochschule St. Georgen in Frankfurt a.M.) und Prof. Dr. Eberhard Welty O.P. (Albertus-Magnus-Akademie in Walberberg bei Köln) hatten die Freundlichkeit, mir Auszüge des Originaltextes herzustellen. – Der bei Kohler (1923) 204 wiedergegebene Text, der offenbar einer anderen Ausgabe entnommen ist, enthält nur unerhebliche Abweichungen, die den Sinn unberührt lassen, ist aber keine vollständige Wiedergabe der beiden Conclusionen, da Kohler die Literaturverweisungen gestrichen hat. Die Auffassung von Covarruvias kommt unverstümmelt zum Ausdruck.

[379]) (1928) 10

[380]) I 68ff. G. hebt das gelegentlich »Tastende und Unausgeglichene« scholastischer Begriffsunklarheiten hervor. Wenn ich dabei richtig sehe, so beginnen die Begriffsvermengungen schon mit der Aufnahme und Verarbeitung der römisch-rechtlichen Termini »ius naturale« und »ius gentium«, die mir freilich auch schon im Altertum nicht klar gegeneinander abgegrenzt erscheinen. Auf die mangelnde Schärfe scholastischer Begriffsbildung weisen ferner: Sauter (1932) 222 und Höffner 229ff., vornehmlich im Hinblick auf unsere Frage.

[381]) so ausdrücklich Theodorus Meyer S.J. 197f.; ferner Lehmen S.J. 86

[382]) (1909) 222

[383]) Mausbach 21

Diese Proben aus dem 20sten Jahrhundert genügen. Jetzt brauchen wir nicht mehr den Einwand zu fürchten, der biologischen Ansicht des Naturrechts bei Covarruvias eine übergroße Bedeutung beizumessen. Das zuletzt wiedergegebene Urteil des bekannten Moraltheologen Mausbach zu unserer Frage bestärkt uns in der Auffassung, daß es eine wenig glückliche Terminologie sei, die das »Sittengesetz« als einen Unterfall des allgemeinen »Naturgesetzes« einordnet. Wenn auch der fromme Glaube dessen gewiß sein mag, daß »hinter« der sittlichen Ordnung gleichermaßen wie »hinter« der naturwissenschaftlichen Gesetzlichkeit ein und derselbe göttliche Wille walte, so ist doch die augenfällige Tatsache nicht zu leugnen, daß der endliche Mensch – der Philosoph, wie selbst der Gläubige – die naturwissenschaftlich faßbare und die moralische Ordnung als zwei unabänderlich voneinander geschiedene Bereiche erfährt. Inwiefern gerade hier begriffliche Vermengung – nicht nur für die Wissenschaft, sondern sogar für die Sache des Glaubens – unheilvoll ist, werden wir alsbald bemerken[384]).

Würde man sich ab heute international darauf einigen, unter dem Terminus »lex naturalis« einzig und allein jene dem Menschen wie dem Tier gemeinsame animalische Daseinsgesetzlichkeit zu verstehen, so könnten wir uns jede weitere Bemühung ersparen.

Die heutigen Naturrechtler indessen sind an einer Auseinandersetzung um die biologische Seinsordnung innerlich gar nicht beteiligt. Was sie mit ganzem Herzen allein anstreben, ist die Überformung und Überhöhung eben dieses uns bindenden animalischen Gesetzes. Unsere Naturrechtler wünschen also nichts anderes als die Liebesgebote der christlichen Ethik bei uns praktisch zur Geltung zu bringen. Dieses Ziel ist dem einfühlenden Sinn auch des Unbeteiligten deutlich erkennbar. Das wissenschaftliche Instrumentarium freilich, mit dessen Beihilfe dieses Ziel durchweg angestrebt wird, ist dem veränderten Menschenbild der Gegenwart nicht mehr angemessen. Es gilt, sich frei zu machen von altüberlieferten, ehrwürdigen Irrtümern der gesamtmenschlichen Geistesgeschichte. Wenn unsere Naturrechtler sich hierüber in kritischer Selbstbesinnung klar würden, wäre die Grundlage zu einer Verständigung mit ihnen gegeben.

Hingegen wer von ihnen auch nach Überprüfung des Sachverhaltes daran festhalten sollte, außermenschliche Seinsgesetze befolgen zu müssen, der möge alsdann wenigstens zugeben, daß man gewisse Tendenzen unserer Tiersoziologie zu begrüßen habe, die in der Ehe, Familie und Gesellschaft des Menschen nur *graduell* gesteigerte Wiederholungsformen des Tierlebens erblicken[385]).

---

[384]) Besonders klar tritt die Begriffsverwirrung hervor bei Hölscher (I 94ff., 217ff.), etwa in dem Satz: »Das Recht ist ... ein Teil, eine Funktion der sittlichen Ordnung der Natur.« (225) Auch Emil Brunner (1943) 54ff. verwirrt, auch er scheint sich zu der Ansicht der Alten bekennen zu wollen, die das Sittengesetz im Einklang mit »den geregelten Bahnen der Gestirne« erlebten (56). Somit widerlegt B. seine eigene Behauptung, die europäische Tradition der Naturrechtslehre sei »antinaturalistisch« (102f.). – Ähnlich widerspruchsvoll ist Schönfeld (1943) 136f.

[385]) z.B. Alverdes (1925) und (1932) 85ff. – Selbstverständlich halte ich Vergleiche zwi-

Wer den Menschen als die höchste Spitze der Warmblütler ansieht, wird zwangsläufig zu einer biologistischen Ethik gelangen, deren Forderungen sich darin erschöpfen, die vitalen Bedürfnisse des Daseins zu sichern. Je nach der Tönung der Lebensanschauung wird dabei die Magenfrage oder die Eugenik vorwiegen.

Fragen wir einen dieser Ethik huldigenden Rechtsphilosophen, z.B. einen Anhänger des »Rassegedankens«, wie er sich zu einer apriorischen Jurisprudenz stelle, so wird er, wenn er sie anerkennt, nicht umhin können, ontischen Gesetzlichkeiten als Richtschnur menschlichen Verhaltens unverhohlene Sympathie zu bekunden. Denn die Gesetze des außermenschlichen Seins, insonderheit der organischen Lebewelt, sichern ja eine Ordnung, die für ihn den Leitwert auch des Menschen bedeutet. Geistige, d.h. nichtanimalische Eigenwerte sind in seinem Weltbild nicht vorhanden. Jedenfalls existieren sie nicht in seinem praktischen Verhalten, mag er uns und vielleicht sich selbst auch weismachen, daß in seinem Menschenbild das Geistige vorherrsche[386]). Entfernt man daraus die wesensfremde idealistische Tünche, so zeigt sich, daß das Leben dieser Biologisten frei von jenen ethischen Konflikten verläuft, welche den Idealisten oft am Dasein verzweifeln lassen. Dem Naturalisten wird Hauptinhalt seiner Rechtspolitik sein, den Hunger und die Liebe zu regulieren, so wie mir einige Jahre vor Ausbruch des zweiten Weltkrieges ein um das Erbgesundheitswesen hervorragend verdienter Richter allen Ernstes erklärte, Rechtspflege sei nichts anderes als Rassenpflege.

Wer sich als Rechtsphilosoph in dieser Weise zu einer geistwidrigen »rassisch gebundenen Weltanschauung« bekennt, kann nur gutheißen, daß man die Gesetzlichkeit des Seins zur Richtschnur der Sollensordnung erhebe. Denn Darwins Selektionstheorie ist der Leitwert seines ganzen Rechtsdenkens, das den Einzelmenschen zum bloßen Exemplar der Gattung entwürdigt, seine persönliche Freiheitssphäre negiert und ihm nur eine gliedhafte, entseelte Funktion im Organismus des Staates zuerkennt. Fahren wir in dieser grob schematischen Darstellung fort, so gelangen wir zu dem Ergebnis, daß unser Naturalist in der Tat die Grundlinien der mensch-

---

schen Tier und Mensch nicht für unsinnig, sondern für sehr ersprießlich. Lecomte de Noüy, dessen Arbeit ich in ihrer Tendenz zustimme, muß ich widersprechen, insoweit er annimmt, der Mensch sei imstande – wenn auch nur in wenigen der »Entfaltung« fähigen Individuen – die Überreste des Tieres in sich zu überwinden. L.d.N. unterschätzt die geisttragenden Unterschichten erheblich. Infolgedessen schießt sein scharfer Angriff gegen den Vergleich des menschlichen Staates mit den Tierstaaten über das Ziel hinaus. »Abgründige Dummheit« hat diesen Vergleich keineswegs angestellt. (174ff.) – Vgl. auch Rothacker »Schichten« 27ff., 66ff. –
Zu welchen grotesken Übertreibungen es gelegentlich in jüngerer Zeit geführt hat, naturwissenschaftliche Kategorien auf das Recht zu übertragen, zeigt Riezler (1942) 149ff.

[386]) Siehe die Habilitationsschrift Dietzes (1936) 110ff., 156ff., eine wahre Fundgrube für künftige Geisteshistoriker. Die idealistische Verbrämung ist dem Naturalismus auch sonst eigen.

lichen Sollensordnung erschöpfend in den ontischen Gesetzen vorgezeichnet finden müßte, vor allem das Recht des Stärkeren, des Gesünderen, der sich ohne Edelsinn und ohne Liebe durchsetzt. Eine solche biologistische Ordnung, die eine getreue Nachahmung der Ordnung der Tierstaaten darstellte, könnte nur für das distanzierte Auge eines unbeteiligten Ästheten den erfreulichen Eindruck einer »Wohlordnung«[387]) aufkommen lassen, die das Gemüt zur Zahlenharmonie der Planetenwelt zu erheben vermöchte. Ein Mensch mit fühlender Brust, dem das Los beschieden wäre, als Mithandelnder und Mitleidender Glied dieser »Wohlordnung« zu sein, würde die »Zahlenharmonie« verfluchen, weil sie all sein höheres geistiges Streben verkümmern ließe.

Wir haben uns in vergröbernder Darstellung auf diejenige Spielart naturalistischen Rechtsdenkens beschränkt, die uns als die »rassegesetzliche« in Erinnerung ist. Daß auch sie sich bei eindringender Untersuchung als eine complexio oppositorum enthüllen würde, konnten wir hier nur andeuten.

Das Ergebnis unserer Erörterung deckt eine seltsame Ironie der Geistesgeschichte auf: ausgerechnet die Vorkämpfer des Spiritualismus nämlich, welche Menschenwürde, Humanität, Religion und Nächstenliebe verteidigen, Männer, die unter Aufbietung aller Sprachmittel den Juristen immer wieder predigen, der Mensch sei ein Fremdling auf dieser Erde, kein Zweifüßler, sondern Gottes Ebenbild, in der Tat: unsere Naturrechtler sind es, welche – unwissentlich auf der Operationsbasis ihrer ärgsten Gegner Stellung fassend – ihrer eigenen spiritualistischen Haltung den Boden entziehen. Oder möchten sich die Ontologen und Aprioristen des Rechts etwa zu der sonderbaren Auffassung bekehren, der Sinn des Menschseins erschöpfe sich im Essen, Trinken, Lieben und Kinderzeugen, Hüttenbauen, Kriegführen und ähnlichen animalischen Vorgängen, die auch in außermenschlichen Bereichen allgemeine Äußerungen organischen Lebens auf unserem Planeten sind? Die Naturrechtler sollten sich darüber Rechenschaft ablegen, was ein solches Bekenntnis, das logisch aus ihrer Wertschätzung des Ontischen folgt, für sie bedeuten würde: den Verlust des Geisteslebens als Eigenwert! Humanitas, Nächstenliebe und ähnliche edle Regungen wären alsdann nichts anderes als trügerischer Schein einer idealistischen Weltansicht, die vor biologistischer Betrachtung, d.h. im »natürlichen Planetensystem der Gesellschaft« keinerlei Daseinsberechtigung hätte.

Nach allem wird jeder Naturrechtler, der sich an der ästhetisch wohltuenden Vorstellung kosmischer Zahlenharmonien erbaut, wenn er nicht den Folgerungen seiner Gedanken ausweicht, selbst zugeben müssen, man sollte das Vorbild für die Normen menschlicher Gesellung bei den Tieren suchen.

Wir haben hier den inneren Widerspruch naturrechtlichen Denkens bewußt auf die Spitze getrieben. In Wirklichkeit arbeitet das Leben jedoch nirgendwo mit den scharfen Gegensätzen, die unser Geist aus ihm abstrahiert. Deshalb würden wir einem modernen Anhänger des Covarruvias

---

[387]) Eine Erläuterung dieses biologischen Terminus findet sich bei Driesch (1927).

freilich einräumen, auch wir sträubten uns keineswegs dagegen, das menschliche Gemeinwesen überhaupt mit Tierverbänden zu vergleichen. Im Gegenteil! Doch darf man das Vergleichbare dabei nur in denjenigen Seinsschichten suchen, die der Mensch mit dem Tier gemein hat. Ausschließlich in dieser engen Beschränkung auf den animalischen Unterbau muß man das Tierische sogar als Bauelement der menschlichen Lebensform, aber nicht als etwas Höherwertiges, anerkennen. Auch wissen wir in Übereinstimmung mit den iberischen Neuscholastikern sehr wohl, daß die jeder Rechtsordnung innewohnenden ethischen Forderungen nicht überspannt werden dürfen, d.h. daß dem Staatsbürger nicht zuzumuten ist, sich in sittlichen Höhen zu bewegen, die seine animalische Grundnatur überfordern würden. Allein, nicht diese Frage ist es, welche uns das schwerste Problem stellt. Der springende Punkt ist vielmehr: mit der Entfaltung eines höheren Geisteslebens tritt der Mensch zu den außermenschlichen Gesetzlichkeiten in inneren Gegensatz. Dieser wird um so bitterer empfunden, je höher der Mensch entwickelt ist. Er lehnt es ab, die animalische Grundordnung, der auch er unterworfen ist, als seine Ordnung anzuerkennen. Kein Verfechter des Naturrechts wird bestreiten können, daß die lediglich auf animalische Lebensverhältnisse zugeschnittene außermenschliche Seinsgesetzlichkeit vielfach zu empfindlichen Reibungen, Hemmungen, ja schweren Schädigungen des Geistes führt. Voraussetzung jedes höheren Menschentums ist die Persönlichkeit, ein im außermenschlichen Seelenbereich unbekanntes Phänomen, das bedingt ist durch Individuation und geistige Differenzierung, welche den Einzelnen zwangsläufig nicht allein in Abstand, sondern vor allem auch in bewußt erlebten Gegensatz zur Umwelt und damit zu den Gesetzen des Seins geraten lassen. Die Tierwelt kennt keine »soziale Frage«. Der Mensch kennt eine soziale Frage erst von dem Zeitpunkt an, wo er zum Nachdenken über sich und die Welt kommt, d.h. wo sich seine ersten Persönlichkeitsregungen zeigen[388]). Indem der einzelne Persönlichkeit wird, indem er zum Bewußtsein seiner Menschenwürde gelangt, wird ihm spürbar, daß die gesamte nichtmenschliche organische Lebewelt um ihn die Daseinsrechte der Persönlichkeit nicht kennt. Die Natur um ihn weiß nicht, was Nächstenliebe bedeutet, sie verfährt unnachsichtig und verschwenderisch mit dem Einzelexemplar der Gattung. Sie ist beherrscht vom Kampfgetümmel aller gegen alle, vom Gesetze der Auslese des Daseinstüchtigsten. Die Natur ist »ungeheuer aristokratisch«, wie Ernst Troeltsch einmal sagt. Der eugenisch und erbbiologisch hinreichend Geschulte kennt die Schwierigkeiten, die sittlichen Forderungen des Christentums in Einklang zu bringen mit den ehernen Geboten des biologischen Seins, das seine Mißachtung

---

388) Diese Einsicht ist klar herausgearbeitet, wenn auch nicht ganz in dieser Schärfe formuliert, bei v. Pöhlmann I 227ff. Vgl. auch im Anhang II 542 ff. die Ausführungen des Bearbeiters Oertel.
Der Revolutionsforscher Stadelmann bekennt sich nachdrücklich zu dieser Auffassung (1948, 1. Kapitel). – Schon 1869 hat Eduard v. Hartmann vorgetragen, daß der zunehmende Schwund des Glücksgefühls und der Zufriedenheit mit den äußeren Umständen des Daseins allein durch die mit dem wachsenden Bewußtsein einsetzende »Zerstörung der Illusion« bedingt sei (597–627).

am Geiste des Menschen unerbittlich zu rächen pflegt. Die vom Pathos christlicher Ethik erhobene Forderung, in jedem Mitmenschen immer das Ebenbild Gottes zu achten, wird von der außermenschlichen Welt offensichtlich ignoriert. Hier ist nicht alles gleich, was Menschenantlitz trägt.

Wenn wir an dieser Stelle wiederum die Frage nach den inneren Gründen des Naturrechtsdenkens aufwerfen, so können wir nunmehr antworten: es ist geboren aus dem aufdämmernden Wissen um den Gegensatz zwischen den Gesetzen des Seins und des Sollens. Den Gedanken an ein Naturrecht trieb das Unbehagen hervor, welches das zu seinem Verstand erwachte kritische Bewußtsein an der animalisch verlaufenden Rechtswirklichkeit empfand. Auf eine Formel gebracht: das Naturrecht ist der Ausdruck der Unzufriedenheit mit dem tatsächlichen Geschehen des Lebens. Es ist die Sehnsucht, die harte Gesetzlichkeit des lieblosen Seins nach den Geboten des Sollens zu überformen und zu überhöhen.

Die unbewußte Erkenntnis dieses Sachverhalts hat Pate gestanden bei dem geflügelten Worte Karl Bergbohms, daß »alle Menschen geborene Naturrechtsjuristen sind[389]).« Die heutigen Naturrechtler frohlocken daher ohne Grund über diese Äußerung, in der sie ein unbeabsichtigtes Zugeständnis ihres Hauptgegners erblicken wollen.

Hat man sich diesen psychologischen Sachverhalt klargemacht, so weiß man auch das scheinbar so eindrucksvolle Argument zu entkräften, mit dem geistvolle Verfechter des Naturrechts ihren Standpunkt zu verteidigen pflegen:

»... Das Naturrecht ist seinem Wesen nach eben dadurch von dem positiven Rechte unterschieden, daß es als deontologischer Grundsatz zur Geltung kommt, (daß es das ausspricht, was sein sollte, auch wenn es tatsächlich nicht ist.) Es hat Dasein, insofern es ideale Geltung besitzt, und diese ideale Geltung ist ihm auch dort zueigen, wo es tatsächlich verletzt wird. Denn diese Verletzung vollzieht sich in der Erscheinung, sie tastet das Gesetz nicht an, weil dieses der Erscheinungswelt übergeordnet ist[390]).«

Führt man solche Aussprüche zurück auf das sie verursachende seelische Urerlebnis des zum Bewußtsein seiner Persönlichkeit erwachten Individuums, so heißt das nichts anderes als:

Für das subjektiv gültige Erleben des entwickelten Einzelmenschen besteht eine weitgehende Dissonanz zwischen den Ordnungsforderungen des nur ihm allein eigentümlichen Geisteslebens und dem Ablauf des außermenschlichen Gesetzen unterstellten Naturgeschehens, dem er selbst unentrinnbar eingegliedert ist. Das ist eine nicht wegzuleugnende Erlebnistatsache, die um so lebhafter empfunden wird, je höher im Persönlichkeitsrang der Erlebende steht. Darin liegt zugleich die Hauptursache, weshalb der

---

[389]) 122 – Jetzt sagt auch Thielicke III (1964), 302: »In der Frage nach dem Naturrecht steckt ... die Erkundigung nach den das Recht bedrohenden und es zersetzenden Faktoren. Man könnte in diesem Sinne sagen, daß die griechische Entdeckung des Naturrechts weniger den Traum einer geordneten, von normativen Konstanten getragenen Welt bezeugt als die Sehnsucht nach einer solchen Welt. Diese Sehnsucht aber wird gerade ausgelöst durch die erfahrene Un-Ordnung einer Welt, in der Macht vor Recht zu gehen pflegt.«

[390]) Del Vecchio 225

weniger hoch Entwickelte fähiger ist, sich glücklich zu fühlen. Er nimmt nämlich jenes Mißverhältnis beider Gesetzlichkeiten zum mindesten nicht in voller Schärfe wahr.

Ob es der Wille einer uns verborgenen höheren Macht ist, uns unter dem Widerstreit zwischen Sein und Sollen leiden zu lassen, bleibt unerforschlich. Deshalb wäre es müßig, transzendente Sphärenharmonien aufspüren zu wollen, die alle irdischen Gegensätze auf höheren Ebenen aufheben[391]). Dergleichen zu erwarten, wäre Sache des Glaubens, nicht aber der Wissenschaft[392]).

– 5 –

Sobald der Mensch zu kritischer Beurteilung des Daseins heranreift, kann es nicht ausbleiben, daß er auch an seiner Rechtsordnung mancherlei auszusetzen hat. Das liegt in einer Unausgeglichenheit seines Wesens begründet, die auf seine ontologische Mischgestalt zurückzuführen ist. Als Wanderer zwischen zwei Welten – keiner allein zugehörig – fühlt er sich hin- und hergerissen von den Mächten des Animalischen und der Bestimmung seines höheren Seins. Ständig hält ihn ein peinigendes Bewußtsein seiner erdgebundenen Unvollkommenheit in Unrast, an sich und der Verbesserung seiner Lage zu arbeiten. Bei alledem bäumt sich sein Geistesleben dagegen auf, auch für sich die Allmacht der außermenschlichen Naturgesetzlichkeit anerkennen zu sollen, die ihm lediglich in den Bereichen der organisch-vitalen Unterschichten des Menschlichen zuständig erscheinen will. Daraus erklärt sich seine Sehnsucht nach einer überweltlichen Ordnung, die er in der inneren Stimme der Sittlichkeit wahrzunehmen meint. »... Meine Persönlichkeit, in welcher das moralische Gesetz mir ein von der Tierheit und selbst von der ganzen Sinnenwelt unabhängiges Leben offenbart[393]) ...«, meine Persönlichkeit ist es, in der allein der Widerstreit zwischen Sein und

---

391) Formal gefaßt, liefe übrigens diese von Mitteis vorgetragene Auffassung auf ein astrologisches Weltbild hinaus, das Ganze im Kleinsten zu erblicken. Vgl. Ernst Cassirer (1922) 27ff.

392) Diese verborgene Gesamtgesetzlichkeit würde der lex aeterna in der Scholastik entsprechen. Vgl. Theodorus Meyer S. J. pp. 193, 199; Lehmen S. J. 86

393) Kant 222. – Hierin liegt freilich kein Bekenntnis zur Geistlehre des klassischen deutschen Idealismus. Denn wenn wir als den Grundzug der menschlichen Natur die Widersprüchlichkeit ihrer Verfassung ansehen, so gehen wir davon aus, daß die Trennung zwischen den Schichten des Animalischen und des Geistigen nur in unserer raumlogisch bestimmten Vorstellungswelt vorhanden ist. In Wirklichkeit bilden Leib und Seele eine rätselhafte Einheit in den unlöslichen Zusammenhängen aller ihrer Funktionen. Deshalb wäre es falsch, im »Fleisch« die Ursache aller menschlichen Unzulänglichkeit zu suchen, wie es nicht minder verfehlt wäre, das Elend des Menschen hauptsächlich aus dem sündhaft selbstherrlichen Kraftbewußtsein des Geistes abzuleiten (so im Anschluß an Augustinus heute anscheinend Weinstock [1960] 156). Ebensowenig nämlich, wie es rein animalische Triebregungen ohne Beimischung des Geistigen gibt, läßt sich ein freier Geist ohne den mitbestimmenden Einfluß seiner ihn tragenden Unterschichten nachweisen. Die moderne Psychologie weiß, daß selbst die höchsten Regungen der Seele und des Geistes absterben, sobald die nährenden Wurzelkräfte der animalischen Schicht verdorren.

Sollen sich regt. Wenn die Persönlichkeit im abendländisch erlebten Sinn dermaleinst dahinschwinden sollte, wird zugleich mit ihr alles Naturrechtsdenken erlöschen.

Moderne Naturrechtler, die aus der ontologischen Zwiespältigkeit des Menschen die Lehre ziehen, man dürfe überspitzten ethischen Anforderungen allenfalls beschränkte Geltung einräumen, zeigen nach allem also nüchternen Wirklichkeitssinn. Insoweit als sie jedoch wähnen wie schon früher die spanischen Neuscholastiker die apriorische Rechtsordnung außermenschlicher, kosmischer Gesetze anwenden zu können, rücken sie unbewußt in bedrohliche Nachbarschaft zu dem naturalistischen Positivismus, den gerade sie so erfolgreich zu befehden vermeinen. Das beweist eindrucksvoll folgender Vorgang: In seinem Kampf *für* den Gesetzespositivismus beruft sich heute ein erklärter Gegner des Naturrechts, der einer naturalistischen Ethik das Wort redet, ausgerechnet auf die apriorische Rechtslehre Reinachs[394]). Dieser Fall schließt die Beweiskette von Mitteis über Covarruvias zurück zur Gegenwart. Die Naturrechtler fechten in naturalistisch verkehrter Front! In besonders interessanter Beleuchtung zeigt sich das bei dem ungarischen Rechtsphilosophen Julius Moór. In einem 1935 erschienenen Aufsatz, der sich durch Kürze, Gedankenreichtum und Klarheit auszeichnet, versucht Moór, uns von der Existenz des Naturrechts zu überzeugen durch den Hinweis auf die unleugbaren tatsächlichen Grenzen des positiven Rechts, wie sie sich aus der Reibung an den Gesetzlichkeiten des Seins unvermeidlich ergeben. So meint er, Zar Paul könne doch nicht befehlen, daß ein kranker Matrose gesund werde, ebensowenig wie sich ein irdischer Machthaber über »unentbehrliche Existenzbedingungen« hinwegzusetzen vermöge. Keiner positiven Rechtsnorm sei es möglich, sich gegen das Naturgesetz der Kausalität, insbesondere gegen soziologische Gegebenheiten Geltung zu verschaffen. Hieraus folge schlagend, wie unsinnig die Lehre von der Schrankenlosigkeit der sozialen Macht sei.

Aus diesen auch von uns nicht bestrittenen Tatsachen schließt Moór die logische Notwendigkeit, den naturrechtlichen Grundgedanken anzuerkennen, daß jedem positiven Recht unübersteigliche Schranken gesetzt seien. Er nennt das die Anerkennung eines »negativen Naturrechts[395]).«

Jedoch schon an folgendem Beispiel wird das Fragwürdige an Moórs Beweisführung deutlich: die positive Rechtsordnung duldet die Prostitution, weil sie ihr mit keinem Verbot wirksam entgegentreten kann. Darf man aber daraus schließen, das positive Recht anerkenne damit gezwungenermaßen ein »negatives Naturrecht« der Dirne, ihrem Gewerbe ohne staatliche Behinderung nachzugehen?

Jedes weitere Wort zu diesem Falle erübrigt sich. Wir können es deshalb auch dahingestellt sein lassen, ob man Moórs Begriff des positiven Rechts übernehmen soll. Unser Gegenbeispiel beweist, daß man die Existenz einer Norm nicht aus Vorgängen in der natürlichen Welt ableiten kann. Wenn die

---

[394]) Beyer 76f.
[395]) 325ff., 543ff.

Gesetze, welche die anorganische, die organische und die psychische Welt beherrschen, dem menschlichen Gesetzgeber Beschränkungen auferlegen, so ist das ein Factum des Naturgeschehens, aus dem für das menschliche Sollen keine Norm entspringt. Wir stimmen hier überein mit Ernst v. Hippel:

»Die Norm bezieht sich wohl auf die natürliche Welt, folgt aber nicht aus ihr«,

und

» . . . wirklich im vollen Sinne ist eben nicht nur die Natur und ihr Gesetz, sondern auch das freie Handeln, der Geist und sein Prinzip, die Norm[396]), [397]).«

Aus diesem Ergebnis unserer Betrachtung der ontischen Gegebenheiten ergibt sich unsere Haltung zu neueren Versuchen, auf die phänomenologische Parole zurückzugreifen, daß das »Naturrecht unserer Zeit« die Soziologie sei[398]). Unser Standort dürfte nunmehr so deutlich geworden sein, daß wir auf seine Abgrenzung gegenüber der Ansicht Kelsens[399]) vom Recht als »bloß geistiger Wirklichkeit« verzichten können, ohne uns dem Verdacht auszusetzen, auch uns sei im Grunde an der »Rechtswirklichkeit« nicht allzuviel gelegen. Vorsorglich sei nochmals hervorgehoben: schon der Schichtenbau der Welt nötigt uns zur Folgerung, das Recht als Bestandteil des auf seinen Unterschichten »aufruhenden« Geistes müsse notwendig immer »die Formen eines konkreten sozialen Lebens widerspiegeln[400]).« Darum wäre es wahrlich ungereimt, wenn wir Josef Pieper[401]) bestreiten wollten, daß schon die formale Soziologie das Problem stelle, inwieweit die Gesetze der menschlichen Gesellung ethische Ansprüche verwehren oder rechtfertigen. Auch hier stehen wir wiederum vor dem Widerstreit zwischen Sollen und Sein. Formale und vollends materiale Soziologie als Disziplinen einer »Wirklichkeitswissenschaft« (Freyer) vermögen nicht mehr, als nur die seinsgesetzliche Lage des Einzelfalls aufzudecken[402]).

Ein an der sozialen Wirklichkeit orientierter Rechtsphilosoph genießt zwar gegenüber dem Begriffsjuristen den Vorteil der größeren Nähe zur Lebensgesetzlichkeit, unterliegt aber gerade dadurch der ihm meist unbewußten Gefahr, in die Linie einer naturalistischen, metaphysikfeindlichen Haltung einzuschwenken. Er wird dazu neigen, den Mißklang zwischen Sollen und Sein in das Wohlgefallen an der »normativen Kraft des Fakti-

---

396) (1947) 64

397) Nicht alle chinesischen Rechtsphilosophen dachten übrigens so, wie es nach Mitteis den Anschein haben könnte. »Das himmlische Gesetz ist nicht das Sittengesetz, sondern das Naturgesetz, welches Gut und Böse, Recht und Unrecht nicht kennt«, lehrten um 800 n. Chr. die Konfuzianer. (Forke [1934] 310)

398) Jerusalem 5

399) Kelsen (1931) 12ff.

400) Jerusalem 114

401) 159ff.

402) Das hat seit langem Emge mit den »soziologischen Unterlagen beim Recht« betont. (1925) 49ff., (1931) 57ff. und (1944). Doch läßt seine fruchtbare Unterscheidung zwischen dem »soziologisch Apriorischen« und dem »direktiv Apriorischen« (1948) 90ff. jede Erörterung des Kernproblems, der Diskrepanz zwischen Sein und Sollen, vermissen.

schen« aufzulösen. Diese Gefahr dürfte denn auch heute bei Jerusalem[403]) gegeben sein, wie schon die von ihm angezogenen höchstrichterlichen Entscheidungen zeigen, auf die er sich beruft. Ohne Zweifel ist die Bedeutsamkeit des Soziologischen unermeßlich für die Rechtsfindung. Aber dieser Umstand darf nicht zu dem Fehlschluß verleiten, die menschliche Sollensordnung lediglich als Derivat der menschlichen Seinsordnung anzusehen[404]).

Wir können nicht anerkennen, daß die Grundlinien eines wünschbaren Seins uns schon im gegebenen Sein vorgezeichnet seien. Es läßt sich nicht ernstlich in Abrede stellen: die soziologische Gesetzlichkeit liefert uns nur für das elende Notstandsgebäude des positiven Rechts die unentbehrlichsten Baustoffe. Das prächtige Feenschloß des erhabenen Naturrechts dagegen besteht aus Marmor und Edelholz, die nicht der trostlosen Alltagswirklichkeit entnommen sind, jener Niederung des Daseins, in der man so selten der Achtung vor der Würde des Nächsten, wahrer Menschlichkeit und Liebe begegnet. Will jemand im Ernste behaupten, die unbarmherzige Seinsgesetzlichkeit, die so manchen modernen Industriearbeiter noch heute fast zum Sklaven entwürdigt, enthalte die vorgeformten Elemente einer naturrechtgemäßen Sozialordnung? Liest man freilich das von Karl Larenz abgelegte Bekenntnis zum Naturrecht, so sollte man meinen, daß er selbst in diesem Falle jener Ansicht zuneigt, vor allem, wenn er sagt:

»Familie, Berufsordnung und staatliches Gemeinwesen sind Grundordnungen menschlichen Seins, die in allem geschichtlichen Wandel doch gewisse Strukturformen und Prinzipien eines ihnen gemäßen Verhaltens erkennen lassen, die wir als dauernd gültig bejahen müssen[405]).«

Offensichtlich soll das heißen, daß alle diese Gebilde menschlicher Gesellung zur formalen Soziologie zählen und infolgedessen eine Dauerrichtschnur der Rechtsetzung enthalten. Doch Larenz irrt. Schon die Berufsordnung ist starken geschichtlichen Veränderungen ausgesetzt und zuweilen – wie die Lage gewisser Industriearbeiter zeigt – als soziologisches Fundament sogar für das positive Recht ein deutlich empfundenes, unvermeidliches Übel, und zwar der Art, daß man zaudert, ob hier überhaupt das Wort Georg Jellineks angewandt werden darf, das Recht sei nur ein »ethisches Minimum«.

Bei rechtsphilosophischen Untersuchungen ist es manchmal heilsam, das Augenmerk auf extreme Fälle zu lenken, wie auf das Beispiel aus der Industriearbeit. Sie sind die besten Prüfsteine für die Richtigkeit unserer Erkenntnisse.

Nach allem haben wir festzustellen: die Soziologie und ihre Wirklichkeiten liefern ausschließlich den Überformungsstoff, an dem sich die Normbildung zu orientieren hat. Es ist gefährlich, diesen Stoff als Lineament der idealen Sollensordnung zu überschätzen. Eine streng soziologische Betrach-

---

[403]) 33 ff. Freilich habe ich seine angekündigte Sonderabhandlung »Naturrecht und Soziologie« nicht berücksichtigen können, da sie nicht erschienen ist.

[404]) Selbst Barna Horváth scheint der Versuchung zu dieser Auffassung nicht ganz entgangen zu sein. Für ihn nämlich stellt sich die Rechtssoziologie dar als »Naturrecht in einem gereinigten, transzendentallogischen Sinne.« (1934) 19.

[405]) (1947) 49–50

tung des Rechts muß zwangsläufig zur Leugnung des »Sphärendualismus zwischen Sollen und Sein« führen und zur Folgerung nötigen, »daß ein Satz Rechtsgeltung hat, bedeutet ... nichts anderes, als daß er Bestandteil des auszulegenden Materials ist«. Mithin sind »alle Wertbegriffe ... auf Seinsbegriffe reduzierbar, d.h. durch sie definierbar[406]).« Somit sind wir, grob gesagt, wiederum beim Tierstaat angelangt.

Nimmt man unsere Rechtssoziologen nämlich beim Wort, so dürfte folgerichtig sich niemand darüber ereifern, daß er im Gesellschaftsleben zu schlecht weggekommen sei[407]). Dann hätte z.B. die Stenotypistin im Falle Piepers[408]) nicht den mindesten Grund zur Beschwerde, ihr Chef behandle sie nicht auch im Dienst als Dame. Vielmehr wären die Naturrechtler hier befugt, sie in ihre Schranken zu weisen mit der Belehrung, das Soziologische forme nun einmal die arbeitsrechtliche Stellung unabänderlich vor. Sie müsse sich also in Ergebenheit mit ihrem Geschick abfinden. Sicherlich würde jene Kontoristin aber dergleichen wohlmeinende Beschwichtigungsversuche verständnislos voller Empörung zurückweisen. Der Umstand, daß sie sich selbst während der Arbeit so sehr auf ihre Menschenwürde versteift, zeigt uns deutlich, wie wenig der moderne Individualist meist geneigt ist, das soziologisch Unabwendbare eines nicht selten als entwürdigend empfundenen Berufes als Richtschnur für eine ideale Rechtsordnung gelten zu lassen. Hierin liegt jedoch zugleich auch ein Fingerzeig auf die häufig so schmerzlich gefühlte Unstimmigkeit zwischen Sollen und Sein. Felix Genzmers auf die Germanen bezüglicher Satz: »Recht bilden heißt ... : eine schon bestehende Ordnung bewußt machen[409])«, trifft eben nur auf gruppenseelische Frühzeiten und heutige Naturvölker zu. Der diskursiv denkende Individualist hingegen sinnt und trachtet danach, die Seinsordnung, die er bei seiner Geburt vorfindet, zu überformen und zu überhöhen, wie es seine unstillbaren Wünsche begehren. In dieser Hinsicht empfindet er also Recht nicht als ein Gegebenes, sondern als ein ihm Aufgegebenes. Über diesen Wesensunterschied zu ihren gruppenseelischen Altvordern sind sich freilich die meisten unter uns nicht klar, um so weniger als ihnen eine unglückliche Terminologie moderner Rechtssoziologen und Rechtsontologen diesen Gegensatz verdeckt. Ordnen sie doch die Sphäre des Sollens, die Welt der Werte, unbedenklich neben oder über dem raumzeitlich realen Sein ein als ein ideelles Sein. Infolgedessen müssen sie sogar die

---

406) so Felix Kaufmann (1936), 105, 296, 298, der in seinen rechtssoziologischen Überlegungen naturrechtliche »Bestandteile« erblickt (a.a.O. 303). Von Kempski 156ff. überschätzt ihn. – Wie wenig der Gesetzgeber sich an der bloßen soziologischen Wirklichkeit, – ohne daß sie von höherer Kultur überformt ist –, orientieren darf, zeigt am besten die Soziologie der Sexualität mit ihrem auch ethnographisch reichen Erfahrungsstoff (vgl. Schelsky).

407) In ihren eigenen rechtspolitischen Programmen jedoch pflegen die Rechtssoziologen oft – ohne sich dessen bewußt zu sein – Vorschläge zur Überformung, ja zur Überhöhung der sozialen Wirklichkeit zu unterbreiten, ein Anzeichen, daß auch sie im Grunde ihres Herzens die bloßen Seinsgesetze als unzulänglich empfinden.

408) 12 und passim.

409) 152ff.

bloße Möglichkeit eines Widerstreits zwischen beiden Sphären leugnen. Für Horváth z. B. gilt denn auch der Unterschied zwischen Sollen und Sein nur noch in methodischer Beziehung[410]).

Die Geschichte dieser verhängnisvollen Begriffsvermengung ist so alt wie die Kulturmenschheit selbst. Im Abendland war der doppelsphärige Seinsbegriff seit grauer griechischer Vorzeit bis zum Anbruch des cartesianischen Zeitalters etwas Selbstverständliches[411]). Arglos wähnte man: wenn alles Erkennen und Denken ein Teil des Seins ist, muß auch nur das gedacht

---

[410]) 49ff., 291ff.

[411]) Werner Jaeger (1949) hat die Ineinssetzung von Nomos und Kosmos bei den Griechen bis ins achte vorchristliche Jahrhundert verfolgt. Jedenfalls sind nicht erst die Stoiker Urheber dieser Vorstellung. Vgl. auch Tesar (1914) 106, 108, 114, 116, 123, 149, 153, 159–161, 204, 228 und 252. Für Aristoteles z.B. steht der Brauch über dem geschriebenen Gesetz, gibt es keine Trennung beider Sphären. Das hat unlängst Joachim Ritter nachgewiesen.

»Recht und Ordnung ist nicht nur Gegenstand des Denkens, sondern manifestiert sich im Vorgang des Denkens selbst. Das Denken läuft nach den göttlichen Gesetzen des Rechts und der Ordnung ab.« (Zucker 1950, 561ff.) Das unerschütterliche Vertrauen der alten Griechen zur Irrtumsfreiheit des Denkens, wie es sich hier bekundet, nennt Zucker ausdrücklich (a.a.O. 576) eine »vorbewußte Haltung«, die noch weit entfernt sei von einem Bewußtsein des Nur-Subjektiven, mit Fehlermöglichkeiten Behafteten. Typische Vertreter dieser vorbewußten Haltung sieht Z. in den Vorsokratikern, weil für sie das Denken des Menschen nur eine eigentümliche Erscheinungsweise des göttlichen Seins gewesen sei.

Wer sich mit dieser Frage tiefer befassen will, kann heute nicht an Brecht vorübergehen. Zu eben dieser archaischen Vorbewußtheit wenden sich unsere Kybernetiker heute zurück, wenn sie Denken und Sein ineinssetzen. Nicht von ungefähr zeigt gerade der Leninismus eine auffällige »innere Affinität« zur Kybernetik (Günther 138). Wer im Individuum nur den Funktionär des Kollektivs sieht, kann es natürlich freudig begrüßen, daß der Denkprozeß »einem primordial vorgegebenen Grunde« entspringe (Günther 118). Frohlocken wir daher nicht zu früh, die Kybernetik sei im Begriff, den dialektischen Materialismus von innen her aufzuweichen. Denn so, wie sie jetzt philosophisch ausgewertet wird, ist die Kybernetik eher imstande, dem Westen östliches Denken vertrauter zu machen, weil sie in einer Weise vorgetragen wird, die das abendländische Persönlichkeitsgefühl untergraben muß. Sind doch die westlichen Vertreter dieses neuen Faches infolge ihrer meist einseitigen mathematisch-logistischen Bildung durchweg dem verhängnisvollen Wahn verfallen, allein mit quantitativen Methoden könne man dem Geheimnis des Menschlichen näherkommen. Die Grenzen zwischen den Natur- und Geisteswissenschaften, insonderheit zwischen Physiologie und Psychologie, möchten sie aufheben. Sie träumen schon von einer »Informationsethik« more geometrico (Frank 75, 63) und machen sich bereits Gedanken, wie »schöpferische« Denkgeräte der Zukunft es fertigbringen könnten, Meisterwerke der großen Kunst »in den Bereich der Wiederholbarkeit« zu ziehen (Günther 156). Gewiß stellen die »mechanical brains« die klassische Polarität »Subjekt-Objekt« in Frage, solange aber ihre Technik noch in den allersten Anfängen ist, sind alle diese spekulativen Vorgriffe auf eine mögliche künftige Entwicklung, von der wir nichts wissen, nicht nur bodenlos, sondern sogar verantwortungslos. Derartige Phantastereien nämlich sind – um auf sie ein Wort C. G. Jungs anzuwenden – geeignet, die »regressive Auflösung in die Kollektivpsyche« zu fördern. Hier täte kulturanthropologische Besinnung dringend not. Für unser engeres Gebiet ergibt sich: Da kein Denkgerät heute schöpferisch arbeitet, vermöchte man mit Maschinen allenfalls Materialien zur Aufspürung von Rechtsfragen zu ordnen. Die Hoffnung hingegen, demnächst würden Automaten auch Rechtsfragen lösen, sei einstweilen getrost gewissen amerikanischen Juristen überlassen.

werden können, was wirklich ist. Mens nostra non mensurat res, sed mensuratur a rebus, lautete daher der Leitsatz der Scholastik. Daß die Dinge uns keineswegs als solche gegeben sind, sondern lediglich so, wie wir endlichen Menschen sie in uns aufnehmen, ist erst die schwer errungene epochale Einsicht der Neuzeit.

Wie wir selbst, so ist zweifellos all unser Denken nichts anderes als auch ein Teil des Seins. Aber diese Tatsache, daß unsere Gedanken in ein übergreifendes Ganzes eingebettet sind, berechtigt doch nicht zu dem Schluß, ausgerechnet *unsere* Wertvorstellungen seien das getreue Spiegelbild eines überirdischen Reichs der Werte. Auf einem Rückfall in neukantische Weltansichten beruht diese Überlegung durchaus nicht. Denn außerhalb menschlicher Hirne gibt es keine Wertvorstellungen, jedenfalls nicht für die Wissenschaft, und unsere menschlichen Auffassungen über das, was wertvoll sei, sind nicht einmal einheitlich. Vielmehr schillern sie in millionenfachen Widersprüchen und sind noch dazu dem Wandel der Zeiten ausgesetzt. Daß unsere Ethik sich an unveränderlich festen, außermenschlichen Seinsgesetzen auszurichten habe, ist sonach – bei Licht besehen – ein schöner Wahn vordualistischer Frühzeiten. Erstaunlicherweise behauptet er in der modernen Rechtssoziologie und Rechtsontologie noch heute vielfach seine beherrschende Stellung[412]), wo neben ihm nicht die materialistische Geschichtsauffassung, Darwin oder Spencer nachwirken[413]).

Nach allem übersieht die soziologische Naturrechtsschule bei ihrem Hinweis auf die »in der Natur der Sache« liegende Ordnung, daß der Mensch als Geistwesen aufgerufen ist, über die vorgefundenen Lebensverhältnisse hinauszustreben. Daher vermöchte die Ausrichtung an »kosmischen« Gesetzlichkeiten allenfalls den Mindestbedürfnissen seiner vorwiegend animalisch bestimmten Regungen zu genügen, jedoch niemals den hohen Ansprüchen, die er im Hinblick auf seine geschöpfliche Sonderstellung als Ebenbild Gottes mit Recht glaubt erheben zu dürfen.

---

[412]) Z. B. meinte – vornehmlich unter Berufung auf Aristoteles – 1962 Marcic in Salzburg: »Ontologisch ist das Sollen allemal auf das Sein reduktibel« ([1963] 81). Ihm erscheint daher das Naturrecht als »Seinsrecht« und zwar folgerichtig nicht als ein aliquid rationis (productum rationis), sondern als ein ideelles ontisches Sein (ens reale). In der Diskussion über sein Referat mußte er jedoch eingestehen, außereuropäische Kulturkreise »natürlich« nicht in seine Denkbemühungen einbezogen zu haben. Auch gab er zu, »daß andere Rechtskonstruktionen selbstverständlich (!) denkbar sind« (143–146). Wie steht es dann aber um das ens reale? In dieser Grundfrage übrigens läßt das Diskussionsprotokoll eine überraschende Gegensätzlichkeit unter den anwesenden katholischen Fachleuten erkennen, als ob sie sich über das wahre Wesen des Naturrechts selbst im Grunde nicht völlig klar wären. Es würde die Kraft des Naturrechtsgedankens nicht stärken, falls dieser Eindruck zutreffen sollte.
Sehr klärend für das Thema »Sein und Sollen« ist der knappe Aufsatz von Ernst Topitsch: »Der Historismus und seine Überwindung« (Wiener Zeitschrift für Philosophie, Psychologie, Pädagogik, 1952, 96–119).

[413]) Mezger 33 ff.

B. DAS VON GOTT GEGEBENE RECHT

I. KANN DEM MENSCHEN AUS DER ÜBERWELT EIN RECHT OFFENBART WERDEN?

„In dem Augenblick, wo man sagt, das Naturrecht ist veränderlich, hat man die ursprüngliche Idee des Naturrechts . . . . aufgegeben."

Hans Kelsen-

Wem die bisherige Beweisführung gegen die Möglichkeit eines gottgegebenen, ewig unveränderlichen, allgemeinverbindlichen Rechts nicht zusagt, dem sei nunmehr noch vor Augen geführt, daß eine göttliche Rechtsoffenbarung auch religionspsychologisch unmöglich wäre. Mit diesem zweiten Hauptbeweisverfahren treffen wir auf die Kernfrage des Naturrechts überhaupt. Methodisch ist es geboten, diese Kernfrage am variablen Naturrecht abzuhandeln, d. h. im Hinblick auf jenes angeblich überpositive Recht, das jeweils an einen bestimmten Kulturbereich gebunden sein soll und damit vermeintlich dem allgemeinen Wandel des Geistes von Zeitalter zu Zeitalter zugeordnet ist.

Mögen die den zahlreichen Völkern eines bestimmten Kulturkreises angehörigen Menschen untereinander auch sehr verschieden sein, so läßt sich dennoch nicht leugnen, daß sie alle zum mindesten darin übereinstimmen, wie fremd ihnen der Geist eines *anderen* Kulturkreises ist. Denken wir an unsere Begegnung mit Rußland, so bemerken wir den in diesem Fremdheitserlebnis vielleicht verborgenen Fingerzeig auf etwas, das uns bei allem Gefühl der Fremdheit untereinander, trotz der unverstandenen Einsamkeit des Individuums, ja trotz der allgemeinen abendländischen »Wertatomisierung«, geistig und seelisch einen könnte. Dieser Umstand begründet die Hoffnung, einen Leitwert für das gesamte Abendland ausfindig zu machen. Die Antwort auf diese Frage überlassen wir dem Schluß.

Ein Rückblick auf unsere bisherigen Betrachtungen führt zu dem Ergebnis: unsere Beobachtungen am Massenseelischen und an seltsamen Übereinstimmungen in der Kulturgeschichte begründeten unsere in fühlbarer Nähe zum Wißbaren stehende Annahme, daß Kräfte der Überwelt in irdische Entwicklungen einzugreifen vermögen. Nichts hindert uns daher, diese Kräfte auch hinter den verschiedenartigen und wechselnden Einzelerscheinungen des geschichtlichen Lebens zu vermuten. Heute Rechtsphilosophie unter Verleugnung dieser metaphysischen Zusammenhänge betreiben zu wollen, wäre geradezu unwissenschaftlich. Dabei muß freilich betont werden: die irdischen Spuren der Transzendenz sind, wie Jaspers sagt[1]), nur deren vieldeutige Sprache für uns, nicht aber die Transzendenz selber.

Dieser Sachverhalt läßt die Frage zu, ob es möglich sei, ein von Gott herrührendes wandelbares Naturrecht zum Gegenstand der Wissenschaft zu machen. Die Antwort hängt davon ab, ob unsere Wissenschaftsinstrumente noch imstande sind, in diesem Grenzbereich zum mindesten greifbare Ursprünge eines Rechts aus der Transzendenz zu entdecken. Wir stehen damit vor dem theologischen Problem der Offenbarung, vor der Frage nämlich: Kann ein Grenzverkehr zwischen Welt und Überwelt vermutbar gemacht werden?

Das Wort »vermutbar« zeigt an, was unser Anliegen von jeder theologischen Bemühung um den Vorgang der Offenbarung scheidet. Wir sind es dem Geiste der Wissenschaft schuldig, unsere Haltung zu wahren.

Da wir mit Driesch[2]) dem »Postulat der Bescheidenheit« huldigen, brauchen wir nicht zu befürchten, daß uns dieses Bekenntnis als Ausdruck einer Abart gnostisch theosophischer Gesinnung ausgelegt werde, einer rationalen Gesinnung, für die die Religion als eine niedere Stufe der metaphysischen Erkenntnis gilt, als untauglicher Versuch, ohne methodisches Denken und ohne Zusammenhang mit der Wissenschaft dieselben Bedürfnisse der Seele zu befriedigen, die angemessener gestillt werden durch die verstandeskühl forschende Tätigkeit der Metaphysik[3]).

Auch ist es nicht allein das Gebot intellektueller Redlichkeit, das uns befiehlt, unsere bisherige Verfahrensweise beizubehalten, sondern die nüchterne Erwägung der Zweckmäßigkeit. Wir deuteten bereits an, nunmehr den neuralgischen Punkt des modernen Menschen berühren zu wollen. Damit stehen wir vor dem schweren Problem, das sich heute aus dem gespannten Verhältnis zwischen Wissen und Glauben ergeben hat.

Jedermann, der die geistige Lage unserer Zeit überblickt, weiß um diese Schwierigkeit. Seit dem 17ten Jahrhundert scheint es das Schicksal des modernen Menschen, die Bereiche von Wissen und Glauben, die jetzt nicht mehr in der Zusammenschau des Mittelalters und der alten Menschheit erlebt werden, der Aufsicht des Verstandes unterwerfen zu müssen. Verallgemeinernd darf man feststellen, daß dem modernen Menschen ein seinem Wissen zuwiderlaufender Glaube unhaltbar ist. Ein geradezu dämonischer Zwang treibt ihn zu einer mit den Mitteln des Verstandes vorgenommenen Prüfung, ob sich sein Glaube mit dem Wissen in Einklang bringen läßt. Sein unruhiger Forschergeist ist nicht einmal an den Grenzpforten des Glaubens zu zügeln. Ihm ist nicht gegeben, mit Goethe das Unerforschliche ruhig zu verehren. Vielmehr schickt sich der Verstand sogar an, den Glauben von seinem angestammten Platz zu verdrängen. In jedem von uns lebt unausrottbar etwas von jenem bohrenden Geist der Aufklärung, gerade im »einfachen Manne[4])«.

---

[1]) (1962) 430

[2]) (1945) 49

[3]) Scheler (1933) 323 ff. in seiner Kritik der Gnosis.

[4]) Spranger (1947).

Wer das Wagnis auf sich nimmt, einen »Einbruch« aus der Überwelt in das Diesseits zu untersuchen, wäre freilich schlecht beraten, wenn er sich dabei der Theologie anvertraute. Denn sie wäre lediglich für den religiösen Glauben zuständig, der jedoch bei unserer Fragestellung außer Betracht bleibt. Wir verzichten also nicht etwa deshalb auf die Mitarbeit der Theologie, weil wir von dem geheimen Machttrieb unseres Verstandes unterjocht sind, der bekanntlich der Theologie gern, wo es auch sei, ihre legitime Zuständigkeit absprechen möchte. Vielmehr versagen wir uns schon aus dem Grunde die Unterstützung der Theologie, weil wir im übrigen auch überzeugt sind, daß unsere Wissenschaftsgesinnung und unser Verfahren der Sache des frommen Glaubens letztlich nur von Nutzen sein können. Darum richten wir an die Theologen die Bitte, uns nicht voreilig der areligiösen Kälte anzuklagen, wir maßten uns an, lieblos zu entweihen, was dem gläubigen Herzen heilig sei. Die Theologie wäre gut beraten, sich endlich bei ihrer Abwehr des Atheismus auch jener schweren Waffen zu bedienen, die ihr die moderne, vom Positivismus befreite Wissenschaft in Bereitschaft hält. Es ist eine alte Kampfregel: wer seinen Gegner schlagen will, trifft ihn am härtesten mit seinen eigenen Waffen.

Die geringe Anzahl neuerer Bemühungen um die theologische Begründung des Rechts zeigt leider eine wenig glückliche Verwischung der Grenzscheide zwischen Wissen und Glauben. Solche untauglichen Versuche müssen den Anspruch jeder Metaphysik heute von vornherein selbst in Frage stellen. Gegenüber derartigen theologischen Unternehmen wird der sogenannte säkulare Mensch von seinem Standpunkte aus mit vollem Recht einwenden, daß er deren Beweisführung ohne die Basis exakt überprüfbarer Tatbestände nicht den mindesten Wahrscheinlichkeitswert beimessen könne. Für ihn handle es sich um Argumentationen im luftleeren Raume. Daß dieser säkulare, geistig noch in der Enge der Aufklärung lebende Zeitgenosse heute weite Kreise selbst des gehobenen Akademikertums bildet, weiß niemand genauer als der Theologe.

Metaphysische Betrachtungen ohne jede feste Grundlage und kritische Prüfung der Grenzen menschlicher Erkenntnis sind zur Hebung des Ansehens der Wissenschaft nicht geeignet, selbst dann nicht, wenn sie bedauerlicherweise auch in den Reihen der Rechtsgelehrten immer mehr Anklang finden, ja sogar von ihnen gepflegt werden. Der gescheiterte Versuch des französischen Juristen Jacques Ellul sollte zur Warnung dienen.

Man kann nicht mehr um die Mitte des zwanzigsten Jahrhunderts alle Erfahrungen der neueren Wissenschaftsgeschichte aus dem Bewußtsein verdrängen wollen. Seinen Gegner widerlegt man nur durch Übernahme seiner bleibend wertvollen Forschungsbeiträge. Wir können uns gerade hierin auf eine vornehmlich bei unseren Theologen angesehene Autorität berufen, nämlich auf den jetzt verstorbenen Naturforscher und strenggläubigen Christen Pierre Lecomte du Noüy, der sich ebenfalls zu dieser Frage äußerte:

»Wir können Panzer nicht mit Kavallerie und Flugzeuge nicht mit Pfeil und Bogen bekämpfen. Die Naturwissenschaft hat dazu gedient, die Religion zu erschüttern. Die Naturwissenschaft muß dazu dienen, sie wieder zu festigen. Die Welt hat sich in den letzten fünfhundert Jahren entfaltet. Es ist wichtig, daß wir das einsehen und uns den neuen Verhältnissen anpassen. Wir reisen nicht mehr in der Postkutsche und verbrennen keine Hexen mehr, wie es im 17ten Jahrhundert mancherorts geschehen ist. Ansteckende Krankheiten behandeln wir nicht mehr mit Purgativ und Aderlass, aber im Kampf gegen die größte Gefahr, welche jemals die Menschheit bedroht hat, benutzen wir immer noch die gleichen Waffen wie vor zweitausend Jahren und erkennen nicht, daß uns große Mengen mächtiger Waffen erreichbar sind, die uns einen sicheren, wenn auch keinen sofortigen Sieg gewährleisten[5]).«

Einem *wissenschaftlichen* Verfahren ist es unangemessen, sich der Frage eines Einbruchs aus der Überwelt vom Glauben aus zu nähern. Der religiöse Glaube ist nicht Ausgang, sondern Krönung unseres Mühens. Wir führen unser Vorhaben also in religionswissenschaftlicher, nicht in theologischer Haltung durch[6]).

– 2 –

Bevor wir uns nunmehr dem eigentlichen Gegenstand dieses Abschnitts zuwenden, muß – um Mißverständnisse zu vermeiden – noch eine letzte Vorfrage geklärt werden: Unsere raumlogische Wortsprache und Anschauungsform nötigen uns bei der Untersuchung, wie der Einbruch aus der Transzendenz in die Immanenz vor sich gehe, so zu tun, als ob es sich dabei um einen räumlichen Vorgang handele, d.h. insonderheit, als ob ein in Gott ruhend zu denkendes Naturrecht in einem räumlichen Verhältnis zum Bewußtsein des Menschen und dessen positiver Rechtsordnung stehe. Wir halten uns also im Verlaufe unserer folgenden Untersuchung stets gegenwärtig, daß die Vorstellung an ein gleichsam »als Schatten oder auch als Lichtgestalt« räumlich über dem positiven Recht schwebendes göttliches Recht eine von uns bewußt aufgestellte Fiktion ist[7]), um etwas begreiflich zu machen, was auf andere Art wissenschaftlich überhaupt nicht zu verstehen und darzustellen ist[8]).

Dieses Vorhaben könnte uns der Gefahr eines zweiten nicht minder schädlichen Mißverständnisses aussetzen, eines Mißverständnisses, das sich schon gegenüber unserer ganzen bisherigen Darstellung geltend gemacht haben mag. Man könnte unsere »rechtspsychologische« Betrachtungsweise nämlich für den Rückfall in einen naturalistischen Psychologismus halten,

---

[5]) Lecomte du Noüy 14

[6]) Wobbermin I, 112

[7]) Infolgedessen treffen die beifallswerten Worte Stammlers (1902) 22ff. nicht uns. Uns fesselt im Gegensatz zu St. ja gerade die »besonders geartete tatsächliche Herkunft« (23) des »richtigen Rechts«. Diese Frage ist – soweit ich sehe – von den an den deutschen Idealismus anknüpfenden Rechtsphilosophen nicht behandelt worden. Daß das Naturrecht als universale in re im positiven Recht lebe, ist z.B. Schönfeld (1932) eine unproblematische Selbstverständlichkeit.

[8]) Unsere Als-Ob-Betrachtung sichert gegen den Vorwurf, daß wir eine »massive und dingliche Körperlichkeit der Begriffe« annehmen, die uns den »Symbolismus« verkennen lasse, der in »gleichnishafter Redeweise« über sich hinausweise auf ein »Durch- und In- und Miteinander aller dieser Unterscheidungen ... im Geiste der jeweils Beteiligten.« (Schönfeld 1943 185f.)

der das Wesen des Rechtes als eines Normgebildes verkennt. Man vermöchte uns das Wort Gerhart Husserls vorzuhalten:

»Man entgeht dem Vorwurf des naturalistischen Psychologismus nicht dadurch, daß man ihn mit einem metaphysischen Vorzeichen versieht[9]).«

Die alte Streitfrage wiederaufzurühren, ob das Recht eine bloße »psychologische Tatsache« oder ein »reines Normgebilde« sei, erübrigt sich, denn wir selbst halten das Recht keineswegs für einen seelischen Sachverhalt *allein*, vielmehr stimmen wir G. Husserl darin zu, daß der Normcharakter dem Recht durchaus nicht »von außen« hinzutrete, etwa dergestalt, daß das durch den naturalen Akt der Schaffung erzeugte – anfangs also rein psychische – Gebilde erst durch den »Hinzutritt« der »Idee« in die »ideale Sphäre des Werthaften emporgerissen« werde. Vielmehr sind Normatives und Psychisches untrennbare Eigenschaften eines und desselben Kulturgebildes. Nur aus heuristischen Gründen lassen wir bei der Untersuchung, woher das Naturrecht kommt, die *auch* vorhandene normative Seite seines Wesens unbeachtet. Aus heuristischen Gründen also betrachten wir die Frage nach dem Daseinsgrund der normgebenden menschlichen Willenshaltung als »normjenseitig«, d.h. als rechtspsychologisch. Denn daß das Recht *auch* ein Gebilde des Seelenlebens sei, wird niemand bestreiten wollen. Sagt doch G. Husserl[10]) selbst, das Dasein allen Rechts sei an eine »personale Geltungsgrundlage« gebunden, die gleichsam die naturale Voraussetzung seiner Geltung abgibt, d.h. seinen normativen Charakter stofflich fundiert. Indem wir unser Augenmerk der formalpsychologischen Betrachtung der »Herkunft« des Naturrechts zuwenden, bleiben wir uns somit bewußt, damit lediglich *eine* Seite des komplexen Gebildes »Recht« aus dem Gesamtphänomen herausgegriffen zu haben, nämlich die Seite, die sich psychologisch bearbeiten läßt. Das aber wäre keinesfalls als Rückfall in einen naturalistischen Psychologismus zu bezeichnen, der sich gebärdet, als ob ihm niemals etwas von dem Vorhandensein eines »objektiven Geistes« zu Ohren gekommen sei.

Nach dieser Zwischenbemerkung dürfte zugleich der Vorwurf hinfällig sein, wir huldigten noch der abgestandenen Auffassung, alles Geistesleben beruhe auf dem Sein des Individuums. Die Zulässigkeit, ja Notwendigkeit, bei der Untersuchung nach der Herkunft des Naturrechts »individualpsychologische« Betrachtungen anzustellen, wird durch die Tatsache gerechtfertigt, daß es »keine geistigen Phänomene gibt, die man als solche des objektiven Geistes allein verstehen kann –, genausowenig, wie es solche gibt, die man vom Individuum allein aus verstehen kann, und zwar, weil es keinen objektiven Geist gibt, der für sich neben den Individuen bestünde – genausowenig, wie ein Individuum, das für sich neben dem objektiven Geist bestünde[11]).« Schon diese Erkenntnis sollte uns vor der irrigen Meinung bewahren, das Kulturgebilde Recht zerfalle in zwei scharf abgrenz-

---

[9]) 180
[10]) 157
[11]) Hartmann (1949), 75

bare Bereiche, nämlich in einen psychologischen Gesetzen unterliegenden Individualbereich und in den Bezirk des objektiven Geistes. Noch liegt der Grenzverkehr zwischen den Seinsschichten des Seelischen und des auf ihm ruhenden Geistigen fast ganz im Dunkel. Übrigens existiert die Trennung beider Schichten als vortreffliche Arbeitshypothese ja nur in unserem Hirn.

Nach allem dürften nunmehr auch die letzten Bedenken des Lesers gegen unser Vorgehen beseitigt sein, besonders seine Zweifel an der Zulässigkeit unserer Methode und der Verwendung psychologischer Termini. Bei den bisherigen Erörterungen gebrauchten wir den in der Wortverbindung Naturrecht mitenthaltenen Begriff Recht, ohne uns über seinen Inhalt Rechenschaft abzulegen. Wiederholt ergab sich die Frage nach dem Vorhandensein eines göttlichen Naturrechts, das danach dränge, sich dem Menschen kundzutun. Auch diese Redeweise, die an Vorstellungen antiker Gnostiker erinnert, benutzten wir, ohne danach zu fragen, ob ein Recht gewissermaßen nach Ausdruck ringen kann. Zur weiteren Klärung der Zusammenhänge empfiehlt sich jetzt eine kurze Prüfung der bisher verwandten Begriffe. Hierbei handelt es sich keineswegs um Haarspaltereien und Spitzfindigkeiten, sondern um dringend notwendige Unterscheidungen. Wir könnten sonst Gefahr laufen, Opfer scholastischer Hirngespinste zu werden. Bisher gelang es uns nur, das Hineinwirken überirdischer Kräfte in unser persönliches Dasein glaubhaft zu machen. Wir begegneten dabei überpersönlichen, außerweltlichen Mächten. Diese Erkenntnis enthält jedoch noch keine Aussage über das irdische Recht. Denn ganz offenbar haben wir im Recht nicht etwas Eigenlebendiges zu erblicken, sondern nur eine Ordnungsform der zwischenmenschlichen Beziehungen, die Bestandteil des objektiven Geistes ist. Wenn wir angesichts dieser Tatsache sagen, das Recht ruhe in Gott, so soll das heißen: Gott hat uns auf das Recht hin angelegt. Mögen auch die tiefsten Quellen des Rechts im Bereich des Göttlichen zu suchen sein, so ist es in seiner Erscheinungsweise dennoch ein Werk des Menschen, ähnlich wie auch Sittlichkeit, Kultur, Staat usw. ebenfalls Hervorbringungen des menschlichen Geistes und seiner Schöpfungskraft sind. Als Begriffsgebilde sind diese Phänomene Erzeugnisse des diskursiven Verstandes. Das Beiwort diskursiv drückt das hiermit Gemeinte treffend aus. Denn in der Tat liegt aller Begriffsbildung ein Auseinanderlaufen, ein Sichzerstreuen einer zusammengehörigen Einheit zugrunde. Der diskursive Verstand löst die Einheit in ihre »Bestandteile« auf und tut so, als ob diese neben der Gesamtheit des Lebens ein selbständiges Dasein führten. Diese zerlegende Tätigkeit des Verstandes, ohne die das menschliche Geistesleben mindestens in seinen höheren Schichten nicht möglich wäre, ist solange sinnvoll, als dem Zerlegungsprodukt, d.h. der Abstraktion, etwas zugrundeliegt, das von der realen Wirklichkeit »abgezogen« worden ist. Bevölkerte der sogenannte Primitive seinen äußeren Erlebnisraum mit seinen eigenen Vorstellungen, die er in ihrer Rückstrahlung als etwas personhaft Lebendiges erlebte, so steht der heutige Mensch unter der Einwirkung des ihm innewohnenden logischen Ordnungstriebes dabei aber ständig in Gefahr, Begriffe ohne reale Grundlage zu bilden. Der magische Mensch belebt die ihn umgebende Außenwelt mit irrealen Geistwesen, wie seine Phantasie sie erdichtet; der moderne Mensch füllt seine Innenwelt mit Begriffsgespenstern an. Dieser Gefahr erliegt er nicht nur bei der Bildung politischer Schlagworte, sondern vor allem dort, wo die Abstraktion nicht zu entbehren ist, in der Wissenschaft und Philosophie. Überall, wo der Mensch von einer Scheinwirklichkeit abstrahiert, die er irrtümlich für echte Wirklichkeit hält, könnte man von »intellektueller Halluzination« reden, sofern man nicht nach psychiatrischem Vorbild dem Ausdruck »intellektuelle Illusion« den Vorzug geben will.

Diese Schattenseite des Abstraktionsvermögens zeigt ein dämonisches Antlitz. Sie ist die tiefere Ursache des Aneinander-Vorbeiredens, des Mißverstehens, ja der Unmenschlichkeit[12]). Eine Lehre von der Differentialdiagnose zwischen Abstraktion und Scheinabstraktion zu entwickeln, ist nicht unsere Aufgabe, mag auch das Endergebnis unserer Untersuchung als ein Beitrag zu diesem Problem gewertet werden. Denn wir glauben, beweisen zu können, daß das Naturrecht zu den Begriffsgespenstern zählt, weil es nicht von einem realen Phänomen des Geisteslebens abstrahiert wurde, wie es bei der Bildung der Begriffe vom positiven Recht und dessen Spielarten geschah.

Um den Beweis, daß das Naturrecht eine Scheinabstraktion sei, zuendeführen zu können, müssen wir Ursprünge und Erscheinungsweisen des positiven Rechts näher betrachten.

Die lex positiva ist ein Erzeugnis der menschlichen Geistes- und Seelenhaltung. Bei alledem braucht uns nur die Lage des modernen Menschen zu beschäftigen. Die Einsicht in die Entstehung des Rechtes bei unseren Altvordern würde uns für das Verständnis der Gegenwart wenig nützen. Auf uns kann die Rechtsquellenlehre der Romantik nicht angewandt werden[13]). Nur wo das Recht fast unmittelbar aus dem Schoße des Unbewußten fließt, nur wo es nicht in Begrifflichkeit, sondern in Symbolik geheiligter Gewohn-

---

[12]) Durch den Hinweis auf die Raumlogik der Sprache und auf den Als-Ob-Charakter meiner Darstellung hoffe ich, mich gegen den Vorwurf gesichert zu haben, ich huldige der abgestandenen aristotelischen Abstraktionstheorie von der leeren Tafel. Auch wenn ich aus demselben Grunde technologische Ausdrücke verwende, wie z.B. »Denk- und Anschauungsapparatur«, so bitte ich, darin nicht das Bekenntnis zu einer technischen Auffassung des Erkenntnisvorgangs zu sehen, die die falsche Verallgemeinerung eines einzelnen Strukturelementes wäre. Daß die »Benutzer« der Apparaturen und die Erkenntnisfunktion nicht auseinanderfallen, sondern eine »Funktionseinheit« bilden, ist auch meine Überzeugung.
Zur Abstraktion vgl. Hempel und den Überblick bei Noack 59–75.

[13]) Riezler (1946) und das dort genannte Schrifttum, vgl. auch Bergbohm 490ff. – M.E. beachtet die Kritik des Positivismus am Volksgeist nicht genügend, was sich die romantischen Juristen unter diesem poetisch verschwommenen Begriff vorstellten. Erst wenn man die Seelenlehre der romantischen Naturphilosophie mit in Betracht zieht, gewinnt man für den Volksgeist das richtige Verständnis. Die Romantiker hatten ein feines Empfinden für transsubjektive seelische Zusammenhänge. Ihnen schwebte bei ihrer Vorstellung etwas vor, das C. G. Jung treffender als das »Kollektivunbewußte« bezeichnet. Ich weiß, daß ich hier nicht im Einklang mit der unter Juristen heute verbreiteten Auffassung (vgl. nur Erik Wolf 1944, 461ff.) stehe, kann mich aber nicht näher dazu auslassen.

heiten lebt[14]), kann der »Volksgeist« als Rechtsquelle eine brauchbare Arbeitshypothese liefern.

Den romantischen Juristen waren unsere heutigen Einsichten über die Entwicklung der menschlichen Seele unbekannt. Deshalb darf man ihnen nicht vorwerfen, sie hätten die Bedeutung des Volksgeistes für die Rechtsquellenlehre weit überschätzt. Übrigens würdigte bereits Puchta den Sachverhalt richtig, indem er sagte[15]):

»Wissenschaftliche Überzeugungen sind nicht solche, die der Mensch als Glied eines Volkes, sondern solche, die er als einzelner hat, also ist hier nicht der Volksgeist das unmittelbar Produktive. Wenn also die Wissenschaft eine Rechtsquelle, so ist sie eine von der unmittelbaren Volksüberzeugung ganz verschiedene und eigene.«

Wenn demgegenüber jedoch anscheinend Savigny noch an die unbeschränkte Wirksamkeit des Volksgeistes als Rechtsquelle glaubte[16]), so tut das gleichwohl seiner Größe wahrlich keinen Abbruch.

Heute wissen wir, wie weit er durch sein schizoides Persönlichkeitsbewußtsein schon jenen homogenen archaischen Seelenregungen entrückt war[17]), die nach den Untersuchungen C. G. Jungs über die Archetypen[18]) vollends dem Unbewußten eigentümlich sind. Dasselbe gilt für Savignys romantische Zeitgenossen.

Aus dem Gesagten folgt: mit dem Volksgeist als Rechtsquelle ist gerade unserem in der Intellektualisierung noch weiter vorgerückten Zeitalter nicht mehr gedient. Daher erübrigen sich auch alle Untersuchungen über die erbbiologische Zusammensetzung moderner Kulturvölker. Überflüssig ist daher auch die Frage, ob etwa das Kollektivunbewußte eines Volkes dessen Recht rassisch individuelle Züge beimischt, wie man es nach der Lehre C. G. Jungs erwarten könnte. Sollte dieser Forscher recht sehen, so wäre dieser Umstand ein Grund mehr, weshalb in der Gegenwart, da die Rassenvermischung eher ständig fortschreitet als stagniert, die Lehre vom Volksgeist nur eine wenig haltbare Stütze[19]) für das Naturrecht abzugeben vermöchte. Diese Randbemerkung sei vorsorglich angefügt, denn es erscheint nicht ausgeschlossen, daß morgen jemand auf den Gedanken verfällt, den Volksgeist zu zitieren, um mit seiner Hilfe eine Grundlage für ewige Grundstrebungen – wenn auch nicht der Gesamtmenschheit, so doch eines Kulturkreises – zu gewinnen. Es sei daran erinnert, daß Kelsen[20]), der die

---

14) Wundt (1918) 386ff.

15) 165

16) (1814) und (1817). Später (1840) I 18ff. hat S. den Volksgeistbegriff nicht mehr in seiner reinen Gestalt dargestellt.

17) Den stark intellektualistischen Zug in der proteushaften Geistigkeit der Romantiker, vornehmlich ihrer »Ironie«, hat – soweit ich sehe – zuletzt Walzel (1934) überzeugend herausgearbeitet.

18) Jung (1946) 599ff.

19) Vgl. hierzu jetzt auch Gruhle (1956) 443ff. Nach ihrem heutigen Stand verspricht übrigens die Völkerpsychologie dem Volksgeist keine Zukunft mehr (Holzner 11ff.), mögen auch die in dieser Frage augenblicklich tonangebenden Amerikaner die unverkennbaren mitbestimmenden Einflüsse der Erbfaktoren allzu stark unterschätzen.

20) (1927/28) 91. Der gegen Bergbohms hierin mit K. übereinstimmende Deutung geführte Angriff Beyers (37) ist ungerechtfertigt.

Verwandtschaft zwischen historischer Schule und Naturrecht erforscht hat, den Volksgeist »nur eine Naturrechtstheorie« nennt. Das Naturrecht aus »Blut und Boden« sollte für immer ein lehrreiches Beispiel sein, daß auch in Zukunft jeder Versuch einer Begründung des Naturrechts aus dem Volksgeist zum Scheitern verdammt ist.

Die Quellen des modernen positiven Rechts entspringen nicht im Bereich des Unbewußten, in dem der Volksgeist beheimatet zu denken wäre[21]). Die lex positiva der modernen Kulturen ist vielmehr ein Erzeugnis des diskursiven Verstandes. Ihr Urheber ist der geschliffene Intellekt. Freilich muß dabei in Betracht gezogen werden, daß jedes Recht – heute wie in alten Zeiten – als Gebilde einer Kultur von deren Gesinnungen getragen ist. Es ist nicht nur Ausdruck der geistigen Lage der Rechtsgenossen, sondern auch der sie beherrschenden Wertgefühle[22]). Rechtsbewußtsein und Rechtsüberzeugungen einer Kultur sind aus ihrem Recht ablesbar. Die Rechtspsychologie hat erwiesen, daß dem Rechtsbewußtsein als psychischem Vorgang keineswegs nur kognitive Elemente innewohnen. Im technisierten modernen positiven Recht lebt also auch das Emotionale, etwas von der Seele der Menschheit. Der Begriff »Seele« möge hier als der Inbegriff des Geisteslebens genommen werden, das zurückbliebe, falls es möglich wäre, die diskursiv arbeitende Ratio aus ihm zu eliminieren. Wir kämen damit annähernd zu dem polaren Begriffspaar der Tiefenpsychologie (C. G. Jung) »Ich« (Bewußtsein) und »Selbst« (Unbewußtes).

So gesehen wäre das Recht ein Erzeugnis seelischer Strebungen, die, durch die einschneidende Mitwirkung des Verstandes, mit ihrem Eintritt in den Bereich des objektiven Geistes in ein Gebilde des Intellekts transformiert werden. Das Recht wurzelt mit seinen Antrieben in der menschlichen Seele, durchläuft aber in seinem Werdegang bis zur Gesetzesverkündung einen Prozeß der Intellektualisierung. Erst nach Vollendung seines Werdeganges, wenn der diskursive Verstand es durch Veröffentlichung des gedruckten Gesetzestextes anerkennt, erst dann ist es Recht, ist es Norm geworden.

Es liegt auf der Hand, daß mit diesem Bild nur unzulänglich gesagt werden kann, worauf es ankommt:

Wenn heute allein der diskursive Verstand das positive Recht erzeugt, – mögen dessen Wertvorstellungen auch in den Tiefenschichten der Seele

---

[21]) Larenz (1935) 164f. betont zwar auch die Bedeutung des Unbewußten, hält es aber für eine Einseitigkeit der Romantiker, den »Volksgeist« nur »empirisch-psychologisch« aufgefaßt zu haben. Demgegenüber kann ich nicht umhin zu bekennen, daß man sich unter dieser empirisch-psychologischen Auffassung angesichts der modernen Tiefenpsychologie wenigstens etwas Greifbares vorzustellen vermag, während der entpsychologisierte moderne Volksgeistbegriff, den Julius Binder und vornehmlich Larenz selbst entwickelt haben, doch wohl nur zeitgeschichtliches Interesse beanspruchen darf. Seine Erörterung muß deshalb hier unterbleiben. (Zur Einführung: Larenz [1935] 163ff.) – Sonst vgl. Rothacker (1930) passim und (1927) C 7, 57, 73, 129, ferner Kluckhohn 96ff., Schönfeld (1943) 159ff.

[22]) Unsere schematische Darstellung kann sich nur an das Hervorstechende halten. Selbstverständlich begegnen wir in der Wirklichkeit Nuancen und Abweichungen, die sehr gut erkannt sind von Felix Krueger (1926) 737ff. – Für die Gegenwart vgl. Ernst Kern.

wurzeln[23]) –, so trifft diese Feststellung ebenso auf das Naturrecht zu. Denn seine gleichermaßen logisch ausgefeilte Begrifflichkeit weist ihm in der Welt der rationalen Bewußtheit seinen Platz an. Niemand hat behauptet, das Naturrecht sei ein Phänomen des Unbewußten. Ist das aber der Fall, so wankt der Boden der Hoffnung, einem wandelbaren, göttlichen Recht zu begegnen, und zwar aus einem doppelten Grund: die Naturrechtler gehen davon aus, ein in Gott ruhendes Recht sei fähig, sich dem endlichen Menschen zu offenbaren. Nimmt man sie beim Wort, so setzt diese ihre Vorstellung jedoch voraus, daß ein solches Recht schon in der Transzendenz voll ausgebildet zur Übernahme bereit stehe. Denn anderen vermag sich nur kundzutun, was als entwickelte Wesenheit bereits existiert. Wer aber wollte sich erkühnen, auch nur vermutbar machen zu können, daß Gott diskursiv denke und bei sich ein Recht entwickelt habe von einer Begrifflichkeit, wie sie uns irdischen Menschen eigentümlich ist? Hinzu kommt noch folgendes: das Merkmal diskursiven Denkens ist, alles aus dem Gefühl inneren Abstandes zu betrachten. Daher gibt es für die kühle Ratio nur das »Erkennen durch Fernsein[24]).« Den Hauptgrund der Gottentfremdung sehen unsere Theologen somit in der Überentwicklung der Ratio. Dem heutigen Verstandesmenschen ist das Erkennen »durch Nahesein« verschlossen[25]). Unser Recht, das verstandeskühlste Kulturgebilde neben der Logik und Mathematik, steht schon aus diesem Grunde in der »Gottferne[26])«.

Sollte ein »Einbruch« aus der Überwelt zu einem irdischen, wandelbaren Recht göttlichen Ursprungs führen können, so müßte dieser Vorgang sich nach allem ganz anders abspielen, als wir es uns behelfsweise in unserer bisherigen bildhaften Vorstellung dachten[27]). Doch bevor wir weitere Untersuchungen hierüber anstellen, kann es unsere Haltung nur stärken, wenn wir einen Seitenblick auf die Ergebnisse werfen, zu denen – unter anderen Denkvoraussetzungen – der rechtskundige Theologe Emil Brunner gelangt ist:

»Die lex naturae ist weder als Ursache noch als Norm des Gegebenen auffindbar. Nicht als Ursache: denn das Gegebene ist aus tausend verschiedenen Ursachen, wie ein Strom aus tausend Bächen und Flüssen, zusammengeflossen. Nicht als Norm: denn es gibt

---

[23]) Auch Kelsen ([1923] 412) sagt: »Die Gesetzgebung ist ein rein psychischer, nur psychologisch erklärbarer ... ein sozialer, soziologisch qualifizierbarer – jedenfalls kein rechtlicher Vorgang.«

[24]) Emil Brunner (1932) 479

[25]) Emil Brunner, ebenda.

[26]) Um Mißverständnisse zu verhüten, sei darauf hingewiesen, daß wir unsere Auseinandersetzung nicht auf dem Gefechtsfeld austragen, auf dem sich üblicherweise die Anhänger des Naturrechts und des Historismus begegnen. D.h. die Vorwürfe, die etwa Schönfeld ([1943] 139f.) gegen Friedrich Meinecke ([1936] I 57, 70, 210, 297; II 310, 417, 572) richtet, treffen nicht uns. Denn für Meinecke stand unser Problem gar nicht zur Erörterung. Er bemühte sich nur um die innerweltlichen wandelbaren Erscheinungsformen des Naturrechts.

[27]) Übrigens geht das wandelbare Naturrecht in Deutschland nicht so sehr auf den Einfluß Stammlers zurück, als auf Kohlers Aufsatz »Die spanischen Naturrechtslehrer des 16. und 17. Jahrhunderts.« Gerade er wies auf den heute wieder so modernen Suarez hin.

keine an sich richtige Wirtschaft, kein an sich richtiges Recht, keinen an sich richtigen Staat, ebensowenig als eine an sich richtige Kunst oder Wissenschaft. Weder wird eine solche lex naturae allgemein anerkannt – man könnte an der Idee festhalten, auch wenn sie nicht allgemein, sondern nur von wenigen erkannt ist – noch auch läßt sich eine solche begründet aufstellen[28]).«

Von besonderem Interesse für den Rechtsphilosophen sind Brunners Gedanken über »die Volks- und Rechtsgemeinschaft[29])«, vor allem seine Ausführungen über das Wesen der Gerechtigkeit. Er kommt zu dem Schluß, von der Gerechtigkeit als dem Letzten und Höchsten könne nur ein solches Rechtsdenken sprechen, das die Liebe zum Nächsten nicht kenne. Dem Christen könne nicht, wie dem Stoiker, die lex naturae, ja nicht einmal die lex creatoris, das Wichtigste sein[30]). Nur die Liebe, das »Hinübergehen zum Anderen«, vermöge das richtige Recht zu finden[31]).

Brunner sieht also im Naturrecht vorwiegend das Rationale am Werk[32]), das den modernen Menschen in die »Gottferne« gedrängt hat. Sein Hinweis auf die Rolle der Nächstenliebe bei der Rechtsfindung weist unser Augenmerk in eben jene Richtung, in die uns schon unsere eigenen Überlegungen zuletzt gelenkt haben. Die Nächstenliebe ist unzweifelhaft eine Regung des menschlichen Herzens. Wir müssen deshalb prüfen, ob Gott etwa auf dem Wege über unser Gefühlsleben die Keime zu einem richtigen Recht in unsere Seelen legen kann.

– 3 –

Uns in dieser Richtung weiterzubewegen, könnte uns schon die religionsgeschichtliche Tatsache ermutigen, daß sich die Menschen früherer Tage stärker als wir den Mächten der Überwelt verbunden fühlten. Daß aber das Göttliche in die seelische Oberschicht unserer magischen Altvorderen eingebrochen sein könnte, ist ausgeschlossen. Denn ihre seelische Oberschicht in unserem Sinne, ihr Intellekt, war noch nicht entwickelt. Sie lebten daher auch unter einer Rechtsordnung, »ohne von dieser irgend etwas zu wissen[33]).« Wie das möglich war, können wir nicht verstehen und ergründen[34]), wir wissen nur, daß das Recht aus derselben Wurzel wächst wie die Sitte[35]).

---

[28]) Emil Brunner (1932) 253

[29]) (1932) 426ff., 434ff.

[30]) ebenda 436 nebst Anmerkungen.

[31]) ebenda 437

[32]) Das zeigen vornehmlich seine Äußerungen über das rational-egalitäre Naturrecht (1932) 436. – Daß Brunner unter dem Eindruck des bevorstehenden Zusammenbruchs Europas 1943 in seinem Buch »Gerechtigkeit« die Ursache aller Verderbnis in der Abkehr vom »göttlichen Naturrecht« sieht ([1943] 6), ist ein Beitrag zur Psychologie des Naturrechts. Mit seiner Unterscheidung zwischen einer »absoluten« und einer »relativen« Gerechtigkeit ([1943] 116–118) hat B. jedoch nicht zur Beseitigung der weithin bestehenden begrifflichen Unklarheit beigetragen. Sein sonst vortreffliches Werk bietet für unser Anliegen nichts von origineller Bedeutung.

[33]) Wundt (1918) 13

[34]) Stammler (1906) XXXII meint, hierüber gebe es nur unbeweisbare unsichere Hypothesen. Ich halte sie für Fiktionen.

[35]) Wundt (1918) 368ff. »Erst auf vorgeschrittenen Kulturstufen lassen sich ... Recht

Die Realpräsenz Gottes steht bei alledem außer Betracht. Uns beschäftigt nicht das sakramentale Geschehen, sondern allein der seelengesetzliche Vorgang, wo und wie der Einbruch des Göttlichen in das Leben des einzelnen Menschen erfolge. Bevor die Hauptfrage behandelt werden kann, welchen Einfluß die Überwelt auf die Bildung des Rechtsbewußtseins zu nehmen vermöge, geht es um die Vorfrage, welcher Jenseitserfahrung die menschliche Seele überhaupt fähig ist. Da nämlich schon dem Rechtsgefühl etwas Kognitives beigemischt ist, das nur Zutat eines seelischen Prozesses der Bewußtwerdung eines göttlichen Ururerlebnisses sein könnte, wird unser eigentliches Anliegen methodisch zu einer Frage zweiten Ranges. Rechtsgefühl und Rechtsbewußtsein entwickeln sich nicht – zum mindesten nicht überwiegend – in der dem Jenseits offenen seelischen Tiefenschicht.

Sollte Gott sich nur über das Unbewußte kundtun, sollte sich gar erweisen lassen, daß das wache, verstandesklare Bewußtsein den Menschen gegen jede »Einströmung« himmlischer Mächte abriegelt, so wäre die Gegenprobe auf unsere Beweisführung geglückt, daß es ein Naturrecht aus Gott nicht geben könne.

Das Material dieser Gegenprobe soll uns die Religionspsychologie liefern. Das ist jetzt im vorgerückten Stadium unserer Untersuchung unbedenklich. Die Möglichkeit, daß transsubjektive seelische Kräfte aus der Überwelt uns überkommen, ist nicht zu bezweifeln. Also hindert uns nichts, diesen Vorgang, den wir bisher nur in seiner massenseelischen Erscheinungsweise und an kulturgeschichtlichen Phänomenen feststellten, jetzt auch individualpsychologisch am Einzelmenschen ins Auge zu fassen.

Der Entschluß, uns auf den modernen Abendländer zu beschränken, befreit uns von Schwierigkeiten, das Material nach seiner zeitlichen und räumlichen Herkunft sichten zu müssen. Es erübrigt sich, auf die Streitfrage einzugehen, ob man das Quellenmaterial aus den magischen Kulturen in der gleichen Weise verwerten dürfe, wie die religiösen Erfahrungen in den Hochkulturen[36]). Für unsere rechtsphilosophische Endabsicht ist es ohnehin ratsam, so vorzugehen und möglichst gegenwartsnahen Stoff zu wählen.

Daß wir bei unserem Unternehmen mit kühler Ratio in die intimsten Bereiche des innermenschlichen Lebens eindringen müssen, sehen wir in Übereinstimmung mit Georg Wobbermin[37]) nicht als eine »Vergewaltigung der Religion« an, sondern als ein für unser alles andere als frivoles Wissenschaftsanliegen notwendiges Übel, das im übrigen viel weniger unserem Bemühen anhaftet, als oft gerade der religionspsychologischen Arbeit der Theologen selbst, zumal wenn sie zum Hilfsmittel des Experiments greifen, um willkürlich erzeugte religiöse Erfahrungen mit eigenen Augen an ihren

---

und Sitte antithetisch unterscheiden. Beide stehen zueinander demnach nicht in chronologischem Folgeverhältnis. Die Sitte ist nicht präjuristisch, sondern Sitte und Recht gehen, als ideologische Gegensätze, gleichzeitig aus einem ihnen gemeinsamen sozialen Protoplasma hervor, das man schlicht als ›Regel des sozialen Verhaltens‹ ... charakterisieren kann« (Adam 193 f.).

[36]) Ratschow 20–26

[37]) I 54

Versuchspersonen zu beobachten[38]). Daß wir bei allem nur auf die formalpsychologische Seite der religiösen Erfahrung sehen werden, d.h. so tun, als ob man »nur-psychologische« von Fragen nach dem Erlebnisinhalt völlig absondern könnte, ist nur Ausdruck unseres heuristischen Vorhabens. Die Theologen werden gebeten, eine methodisch unvermeidliche Verfahrensweise nicht für das Bekenntnis zu den Auffassungen einer längst überwundenen Entwicklungsstufe der älteren Religionspsychologie zu nehmen[39]).

Gegenstand unserer Betrachtung ist die höchstpersönliche Erfahrung einer Überwelt. Daß diese Erfahrung weder Elemente des rationalen noch des zielstrebigen Seelenlebens enthält, brauchen wir nicht zu begründen. Mag auch Schleiermachers Auffassung, die Frömmigkeit sei weder ein Wissen noch ein Tun, unscharf und überholt sein. Unzweifelhaft trifft seine Ansicht doch insofern das Richtige, als sie auf die irrationale Herkunft aller religiösen Erfahrungen hinweist, die nicht Ausdruck einer bloß psychologisch verstehbaren seelischen Funktion ist[40]).

Heute ist Rudolf Ottos These nicht mehr zu erschüttern, so viel sich auch gegen die Einseitigkeiten bei der Auswahl seines Materials einwenden läßt; es wurde ja überwiegend der mystischen Erfahrung bis zurück in die graue Vorzeit entnommen. Heute steht die Irrationalität des religiösen Erlebnisses außer Frage[41]). Für unser rechtsphilosophisches Anliegen handelt es bei alledem lediglich um das eine: in welcher Tiefenschicht der Seele nimmt Gott seinen Zugang zum Menschen? Dabei liegt es außerhalb unseres Gesichtskreises, etwa aus der Vielfalt unterschiedlicher höchstpersönlicher Erfahrungen des Göttlichen Rückschlüsse auf das Wesen transzendenter Gegebenheiten ziehen zu wollen. Was wir also, entgegen dem Anliegen der Theologen und Religionspsychologen, bei alledem im Auge haben, ist nicht einmal der Versuch einer Deutung der religiösen Erfahrung, sondern eine schlichte Beschreibung derjenigen seelischen Vorgänge, die sich einer Beobachtung des Gott erlebenden Menschen rein formalpsychologisch

---

[38]) Girgensohn passim.

[39]) Trillhaas 9

[40]) Wobbermin II 62ff. Ferner stellte mir Herr Dr. Horst Schülke Wobbermins Diktat seiner Dogmatik-Vorlesung vom Sommersemester 1935 in Göttingen freundlichst zur Verfügung.

[41]) Koepp 41ff. – Pater Wilhelm Schmidts in vielem berechtigte Kritik an Otto schießt insofern über das Ziel, als er sich bemüht, die Irrationalität der Primitiven als etwas Rationales sui generis zu deuten. (1923) Werner Gruehn, auch nach seinem Tode noch einer der einflußreichsten Religionspsychologen der Gegenwart, hält es für überholt, das religiöse Erlebnis, da an ihm innerlich der ganze Mensch beteiligt sei, ein Gefühl zu nennen. Seine ganzheitspsychologische Auffassung, daß wir es hier mit einem »Aneignungsakt des Ichkerns« (109) zu tun hätten, ist zwar nicht zu bestreiten, läßt aber außer acht, welcher »Antenne« der Mensch diese Aneignung verdankt. Sicherlich nicht dem Verstand. Denn ihm fällt bei dem Aneignungsvorgang nur eine bescheidene Begleitfunktion zu, dem Zuschauer eines Schauspiels vergleichbar, der das Erlebte registriert und in sich nachträglich verarbeitet. Das Gefühl trägt den Hauptanteil an allem. Wer jemals von der Macht des Erhabenen überwältigt wurde, weiß es. Immerhin gibt Gruehn zu, (116, 119, 131), daß niemand den »Gottesgedanken« nach den Gesetzen der Denkpsychologie in »kühler Entfernung vom Ich« erlebe.

darbieten. Wir werden sogleich bemerken, daß sich hierbei eine eigentümliche tiefenpsychologische Gesetzlichkeit zeigt.

Natürlich sind wir nicht dem Wahne verfallen, religiöse Erlebnisse zu bloßen Phänomenen des Unterbewußtseins erklären zu wollen, so wie es, – wenn wir nicht einer Täuschung unterliegen –, einstmals William James getan hat. Zu erklären ist die subjektive Gewißheit der Gegenwart Gottes ohnehin nicht. Diese Selbsterkenntnis kann aber den sokratisch erzogenen Philosophen nicht von seinen Denkbemühungen zurückhalten. Denn die Wissenschaft darf sich nicht darauf beschränken, Tatsachen nur festzustellen, wenn sie ihr erklärbar erscheinen, vielmehr hat sie das Unerklärbare selbst dann festzustellen, wenn es nur Tatsache ist[42]). Erst dort, wo sich mit Hilfe unseres Verstandes keine Tatsachen mehr ermitteln lassen, endet die Fragestellung der Wissenschaft und beginnt das Reich der Scheinprobleme.

Wir haben gesehen, daß Natur und Herkunft der religiösen Erfahrung deren Wesen als psychische Funktion ausschließen. Diese Einsicht entkräftet alle psychologistischen Hypothesen, die mit »weltimmanenten« oder »bewußtseinsimmanenten« Deutungen arbeiten. Nachdrücklich sei betont: diese Feststellung gilt ausschließlich für die grundsätzliche Haltung, die wir gegenüber Phänomenen der religiösen Erfahrung einzunehmen haben. Der Einzelfall nämlich wird uns gar oft die Frage aufdrängen, wie es um die Wirklichkeit des religiösen Erfahrungsinhalts bestellt ist, zumal dann, wenn ihm das Zeichen des Psychopathologischen an der Stirn haftet. Zwischen den Auditionen, die den Apostel Paulus oder den Heiligen Augustinus bekehrten, und der sinnvoll warnenden Stimme des sokratischen Daimonions auf der einen Seite und dem unsinnigen Stimmenhören unserer Geisteskranken auf der anderen Seite waltet ganz offenbar ein wesenhafter Unterschied. Wer erfahren möchte, was sinnlose Auditionen, also echte Trugwahrnehmungen des Gehörs, sind, braucht nur den Abschnitt »Die Schizophrenien« bei Kurt Schneider[43]) nachzulesen. Wir wollen in diesen Fragenbereich nicht eindringen; er liegt außerhalb unserer Aufgabe. Immerhin erscheint es unvermeidlich, ihn wenigstens in seinem vollen Ausmaß sichtbar zu machen, weil dadurch die Widerstände der Psychiatrie gegen die theologische Auswertung der religionspsychologischen Erlebnisse, wenn auch nicht begründet, so doch begreiflich werden.

Die Dinge liegen keineswegs so einfach, daß sich auch nur annähernd zuverlässig unterscheiden ließe zwischen Trugwahrnehmungen und Wirklichkeitserlebnissen[44]). Einsichtige Psychiater sehen daher in den Begriffen »normal« und »abnorm« nichts anderes als unentbehrliche Fiktionen. Oft wohnt das »Gesunde« dicht beim »Kranken«, gerade in der Religion.

Ein Schulbeispiel hierfür bietet uns die Heilige Therese von Avila, die als Zeitgenossin der Gegenreformation mit auffälig schizoider Seelenstruktur

---

42) Pinder, Vorwort zur zweiten Auflage XXXI

43) (1928) 30ff.

44) Ob überhaupt eine Unterscheidung zwischen »Halluzination« und »Sinneswahrnehmung« möglich ist, gehört nicht hierher. In der Praxis benötigen wir dieser fiktiven Unterscheidung. Vgl. Bleuler 128, 146

und der Neigung zur Selbstanalyse der Nachwelt überaus aufschlußreiche Aufzeichnungen über ihre inneren Erlebnisse hinterlassen hat. Durch ihre »Zuckungen am ganzen Leibe«, ihre »zeitweiligen Lähmungserscheinungen« und ihre »Bißwunden auf der Zunge« ist sie zum mindesten in bedenkliche Nähe zum Psychopathologischen gerückt[45]). Therese erfuhr nach ihrem Selbstzeugnis oft sinnvolle Warnungen für sich und andere. Sie empfing gelegentlich sogar von »oben« prophetische Eingebungen, die manchmal erst nach Jahren eintrafen. Diese »Mitteilungen Gottes« wußte sie sehr wohl zu unterscheiden von »Selbstansprachen«, d.h. Stimmen rein halluzinatorischen Charakters, die sie an ihrer »Wirkungslosigkeit« erkannte[46]). Will man die Differentialdiagnose der Heiligen gelten lassen, so würde bei ihr echtes Gotterleben mit unechtem abwechseln, wie das Gesunde mit dem Kranken. Daß es sich hierbei lediglich um subjektiv gültige Wertungen handeln kann, liegt bei dem höchstpersönlichen intimen Charakter solcher Erfahrungen auf der Hand. Überprüft man unter diesem Gesichtspunkt die Geschichte der Mystik, vor allem in den quellenmäßig gut kontrollierbaren letzten Jahrhunderten, so stellt man mit Überraschung fest, wie sehr das psychopathologische Element bei allem im Spiele ist[47]). Es durchwaltet das Leben aller mystisch religiösen Erfahrung ohne Rücksicht auf Nation, Rasse und soziale Herkunft. Offenbar liegt hier ein bisher nicht erkanntes Seelengesetz zugrunde, das jene seltsame Verquickung des religiösen Erlebnisses der gesteigerten Formen mit dem Psychopathologischen verursacht. Die landläufige Ansicht der Schul-Psychiatrie, Auditionen, Visionen und andere religiöse Erfahrungsarten durch den Hinweis auf diese naturnotwendige Verquickung enträtselt und abgetan zu haben, erscheint voreilig.

P. Schröder, der der Entstehung akustischer Halluzinationen bei Geisteskranken besondere Aufmerksamkeit gewidmet hat[48]), führt alle echten Sprachhalluzinationen[49]) auf das Lautwerden der eigenen Gedanken zurück. Eine andere Erklärung abnormer Gehörserlebnisse kennt die Psychiatrie nicht. So nimmt es denn nicht wunder, daß einzelne Psychiater selbst die Auditionen und Visionen der religiösen Erfahrung in die ihnen geläufigen Kategorien einordnen, wie es kürzlich erst wieder Lange-Eichbaum[50]) getan hat. Etliche Psychiater nehmen für die Deutung der klassischen Fälle der Religionsgeschichte Zuflucht zu der Annahme, es stehe die Möglichkeit offen, daß die fraglichen »Perzipienten« als gesunde Menschen infolge vorübergehender Nervenüberreizung oder Gifteinwirkung ihre religiösen

---

[45]) Cap. VI, Cap XXXI

[46]) Cap. XXV und XXVI

[47]) Vgl. das mit ungeheurem Fleiß gesammelte und gesichtete Material bei Emil Mattiesen, dessen spiritistische Deutung ich freilich für wissenschaftlich nicht vertretbar halte.

[48]) (1921) und (1926)

[49]) Wir handeln nur von echten Halluzinationen, Illusionen kommen für uns nicht in Betracht, aber ebensowenig Pseudohalluzinationen, denen der Charakter des Fremdheitserlebnisses mangelt.

[50]) 350ff., vgl. besonders die »Pathographie Jesu« 379ff.

Erlebnisse halluziniert hätten, d.h. »im Augenblick krank« gewesen seien[51]). Eine andere als diese psychologistische Deutung religiöser Erfahrungen scheint, soweit ersichtlich, der Psychiatrie nicht zu Gebote zu stehen. Sogar führende moderne Forscher, wie z.B. der jüngst verstorbene Hans W. Gruhle[52]), verweisen jede abweichende Auffassung in den Bereich der Unwissenschaftlichkeit. Selbstverständlich maßen wir uns keineswegs an, die positivistische Haltung der Irrenärzte tadeln zu wollen. Im Gegenteil! Auch wir sind vollauf überzeugt, daß die Psychiatrie schon aus methodischen Gründen nie einer positivistischen Behandlung ihres Gegenstandes wird entraten können. Lediglich dem Totalitätsanspruch dieser Wissenschaft auf das Seelische muß Einhalt geboten werden. Die Psychiater sollten sich zu dem offenen Bekenntnis entschließen, daß es seelisch abnorme Tatbestände geben kann, die außerhalb ihrer Zuständigkeit liegen, anstatt es mehr oder minder verschleiert dem »Glauben« anheimzustellen, diejenigen »Fälle«, welche sie vor seinen Augen positivistisch zerpflückt haben, nachträglich zum Gegenstand der Andacht zu erheben. Die in Lehrbüchern und Einzeldarstellungen – wenn auch nicht immer ausgesprochene, so doch zum mindesten anklingende Gleichsetzung der Begriffe »abnorm« und »psychopathologisch« wird nicht durch *alle* Vorkommnisse im Seelenleben des Menschen gerechtfertigt[53]). Nicht durch *alle!* Denn es ist unbestreitbar, daß es »sinnvolle« neben sehr vielen »sinnlosen« Halluzinationen gibt. Die Auditionen der religiösen Erfahrung haben oft einen geradezu mit Händen zu greifenden Sinn, den zu erkennen und zu bewerten freilich Sache subjektiv gültiger Gläubigkeit ist.

Die unvermeidliche Erörterung dieser Nebenfrage liegt auch im wohlverstandenen Interesse der Theologie. Denn gerade die psychiatrische Problematik der Gotteserfahrung deutet auf die Kernfrage unserer religiös so hoffnungslos erscheinenden Gegenwartslage. Der moderne Mensch nämlich glaubt nur noch an die Schöpfungen seiner eigenen Seele. So ist ihm selbst Gott oft nur noch ein Phantasieerzeugnis menschlicher Sehnsucht und damit die gesamte religiöse Erfahrung nichts anderes als eine wohltätige, großartige Selbsttäuschung der Menschheit. Wir befinden uns, um mit Thielicke zu reden, in der Lage eines Mannes in einem Spiegelsaal. Von allen Begrenzungen des Raumes blickt uns immer nur unser eigenes Spiegelbild entgegen. Niemals erfahren wir, was sich hinter den Spiegelbildern verbirgt. So ist es denn gar nicht verwunderlich, daß wir am Ende nicht mehr wissen, woran wir uns klammern sollen. Es fällt uns schwer, an ichfremde Mächte zu glauben, weil sie uns nicht sinnenfällig und greifbar

---

[51]) Goldstein 44ff.

[52]) (1956) 250ff.

[53]) In dieser schwierigen Frage erfreut uns heute Weitbrecht ([1963] 63ff.) mit wohltuender Klarheit. Immerhin steht der Laie dabei unter dem Eindruck, daß sich hier die theoretischen Vorsätze in der klinischen Praxis oft nur schwer durchsetzen lassen. Schon in seiner Monographie ([1948] 117) hatte Weitbrecht betont: »Pathologisches ist abnorm, aber nicht umgekehrt.« Doch konnte er sich damals bei seiner eigenen Arbeit noch nicht in jeder Beziehung zur Nutzanwendung jener Einsicht durchringen (vgl. besonders 40 a.a.O.).

gegeben sind. Oder sollten sie sich etwa doch hinter den Spiegelbildern verborgen halten?

Es gibt aus der vermeintlich unentrinnbaren Sackgasse, in die uns die Psychiatrie einen Blick hat tun lassen, einen Ausweg, einen Ausweg nicht des Glaubens, sondern eines Wissens, das freilich auf dem Boden des wissenschaftlichen Grenzbereichs gewachsen ist und darum nur den Zuverlässigkeitsgrad der Vermutbarkeit in Anspruch nehmen darf, die indessen immerhin dadurch ausgezeichnet ist, daß sie sich in unser metaphysisch vertretbares Weltbild widerspruchslos einfügt.

Es handelt sich um die Einsichten, welche uns das auf psychische Vorgänge angewandte Komplementaritätsgesetz vermittelt. Das Komplementaritätsgesetz ist im Bereich des Mikrophysikalischen zu Hause und besagt, daß bei jedem physikalischen Experiment eine Wechselwirkung zwischen dem beobachteten Gegenstand und dem Instrument der Beobachtung – genauer: dem Subjekt der Beobachtung – vor sich geht. Ein mikrophysikalisches Gebilde besitzt *für uns* kein vom Beobachtungsvorgang unabhängiges Schicksal. Jede scharfe Beobachtung ist ein störender Eingriff, der zur Folge hat, daß:

»der auf eine gewisse Seite des Gebildes ausgeübte Zwang, beobachtbar hervorzutreten, andere Seiten des gleichen Gebildes unbeobachtbar« werden läßt, »weil die zu ihrem Hervorziehen erforderlichen Beobachtungsbedingungen unvereinbar sind mit denen, die erforderlich wären, um der erstgenannten Seite eine Entscheidung für irgendeinen bestimmten Wert zu gestatten. Dieses Ausschließungsverhältnis zwischen den verschiedenen meßbaren Eigenschaften eines und desselben mikrophysikalischen Gebildes nennt man Komplementarität[54]).«

Dieser Terminus soll daran erinnern, daß in der Quantenphysik getrennt auftritt, was in der klassischen Physik zusammengehört[55]). Bereits 1929 hat der Physiker Niels Bohr andeutend darauf hingewiesen, daß man das Komplementaritätsgesetz auch außerhalb des Bereichs des Anorganischen anwenden könnte, sogar auf seelische Vorgänge. Später hat er dem die Vermutung angefügt, daß eine allzu genaue Beobachtung des Organischen infolge des unvermeidlich damit verbundenen Eingriffs zum »Absterben des Organismus« führen müsse. Dabei schwebte ihm vor, daß eine bis zu allen Molekülen eines Organismus vordringende Beobachtungsgenauigkeit vielleicht das Leben als solches beenden würde, so daß wir in nicht vorteilhafterer Lage wären als der Anatom, der darauf beschränkt ist, Leichen zu sezieren, ohne jemals vom Leben selbst auch nur den letzten Zipfel zu erhaschen[56]). Mit dieser Anmerkung lag die Schlußfolgerung auf der Hand, daß einer Beobachtung, welche das Phänomen des Lebens nicht zerstören will, noch weit engere Grenzen gezogen seien als im Falle des quantenphysikalischen Experiments.

Die beiläufige Äußerung Bohrs hat der Physiker Pascual Jordan aufge-

---

[54]) Jordan (1951) 74

[55]) Bohr 12. – Die von Louis de Broglie und seinen Anhängern gegen die Komplementarität geäußerten Bedenken sind heute ausgeräumt (Heisenberg 1955).

[56]) Bohr 13ff., 65 und passim.

griffen und systematisch verarbeitet[57]). Ihm gebührt das Verdienst, den Gedanken der Komplementarität auch für die Psychologie und zwar zur Deutung der Gesetzlichkeit des Unbewußten fruchtbar gemacht zu haben. Hier kann nur sein Ergebnis, nicht seine Beweisführung[58]) betrachtet werden. Danach verhindert oder verscheucht das hellwache Bewußtsein durch seine konzentrierte Beobachtung die Entfaltung des Unbewußten im eigenen und im fremden Seelenleben.

Weder von Psychologen noch von Psychiatern sind, soweit ersichtlich, bisher eingehend begründete Bedenken gegen Jordans Hypothese laut geworden. Mit aphoristischen Bemerkungen, daß es fraglich sei, »ob in der Physik gewonnene Begriffe auf die Anthropologie übertragen werden dürfen[59])«, ist es nicht getan. Wir haben in dieser Abhandlung nicht abzuschweifen auf das Leib-Seele-Problem. Somit darf es für uns dahingestellt bleiben, ob die Psychologie – wie es Jordan will – als ein Unterfall der Biologie anzusprechen ist. Immerhin scheint es geboten zu beachten, daß der Mensch diese Frage wohl niemals wird entscheiden können, so daß es eben deshalb aus Gründen methodisch sauberen Denkens ratsam ist, die Phänomene des Anorganischen, des Organischen und des Psychischen als das zu behandeln, als was sie sich uns beschränkten Menschen darbieten, nämlich als getrennte Seinsbereiche, die von uns nach ihrer von einander abweichenden Eigengesetzlichkeit behandelt werden wollen. Das im Anorganischen beheimatete Komplementaritätsgesetz muß sich also die Prüfung gefallen lassen, ob sein von Jordan geförderter Geltungsanspruch auf die Seinsschicht des Seelischen gerechtfertigt ist, oder ob es nicht – in der Sprache Nicolai Hartmanns – eine »kategoriale Grenzüberschreitung nach oben« erschleichen möchte. Niels Bohr hatte mit seinem Einfall nicht mehr beabsichtigt, als Fragen einzubeziehen, die »dem Vorstellungskreis der Quantentheorie nahestehen.« Bei der Erörterung handelte es sich für ihn »vorläufig nur um mehr oder weniger treffende Analogien«, die zwischen den Bereichen des Psychisch-Biologischen und des Physikalischen zu bestehen scheinen[60]).

Demgegenüber muß aber wohl doch berücksichtigt werden, daß das Komplementaritätsgesetz gar nicht »innere« Vorgänge im Anorganischen betrifft, sondern den »Wechselverkehr« zwischen dem Psychisch-Geistigen und dem Anorganischen regelt, d.h. das Verhältnis zwischen unserem beobachtenden Bewußtsein und seinem mikrophysikalischen Gegenstand. Deshalb liegt die Vermutung nahe, daß die dabei auftretende Gesetzlichkeit durch die Beschaffenheit unseres eigenen Wahrnehmungsapparates, also durch uns selbst, bedingt ist. Doch mag das auf sich beruhen. Wir brauchen in diese heute noch ungelöste Frage nicht einzudringen. Denn auf jeden Fall handelt es sich um etwas, das dem Komplementaritätsgesetz im Anorganischen auf dem Gebiet des Seelischen entspricht. Die unbestreitbaren Tat-

---

57) Ausführlich schon (1936) 309ff., andeutend (1941) 129ff., monographisch (1951).

58) (1951) 79ff.

59) so die Rezension von Haas.

60) Bohr 13

sachen sprechen hier so deutlich, daß es dahingestellt bleiben kann, ob Jordans einleuchtende Hypothese theoretisch voll befriedigt.

Immerhin können wir nicht umhin, dem Leser mit einigem Beweismaterial aufzuwarten. In seinen Auswirkungen auf das Gesamtgebiet der Psychologie ist unser Problem nämlich bisher noch nicht behandelt worden. Um unser Hauptanliegen dabei jedoch nicht zu vernachlässigen, müssen wir uns mit einer knappen Auswahl des umfangreichen Beweisstoffes begnügen. Sollte uns am Stoff der Religionspsychologie der Nachweis gelingen, daß die Komplementarität auch das Seelische beherrscht, so wäre zugleich damit die angekündigte Gegenprobe auf unsere Beweisführung gegen ein göttliches Naturrecht geglückt.

Die Grundauffassung Jordans nötigt zu nachstehenden Schlußfolgerungen: dort, wo die Vorherrschaft der Ratio, des »gesunden«, »normalen« Bewußtseins aufgelockert (gelähmt, verdrängt, unentwickelt) ist, befindet sich eine Einbruchsstelle für das Irrationale und damit auch für das Transzendente. Daraus ergibt sich, daß einerseits Primitive (der magische Mensch), Kinder und schlichte ungeistige Menschen, andererseits »nervös Reizbare« und Geistesgestörte[61]) bevorzugt Einbruchstellen dieser Art sind. Gelegentlich mag sogar der normal Intellektbeherrschte bei vorübergehender Lockerung des rationalen Herrschaftselements für Einströmungen des Transzendenten empfänglich werden, z.B. während des Schlafes oder unter dem Einfluß gewisser Rauschgifte[62]). Das leuchtet ein, wenn man sich klar macht, daß sowohl im Schlafe wie im Giftrausch das Ordnungsgefüge des »normalen« Bewußtseins aufgehoben oder doch stark aufgelockert ist. Es verdient gegenüber Jordans Kritikern besondere Betonung, daß mit dieser Grunderkenntnis an die Polaritätslehre der romantischen Ärzte und Naturphilosophen angeknüpft ist. Bei Friedrich Hufeland finden sich bereits Ausführungen, die man ohne Gewaltsamkeit sehr wohl als eine Vorwegnahme des Komplementaritätsgesetzes durch die romantischen Vorläufer der Psychiatrie bezeichnen darf. Die »Desorganisation der subjektiven Sphäre des menschlichen Organismus«, so meint nämlich Hufeland, »entfernt die Scheidewand, die ihn von der Außenwelt trennt[63]).«

Man mag vom vorgeschrittenen Standpunkt der heutigen Forschung über die romantischen Mediziner denken, wie man will, was das Grundsätzliche der Frage anbelangt, muß die heutige Wissenschaft ihnen recht geben. Damit jedoch eröffnet sich eine neue Ansicht auf die oft verlachte

---

[61]) Selbstverständlich glaube ich nicht an »den« Wahnsinn (Gruhle [1956] 200). Hier kommen also nur Fälle in Betracht, wo entweder die Ratio gelockert oder sehr schwach ist, keinesfalls also Paranoiker. Vgl. Haug 202f.

[62]) Haug 55ff., besonders 64f. Das bei Beringer in der Einleitung genannte Werk des franz. Toxikologen A. Rouhier war mir nicht zugänglich (»La plante qui fait les yeux émerveillés, le peyotl«, Paris 1927).

[63]) 72, 85ff., 214ff. – Auch Schelling (130, 151, 155) hat gesagt: »Den Menschen hindert das Insichgesetztsein; ihm hilft das Außersichgesetztwerden«, oder »Die Ungeschiedenheit der Kräfte deckt das Wesen zu, die Geschiedenheit (Desorganisation) läßt es erscheinen.« Der Grundgedanke ist überall in der Romantik anzutreffen. Über die geistesgeschichtlichen Zusammenhänge siehe: Leibbrand 89ff.

Auffassung der alten Seelenbeobachter, die bekanntlich Geistesstörungen und andere seelische Ausnahmezustände vom Blickpunkt der Frömmigkeit positiv bewerten[64]).

Auf diesem historischen Hintergrund ist das Komplementaritätsgesetz in der Psychologie nur die exakte Formulierung einer uralten ärztlichen und seelenkundlichen Erfahrung. Es kann auf eine stattliche Ahnenreihe bis ins graue Altertum zurückblicken. Erst unter dem Einfluß des Positivismus ist der Wissenschaft im 19ten Jahrhundert die Kenntnis von diesem seltsamen Seelengesetz geschwunden, das Pascual Jordan, von ganz anderen Voraussetzungen aus, wiederentdeckt hat, ohne sich dessen bewußt zu sein[65]). Allein völlig in Vergessenheit geraten waren die altüberlieferten und immer aufs neue bewährten Beobachtungen wohl auch nicht in den letzten hundert Jahren. So hat Dilthey[66]) auf die bevorzugte Begabung zum dichterischen Schaffen »im Kinde, im Naturmenschen, in den Menschen des Affekts und der Träume, in den Künstlern« aufmerksam gemacht. Der große Seelenkenner Max Scheler[67]) jedoch lenkte das Augenmerk auf den Kernpunkt. Er sagte nämlich:

»Rein seelische Gefühle haben die Tendenz, vor den Strahlen der Aufmerksamkeit zu zergehen.«

Die Praxis der experimentellen Psychologie arbeitet unbewußt seit langem unter Berücksichtigung des Komplementaritätsgesetzes. In der Kinderpsychologie beispielsweise pflegt man seine Beobachtungen tunlichst so anzustellen, daß die Versuchspersonen nicht gewahr werden, ob und von wem sie kontrolliert werden, weil sonst ihre Leistungen litten[68]). Ganz besonders markant tritt die Gesetzlichkeit der Komplementarität gerade in der experimentellen Religionspsychologie zutage. Daß dem so ist, haben die Religionspsychologen bisher, soweit ersichtlich, mit mehr oder minder großer Verwunderung unverhohlen festgestellt, ohne die Lösung dieses Rätsels im Komplementaritätsgesetz vermutet zu haben. So meint Wilhelm Koepp[69]):

»Es ist die Frage, ob nicht gerade bei der Religion diese Veränderung des ›Zwecks‹ des Experiments durch seine Verwissenschaftlichung den ganzen willkürlich hervorgerufenen Vorgang derartig fundamental verändert, daß das Religiöse aus dem Vorgang überhaupt verschwindet und nur noch ästhetische oder historisierende oder volkskundliche Nebeneindrücke sich vollziehen.«

Wie sehr diese Selbstkritik eines angesehenen Forschers berechtigt ist, beweisen auch die religionspsychologischen Versuche des Pastors Wilhelm Stählin[70]), obgleich sie infolge ihrer verständnisvoll schonenden Durchführung das Komplementaritätsgesetz nicht für jeden sichtbar werden lassen.

---

64) Siehe die bezeichnende Stelle: »... ut patet in dormientibus et phreneticis ...« bei Thomas von Aquino I quaestio 86, art. IV, 2 (Bd. VI [1937]).
65) mündlich von Herrn Prof. Jordan selbst.
66) (1929) in dem Abschnitt »Goethe und die dichterische Phantasie«.
67) (1927) 348
68) Wellek
69) 57ff. und Trillhaas 13ff.
70) Es handelt sich um den späteren Theologieprofessor und Landesbischof.

Ziehen wir aus diesen Beobachtungen die Lehre, so ist festzustellen: jede auf die überaus empfindlichen religionspsychologischen Vorgänge gerichtete Aufmerksamkeit unseres Verstandes wirkt gleichsam tötend. Das zarte religiöse Erleben scheint die kühle Ratio wie seinen Todfeind zu fliehen. Wo der Intellekt das Feld beherrscht, ist kein Raum, keine Durchbruchsmöglichkeit für das Irrationale, unter dessen Schutz das Jenseitige auftritt.

Damit dürfte die Annahme von William James gerechtfertigt sein, daß die religiöse Erfahrung nur im Bereich des Unterbewußtseins aufkommen könne. Schon 1917 hat ein guter Kenner der tiefenpsychologischen und der religionspsychologischen Literatur, Traugott Konstantin Oesterreich, ausgesprochen[71]), nach seiner Meinung sei es unmöglich, James in dieser Auffassung zu widerlegen.

In der Tat wird dieser Eindruck, den wir bisher lediglich mit Beispielen aus der Experimentalpsychologie belegt haben, bis zur Gewißheit verstärkt, wenn wir uns nunmehr dem eigentlichen Gebiet der religiösen Erfahrung zuwenden, die eine spontane – d.h. nicht willkürlich herbeirufbare – Erlebnisweise des Göttlichen darstellt. Der religiöse Mensch weiß, daß er selbst zu dem Erlebnis Gottes nichts bewirken kann als bereit zu sein für seine Aufnahme. Gnade ist alles. Psychologisch gesprochen: das Kennzeichen der religiösen Erfahrung ist das mangelnde Aktivitätsbewußtsein des betroffenen Individuums[72]). Seelische Passivität ist gleichermaßen allen Erscheinungsformen der Offenbarung eigentümlich, am augenfälligsten bei der markantesten Art des Gotteserlebnisses, das wir vom Mystiker kennen. Betrachtet man die zahlreichen Selbstzeugnisse neuerer Mystiker unter diesem Gesichtspunkt, so ist unverkennbar, daß ihr Erleben dem Gesetze der Komplementarität unterstellt ist[73]). In einer Weise, die gerade in diesem Hinblick besonders überzeugt, ist dies den Selbstzeugnissen eines der größten Mystiker aller Zeiten zu entnehmen, der als Zeitgenosse der Gegenreformation ein ebenso großer Zergliederer seiner eigenen Seele gewesen ist. Es handelt sich um den Heiligen Johannes vom Kreuz[74]), der durch seine ausgeprägt schizoide Veranlagung unserem Verständnis beträchtlich näher steht als etwa Meister Eckehard.

Der tiefenpsychologische Vorgang, den Johannes bei seinen »Empfängen« aus der Überwelt erfuhr, bietet folgendes typisches Erscheinungsbild: die unio mystica pflegte mit dem Empfinden einzusetzen, als würden ihm plötzlich von »außen« seine Sinnesorgane stillgelegt. Sein Körpergefühl war nahezu aufgehoben. Ihm war zumute, als sei er gleichsam räumlich erweitert in seinen nächsten Umkreis, wie angesogen von einer Kraft außer ihm, überströmt und geblendet von einem überirdischen Licht. Solche Erlebnisse überkamen ihn – oft nur für flüchtige Augenblicke – überfallartig selbst im vollsten Wachzustand am hellichten Tage[75]).

---

71) 97
72) Oesterreich 71
73) Mattiesen; Oesterreich 21ff.; vgl. jetzt auch die Fälle bei Gruhle (1956) 279ff.
74) Mattiesen 38, 76, 147ff., 162, 224, 230, 261f., 263, 264, 339, 696f.
75) Johannes vom Kreuz passim, vor allem 126

Bewußtseinslähmungen dieser Art sind das Charakteristikum aller ausgesprochen mystischen Erfahrungen. Es ist bedenklich, sie nach dem Verfahren der Psychiatrie unter die Kategorie »Psychopathologie« einzuordnen, ohne jeden Einzelfall darauf untersucht zu haben, ob und inwieweit er sich etwa »sinnvoll« in den Lebenszusammenhang des »Perzipienten« eingliedern lasse. Die Irrenärzte erfassen dergleichen Vorgänge mit dem Begriff »Ekstase«, die nach Lange-Eichbaum[76]) »nicht grundsätzlich bionegativ und pathologisch« ist, »aber wahrscheinlich meistens.«

Keineswegs übersehen wir, daß die Erlebnisweise des Heiligen Johannes vom Kreuz, wie alle Mystik dieser ausgeprägten Form, auf das Ganze der religiösen Erfahrung gesehen, eine Seltenheit darstellt. Wir lassen ferner nicht außer Acht, daß sogar die übrigen von der Literatur behandelten Offenbarungsfälle, wie sie z.B. Oesterreich eindringlich vergröbernd vorführt, extreme Sonderformen der religiösen Alltagswirklichkeit bedeuten. Aber auch sie, ohne Ausnahme, legen ein beredtes Zeugnis für das Gesetz der Komplementarität ab[77]). Nicht minder jedoch – und das ist entscheidend – sogar die große Masse der schlichteren Gottesbegegnungen aller übrigen religiösen Menschen, die niemals in ihrem ganzen Leben mit den auffälligen Offenbarungsformen der Mystik Bekanntschaft schließen. Der Verkehr zwischen Gott und Mensch ist in jedem Falle an die Voraussetzung geknüpft, daß der Verstand vom Gefühl beherrscht, wenn nicht völlig verdrängt ist[78]). Es war eine feinsinnige Beobachtung von William James[79]), der im Jahre 1902 bemerkte:

»Gibt es so etwas wie Inspiration aus einer höheren Welt, so kann es sehr wohl sein, daß das nervös reizbare Temperament die Hauptbedingung der notwendigen Empfänglichkeit ist.«

Wie sehr das zutrifft, haben wir gesehen. Die Psychiatrie ist infolgedessen durchaus im Recht, wenn sie immer wieder betont, daß in der Religionspsychologie das Psychopathologische die vorwaltende Rolle spielt, allein dies gilt doch nur mit der Einschränkung, daß es die Phänomene in Wirklichkeit gar nicht verursacht, sondern lediglich die seelengesetzlichen Voraussetzungen ihres Auftretens zur Verfügung stellt, d.h. die unerläßlichen formalpsychologischen Bedingungen für den Durchbruch des Jenseitigen ins Diesseits.

Somit ist die Möglichkeit zugelassen, daß neben echten Sinnestäuschungen Kundgebungen einer Überwelt vorkommen. Nicht einmal die ärztliche Diagnose, daß es sich bei der »Halluzination« eines sonst Gesunden um die »Wirkung von Stoffwechselgiften infolge Störungen der inneren Drü-

---

[76]) 242. – Im Gegensatz zu seiner früheren Haltung ([1922] 78f.) fordert Gruhle eine stärkere Berücksichtigung des Einzelfalls ([1956] 261). Freilich meint auch er, ein Bekehrungserlebnis erwecke »stets den Verdacht einer Attacke von Schizophrenie.« Weitbrechts verheißungsvolle Grundauffassung (1948, Vorwort) scheint noch blasse Theorie zu sein.

[77]) Siehe besonders den Fall »Finney« bei Oesterreich 68

[78]) Wobbermin II 72ff.

[79]) James (1925) 19

sentätigkeit« handeln dürfte[80]), vermöchte theoretisch unsere Auffassung zu widerlegen.

Prüft man die Erfahrungsberichte der Psychiater, so zeigt sich in einem Punkt auffällige Übereinstimmung: Halluzinationen sind »nie der Ausdruck einer erregten Tätigkeit der geistigen Sphäre, sondern im Gegenteil ein Ausdruck der Erschöpfung derselben. . . . Mit dem Erwachen der geistigen Tätigkeit werden die Halluzinationen blasser und verschwinden[81]).« Die neuere Forschung hebt hervor, daß auch ungewöhnlich starke, die Persönlichkeit beherrschende Affekte und eine Beeinträchtigung der normalen Sinnesfunktion dem Zustandekommen von Halluzinationen förderlich sind. Unsere Vermutung, daß wir bei der Halluzinose einem Anwendungsfall des Komplementaritätsgesetzes gegenüberstehen, wird also durch die Beobachtungen der Psychiater selbst bestätigt. Zur unumstößlichen Gewißheit aber wird unsere Annahme durch eine moderne – in Fachkreisen geschätzte – Theorie der Halluzinationen, die Gerhard Schorsch im Anschluß an die Wahrnehmungslehre von Melchior Palágyi entwickelt hat. Palágyis Thesen von der Punktualität der intermittierenden Bewußtseinsakte und dem Hervorbrechen der »inversen Phantasmen« bei Verlangsamung des »Bewußtseinspulses«[82]) hat die heutige Psychiatrie zur Deutung der Halluzinationen übernommen[83]). Damit anerkennt sie jene Gesetzlichkeit, die für das Hervorbrechen des seelisch Komplementären charakteristisch ist: die Zurückdrängung der rationalen Persönlichkeitssteuerung. Im Falle der Halluzinose kommen also die unabhängig von einander gewonnenen Lehren Palágyis und Jordans zur vollen Deckung. Der Vollständigkeit halber sei darauf hingewiesen, daß der Psychiater Karl Haug, der ebenfalls Palágyi folgt, in den erkenntnistheoretischen Schlußbetrachtungen zu seiner Lehre von den Depersonalisationen 1936 mit Anschauungen arbeitet, die Wort für Wort in Jordans Hypothese von der Komplementarität ihre Stütze finden[84]).

Berücksichtigen wir nunmehr noch, daß die Psychiatrie die Halluzination als solche nicht schon als Geisteskrankheit wertet, sondern erst in dem nachträglichen »falschen Realitätsurteil« des Perzipienten das Anzeichen für dessen Erkrankung erblickt[85]), so kommen wir nach allem zu folgendem Schluß:

Betrachtet man den Vorgang der Persönlichkeitszersetzung (Depersonalisation), welcher die Voraussetzung der Halluzination bildet[86]), mit unseren Augen, so wird auch die moderne Psychiatrie, wenn sie nicht unlogisch verfahren und gegen ihre eigene Theorie verstoßen will, zugestehen müssen, daß erkenntnistheoretisch keine Bedenken begründet sind, in der Halluzi-

---

[80]) Kehrer 232ff.
[81]) Kandinsky 462. Verf. hat selbst vorübergehend halluziniert.
[82]) Palágyi 17ff., 68ff., besonders 80ff.
[83]) Schorsch 58–69 und passim.
[84]) Haug 197ff. Ein Referat über Palágyi: 186ff.
[85]) Goldstein 70
[86]) Störring 462ff., betont als eine Erscheinungsform der Depersonalisation traumhafte Benommenheit, deren Würdigung er aus methodischen Gründen ausschließt, von uns gesehen, nicht methodisch!

nose mehr zu sehen, als der positivistisch befangene Blick der Wissenschaft bislang in ihr gesehen hat. Selbstverständlich ist nicht jeder halluzinierende Geisteskranke ein Sprachrohr jenseitiger Mächte. Vielmehr wollen wir mit der gerade auf den Randgebieten des Wissens gebotenen Vorsicht nur sagen: unsere neue Sehweise läßt die wissenschaftlich vertretbare Deutung zu, daß in Ausnahmefällen ein Halluzinierender zum Schauplatz der Begegnung von Jenseits und Diesseits werden kann. Doch als wissenschaftlich Denkende sind wir nur selten zu der Annahme bereit, bei einer Halluzinose die Diagnose zu stellen, sie sei möglicherweise ein echtes, dem frommen Glauben dienliches Zeugnis für einen »Einbruch« aus der Überwelt. Andererseits bringt es die Eigentümlichkeit des Komplementaritätsgesetzes mit sich, daß wir logisch die Möglichkeit einer »echten« Jenseitserfahrung nicht einmal dann ausschließen können, wenn bei einer Halluzination unbestreitbar Geisteskrankheit vorliegt. Sicherlich hat Lange-Eichbaum recht: »Ein Schizophrener ist kein Aussichtsturm ins Jensseits[87].« Aber dennoch kann wissenschaftlich die Möglichkeit nicht ausgeschlossen werden, daß er gelegentlich eine stark gestörte Empfangsstation ist, auf der sich Eigenes mit Ichfremdem, das nach Aufnahme drängt, seltsam vermischt[88]). Jedenfalls steht fest, daß ausgerechnet »von allen Psychosen die Schizophrenie religionspsychopathologisch am ergiebigsten« ist. »Gerade die ... Schizophrenie (hat) so häufig die Tendenz zum Religiösen, Metaphysischen[89]) ...« Diese Tatsache mag bislang rätselhaft erschienen sein, wer aber bedenkt, daß die Schizophrenie der beste Anwendungsfall des Komplementaritätsgesetzes ist, wird zugeben müssen, daß es wohl kaum anders sein könnte.

Doch sehen wir von den pathologischen Fällen ab. Haben psychisch sonst nicht auffällige Personen ein »sinnvolles« halluzinatorisches Erlebnis, so dürfen wir sagen, es sei zu vermuten, daß sich hier etwas Transzendentes bekunde. Auf die Kriterien, welche bei der Feststellung dieser Vermutbarkeit zu beachten sind, kann hier nicht eingegangen werden.

Damit sind grundsätzlich die Bedenken ausgeräumt, mit denen die Wissenschaft bisher die Bewegungsfreiheit des Glaubens gelähmt hat. Zum mindesten ist diese Feststellung eine Befreiung für Menschen mit vorwaltender Ratio, die den sehnlichen Wunsch verspüren, an die Realität religiöser Erfahrungen zu glauben, aber daran bisher von ihrem Verstand gehindert wurden.

Das auf das Seelenleben angewandte Komplementaritätsgesetz hat unseren Blick für die Wirklichkeit nicht unbeträchtlich geschärft[90]) [91]) [92]).

---

[87]) 332

[88]) Bei Jaspers (1926) 151 finde ich die interessante Bemerkung über den Schizophrenen, der uns »den Blick in das Absolute finden« lasse.

[89]) Weitbrecht (1948) 123, 145 ff.

[90]) Im Mittelpunkt der Wahrnehmungslehre Viktor v. Weizsäckers steht – kaum noch verhüllt – das Komplementaritätsgesetz. v. W. verwendet denn gelegentlich auch selbst schon den Terminus» Komplementarität«. Vgl. sein» Drehtürprinzip« (177, 168)!

[91]) Nach de. Sanctis (1901) 59 und (1922) 275 sollen atmosphärische Einflüsse auf das Traumleben wirken bei Kindern, Geisteskranken, Neurasthenikern und Vasomotori-

Jetzt sehen wir ein, weshalb z.B. die altprotestantische Theologie auf einem Irrwege war, wenn sie annahm, die göttlichen Dinge und das Hereinwirken Gottes in die Immanenz könnten rational gewußt und erfahren werden[93]). Aber auch die Nebel um unsere rechtsphilosophische Problematik haben sich nunmehr gelichtet. Denn ebensowenig, wie es eine göttliche Verbalinspiration, die jene Theologie für möglich gehalten hatte, mit Rücksicht auf die Komplementarität geben kann, ebensowenig könnte es ein bei

---

kern. Nur bei Gesundheit und vorwiegender Intelligenz sei die Witterungsempfindlichkeit gering. Erhöht sich die kosmische Reizschwelle mit der Rationalisierung?

[92]) Das Komplementaritätsgesetz an parapsychologischem Material habe ich 1952 in einem Aufsatz abgehandelt.

Für Jordans These treten neuerdings auch führende Religionspsychologen ein. Ihnen wird damit das Zusammentreffen von Immanenz und Transzendenz verständlich, insoweit als es ihnen darum geht, an dem Gegenstand ihrer Wissenschaft zu begreifen, was die »natürliche Komponente« des beteiligten Menschen ausmache, die den dem Psychologen vorenthaltenen religiösen Begnadungsvorgang begleitet (Keilbach 28–30 mit Angaben des Schrifttums).

Nachdrücklich bekennt sich C. G. Jung (1952, 37 Note 1) zu Jordan, aufgrund eigener Forschungen zu dem schon von Pierre Janet entdeckten »abaissement du niveau mental«. Ebenso folgen Jordan der Psychologe Anschütz (479) und der Naturphilosoph Aloys Wenzl (164).

Der 1961 gestorbene international anerkannte Altmeister der deutschen Parapsychologie Dr. med. Rudolf Tischner machte mich gesprächsweise darauf aufmerksam, daß parapsychische Phänomene, auch wenn sie bei scheinbarer Herrschaft des Normalbewußtseins des Mediums aufträten, in Wahrheit eine Dissoziation der Bewußtseinsstufen (vgl. Lersch 594–637) voraussetzten.

[93]) Wobbermin I 99ff. – Denn die formalpsychologische Voraussetzung des Verkehrs zwischen Gott und Mensch bildet die Komplementarität. Sie ermöglicht den mit einem Überwältigungsgefühl verknüpften Einbruch aus dem Jenseits. Solange der Einbruch anhält, ist die Ratio des Betroffenen gelähmt oder verdrängt. Erst nachträglich tritt sie wieder in Aktion, um das Erfahrene in die gewohnte geistige Umwelt sinnvoll einzuordnen. Erst jetzt wird das Widerfahrene durch die Einwirkung aus der Eigensphäre des Erlebenden rational ausgedeutet. Markant zeigt Pascals Selbstzeugnis seiner zweiten Bekehrung (1654), »wie die Feuertaufe des Gefühls in Gedanken umgesetzt (!) wird« (Bornhausen [1920] 145. Text des Selbstzeugnisses sowohl bei Bornhausen a.a.O. 143f., wie [1928], 143f.). Nur wenn der Vorgang so gesehen wird, läßt sich Karl Bornhausen ([1928] 176) zustimmen, die Offenbarung sei kein mystisches Ereignis, »in dem eine bloße Gefühlsaktion ... erfolgt«, da sonst Schwärmerei vorläge, die »kein rationales Moment offenbart«.

Auf den umstrittenen theologischen Begriff der Offenbarung brauche ich nicht einzugehen. Die Bedeutung der Komplementarität für den Verkehr Gottes mit dem Menschen wird durch den Streit um die Abgrenzung des Offenbarungsbegriffs nicht in Frage gestellt, auch nicht durch die Wortoffenbarung. Nicht nur der »Ort« der Begegnung mit Gott liegt dort, wo die Herrschaft des kühlen Verstandes ausgeschlossen ist, sondern selbst der Inhalt des Offenbarungserlebnisses wird vom Verstande weder beeinflußt noch gar beherrscht. Das ganz Andere, das in die Seele des Menschen einbricht, trägt keine Züge oder auch nur Beimischungen des Rationalen. Es ist überrational.

Daß – wie Bornhausen ([1928] 178) betont – Jesus von seinem Verkehr mit Gott »im Sinne der Theophanie« nichts berichtet, steht dem nicht entgegen. Denn einer Theophanie bedarf es nicht, um dem wahrheitsuchenden Menschen die Offenbarung Gottes erst glaubhaft zu machen. Dafür zeugt Pascals einziges Wort »Feu« (Bornhausen a.a.O.), mit dem alles zur Komplementarität gesagt ist.

Daß allein dieses Seelengesetz den Umgang zwischen Gott und Mensch zuläßt, nötigt keineswegs dazu, das unbewußte Seelenleben überzubewerten. Niemand ist gehindert,

Gott ruhendes oder auch erst im Verkehr zwischen Gott und Mensch durch Inspiration entstehendes Naturrecht geben.

Diese Erkenntnis, die übrigens schon aus dem heutigen Stand der Theologie[94]) ableitbar wäre, folgt aus einer weiteren glücklichen Beobachtung Jordans. Jene Schranke, welche uns vom Lebensbereich der komplementären Seelenfunktionen im Normalzustand abscheidet, gibt nämlich in den seltenen Fällen eines Grenzverkehrs zwischen beiden Seelenbereichen dem Unbewußten nur die Möglichkeit frei, sich unserem Bewußtsein auf den »unteren Stufen der gegenständlichen Beschreibung«, d.h. gleichsam auf der Stufe des Prälogischen, manifestieren zu können[95]). Ausdrücklich betrifft diese Feststellung zwar nur den Fall, wo etwas vom Unterbewußtsein »außersinnlich« wahrgenommen ist und in die Begriffssprache des Bewußtseins übersetzt wird. Der gleiche Vorgang jedoch müßte sich abspielen, wenn ein vom Unterbewußtsein »empfangenes« göttliches Recht in die intellektbeherrschte Sphäre des wachen Tagesbewußtseins überträte. Es sei denn, es käme jemand und behauptete, die Leitsätze des Naturrechtes seien durch Glossolalie oder inspiriertes (automatisches) Schreiben in das Bewußtsein einzelner Begnadeter eingetreten und so der übrigen Menschheit vermittelt worden. Das jedoch ist, soweit ersichtlich, noch niemals die Überzeugung auch nur vereinzelter Naturrechtler gewesen. Übrigens würde selbst der volle Nachweis eines solchen Begnadungserlebnisses für die Göttlichkeit eines dabei verkündeten Rechtes nichts dartun, weil jeder Psychiater die himmlische Herkunft einer derartigen Botschaft aus dem Jenseits mit der Diagnose »Persönlichkeitsspaltung« in Frage stellen könnte.

---

sich der Gottesgabe seines Verstandes in Dankbarkeit und Demut zu erfreuen. Es wäre nicht vertretbar, etwa aus dem Komplementaritätsgesetz abzuleiten, daß der »Geist« der »Widersacher der Seele« (Klages) sei.

Die theologische Literatur behandelt das religionspsychologische Begleitphänomen der Offenbarung durchweg nicht oder nur unzulänglich. Aber sogar die heutige katholische Fundamentaltheologie – Protestanten werfen ihr oft ein allzu intellektualistisches Offenbarungsverständnis vor – betont nicht nur das personale Moment in der Gottesbegegnung und deren Vielschichtigkeit, sondern auch Gottes »geschöpfliche Verhüllung« (Bulst 115) und die dadurch bedingte Umformung und Mißverständlichkeit des Offenbarungsinhalts. Der Mensch »muß diese Offenbarung, da sie kein interpretierendes Gotteswort einschließt, selbst erst deuten« (Bulst 70). Keineswegs »Begriffe«, »Urteile« oder gar »Lehren« teile Gott dem Menschen mit, wenn es auch nicht möglich sei, den Inhalt der Offenbarung anders als in Begriffen und Urteilen auszusagen.

Ich hoffe somit, daß Theologen, die das Offenbarungsproblem auch religionspsychologisch sehen können, meinen Standpunkt gelten lassen werden.

[94]) Wobbermin I 430ff.

[95]) Jordan (1951) 102

– 4 –

Gegen unsere Beweisführung wird sich der Einwand erheben, das Gleichnis vom Einbruch aus der Überwelt[96]) möge zwar in der Auseinandersetzung mit Coings Vorstellung einer Verkündigung des Naturrechts am Platze sein, es biete aber zur Widerlegung der vorherrschenden Naturrechtslehre keine geeignete Handhabe, mit seiner nicht klar geäußerten Annahme einer Individualoffenbarung an begnadete Ausnahmemenschen stehe Coing nahezu allein, für die Mehrzahl der Naturrechtler dagegen sei das himmlische Recht *allen* Menschen gleichermaßen »unmittelbar von Gott in die Herzen geschrieben[97])«, aus denen unsere Vernunft es freilich richtig ablesen müsse[98]).

Wer nun folgerichtig das, was seine Vernunft als Inschrift der Herzen wahrnimmt, »gleich der Sittlichkeit im wesentlichen (für) Gewissenskultur[99])« hält, wird im Ernst jedoch schwerlich die Ansicht verfechten dürfen, ein »natürliches Recht« vor Augen zu haben. Nur das Gefühl für das Rechte nämlich vermag im Herzen aufzukommen und zu leben. Das Recht als Normengebilde hingegen ist – wie wir gesehen haben – ausschließlich Erzeugnis des Verstandes. Lediglich seine Keimstätte liegt im Herzen.

Daß Gott ein überirdisches Recht in unsere Herzen einschreibe, ist übrigens ebenso eine Metapher, wie unser Bild von einem Einbruch aus der Überwelt. Beide Gleichnisse sind Als-Ob-Vorstellungen, die die Raumlogik der Sprache aufnötigt. Entscheidend ist darum gar nicht, ob unsere Vorstellung vom Einbruch der vorherrschenden Lehre von der Mitteilungsweise des Naturrechts gleichermaßen angemessen wäre, sondern vielmehr die Tatsache allein, daß das Naturrecht nach dem Eingeständnis zahlreicher seiner Verfechter nichts anderes ist als eine im Metaphysischen verwurzelte Gefühlsregung, nicht aber ein rationales Normengebilde, das es sein müßte, wenn es Recht wäre. Demgegenüber ist es ohne Bedeutung, daß wir Menschen dem Anruf der Stimme unseres Herzens, die uns gebietet, unsere irdische Ordnung zu bessern, häufig den verbindlichen Charakter eines göttlichen Befehls beimessen.

An dieser Sachlage kann selbst der Umstand nichts ändern, daß der edlere Teil der abendländischen Menschheit seit einigen Jahrtausenden an ein un-

---

[96]) Daß für mich der Begriff »Überwelt« eine unentbehrliche Fiktion ist, habe ich schon gesagt. Auch meine »naturalistische« Terminologie, die sich nicht scheut, Ausdrücke der Physik (z.B. einströmen, einbrechen) zu verwenden, ist gerechtfertigt. Gleichwohl gestehe ich meinen Kritikern zu, daß meine Untersuchungsmethode primär eine psychologische ist, bei der die Frage nach den transzendentalen Bedingungen der Möglichkeit, d.h. der Sinnkonstitution – also alles das, was den philosophischen Bedeutungsgehalt, die logische (im weitesten Sinne von »Logos«) Besinnung anbelangt, zurücktritt. Trotzdem aber bin ich keineswegs einer naturalistischen Auffassung des Geistes verfallen.

[97]) Petraschek 142

[98]) Damit ist die heute weit verbreitete Auffassung gemeint, die wähnt, die Prinzipien des Naturrechts vermittels der Vernunfteinsicht und des »natürlichen Gewissens« aus der »Menschennatur« ablesen zu können (Messner 1960, 86ff.).

[99]) Petraschek a.a.O. und 83ff.

geschriebenes höheres Recht *glaubt*[100]). Heute wird zuweilen sogar auf das alte China in diesem Zusammenhang hingewiesen[101]).

Schon unsere Erörterungen zum Wandel der Seele in der menschlichen Entwicklungsgeschichte sollten jedoch einsichtig gemacht haben, wie unhaltbar es wäre, wenn wir diesen Glauben abendländischer Menschen etwa für ein allgemeinmenschliches Kulturphänomen erklären wollten. Daß moderne Forscher gleichwohl immer wieder von der Überzeitlichkeit dieses Glaubens so reden, als ob es selbstverständlich wäre, muß den Verdacht erwecken, bei ihnen habe unbewußte Glaubenssehnsucht den redlichen Geist ihrer Wissenschaftsgesinnung verdrängt. Hierzu werden wir später noch einiges anmerken, wenn es an der Zeit ist, die psychologisch interessante Frage zu behandeln, die uns zur Problematik des Naturrechtlers hinführt. Wie sehr jene Verfechter des Naturrechts, die ihren eigenen Glaubensstandpunkt ohne hinreichende Prüfung der Geistesgeschichte der gesamten Menschheit abstrakt verallgemeinern, einen methodischen Fehler begehen, brauchen wir nicht näher zu begründen. Denn unbestreitbar darf man einer menschlichen Überzeugung keineswegs bereits dann blindlings vertrauen, wenn sie nur eine ehrwürdige Vergangenheit aufzuweisen hat. Die communis opinio selbst einiger Jahrtausende, für sich genommen, beweist nämlich wissenschaftlich noch nichts. Manchmal bedeutet sie sogar nicht einmal prima facie etwas. Denn Tatsache ist: die Menschheit hat seit jeher nicht nur an Wahrheiten, sondern auch an Einbildungen geglaubt. Zum Beweise dafür brauchen wir nicht einmal die Geschichte des Aberglaubens zu bemühen.

So kann denn eine solche communis opinio dem Forscher nur den Stoff zu unvoreingenommener Nachprüfung bieten, welche Bewandtnis es mit der wissenschaftlichen Legitimation dieses Glaubens auf sich habe.

Die Würdigung des Komplementaritätsgesetzes hat unsere Vermutung gestärkt, daß Gott aus der Transzendenz in die Immanenz hereinwirken kann. Positivistischen Zweiflern gegenüber betonen wir nochmals unsere metaphysische Haltung mit einem Worte, mit dem Erich Becher seine Ergebnisse des »überindividuellen Seelischen« zusammenfaßt[102]):

> »... was uns ... hinreichend nahegelegt erschien, um einmal in ernste Erwägung gezogen zu werden, bleibt in seiner reservierten Unbestimmtheit noch sehr weit hinter einer ... bestimmten Gottesvorstellung zurück.«

Das gilt für den strengen Wissenschaftsstandpunkt, den auch wir innezuhalten bemüht sind. Unsere wissenschaftliche Vermutung, daß wir in allem der Einwirkung transzendenter Mächte unterliegen, ist indessen nunmehr so gut gegründet, daß sie für den religiösen Glauben eine ausreichend halt-

---

[100]) Stadtmüller 62. Ähnlich sagt schon Hugo Grotius: »... sed quod ubi multi diversis temporibus ac locis idem pro certo affirmant, id ad causam universalem referri debeat ...« (proleg. 40).

[101]) Vgl. Herrfahrdts Einführung in das chinesische Strafgesetzbuch, ferner Sauter (1934/1935) 101 und Liau-Schang-Kuo (138ff.), der hervorhebt, daß nicht alle chinesischen Rechtsphilosophen etwas dem Naturrecht Ähnliches ablehnten. Beyer (16ff.), der alle Chinesen für Positivisten ansieht, irrt.

[102]) 140

bare Stütze abgibt, für einen Glauben, dem es überlassen bleibt, die »reservierte Unbestimmtheit« der Vorstellung eines »höheren Wesens« mit dem Glaubensinhalt einer bestimmten Gottesvorstellung auszufüllen.

Zu einem solchen Glauben ermuntert uns einer der methodisch vorsichtigsten Metaphysiker unserer Zeit, Hans Driesch, wenn er meint:

»Die Tatsache des bewußten Erlebens und insonderheit seine moralischen Abwandlungen, wie ›Reue‹, ›Gewissen‹ usw.... würde überflüssig werden, würde ein grausamer Weltluxus werden«, wenn wir nicht an ein Höheres glauben dürften. »Aber«, so fügt er sogleich hinzu: »Das ist doch wohl nur ein argumentum ad hominem[103]).«

Freilich schränkt die Wissenschaft den Spielraum unseres Glaubens insofern ein, als sie den einzig möglichen Begegnungsort zwischen Gott und Mensch in dessen Unterbewußtsein verlegt. Daraus folgt für uns, daß das Recht als Bewußtseinsphänomen im modernen Menschen nicht gottunmittelbar zu sein vermag. Nicht gottunmittelbar! Doch besteht kein Hinderungsgrund, bei unserer metaphysischen Haltung zu vermuten, daß Gott mittelbar auf die Rechtsbildung einwirken kann, nämlich dadurch, daß er im Herzen der Menschen ein Ethos, eine Sittlichkeit entzündet, die die im Emotionalen wachsende Rechtsgesinnung schafft.

Diese brennende Frage erfordert noch unsere Aufmerksamkeit. Es würde uns übel anstehen, unsere Untersuchung schon jetzt abzuschließen, nachdem das Problem des Naturrechts als solches zwar, wie wir hoffen dürfen, gelöst, aber seine atmosphärische Umgebung noch nicht soweit durchforscht ist, um das Wiederaufflackern der alten Streitfrage künftig wirksam bekämpfen zu können.

Doch bevor wir diese Frage aufgreifen, erscheint es ratsam, unseren bei der Komplementarität abgebrochenen Gedankengang zu Ende zu führen.

II. Das Absolute in der Erscheinung

– 1 –

Wir haben bislang nur festgestellt, »wo« sich Jenseits und Diesseits begegnen, nämlich im Unterbewußtsein[104]). Jetzt bleibt noch zu prüfen, welchen Inhalt das Erlebnis der Begegnung zeigt. Dabei schränken wir den Begriff

---

[103]) (1930) 122

[104]) Daß ich hiermit die Ganzheitspsychologen auf den Plan rufe, weiß ich. Vielfach hört man heute sagen, nicht nur bei normalem Bewußtsein – z. B. während eines Beethovenkonzerts – vermöge der Mensch Gott zu begegnen, sondern sogar auf »überwachen Bewußtseinsstufen« (Gruehn 419). Unbestreitbar spielt das Gesamtich im religiösen Erlebnis eine entscheidende Rolle, aber bei alledem darf doch die Einflußsphäre des »normalen« Bewußtseins nicht überschätzt werden. Damit ist natürlich nichts gegen seinen Rang gesagt! Der Streit um das unbewußte Seelenleben im Gotteserlebnis würde wahrscheinlich rasch gegenstandslos, wenn man einsähe, daß das Unbewußte – wie die Fachpsychologen heute das Unterbewußtsein nennen – begrifflich weit gefaßt werden muß, so weit, daß selbst die wachste Bewußtheit, d. h. auch überwache Bewußtheitsstufen, noch ständig in ein Umfeld des Unbewußten eingebettet sind, dessen Phänomenologie und Differentialdiagnose nicht unsere Aufgabe ist (vgl. hierzu J. H. Schultz 364ff.). Ich kann insoweit auch auf Lersch (594–637) verweisen

»Inhalt« auf die Frage ein, wie sich die Überwelt dem Menschen mitteilt. Wir maßen uns nicht an, den untauglichen Versuch zu einem eigenen Nacherlebnis des jeweils höchstpersönlichen Gehaltes religiöser Erfahrung zu wagen. Mit anderen Worten: auch fürderhin bescheiden wir uns damit, lediglich den formalpsychologisch greifbaren Sachverhalt zu erfassen.

Wir möchten wissen, ob und welche substantiellen Veränderungen das Transzendente bei seinem Erscheinen im Diesseits erfährt. Wie offenbart sich Gott dem Menschen? Erscheint er dem Menschen alle Zeit bei allen Völkern in unveränderlicher Gestalt? Oder vollzieht sich mit dem »Einbruch« in die Sphäre des Menschlichen eine Abwandlung im Göttlichen, und welcher Art ist sie?

Wir huldigen nicht dem naiven Wissenschaftsglauben, daß es möglich sein werde, etwas von dem materialen Erlebnisinhalt der religiösen Erfahrung mit den Instrumenten unserer Wissenschaft berühren, geschweige ergreifen zu können. Was allein uns zugänglich ist, ist gleichsam etwas »Äußerliches«, das uns am sichtbarsten entgegentritt im ausgeprägtesten Typus der Offenbarung, im Erlebnis des Mystikers. Im besonderen Maße ist dem mystischen Erlebnis in allen Zeiten und Orten eigentümlich, daß es eingeleitet oder auf seinen Höhepunkt geführt wird durch seelische Vorgänge, welche der Psychiater »Halluzinationen« nennt. Wenn wir von haptischen Halluzinationen, wie sie häufig die unio mystica begleiten, absehen, so handelt es sich um Visionen und Auditionen, die getrennt oder gemeinsam vorkommen. Die bloße Empfindung eines Lichtes wollen wir für unsere Betrachtung ausschalten, ebenso alle Gehörssensationen mit Ausnahme gesprochener Worte. Diese typischen Erscheinungsformen optischer und akustischer »Wahrnehmungen« werden wir mit dem Ausdruck »außersinnliche Wahrnehmung«[105]) belegen. Wie schon der Wortlaut dieses Begriffes sagt, unterstellen wir damit, daß es sich bei alledem nicht um Trugwahrnehmungen im psychiatrischen Sinne handelt, sondern um reale, von »außen« unter Umgehung der körperlichen Sinneswerkzeuge kommende »Eindrücke«, die der Empfänger so in sich aufnimmt, als ob sie »normal« gewonnene Sinneseindrücke seien.

Jeder Kenner der vergleichenden Religionsgeschichte weiß, daß die Überwelt sich immerdar allen Völkern in Gesichten und Gehörserlebnissen offenbart hat. Das Charakteristikum dieser Mitteilungen ist, daß ihre »äußere«

---

und auf das Kontinuitätsgesetz der seelischen Aktualitätsstufen (schlichtes Erleben, Bewußtsein, Bewußtheit), die man sich durch das Bild einer pyramidenförmigen Schichtung einprägen kann. Auch erinnere ich an die Mitteilung Tischners von der Dissoziation der Bewußtseinsstufen bei scheinbarer Herrschaft des Wachbewußtseins. Vielleicht finde ich mit folgender Formulierung mehr Anklang: Der Zugang zur Menschenseele gelingt Gott nicht an der »Stelle«, wo die konzentriert arbeitende Ratio mit ihrem Lichtkegel am Werk ist, sondern allenfalls in der zwielichtigen Randzone der Bewußtheit, wenn nicht gar nur im einhüllenden Dunkel des Unbewußten, in dessen Schutz die tiefen, nachhaltigen Einbrüche in die Seele erfolgen, die die Offenbarungen herbeiführen.
Übrigens stehe ich hierbei in Übereinstimmung mit C. G. Jung (Victor Emil v. Gebsattel »Imago Hominis«, Schweinfurt 1964, 249).

[105]) Zum Begriff und Schrifttum Tischner

Form in jedem Falle der individuellen Besonderheit des »Empfängers« angepaßt ist. Dem Buddhisten begegnet Buddha in der Gestalt, wie er ihn sich nach seiner irdisch bestimmten Vorstellung zu denken gewohnt ist. Der Christ »sieht« Jesus, wie er ihm aus irdischen Darstellungen der bildenden Kunst seiner Kultur am vertrautesten ist. Nur Katholiken wird der Heilige Thomas begegnen, Martin Luther dagegen lediglich denen, die sich innerlich zu ihm bekennen. Diese Dinge sind allgemein bekannt. Schon der Antike waren sie geläufig. Nur hat man aus diesen Beobachtungen oft falsche Schlüsse gezogen, wie im griechischen Altertum beispielsweise Xenophanes, der den Götterglauben bei Homer und Hesiod dadurch verspottete, daß er die Götter als Erzeugnisse der menschlichen Einbildungskraft bezeichnete. Jeder denke sich seinen Gott nach Analogie seiner eigenen Gestalt und nach Maßgabe seiner Bedürfnisse und Wünsche. Demgemäß seien die Götter der Äthiopier schwarz und stumpfnasig, die der Thraker rothaarig und blauäugig; und wenn die Pferde und Ochsen Hände zum Malen hätten, so würden ihre Götter Pferde- und Stiergestalt haben[106]).

Daß das Glaubensbedürfnis des egozentrischen Menschen zu allen Zeiten die seltsamsten Vorstellungen hervorgebracht habe, wollen wir den zahlreichen modernen Anhängern des Xenophanes einräumen. Allein, diese unstreitige Frage berührt nicht das Grundsätzliche, das wir hierbei im Auge haben. Wir können uns kurz fassen, nachdem uns Existenz- und Einwirkungsmöglichkeit transzendenter Mächte zur wissenschaftlich vermutbaren Gewißheit geworden sind.

Jeder Mensch versteht eine Mitteilung nur in einer Sprache, die ihm vertraut ist. Andernfalls wäre eine Mitteilung an ihn gar nicht möglich. Eine personhafte Begegnung mit »seinem« Gotte ist ihm nur erlebbar, wenn dieser eine ihm faßbare Gestalt annimmt. Eine »ichfremde« Macht, die von »außen« in den Menschen hineinwirken möchte, vermag sich ihm also überhaupt erst dadurch verständlich zu machen und zu offenbaren, daß sie sich zu ihm herabläßt. Sie muß sich dabei derjenigen Ausdrucksmittel bedienen, die ihm aus seiner gewohnten Umgebung und Vorstellungswelt vertraut sind. Nietzsche[107]) hat recht, wenn er – freilich als Leugner der Überwelt – meint:

> »Gott, wenn es einen gäbe, dürfte, schon aus Anstandsgründen, sich nur als Mensch in der Welt bezeigen.«

Mit dieser Erkenntnis aber haben wir den Schlüssel zu dem Rätsel, weshalb insonderheit die »Halluzinationen« der religiösen Erfahrung kulturbedingt, d.h. verschiedenartig sind, weshalb der Christ Gott anders erfährt, ja anders erfahren muß, als etwa der Hindu.

> »Das kommt aber nicht daher, daß der Mensch sich Gott nach seinem Bilde zurechtgemacht hat, sondern daher, daß Gott sich dem Bilde des Menschen gleichgemacht hat[108]).«

Aus dieser flüchtigen Betrachtung schon erfahren wir eine neue Bekräftigung für unsere bewährte Auffassung, daß alles Geschichtliche nicht an-

---

106) Vgl. die Fragmente des Xenophanes (14–16) bei Diels I 132f.
107) 631 (§ 943)
108) van der Leeuw 153

ders als wandelbar sein könne. Wir erkennen mit Alfred Weber[109]), daß die »Absolutheit beim Eingehen in die Geschichte variabel« werden muß.

»Die absoluten Mächte können immer nur in einem bestimmten Zeit- und Volksstoff erscheinen. Und dieser Stoff ist geschichtlich, ortsmäßig, klimatisch, genetisch und so weiter verschieden. Sie erhalten also ihre besondere Ausspägung in der Geschichte immer durch den geschichtlichen Ort, an dem wir sie treffen. Das ist ihre geschichtliche Variabilität, die aber die hinter ihr stehende Absolutheit und Unbedingtheit der Mächte gar nicht berührt.«

Diese Worte eines geschätzten Vertreters der heutigen Wissenschaft sind hier nur deshalb im vollen Umfang angeführt, weil sie die Quintessenz unserer Untersuchungen knapp und treffend ausdrücken.

Was wir an der Betrachtung der Halluzinationen der religiösen Erfahrung für die Erscheinungsweise des Göttlichen erarbeitet haben, gilt gleichermaßen für die profanen Halluzinationen in der Giftpsychose. Sie kann insoweit zur Bestätigung unserer Feststellungen dienen, als es auch bei ihr um den formalpsychologisch faßbaren Vorgang geht.

Seit jeher ist es Ärzten, namentlich Psychiatern und Toxikologen, als etwas Rätselhaftes erschienen, daß sich Verlauf und Inhalt der Gifthalluzinosen der kausalmechanischen Vorausbestimmbarkeit entzogen durch jene singuläre Eigengestalt, welche ihnen »die Disposition des Individuums, sein Charakter und seine Geistesrichtung«, kurz: der »so verschiedene Reaktionsboden« verleiht. »Jeder Mensch trägt« auch hier »sein eigenes individuelles biologisches Gesetz in sich[110]).« Die Rauschgifte, so dürfen wir folgern, sind nicht die Ursache der Halluzinose – sicherlich nicht die vorwaltende Ursache – sondern deren auslösende Voraussetzung. Der Giftreiz gibt infolge des Komplementaritätsgesetzes den verborgenen Gestaltungskräften des Unterbewußtseins freies Spiel. Daher erklären sich auch die individuellen Abstufungen des Erlebnisniveaus.

Was sich dem Naturforscher im Falle der Gifthalluzinose aufdrängt, läßt die begründete Vermutung zu, daß wir es hier mit demselben seelengesetzlichen Phänomen zu tun haben, das uns auf anderer Ebene[111]) im Wechselverkehr zwischen Überwelt und Mensch begegnet.

Die zweite wesentliche Folgerung, die sich uns bei alledem ergibt, ist, daß die jenseitige Macht, wenn sie im Diesseits sichtbar »eingreifen« will, etwas von den Elementen des Irdischen in sich aufnehmen muß. D.h. niemals tritt sie »rein«, »an sich« in die Erscheinung. Vielmehr wird sie gebrochen im Prisma des Menschen. Max Scheler hat zutreffend immer

---

[109]) 272f. Angesichts des Mißverständnisses, welchem Theodor Litt (1949, 105ff.) bei der Lektüre A. Webers zum Opfer gefallen ist, erscheint es, um weiteren Fehldeutungen vorzubeugen, geboten, besonders hervorzuheben, daß eine wissenschaftliche Aussage über die Beschaffenheit der »absoluten« Mächte unmöglich wäre. D.h. feststellen zu wollen, ob Gott eine »statische Größe« sei, oder ob Bergson mit seinem »Dieu se fait« das Richtige treffe, wäre ebenso unzulässig wie abgeschmackt.

[110]) Lewin 110, 502, 16 und 93

[111]) Denkbar ist natürlich, daß sich die Überwelt auch einmal der Gifthalluzinose zur Kundgabe bedient. Alle alten Völker haben es geglaubt.

wieder betont[112]), daß das Göttliche bei seinem Eintritt in die irdische Sphäre »getrübt« werde.

Diese Einsicht ist für den Rechtsphilosophen nicht minder wichtig als für den Religionsphilosophen. Jene Trübung beruht darauf, daß das Transzendente durch den Transformator des Menschlichen hindurchtreten muß, um irdischen Wesen vernehmbar zu werden. Wo sich also Elemente des Göttlichen im menschlichen Geistesleben bemerklich machen, sind sie ein Mischungserzeugnis aus Transzendenz und Immanenz. Nimmt man noch hinzu, daß offensichtlich die Daseinsbedingungen auf diesem Planeten nicht von den Normen eines himmelanstrebenden Geistes bestimmt werden, sondern von den amoralisch harten Naturgesetzen der geisttragenden Unterschichten, so brauchen wir nicht viele Worte darüber zu verlieren, welche Hemmung für alles höhere Streben des Geistes seine eigenen materiellen und biologischen Daseinsvoraussetzungen bedeuten.

Es ist offenbar, daß der Mensch nach seiner Anlage unter allen ihm animalisch verwandten Wesen das einzige ist, das über einen rein animalischen Daseinszweck hinausweist, ohne jedoch unter den obwaltenden Daseinsbedingungen eine höhere Lebensform verwirklichen zu können. Selbst die wenigen Edlen erliegen in der Berührung mit einer unedlen Umwelt oft der zwingenden Notwendigkeit, sich der Masse anzupassen, wenn anders sie nicht biologisch untergehen wollen. Das ist der tiefere Sinn jenes Wahlspruchs Friedrich des Großen: »A corsaire corsaire et demi!« Nicht im politischen und militärischen Leben allein, sondern auch sonst überall stören, ja hindern die unbezähmbaren Triebe und der Zwang der Verhältnisse den Aufschwung des Menschen zu höherer Daseinsstufe[113]). Aus Enttäuschung darüber wächst oft seine Sehnsucht nach einem göttlich reinen Rechtszustand.

Darin gerade besteht die einzigartige Leistung der spanischen Neuscholastiker, daß sie die wahren Gründe des menschlichen Elends durchschauten und vor allem bei der Aufstellung ihrer ethischen Forderungen verständnisvoll bedachten. Sie gingen nämlich in all ihrem Naturrechtsdenken von der Voraussetzung aus, zwar verändere sich das ewige göttliche Gesetz (lex aeterna) niemals, dennoch aber könne es bei seinem Abstieg in die Niederung des Irdischen gar nicht anders, als seine Gestalt den dort jeweils herrschenden, nach Ort und Zeit wechselnden Umständen anzugleichen, so wie es sein Vehikel auf Erden, die »Materie«, eben zulasse[114]).

---

[112]) (1927) passim.

[113]) Lecomte de Noüy mißachtet geflissentlich die Grenzen, die der Entfaltung des Geistes auf Erden durch die unüberwindlichen Seinsgesetze gezogen sind. Seine überaus günstige Prognose für die Menschheit ist somit nur geeignet, eine Heiterkeit zu erregen, der vermutlich das Großartige seines Leitgedankens zum Opfer fallen wird. Er übersieht, daß sein schöner Traum von der Geistentfaltung auf unserem Planeten notwendig das Schicksal einer Seifenblase erleiden muß.

[114]) Der Grundgedanke findet sich am klarsten bei Suarez: »Per ius humanum sive gentium sive civile fieri potest talis mutatio in materia legis naturalis, ut ratione illius varietur etiam iuris naturalis obligatio ... sicut medicina alia praecepta tradit pro infirmis, alia pro sanis ... ita ius naturale idem existens aliud praecipit in tali occasione,

Die bis tief in die Antike hinabreichenden Wurzeln dieser Vorstellung bloßzulegen, wäre nicht unsere Sache. Unserem Vorhaben genügt die Andeutung, daß neben unzweifelhaften Einflüssen der Stoa und des Neuplatonismus hier vielleicht auch die Gnosis nachgewirkt haben könnte, glaubte doch sie besonders ausgeprägt, bei seinem Eintritt in die Welt der »Materie« verunreinige sich der ewig reine Logos[115]).

Ob im neuscholastischen Naturrecht schließlich auch noch averroistisch-nominalistisches Gedankengut nachklingt, braucht uns ebensowenig zu beschäftigen. Ohnehin geben wir Kohler[116]) zu, daß Franz Suarez, das Haupt dieser Schule, ein genialer Kopf war. Seine Lehre ist heute freilich nicht so sehr für ein wandelbares Naturrecht bedeutsam, als vielmehr für die Einsicht jener eigentümlichen Gesetzlichkeit, der das Göttliche sich unterwirft, wenn es zum Menschen sprechen möchte.

– 2 –

In der Reinheit ihres Wollens stehen die heutigen Naturrechtler den großen Spaniern nicht nach. Auch sie sind Idealisten im landläufigen Sinne. Allein, wir dürfen nicht vergessen: seinen seelischen Ursprung hat das Naturrecht zu allen Zeiten in der reflexartigen inneren Auflehnung gegen das positive Recht. Die unmerkliche Gewalt dieses auslösenden Gefühls verschafft auch allzumenschlichem Begehren mitbestimmenden Einfluß auf das Denken[117]). Verstehen es doch gerade die nicht beifallswerten Strebungen des Unbewußten meisterlich, – ethisch getarnt – das eigene Bewußtsein in seinem ahnungslosen Edelsinn über ihre dunkle Herkunft zu täuschen. Diese tiefenpsychologische Erfahrungstatsache ist natürlich nur selten im Einzelfall zuverlässig erweisbar. Sie sollte immerhin im allgemeinen aber bedenklich stimmen, was wir von der Sicherheit der Überzeugung heutiger Schriftsteller zu halten haben, die wähnen, einem »zeitüberlegenen philosophischen System« auf der Spur zu sein[118]). Ohnehin wäre ja unter Menschen nichts »Zeitüberlegenes« denkbar, weil all' unser Geistesleben, mag es seinen Unterschichten auch lediglich aufruhen, deren Gesetzen dennoch weitaus

---

aliud in alia, et nunc obligat, et non antea vel postea, sine sui mutatione, propter materiae variationem.« (lib. II, cap. 14, n. 12, tom. V, pag. 139). Dieser lateinische Text findet sich auch bei Kohler ([1916/17] 245). Herr Pater Otto Semmelroth S. J. vom Immakulata-Kolleg in Bühren hatte die Freundlichkeit, ihn mit der mir unzugänglichen Originalvorlage zu vergleichen.

115) Am ergiebigsten ist das neuere Schrifttum über Suarez. Die besten Einführungen bieten Grabmann I, 525–560 und Gilson 718, vgl. auch Rommen (1926) 74. Messner (1960) 309ff. läßt unbefriedigt. Die Monographie Castellotes weist zwar auf Suarez' geistige Quellen hin (14 und passim), enttäuscht jedoch gerade den Rechtsphilosophen. Troeltsch (1911) 248 und Pohlenz I, 122, 129, 153 berichten über relativistische Strömungen in der Stoa, Jonas 94ff. schreibt über Wirkungen der Gnosis.

116) (1916/1917), 245

117) Nach der modernen experimentellen Denkpsychologie ist das nicht mehr zu bezweifeln (vgl. Lersch 437ff.).

118) Coing (1948) 1173ff.

stärker verfallen ist, als wir uns gemeinhin eingestehen. Freilich, diese Erkenntnis ist den heutigen Naturrechtlern unbequem. Sie möchten vielmehr meinen, so sei es allenfalls in den längst verklungenen Zeiten der Aufklärung vielleicht einmal gewesen, damals, als das bodenlose Vernunftrecht die Gemüter erfüllte, heute so und morgen anders. Und sie weisen dabei gern hin auf Jean Pauls Spottwort vom »Naturrecht ... oder vielmehr (von) den Naturrechten, deren jede Messe und jeder Krieg neue liefert[119]).« Als ob Jean Paul nicht auch sie aufs Korn genommen hätte! Man brauchte nämlich nur das von Karl Bergbohm gesammelte Quellenmaterial des 18ten Jahrhunderts unter unseren Gesichtspunkten neu zu verarbeiten und es mit ihren heutigen Schriften zu vergleichen. Daß Bergbohm trotz seiner staunenswerten Gründlichkeit unserem Vorhaben nur Vorarbeit hat leisten können, die eingehender Ergänzung bedarf, kann nicht wundernehmen. Denn er war ein typischer Vertreter des dogmatischen Positivismus. Seine Problemverschlossenheit hinderte Bergbohm, das Fragwürdige in seiner eigenen Ausgangsstellung auch nur zu ahnen. Seine unvergängliche Leistung liegt darin, daß es ihm gelang, die Schwächen seiner Widersacher bloßzulegen, vor allem ihre unsicher schillernde Nomenklatur nachzuweisen. Für sich hingegen setzte er unbekümmert die positive Rechtsordnung als gegeben voraus, ohne nach ihrem Wesen zu fragen, ebensowenig wie seine zeitgenössischen Physiker die Existenz ihrer dreidimensionalen Gegenstände bezweifelten. Bergbohm bemerkte also überhaupt nicht, daß die positive Rechtsordnung solange ein Begriffsphantom ist, als es ihr nicht in einem bestimmten Einzelfall gelingt, sich zu aktualisieren. Der »objektivierte Geist« (N. Hartmann) des in amtlicher Verwahrung ruhenden Gesetzestextes ist solange tot, als ihn nicht ein Mensch zum Transparent seines geschichtlichen Lebens erweckt[120]). Denn allein das menschliche Geistesleben, individuell schwankend und wandlungsfähig von Augenblick zu Augenblick, das ist der »Ort«, an dem das Recht zur Wirkung kommt. Immer also muß wenigstens *ein* geschichtlich einmaliger Mensch in seiner Irrtumsfähigkeit und seiner Schwäche tätig werden, um jenem Normengebilde des objektiven Geistes den Lebensodem einzuhauchen, dessen es zu seiner Entfaltung bedarf. Dieser Tatbestand macht verständlich, wie verfehlt die begriffliche Zweiteilung in eine lex positiva und in eine lex naturalis ist. Es könnte gar nicht so sein,

»als gehe dem positiven Recht beständig ein ihm übergeordnetes oder antagonistisches, mit ihm rivalisierendes anderes Recht parallel, in welchem das erstere bald die Quelle und das Fundament seiner eigenen Herrschaft, bald seinen Vorläufer oder Stellvertreter oder Korrektor, bald auch nur sein Vorbild oder Ideal usw. zu respektieren habe[121]).«

Falsch wäre eine solche Vorstellung nämlich schon allein deshalb, weil nicht einmal die positive Rechtsordnung in ungetrübter Abgeschiedenheit vom Tummelfeld einzelmenschlicher Unzulänglichkeit zu existieren vermöchte. Gerade darin liegt übrigens eine der Ursachen, weshalb der diskur-

---

[119]) Vorrede zum Siebenkäs.

[120]) Vgl. auch Schönfeld (1951) 458ff. und den Gedanken der »Basisfunktion« bei Arndt. Bergbohm (382) scheint übrigens von alledem ein Vorgefühl verspürt zu haben.

[121]) Bergbohm 109

siv denkende Individualist, enttäuscht von der liebeleeren Rechtswirklichkeit des Alltags, immer wieder Zuflucht bei einem überzeitlichen Naturrecht sucht[122]). Das 1936 erschienene Buch Rommens, der zwei Jahre zuvor den Schrecken des Konzentrationslagers entronnen war, liefert ein beredtes Beispiel dafür. Nicht nur bei ihm klingt in seinem Protest gegen das Bestehende ein begreifliches Abneigungsgefühl aus verletzter Menschenwürde mit. Wir können bei vielen Naturrechtlern das gleiche feststellen[123]). In ihrer Grundstimmung zeigen sie alle in manchem Ähnlichkeit mit ihren Vorgängern im achtzehnten Jahrhundert, die im Kampfe standen gegen die unerträglichen, christlichem Empfinden häufig hohnsprechenden Übergriffe des überlebten absoluten Staates[124]).

Es ist psychologisch verständlich, daß damals wie heute eine Reaktion des seiner selbst bewußten Individuums auf die Einengung erfolgte, die ein allmächtiger Staat ihm aufzwang[125]). Allein, was im 18ten Jahrhundert im Sinne des richtigen Rechtes erscheinen mochte, ist heute doch zweifelhaft. Wir haben hinreichenden Abstand vom Zeitalter der Aufklärung, um die Lehren, welche die Geschichte den Forderungen der freien Einzelperson erteilt hat, sachlich würdigen zu können. Auch ist unser Wissenschaftsbild vom Menschen nicht mehr so stark von wirklichkeitsfremden Vorstellungen getrübt. Inzwischen haben wir gelernt, daß es des Menschen unentrinnbare Bestimmung ist, Gemeinschaftswesen zu sein. Seinem Wesen nach ist der Einzelne auf Gemeinschaft angelegt. Damit ist der unabdingbare Wert

---

[122]) Meine Auffassung über das Wesen des positiven Rechts deckt sich im Ergebnis mit Schönfeld (1932) 30 und 39ff.

[123]) Dafür nur einige Beispiele: Dem Historiker Gerhard Ritter, der 1944 in ein Konzentrationslager geriet, »graust vor einer Wirklichkeit ohne Menschenrechte.« (1949, 233) Als sich Rommel mit Staatsstreichplänen trug, suchte er seine Rechtfertigung im Naturrecht (Speidel 88). Bemerkenswert sind hierzu die Betrachtungen des Generalobersten Rendulic (216ff.). Er sieht im Naturrecht »eine Folge der Enttäuschung« (238). So sehen auch die katholischen Forscher Veit (Einleitung) und Schilling (1949, 32) den Sachverhalt, der schon in der Antike der gleiche gewesen ist. Denn auch die Sophisten appellierten an das Recht der Natur aus »Enttäuschung und Verzweiflung am zeitgenössischen Gesetzesstaat« (Flückiger I, 110).
Die Tiefe des kulturpsychologischen Problems – wenn auch nur im Hinblick auf die neuere Zeit – deutet Dilthey an (1959, 176): »Die Erörterung politischer Probleme in der naturrechtlichen Literatur seit dem 16. Jahrhundert war vornehmlich aus der Opposition des zum Selbstbewußtsein gelangten Individuums gegen die Einrichtungen und Maximen seines Staates erwachsen. In diesem Ursprung lag der Hauptgrund dafür, daß die Politik des Naturrechts von dem Individuum ausging.« Dort nämlich, wo das Individuum im Kollektiv aufgeht, werden solche Oppositionsgefühle nicht laut. Der Kommunismus erstickt die Stimme der Auflehnung. Eine Ausnahme bildet Bloch. Sein – freilich erst im Westen erschienenes – »Naturrecht« (1961) enthüllt die Leidensgeschichte des in seiner Würde Entrechteten, der »den Stiefel im Gesicht« (232) nicht länger mehr ertragen konnte.
Thielicke (1958, 286) hat recht: »Das Problem der Menschenrechte (hat) sich immer in Notzeiten aktualisiert.« Für die römische Spätantike weist das Honig nach, für das Frankreich von 1940 bis 1945 betont es Brecht (394).

[124]) Materialien für die Aufklärung bei Eberhard Schmidt 196ff.

[125]) Einzeluntersuchungen würden unschwer nachweisen können, daß das biologistische Naturrecht, das von 1933–1945 bei uns blühte, entstanden ist aus der Auflehnung gegen die völkerrechtliche Behandlung Deutschlands nach 1918.

des Staates gegeben, mag man das nun begrüßen oder beklagen. Wegzudiskutieren ist der Staat als Träger der menschlichen Lebensordnung nicht mehr. Es dürfte daher fragwürdig sein, ob ein führender Naturrechtler der Gegenwart sich dadurch als Sachwalter eines Naturrechts göttlicher Herkunft ausweist, daß er es ablehnt, »die höchsten Güter des Menschen, die seine sittliche Persönlichkeit ausmachen, niederen (!), insbesondere Staatszwekken[126])« zu opfern. Wir dürfen uns nicht in das Thema »Individuum-Gemeinschaft« verlieren. Die christliche Kirche des Abendlandes, in ihren großen Konfessionen getragen von einer unermeßlichen politischen Erfahrung, hat hierzu die richtige Einstellung gewonnen. Man denke an die Worte, die Emil Brunner über den modernen Menschen gesprochen hat, der nicht mehr wisse, »was es heißt: hineingestellt sein und sich einordnen[127]).«

Es ist ethisch nicht gerechtfertigt, an die Stelle des allmächtigen Staates das ungehemmt freie Individuum treten zu lassen. »Gerecht« und »befriedigend« sind nicht Synonyma auf diesem Planeten. Wir alle haben das Unbefriedigende des irdischen Daseins so miteinander zu tragen, daß die Lasten gerecht verteilt erscheinen, wenn man auf das Los des Einzelnen blickt. Schon das bleibt ein unerreichbares Ideal. Das Recht ist ein Gestaltungsproblem, nicht aber eine höhere Mathematik, die glaubt, aus Stratosphären der Lebensferne nach ihren starren Abstraktionen die Welt der harten Gegensätze und biologischen Notwendigkeiten regieren zu können. Das Leben fügt sich nicht dem Gitternetz abstrakter Normen ein. Zwei verlorene Kriege zeigen uns drastisch, wie notwendig es für den Juristen ist, den wandelbaren Inhalt seiner formalen Prinzipien nach dem Gebot der Stunde zu bilden. Sittliche Ideale sind in der Rechtspraxis nur zu einem geringen Teile durchsetzbar. Georg Jellinek[128]) hat mit seinem berühmt und berüchtigt gewordenen Wort das Richtige getroffen:

»Das Recht ist nichts anderes als das ethische Minimum.«

Die positive Rechtsordnung ist ebenso unzulänglich, wie alles Menschliche sonst. Mit dieser Einsicht soll sich der Rechtspolitiker nicht einer müden Tatenlosigkeit verfallen lassen, sondern vielmehr Bedacht darauf nehmen, daß auch die Rechtspolitik nur eine Kunst des Möglichen ist, der das Leben keine idealen Lösungen bereithält.

In einem Zeitalter, das die Menschenwürde geringschätzt, ja mißachtet, wenn nicht gar oft förmlich verhöhnt, ist es nicht nur eine gesunde Reaktion, sondern eine selbstverständliche Forderung der Menschlichkeit und ein Gebot der Nächstenliebe, mit nie erlahmendem Nachdruck für das Daseinsrecht des Einzelnen einzutreten. So betrachtet sind die zahlreichen Stimmen des Naturrechts heute ein erfreuliches Anzeichen, daß der Mensch nicht im Animalischen untergehen möchte. Aber diese edlen Bemühungen laufen Gefahr, eines zu übersehen: die Kräfte der Zerstörung, des Dämonischen, sind auf Erden nicht nur in den Apparaturen der öffentlichen Ordnung

---

[126]) Coing (1947) 88
[127]) (1932) 111 und 277ff. (1943) 64ff., 89ff.
[128]) 42

oder dort allein anzutreffen, wo geballte Macht wirkt, nein, das Dämonische vermag auch den Einzelnen zu ergreifen, um sich seiner zu bedienen. Im Menschen, nicht in seiner Gesellungsform, liegt das Problem. Indem man auf das Polaritätsverhältnis »Individuum – Gemeinschaft« eine Psychologie gleichsam des Weiß-Schwarz-Malens anwendet, verkennt man Wesen und Problematik alles Menschlichen und begibt sich zurück auf die naive Weltbetrachtungsstufe eines Jean Jacques Rousseau. Nicht nur der Staat bedarf strenger Bindungen, daß er keine Übergriffe begehe, sondern vornehmlich der einzelne selbst, der zusammen mit seinesgleichen den Staat trägt.

Die heutigen Naturrechtler sind die Erben der alten Aufklärer, auch wenn sie es bestreiten. Sie überschätzen die Möglichkeiten einer vernunftgemäßen Lebensgestaltung aus eigener Kraft. Die magischen Menschen glauben an den Zauber – ihre späten Enkel an das durch den vermeintlich freien Willen zu meisternde Schicksal. Diese Tatsache kommt zum Ausdruck, heute wie ehedem, in der Suche nach einem für ein Unglück persönlich verantwortlichen Sündenbock.

Nach unseren früheren Darlegungen sind alle übersteigerten Anforderungen an die sittliche Haltung des Menschen erfahrungsgemäß zum Scheitern verurteilt. Treffend bezeichnet daher Max Weber die christliche Sittenlehre als »Virtuosenethik«, nur dem *Ausnahme*menschen, nicht aber dem Durchschnittsbürger erreichbar. Anerkanntermaßen können sittliche Ausnahmeforderungen nicht zu Rechtsnormen erhoben werden. Grundlage des Rechts darf daher niemals jene »Virtuosenethik« sein.

Aus den vorstehenden Überlegungen folgt mit zwingender Notwendigkeit: wer sich »naturrechtswidrigen« Anordnungen des Staates widerspruchslos beugt, sei es aus fehlender Einsicht, sei es aus fehlender Widerstandskraft, ist frei von Schuld!

Zur gleichen Erkenntnis führt das Gebot christlicher Nächstenliebe.

Auch deshalb ließen sich erhebliche Bedenken gegen jene heute so verbreitete Überzeugung vorbringen, daß das Naturrecht geltendes positives Recht breche[129]).

---

[129]) Coing (1947); Mitteis (1947), 118ff., (1948); Kipp 152ff.; einsichtig und zurückhaltend: Pribilla. – Immer noch von Interesse ist der gegenteilige angelsächsische Standpunkt (Graveson), wie er in der von der Britischen Militärregierung erlassenen VO. Nr. 165 über die Verwaltungsgerichtsbarkeit in der britischen Zone (Teil I, Abschnitt 1 § 1 Absatz 2 zum Ausdruck kommt: »Die Gerichte dürfen die Anwendung einer bestehenden gesetzlichen Vorschrift nicht deshalb ablehnen, weil sie nach ihrer Ansicht der Billigkeit oder übergesetzlichen Grundsätze widerspricht.« (VO-Blatt für die Britische Zone 1948, Nr. 41). Die deutsche Naturrechtsauffassung der ersten Jahre nach dem Zusammenbruch von 1945 fand einen lehrreichen Niederschlag in einem Beschluß des AG. Mindelheim (DRZ. 1949, 187). Dazu vgl. Ernst Kern und das bei ihm aufgeführte Schrifttum.
Inzwischen hat sich die Problematik weiter vertieft. In Deutschland scheint als Folge der Euthanasie- und Massentötungsprozesse sogar in der Wissenschaft bei Erörterung dieser Frage neuerdings das Politische nicht mehr zu bannen. Wir sind tatsächlich schon soweit: Wer das Naturrecht auch nur anzweifelt, gerät heute leicht in die Lage des Mannes, der in ein Wespennest greift.
Unnötig, näher darzulegen, wie fern es uns liegt, etwa die Strafwürdigkeit jener Verbrechen irgendwie zu leugnen! Selbstverständlich gehört die Strafbarkeit von Tötun-

Hinzu kommt: Je weiter wir uns von dem Vorgang entfernen, den wir beurteilen möchten, desto mehr schwindet unser Verständnis für ihn dahin. Denn Verstehen ist nur möglich, wo man Verwandtem begegnet. Der Zeitgeist indessen, dem auch der Beurteilende verfallen ist, wandelt sich ständig. Wer sich mit den ethischen Grundfragen des Rechtes befaßt und nicht weiß, welche Bewandtnis es mit dem Irdischen hat, gerät in arge Bedrängnis[130]). Das gilt vor allem aber für die Probleme, vor die uns die altbewährte Lehre von den Seinsschichten stellt. Mag sie auch rätselvoll bleiben, so bietet sie uns doch eine überaus fruchtbare Arbeitshypothese. Erst von hier aus gewinnen die tieferen Probleme ihre rechte Beleuchtung. Kaum einer Generation in der Geschichte des Abendlandes bietet sich in dieser Hinsicht ein so reiches Anschauungsmaterial dar, wie gerade uns nach zwei verlorenen Kriegen. Wer Augen hat zu sehen, muß bemerken, wie sehr schon seit Jahrzehnten nicht etwa nur der einzelne Mensch, sondern ganze Völker zum Spielball der geisttragenden Unterschichten werden können. Wen ein unbarmherziges Schicksal aus der Geborgenheit der heimatlichen Umwelt hinausschleudert ins Elend, wen es entwurzelt, erniedrigt und preisgibt an Verlassenheit und Not, der löst sich mitunter selbst von Wertgefühlen, in deren Pflege er bisher sein ganzes Dasein verbrachte. Erinnern wir uns nur der einschneidenden Erlebnisse in den vierziger Jahren unseres Jahrhunderts! Manch einer allerdings möchte das alles schon gern vergessen sein lassen, wenn es um die aufrührende Frage an den Ethiker geht, ob sich im Reiche der irdischen Mächte das göttlich Absolute denn überhaupt ungetrübt vom Staube der Erde zu behaupten vermöge. Wer sich bemüht, die Dinge nüchtern zu beurteilen, wird uns zugeben müssen: In allen Zeiten der bitteren Entbehrung bleibt der gute Wille eines aufwärtsstrebenden Geistes ohnmächtig, solange ihn nicht wohltätige Veränderungen in seinen ihn nährenden Unterschichten hilfreich unterstützen[131]).

---

gen zum »Kernbestand des Rechts«, und kein irdischer Gesetzgeber dürfte es wagen, ihn zu mißachten. Das ist gegenwärtig unumstrittene Auffassung aller christlichen Kulturvölker, womit jedoch keineswegs gesagt ist, daß dieser Kernbestand des Rechts zugleich auf eine über ihm waltende transzendente Rechtsordnung verwiese. Vielmehr gründet er sich doch allein auf das übereinstimmende sittliche Empfinden eben dieser christlichen Kulturvölker. Also: er ist lediglich Bestandteil ihres objektiven Geistes, der sich freilich, – wie wir meinen, nachgewiesen zu haben, – gelegentlich auch als Sprachrohr einer Sittlichkeit göttlicher Herkunft kundtun mag.

Es irren daher nicht minder die Väter unseres Bonner Grundgesetzes, wenn sie die staatlichen Grundrechte in einem überpositiven Recht unverletzlicher und unveräußerlicher Menschenrechte beheimatet sehen, die der Staat zwar anerkennen und positivrechtlich verankern, nicht aber selbstherrlich verleugnen könne.

Daß gleichwohl an der Strafwürdigkeit jener Massentötungen kein ernster Zweifel aufkommen sollte, hat nichts damit zu tun, daß jedenfalls nicht das Naturrecht, – da es ja gar nicht existiert, – imstande wäre, hier dem Strafbedürfnis abzuhelfen, d.h. »naturrechtswidriges Verhalten nachträglich zu pönalisieren« (Jürgen Baumann). Es ist indessen nicht Aufgabe der vorliegenden Studie, Rechtsprechung und Strafrechtswissenschaft in dieser brennenden Frage von Bedenklichkeiten zu befreien, die ihnen erkennbar ohnehin zu schaffen machen.

130) Genauso Thomas von Aquino: Secunda I quaestio 57, art. 5 (Bd. XI [1940]).

131) Diese höchst wichtige Frage berührt Nicolai Hartmann nirgendwo, obwohl sie sich doch aus seinem Grundgedanken unabweislich ergibt.

Wenn wir in der bildhaften Sprechweise der spätantiken Gnostiker diesen Sachverhalt so kennzeichnen, daß sich das Jenseitige stets mit Beimischungen aus der irdischen Sphäre trübe, sobald es sich dem Geist des endlichen Menschen kundtun möchte, sehen wir jedoch keine Veranlassung, uns damit etwa die gnostische Geringschätzung der »Materie« zu eigen zu machen[132]). Vielmehr wollen wir lediglich betonen, daß selbst das reinste Streben des Menschen immerdar unter der Bedrohung steht, vom Allzumenschlichen verunreinigt zu werden, und sei es nur durch den Mangel an Einsicht und Verständnis für die tieferen Fragen unseres Seins. Wie leicht z.B. führen blutleere Abstraktionen unseren Edelsinn derart in die Irre, daß – gegen alle unsere wohlmeinenden Vorsätze – Recht umschlägt in Unrecht und Nächstenliebe gar in Nächstenverfolgung! Wäre nun aber vollends nicht ein Naturrecht, das bei seiner praktischen Anwendung zur Macht der Ordnungsstörung entartet, schon ontologisch ein Unding? Sollte nicht vielmehr ein Recht aus Gott nur Segen stiften können?

Freilich, wenn wir uns bei alledem auf das Wort von Wilhelm Wundt über die »Heterogonie der Zwecke« besinnen, sind wir wenigstens nicht gehindert festzustellen: Mag der Mensch in seiner geschöpflichen Unvollkommenheit auch außerstande sein, das Göttliche unverfälscht in sich aufzunehmen und Gott wohlgefällig zu handeln, so ist doch *eines* gewiß: Zu allen Zeiten offenbart sich gleichwohl im Glauben an ein Naturrecht und im sehnlichen Wunsche seiner Verwirklichung die Gott zugekehrte Lichtseite der menschlichen Seele. Es ist daher sogar zulässig, wissenschaftlich zu vermuten, daß Gott wünscht, einzelne Menschen zu einem förmlichen Kampf ums Recht anzuspornen, indem er sie mit einem ausgeprägten Rechtsgefühl begabt. Indes: Wer sich zu einem solchen Kampf berufen fühlt, wird als Legitimation kaum mehr als seine subjektivgültige Überzeugung vorweisen können. Jedenfalls wird er außerstande sein, uns wissenschaftlich nachzuweisen, daß gerade er das allgemeinverbindliche richtige Recht verfechte. Ebensowenig, wie ein Kläger seinen Prozeß gewinnt, wenn er nicht den ihm obliegenden Beweis zu führen vermag, wird ein Naturrechtler seine Mitwelt davon überzeugen, daß er gerade mit seinen Rechtsauffassungen die Sache Gottes vertrete, falls er nicht den Beweis für seine Behauptung erbringt. Wer aber – so müssen wir fragen – darf sich erkühnen, er sei dieses Beweises fähig? Denn, gesetzt den Fall, es gäbe wirklich ein in Gott ruhendes Recht, welcher Mensch wäre imstande, es ungetrübt in sich aufzunehmen, geschweige im irdischen Dasein durchzusetzen? Hat uns nicht das Geschick des Absoluten in der Welt der Erscheinungen gelehrt, daß der Mensch bei jedem Versuche, das Absolute, das Wahre, das Richtige zu erkennen, in die gleiche unbefriedigende Lage gerät, wie der Atomphysiker, den die Instrumente daran hindern, seinen Gegenstand ungestört zu beobachten?

Etwas Ähnliches also wie eine innermenschliche Komplementarität scheint es nicht zuzulassen, daß wir die Wirklichkeit jemals ungetrübt in

---

[132]) Jonas 104f.

uns aufnehmen und sachgerechte Entscheidungen treffen. Zuweilen erliegt selbst der Klügste und Erfahrenste verhängnisvollen Blicktrübungen. Gegen Engstirnigkeit und vorgefaßte Meinungen, gegen Triebe und Leidenschaften ist kein Sterblicher gefeit[133]). Der gleichwohl so weit verbreitete beseligende Wahn, die unverfälschte Wahrheit zu verfechten, kennzeichnet den Menschen als das tragische Geschöpf.

Das alles sollte man bei Studien über das Naturrecht gebührend mitberücksichtigen. Unverkennbar nämlich ist bei einer gewissen Richtung modernen Naturrechtsdenkens die übersteigerte Ichbezogenheit des neueren Abendländers im Spiel. Sie steht nicht im Einklang mit den schöpfunggewollten Anforderungen der Gemeinschaft. Die harten Staatsnotwendigkeiten zu bejahen fällt niemandem leicht, der mit seinen Gedanken vorwiegend sein Ich umkreist.

Das begründete Anliegen allen Naturrechts vermag nur richtig zu würdigen, wer auch diese psychologischen Gesichtspunkte einzuschätzen versteht.

– 3 –

Nach allem müssen wir Kelsen vollauf zustimmen, daß das Naturrecht, welches den Anspruch erhebe, nicht für Menschenwerk genommen zu werden, im Augenblick seiner Nutzanwendung einem Prozeß der Positi-

---

133) Das betont schon Pascal. Möglicherweise unter gnostischer Nachwirkung, die ihm Augustinus vermittelt haben könnte, geht er von der Doppelnatur (être composé) des Menschen aus, die seine Erkenntnis verfälsche. »Au lieu de recevoir les idées de ces choses pures, nous les teignons de nos qualités et empreignons de notre être composé toutes les choses simples que nous contemplons.« (fragm. 72 bei Wasmuth 87) Der Vorgriff auf wesentliche Erkenntnisse der heutigen Kulturanthropologie und ihrer Schichtenlehre ist unverkennbar. Läßt Pascal als getreuer Sohn der Kirche auch die Existenz »natürlicher Gesetze« unangetastet, so vertritt er dennoch folgerichtig die Auffassung, daß diese ewigen Normen niemals und nirgendwo zur Geltung kämen, weil die menschliche Vernunft sie abändere und verderbe. »La justice et la vérité sont deux pointes si subtiles, que nos instruments sont trop mousses pour y toucher exactement. S'ils y arrivent, ils en écachent la pointe, et appuient tout autour, plus sur le faux que sur le vrai.« (Pascal 601, §§ 27 und 28; vgl. auch Bornhausen 1907, 42–48) Auch wir müssen Pascals Einsicht anerkennen: Die Wahrheit und das Gute gewinnt der Mensch immer nur vermischt mit Falschem und Bösem (Pascal 592; Bornhausen 1907, 72). Über seine Stellung zum positiven Recht und zum Naturrecht vgl. Peter Schneider.

Trotz ihrer gegenteiligen Beteuerungen schwebt unseren Naturrechtlern selbst heute immer noch das längst überholte Menschenbild der Aufklärer vor Augen, das alle Störungsquellen der Ratio vertuschte. Keiner der modernen Verfechter des Naturrechts wagt sich ernstlich an eine Auseinandersetzung mit der heutigen Anthropologie. Arnold Gehlens Arbeiten ([1962], [1956], [1957]) erwähnen sie – wie z.B. Messner – allenfalls in ihren Fußnoten.

Unlängst hat auch Spranger (1952, 20f.) – ohne das Wort »Komplementarität« zu nennen – unter Hinweis auf die Atomphysik von dem Unglück des reinen Aprioristen und des Naturrechtlers gesprochen, daß die Erkenntnis durch das erkennende Subjekt »getrübt« werde.

vierung verfalle, der seine Idee verflüchtige, die – wenn überhaupt – nur in einer dem endlichen Menschen transzendenten Sphäre gedeihen könne[134]). Jenseits aller Positivität vermöge das Naturrecht seine Existenz nicht zu behaupten. Daß wir gerade in diesem Punkt zu dem gleichen Ergebnis gelangt sind, wie Kelsen, ist deshalb nicht ohne Bedeutung, weil wir von anderen Denkvoraussetzungen als er ausgegangen sind. Auch Bergbohm – von wiederum anderen Grundlagen aus – gelangt zu demselben Resultat, wenn er meint:

»Gewiß soll die Menschheit sich den Glauben bewahren, daß es etwas Höheres als das formell gültige Recht gibt. Nur soll man nicht meinen, dieses Höhere sei selbst Recht. Wer die aus solchen Quellen fließenden Anforderungen an das Recht für Recht ausgibt, lähmt die Tatkraft, die erforderlich ist, um sie in wirklich geltendes Recht zu verwandeln, und verwischt die Grenzen zwischen den begrifflich verschiedenen Normen und ihren Gebieten[135]).«

---

[134]) Kelsen ZöffR. 1928, 249

[135]) Bergbohm 533. – Übrigens meint von der Heydte, der wie viele auch seiner nichtkatholischen Gesinnungsfreunde Naturrecht und positives Recht nicht als ein »Nebeneinander« oder gar »Gegeneinander« ansieht, sondern als ein »Ineinanderstehen«, ähnlich wie Seele und Leib: »Im Naturrecht verwirklicht sich das rechtliche Gewissen, im positiven Recht rechtliches Wollen« ([1963] 96), und fährt dann fort: »Dieses Sichtbarwerden des Naturrechts erfolgt aber immer in einem Vorgang der Positivierung« (97). Von der Heydte könnte also kaum bestreiten, daß er schon mit dieser seiner eigenen Vorstellung über Wesen und Wirkweise des Naturrechts dessen Charakter als Inbegriff transzendenter, unwandelbarer Normen selbst ernstlich in Frage stellt, wenn nicht aufhebt. Dann wäre es aber doch wohl ratsam und folgerichtig, die wenig passende Terminologie zu verabschieden und einzugestehen, man habe bisher irrtümlich ein Phänomen als ein himmlisches Recht angesprochen, das in Wahrheit doch nur die gebietende Stimme der Sittlichkeit ist, die Gott dem Menschen eingab, auf daß niemals sein Bemühen erlahme, die irdisch unzulängliche lex positiva Ihm wohlgefälliger zu gestalten. Von der Heydte und seine Gesinnungsfreunde sind m. E. nur durch ihre unvernichtbare Anhänglichkeit an eine unglückliche Nomenklatur gehindert einzusehen, wie nahe wir einander im Grunde stehen, wenn ich auch – im Einklang mit Kelsen – den Begriff des positiven Rechtes weiter fasse als er (a. a. O. 96).

C. Sittlichkeit und Recht

– 1 –

Schon wiederholt haben wir darauf hingewiesen, daß die psychologischen Ursachen des naturrechtlichen Denkens zu allen Zeiten dieselben gewesen sind. Das seltsam gleichzeitige Aufkommen der ersten Naturrechtsregungen und des Glaubens an die persönliche Unsterblichkeit im alten Griechenland läßt am zutreffendsten erscheinen, beide Seelenphänomene als den Ausdruck des Unbehagens der erwachenden Individualität an der erkannten irdischen Unzulänglichkeit aufzufassen. Unsere Vermutung erhält eine Stütze durch die von der klassischen Philologie aufgedeckten Zusammenhänge zwischen den Anfängen der antiken Seelenwanderungslehren und den ersten Naturrechtsäußerungen[1]). Damit fällt neues Licht auf die Einschätzung, welche das Naturrecht bei Freund und Feind gefunden hat.

Bergbohm z.B. hätte seinem Buche einen weitaus größeren Erfolg verschaffen können, wenn ihm diese psychologischen Hintergründe bekannt gewesen wären und er sich nicht darauf beschränkt hätte, den Schwerpunkt seines Angriffes gegen das säkulare Vernunftrecht zu bilden, dessen revolutionären, destruktiven Charakter er besonders zu betonen liebte. Durch die Einseitigkeit seiner Kampfführung erleichterte er späteren Verfechtern eines theologisch begründeten Naturrechts ihre Gegenangriffe. Sie nämlich brauchten nur den Nachweis zu führen, daß es vor dem 17ten Jahrhundert ein segenspendendes – also nicht destruktives – Naturrecht gegeben habe[2]), um weithin Glauben zu finden mit ihrer Behauptung, Bergbohms Vernichtungsangriff auf das säkulare Vernunftrecht der Aufklärer habe das theologische Naturrecht nicht im mindesten in Mitleidenschaft gezogen.

Neuerdings weisen Vertreter naturrechtlichen Denkens mit Vorliebe bei der Abwehr Bergbohms auf die unbestreitbar großen Kulturleistungen der iberischen Spätscholastiker, in deren glänzenden Vorarbeiten für das moderne Völkerrecht sie den schlagenden Beweis für die Realität des Naturrechts erblicken möchten[3]). Indem sie Bergbohm Unkenntnis dieses »klassischen Naturrechtes« vorwerfen, wähnen sie, ihn mit seinen gesamten Argumenten aus dem Felde geschlagen zu haben. Eine Würdigung, welche sich bemüht, ihren Standort über den streitenden Parteien einzunehmen, wird nicht umhin können, Gewicht auf die Feststellung zu legen, daß Bergbohm

---

1) Rüfner (1940/1941) 49 und 54
2) z.B. Rommen (1947) 140ff. und passim.
3) Stadtmüller 18f. und 41

trotz seiner Schwächen dem Naturrecht in allen seinen Spielarten einen entscheidenden Schlag versetzt hat. Freilich sieht er allzu vordergründig, wenn er das Naturrecht schlechthin als revolutionär anspricht, ebenso wie es ungerechtfertigt ist, daß Kelsen gegen Bergbohm den konservativen Charakter allen Naturrechts vor der Aufklärung übermäßig hervorkehrt. Zweifellos hat Kelsen sich hierdurch ein Verdienst erworben, denn die von Bergbohm vernachlässigte konservative Strömung des Naturrechtsdenkens war nahezu in Vergessenheit geraten. Bei Kelsen finden sich Andeutungen, daß er zum mindesten eine Ahnung von dem psychologischen Untergrund des Naturrechtsphänomens gehabt haben muß, so wenn er davon spricht, daß auch die konservative Richtung des Naturrechts eine »gegen« das positive Recht gerichtete Autorität aufgestellt habe[4]).

Es ist die Stimme der Sittlichkeit[5]), welche sich seit etwa zweieinhalb Jahrtausenden des Sprachrohrs des »Naturrechtes« bedient, um immer wieder zu fordern, daß an die Stelle einer unzureichenden lex positiva eine geläuterte Rechtssatzung trete. Haben wir einmal erkannt, daß das »Naturrecht« das Sprachrohr der nach Lebensreformen drängenden Sittlichkeit ist, so leuchtet ein, daß die Beiwörter »konservativ« und »revolutionär« im Auf und Ab der bewegten Menschheitsgeschichte nicht gut Dauereigenschaften des sittlichen Strebens zu sein vermögen, ebensowenig, wie der einzelne Mensch, in dem dieses Ethos jeweils lebendig wird, entweder ein Revolutionär oder ein Konservativer sein muß. Vielmehr ist es die besondere Lage des geschichtlichen Einzelfalls, die bestimmt, ob er als Träger des Rechtsethos mit den irdischen Gewalthabern im Frieden oder im Krieg lebt.

Als Gebilde menschlicher Idealvorstellungen trägt das Naturrecht, wie alle unsere Ideen, sobald sie mit Irdischem in Berührung kommen, den ambivalenten Charakter zum Guten wie zum Bösen in sich. Bergbohm hat recht, wenn er meint, es habe ein Naturrecht von zerstörender Wirkung gegeben. Aber nicht weniger trifft die Ansicht seiner Gegner zu, daß das Naturrecht Segen gestiftet habe. Schädlichkeit oder Nutzen eines überpositiven Normengebildes sagt gar nichts aus über dessen Bestehen oder Nichtbestehen. Dergleichen Hinweise verdienen erst in letzter Linie Berücksichtigung[6]).

Die Besserung der Rechtsstellung der Indianer ist nicht das Verdienst des nachscholastischen iberischen Naturrechts, sondern die glückliche Folge eines der seltenen Fälle, wo es wahrhaft christlicher Sittlichkeit gelang, das geneigte Ohr weltlicher Oberer zu finden. In Las Casas, Vitoria und ihren Nacheiferern lebte jene Sittlichkeit, die James Brown Scott[7]) bewundernd als die Humanitas moderner Liberalität bezeichnet.

Die Forderung dieser edlen Männer war jedoch, an den Geboten Jesu gemessen, nur eine Selbstverständlichkeit, die gleichwohl ihre hohe Bedeu-

---

[4]) Kelsen (1927/1928) 92

[5]) Daß damit nicht die Stimme der Sittlichkeit psychologistisch fehlgedeutet werden soll, bedarf wohl keiner besonderen Begründung, zumal der nachfolgende Text hierüber keinen Zweifel läßt.

[6]) Anderer Auffassung scheint Beyer zu sein.

[7]) (1934), 275

tung nicht einbüßt. Wenn es berechtigt ist, in der Lebensarbeit der spanischen Nachscholastiker und der von ihnen beeinflußten staatlichen Kolonialpolitik ein »Ruhmesblatt« der Geschichte zu sehen, so ist damit das Vernichtungsurteil über die Menschheit im ganzen gefällt, nicht aber an einem markanten Einzelfall die Wirkkraft eines göttlichen Rechts nachgewiesen. Vielmehr ist die spanische Spätscholastik lediglich ein Schulbeispiel dafür, daß es das lebendige Ethos im Herzen weniger Einzelner, »der Aufschrei des christlichen Gewissens[8])«, vollbringen kann, in einem ihm günstigen geschichtlichen Augenblick die Mindestforderungen erbarmender Nächstenliebe in die Tat umzusetzen[9]). Das Vorbild der iberischen Nachscholastiker hat großen anhaltenden Segen gestiftet, nicht allein für ihre eigenen Zeitgenossen, sondern für ihre gesamte Nachwelt, für uns und alle Zukunft.

Bergbohm irrte. Es gibt Lagen, in denen revolutionäre sittliche Forderungen heilsam wirken können, während in anderen Lagen die gleichen Forderungen imstande sind, die Anarchie zu fördern. Der Mensch hat es eben nicht in seiner Hand, den Lauf der Dinge nach seinen Erwartungen und Wünschen zu lenken. Diese Erfahrungstatsache geht nicht zu Lasten des Ethos, das diese Forderungen erzeugt, sondern erklärt sich einfach aus der unzureichenden Weltkenntnis derer, in denen das Ethos wirkt und zu nicht genügend sorgfältig überdachten Taten drängt.

Nach allem besteht kein Zweifel, daß ein schlechthin allgemeingültiges Urteil über Segen oder Unsegen des Naturrechts unmöglich ist. Denn nur die Bewährung in einer bestimmten geschichtlichen Lage entscheidet über Wert oder Unwert einer zu verwirklichenden Idee.

— 2 —

Die Sittlichkeit also ist es, die im Naturrecht zu uns spricht.

Wesen und Ursprung der Sittlichkeit ruhen nicht in den Bezirken des Rationalen, sondern in den Bereichen des Gefühls, des Irrationalen. Aus den Tiefen der Seele steigt der sittliche Impuls auf.

> »Was in den Erlebnissen des Sollens lebendig wird, ist nicht der Verstand, nicht logisch überprüfbare Denktätigkeit, die subsumiert, sondern ein nicht weiter ableitbares und überprüfbares ... Gefühl, welches uns in unserem Innenleben Befehle gibt oder Werturteile über Gut und Böse begründet. ... Jedenfalls liegt nicht das Ergebnis einer verstandesmäßigen Subsumption vor, sondern ein Urerlebnis, wenn auch verstandesmäßige Subsumption manchmal ein solches Urerlebnis herbeiführen kann[10]).«

Dieses Urerlebnis indessen vollzieht sich nur in dem geschichtlich einmaligen, unwiederholbaren Einzelfall, der die sittliche Entscheidung des Ein-

---

[8]) Höffner, Einleitung III

[9]) Jedoch selbst hier scheint sich das Allzumenschliche eingemischt zu haben. Grewe (49) nämlich weist bei Vitoria auf eine »eigentümliche Inversion der Argumente« hin, mit denen er den Krieg gegen die Indianer rechtfertigt.

[10]) Laun (1935) 66f.- Die sittlichen Regungen ausschließlich als Gefühlsphänomene betont Leonhardt.

zelnen erheischt. Für eine blutleer abstrahierte Vielheit »gleicher« Fälle, die nur in der wirklichkeitsfernen Vorstellung des kühlen Verstandes ablaufen könnten, gibt es dieses Urerlebnis nicht. Schon aus diesem Grunde erhellt, daß es kein abstraktes System des Naturrechts geben kann, selbst nicht in der Beschränkung auf einige oberste Leitsätze. Die Anhänger des Naturrechts erliegen einer Selbsttäuschung, wenn sie wähnen, einem unabhängig von der lex positiva geltenden Recht höherer Ordnung als Sprachrohr zu dienen. Das Naturrecht ist kein Gebilde, das gleichsam als Verbindungsstück zwischen Ethos und positivem Recht gedacht werden könnte. Irreführend ist sonach die bei Scholastikern beliebte Vorstellung, das Naturrecht sei gar nicht eine selbständig für sich bestehende Wesenheit, sondern nichts anderes als das dem positiven Recht innewohnende Ethos, das sich jeweils in ihm als das universale in re bekunde. Die notwendige auch von diesen Scholastikern gezogene Schlußfolgerung aus dieser Vorstellung wäre also die Wesensgleichheit von Naturrecht und Sittlichkeit. Diese Begriffsübereinstimmung führt jedoch zu einer Kunstsprache, die nur Verwirrung stiften kann[11]).

Das bedrängende Anliegen, ob und wie sich die Mängel unseres irdischen

---

[11]) Quellennachweise bei Moór 335 ff. – Damit ist zugleich das Notwendige zu modernen – teils von der Scholastik, teils von Hegel beeinflußten – Lehren gesagt, die meinen, Naturrecht und positives Recht existierten nicht für sich, sondern bildeten erst in ihrer jeweiligen Vereinigung das wirkliche Recht. Das Recht sei also »das Miteinander von zeitlos Unbedingtem und zeitlich Bedingtem«, wie Schönfeld (1932), 34 ff. und (1943), 140 ausführt, für den es weder ein Naturrecht noch ein positives Recht gibt, sondern ein Drittes, nämlich das Recht selbst als »zeitlich-zeitlose« Größe. Auch die existenzphilosophische Auffassung gehört hierher, daß das Naturrecht das positive Recht »erhelle« und an ihm »teilnehme«. Vgl. von der Heydte (1948) 197. – Der Grundgedanke dieses »objektiven Idealismus« stimmt mit unseren Ausführungen über den »Einbruch« der Transzendenz überein, wird aber durch das Festhalten an dem ungeklärten Terminus »Naturrecht« getrübt. Zwar hebt sich Binder (150) insofern von Schönfeld ab, als er das Naturrecht für »überwunden« erklärt, aber auch er gerät in die gefahrvolle Nähe des Positivismus, indem er einen Gegensatz zwischen der sittlichen und der rechtlichen Gesetzgebung, ... einen Widerspruch zwischen dem Sittengesetz und dem Inhalt einer rechtlich gültigen Rechtsordnung« nicht anerkennt (160). Wir wissen heute, daß Binders Lehrmeister Hegel unbewußt und ungewollt mit seinem objektiven Idealismus einen Baustein zum Positivismus geliefert hat. So kann es denn nicht wundernehmen, daß die auf Hegel zurückgreifende deutsche Rechtsphilosophie des 20sten Jahrhunderts – ebenfalls unwissentlich und in edler Absicht – das ihrige zur Förderung ametaphysischer, geistabgeneigter Tendenzen in Rechtspolitik und Rechtspraxis getan hat. Man lese nur folgenden Satz eines in Hegels Bahnen wandelnden Idealisten: »Richtiges Recht, d.h. also unser wirkliches Recht, kann ... nur das Recht des Nationalsozialismus sein.« Unachtsame Leser vermöchten aus solchen Worten leicht herauszuhören, daß mit ihnen die »normative Kraft des Faktischen« verherrlicht werde, obwohl sie in einem kirchlichen Handbuch geschrieben worden sind. Da der Autor noch unter den Lebenden weilt, sehe ich von dem Quellenbeleg ab. Ich bespreche den »objektiven Idealismus« hier nur deswegen, um deutlich zu machen, wie sehr sich für seine Betrachtung das transzendente Element des Rechts in der positiven Rechtsordnung verflüchtigt. Im Gegensatz zum objektiven Idealismus befindet sich meine Auffassung, daß das Ethos als »universale in re« mit seinem irdischen Stoff ringt. – Auf die im objektiven Idealismus lauernde Gefahr weist Rothacker (1927) C 52 ff., besonders C 64.

Rechtslebens beheben lassen, führt zu der uralten Frage nach dem Verhältnis zwischen Recht und Sittlichkeit. Diese Frage ist in ihren Tiefen nicht mit dem Verstand zu lösen. Der Mensch vermag sie im Einzelfall nur mit seinem Gewissen auszumachen, das aus dem Dunkel der Transzendenz als rätselhafte Stimme seines höheren Gefühls zu ihm spricht[12]). Auf diesem geheimnisvollen Weg, so dürfen wir nach allem vermuten, versteht es die Überwelt, »fernsteuernd« in das Geistesleben des Menschen einzugreifen. Selbst bei vorsichtiger Zurückhaltung müssen wir als hypothetisch verfahrende Metaphysiker diese Möglichkeit einräumen. Wir stimmen somit im Ergebnis Rudolf Laun zu,

> »... niemals mit absoluter Sicherheit, aber unausweichlich mit einer äußerst hohen Wahrscheinlichkeit die transzendente Geltung ... einer sittlichen Weltordnung[13]).«

anzuerkennen. In die Problematik des Verhältnisses zwischen Sittlichkeit und Recht einzudringen, liegt außerhalb unserer Aufgabe[14]).

---

[12]) Es ist eine rationalistische Verkennung, das Gewissen zu definieren als: »das Bewußtsein eines inneren Gerichtshofes im Menschen, vor welchem sich seine Gedanken einander verklagen oder entschuldigen.« (Stammler [1928] 193 f.)

[13]) (1935) 77. Dazu vgl. unsere Ausführungen im Abschnitt »Sollen und Sein«.

[14]) Gott scheint den Menschen daraufhin angelegt zu haben, daß er imstande ist, das Unzulängliche seiner irdischen Rechtsordnung leidend einzusehen und danach zu streben, sie zu versittlichen. Ein schmerzlich empfundener Widerspruch zwischen einer drükkenden lex positiva und dem Anruf seiner inneren Stimme führt zum Gewissenskonflikt. Daß schwere Konflikte seelische Zusammenbrüche hervorrufen können, ist bekannt. Man hat das an Leuten beobachtet, die Massentötungen in Konzentrationslagern vornehmen mußten. Soweit diese Menschen nicht bloß von der Spannkraft ihrer Nerven verlassen, sondern wirklich vom Gewissen gerührt wurden, darf aber aus solchen seelischen Erkrankungen nicht der falsche Schluß gezogen werden, dieses Menetekel erweise zugleich auch die »objektive Geltung oberster Rechtsgrundsätze«, gegen die niemand verstoßen könne, ohne Schaden zu nehmen an seiner Seele (so in allerdings zurückhaltender Formulierung Erich Fechner [1962] 18, Note 9).

Gutes Recht wird zwar von Sittlichem durchwaltet und getragen. Sittlichkeit kann also Recht durchdringen, braucht es aber nicht notwendig immer. Denn schlechtes Recht vermag für sich allein zu stehen, solange bis den erfolgreichen Reformbestrebungen seiner Kritiker zum Siege verholfen, d.h. besseres Recht an seine Stelle getreten ist. Wesensmäßig gehören Recht und Sittlichkeit getrennten Bereichen an. Daher weist die Stimme des Gewissens nicht etwa auf eine verborgene transzendente Rechtsordnung, sondern kann sich nur berufen auf den göttlichen Auftrag, die irdische Ordnung zu wandeln. Immer aber ist bei solcher Wandlung der Mensch nicht allein auf die Eingebungen einer »Überwelt« verwiesen, sondern darauf, daß er im Schweiße seines Angesichtes selbst mit Hand anlegt an die Schaffung des besseren Rechts.

In dieser Hinsicht stimme ich im Ergebnis Maihofer zu, der mit seiner jüngsten Studie eine bedeutende Vorarbeit zur Überwindung veralteter Anschauungen geleistet hat. Freilich halte ich es nicht für empfehlenswert, daß M. das Naturrecht als »den geschichtlichen Ausdruck des Willens zur Veränderung der Welt« (1963, 39) durch ein »Existenzrecht« ersetzen möchte. Denn der Veränderungswille selbst kann doch nicht schon ein »Recht« sein.

Trotzdem ist natürlich der Gläubige nicht der Pflicht enthoben, die Stimme seines Gewissens als Befehl Gottes zu nehmen, der Mensch solle an seinem irdischen Recht ständig zu dessen Verbesserung arbeiten. Es bleibt aber dann doch immerhin mindestens eine Frage terminologischen Feingefühls, ob auch der Rechtsphilosoph oder gar der Jurist der Praxis etwas, das ohne Zweifel selbst nicht Recht ist, sondern lediglich Recht gestalten will, mit dem leicht irreführenden Fachausdruck norma normans bezeichnen sollte, wie der Theologe es auf der Ebene reinen Glaubens unbedenklich tun darf.

Kelsen meint, bei dem Für und Wider des Naturrechts gehe es um einen ewigen, niemals austragbaren Streit der Geister. Mit jeder metaphysischen Welle in der Geschichte kehre das Naturrecht zurück. Daran sei nichts zu ändern. Er, Kelsen, sei vollauf zufrieden, wenn es ihm gelungen sein sollte, einsichtig zu machen, daß der Kampf zwischen Rechtspositivismus und Naturrechtslehre »in den letzten Tiefen von Weltanschauung und Charakter verwurzelt ist[15]).« Schönfeld wendet die Frage sogar ins Politische. Er meint, am Ende des Angriffs auf das Naturrecht *müsse* der Bolschewismus stehen[16]). In der Tat! Seine Befürchtung ist durchaus nicht abwegig. Sie findet ihre Rechtfertigung darin, daß im Streit um ein göttliches Recht Freund und Feind zäh an längst überlebten Vorstellungen über Wesen und Wechselverhältnis von Wissen und Glauben festhalten. Die Dinge liegen heute doch so: die einen sehen die einzig denkbare Autorität in der Vernunft. Für sie liegt jenseits des Wißbaren ein Nebelreich leeren Wahns, das nach ihrer Ansicht lediglich wirklichkeitsfremden Wirrköpfen als fruchtbarer Quellgrund des Wissens erscheint. Daß es aber eine Zwischenzone des Vermutbaren gibt, darüber haben sie niemals nachgedacht. Die anderen hingegen vertrauen ihrer spekulativen Phantasie oder den Eingebungen einer übernatürlichen Offenbarung mehr als der Vernunft. Deshalb möchten sie am liebsten die Schlagbäume zu den nährenden Gefilden des Glaubens ganz niederlegen. Auch sie nämlich übersehen die Grenzmark des Vermutbaren. In *einem* jedoch stimmen die Vertreter beider Streitparteien überein: als moderne Rationalisten schätzen sie das Beweisbare höher als das Unbeweisbare. Daher also begehren unsere heutigen Naturrechtler den vollen wissenschaftlichen Beweis, daß es tatsächlich ein System überpositiver rechtsverbindlicher Normen gebe, obwohl ihr Verstand ihnen sagen sollte, für ein solches Unternehmen sei unser menschliches Denken doch viel zu eng begrenzt. Allein, daß alles irdische Recht nur aus dem Glauben zu begründen sei, befriedigt wohl ihr Herz, nicht aber ihr Hirn. Und am Ende gaukelt ihnen dann ihr allgemeinmenschliches Illusionsbedürfnis gar den heiß ersehnten Beweis als geglückt vor Augen. Während sie ihr metaphysisches Luftschloß für Wirklichkeit nehmen, entgeht ihnen leider die ihrer Sache tötliche Gefahr, die Grenzscheide zwischen Wissen und Glauben zu verwischen. Auch sie sollten sich erinnern, wie sehr einst scholastische Begriffsphantome schon das Ansehen der alten Metaphysik in Verruf brachten. Solange unsere Rechtsphilosophen sich nicht ernsthaft um eine Klärung der Grenzbeziehungen zwischen Wissen und Glauben bemühen, wird freilich weiterhin nur die Alternative zwischen Rechtspositivismus und Naturrecht anerkannt werden[17]).

---

[15]) Kelsen ([1928] Charlottenburg), 77

[16]) Schönfeld (1943), 12

[17]) Daß etwa wir einem Rechtspositivismus das Wort redeten, wie ihn um 1914 Nelson geißelte, wird wohl kein Leser von uns behaupten wollen, obgleich auch wir nur Kießelbach (Ruscheweyh 49) zustimmen können, daß der Rechtspraktiker in der lex positiva den rocher de bronze seiner Arbeit zu sehen habe.

Diese enge herkömmliche Ansicht ist überholt. Die Polarität lautet gar nicht: »Naturrecht und positives Recht«, sondern in Wahrheit »Sittlichkeit und Recht«. Wenn wir also danach trachten, die irdische Ordnung zu verbessern, folgen wir nicht den Befehlen einer überpositiven Rechtsordnung, sondern dem unentrinnbaren Anruf der Stimme unseres von Gott gelenkten Gewissens. Sie befiehlt uns, die Mängel unserer Rechtssatzung nach Kräften zu beseitigen. Mag diese Aufgabe der irrenden Menschheit auch schier unerfüllbar erscheinen, so bleiben wir dennoch immer aufgerufen, gegen alle Widerstände von Dummheit, Eigennutz und Bosheit mit äußerster Anspannung unserer Kraft um den Sieg des uns richtig erscheinenden Rechts zu ringen. Den nebelhaften, irreführenden Begriff Naturrecht sollten wir dabei freilich ausmerzen. Denn – allen Beteuerungen seiner gelehrten Verfechter zum Trotz – hat unsere seit den Tagen der Antike so stark verwandelte moderne Welt keinen Zugang mehr zur ursprünglichen Wortbedeutung dieses Terminus. Heute versteht der gemeine Sprachgebrauch eben unter »Natur« etwas ganz anderes als ehedem. Entscheidend für unsere Ablehnung sind jedoch weitaus weniger der Wandel der Zeiten und ihr verändertes Wortverständnis als das Ergebnis unserer erkenntnistheoretischen Untersuchungen, die die Möglichkeit eines überpositiven *Rechtes* ausschließen. Daher sollte der Ausdruck »Naturrecht« verschwinden. Außerhalb juristischer, theologischer und philosophischer Fachkreise nämlich ruft dieses Wort meist Erinnerungen an den biologischen Daseinskampf wach. Ein Laie verbindet eben mit dem Begriff Naturrecht nicht die Vorstellung an ein Anliegen der Sittlichkeit. Auch diese Tatsache sollten wir uns zur Lehre dienen lassen. Wenig glücklich erscheint es jedoch, wenn Josef Kohler[18]) der Begriffsverwirrung dadurch abhelfen möchte, daß an die Stelle des Terminus Naturrecht der Ausdruck »Kulturrecht« treten soll. Zwar beseitigt Kohler so die Möglichkeit einer Gedankenverbindung mit Darwin und einem biologistischen Recht, öffnet aber zugleich eine Hintertür, durch die das alte metaphysische Hirngespinst ungehindert abermals seinen Einzug in die Rechtswissenschaft halten kann[19]). Hinzu kommt das terminologische Bedenken, daß auch das positive Recht nichts anderes als ein Erzeugnis menschlicher Kultur ist und füglich den gleichen Anspruch erheben darf, »Kulturrecht« genannt zu werden.

Pierre Lecomte du Noüy hat gesagt:

»Der menschliche Konflikt besteht nicht mehr allein im Kampf mit den von den Tieren ererbten Instinkten, sondern in der Bekämpfung der Gewohnheiten, welche der Mensch als Ergebnis der Überlieferung und der Krankheiten seines eigenen Geistes geschaffen hat[20]).«

In dieser Sicht müssen wir auch das Naturrecht als ein »Ergebnis der Krankheit« des menschlichen Geistes werten. Wollen wir von dieser Krankheit genesen, so müssen wir uns dazu aufraffen, ihre Voraussetzungen aufzuheben. Dazu ist vor allem erforderlich, bei unserem rechtsphilosophischen

---

[18]) (1918) 3

[19]) Nicht anders steht es um das »dreistufige Recht«, das v. Hippel (1947) 67ff. empfiehlt, eine metaphysische Spekulation ohne Realität.

[20]) 157

Denken scharfumrissene Begriffe einzuführen. Durch sie allein wird jeder Rückfall in frühere Unklarheiten unmöglich.

Es kann daher der Auffassung eines erklärten Naturrechtsgegners nicht zugestimmt werden, das Naturrecht sei tot, aber seine »Idee« lebe weiter. Unhaltbar sind auch die folgenden Worte dieses Forschers:

»Mit der Widerlegung der Absolutheit und des Geltungsanspruchs schlechthin ist seine (des Naturrechts) Idee nicht widerlegt[21].«

Aus dem gleichen Grunde vermögen wir auch einem anderen modernen Gegner des überkommenen Naturrechtsdenkens nicht beizupflichten, wenn er sich um einen »symptomatischen« Naturrechtsbegriff bemüht, der im Naturrecht nicht eine »Gegebenheit«, sondern eine »Aufgegebenheit« erblickt, einen »dynamischen« Begriff, der durch »Umschmelzung aus einem statischen Begriff« gewonnen werden soll[22]). Auch der wohlmeinende Vorschlag, sich zur Idee des Naturrechts zu bekennen als einer »Vor-Symbolisierung einer übermenschlichen Verhaltensweise«[23]) dürfte schwerlich dazu beitragen, die weithin vernebelte Geisteslage aufzuhellen[24]).

---

[21]) Manigk (1926) 12 – Was der Kirchenhistoriker Ernst Wolf (252) sich unter den Worten vorstellt: »Das Naturrecht bleibt ... als Phänomen, nicht als Ideologie«, habe ich nicht verstanden.

[22]) Becker 97ff., besonders 122

[23]) Ryffel 127f.

[24]) Die herkömmliche Theorie – namentlich der katholischen Forschung – unterscheidet zwischen »Naturrechtslehre« und »Naturrechtswirklichkeit«. Wer von dieser Voraussetzung ausgeht, wird Hemmungen verspüren, unsere Ergebnisse zu billigen. Er wird vielmehr unseren Angriff für einen Stoß ins Leere erklären und meinen, unsere Argumente beträfen allein die Lehre vom Naturrecht, deren menschliche Unzulänglichkeit und zeitbedingte Vielfalt Einsichtige unter ihren Verfechtern stets zugegeben hätten, wir vermöchten also nicht die unfehlbare, göttliche Naturrechtswirklichkeit in Frage zu stellen, wie sie schon der Dekalog als Inbegriff absolut verbindlicher, allgemeinmenschlicher, überpositiver Rechtsnormen beweise (Messner [1960] 317).

Daß unsere Beweisführung indes auch die Naturrechtswirklichkeit als Gegenstand der Wissenschaft ausschließt, dürfte nach allem, was wir über die Themen »Scheinprobleme der Wissenschaft« und »Wissen und Glauben« gesagt haben, unzweifelhaft geworden sein, wenigstens für den, der die Verwischung der Grenzen zwischen Wissen und Glauben (fiducia) ablehnt.

Die Hoffnung, den Streit der Geister beizulegen, wird erst näherrücken, wenn sich die Erkenntnis Bahn brechen sollte, daß es ein Naturrecht – sei es ein absolutes oder ein variables – als ein System überpositiver Rechtsnormen nicht geben kann. Sollte man sich hierüber jemals einig werden, so wäre es nur noch unwesentlich, ob man wenigstens an der »Idee des Naturrechts« festhalten sollte. Es würde sich alsdann lediglich um die Nomenklatur handeln für das Faktum, daß die im Metaphysischen wurzelnde Antriebskraft der richtigen Gestaltung des positiven Rechts – die Stimme der Sittlichkeit – selbst nicht den Charakter einer Rechtsnorm hat. Leider steht diese Erwartung in weitem Felde, solange sich die Anhänger des Naturrechts weiterhin den Ausblick auf die Realitäten dadurch vernebeln, daß sie die Phänomenologie ihres Gegenstandes verfeinern, indem sie an ihm neue Erscheinungsweisen entdecken, wie z.B. in der Naturrechtswirklichkeit eine besondere Spielart des »angewandten Naturrechts«, nämlich das »werdende Naturrecht«. Für diese Spezies benennt Messner (1960, 321) als Beispiel »die Vorbereitung der Sozialgesetzgebung der achtziger Jahre in Deutschland und Österreich als Forderung der Gerechtigkeit, nämlich des sozialen Gewissens, durch Kreise der Wissenschaft, der Kirche, der Unternehmer und der Arbeiter.«

Besonderer Art ist der Glaube an ein werdendes Naturrecht bei Erich Fechner ([1962]

– 4 –

In den nicht gruppenseelischen Kulturen schwebt den besten Köpfen eines Zeitalters eine Idee vor Augen, nach der sie sich ausrichten, wenn sie positives Recht handhaben oder sich gedrängt fühlen, es zu verbessern. In dieser Idee mag ihnen ein Leuchtzeichen gesetzt sein, das eine überweltliche Macht dem menschlichen Herzen als Wegbegleiter durch die Wirrsale des Lebensdunkels eingegeben hat. Allein, wie allen Boten aus einer lichten Überwelt, so ergeht es auch diesem transzendenten Leuchtzeichen: es wird bei seinem Eintritt in die irdische Sphäre von den hier herrschenden Gesetzlichkeiten getrübt und oft sogar abgelenkt. So vermag denn jene Idee des Rechts dem endlichen Menschen immer nur in der wandelbaren Gestalt zu erscheinen, die allem Menschlichen eigen ist.

Ihrem Wesen nach ist diese dem geschichtlichen Wandel unterworfene Rechtsidee nichts anderes als der Inbegriff derjenigen ethischen Regungen und Strebungen, die sich in der Reibung mit dem positiven Rechtsleben des rauhen Alltags in die Wirklichkeit umsetzen. Demgemäß ist also der Rechtsidee das Logische des Rechtsbegriffs wesensfremd. Aus dem gleichen Grunde ist die Rechtsidee aber auch etwas anderes als das fiktive Naturrecht, das als Rechtsgebilde ja nur mit dem logischen Denkvermögen des Menschen verbunden gedacht werden könnte. Die Rechtsidee hat mit dem rational Erschließbaren demnach nichts gemein. Wie der etymologische Sinn des Wortes »Idee« zum Ausdruck bringt, handelt es sich hierbei vielmehr um etwas »Schaubares[25]).«

Insofern wohnt ihr also etwas von ihrer metaphysischen Herkunft inne, während der Rechtsbegriff als ein logisches Gebilde ausschließlich in der irdischen Sphäre des positiven Rechtes seine Heimat hat, wo es körperliche Gegenstände in der dreidimensionalen Wirklichkeit mit den Händen zu »greifen« gibt. »Begreifen« im körperlichen Ursinne des Wortes kann man nur das »Greifbare«, »schauen« auch das Licht aus einer anderen Welt, das seine Strahlen zu uns herabsendet.

An diesem Vergleich wird der Unterschied zwischen der »Rechtsidee« und dem »Rechtsbegriff« klar. Einen »von menschlicher Satzung und

---

261). Er lehnt das Naturrecht in jeder Gestalt ab für Vergangenheit und Gegenwart, zum mindesten hält er es für unbeweisbar (a.a.O. 262), glaubt aber daran, daß uns eine bessere Zukunft ein Naturrecht bescheren werde, das »unter stetem Einsatz menschlichen Seins und menschlicher Seligkeit aus immer erneuten Würfen wächst...«. Außerwissenschaftliche Antriebe aus der Liebe zum Ethos des naturrechtlichen Denkens (a.a.O. 221) haben diese originelle Idee hervorgebracht. Sie verrät einen Fortschrittsoptimismus, den man ernst nehmen dürfte, wenn der abendländische Individualismus eine große Zukunft vor sich hätte. Rechtfertigt der anwachsende Weltkommunismus diese Erwartung? Oder dürfen wir es für unwahrscheinlich halten, der regressiven Auflösung eines Kollektivismus zu erliegen, der in seinem besinnungslosen Dahinleben den göttlichen Funken der Menschheit erstickt?

[25]) In diesem Betracht scheine ich übereinzustimmen mit Forsthoff (690), der an die Stelle des von der Logik und den Worten unlöslichen Naturrechts das »Maß des christlichen Menschenbildes« setzen möchte.

menschlichen Zwecken unabhängigen Rechtsbegriff«[26]) kann man sich daher noch viel weniger vorstellen, als eine unwandelbare Rechtsidee. Denn die Sphäre des rationalen Begreifens gehört der sinnlich gegebenen irdischen Wirklichkeit an, in der die Erscheinungen kommen und gehen. Nur in der Gottferne herrscht der kühle Verstand, dessen Rechtsbegriffe das Erdenleben regeln. Dem Gewissen verwandt und wie dieses weit entfernt von rationaler Begrifflichkeit, leuchtet die Rechtsidee über dem irdischen Dasein als Sendbote einer lichten Überwelt.

Unser Gleichnis dürfte die Kluft sichtbar gemacht haben, die uns von einem »objektiven Idealismus« im Sinne Julius Binders trennt, für den die »Idee« sich nur im positiven Recht selbst manifestieren kann. Wir nämlich wähnen nicht, daß der Einzug der »Rechtsidee« lediglich auf dem Vehikel der positiven Rechtsordnung in die Welt der Erscheinungen erfolgen könne. Wohl sind auch wir der Meinung, Gegenstand der Wissenschaft sei die Rechtsidee nur, insoweit sie sich im Geistesleben irdischer Menschen spiegele. Für den Philosophen existieren also nur »fleischgewordene« Ideen. Aber wer sagt uns denn, daß die Rechtsidee ausschließlich und allein in der positiven Rechtsordnung fleischliche Gestalt anzunehmen vermöge? Haben wir nicht vielmehr gesehen, daß sich in einer nunmehr zweieinhalb Jahrtausende alten Geistesgeschichte des Abendlandes im Fleische lebender Menschen immer wieder ein Geist, eine Idee, manifestiert hat, die dem Gegengeist, der Gegenidee des positiven Rechtes Kampf ansagte? Daß Hegels Anhänger, nicht er selbst den „objektiven Idealismus" in der Beschränkung auf die positiv geltende Rechtsordnung entwickelten, darf man als eine »Sünde wider den eigenen Geist« bezeichnen, die in der modernen Geistesgeschichte geradezu verhängnisvoll gewirkt hat.

Insofern als auch wir das Phänomen des Geistes nur als »aufruhend« sehen und anerkennen, muß unsere eigene Wissenschaftshaltung, da sie den Höhenflug in ein platonisches Ideenreich scheut, folgerichtig eine Spielart des objektiven Idealismus genannt werden. Indessen, *unser* objektiver Idealismus ist nicht überzeugt, nur das positive Recht sei »transparent« für die »Hintergrundschicht« der Rechtsidee.

Daß ihre sittlichen Idealforderungen jemals das positive Recht durchdringen oder gar seinen Wesenskern bilden werden, ist natürlich ebensowenig zu erwarten, wie auch sonst unter unvollkommenen Menschen die reine Verwirklichung des Überweltlichen überhaupt. Wo auf Erden es auch sei, überall setzt der Sendbote der Transzendenz den Irdischen unerreichbare Ziele. Die Tatsache freilich, daß der Mensch sein strebendes Bemühen um das Unerreichbare dennoch nicht aufgeben kann, mag dem Gläubigen beweisen, wie wenig im Innersten seines Wesens auch er selbst mit den Mächten des Sichtbaren gemein hat. Wir sollten daher nicht verzagen. Denn solange es noch Menschen des überlieferten abendländischen Geistes gibt, wird auch nach Überwindung des Naturrechtsdenkens nicht der von manchen heiß ersehnte Friede »jenseits ... des hoffnungslosen Ringens zwischen

---

[26]) von der Heydte (1948) 192

Naturrechtslehre und Positivismus« eintreten. Eine »dritte Rechtswissenschaft, die ... weder Naturrechtslehre noch Positivismus, sondern etwas gänzlich Neues, nämlich der Friede zwischen ihnen ist[27])«, wird uns glücklicherweise nicht beschert werden. Vielmehr wird der Kampf um das Recht andauern, solange Menschen unserer Art auf Erden wandeln. Kampf ist das Gesetz des Geistes. Immer werden »Rechtsidee« und »Rechtsbegriff« brüderlich vereinte Gegner sein[28]).

---

27) Schönfeld (1943) 121

28) Damit stehe ich im schroffen Gegensatz zu der seltsamen Auffassung Dietzes (1936) 25 ff., eine Rechtsidee, die im positiven Recht ihrer Zeit keinen Widerhall finde, sei überhaupt keine Idee. Eine Idee, die sich nicht durchsetzen könne, sei sinnwidrig (!) und unverbindlich (!). Es ist überflüssig zu betonen, daß Dietze sich hierbei ausdrücklich auf den objektiven Idealismus Hegels und der nachhegelschen Rechtsphilosophie beruft.

Schluß

Wiederholen wir zum Schluß noch einmal die Frage, wo im wogenden Meer einander widerstrebender Wertvorstellungen der ragende Fels des »richtigen Rechts« uns Rettung gewähre, so kann die Antwort der Wissenschaft nur das Eingeständnis ihres Unvermögens sein. Denn ihre Zuständigkeit erstreckt sich, wie wir sahen, auf das Reich des Wissens, allenfalls noch auf das angrenzende Gebiet des Vermutbaren. Allein der religiöse Glaube befähigt den Menschen zu jener unerschütterlichen Festigkeit, die ihm im Kampf mit den Widerständen dieser Welt die innere Haltung verleiht. Aus dieser Quelle nährt sich auch die Sittlichkeit mit ihrem Anspruch auf Angleichung des positiven Rechts an ihre hohen Ideale[1]).

Wie aber steht es angesichts der Ergebnisse unserer Geschichtsbetrachtung um die Verbindlichkeit der sittlichen Gebote? Ist nicht alles relativ? Gibt es nicht nur wandelbare, also vergängliche Werte? So muß es einer unvoreingenommenen Betrachtung scheinen. Sache des gläubigen Menschen ist es, mit der unbestreitbaren Relativität fertig zu werden und zu lernen, daß hinter der schier verwirrenden Vielfalt wechselnder geschichtlicher Erscheinungen die eine Macht waltet, die alles Leben hervorbringt[2]).

Schon bei der Herausarbeitung des seltsamen Gegensatzes zwischen Abendländern und Russen fiel uns etwas Gemeinsames auf: das Abwehrgefühl gegen das Fremde. Max Scheler, der über die Beziehungen zwischen

---

1) Ich bekenne, daß diese meine Überzeugung wissenschaftlich kaum beweisbar sein dürfte. Die Hinweise auf ein mögliches starkes Ethos gerade bei Atheisten sind seit Pierre Bayle bekannt. Aber woher kommt jenes Ethos? Mir scheint, daß es sich z. B. bei B. und seinen Mitstreitern tiefenpsychologisch um ein larviertes christliches Ethos handelt. Vgl. Troeltsch (1897) 346ff. Sollte nicht das Pathos atheistischer Sittlichkeit zum mindesten im Atmosphärischen der Religion gewachsen sein?

2) Dieser Sachverhalt dürfte übrigens den Wortführern des Historismus – jedenfalls, soweit sie ihre Laufbahn als Theologen begonnen haben, – Zeit ihres Lebens unerschütterliche Glaubensgewißheit gewesen sein. Sie kommt nur in ihrer wissenschaftlichen Tätigkeit – vielleicht aus methodischer Besorgnis – meist nicht spürbar genug zur Geltung. Auch war der Blick des Historismus insofern zu eng, als er sein Augenmerk ausschließlich dem Vergangenen zuwandte. Richtig urteilt daher Paul Schütz (426): »Zum Ganzen der Geschichte gehört die zukünftige Zeit. Ja, wahrscheinlich ist Geschichte im Entscheidenden auf uns zukommende Zeit. Hier wendet sich der Historismus vom Pilger ab. Hier läßt er ihn allein. Er taugt für keine theologia viatoris.« Daß diese Feststellung allein für den Bereich des religiösen Glaubens gilt, nicht auch für die Wissenschaft, bedarf keiner Hervorhebung. So hat denn Schütz auch nichts gegen die wissenschaftliche Erkenntnis vorgebracht, daß sich die Wertvorstellungen im Laufe der Geschichte wandeln. Vielmehr liefert er selbst lediglich einen überzeugenden Beitrag zu der bekannten Behauptung Jacob Burckhardts (4), die Philosophie der Geschichte sei eine »contradictio in adjecto«.

Individuum und Gesamtheit tiefe Betrachtungen anstellt, macht hierzu die feinsinnige Bemerkung, die so individualistischen Europäer lebten, soziologisch gesehen, in zwei Strukturformen zugleich. Wer seinen Standort mitten unter ihnen nehme, spreche von der europäischen Gesellschaft, wer aber Europa als Nichteuropäer von außen betrachte, dem stelle sich seine Lebensform als Gemeinschaft dar[3]). Wir haben nicht die Aufgabe, hierüber eine Soziologie des Geistigen zu schreiben[4]). Uns beruhigt schon die Gewißheit: innerhalb eines Kulturkreises gibt es zu jeder Zeit bei einer Elite von Menschen gemeinsame, leitende Wertvorstellungen. Im christlichen Abendland werden jene Wertvorstellungen von der Nächstenliebe getragen.

Wir verlassen nunmehr den Boden der Wissenschaft[5]), wenn wir unsere Überzeugung aussprechen, daß die christliche Religion schon deshalb die höchste der auf Erden denkbaren Religionen ist, weil sie durch ihre unlösliche Verwurzelung im Ethos eine über ihre »religiöse Grundposition ... prinzipiell hinausliegende Stufenhöhe des religiösen Bewußtseins ... nicht denkbar macht[6])«.

Nächstenliebe ist nach Emil Brunners[7]) treffender Bemerkung die wünschenswerte Quelle jedes Rechtsgefühls. Eine von wahrer Nächstenliebe getragene positive Rechtsordnung würde schwerlich die bekannten Aussprüche bewahrheiten: »Summum ius summa iniuria«, »Fiat iustitia pereat mundus!« Denn allein die verstehende Liebe vermag die Besonderheiten jedes Einzelfalls gerecht zu werten[8]).

Wir alle freilich wissen, wie weit die Wirklichkeit hinter diesem hohen Ideal zurückbleibt. Es wurde bereits gesagt, daß bei der Elite eine Gemeinsamkeit leitender Wertvorstellungen herrsche. Damit wird uns noch eine letzte Schwierigkeit sichtbar: das unlösbare Problem der Bildung und Führung des öffentlichen Willens, nicht etwa nur staatsrechtlich betrachtet, sondern von einem gesamtwissenschaftlichen Standpunkt. Auch diese Frage lassen wir nur anklingen. Praktisch ist sie ohnehin müßig. Denn lediglich die Macht kann ein ideales Recht im Leben durchsetzen. Macht, eine Größe

---

[3]) (1927) 540ff.

[4]) Es sei auf die mir sehr bedeutsam erscheinenden Erkenntnisse der französischen Kollektivpsychologie, insbesondere auf die Forschungen von Charles Blondel (116ff.), verwiesen, gegen die ich nur das eine Bedenken erhebe, daß sie für die Ethik allzu sehr vom Typus des menschlichen Durchschnitts ausgehen. Die Blindheit Auguste Comtes für das Singuläre und damit für den Wert der Persönlichkeit ist noch seinem Geistesenkel eigentümlich.

[5]) Hierzu vgl. den Streit zwischen Troeltsch und Wobbermin bei W. III 463ff.

[6]) Wobbermin III 468

[7]) (1932) 437

[8]) Freilich scheinen die Bemühungen Küchenhoffs (67ff., 126ff.) um ein förmliches »Liebesrecht« – eine leicht zu Zweideutigkeiten führende Wortprägung! – von übertriebenem Optimismus getragen, denn kraft Gesetzes läßt sich noch nicht Liebe zum Nächsten – ausgerechnet ins öffentliche (!) Recht – einführen. Der Gesetzgeber kann und soll, soweit es in seinem Vermögen steht, dem Einzelnen, der seine Gesetze auf den Einzelfall anwenden muß, lediglich den Spielraum zur Übung der Nächstenliebe lassen. »Der Staat als Staat ... weiß nichts ... von Liebe.« (Barth 31) In der Sicht des Richters und Verwaltungsbeamten ist das Streben nach Gerechtigkeit besonders erfolgreich, wenn es vom Geiste der Nächstenliebe angefeuert wird.

jenseits von Gut und Böse, ist auf dieser Welt unbestreitbar notwendig, das Recht zu behaupten[9]).

Nur die ethischen Lehren des Einsamen von Golgotha vermögen uns gleichsam als Polarstern voranzuleuchten durch die Finsternis des Lebens.

»Du sollst lieben Gott, deinen Herrn, von ganzem Herzen, von ganzer Seele und von ganzem Gemüte. Dies ist das vornehmste und größte Gebot. Das andere aber ist dem gleich: Du sollst deinen Nächsten lieben als dich selbst. In diesen zweien Geboten hanget das ganze Gesetz und die Propheten[10]).«

Allein die wärmende Nächstenliebe, die mehr anstrebt, als Wunden zu heilen und zu lindern, die der Kampf ums Dasein der leidenden Menschheit schlug, *die* Nächstenliebe, die neben ihrem Samariterdienst zur Erleichterung des Lebens Normen aufstellen möchte, eine solche sittlich wertende Nächstenliebe bedarf der tätigen Beihilfe der Lebenserfahrung, d.h. großer Weltklugheit, um das richtige Recht zu finden[11]). Nur die Güte, die Frucht von Liebe und Weisheit, vermag gerecht zu handeln. Unreife Gedanken und Halbwissen verdrängen die Gerechtigkeit. Der abstrahierende Verstand, der den Menschen über alle anderen irdischen Wesen erhebt, begründet zugleich seine tiefere Tragik in dieser Welt, jene erschütternde Tragik, daß er scheitern muß an seiner Tatsachenblindheit, auch wenn er in edelster Absicht handelt[12]). Lehren und Verlauf aller Revolutionen sind dafür ein beredtes Zeugnis.

Diese so schmerzliche Erkenntnis darf uns jedoch nicht das Opfer einer müden Verzagtheit werden lassen. Kraft göttlichen Willens ist der Mensch

---

9) Mit diesen Ausführungen dürfte die Möglichkeit ausgeschlossen sein, daß unter »Elite« etwa »die tonangebende Schicht« gemeint sein könnte, die ja die Macht schon in Händen hat. Diese Anmerkung gilt Beling (11) und denen, die in mir einen seiner Anhänger erblicken möchten.

10) Matth. 22, V. 37–40

11) Ähnlich Stammler (1902) 83. – Daß die Gerechtigkeit sich auf einer der Nächstenliebe unzugänglichen Ebene des »Gesellschaftlichen« betätige, wo nicht die »Spielregel der Selbstaufgabe« herrsche, ist eine Annahme, die m. E. auf der Überbetonung der heuristisch überaus fruchtbaren soziologischen Grenzziehungen beruht. In Wahrheit sind »Gemeinschaft«, »Gesellschaft« und »Organisation« Fiktionen, die nirgendwo rein der Wirklichkeit entsprechen. Darum besteht auch soziologisch kein Hinderungsgrund, daß der Geist der Nächstenliebe sich auf den Bereich des Gesellschaftlichen und des Organisatorischen ausdehne.
Anscheinend anderer Meinung: Pieper 168 – Aus dem gleichen Grunde ist es nicht richtig, wenn Emil Brunner (1943) 19 urteilt: »Von der Liebe aus gesehen, erscheint sie (die Gerechtigkeit) wie eine Art minderwertiger (!) Sittlichkeit, eine bloße Vorstufe des Guten.« B. übersieht, daß gerecht zu handeln nicht gar so selten, wie mancher meinen möchte, die höchste aller sittlichen Eigenschaften erfordert, die schwerer wiegen kann als aufopfernde Nächstenliebe, nämlich Zivilkurage. Die Wirksamkeit der geisttragenden Seinsschichten bei der Rechtsfindung, insonderheit die oft nicht gegebene Muße, sich liebevoll in den Einzelfall zu vertiefen, kann ich nur andeuten. Hier wäre – anknüpfend an Brunner – noch sehr vieles zu sagen, was bisher, soweit ich sehe, systematisch nicht dargestellt worden ist.
Es hat den Anschein, als habe Brunner bei der Abfassung seines Buches allzu sehr die Arbeit des Gesetzgebers im Auge gehabt. Methodisch sollte bei künftigen Erörterungen Rechtsetzung durch den Staat und Rechtshandhabung durch seine Diener getrennt behandelt werden.
Ich halte meine Auffassung aufrecht auch gegen Nohl (1947) 91 ff.

12) Dieses war zu ergänzen zu Spranger (1930) 352

zur *Tat* bestimmt. Sogar dort, wo er seinem Wesen gemäß zweifelt und irrt. Das ist auch der tiefere Sinn der Worte Platons, wenn er in seiner »Apologie des Sokrates« sagt[13]):

»Wo einer sich selbst seinen Posten bestimmt hat, überzeugt, daß es keinen besseren Entschluß gebe, oder wo er seinen Posten von einem Vorgesetzten angewiesen erhalten hat, da muß er ausharren und der Gefahr Trotz bieten und weder des Todes noch der Gefahr achten gegenüber der Schande.«

---

[13]) Kapitel XVI am Schluß. Die Übersetzung ist der Platon-Ausgabe Otto Apelts entnommen. In der Wiedergabe C. F. Hermanns lautet der Urtext:
«.... οὗ ἄν τις ἑαυτὸν τάξῃ ἡγησάμενος βέλτιστον εἶναι ἢ ὑπ᾽ἄρχοντος ταχθῇ, ἐνταῦθα δεῖ, ὡς ἐμοὶ δοκεῖ, μένοντα κινδυνεύειν, μηδὲν ὑπολογιζόμενον μήτε θάνατον μήτε ἄλλο μηδὲν πρὸ τοῦ αἰσχροῦ.»

Schrifttumsverzeichnis

ABEGG, Lily: »Ostasien denkt anders« Zürich 1949

ACHTER, Viktor: »Geburt der Strafe« Frankfurt a.M. 1951

ADAM, Leonhard: »Ethnologische Rechtsforschung«, in Leonhard Adam und Hermann Trimborn: »Lehrbuch der Völkerkunde«, 3. Aufl. Stuttgart 1958, 189–207

ADAMA van SCHELTEMA, Frederik: »Die geistige Wiederholung, der Weg des Einzelnen und seiner Ahnen« Leipzig 1937

ADAMA van SCHELTEMA, Frederik: »Die geistige Mitte – Umrisse einer abendländischen Kulturmorphologie« München 1947

AFFOLTER, A.: »Recht über den Staaten« ARW. Bd 14 (1920/21)

AHRENS, Heinrich: »Naturrecht oder Philosophie des Rechts und des Staates auf dem Grunde der ethischen Zusammenhänge von Recht und Cultur« 2 Bde., 6. Aufl., Wien 1870

ALVERDES, Friedrich: »Tiersoziologie« (Forschungen zur Völkerpsychologie und Soziologie, herausg. von Richard Thurnwald, Bd. I) Leipzig 1925

ALVERDES, Friedrich: »Die Tierpsychologie in ihren Beziehungen zur Psychologie des Menschen« Leipzig 1932

ANDREAS, Willy: »Deutschland vor der Reformation« 5. Aufl., Stuttgart 1948

ANRICH, Ernst: »Moderne Physik und Tiefenpsychologie« Stuttgart 1963

ANSCHÜTZ, Georg: »Psychologie« Hamburg 1953

ARNDT, Adolph: »Gesetzesrecht und Richterrecht« NJW. 1963, 1273–1284

AUER, Albert: »Protestantisches Rechtsverständnis und Naturrecht« Festg. M. 111–124

BAETKE, Walter: »Religion und Politik in der Germanenbekehrung« Leipzig 1937

BARON, Hans: »›Christliches Naturrecht‹ und ›ewiges Recht‹« HZ. Bd. 133 (1926), 413ff.

BARTH, Karl: »Rechtfertigung und Recht« 2. Aufl. Zollikon-Zürich 1944

BASTIAN, Adolf: »Der Mensch in der Geschichte« 3 Bde. Leipzig 1860

BASTIAN, Adolf: »Der Völkergedanke im Aufbau einer Wissenschaft vom Menschen und seine Begründung auf ethnologische Sammlungen« Berlin 1881

BAUMANN, Jürgen: »Rechtmäßigkeit von Mordgeboten« NJW. 1964, 1398–1405

BAUMANN, Oscar: »Durch Massailand zur Nilquelle – Reisen und Forschungen der Massai-Expedition des deutschen ›Antisklaverei-Komité‹ in den Jahren 1891–1893« Berlin 1894

BAUMGARTNER, Walter: »Israelitische und altorientalische Weisheit« Tübingen 1933

BAVINK, Bernhard: »Ergebnisse und Probleme der Naturwissenschaften« 8. Aufl., Leipzig 1944

BECHER, Erich: »Die fremddienliche Zweckmäßigkeit der Pflanzengallen und die Hypothese eines überindividuellen Seelischen« Leipzig 1917

BECK, Walter: »Das Individuum bei den Australiern – Ein Beitrag zum Problem der Differenzierung primitiver Gesellschaftsgruppen im Zusammenhang mit dem psychologischen Problem der Persönlichkeit und ihrer Entwicklung« Leipzig 1924

BECK, Walter: »Grundzüge der Sozialpsychologie« 3. Aufl., München 1960

BECKER, Walter G.: »Die symptomatische Bedeutung des Naturrechts im Rahmen des bürgerlichen Rechts« AcP. Bd. 150 (1949)

BELING, Ernst: »Vom Positivismus zum Naturrecht und zurück« (Festgabe für Philipp Heck, Max Rümelin und Arthur Benno Schmidt) Tübingen 1931

BENZ, Ernst: »Menschenwürde und Menschenrecht in der Geistesgeschichte der Ostkirche« (in »Die Ostkirche und die russische Christenheit«, herausg. von Ernst Benz) Tübingen 1949

BENZ, Ernst: »Die Erforschung der Kirchengeschichte des Ostens« ThR. 1950 (18. Jahrg., neue Folge), 53ff.
BERDIAJEW, Nikolai: »Von der Würde des Christentums und der Unwürde der Christen«, 4. Aufl., Luzern 1937
van den BERG, Jan Hendrik: »Metabletica – Über die Wandlung des Menschen, Grundlinien einer historischen Psychologie« deutsch, Göttingen 1960
BERGBOHM, Karl: »Jurisprudenz und Rechtsphilosophie« Leipzig 1892
BERINGER, Kurt: »Der Meskalinrausch, seine Geschichte und Erscheinungsweise« Berlin 1927
BERNATZIK, Hugo Adolf: »Historische Entwicklung und Zielsetzung der Völkerkunde« (in Band I der Großen Völkerkunde, herausg. von Hugo Adolf Bernatzik) Leipzig 1939
BERNHÖFT, Franz: »Über Zweck und Mittel der vergleichenden Rechtswissenschaft« ZverglR. Bd. I (1878), 1ff.
BERNHÖFT, Franz: »Über die Grundlagen der Rechtsentwicklung bei den indogermanischen Völkern« ZverglR. Bd. II (1880) 257ff.
BEYER, Wilhelm R.: »Rechtsphilosophische Besinnung, eine Warnung vor der ewigen Wiederkehr des Naturrechts« Karlsruhe 1947
BINDER, Julius: »Grundlegung zur Rechtsphilosophie« Tübingen 1935
BLEULER, Eugen: »Naturgeschichte der Seele und ihres Bewußtwerdens – Eine Elementarpsychologie« Berlin 1921
BLOCH, Ernst: »Naturrecht und menschliche Würde« Frankfurt a.M. 1961
BLONDEL, Charles: »Einführung in die Kollektivpsychologie« deutsch, Wien 1948
BOHR, Niels: »Atomtheorie und Naturbeschreibung« Berlin 1931
BOLLNOW, Otto Friedrich: »Einfache Sittlichkeit« 3. Aufl., Göttingen 1962
BONG KUN KAL: »Die Neugestaltung des koreanischen Familien- und Erbrechts« Das Standesamt 1962, 135–139
BONNICHON, André: »Le droit de la China communiste« La Haye 1955
de BOOR: »Hans Thieme: ›Das Naturrecht und die europäische Privatrechtsgeschichte‹« (Rezension) NJ. 1948, 91ff.
BORNHAUSEN, Karl: »Die Ethik Pascals« Gießen 1907
BORNHAUSEN, Karl: »Pascal« Basel 1920
BORNHAUSEN, Karl: »Die Offenbarung – Über die Verbindung von Gott und Mensch in der Zeit« Leipzig 1928
BOURGET, Paul: »Le disciple«, Edition définitive Paris ohne Jahr (Librairie Plon)
BRECHT, Arnold: »Politische Theorie – Die Grundlagen politischen Denkens im 20. Jahrhundert« Tübingen 1961
BREYSIG, Kurt: »Die Geschichte der Seele im Werdegang der Menschheit« Breslau 1931
BRÖNNER, Wilhelm: »Zur Theorie der kollektivpsychischen Erscheinungen« ZPh. Bd. 141 (1911), 1ff.
BRUNNER, Emil: »Das Gebot und die Ordnungen – Entwurf einer protestantisch theologischen Ethik«, nachgedruckt nach der Ausgabe von 1932 von der amerikanischen Hilfskommission des ökumenischen Rates der Kirchen New Yorks, ohne Jahr.
BRUNNER, Emil: »Gerechtigkeit« Zürich 1943
BRUNNER, Heinrich und HEYMANN, Ernst: »Grundzüge der deutschen Rechtsgeschichte«, 7. Aufl., Leipzig und München 1927
BRUNNER, Otto: »Land und Herrschaft – Grundfragen der territorialen Verfassungsgeschichte Südostdeutschlands im Mittelalter« 3. Aufl., Brünn/München/Wien 1943
BUCHWALD, Friedrich: »Gerechtes Recht« 2. Aufl., Weimar 1947
BÜNGER, Karl: »Die Rezeption des europäischen Rechts in China«, Sonderdruck von Rabels Z. 1950, 166–189
BÜNGER, Karl: »Die Verfassung der Chinesischen Volksrepublik von 1949«, ZaöffVR. Bd. 13 (1950/51), 759–785
BÜNGER, Karl: »Das Ehegesetz der Volksrepublik China von 1950«, Rabels Z. Bd. 16 (1951), 1–12–120
BULST, Werner: »Offenbarung« Düsseldorf 1960
BULTMANN, Rudolf: »Zur Frage des Wunders« (Gesammelte Aufsätze: »Glauben und Verstehen«) Tübingen 1933

BULTMANN, Rudolf: »Geschichte und Eschatologie« 2. Aufl., Tübingen 1964
BURCKHARDT, Jacob: »Weltgeschichtliche Betrachtungen« herausg. von Rudolf Marx, Kröners Taschenausgabe, Band 55, Leipzig, ohne Jahr.
BURDACH, Konrad: »Die seelischen und geistigen Quellen der Renaissancebewegung« HZ. Bd. 149 (1934)
BURLE, E: »Essai historique sur le développement de la notion de droit naturel dans l'antiquité grecque« Trévoux 1908
CARUS, Carl Gustav: »Vorlesungen über Psychologie« (1831), Neuausgabe von Edgar Michaelis, Erlenbach/Zürich/Leipzig 1931
CASSIRER, Erich: »Natur- und Völkerrecht im Lichte der Geschichte und der systematischen Philosophie« Berlin 1919
CASSIRER, Ernst: »Die Begriffsform im mythischen Denken« (Studien der Bibliothek Warburg Nr. 1) Leipzig und Berlin 1922
CASSIRER, Ernst: »Was ist der Mensch?« Stuttgart 1960
CASTELLOTE CUBELLS, Salvador: »Die Anthropologie des Suarez«, Freiburg/München 1962
CATHREIN, Viktor: »Recht, Naturrecht und positives Recht« Freiburg i. Br. 2. Aufl., 1909
CATHREIN, Viktor: »Die Einheit des sittlichen Bewußtseins der Menschheit – eine ethnographische Untersuchung« 3 Bde., Freiburg i. Br. 1914
Das CHINESISCHE Strafgesetzbuch vom 1. 1. 1935, eingeleitet von Heinrich Herrfahrdt (Heft 9 der rechtsvergleichenden Untersuchungen zur gesamten Strafrechtswissenschaft, herausg. von Erich Schwinge, Bonn 1938
COING, Helmut: »Die obersten Grundsätze des Rechts – Ein Versuch zur Neugründung des Naturrechts« Heidelberg 1947
COING, Helmut: »Um die Erneuerung des Naturrechts« U. 1948, Heft 10
COLLINGWOOD, R.G.: »Philosophie der Geschichte« deutsch, Stuttgart 1955
COVARRUVIAS a LEYVA, Didacus: »Practicarum quaestionum liber unus«, opera omnia, tomus II apud Joann. Feyerabend, Francoforti 1583
CROCE, Benedetto: »Antihistorismus« HZ. Bd. 143 (1931), 457ff.
DACQUÉ, Edgar: »Das verlorene Paradies – Zur Seelengeschichte des Menschen« München und Berlin 1938
DAHN, Felix: »Vom Wesen und Werden des Rechts« ZverglR. Bd. II (1880), 1ff.
DANNENBAUER, Heinrich: »Die Entstehung Europas« Band I, Stuttgart 1959
DANZEL, Theodor Wilhelm: »Der magische Mensch« Potsdam und Zürich 1928
DANZEL, Theodor Wilhelm: »Prinzipien und Methoden der Entwicklungspsychologie – Grundlinien einer psychologischen Entwicklungsgeschichte der Kultur und Gesellschaft« (1921). Handbuch der biologischen Arbeitsmethoden, Bd. I, herausg. von Emil Abderhalden, Berlin und Wien 1928, 45ff.
DEMPF, Alois: »Geistesgeschichte der altchristlichen Kultur« Stuttgart 1964
DENNEWITZ, Bodo: »Die Verfassungen der modernen Staaten« 4 Bde. Hamburg 1947–1949
DIELS, Hermann: »Die Fragmente der Vorsokratiker« 5. Aufl., besorgt von Walter Kranz, Band I, Berlin 1934
DIETZE, Hans Helmut: »Naturrecht in der Gegenwart« Bonn 1936
DIETZE, Hans Helmut: »Naturrecht aus Blut und Boden« ZAkDR. 1936, 818ff.
DIHLE, Albrecht: »Die Goldene Regel – Eine Einführung in die Geschichte der antiken und frühchristlichen Vulgärethik« Göttingen 1962
DILTHEY, Wilhelm: »Einleitung in die Geisteswissenschaften« (Ges. Schriften I) 2. Aufl., besorgt von Bernhard Groethuysen, Leipzig und Berlin 1923
DILTHEY, Wilhelm: »Rede zum 70. Geburtstag« (Ges. Schriften V, besorgt von Georg Misch), Leipzig und Berlin 1924
DILTHEY, Wilhelm: »Das Erlebnis und die Dichtung« 10. Aufl., Leipzig und Berlin 1929
DILTHEY, Wilhelm: »Weltanschauung und Analyse des Menschen seit Renaissance und Reformation« (Ges. Schriften II, 4. Aufl., besorgt von Georg Misch), Leipzig und Berlin 1940
DILTHEY, Wilhelm: »Die geistige Welt – Einleitung in die Philosophie des Lebens« (Ges. Schriften VI, 3. Aufl., besorgt von Georg Misch) Stuttgart-Göttingen 1958

DILTHEY, Wilhelm: »System der Ethik« (Ges. Schriften X, besorgt von Herman Nohl) Stuttgart-Göttingen 1958
DILTHEY, Wilhelm: »Studien zur Geschichte des deutschen Geistes« (Ges. Schriften III, besorgt von Paul Ritter) Stuttgart-Göttingen 1959
DILTHEY, Wilhelm: »Pädagogik« (Ges. Schriften IX, 2. Aufl., besorgt von Otto Friedrich Bollnow) Stuttgart-Göttingen 1960
DRIESCH, Hans: »Ordnungslehre – Ein System des nichtmetaphysischen Teils der Philosophie mit besonderer Berücksichtigung der Lehre vom Werden« Jena 1912
DRIESCH, Hans: »Ganzheit und Wohlordnung« AnPh. Bd. VI (1927), 274ff.
DRIESCH, Hans: »Wirklichkeitslehre« 3. Aufl., Leipzig 1930
DRIESCH, Hans: »Der Mensch und die Welt«, 2. Aufl., besorgt von Ingeborg Tétaz-Driesch, Zürich 1945
DYROFF, Adolf: »Naturrecht und Psychologie« ARW. Bd. XV (1921/22), 309ff.
EBBINGHAUS, Julius: »Sozialismus der Wohlfahrt und Sozialismus des Rechts« SJZ. 1947, 150
von ECKARDT, Hans: »Russisches Christentum« München 1947
EHRENREICH, Paul: »Zur Frage der Beurteilung und Bewertung ethnographischer Analogien«, CAEU. 1903
EHRHARDT, Helmut: »Euthanasie und Vernichtung ›lebensunwerten‹ Lebens« Stuttgart 1965
EILERS, Wilhelm: »Die Gesetzesstele Chammurabis« (›Der alte Orient‹, Bd. 31, Veröffentlichungen der vorderasiatisch-ägyptischen Gesellschaft) Leipzig 1932
EISLER, Rudolf: »Wörterbuch der philosophischen Begriffe«, Bd. II, 4. Aufl., besorgt von Karl Roretz, Berlin 1929
EISENSTÄDTER, Julius: »Elementargedanke und Übertragungstheorie in der Völkerkunde«, Stuttgart 1912
ELLUL, Jacques: »Die theologische Begründung des Rechts« deutsch, München 1948
EMGE, Carl August: »Vorschule der Rechtsphilosophie« Berlin-Grunewald 1925
EMGE, Carl August: »Geschichte der Rechtsphilosophie« Berlin 1931
EMGE, Carl August: »Berliner Antrittsrede« (Sonderabdruck aus dem Jahrbuch der preußischen Akademie der Wissensch.) Berlin 1939
EMGE, Carl August: »Sicherheit und Gerechtigkeit – ihre gemeinsame metajuristische Wurzel« (Abh. prAk. phil. hist. Klasse Nr. 9, Einzelausgabe) Berlin 1940
EMGE, Carl August: »Erste Gedanken zu einer Richtigkeitslehre« (Abh. prAk., phil. hist. Klasse Nr. 3, Einzelausgabe) Berlin 1942
EMGE, Carl August: »Über die Problematik im Begriffe der Situation« (Abh. prAk. phil. hist. Klasse Nr. 15, Einzelausgabe) Berlin 1944
EMGE, Carl August: »Über das Gefüge des rechtsphilosophischen Bereichs«, (Beiträge zur Kultur- und Rechtsphilosophie, Festgabe für Gustav Radbruch, herausg. von Erdmuthe Falkenberg) Heidelberg 1948, 90ff.
ERKES, Eduard: »China und Ägypten« FF. 1947, 129ff.
ERKES, Eduard: »Die kulturpolitische Bedeutung der deutschen Sinologie« WK. 1948 (Juniheft), 38ff.
EUCKEN, Rudolf: »Der Kampf um einen geistigen Lebensinhalt« 4. Aufl., Berlin und Leipzig 1921
EUCKEN, Rudolf: »Prolegomena und Epilog zu einer Philosophie des Geisteslebens« Berlin und Leipzig 1922
FECHNER, Erich: »Über einige Neuerscheinungen zum Problem des Naturrechts«, DRZ. 1949, 97ff.
FECHNER, Erich: »Die soziologische Grenze der Grundrechte« (»Recht und Staat in Geschichte und Gegenwart«, Heft 177) Tübingen 1954
FECHNER, Erich: »Rechtsphilosophie – Soziologie und Metaphysik des Rechts«, 2. Aufl., Tübingen 1962
FEHR, Hans: »Das Widerstandsrecht«, MIÖG Bd. 38 (1920), 1ff.
FEUERBACH, Anselm: »Kleine Schriften vermischten Inhalts« Nürnberg 1833
FIGGE, Robert: »Die Verantwortlichkeit des Richters« SJZ. 1947, 179ff.
FINCK, Franz Nikolaus: »Die Haupttypen des Sprachbaus« (Natur- und Geisteswelt Bd. 268) Leipzig 1910

FLÜCKIGER, Felix: »Geschichte des Naturrechts«, Band I, Zollikon-Zürich 1954
FORKE, Alfred: »Die Gedankenwelt des chinesischen Kulturkreises« München und Berlin 1927
FORKE, Alfred: »Geschichte der mittelalterlichen chinesischen Philosophie« Hamburg 1934
FORKE, Alfred: »Geschichte der neueren chinesischen Philosophie« Hamburg 1938
FORSTHOFF, Ernst: »Zur Problematik der Rechtserneuerung« ZW. 1948, 679ff.
FRANK, Helmar: »Kybernetische Grundlagen der Pädagogik« Baden-Baden und Paris 1962
FRANZ, Günther: »Der deutsche Bauernkrieg« – Aktenband – München und Berlin 1935
FRANZ, Günther: »Quellen zur Geschichte des Bauernkrieges« München 1963
FREYER, Hans: »Soziologie als Wirklichkeitswissenschaft« Leipzig und Berlin 1930
FREYER, Hans: »Theorie des gegenwärtigen Zeitalters« Stuttgart 11.–13. Tausend 1961
FRIEDMANN, M.: »Über Wahnideen im Völkerleben« (aus der Reihe: »Grenzfragen des Nerven- und Seelenlebens«) Wiesbaden 1901
FRIES, Carl: »Erkenntnistheoretische Grundlegung der Metaphysik«, AnPh. Bd. IV (1924), 427ff.
FUETER, Eduard: »Das Jahrhundert der Mathematik« FF. 1938, 381f.
GAISER, Konrad: »Platons ungeschriebene Lehre« Stuttgart 1963
GEHLEN, Arnold: »Der Mensch«, 7. Aufl., Bonn 1962
GEHLEN, Arnold: »Urmensch und Spätkultur« Bonn 1956
GEHLEN, Arnold: »Die Seele im technischen Zeitalter« Hamburg 1957
GENZMER, Felix: »Staat und Gesellschaft in vor- und frühgeschichtlicher Zeit«, (Germanische Altertumskunde, herausg. von Hermann Schneider) München 1938
GIDE, André: »L'école des femmes«, nouvelle édition, 41. Aufl., Paris 1938
GIESEKE, Ludwig: »Die geschichtliche Entwicklung des deutschen Urheberrechts« Göttingen 1957
GILSON, Étienne: »La philosophie au moyen age des origines patristiques à la fin du XIVe siècle« 3. Aufl., Paris 1947
GIRGENSOHN, Karl: »Religionspsychologie, Religionswissenschaft und Theologie«, 2. Aufl., Leipzig und Erlangen 1925
GLOCKNER, Hermann: »Hegel«, Band II (Entwicklung und Schicksal der Hegelschen Philosophie, Band XXII der Jubiläumsausgabe der sämtlichen Werke Hegels, herausg. von Hermann Glockner) Stuttgart 1940
GOLDSTEIN, Kurt: »Die Halluzination, ihre Entstehung, ihre Ursachen und ihre Realität« (Grenzfragen des Nerven- und Seelenlebens, Heft 86) Wiesbaden 1912
GRABMANN, Martin: »Mittelalterliches Geistesleben« (Abhandlungen zur Geschichte der Scholastik und Mystik, Band I) München 1926
GRAEBNER, F.: »Methode der Ethnologie« (Kulturgeschichtliche Bibliothek, herausg. von W. Foy) Heidelberg 1911
GRAVESON, R.H.: »Der Grundsatz ›nulla poena sine lege‹ und das Kontrollratsgesetz Nr. 10« MDR. 1947, 278ff.
GREWE, Wilhelm G.: »Die Epochen der modernen Völkerrechtsgeschichte«, ZStW. Bd. 103 (1943)
GROTIUS, Hugo: »De iure belli ac pacis«, ed. Johannes Georgius Simon, Jenae 1673
GRUEHN, Werner: »Die Frömmigkeit der Gegenwart – Grundtatsachen der empirischen Psychologie« 2. Aufl., Konstanz 1960
GRUHLE, Hans W.: »Psychologie des Abnormen«, Kafka Band III, München 1922
GRUHLE, Hans W.: »Verstehende Psychologie«, 2. Aufl., Stuttgart 1956
GSOVSKI, Vladimir: »Das Recht« (Artikel im Handbuch des Weltkommunismus, herausg. von Bochenski und Niemeyer) Freiburg und München 1958, 295ff.
GÜNTHER, Gotthard: »Das Bewußtsein der Maschinen« 2. Aufl., Krefeld und Baden-Baden 1963
GUTMANN, Bruno: »Das Recht der Dschagga«, München 1926
GUTMANN, Bruno: »Freies Menschentum aus ewigen Bindungen« Kassel 1928
HAAS: »Pascual Jordan: ›Verdrängung und Komplementarität‹« (Rezension in Psyche 1948, 604ff.)
HÄBERLIN, Paul: »Naturphilosophische Betrachtungen«, Zürich, Band I, 2. Aufl., 1939, Band II, 1940

HAFF, Karl: »Rechtspsychologie – Forschungen zur Individual- und Massenpsychologie des Rechts und zur modernen Rechtsfindung« Hamburg 1924
HALLER, Johannes: »Das Papsttum« Band II, Teil 1, Stuttgart 1937
HARDER, Richard: »Zu Ciceros Rechtsphilosophie« (in »Kleine Schriften«, herausg. Walter Marg) München 1960
von HARNACK, Adolf: »Das Wesen des Christentums« 73. Tausend, Leipzig 1933
von HARTMANN, Eduard: »Philosophie des Unbewußten« Berlin 1869
HARTMANN, Max: »Das Mechanismus-Vitalismus-Problem vom Standpunkt der kritischen Ontologie Nicolai Hartmanns«, ZphF. Band II (1948), 36ff.
HARTMANN, Nicolai: »Zur Grundlegung der Ontologie« Berlin und Leipzig 1935
HARTMANN, Nicolai: »Der Aufbau der realen Welt« Berlin 1940
HARTMANN, Nicolai: »Neue Wege der Ontologie«, 2. Aufl., Stuttgart 1942
HARTMANN, Nicolai: »Das Problem des geistigen Seins«, 2. Aufl., Berlin 1949
HARTMANN, Nicolai: »Ethik«, Berlin und Leipzig 1927, 2. Aufl. 1935, 3. Aufl., 1949
HARTMANN, Nicolai: »Die Philosophie der Natur« Berlin 1950
HARTUNG, Fritz: »Die Entwicklung der Menschen- und Bürgerrechte von 1776 bis zur Gegenwart« 3. Aufl., Göttingen 1964
HASHAGEN, Justus: »Risse im Mittelalter«, ZW. 1925, 337ff.
HASSINGER, Erich: »Das Werden des neuzeitlichen Europa 1300–1600« Braunschweig 1959
HAUG, Karl: »Die Störungen des Persönlichkeitsbewußtseins und verwandte Entfremdungserlebnisse« Stuttgart 1936
HAZARD, Paul: »Die Krise des europäischen Geistes 1680–1715«, deutsch, Hamburg 1939
HEBBEL, Friedrich: »Tagebücher«, 3 Bde., herausg. von Hermann Krumm und Karl Quenzel, Leipzig – ohne Jahr.
HEER, Friedrich: »Aufgang Europas« Wien–Zürich 1949
HEER, Friedrich: »Die Tragödie des heiligen Reiches« Stuttgart 1952
HEGEL, Georg Friedrich Wilhelm: »Vorlesungen über die Philosophie der Geschichte«, Band XI der Jubiläumsausgabe, besorgt von Hermann Glockner, Stuttgart 1939
HEHLMANN, Wilhelm: »Geschichte der Psychologie« Stuttgart 1963
HEISENBERG, Werner: »Wandlungen in den Grundlagen der Naturwissenschaft«, 7. Aufl., Leipzig/Stuttgart/Zürich 1947
HEISENBERG, Werner: »The development of the interpretation of the quantum theorie« (Artikel in der Festgabe: »Niels Bohr and the development of Physics«), London 1955
HEMPEL, Heinrich: »Konkretum und Abstraktum als sprachliche Kategorien«, Kantstudien, Bd. 48 (1956/57), 134ff.
HERRFAHRDT, Heinrich: vgl. Chinesisches Strafgesetzbuch
HERRFAHRDT, Heinrich: »Der Streit um den Positivismus in der gegenwärtigen deutschen Rechtswissenschaft«, DRZ. 1949, 32f.
HEUSSI, Karl: »Die Krise des Historismus«, Tübingen 1932
Frh. von der HEYDTE, Friedrich August: »Existenzphilosophie und Naturrecht« StZ. 1948, 185ff.
Frh. von der HEYDTE, Friedrich August: »Die Geburtsstunde des souveränen Staates« Regensburg 1952
Frh. von der HEYDTE, Friedrich August: »Naturrecht und modernes Kriegsrecht« in »Das Naturrecht in der politischen Theorie« ed. Franz-Martin Schmölz, Wien 1963, 91–98
HEYLAND, Carl: »Das Widerstandsrecht des Volkes gegen verfassungswidrige Ausübung der Staatsgewalt im neuen deutschen Verfassungsrecht – zugleich ein Beitrag zur Auslegung des Art. 147 der Hessischen Verfassung vom 1. Dezember 1946« Tübingen 1950
HILDENBRAND, Karl: »Geschichte und System der Rechts- und Staatsphilosophie«, Band I (Das klassische Altertum) Leipzig 1860
von HIPPEL, Ernst: »Rechtsgesetz und Naturgesetz« Halle 1942
von HIPPEL, Ernst: »Einführung in die Rechtstheorie« Bonn 1947
HIRZEL, Rudolf: »Themis, Dike und Verwandtes – Ein Beitrag zur Geschichte der Rechtsidee bei den Griechen« Leipzig 1907

HIS, Rudolf: »Geschichte des deutschen Strafrechts bis zur Karolina« München und Berlin 1928
HOBHOUSE, Leonard Trelawney: »Morals in evolution – a study in comparative ethics«, 7. Aufl., London 1951, besorgt von Morris Ginsberg (1. Aufl. 1906)
HOCHE, Alfred E.: »Das Rechtsgefühl in Justiz und Politik« Berlin 1932
HÖFFNER, Joseph: »Christentum und Menschenwürde – Das Anliegen der spanischen Kolonialethik im goldenen Zeitalter« Trier 1947
HÖFLER, Otto: »Kultische Geheimbünde der Germanen«, Band I, Frankfurt a.M. 1934
HÖLSCHER, Emil Erich: »Sittliche Rechtslehre«, 2 Bde, München 1929
HOLZNER, Burkart: »Völkerpsychologie« Würzburg 1960
von HOLZSCHUHER, Ludwig: »Praktische Psychologie« Seebruck am Chiemsee 1949
HOMMES, Jacob: »Naturrecht, Person, Materie – Das Anliegen der Dialektik«, Festg. M. 60–74
HONIG, Richard M.: »Humanitas und Rhetorik in spätrömischen Kaisergesetzen« Göttingen 1960
HORST, Friedrich: »Naturrecht und Altes Testament« EvTh. X (1950/51) 253–273, jetzt auch im Buch des Verf.: »Gottes Recht« München 1961, 235–259
HORVATH, Barna: »Rechtssoziologie – Probleme der Gesellschaftslehre und der Geschichtslehre des Rechts« Berlin-Grunewald 1934
HUBMANN, Heinrich: »Naturrecht und Rechtsgefühl« (in Werner Maihofer: »Naturrecht oder Rechtspositivismus?«, Bad Homburg 1962, 339–383, nachgedruckt aus: AcP. Band 153 (1954), 297–331)
HUFELAND, Friedrich: »Über Sympathie« Weimar 1811
HUSSERL, Edmund: »Ideen zu einer reinen Phänomenologie und phänomenologischen Philosophie« I Halle 1913; II und III Haag 1952
HUSSERL Edmund: »Die Idee der Phänomenologie« 2. Aufl., Haag 1958
HUSSERL, Edmund: »Erste Philosophie« Haag I 1956; II 1959
HUSSERL, Edmund: »Die Krisis der europäischen Wissenschaften und die transzendentale Phänomenologie« 2. Aufl., Haag 1962
HUSSERL, Gerhart: »Die Frage nach dem Geltungsgrund des Rechts«, ZRPh. Band V (1931), 153ff.
JAEGER, Werner: »Paideia – Die Formung des griechischen Menschen«, Band I, Berlin und Leipzig 1934
JAEGER, Werner: »Die Anfänge der Rechtsphilosophie und die Griechen«, ZphF. Band III (1949), 321ff.
JAMES, William: »Das pluralistische Universum«, (Hibbert-Vorlesungen, deutsch) Leipzig 1914
JAMES, William: »Die religiöse Erfahrung in ihrer Mannigfaltigkeit« (deutsche Bearbeitung, besorgt von Georg Wobbermin), 4. Aufl., Leipzig 1925
JASPERS, Karl: »Psychologie der Weltanschauungen« Berlin 1919
JASPERS, Karl: »Strindberg und van Gogh – Versuch einer pathographischen Analyse unter vergleichender Heranziehung von Swedenborg und Hölderlin« (Philosophische Forschungen Nr. 3) 2. Aufl., Berlin 1926
JASPERS, Karl: »Vom Ursprung und Ziel der Geschichte« München 1949
JASPERS, Karl: »Die Atombombe und die Zukunft des Menschen« München 1958
JASPERS, Karl: »Der philosophische Glaube angesichts der Offenbarung« München 1962
JELLINEK, Georg: »Die socialethische Bedeutung von Recht, Unrecht und Strafe« Wien 1878
JENSEN, Adolf Ellegard: »Mythos und Kult bei Naturvölkern« Wiesbaden 1952
JERUSALEM, Franz W.: »Kritik der Rechtswissenschaft« Frankfurt a.M. 1948
von JHERING, Rudolph: »Der Kampf ums Recht« 13. Aufl., Wien 1897
von JHERING, Rudolph: »Der Zweck im Recht« 2 Bde., 5. Aufl., Leipzig 1916
JOHANNES VOM KREUZ: »Geistlicher Gesang«, Band IV seiner Gesammelten Werke, deutsch, herausg. von P. Aloysius ab immaculata conceptione, München und Rom 1925
JOHANSSEN, Ernst: »Geistesleben der afrikanischen Völker im Lichte des Evangeliums« München 1931
JONAS, Hans: »Gnosis und spätantiker Geist« Göttingen 1934
JORDAN, Pascual: »Anschauliche Quantentheorie« Berlin 1936

JORDAN, Pascual: »Die Physik und das Geheimnis des organischen Lebens« Braunschweig 1941
JORDAN, Pascual: »Verdrängung und Komplementarität« 2. Aufl., Hamburg-Bergedorf 1951
JÜNGER, Ernst: »Der Waldgang« Frankfurt a.M. 1951
JUNG, Carl Gustav: »Das Unbewußte im normalen und kranken Seelenleben« 3. Aufl., Zürich/Leipzig/Stuttgart/Wien 1929
JUNG, Carl Gustav: »Psychologische Typen«, 10–11. Tausend, Zürich 1946
JUNG, Carl Gustav: »Antwort auf Hiob« Zürich 1951
JUNG, Carl Gustav: »Synchronizität als ein Prinzip akausaler Zusammenhänge« (aus: »Naturerklärung und Psyche«, Studien aus dem C. G. Jung-Institut in Zürich, Band IV) Zürich 1952
JUNG, Carl Gustav und WILHELM, Richard: »Das Geheimnis der goldenen Blüte, ein chinesisches Lebensbuch« München 1929
JUSTI, Carl: »Winckelmann und seine Zeitgenossen«, 4. Aufl., besorgt von Ludwig Curtius, Band II, Leipzig 1943
KÄHLER, Martin: »Das Gewissen« RThK. Band VI, Leipzig 1899
KANDINSKY, Victor: »Zur Lehre von den Halluzinationen« APN. Band XI (1881), 453ff.
KANT, Immanuel: »Kritik der praktischen Vernunft«, herausg. von Raymund Schmidt (Reclams Taschenausgabe) Leipzig 1928
KARPINSKIJ, W. A.: »Die Gesellschafts- und Staatsordnung der UdSSR.«, Berlin (SWA.-Verlag) 1947
KAUFMANN, Felix: »Logik und Rechtswissenschaft – Grundriß eines Systems der reinen Rechtslehre« Tübingen 1922
KAUFMANN, Felix: »Die theoretische Philosophie als Wissenschaftslehre«, VPJ. 1922, 124ff.
KAUFMANN, Felix: »Methodenlehre der Sozialwissenschaften« Wien 1936
KEHRER, F.: »Paranoische Zustände«, HGk. Band VI (Teil II), 232ff., Berlin 1928
KEILBACH, Wilhelm: »Die empirische Religionspsychologie als Zweig der Religionswissenschaft«, ARelPs. Band VII (1962), 13ff.
von KELLER, Robert: »Freiheitsgarantien für Person und Eigentum im Mittelalter« (Deutschrechtliche Beiträge Band XIV, Heft 1), Heidelberg 1933
KELSEN, Hans: »Hauptprobleme der Staatsrechtslehre« 2. Aufl., Tübingen 1923
KELSEN, Hans: »Naturrecht und positives Recht« IZThR. Band II (1927/28)
KELSEN, Hans: »Die philosophischen Grundlagen der Naturrechtslehre und des Rechtspositivismus« Charlottenburg 1928
KELSEN, Hans: »Die Idee des Naturrechts«, ZöffR. Bd. VII (1928)
KELSEN, Hans: »Reine Rechtslehre – Einleitung in die rechtswissenschaftliche Problematik« Leipzig und Wien 1931
von KEMPSKI, Jürgen: »Felix Kaufmann: ›Methodenlehre der Sozialwissenschaften‹« (Rezension) APh. 1947, 156ff.
von KEMPSKI, Jürgen: »Grundlegung zu einer Strukturtheorie des Rechts «Wiesbaden 1961
KERN, Ernst: »Die Grenzen der naturrechtlichen Rechtserneuerung in Justiz und Verwaltung«, MDR. 1949, 137
KERN, Fritz: »Gottesgnadentum und Widerstandsrecht – Zur Entwicklungsgeschichte der Monarchie« Leipzig 1914
KERN, Fritz: »Recht und Verfassung im Mittelalter« HZ. Band 120 (1919), 1ff.
KERN, Fritz: »Der Beginn der Weltgeschichte« München 1953
KIPP, Heinrich: »Mensch, Recht und Staat« Köln 1947
KIRN, Paul: »Aus der Frühzeit des Nationalgefühls – Studien zur deutschen und französischen Geschichte sowie zu den Nationalitätskämpfen auf den britischen Inseln« Leipzig 1943
KITTEL, Gerhard: »Die Religionsgeschichte und das Urchristentum« Gütersloh 1931
KLAGES, Ludwig: »Die Sprache als Quell der Seelenkunde« Zürich 1948
KLUCKHOHN, Paul: »Das Ideengut der deutschen Romantik« 2. Aufl., Halle 1942
KNAPP, Viktor: »Über die Möglichkeit der Anwendung kybernetischer Methoden in Gesetzgebung und Rechtsanwendung«, ARS. 1963, S. 45–56

KNOLL, August M.: »Katholische Kirche und scholastisches Naturrecht« Wien/Frankfurt a. M./ Zürich 1962
KOEPP, Wilhelm: »Einführung in das Studium der Religionspsychologie« Tübingen 1920
KOHLER, Josef: »Rechsthistorische und rechtsvergleichende Forschungen« ZverglR. Bd. 3 (1882)
KOHLER, Josef: »Adolf Bastian: ›Der Völkergedanke im Aufbau einer Wissenschaft vom Menschen und seine Begründung auf ethnologische Sammlungen‹«, (Rezension) ZverglR. Bd. 4 (1883), 227ff.
KOHLER, Josef: »Karl Schmidt: ›Ius primae noctis‹ (Freiburg i. Br. 1881)« (Rezension) ZverglR. Bd. 4 (1883), 279ff.
KOHLER, Josef: »Collectivismus und Individualismus in der Geschichte« ZS. Band 1 (1898), 261ff.
KOHLER, Josef: »Rechtsphilosophie und Universalrechtsgeschichte« Holtzendorff, Bd. I, 4ff., München/Leipzig/Berlin 7. Aufl., 1915
KOHLER, Josef: »Die spanischen Naturrechtslehrer des 16. und 17. Jahrhunderts« ARW. Bd. 10 (1916/17)
KOHLER, Josef: »Grundlagen des Völkerrechts« Stuttgart 1918
KOHLER, Josef: »Lehrbuch der Rechtsphilosophie« 3. Aufl., besorgt von Arthur Kohler, Berlin-Grunewald 1923
KOPPERS, Wilhelm: »Der Urmensch und sein Weltbild« Wien 1949
KOSCHAKER, Paul: »Europa und das römische Recht« München 1948
KRUEGER, Felix: »Über Entwicklungspsychologie – ihre sachliche und geschichtliche Notwendigkeit« Leipzig 1915
KRUEGER, Felix: »Zur Entwicklungspsychologie des Rechts« (Anhang zu Bruno Gutmann: »Das Recht der Dschagga«) München 1928
KÜCHENHOFF, Günther: »Naturrecht und Liebesrecht« 2. Aufl., Hildesheim 1962
de LAMETTRIE, Julien Offray: »Traité de l'âme« Oeuvres philosophiques, tome I, nouvelle édition, Paris (Tutot imprimeur) 1796
LAMPRECHT, Karl: »Einführung in das historische Denken« 2. Aufl., Leipzig 1913
LANGE-EICHBAUM, Wilhelm: »Genie, Irrsinn und Ruhm« 3. Aufl., München 1942
LARENZ, Karl: »Rechts- und Staatsphilosophie der Gegenwart« 2. Aufl., Berlin 1935
LARENZ, Karl: »Zur Beurteilung des Naturrechts« FF. 1947, 49f.
LASCH, Richard: »Einführung in die vergleichende Völkerkunde« (Georg Buschans »Illustrierte Völkerkunde«, Band I), Stuttgart 1922
LASK, Emil: »Rechtsphilosophie« (Ges. Schriften Bd. I, 275ff., herausg. von Eugen Herrigel) Tübingen 1923
LAUN, Rudolf: »Recht und Sittlichkeit« 3. Aufl., Berlin 1935
LAUN, Rudolf: »Der dauernde Friede« Hamburg 1947
LAUN, Rudolf: »Allgemeine Rechtsgrundsätze« (Festgabe für Gustav Radbruch, herausg. von Erdmuthe Falkenberg) Heidelberg 1948
LAUN, Rudolf: »Die Menschenrechte« Hamburg 1949
LECOMTE du NOÜY, Pierre: »Die Bestimmung des Menschen« deutsch, Stuttgart 1948
van der LEEUW, Gerardus: »Der Mensch und die Religion« Basel 1941
LEHMANN, Gerhard: »Das Kollektivbewußtsein, systematische und historische Vorstudien zur Soziologie« Berlin 1928
LEHMEN, Alfons: »Lehrbuch der Philosophie auf aristotelisch-scholastischer Grundlage«, Band IV (Moralphilosophie) 3. Aufl., herausg. von Viktor Cathrein, Freiburg i. Br. 1919
LEIBBRAND, Werner: »Romantische Medizin« Hamburg und Leipzig 1937
LEINWEBER, Adolph: »Die spiritistische Hypothese, ein Scheinproblem der Wissenschaft« NW. 1952, 368–380
LEIPOLDT, Johannes: »Die Mysterien« HRelW., Teil I, Berlin 1948
LEIPOLDT, Johannes: »Das Christentum als Weltreligion im Kreise der Weltreligionen« HRelW., Teil I, Berlin 1948
LEISEGANG, Hans: »Denkformen« Berlin und Leipzig 1928
LENIN, W. J.: »Der ökonomische Inhalt des Narodnikitums« (ausgewählte Werke, Band XI) Moskau (Verlagsgenossenschaft ausländischer Arbeiter in der UdSSR.) 1938

LEONHARD, Franz: »Die Wertgefühle« Hamburg 1948
LERSCH, Philipp: »Der Aufbau der Person« 8. Aufl., München 1962
LESSING, Theodor: »Geschichte als Sinngebung des Sinnlosen« München 1919
LÉVY-BRUHL, Lucien: »Das Denken der Naturvölker« deutsch, Wien und Leipzig 1921
LÉVY-BRUHL, Lucien: »Die Seele der Primitiven« deutsch, Wien und Leipzig 1930
LEWIN, Louis: »Phantastica – Die betäubenden und erregenden Genußmittel« Berlin 1924
LIAU-SCHANG-KUO: »Von chinesischen Rechts- und Staatstheorien« ZverglR. Bd. XL (1922)
LIETZMANN, Hans: »Geschichte der alten Kirche« Band IV (Die Zeit der Kirchenväter) Berlin 1944
LINDSAY A. D.: »Zweierlei Ethik – Unsere Pflicht gegenüber Gott und der Gesellschaft«, deutsch, Berlin 1947
von LISZT, Franz: »Der Zweckgedanke im Strafrecht« (Vortrag 1882, Strafrechtliche Aufsätze und Vorträge, Band I, 126ff.) Berlin 1905
LITT, Theodor: »Wege und Irrwege geschichtlichen Denkens« Leipzig 1948
LITT, Theodor: »Die Sonderstellung des Menschen im Reiche des Lebendigen« Wiesbaden 1948
LITT, Theodor: »Mensch und Welt – Grundlinien einer Philosophie des Geistes« München 1948
LITT, Theodor: »Alfred Weber: ›Abschied von der bisherigen Geschichte‹« (Rezension) HZ. 169 (1949), 105ff.
LOENING, Richard: »Die Zurechnungslehre des Aristoteles« Jena 1903
LÖWITH, Karl: »Die Dynamik der Geschichte und der Historismus« Eranos-Jahrbuch 1952, Band XXI, Zürich 1953, 217–254
LORENZ, Konrad: »Das sogenannte Böse – Zur Naturgeschichte der Aggression« Wien 1963
LOTZE, Hermann: »Mikrokosmos« Band I, 6. Aufl., besorgt von Raymund Schmidt, Leipzig 1923
LUMMERT, Günther: »Marxismus – Leninismus und Völkerrecht» Köln 1959
LURZ, Georg: »Die moderne Lateinbewegung« Soc. lat. annus XV (1949) Nov. A fasc. I, 1ff.
MAIHOFER, Werner: »Naturrecht als Existenzrecht« Frankfurt a.M. 1963
MAKAREWICZ, J.: »Einführung in die Philosophie des Strafrechts auf entwicklungsgeschichtlicher Grundlage« Stuttgart 1906
MALINOWSKI, Bronislaw: »The family among the Australian aborigines – a sociological study« London 1913
MALINOWSKI, Bronislaw: »Das Geschlechtsleben der Wilden in Nordwest-Melanesien«, deutsch, Leipzig und Zürich 1929
MANIGK, Alfred: »Wie stehen wir heute zum Naturrecht?« ARW. Band XIX (1925/26), 402ff.
MANIGK, Alfred: »Die Idee des Naturrechts« (Festgabe für Rudolf Stammler, herausg. von Tartarin-Tarnheyden) Berlin und Leipzig 1926, 1ff.
MANNHEIM, Karl: »Ideologie und Utopie« 3. Aufl., besorgt von Louis Wirth, Frankfurt a.M. 1952
MANNZEN, Walter: »Die Bindung des Richters an Gesetz und Recht«, SJZ. 1948, 648ff.
MARAIS, Eugène N.: »Die Seele der weißen Ameise«, deutsch, Berlin-Grunewald 1952
MARCIC, René: »Das Naturrecht als Grundnorm der Verfassung« in »Das Naturrecht in der politischen Theorie«, ed. Franz-Martin Schmölz, Wien 1963, 69–90 und 143–149
MARSCH, Wolf-Dieter: »Evangelische Theologie vor der Frage nach dem Recht« EvTh. 1960, 481ff.
MATTIESEN, Emil: »Der jenseitige Mensch« Berlin und Leipzig 1925
MATTUSEK, Paul: »Metaphysische Probleme der Medizin – Ein Beitrag zur Prinzipienlehre der Psychotherapie« Berlin und Heidelberg 1948
MAURACH, Reinhart: »Strafrechtsumbruch in der Sovetunion« ZostR. 1935, 119ff.
MAURACH, Reinhart: »Zur neuesten Wandlung in der allgemeinen Rechtslehre, im Strafrecht und Völkerrecht der Sovetunion« ZostR. 1937, 737ff.

MAURACH, Reinhart: »Handbuch der Sowjetverfassung« München 1955
MAUSBACH, Joseph: »Naturrecht und Völkerrecht« Freiburg i.Br. 1918
MAY, Eduard: »Am Abgrund des Relativismus« Berlin 1941
MEINECKE, Friedrich: »Die Entstehung des Historismus« 2 Bde., München und Berlin 1936
MEINECKE, Friedrich: »Weltbürgertum und Nationalstaat« 7. Aufl., München und Berlin 1928
MEINECKE, Georg: »Herkunftsbeziehungen des Schöpferischen – Grundfragen einer Psychologie des produktiven Denkens« ZPs. Band 146 (1939), 69ff.
MEINHOF, Carl: »Die Religionen der schriftlosen Völker Afrikas« (Einzelausgabe zum Religionsgeschichtlichen Lesebuch, herausg. von Alfred Bertholet) Tübingen 1913
MEINHOF, Carl: »Afrikanische Rechtsgebräuche« Berlin 1914
MEINHOF, Carl: »Afrikanische Märchen« (Märchen der Weltliteratur, herausg. von von der Leyen und Zaunert) Jena 1917
MEINHOF, C. G.: »Rasse und Recht« JW. 1935, 3072ff.
MENZEL, Alfred: »Der Ursprung des sittlichen Bewußtseins und seine Bedeutung für die Weltanschauung« Hamburg 1919
MESSNER, Johannes: »Das Naturrecht – Handbuch der Gesellschaftsethik, Staatsethik und Wirtschaftsethik« 4. Aufl., Innsbruch/Wien/München 1960
MESSNER, Johannes: »Moderne Soziologie und scholastisches Naturrecht« Wien 1961
MEYER, Eduard: »Die Sklaverei im Altertum« (Kleine Schriften, Band I) Halle 1910, 169ff.
MEYER, Eduard: »Geschichte des Altertums«, Band I, Teil 1 (Einleitung, Elemente der Anthropologie) 6. Aufl., Stuttgart 1955
MEYER, Theodorus: »Institutiones iuris naturalis seu philosophiae moralis universae secundum principia S. Thomae Aquinatis« Friburgi brisgoviae 1885
MEZGER, Edmund: »Sein und Sollen im Recht« Tübingen 1920
MISCH, Georg: »Geschichte der Autobiographie« Frankfurt a.M. Band II, Teil 1 1955, Band III, Teil 1 1959, Band III, Teil 2 1962
MITTEIS, Heinrich: »Die deutsche Königswahl, ihre Rechtsgrundlage bis zur goldenen Bulle« Brünn/München/Wien, 2. Aufl., 1944
MITTEIS, Heinrich: »Vom Lebenswert der Rechtsgeschichte« Weimar 1947
MITTEIS, Heinrich: »Über das Naturrecht« (Heft 26 der Vorträge und Schriften der Deutschen Akademie der Wissenschaften) Berlin 1948
MOOR, Julius: »Das Problem des Naturrechts« ARS. Band 28 (1934/35), 325ff. und 543ff.
MOSBACHER, Ernst: »Untersuchungen zum Sündenbegriff der Naturvölker« BA. Band 17 (1934), 1ff.
MÜHLMANN, Wilhelm E.: »Geschichtliche Bedingungen, Methoden und Aufgaben der Völkerkunde« (im »Lehrbuch der Völkerkunde« von Konrad Theodor Preuß) Stuttgart 1937, 1ff.
MÜHLMANN, Wilhelm E.: »Der heutige Bestand der Naturvölker« Heidelberg/Berlin/Magdeburg 1943
MÜLLER, Alfred Dedo: »Ethik« Berlin 1937
MÜLLER-FREIENFELS, Richard: »Der Mensch und das Universum« München 1949
NAKAMURA, Hajime: »The ways of thinking of eastern peoples« compiled by Japanese national commission for UNESCO 1960
NATHAN, Hans und SCHÜSSLER, Gerhard: »Das Gerichtsverfahren in der Volksrepublik China« NJ. 1959, 511–516
NAWIASKY, Hans: »Das Problem des überpositiven Rechts«, Festg. M. 386–397
NELSON, Leonard: »Die Rechtswissenschaft ohne Recht – Kritische Betrachtungen über die Grundlagen des Staats- und Völkerrechts, insbesondere über die Lehre von der Souveränität« Leipzig 1917
NEUHAUS, Paul Heinrich: »Der Widerspruch gegen das Recht« – (Slawentum, Sozialismus-Kollektivismus und »Dialektik« als Widersacher des abendländischen Rechtes) AcP. Bd. 150 (1949), 514–524
NIETZSCHE, Friedrich: »Der Wille zur Macht«, herausg. von Alfred Bäumler (Kröners Taschenbücher Nr. 78) Leipzig 1930

NIPPOLD, Walter: »Die Probleme des Privateigentums und des Gemeineigentums bei den Naturvölkern« (Deutsche Landesreferate zum V. internationalen Kongreß für Rechtsvergleichung in Brüssel 1958, 33–46), herausg. von Murad Ferid, Berlin 1958 (Institut für Rechtsvergleichung der Universität München)
NOACK, Hermann: »Sprache und Offenbarung« Gütersloh 1960
NOHL, Herman: »Die sittlichen Grunderfahrungen – Eine Einführung in die Ethik« 2. Aufl., Frankfurt a.M. 1947
NOHL, Herman: »Charakter und Schicksal – Eine pädagogische Menschenkunde« 5. Aufl., Frankfurt a.M. 1959
NOÜY: siehe LECOMTE du N.
OESTERREICH, Traugott Konstantin: »Einführung in die Religionspsychologie als Grundlage für Religionsphilosophie und Religionsgeschichte« Berlin 1917
von OPPEN, Dietrich: »Das personale Zeitalter« Stuttgart 1960
ORTEGA y GASSET, José: »Betrachtungen über die Technik« und »Der Intellektuelle und der Andere«, deutsch, Stuttgart 1949
OTTO, Rudolf: »Das Heilige« 23.–25. Aufl., München, ohne Jahr
PALAGYI, Melchior: »Wahrnehmungslehre«, herausg. von Ludwig Klages, Leipzig 1925
PARIN, Paul und MORGENTHALER, Fritz: »Die Weißen denken zuviel – psychoanalytische Untersuchungen bei den Dogon in Westafrika« Zürich 1963
PASCAL, Blaise: »Les pensées«, éd. par G. Michaut Collectanea Friburgensia, fasc. VI, Fribourg (Suisse) 1896
PASCHUKANIS, E.: »Allgemeine Rechtslehre und Marxismus, Versuch einer Kritik der juristischen Grundbegriffe« Wien und Berlin 1929
PETRASCHEK, Karl: »System der Rechtsphilosophie« Freiburg i.Br. 1932
PFÄNDER, Alexander: »Logik« 3. Aufl., Tübingen 1963
PIEPER, Josef: »Grundformen sozialer Spielregeln« 3. Aufl., Frankfurt a.M. 1955
PINDER, Wilhelm: »Das Problem der Generation in der Kunstgeschichte Europas« 2. Aufl., Leipzig 1928
PITTIONI, Richard: »Vom geistigen Menschenbild der Urzeit« Wien 1952
PLANCK, Max: »Scheinprobleme der Wissenschaft« Leipzig 1947
PLATON: »Apologia Socratis, Euthyphro, Crito, Phaedo« post Carolum Fridericum Hermannum recognovit Martinus Wohlrab, editio stereotypa, Lipsiae 1899
von PÖHLMANN, Robert: »Geschichte der sozialen Frage und des Sozialismus in der antiken Welt«, 2 Bde., 3. Aufl., besorgt von Friedrich Oertel, München 1925
POHLENZ, Max: »Die Stoa – Geschichte einer geistigen Bewegung« 2 Bde., Göttingen, 2. Aufl., 1959
PORTMANN, Adolf: »Biologische Fragmente zu einer Lehre vom Menschen«, 2. Aufl., Basel 1951
POST, Albert Hermann: »Grundriß der ethnologischen Jurisprudenz« Oldenburg und Leipzig, 2 Bde., 1894 und 1895
PREUSS, Konrad Theodor: »Adolf Bastian und die heutige Völkerkunde«, BA. Band X (1926), 3ff.
PRIBILLA, Max: »An den Grenzen der Staatsgewalt« StZ. 1948, 410ff.
PUCHTA, Georg Friedrich: »Das Gewohnheitsrecht« Band I, Erlangen 1828
PUSINO, Ivan: »Die Kultur der Renaissance in Italien und Rußland« HZ. 140 (1929), 23ff.
RAAPE, Leo: »Die Staatsangehörigkeit kraft Eheschließung und kraft Abstammung« Hamburg 1948
RADBRUCH, Gustav: »Rechtsphilosophie« Leipzig 1932
RADBRUCH, Gustav: »Gesetzliches Unrecht und übergesetzliches Recht« SJZ. 1946, 105ff.
RADBRUCH, Gustav: »Vorschule der Rechtsphilosophie« Heidelberg 1948
RAEFF, Marc: »L'état, le gouvernement et la tradition politique en Russie impériale avant 1861« Revue d'histoire moderne et contemporaine, 1962 (Okt.-Dez.) S. 295–307
RATSCHOW, Carl Heinz: »Magie und Religion« 2. Aufl., Gütersloh 1955
RATZEL, Friedrich: »Völkerkunde« 3 Bde., Leipzig 1885–88
RATZEL, Friedrich: »Geschichte, Völkerkunde und historische Perspektive« HZ. Band 93 (1904)

RATZEL, Friedrich: »Anthropogeographie« Band II, 2. Aufl., Stuttgart 1912
REIMANN, Hans Leo: »Unruhe und Aufruhr im mittelalterlichen Braunschweig«, Braunschweig 1962
REIN, Gustav Adolf: »Die geschichtliche Verantwortung Europas für die überseeische Welt« in »Der Anruf«, Juni 1963, Seite 3–16, als Manuskript gedruckt, Druck: Berthold Behrens, Hamburg 36, Valentinskamp 40–42
REINACH, Adolf: »Die apriorischen Grundlagen des bürgerlichen Rechts« Halle 1913
REINACH, Adolf: »Was ist Phänomenologie?« 2. Aufl., München 1951
REINER, Hans: »Die Goldene Regel« ZphF. Bd. III (1948), 74ff.
REINERS, Ludwig: »Bismarck« Band II, München 1957
REIWALD, Paul: »Vom Geist der Massen – Handbuch der Massenpsychologie« Zürich 1948
RENDULIC, Lothar: »Gefährliche Grenzen der Politik« Salzburg 1954
RIEGL, Aloys: »Das holländische Gruppenporträt« 2 Bde., herausg. von Karl M. Swoboda, Wien 1931
RIEZLER, Erwin: »Naturgesetz und Rechtsordnung« ARS. Band 34 (1942)
RIEZLER, Erwin: »Das Rechtsgefühl – Rechtspsychologische Betrachtungen« 2. Aufl., München 1946
RITTER, Gerhard: »Ursprung und Wesen der Menschenrechte« HZ. Band 169 (1949), 233ff.
RITTER, Joachim: »›Naturrecht‹ bei Aristoteles« Stuttgart 1961
RÖHL, Wilhelm: »Fremde Einflüsse im modernen japanischen Recht« Frankfurt a.M. und Berlin 1959
RÖHL, Wilhelm: »Die japanische Verfassung«, Band 4 der Reihe: »Die Verfassungen der Welt in Einzeldarstellungen«, herausg. von der Forschungsstelle für Völkerrecht und ausländisches öffentliches Recht der Universität Hamburg, Frankfurt a.M. und Berlin 1963
ROMMEN, Heinrich: »Die Staatslehre des Franz Suarez S.J.« München-Gladbach 1926
ROMMEN, Heinrich: »Die ewige Wiederkehr des Naturrechts« 2. Aufl., München 1947
ROSENTHAL, Hugo: »Der Typengegensatz in der jüdischen Religionsgeschichte« (in C. G. Jungs: »Wirklichkeit der Seele«) Zürich/Leipzig/Stuttgart 1934
ROTH, Alois: »Edmund Husserls ethische Untersuchungen« Den Haag 1960
ROTHACKER, Erich: »Logik und Systematik der Geisteswissenschaften« HPh., Abt. II München und Berlin 1927
ROTHACKER, Erich: »Einleitung in die Geisteswissenschaften 2. Aufl., Tübingen 1930
ROTHACKER, Erich: »Die Schichten der Persönlichkeit« 4. Aufl., Bonn 1948
ROTHACKER, Erich: »Probleme der Kulturanthropologie« Bonn 1948
ROTHACKER, Erich: »Philosophische Anthropologie«, Bonn 1964
RÜFNER, Vinzenz: »Der Begriff der Natur innerhalb des Naturrechts« ARS. Band 34 (1940/41)
RÜFNER, Vinzenz: »Der Formenwandel des Rechts und seine metajuristische Wurzel« ZöffR. Band 21 (1941)
RÜFNER, Vinzenz: vgl. unter SÜSTERHENN
RÜMELIN, Gustav: »Über das Rechtsgefühl«, Vortrag am 6. XI. 1871, abgedruckt in »Kanzlerreden«, herausg. von Max Rümelin, Tübingen 1907, 48ff.
RÜMELIN, Max: »Rechtsgefühl und Rechtsbewußtsein« Tübingen 1925
RUETE, Hans Helmut: »Der Einfluß des abendländischen Rechtes auf die Rechtsgestaltung in Japan und China« Marburg 1940
RUSCHEWEYH, Herbert: »Die Entwicklung der hanseatischen Justiz nach der Kapitulation bis zur Errichtung des Zentraljustizamtes« (Festgabe für Wilhelm Kießelbach) Hamburg 1947, 37ff.
RYFFEL, Hans: »Das Naturrecht – Ein Beitrag zu seiner Kritik und Rechtfertigung vom Standpunkt grundsätzlicher Philosophie« Bern 1944
de SANCTIS, Sante: »Die Träume« deutsch, Halle 1901
de SANCTIS, Sante: »Psychologie des Traumes«, Kafka III, München 1922
SAUTER, Johann: »Die philosophischen Grundlagen des Naturrechts – Untersuchungen zur Geschichte der Rechts- und Staatslehre« Wien 1932
SAUTER, Johann: »Die altchinesische Metaphysik und ihre Verbundenheit mit der abendländischen« ARS. Band 28 (1934/35)

von SAVIGNY, Friedrich Carl: »Vom Beruf unserer Zeit für Gesetzgebung und Rechtswissenschaft« Heidelberg 1814
von SAVIGNY, Friedrich Carl: »Stimmen für und wider neue Gesetzbücher« ZgR. III (1817) 1ff.
von SAVIGNY, Friedrich Carl: »System des heutigen römischen Rechts« Band I, Berlin 1840
SCHAEDER, Hildegard: »Russisches Christentum und Sowjetstaat«, Verkündigung und Forschung 1949, 140ff.
SCHAMBECK, Herbert: »Idee und Lehren des Naturrechts«, Festg. M. 437–454
SCHAMBECK, Herbert: »Der Begriff der ›Natur der Sache‹« Wien 1964
SCHAPP, Wilhelm: »Philosophie der Geschichten« Leer 1959
SCHELER, Max: »Zur Phänomenologie und Theorie der Sympathiegefühle und von Liebe und Haß« Halle 1913
SCHELER, Max: »Der Formalismus in der Ethik und die materiale Wertethik« 3. Aufl., Halle 1927
SCHELER, Max: »Vom Ewigen im Menschen« 3. Aufl., Berlin 1933
SCHELLING, Friedrich Wilhelm: »Die Weltalter«, herausg. von Ludwig Kuhlenbeck (Reclams Miniaturbibliothek) Leipzig, ohne Jahr
SCHELSKY, Helmut: »Soziologie der Sexualität« 136–140 Tausend, Reinbek bei Hamburg 1962
van SCHELTEMA: vgl. ADAMA van SCH.
SCHILLING, K.: »Das objektive Recht in der Sachsenspiegelglosse« Berlin 1931
SCHILLING, Otto: »Christliche Gesellschaftslehre – Sozialistische oder christliche Kultur?« München 1949
SCHMIDT, Eberhard: »Einführung in die Geschichte der deutschen Strafrechtspflege« Göttingen 1947
SCHMIDT, Max: »Völkerkunde« Berlin 1924
SCHMIDT, Wilhelm (Pater): »Die moderne Ethnologie« A. Bd. I (1906) 134ff., 318ff., 592ff., 950ff.
SCHMIDT, Wilhelm (Pater): »Menschheitswege zum Gotterkennen, rationale, irrationale, superrationale, eine religionsgeschichtliche und religionspsychologische Untersuchung« München 1923
SCHMITT, Carl: »Verfassungslehre« München und Leipzig 1928
SCHNEIDER, K.: »Die ursprüngliche Grundlage des richterlichen Urteils, das Rechtsgefühl« ZZP. Band 41 (1911)
SCHNEIDER, Kurt: »Zur Einführung in die Religionspsychopathologie« Tübingen 1928
SCHNEIDER, Peter: »Pascals plaisante justice« ARS. Band 39 (1950), 79ff.
SCHNITZER, Adolf F.: »Vergleichende Rechtslehre« Basel, 1. Aufl., 1945, 2. Aufl., 2 Bde., 1961
SCHÖNFELD, Walther: »Der Traum vom positiven Recht« AcP. neue Folge Band 15 (1932)
SCHÖNFELD, Walther: »Die Geschichte der Rechtswissenschaft im Spiegel der Metaphysik« (Band II von »Reich und Recht in der deutschen Philosophie«, herausg. von Karl Larenz) Stuttgart und Berlin 1943
SCHÖNFELD, Walther: »Grundlegung der Rechtswissenschaft« Stuttgart und Köln 1951
SCHOLLER, Heinz: »Das Gewissen als Gestalt der Freiheit« Köln/Berlin/Bonn/München 1962
SCHOLZ, Heinrich: »Metaphysik als strenge Wissenschaft« Köln 1941
SCHORSCH, Gerhard: »Zur Theorie der Halluzinationen« Leipzig 1934
SCHRÖDER, P.: »Über die Halluzinose und vom Halluzinieren« MPN. Band 49 (1921), 189ff.
SCHRÖDER, P.: »Das Halluzinieren« ZNP. Band 101 (1926), 599ff.
SCHUBART, Wilhelm: »Glaube und Bildung im Wandel der Zeiten« München 1947
SCHÜTZ, Paul: »Parusia« Heidelberg 1960
SCHULTZ, J.H.: »Medizinische Psychologie« Band III des Lehrbuches der Psychologie von Narziß Kaspar Ach, 340ff., Bamberg 1944
SCHWEITZER, Albert: »Kultur und Ethik« 7. Aufl., München 1947
SCOTT, James Brown: »Die richterliche Entscheidung von internationalen Streitfällen« (Ergänzungsheft zu Band 17 der ZVöR.) Breslau 1933

SCOTT, James Brown: »The spanish origin of international law – Francisco de Vitoria and his law of nations« Oxford und London 1934
SEAGLE, William: »Weltgeschichte des Rechts« deutsch, München 1951
SEDLMAYR, Hans: »Verlust der Mitte« 5. Aufl., Salzburg 1951
SNELL, Bruno: »Die Entdeckung des Geistes« 2. Aufl., Hamburg 1948
SNELL, Bruno: »Der Aufbau der Sprache« Hamburg 1952
SOE, N. H.: »Christliche Ethik – Ein Lehrbuch« deutsch, München 1949
SOHM, Rudolph: »Institutionen, Geschichte und System des römischen Privatrechts«, bearbeitet von Ludwig Mitteis, herausg. von Leopold Wenger, 17. Aufl., München und Leipzig 1926
»Geschichte der Kommunistischen Partei der SOWJETUNION« (Kurzer Lehrgang, unter Redaktion einer Kommission des Zentralkomitees der KPdSU., Berlin [Neuer Weg G.m.b.H.]) 1945
SPEIDEL, Hans: »Invasion 1944 – Ein Beitrag zu Rommels und des Reiches Schicksal« Tübingen und Stuttgart 1949
SPENGLER, Oswald: »Der Untergang des Abendlandes«, München, Band I 33.–47. Aufl., 1923; Band II, 1.–15. Aufl., 1922
SPIEGELBERG, Herbert: »Gesetz und Sittengesetz« Zürich und Leipzig 1935
SPRANGER, Eduard: »Lebensformen« 7. Aufl., Halle 1930
SPRANGER, Eduard: »Die Magie der Seele« Berlin 1947
SPRANGER, Eduard: »Zur Frage der Erneuerung des Naturrechts« U. 1948, 405 ff.
SPRANGER, Eduard: »Die Einheit der Wissenschaft – ein Problem« ARS. Band 40 (1952), 1–37
SPRANGER, Eduard: »Menschenleben und Menschheitsfragen« Gesammelte Rundfunkreden, 9.–14. Tausend, München 1964
STADELMANN, Rudolf: »Soziale und politische Geschichte der Revolution von 1848« München 1948
STADELMANN, Rudolf: »Geschichte der englischen Revolution« Wiesbaden 1954
STADTMÜLLER, Georg: »Das Naturrecht im Lichte der geschichtlichen Erfahrung« Recklinghausen 1948
STÄHLIN, Wilhelm: »Experimentelle Untersuchungen über Sprachpsychologie und Religionspsychologie« ARelPs. Band I (1914), 117 ff.
STALIN, J.: »Fragen des Leninismus«, deutsche Ausgabe Moskau (Verlag für fremdsprachliche Literatur) 1947
STAMMLER, Rudolf: »Die Lehre vom richtigen Rechte« Berlin 1902
STAMMLER, Rudolf: »Systematische Rechtswissenschaft« (»Kultur der Gegenwart« Teil II, Abt. 8, herausg. von Paul Hinneberg) Berlin und Leipzig 1906
STAMMLER, Rudolf: »Lehrbuch der Rechtsphilosophie« 3. Aufl., Berlin und Leipzig 1928
STEPUN, Fedor: »Noch einmal: Die Wahrheit als Antlitz« H. 1948, 455 ff.
STÖRRING, Ernst: »Die Depersonalisation« APN. Band 98 (1933) 462 ff.
STOFER, Hellmuth: »Über das ethische Werturteil« Basel 1955
STRAUSS, Leo: »Naturrecht und Geschichte« Stuttgart 1956
SUAREZ, Franciscus: »Tractatus de legibus et legislatore Deo«, opera omnia, tomus V, editio nova a Carolo Berton, Parisiis 1856
SUCH, Heinz: »Marxismus und Interessenjurisprudenz«, NJ. 1947, 229 ff.
SUCH, Heinz: »Die Ursachen des Versagens der Rechtswissenschaft«, NJ. 1948, 61 ff.
SUCH, Heinz: »Das Volkseigentum«, NJ. 1949, 125 ff.
SÜSTERHENN, Adolf und RÜFNER, Vinzenz: »Wir Christen und die Erneuerung des staatlichen Lebens« Bamberg 1948
SUGANO, Kazutoshi: »Die naturrechtliche Freiheit in der neuen Verfassung Japans und das ethische Bewußtsein des japanischen Volkes«, Festg. M. 481–488
TEILHARD de CHARDIN, Pierre: »Der Mensch im Kosmos« deutsch, 2. Aufl., München 1959
TEILHARD de CHARDIN, Pierre: »Die Zukunft des Menschen« deutsch, Olten und Freiburg i. Br. 1963
TESAR, Ottokar: »Die symptomatische Bedeutung des verbrecherischen Verhaltens – Ein Beitrag zur Wertungslehre im Strafrecht« (Abhandlungen des kriminalistischen

Seminars an der Universität Berlin, herausg. von Franz v. Liszt, neue Folge, Band V, Heft 3) Berlin 1907

TESAR, Ottokar: »Staatsidee und Strafrecht«, Teil I: »Das griechische Recht und die griechische Lehre bis Aristoteles« (Abhandlungen des kriminalistischen Instituts an der Universität Berlin, herausg. von Franz v. Liszt und Ernst Delaquis, 3. Folge, Band I, Heft 3) Berlin 1914

TESAR, Ottokar: »Die Überwindung des Naturrechts in der Dogmatik des Strafrechts – Ein Beitrag zur Problematik der Strafrechtswissenschaft« Halle 1928

TEXTOR, Johann Wolfgang: »Synopsis iuris gentium«, nach der Ausgabe von 1680, herausgegeben von Ludwig v. Bar in der Reihe: »The Classics of international law«, edited by James Brown Scott, Washington 1916

THERESE von JESU: »Das Leben der heiligen Theresia von Jesu und die besonderen ihr von Gott erteilten Gnaden, auf Geheiß ihrer Beichtväter von ihr selbst beschrieben«, Neue deutsche Ausgabe nach den autographierten und anderen spanischen Originalen bearbeitet und vermehrt von Pater Aloysius ab immaculata conceptione, Gesammelte Werke, Band I, Regensburg/Rom/Wien 1919

THIELICKE, Helmut: »Theologische Ethik« Tübingen, Band I 1951; Band II, Teil 2 1958; Band III 1964

THIEME, Hans: »Das Naturrecht und die europäische Privatrechtsgeschichte« Basel 1947

THIRRING, Hans: »Die Idee der Relativitätstheorie« 2. Aufl., Berlin 1922

THOMAS von AQUINO: »Summa theologica« Band VI und Band XI der ungekürzten deutsch-lateinischen Ausgabe, übersetzt von Dominikanern und Benediktinern Deutschlands und Österreichs, herausg. vom katholischen Akademikerverband. Salzburg und Leipzig 1937 und 1940

THURNWALD, Richard: »Psychologie des primitiven Menschen« Kafka, Band I, München 1922

THURNWALD, Richard: »Die menschliche Gesellschaft in ihren ethnosoziologischen Grundlagen« Berlin und Leipzig, 4 Bände, Bd. I 1931; Bd II 1932; Bd. III 1932; Bd. IV 1935

TISCHNER, Rudolf: »Die außersinnliche Wahrnehmung« GM. 1948, 212ff.

TRENDELENBURG, Adolf: »Naturrecht auf dem Grunde der Ethik« 2. Aufl., Leipzig 1868

TRILLHAAS, Wolfgang: »Grundzüge der Religionspsychologie« München 1946

TRIMBORN, Hermann: »Die Methode der ethnologischen Rechtsforschung«, ZverglR. Bd. 43 (1928), 416ff.

TRIMBORN, Hermann: »Von den Aufgaben und Verfahren der Völkerkunde«, in Leonhard Adam und Hermann Trimborn: »Lehrbuch der Völkerkunde«, 3. Aufl., Stuttgart 1958, 1–25

TRIMBORN, Hermann: »Die Religionen der Völkerschaften des südlichen Mittelamerika und des nördlichen und mittleren Andenraumes« (in Band VII der Reihe: »Die Religionen der Menschheit – Die Religionen des alten Amerika«, herausg. von Christel Matthias Schröder) Stuttgart 1961

TROELTSCH, Ernst: »Die Aufklärung« (Band IV der Ges. Schr. 338ff.) Tübingen 1925

TROELTSCH, Ernst: »Das stoisch-christliche Naturrecht und das moderne profane Naturrecht« HZ. Band 106 (1911), 237ff.

TROELTSCH, Ernst: »Die Soziallehren der christlichen Kirchen und Gruppen« (Band I der Ges. Schr.) Tübingen 1912

TROELTSCH, Ernst: »Der Historismus und seine Probleme« (Band III der Ges. Schr.) Tübingen 1922

TROELTSCH, Ernst: »Glaubenslehre«, herausg. von Martha Troeltsch, Tübingen 1925

TSCHIZEWSKIJ, Dmitrij: »Russische Geistesgeschichte« Reinbek bei Hamburg, 2 Bände, Band I (»Das heilige Rußland«) 1959, Band II (»Zwischen Ost und West«) 1961

TYLOR, Edward B.: »Die Anfänge der Cultur – Untersuchungen über die Entwicklung der Mythologie, Philosophie, Religion, Kunst und Sitte«, deutsch, 2 Bde., Leipzig 1873

von UEXKÜLL, Jacob: »Umwelt und Innenwelt der Tiere« 2. Aufl., Berlin 1921

von UEXKÜLL, Jacob: »Theoretische Biologie« 2. Aufl., Berlin 1938

von UEXKÜLL, Jacob: »Niegeschaute Welten – Die Umwelten meiner Freunde – Ein Erinnerungsbuch« 8. Aufl., Berlin 1939

ULRICH, Hermann: »Logische Studien zur Methode der Ethnologie« A. Band 18 und 19, 447ff. und 733ff. (1923/24)
UTZ, Arthur Fridolin: »Wiederentdeckung des christlichen Eigentumsbegriffs« H. 1948, 415ff.
UTZ, Arthur Fridolin: »Freiheit und Bindung des Eigentums« Heidelberg 1949
VAIHINGER, Hans: »Die Philosophie des Als Ob« 4. Aufl., Leipzig 1920
VEIT, Otto: »Die geistesgeschichtliche Situation des Naturrechts« M. 1947, 390ff.
VERDROSS, Alfred: »Abendländische Rechtsphilosophie« 2. Aufl., Wien 1963
VIERKANDT, Alfred: »Der Dualismus im modernen Weltbild« Berlin 1923
VÖLKER, Walther: »Das Bild vom nichtgnostischen Christentum bei Celsus« Halle 1928
VOGEL, Werner: »Die historischen Grundlagen des chinesischen Strafrechts« ZverglR. 40 (1923), 37ff.
VOIGT, Alfred: »Geschichte der Grundrechte« Stuttgart 1948
von VOLTELINI, Hans: »Die naturrechtlichen Lehren und die Reformen des 18ten Jahrhunderts« HZ. Band 105 (1910), 65ff.
von VOLTELINI, Hans: »Der Gedanke der allgemeinen Freiheit in den deutschen Rechtsbüchern« ZSav. GA. Band 57 (1937)
VOSSLER, Karl: »Positivismus und Idealismus in der Sprachwissenschaft – Eine sprachphilosophische Untersuchung« Heidelberg 1904
WACKERNAGEL, Wilhelm: »Das Landrecht des Sachsenspiegels in der ältesten Gestalt« Zürich und Frauenfeld 1840
WALZEL, Oskar: »Romantisches« Bonn 1934
WARSCHAUER, Erich: »Rechtspsychologische Untersuchungen mit Schulkindern« RW. Band 9 (1920), 162ff.
WASMUTH, Ewald: »Die Philosophie Pascals unter besonderer Berücksichtigung seiner Lehren von dem Unendlichen und dem Nichts und den Ordnungen« Heidelberg 1949
WEBER, Alfred: »Abschied von der bisherigen Geschichte« Hamburg 1946
WEBER, Max: »Gesammelte Aufsätze zur Religionssoziologie« Tübingen 1920
WEIN, Hermann: »Das Problem des Relativismus« (in: »Systematische Philosophie«, herausg. von Nicolai Hartmann) Stuttgart und Berlin 1942
WEINERT, Hans: »Stammesgeschichte der Menschheit« Stuttgart 1941
WEINKAUFF, Hermann: »Der Naturrechtsgedanke in der Rechtsprechung des Bundesgerichtshofes«, NJW. 1960, 1689–1696
WEINSTOCK, Heinrich: »Die Tragödie des Humanismus« Heidelberg, 4. Aufl., 1960
WEITBRECHT, Hans Jörg: »Beiträge zur Religionspsychopathologie, insbesondere zur Psychopathologie der Bekehrung« Heidelberg 1948
WEITBRECHT, Hans Jörg: »Psychiatrie im Grundriß« Berlin/Göttingen/Heidelberg 1963
von WEIZSÄCKER, Carl Friedrich: »Das Kontinuitätsprinzip in der heutigen Naturwissenschaft« in »Gottfried Wilhelm Leibnitz« Vorträge aus Anlaß seines 300. Geburtstages, herausg. von der Jungius-Gesellschaft, Hamburg 1946, 283ff.
von WEIZSÄCKER, Victor: »Der Gestaltkreis – Theorie der Einheit von Wahrnehmen und Bewegen« Leipzig 1940
WELLEK, Albert: »Das Experiment in der Psychologie« StG. 1947, 18ff.
WELZEL, Hans: »Naturalismus und Wertphilosophie im Strafrecht« Mannheim/Berlin/Leipzig 1935
WELZEL, Hans: »Naturrecht und materiale Gerechtigkeit« 3. Aufl., Göttingen 1960
WENZL, Aloys: »Wissenschaft und Weltanschauung – Natur und Geist als Probleme der Metaphysik« 2. Aufl., Leipzig 1949
WESTENHÖFER, Max: »Die Grundlagen meiner Theorie vom Eigenweg des Menschen« Heidelberg 1948
WETTER, Gustav A.: »Der dialektische Materialismus, seine Geschichte und sein System in der Sowjetunion« Freiburg i.Br. 2. Aufl., 1953
WIENER, Norbert: »Kybernetik« 2. Aufl., Düsseldorf und Wien 1963
von WIESE, Leopold: »Ethik in der Schauweise der Wissenschaften vom Menschen und von der Gesellschaft« Bern 1947
WOBBERMIN, Georg: »Systematische Theologie nach religionspsychologischer Methode« Leipzig, Bde. I und II, 2. Aufl. 1925; Band III 1926

WOLF Erik: »Große Rechtsdenker der deutschen Geistesgeschichte« 2. Aufl., Tübingen 1944
WOLF, Erik: »Das Problem der Naturrechtslehre« 2. Aufl., Karlsruhe 1959
WOLF, Ernst: »Naturrecht und Gerechtigkeit« EvTh. 1948, 241 ff.
WOLFF, Martin: »Das internationale Privatrecht Deutschlands« 3. Aufl., Berlin/Göttingen/Heidelberg 1954
WOLZENDORFF, Kurt: »Staatsrecht und Naturrecht in der Lehre vom Widerstandsrecht des Volkes gegen rechtswidrige Ausübung der Staatsgewalt« Breslau 1916
WÜNSCH, Georg: »Theologische Ethik« (Sammlung Göschen Nr. 900) Berlin und Leipzig 1925
WÜRTENBERGER, Thomas: »Wege zum Naturrecht in Deutschland 1946–1949« ARS. Band 38 (1949), 98 ff.
WUNDT, Wilhelm: »Die Nationen und ihre Philosophie« (Kröners Taschenausgabe) Leipzig 1915
WUNDT, Wilhelm: »Völkerpsychologie« Leipzig, Band IX (Das Recht) 1918, Band X (Kultur und Geschichte) 1920
WUNDT, Wilhelm: »Erlebtes und Erkanntes« Leipzig 1920
WUNDT, Wilhelm: »Ethik« Band III 5. Aufl., Stuttgart 1924
ZAITSEFF, C.: »Die Rechtsideologie des russischen Agrarwesens und die russische Agrarrevolution« ARW. Band 19 (1925/26)
ZUCKER, Konrad: »Psychologie des Aberglaubens« Heidelberg 1948
ZUCKER, Konrad: »Vom Wandel des Erlebens – Eine Seelengeschichte des Abendlandes«, Band I (Vorchristliche Welt) Heidelberg 1950

Namensregister

Sachregister

NACHTRAG I

Unser Widerwille, unsere Vorbehalte angesichts der Schöpfung verbieten uns, a priori zu versichern, Gott habe eine menschliche Moral. Wie wissen nichts davon. Wir wissen gleichwohl, daß es eine menschliche Moral gibt und daß sie sich in uns durch eine natürliche, wenn auch nicht immer klare Erleuchtung manifestiert. Aber was wäre das Leben des Menschen, wenn ihn Gott in ein Netz von Geboten gespannt hätte? Gibt es einen besseren Beweis für den göttlichen Ursprung unserer Moral als dieses innere, unklare ätherische Licht, mit dem sie uns erleuchtet, ohne uns Zwang anzutun?

Salvador de Madariaga

Die Notwendigkeit eines Nachwortes wurde schon im Vorwort erörtert.

Auffälligerweise begegnete die erste Auflage der vorliegenden Studie ebenso freudiger Zustimmung wie heftiger Kritik, gesteigert bis zu leidenschaftlicher Ablehnung. War es bei der Behandlung einer die Gemüter derart erregenden Frage anders zu erwarten? Für den Verfasser bestand von Anfang an darüber kein Zweifel.

Sehr unterschiedlich urteilten drei namhafte Rechtsgelehrte. Tadelte der erste die nicht »festgefügte Gedankenfolge« und den Mangel an »Durchschlagskraft der Argumente«, so fand dagegen der zweite Worte des Lobes für die »scharfsinnige, eindrucksvolle« Darstellung. Der dritte sprach sogar von einem »großen Wurf«.

Ein weitbekannter protestantischer Theologieprofessor las die Arbeit mit »brennendem« Interesse, während sie einer seiner nicht unbekannten Fachgenossen »unbefriedigt aus der Hand« legte; ihn befremdeten Inhalt und Form gleichermaßen. Er hielt den Stil für »affektgeladen« und wahrscheinlich schulmeisterlich, weil ihm die »in Adjektiven dargereichten Zensuren«, wie überhaupt meine Art, mit »Widersachern ... umzuspringen«, durchaus nicht gefielen.

Demgegenüber anerkannte ein dem Jesuitenorden angehörender katholischer Theologieprofessor die »vornehme Sachlichkeit und große Gelehrsamkeit« der Auseinandersetzung mit Andersdenkenden.

Wie sind einander derart widerstreitende Urteile und Eindrücke zu erklären? Wahrscheinlich nicht nur daraus, daß die Naturrechtsfrage an die Tiefen des menschlichen Gefühlslebens rührt. Ein sehr wesentlicher Grund dürfte vielmehr auch darin zu suchen sein, daß hier erstmalig Grenzgebiete auftauchen, die dem Leser in diesem Zusammenhang durchweg neu sind und ihn daher überraschen müssen.

Schon im Vorwort zur ersten Auflage wurde zum Ausdruck gebracht, daß das vorliegende Werk nur ein Beitrag zu der immer noch heiß umstrittenen Frage nach dem Naturrecht sein möchte. Wenn es außerdem, einer Brandfackel gleich, Geister und Herzen entzündet, sie in Zustimmung und Widerspruch zu neuen Einsichten und Erkenntnissen führt, gleichviel von welcher Seite sie kommen, so sieht der Verfasser darin den schönsten Lohn all seiner Mühen. Was wiegt demgegenüber alle persönliche Rechthaberei? Sie muß verblassen vor dem leuchtenden Ideal des uns allen gemeinsamen Suchens nach Wahrheit.

Gerade in dieser Hinsicht will mein Versuch als Pionierarbeit angesehen werden. Für Pionierarbeiten — zumal solchen Ausmaßes — gilt der Satz: Ils ont les défauts de leurs qualités. Da das Vorwort zur ersten Auflage bereits nachdrücklich hervorhob, meine Studie könne und wolle keineswegs mehr sein als eine bloße Diskussionsgrundlage, erscheint es mir unverständlich, daß einer meiner Rezensenten bedauern kann, meine »abschließende, endgültige Antwort« auf die Frage nach dem Naturrecht zu vermissen.

Ein einzelner, selbst wenn er die Bearbeitung unseres Themas zu seiner Lebensaufgabe wählt, wäre überfordert von der Überfülle des Stoffes und dessen geistiger Durchdringung. In ihrer bisher ungewohnten Beziehung zum Naturrecht stellen die hier betretenen Grenzgebiete weitgehend noch Neuland dar, das auf künftige Einzeluntersuchung wartet.

Daß genauere Prüfung so mannigfaltiger, in ihren Perspektiven zum Naturrecht bislang kaum beachteter Grenzgebiete am Ende gar die ersehnte Lösung unseres Problems entscheidend beeinflussen könnte, ist heute noch nicht zu erwarten. Aber eines Tages wird die Überzeugung sich durchsetzen, daß gewisse seit etlichen Jahren schon vorliegende Ergebnisse benachbarter Wissenschaften dem Rechtsphilosophen in seinem mühseligen Ringen um die uralte Naturrechtsfrage doch wertvolle Aufschlüsse zu leisten vermögen.

Das Nachwort dient einer doppelten Aufgabe: Mißverständnisse auszuräumen und des Lesers Blick erneut auf die Hauptpunkte zu lenken. Einwände, die man in Besprechungen, Briefen, Gesprächen und in einer akademischen Arbeitsgemeinschaft gegen mich erhob, kommen dabei ebenso zur Sprache wie manches, das die erste Auflage und die seither noch erschienene einschlägige Literatur vernachlässigten, z. B. Einzelprobleme aus »Seinsrecht« und Kybernetik, die Rezeption von Grund- und Menschenrechten außerhalb des Abendlandes, sowie das unklare Verhältnis zwischen Recht und Sittlichkeit. Schließlich sind noch einige ausführlichere Bemerkungen der Frage gewidmet, ob es ein sowjetisches oder ein chinesisches (maoistisches) Naturrecht gibt.

Zugleich tritt hier wieder eines unserer Zentralthemen in den Vordergrund: rationales Individualbewußtsein und vordualistisch gruppenseelisches Rechtsgefühl. Aber von nicht minderer Bedeutung ist die andere, ebenfalls bei weitem nicht genügend beachtete Kernfrage: wäre es dem

Menschen bei seiner stammesgeschichtlichen Herkunft und seiner durch sie bedingten seelisch-geistigen Anlage überhaupt vergönnt, ein Naturrecht, falls es wirklich existieren sollte, jemals unverfälscht zu erkennen?

Eine Einführung in so schwierige auch in benachbarte Wissenschaften tief eingreifende Fragen verspricht jedoch nur dann Nutzen und Erfolg, wenn wir auf die Erörterung all dessen verzichten, was dem Leser schon aus seinem engeren Fachgebiet hinreichend geläufig ist. Auch in Zukunft möchte die vorliegende Studie nichts anderes sein als ein Beitrag zur Erweiterung und Festigung der allgemeinen Diskussionsgrundlage[1].

Die folgenden Ausführungen sind demgemäß vornehmlich daraufhin angelegt, aufgeschlossenen Lesern Anreize zu nachprüfenden eigenen Einzelforschungen zu bieten. Doktoranden öffnet sich ein weites Feld.

Sachlich urteilende Kritiker werden gleichwohl vielleicht bedauern, daß die vorliegende Arbeit nicht auf sämtliche Fragen der heutigen Naturrechtsdebatte eingeht. Aber sie dürften jetzt wenigstens meine Selbstbeschränkung verstehen und sogar begrüßen, daß ich einer stoffüberladenen Leserschaft allen Ballast des längst Bekannten und des anderswo leicht Zugänglichen fernhalten möchte. Gerade deshalb lasse ich auch alles das unerwähnt, was sich als zwingende Folgerung aus meiner breit vorgetragenen Ansicht über die Trübung der menschlichen Erkenntnis den Lesern förmlich aufdrängen muß. Somit erübrigt sich beispielsweise der Vorwurf eines sonst verständnisvollen Rezensenten, nicht einmal im Vorübergehen hätte

---

1) Das verkennt der bekannte protestantische Theologe Wolfgang Trillhaas. Er erhebt gegen mich den Vorwurf (1967), die Theorie des Naturrechts vernachlässigt zu haben. Dieser Einwand geht an der Sache vorbei. In Wahrheit nämlich wird sie gar nicht vernachlässigt, sondern nach den ausdrücklichen Erklärungen meines Vorworts als bekannt vorausgesetzt, und zwar zur Befreiung des Lesers von unnötigem Ballast als auch der Raumersparnis wegen. Ein weiterer bedauerlicher Irrtum unterlief dem genannten Theologen bei einem Vergleich der Studie Werner Elerts (1961) mit den einschlägigen Ausführungen meiner Arbeit. Trillhaas meint, allein schon ein einziges Kapitel der »Ethik« Elerts spende »unendlich viel mehr sachliche Belehrung« als meine ganze Monographie. Gewiß ein schwerer Vorwurf! Aber Trillhaas irrt, wie dort, so hier. Elert nämlich, der das Thema als Theologe von der Grundlage des Glaubens aus behandelt und behandeln muß, also auf wissenschaftliche Probleme der Kulturanthropologie allenfalls am Rande flüchtig eingehen kann, beschränkt sich im wesentlichen auf die seelischen Entstehungsursachen des Naturrechtsdenkens lediglich in Deutschland während der Jahre 1933 bis 1945. Den geschichtlichen Wandel in der Gesetzgebung z. B. (vgl. Wilhelm Ebel [1958]) berücksichtigt er nicht, vor allem aber nicht die unendliche Mannigfaltigkeit der von Kultur zu Kultur in Raum und Zeit wechselnden Erlebnis- und Denkweisen. Wo findet man bei ihm auch nur eine bloße Andeutung unserer Kernanliegen, etwa des vordualistisch gruppenseelischen Rechtsgefühls, des rational kritischen Individualbewußtseins oder gar ein wissenschaftliches Eingehen auf die Trübung aller menschlichen Wahrheitserkenntnis? Wo schließlich die von Trillhaas behauptete »unendlich viel mehr sachliche Belehrung« als in meiner ganzen Arbeit? Der Leser möge entscheiden!

ich die gegenwärtige Diskussion um die richterliche Rechtsfortbildung praeter und contra legem gestreift[2].

Unbegründet ist auch der Tadel einiger Fachleute. Sie wenden ein, ich hätte mich im Text oft auf bloße Skizzierungen beschränkt und dabei nicht alle führenden Werke ihrer Disziplin erwähnt. Diesen Tadel nehme ich auf mich, kann ich mich hier doch auf den heute besonders beherzigenswerten Ausspruch Voltaires berufen: »Mais malheur à l'auteur qui veut toujours instruire! Le secret d'ennuyer est celui de tout dire«[3].

Den genauen Gegenpol zu diesen Fachleuten bildet eine zweite Kritikergruppe, der es ebenfalls nicht recht zu machen ist. Sage ich einigen zu wenig, so bringe ich anderen zu viel. Wo liegt die goldene Mitte?

Gewisse Kritiker, die sich bei der Lektüre der vorliegenden Studie ständig der Gefahr ausgesetzt sehen, in »stofflicher Überladung« und »Detaildickicht« auf abwegige Assoziationen zu geraten und darüber den roten Faden zu verlieren, bemerken offenbar überhaupt nicht, daß ein ungewöhnlich weitverzeigtes Grundwissen erarbeitet sein muß, bevor wir unseren heißumstrittenen Gegenstand einigermaßen sicher ins Auge fassen, geschweige denn richtig behandeln können.

Selbstverständlich bildet bei allem nach wie vor die Mindestvoraussetzung für die Arbeit am Naturrechtsproblem nähere Vertrautheit mit Rechtstheorie und Rechtsphilosophie einschließlich Rechtssoziologie, aber auch Rechts- und Philosophiegeschichte. Doch selbst volle Beherrschung dieser Disziplinen schafft lediglich die Voraussetzung, allenfalls in Umrissen den Kern der tieferen Problematik ins Auge zu fassen, die in ihrem eigentlichen Wesen bis auf den heutigen Tag seit Jahrtausenden meist nicht erkannt wird. Wer sich nicht vom Nebel schöner Worte immer wieder den unvoreingenommenen Blick verschleiern lassen möchte, bedarf in dieser die Gemüter so heftig bewegenden Frage nämlich vor allem eines ausgebildeten Feingefühls für exakt wissenschaftliche Nutzbarmachung der dem Juristen heute zahlreich zu Gebote stehenden Ergebnisse seiner mannigfaltigen Grenzgebiete, mögen sie auch meist außerhalb seines gewohnten Gesichtsfeldes liegen.

Leider bilden ein Haupthindernis ungetrübter Problemklärung nach wie vor durch die Wirkung ihres Ansehens Fachgelehrte von Verdienst, indem sie beim Übertritt über die Grenzen ihrer Zuständigkeit häufig in gefühlvoll seichtes Gerede verfallen. Aber auch mit der beliebten ständigen Wiederholung und zeitgerechten Auffrischung unergiebig gewordener Gedanken alter und neuerer Autoritäten kommen wir keinen Schritt voran, so unverzichtbar die eingehende Beschäftigung mit unserer Geistes- und Problem-

---

[2]) Es ist kaum zu glauben: derselbe Rezensent äußert unbegreiflicherweise ein Bedauern, daß sich mein Buch »einseitig« auf das Phänomen der »direkten Offenbarung« konzentriere, hingegen alle »indirekte Offenbarung durch das Geschichtshandeln Gottes« außer jedem Betracht lasse. Ihm scheint der Sinn meiner eindringlichen Ausführungen oben auf den Seiten 22 bis 27 leider nicht aufgegangen zu sein.

[3]) Voltaire »Discours sur l'homme«, (1734), VI, 171.

geschichte schon zur Erhellung unseres heutigen Standortes und zur Stärkung unserer Selbsterkenntnis auch ist. Was wir indes künftig bei theologischen, philosophischen und juristischen Bearbeitungen unseres Themas vor allem nötig haben, ist unsere eigene Geistesbemühung, nicht jedoch die oft so fruchtlose Berichterstattung über abgestandene Gedanken alter Meister.

Zum Abschluß dieser Vorbemerkung sei noch ein Hinweis für Theologen erlaubt: besonders nahe stehen meine Ergebnisse der lediglich theologisch erarbeiteten Auffassung des Lutheraners Helmut Thielicke. Bislang wurde das kaum beachtet. Jetzt aber sollte es jedem einleuchten, der die katholische Antikritik an der evangelischen Stellungnahme zur modernen katholischen Naturrechtslehre heute richtig würdigt[4]. Nur muß dabei deutlich richtiggestellt werden: meine überraschende Übereinstimmung nicht nur mit Thielicke, sondern überhaupt mit der reformatorischen Lehre von den anthropologischen Folgen des »Sündenfalls« ist rein zufällig. Keineswegs bin ich nämlich, wie irrtümlich ein katholischer Geistlicher annimmt, »von der protestantischen Theologie her inspiriert«[4a]. Die Erkennbarkeit eines Naturrechts verneine freilich auch ich. Wer mich darum jedoch unter die Protestanten einreiht, beantwortet die Naturrechtsfrage nicht mit der Wissenschaft, sondern aus dem Glauben. Meine Studie ist eine wissenschaftliche Bemühung. Sie darf daher auch eine wissenschaftliche Kritik erwarten. Daß ich in einer Arbeit auf dem Grenzgebiet zwischen Rechtsphilosophie und Religionswissenschaft mancherlei Theologen beider Konfessionen reichlich zu Worte kommen ließ, ist eine Frage für sich. Es geschah nicht, um dem Leser einen lückenlosen Eindruck vom gegenwärtigen Stande der einschlägigen theologischen Diskussion des Themas zu vermitteln, sondern lediglich, um den von mir eingeschlagenen Wissenschaftsweg nach jeder Richtung hin zu erhellen[4b].

Freilich bin ich meinem Glauben nach überzeugter Protestant. Doch ausgerechnet zum Dogma der Erbsünde habe ich Zeit meines Lebens niemals ein Verhältnis gewinnen können. Vielmehr bin ich in Übereinstimmung mit Ernst Troeltsch[4c] seit jeher der Meinung: die kirchliche Lehre vom Sündenfall ist weder quellenmäßig als historisches Ereignis belegbar oder als solches auch nur wahrscheinlich, noch viel weniger aber ließe sie sich glaubhaft ins bloß Symbolische umdeuten. Das Böse als allgemeine Sündhaftigkeit kann nicht von einer geschichtlich einmaligen Anfangstat unserer Stammel-

---

[4]) Peschke ([1967], 100—126).

[4a]) Rudolf Weigand ([1967], 3). Ähnlich irreführend scheint es mir deshalb auch, wenn mich Hans Dieter Schelauske ([1968], 190) in seiner zusammenfassenden Charakteristik der »protestantischen Grundpositionen« aufführt.

[4b]) Ohne daß es noch des besonderen Hinweises oben auf Seite 137 bedurft hätte, sollte sich der Charakter meiner Studie schon aus Anlage und Durchführung ergeben. Dennoch wäre es besser gewesen, die ausschließlich religionswissenschaftliche Betrachtungsweise dieser Arbeit im Vorwort zur ersten Auflage stärker zu betonen. Es soll daher nicht bestritten werden, daß ich wegen dieser meiner Unterlassung gehindert sein mag, Theologen, welche mir unzureichende Berücksichtigung ihrer Fachliteratur vorwerfen, überzeugend entgegenzutreten.

[4c]) Ernst Troeltsch ([1925], 300—317, besonders 306).

tern hergeleitet werden. Es ist für einen jeden unter uns mit dem Wesen der menschlichen Natur ursprünglich gegeben.

Deshalb bin ich völlig sicher, nicht einer Selbsttäuschung zu unterliegen, wenn ich sage: in der Frage der Verderbtheit aller menschlichen Erkenntnis habe ich nichts, aber auch gar nichts mit der protestantischen Theologie gemein.

— 1 —

Das anbrechende kybernetische Zeitalter wird unser Verhältnis zum Mitmenschen und zur nichtmenschlichen Umwelt beträchtlich wandeln[5]. Auch der Rechtsphilosoph kann an der Kybernetik nicht mehr achtlos vorübergehen. Unter Anhängern des Naturrechts sind es vornehmlich Verfechter eines »Seinsrechts«, die beginnen, ihr Aufmerksamkeit zu zeigen. Doch geben sie sich meist allzu erwartungsfreudig, vor allem ohne die jedem ernsten Forscher neuen Entwicklungen gegenüber gebotene kühle Zurückhaltung.

Das ist jedoch begreiflich, wenn auch nicht verzeihlich. Bei ihrer Lektüre einschlägiger kybernetischer Werke nämlich lernen sie überwiegend eine einseitig naturwissenschaftliche Betrachtungsweise kennen, die die Leistungen des menschlichen Hirns ausnahmslos als biophysikalische Vorgänge ansieht. So kommt es, daß Juristen auf der Suche nach Seinsharmonien hier ihre sehnsüchtigen Erwartungen voreilig bestätigt finden[6]. Erst in allerjüngster Zeit gewahrt man in Kybernetikerkreisen bei der Erörterung dieser Frage hie und da gewisse zaghafte Ansätze zu einer Mitberücksichtigung geisteswissenschaftlicher Zusammenhänge[7]. Bezeichnenderweise stammt aber der beste systematische Versuch, die grundstürzende kybernetische Umwälzung endlich auch geisteswissenschaftlich in das rechte Licht zu rücken, nicht von einem Fachkybernetiker[8].

---

[5]) Hans Freyer ([1965], 265—291).

[6]) Tonangebend im deutschen Sprachraum ist hier René Marcic ([1965], 9 ff.) und im Geleitwort zu Eberhard Lang (1966).

[7]) So Hassenstein und Richard Jung bei Haseloff ([1967], 55—64 und 118—128). In der übrigen kybernetischen Literatur jedoch überwiegt — um hierauf ein Wort Max Webers (»Energetische Kulturtheorien« [1968], 402) aus seiner Polemik gegen Wilhelm Ostwald zu übertragen — durchaus der Eindruck, daß »Wechselbälge gezeugt werden, wenn rein naturwissenschaftlich geschulte Technologen die ‚Soziologie' vergewaltigen.«

[8]) Kurt Strunz (1965). — Zur allgemeinen Einführung unter verständiger Würdigung der unentbehrlichen geisteswissenschaftlichen Komponente: Karl Bednarik (1965) und Heinrich Schwentek (1965). Dem Juristen sind zu empfehlen: Spiros Simitis ([1964] 351—367) und (1967); Ulrich Klug ([1966], 157—172); Herbert Fiedler ([1966], 689—696). Eine Übersicht über das gesamte Schrifttum bis 1966 gibt Eberhard Lang (1966) in seinen Fußnoten zu 35—41. — Klug meint, überall, wo es um Menschen- und Grundrechte gehe, d. h. also um etwas Individuelles, da verbiete sich maschinelle Bearbeitung von Rechtsfällen. Aber die Verbotsgrenze zieht er unscharf. Denn er hofft, eine »exakte philosophische Ethik« werde dermaleinst ein teleologisches Axiomensystem entwickeln, das den logischen Aufbau der Welt durch einen teleologischen ergänzen wird (a.a.O. 179).

Der Vater der Kybernetik, Norbert Wiener, gestand demgegenüber wenigstens trotz seiner geisteswissenschaftlichen Tatsachenblindheit freimütig ein: » . . . die

Schon jetzt ist die Feststellung unabweislich: eine Informationsethik, die uns eine allgemeine sittliche Läuterung bescheren könnte, wäre undenkbar, ebensowenig wie einheitliche ethische Grundstrebungen bei allen Völkern und allen Menschen, ohne Ansehen ihrer Rasse, ihrer Kultur und Gesellungsform. Wer freilich noch niemals etwas hörte vom Stufenbau der Welt, wer das ganze Geistesleben ausschließlich unter der Gesetzlichkeit neurophysiologischer Hirnelektronik sieht, der wird diese unbestreitbare Erkenntnis keiner Beachtung würdigen. Vielmehr wird er unbeirrbar hoffnungsfrohen Mutes der Stunde harren, die ihm — auf dem Umwege über die denkenden Maschinen — am Ende doch noch den erwartungsvollen Blick freigibt auf ewig gleiche, allgemein gültige Richtschnüre sittlichen Verhaltens vor und über allem positiven Recht[9]. Versichern uns die Kybernetiker doch einleuchtend, die Automation dränge überall, wo sie sich durchsetze, das Irrationale stark zurück. Sie zwinge den Menschen zu sachlichem Denken und Handeln, d. h. dazu, sein winziges Ich stets einem größeren Zusammenhang unterzuordnen, also gleichermaßen persönlichem Geltungsdrang wie jeglichem Ressortegoismus zu entsagen. Ausgeprägte Optimisten hoffen daher sogar auf eine »Entideologisierung« der hohen Politik, meinen sie doch schon beobachten zu können, daß die aufkommende Kybernetik die Staatsmänner zwangsläufig zu einer sachlichen, ideologiefreien Ausübung ihrer Geschäfte führt, selbst in Sowjetrußland.

Ohne Frage liegt solchen Beobachtungen etwas Richtiges zugrunde. Dennoch können nur geisteswissenschaftliche Analphabeten im Ernst damit rechnen, das öffentliche Leben werde sich mit Hilfe von Denkgeräten moralisch reinhalten lassen. Die natürliche Anlage des Menschen ist nicht im geringsten wandlungsfähig, mögen jene Maschinen ihre hemmungslose Ent-

Sozialwissenschaften sind . . . kein guter Exerzierplatz für die Ideen der Kybernetik« ([1965], 123).

9) So erwartet der Kybernetiker Helmar G. Frank ([1966], 151,9 und 136), Rechenautomaten würden künftig ermitteln, was im Einzelfall sittlich geboten sei. Kybernetik ersetze zwar nicht Ethik, aber schaffe den Ethik-Kalkül. F. erörtert freilich nicht, ob seine angeblich unbeirrbar sachgerechte maschinell gesteuerte Situationsethik auf ein hinter ihr stehendes System absoluter, d. h. übermenschlicher Normen hindeuten könnte. Lediglich die Beweisbarkeit derartiger Normen lehnt F. — leider ohne Begründung — ab. Der führende deutsche Kybernetiker, Karl Steinbuch, sieht die Dinge klarer. Trotz seiner souveränen Verachtung für »Großmütterchens Geisteswissenschaft« räumt er wenigstens ein, daß Computer nur wertungsfrei arbeiten können. »Der Mensch muß das Wertsystem vorgeben, die danach optimale Entscheidung zu finden, das wird mehr und mehr Sache der Computer sein. . . . Offensichtlich kann der Computer uns zwar die besten Mittel zur Erreichung der Ziele nachweisen, aber deren Bewertung nimmt er uns und nimmt die rationale Denkweise uns nicht ab« ([1968], 164, 172, 47 f.).

Diese fachmännische Einsicht ist leider ausgerechnet einem Theologen, Hans-Dieter Bastian ([1968], 184—186), verschlossen geblieben. Anstatt nämlich von der Maschine lediglich die Klärung des der jeweiligen ethischen Einzelentscheidung zugrundeliegenden Sachverhalts zu erwarten, rechnet er darüber hinaus mit ihrer vom Zutun des Menschen unabhängigen ethischen Anweisung. Daß er mit seiner wenig durchdachten Auffassung einem in kommunistischen Kybernetikerkreisen gepflegten »materialistischen Monismus« (vgl. Friedhart Klix [1968], Vorwort) naherückt, dürfte diesem Theologen vermutlich nicht bewußt sein.

faltung auch hie und da eindämmen. Besonnene Kybernetiker wissen das übrigens längst.

Näher behandelt werden kann diese Einzelfrage hier nicht. Auch auf die Erörterung des neuesten Standes der »Natur der Sache« müssen wir verzichten[10]. Doch soll wenigstens einer der bekanntesten Verfechter des modernen »Seinsrechtes« zu Worte kommen. »Die Urantwort des Menschen ist«, so behauptet René Marcic[11], »nicht ein Setzen, eine Tätigkeit, sondern ein Suchen und Finden, ein Sichöffnen für den Einfluß der Zuweisungen und ein Empfangen der Regel; die Uraufgabe des Menschen erschöpft sich darin, das Sein anzupeilen und das Seiende im Ganzen auszupeilen, die Antenne seiner Existenz bereitzustellen, um die Wellen aus der Seinsharmonie aufzufangen.«

So sympathisch in seiner demütigen Gottergebenheit dieses Arbeitsprogramm auch berührt, so übersteigert optimistisch muß es dem unbefangenen Urteil des Erkenntnistheoretikers erscheinen. Als hätten weder Kant noch Dilthey oder Einstein je gelebt, setzt hier vorsokratische Unbeschwertheit ein irrtumsfrei unbegrenztes Erkenntnisvermögen des Menschen voraus. Wer uns wohlmeinend anrät, wir brauchten, um aller irdischen Rechtsnot enthoben zu werden, nur kosmischen Seinsharmonien zu lauschen, der sollte uns für die Antenne, welche die Wellen aus der Seinsharmonie auffangen kann, wenigstens eine brauchbare Bedienungsvorschrift an die Hand geben, anstatt unsere Wißbegier lediglich mit dem nichtssagenden Hinweis abzuspeisen, daß der Mensch neben seiner irrationalen Seelenschicht noch über eine suprarationale Seelenkraft verfügt, welch letztere ihm zum Sein, ja selbst unmittelbar zu Gott Zugang eröffne[12].

Bei allem Wohlwollen für ihre fromme Haltung läßt sich über diese seltsame Spielart heutigen Naturrechtsdenkens nur sagen: hier ruht nichts, aber auch gar nichts auf dem Boden wissenschaftlich haltbaren Wahrheitsstrebens, vielmehr schwebt alles phantasievoll wunschbeschwingt dahin über das trügerische Moor einer bestenfalls noch spekulativ zu nennenden Rechtstheologie, die den Anschluß an das klassische Naturrecht rationaler Prägung unmerklich hinter sich gelassen hat. Zu dieser Feststellung bedarf es nicht einmal des unterstützenden Rückgriffs auf die entmutigende Tatsache, daß über den Inhalt rechtsethischer Leitwerte in unserer chaotisch

---

[10]) Vgl. heute den von Arthur Kaufmann herausgegebenen Sammelband (1965). Zur Einarbeitung empfehlen sich Heinrich Henkel ([1964], 288—298) und die Monographie Ralf Dreiers (1965).

[11]) in Arthur Kaufmanns Sammelband ([1965], 525).

[12]) René Marcic a.a.O. 533. — Ausführlicher behandelt M. sein Thema in seinem 1965 erschienenen Büchlein. Dort legt er dar, daß den gesamten Kosmos »ein gewisser Zug zum Panjurismus" auszeichne, wobei »jeder« Mensch als Glied des Universums »das vornehmste und ranghöchste Wesen im Kosmos« sei, welchem Gott als seiner Kreatur »magna cum reverentia« begegne. Bei alledem müsse beachtet werden, daß »in den Menschen samt und sonders eine einheitliche Vernunft wirkt« (78, 34, 90, 95).

»pluralistischen« Gesellschaft oft sogar die wenigen wahrhaft Urteilsfähigen miteinander in heftige Widersprüche geraten[13].

Ulrich Matz bescherte uns kürzlich eine geradezu vernichtende Kritik des wertphilosophisch emotionalen heutigen Naturrechtsdenkens, welches freilich tiefer durchdacht ist. Was Matz sagt, entzieht durch seine philosophisch überzeugende Beweisführung — selbst ohne den leisesten Hinweis auf das moderne Seinsrecht — gleichermaßen dieser Auffrischung vorsokratischen Rechtsdenkens die Grundlage.

Ist unsere Überzeugung von der Unfähigkeit des Menschen zur unverfälschten Erkenntnis eines Naturrechts auch ausschließlich durch rein wissenschaftliche, von jedem Glaubenseinfluß unabhängige Überlegung gebildet, so ist es in diesem Zusammenhang doch immerhin recht bedeutsam, in dieser entscheidenden Frage feststellen zu können, daß unter den führenden protestantischen Theologen unserer Zeit der Calvinist Karl Barth im Ergebnis vollauf mit uns übereinstimmt. Er sagt:

> »Es gibt kein Naturrecht, das, als solches erkennbar, zugleich göttlichen Charakter trüge, göttliche Verbindlichkeit hätte, kein Gesetz und Gebot Gottes, das in des Menschen Geschöpflichkeit als solcher vorläge oder als Gesetz des Kosmos in den Sternen geschrieben wäre«[14].

Und er wirft die naheliegende Frage auf:

> »Stehen wir mit unserer eigenen und mit der uns umgebenden Wirklichkeit auf einem solchen Fuß, daß wir einen solchen Befehl Gottes gewiß und authentisch aus ihr heraus zu vernehmen in der Lage sind«[15]?

Wie wir kommt Barth zu dem Schluß:

> »Wie, wenn es dann wirksam würde und an den Tag käme, daß der Baumeister des dem Menschen angeblich überlegenen und entgegenstehenden Gesetzes eben doch der Mensch selbst — daß das Gesetz das Ideal ist, an dem er sich nur eben mißt, nach dem er selbst es aufgerichtet hat«[16]?

Barths Worte stehen durchaus im Einklang mit einer auch heute noch vielfach vertretenen, altüberlieferten protestantischen Glaubensauffassung[17], die sich übrigens wissenschaftlich allein schon mit dem Hinweis auf die vielen augenfälligen Widersprüche der Moralvorschriften stützen

---

13) Für die große Menge indes gilt erst recht, was Theodor Geiger ([1964], 410) hierzu sagt: » . . . in der hochdifferenzierten gegenwärtigen Gesellschaft antagonistischer Struktur gibt es nicht *eine* öffentliche Rechtsmeinung, sondern eine Konkurrenz und einen Widerstreit teils divergierender, teils geradezu konträrer öffentlicher Meinungen. Weder ein Durchschnitt, noch ein Kompromiß, noch eine Synthese ist möglich.«

14) Karl Barth, Band IV, Teil 1 (1953), 154.

15) Karl Barth, Band III, Teil 4 (1951), 21.

16) Karl Barth, Band IV, Teil 2 (1955), 425. — Katholiken meinen dazu, Barth wolle jedoch nicht die Möglichkeit einer ‚natürlichen' Offenbarung der Rechts- und Sittenlehre bestreiten, sondern nur den Anspruch dieser Lehren, eine von der Gnade und vom Evangelium unabhängige, reine Naturordnung zu bieten (Peschke [1967], 23). Dennoch nehme ich an, B. hier richtig zu verstehen und möchte mich dabei besonders auf den Katholiken Franz Klüber ([1968] 664) berufen.

17) Demgegenüber ist nach katholischer Auffassung der menschliche Verstand befähigt, »objektiv gültige, sichere, allgemeine Erkenntnisse zu erwerben, wenn auch nicht leicht, nicht ohne erhebliche Anstrengung und nur innerhalb bestimmter Grenzen« (Jakob David [1967], 50).

ließe, welche die verschiedenen Kulturen seit jeher aufweisen[18], mag auch der bedeutende lutherische Theologe Paul Tillich — darin katholischer Haltung nahekommend — gerade in diesen Widersprüchen nur den unterschiedlichen Ausdruck »eines gemeinsamen fundamentalen Prinzips« erblicken, das für ihn nichts anderes darstellt als unsere »essentielle Natur«, die den Urgrund allen Naturrechts bildet[19].

Für diese geradezu scholastisch anmutende Vorstellung bleibt Tillich uns indes die Begriffsdefinition schuldig. Welche Bewandtnis es mit unserer »essentiellen Natur« hat, erfahren wir also von ihm nicht. Infolgedessen ist sein »fundamentales Prinzip« ohne jeden theoretischen und praktischen Nutzwert.

Verfolgt man — außerhalb der schon erörterten Problematik des »Seinsrechts« — unter Juristen heute gewisse verwandte rechtsontologische Erwägungen, so vermißt man allerdings oft bereits auf den ersten Blick auch bei ihnen die wünschenswerte sokratische Selbstbesinnung. Beispielsweise Urbaschek meint im Ernst: »Die Frage nach dem Naturrecht ist eine Frage nach der Modalität des Seins«[20]. Auch er also hat wie Tillich hier das aus der Scholastik her bekannte Verhältnis zwischen Wirklichkeit (existentia) und Realität (essentia, im Sinne von Ansichsein) vor Augen. Bei dieser seiner Ausgangsstellung bleibt jedoch unbegreiflich, weshalb Urbaschek die philosophische Rückenstärkung für seine ontologische Naturrechtsauffassung ausgerechnet von Nicolai Hartmann und dessen Buch »Möglichkeit und Wirklichkeit« erwarten kann. Denn während alle Rechtsontologie, soweit ersichtlich, auf der Voraussetzung fußt, daß wir allein mit Hilfe einer bloßen Logik des Sein-Sollens zur Wesenserkenntnis des Rechts gelangen können und müssen[21], warnt doch Hartmann seinen Leser gerade in dieser Abhandlung eindringlich vor dem Denkfehler, das Reich der Logik mit dem der Wesenheiten gleichzusetzen[22]. Eine Frage für sich wäre dabei natürlich, ob Hartmann etwas gegen die Forderung der Rechtsontologen einzuwenden hätte, das Naturrecht als ideelles Sein dürfe keine logischen Widersprüche aufweisen[23]. Selbstredend würde er ihnen darin beipflichten, aber im selben Atemzuge würde er sie belehren, daß zur Erkenntnis des Naturrechts auf jeden Fall ein Erkenntnis*prozeß* stattfinden müsse. Dieser Prozeß jedoch, so würde Hartmann fortfahren zu betonen, ist »ontologisch verstanden, ein Realprozeß, ein Prozeß des geistig realen Le-

---

18) Grundlegend für diese Frage noch immer das zweibändige Werk von Eduard Westermarck (1907—1909).

19) Tillich, Band III (1965), 28—30. Er sieht den Ursprung gewisser fundamentaler Normen in »der Struktur des Seins selbst«. Aufgabe des Naturrechts sei es, sie »herauszuarbeiten«. Im Widerspruch hierzu aber vertritt er in seiner Systematischen Theologie die Meinung, kein moralisches Gesetz, selbst nicht das „sogenannte« Naturrecht, vermöge unzweideutige Gebote aufzustellen ([1966], 61 und 104).

20) Bruno Urbaschek ([1966], 79 f.).

21) Luis Legaz y Lacambra ([1965], 56 ff.).

22) N. Hartmann, »Möglichkeit und Wirklichkeit«, 310.

23) N. Hartmann a.a.O. 465.

bens — und unterliegt den Intermodalgesetzen des Realen«[24], und er würde weiterhin hervorheben: das Recht sei, da es weit in das individuell geschichtliche Sein der Zeitlichkeit hineinragt, in den Tiefen seiner Problematik durchaus nicht mit den Mitteln logischer Widerspruchslosigkeit allein zu ergründen. Freilich beherrschen Gesetze und Modi des Logischen nach Hartmann das Reich des ideellen (idealen) Seins weithin mit, doch ist, wie er sagt, »die logische Struktur des Gedankens, soweit sie vom idealen Sein her bestimmt ist, ... in der Tat dem Erfassen des Realen angepaßt«[25]. Ist das aber der Fall, so können wir nach seiner Meinung niemals einem »Gemenge von Erkenntnis und Irrtum« entrinnen. Immer nämlich, so schließt er, bleibt unsere »Wirklichkeitserkenntnis täuschbar«[26], was zu der Einsicht führt: »Realunmöglichkeit verträgt sich daher auch mit Weseswirklichkeit«[27].

Folgerichtig müßte Hartmann demnach unsere Feststellung, das Naturrecht sei nur ein »Begriffsgespenst«[28], zum mindesten für zulässig erklären, wenn nicht gar gutheißen, sagt er doch selbst: »Denn so ist der Mensch: er liebt seine Gespenster«[29].

Nach allem ergibt sich: Des Menschen »essentielle Natur« in ihrer irrlichternden Vieldeutigkeit, ja nebelhaften Unbegreiflichkeit bietet selbst dem kulturanthropologisch Gebildetsten keinen unwandelbaren oder auch nur annähernd verläßlichen Anknüpfungspunkt, um jene ideale Gesellschaftsordnung ausfindig zu machen, welche unseren Naturrechtlern als höchstes Ziel des irdischen Rechtslebens vor Augen schwebt, um so weniger als wir auch in dieser Hinsicht unmerklich ohne Ausnahme den schwankenden Einflüssen unserer Weltanschauung und Religion unterliegen. Was das Erstrebenswerte in concreto sei, vermag der Mensch — wenn überhaupt mit Hilfe seines Verstandes — vielmehr lediglich aus seiner geschichtlichen Lage

---

24) N. Hartmann a.a.O. 416. — Als document humain von Interesse ist der ebenfalls gescheiterte Versuch Eugen Roschachers (1963), ein selbständiges Reich »ontologisch absolut unveränderlicher Rechtssätze« neben der »veränderlichen Wirklichkeit des Rechts« aufzuspüren.
Die Unterscheidung zwischen abstraktem und konkretem, unwandelbarem und (primär und sekundär) wandelbarem Naturrecht, die konservative katholische Forscher (z. B. Franz Klüber [1968], I, 624—642) im Hinblick auf das natürliche Sittengesetz und das ius gentium noch heute vornehmen, ist allerdings infolge ihrer bestechenden Subtilität geeignet, darüber hinwegzutäuschen, daß wir es — bei Licht besehen — auch hier mit wissenschaftlich unvertretbaren Überschreitungen unserer rationalen Erkenntnisgrenzen zu tun haben, d. h. — im Sinne Vaihingers — mit bloßen Fiktionen, welche indes keineswegs für unser Rechtsleben förderlich, geschweige denn unentbehrlich sind.

25) N. Hartmann a.a.O. 425.

26) N. Hartmann a.a.O. 440 f.

27) N. Hartmann a.a.O. 436. Dazu bildet er folgendes Beispiel: »So mag es wesensmöglich sein, daß ein senkrecht auf die Spitze gestellter Bleistift im labilen Gleichgewicht stehen bleibt; real möglich ist es deswegen nicht, die Realbedingungen dafür sind praktisch nicht zu erfüllen. So sind Leibnizens ›mögliche Welten‹ in der Tat nur wesensmöglich, nicht real möglich« (a.a.O. 433).

28) Vgl. oben 140 und 181.

29) N. Hartmann a.a.O. 176.

des jeweiligen Augenblicks zu erschließen. Dabei nun ist ihm aber eigentümlich, daß er sich stets genötigt sieht, in mehr oder minder freier Wahl seine Entscheidung zwischen mindestens zwei verschiedenen Möglichkeiten zu treffen[29a]. Gerhart Husserl hat vollkommen recht, wenn er meint[30]: a priori sei uns für die Möglichkeit der Rechtsgestaltung immer ein Spielraum zur Verfügung gestellt, niemals hingegen von vornherein nur ein bestimmter einziger Weg. Unbeirrbar und sicher folgen lediglich die Tiere einem unveränderlichen, starren Handlungsregulativ, das in ihrem Instinkt begründet ist. Für sie gibt es keine Wahl. Im Tierreich begegnen wir deshalb allenfalls auch nur gewissen Vorformen des Moralischen[31]. Allein der Mensch, der die Grenzscheide vom Sein zum Sollen überschritten hat, ist das moralische Wesen.

Wie sehr in dieser Grundfrage Anhänger des Naturrechts, besonders des Seinsrechts, auf dem Holzweg wandeln, hat bereits Ernst Topitsch überzeugend nachgewiesen[32]. Schon bei den antiken Philosophen treffen wir auf den kardinalen Denkfehler, daß sie die unausweichlichen Gesetze des naturalen Seins verwechseln mit den Normen des Sollens, d. h. die Zwangskausalität der Naturwissenschaft mit der — atomphysikalisch ausgedrückt — streuenden Spielraum-Gesetzlichkeit des Menschen. Besteht seine geschöpfliche Sonderstellung doch gerade darin, daß er bei jeder sittlichen oder rechtserheblichen Tat eine Entscheidung zu fällen, d. h. zu wählen hat zwischen mindestens zwei sich ihm anbietenden Handlungsmöglichkeiten. Topitsch zieht daher folgerichtig den Schluß:

> »... schlechthin unmöglich ist es, ... das unveränderlich Eintretende ... dem Menschen zur Aufgabe zu stellen. Nur wo Entscheidungen fallen, kann es Normen und Direktiven geben ... Das Unbeeinflußbare muß nicht wertvoll und kann nicht gesollt sein.«

Anhänger eines Seinsrechts sollten dabei auch bedenken, was ihnen Adolf Portmann, einer der größten Zoologen unserer Tage, zu sagen hat:

> »Der humanen Natur zugeordnet, für uns einzig natürlich ist die Notwendigkeit zur regelnden Entscheidung, zur konventionellen Satzung. Human ist die Freiheit zur Wahl«[32a].

29a) Vgl. gerade zur Frage, ob und inwieweit der Mensch (d. h. der konkrete, einzelne Mensch) »mehr oder minder« ethisch wirklich frei entscheiden kann, die am Studium N. Hartmanns entwickelten höchst anregenden und bedeutenden Gedanken von Oscar v. Pander ([1952], 79—101), die in wissenschaftlichen Fachkreisen endlich die ihnen gebührende Beachtung finden sollten, auch wenn sie aus der Feder eines philosophischen Außenseiters stammen.

30) Gerhart Husserl ([1955], 14—19). Vgl. Heitler (Physiker!) 1966,

31) Vgl. oben 38. Zoologen, aber selbst Psychologen — z. B. C. G. Jung ([1964], 29) — begehen häufig den Fehler, auch Tieren moralisches Verhalten zuzuschreiben. Das hat wahrscheinlich seine Ursache darin, daß sie mit den modernen Lehren vom Stufenbau der Welt zu wenig vertraut sind.

32) Ernst Topitsch ([1952], 96—119, besonders 107).

32a) Topitsch a.a.O. 107 und Adolf Portmann ([1968], 340). — In dieser entscheidenden Frage scheint der Humangenetiker Friedrich Keiter ([1966], 305), welcher die volle Instinktstarrheit bei gewissen Tierarten bestreitet, Portmann nicht widersprechen zu wollen. Unklar hingegen bleibt es, welche Haltung Robert Musil ([1955], 360) einnehmen möchte. Er nämlich wirft die Frage nach einem Recht der Tiere auf, ohne sie entschieden zu beantworten. Er spricht vom »Hin-

Aber vielleicht werden Rechtsontologen hier einwenden, der klassische Gegensatz zwischen Subjekt und Objekt sei nach Auffassung kybernetischer Fachleute heute doch längst überholt. Also gehorche wie der übrige Kosmos auch der Geist des Menschen derselben Seinsgesetzlichkeit wie dessen vitale Unterschichten.

Diesen Schluß rechtfertigen die bisherigen Erfahrungen mit der Kybernetik indes keineswegs. Nur wer einem ungezügelten Fortschrittsglauben verfallen ist, kann die Auffassung vertreten:

> »Menschenhirn und Elektronenhirn unterscheiden sich nur noch voneinander, weil es der Wissenschaft bis jetzt noch nicht gelungen ist, hinter alle Geheimnisse der Nervenschaltungen in unserem Kopf zu kommen. Das menschliche Denken, die Gefühlsempfindungen, das Bewußtsein, das Abstraktionsvermögen und die Fähigkeit zu lernen beruhen keineswegs auf einer Art Überphysik. Auch sie werden sich eines Tages erforschen und technisch nachbilden lassen«[33].

Daß zwischen Geist und Natur in Wahrheit gar keine Kluft bestehe, ist eine Mutmaßung, welche bisher durchaus nicht gerechtfertigt erscheint. Kybernetiker, die ihre staunenerregenden Beobachtungen auf einem kaum erst erschlossenen Teilgebiet der Wissenschaft bereits jetzt in vorschneller Verallgemeinerung verwerten möchten, verschließen ihre Augen vor der Tatsache, daß es sich gegenwärtig bei allen Denkgeräten und ihren unbestreitbar großartigen Leistungen doch immer noch um nichts anderes handelt als um technische Erzeugnisse unseres Geistes, d. h. also um bloße Ableitungen menschlichen Wesens. Hingegen lebt und webt wie eh und je der gesamte außermenschliche Kosmos, vom Wirken jener Wundermaschinen unberührt, nach seinen geistfernen, altvertrauten Naturgesetzen. Entscheidungen zu fällen ist unter allen organischen Lebewesen allein der Mensch befähigt. Damit aber erledigt sich bereits das Anliegen unserer Seinsrechtler[34].

— 2 —

Es wäre trotzdem ungereimt, bestreiten zu wollen, daß die fromme Vorstellung kosmischer Harmonien nahelegt, ein allgemeines Ordnungsprinzip anzunehmen, welches in seinen sämtlichen Stufen das gesamte All

---

nehmen der Niederlage durch den vertriebenen Elefantenbullen« als etwas »Rechtsähnlichem«, offenbar ohne dabei zur Einsicht zu gelangen, daß es sich hier allenfalls um Vorformen des Rechts handeln könnte. Von der Geltung eines Naturrechts sogar in der Tierwelt darf somit keine Rede sein.

[33]) Karl Steinbuch im Wissenschaftsteil der Stuttgarter Zeitung vom April 1962, zitiert bei Peter K. Schneider ([1966], 31). Demgegenüber halten wir es mit dem Neurophysiologen Richard Jung (bei Haseloff [1967], 128): »Den Bau eines Homunculusgehirns können wir den wissenschaftlichen Phantasten und den Phantasien der Romanschreiber überlassen.« Daß es heute schon möglich ist, durch Elektrizität und Psychopharmaka tiefgreifende Persönlichkeitsveränderungen wenigstens vorübergehend herbeizuführen (Theo Löbsack [1968]), rechtfertigt Steinbuchs Erwartung ebensowenig, wie die immerhin zur Zeit noch recht fragwürdige Aussicht, vermittels biochemischer Verpflanzung von Gehirnextrakten eines Tages auch Lernfähigkeit oder gar erworbene Kenntnisse von Mensch zu Mensch zu übertragen (Günther Weitzel [1968], 61—62).

[34]) Naturrechtler pflegen die Ergebnisse ihres Nachdenkens hierüber meistens ohne Begründung vorzutragen, so etwa Luis Legaz y Lacambra ([1965], 53): ». . . das Elektronenhirn stellt die Anpassung des menschlichen Wesens an das kaum beachtete Sein dessen dar, was uns im Wesen der Technik erscheint.«

gleichermaßen durchwaltet. Dabei ist freilich entscheidend nur, ob man diesem Ordnungsprinzip einen Charakter zusprechen darf, wie er gerade dem Recht eigentümlich ist. Reichlich gewagt erscheint es doch wohl, wenn René Marcic hierzu meint: »Der Mensch ist nicht das einzige Glied des Kosmos als der Seinsordnung, neben ihm wesen die Tierwelt, die Pflanzenwelt, ja sogar das Gestein usf. als Glieder der Rechtsgemeinschaft aller Dinge an«[35].

Wer schon unter Nichtachtung der weithin bekannten einschlägigen Forschung derartigen kosmologischen Zusammenhängen nachsinnt, wäre gut beraten, wenn er als Jurist seine konzentrierte Aufmerksamkeit wenigstens der modernen Lehre vom Wesen und von der Entstehung des positiven Rechts zuwendete. Seit mehreren Jahren liegt über diesen Gegenstand Josef Essers bekanntes Werk vor[36]. Niemand könnte danach jetzt doch wohl noch in Abrede stellen, wie stark bei rechtsschöpferischen Vorhaben alle unsere Gefühlsantriebe und Überlegungen getragen werden von kaum bewußt erlebten geistigen Zeitströmungen, mögen wir sie nennen wie wir wollen, schlicht und herkömmlich »Zeitgeist«, »Volksgeist«, »Rechtsbewußtsein des Volkes«, oder gelehrt, aber durchaus nicht minder schillernd »Objektiver Geist«, »Rechtsethische Prinzipien« oder ähnlich. Daß wir — ohne Ausnahme — samt und sonders immer Kinder unserer Zeit sind — sogar im Erlebnis erhabenster Wertgefühle — das allerdings möchte niemand sich eingestehen[37]. Wer unter uns besäße auch die selbstüberwindende Kraft

[35]) René Marcic bei Arthur Kaufmann ([1965], 522). Mit der schon 1958 verbreiteten Monographie von Ernst Topitsch, die vorwiegend diesen Gegenstand auf 313 Seiten tiefschürfend behandelt, setzt Marcic sich nicht einmal in einer Fußnote auseinander. Daß sich gegen Topitschs neopositivistische Folgerungen, welche er aus seinen eindrucksvollen Entdeckungen zieht, mancherlei einwenden ließe, ist eine Sache für sich (vgl. jetzt besonders Topitsch [1969]), rechtfertigt indes nicht, ihn mit völligem Stillschweigen zu übergehen. Im Gegenteil, T. zählt heute zu den Forschern, an denen niemand achtlos vorübergehen darf, der sich für die Naturrechtsfrage, insbesondere für das Seinsrecht, interessiert.
Unbekümmert um den Stand der heutigen Wissenschaft trägt Marcic neuerdings seine Auffassung mit Streiflichtern auf die abendländische Geistesgeschichte vor ([1967], 10—24). Auf die Griechen (Anaximander), die Römer (Ulpian), auf das Mittelalter (Thomas v. Aquino) und die Neuzeit beruft er sich. Aber das verleiht seiner Ansicht kein Gewicht. Denn ein nach heutiger Erkenntnis abwegiger Gedanke verliert seine Abwegigkeit nicht dadurch, daß unter Denkern, die ihn vordachten, auch große Geister waren, denen unsere Einsichten noch nicht zugänglich sein konnten.
Übrigens verdient es besondere Beachtung, daß Alfred Verdroß ([1968], 130—132), der den Naturrechtsauffassungen seines Schülers Marcic bisher nahezustehen schien, neuerdings dessen »kosmisches« Recht unverkennbar ablehnt.

[36]) Josef Esser (1964). Seine erste Auflage erschien bereits 1956.

[37]) Geschichtsphilosophisch durchgebildete Naturrechtler treten heute freilich meist nur noch für ein der jeweiligen Lage angepaßtes, also wandelbares Naturrecht ein. Doch neigen sie überwiegend immerhin noch dazu, wenigstens festzuhalten am Glauben an eine ewig gleichbleibende rechtliche Grundproblematik aller Zeiten und Kulturen (z. B. Jakob David [1967]). Dabei verkennen sie geflissentlich nur eines: die von der Sozialpsychologie festgestellte »Leichtfertigkeit« des in der Gruppendynamik lebenden Menschen, ihm »selbstverständliche Anschauungen auch als naturgemäß« anzusehen (Peter R. Hofstätter [1967], 60 und 82 und lange vor ihm schon Eduard Westermarck [1907], I., 311).

zur Erkenntnis, daß alles menschliche Denken unablösbar ist von seiner sozialen Umgebung[37a], daß uns auf Schritt und Tritt Vorurteile der Nation, der Generation, Einflüsse von Erziehung und Sippe, nicht zuletzt aber blicktrübende Regungen primitiv animalischer Triebe heillos immer wieder in die Irre führen[38]? Und doch sollte bei dem heutigen Stand der Psycho-

---

[37a]) Ein Schulbeispiel, welches sehr nachdenklich stimmen sollte, liefert hierfür das ideologisch-propagandistische Verhalten der Universitätsprofessoren während des ersten Weltkrieges bei *allen* beteiligten Nationen (vgl. oben 105 und jetzt Klaus Schwabe [1969]). — Wie wenig der Mensch sogar bei schärfster Selbstkritik imstande ist, seine eingefleischten Vorurteile gänzlich auszuschalten, muß den Arbeiten von Peter Noll, Theodor Viehweg, Erich Fechner, René König und Wolfgang Kaupen (bei Werner Maihofer [1969]) entnommen werden.

[38]) Einleuchtend machen das die Schichtenlehren N. Hartmanns und Rothackers. Doch populär gemacht hat diese Einsicht bei uns erst Konrad Lorenz ([1963] und [1965]) I., 85, 125, 137, 206, 209 ff., 249, 282, 301 [!], II., 150, 155, 156, 161 ff., 187, 190, 193, 197, 231 f., 239, 245, 316—319 (!). Inwieweit seine Aggressionslehre in allem zutrifft, ist noch nicht erwiesen (vgl. Friedrich Keiter [1966], 127—129, 227, 273 f. und 316). Immerhin stimmen elf anerkannte Psychoanalytiker, deren Arbeiten Alexander Mitscherlich (1969) jetzt herausgegeben hat, trotz gewisser Bedenken in Einzelfragen in seiner Grundauffassung Lorenz doch vollauf zu. Auch der bekannte Tiefenpsychologe Igor A. Caruso ([1968], 173—178) pflichtet L. im großen und ganzen bei. Demgegenüber überzeugt das im wesentlichen gegen L. gerichtete Buch des Fachphilosophen Arno Plack (1967) in keiner Hinsicht. Geschichte und Ethnologie wertet er unzulänglich aus. Auch sucht P. überspitzt und voreingenommen die alleinige Ursache der »Frustration« des Geschlechtstriebes und einer angeblich nur dadurch hervorgerufenen Aggressionslust im leibfeindlichen Christentum, sieht die Aggression also lediglich als anerzogen, nicht aber als angeboren an. P. wirft dabei unverständlicherweise nicht einen einzigen Seitenblick auf die große heutige nichtchristliche Menschheit auch im Abendland. Die Tatsache, daß inzwischen der früher beherrschende Erziehungseinfluß der Kirchen auf die noch christlich getaufte Jugend mehr und mehr dahinschwindet, würdigt er nicht.

Auch für Rechtspsychologen und Rechtsphilosophen besonders anregend sind die Arbeiten des Lorenz-Schülers Paul Leyhausen, eines auch humanpsychologisch voll ausgebildeten Zoologen (Lorenz und Leyhausen [1968], 48—407). Aber vielleicht werden aus der Lektüre Leyhausens findige Köpfe eilfertig Kapital für ein triebgerichtetes Naturrecht schlagen wollen, liest man doch bei ihm den verleitlichen Satz (a.a.O. 165): »Der wesentliche Kern der menschlichen Natur und des menschlichen Verhaltens ist durch die ganze Menschheitsgeschichte hindurch, soweit wir wissen, unverändert geblieben.« Indes können diese Worte kulturanthropologisch unterrichtete Juristen kaum kopfscheu machen, da sie ja wissen, daß das ahistorisch Unveränderliche am menschlichen Sozialverhalten, auf das hier Leyhausen hinweist, doch eben lediglich die geisttragende Unterschicht unseres eigentlichen Seins darstellt (vgl. oben 37 ff.), also noch nicht das Entscheidende bedeutet für die wahrhaft humane Ordnung. Die physiologische Ergänzung zu Lorenz' Ergebnissen findet man bei Erich v. Holst (1969).

Weit eindrucksvoller als Placks Studie sind die schon vor mehr als zwanzig Jahren erschienenen tiefenpsychologischen Arbeiten des flämischen Psychiaters und Kriminologen Etienne De Greeff ([1945] und [1947]). Er wies nämlich nach, daß unser Aggressionstrieb — wenn auch, wie Lorenz meint, angeboren — doch eher mit der modernen Zivilisation anwächst als abstirbt. Seine Feststellung wird gerechtfertigt durch eine Beobachtung der Rechtsbildung und Rechtshandhabung in den heutigen Massendemokratien. Man greife nur zu den Büchern von Paul Reiwald über »Die Gesellschaft und ihre Verbrecher« und Helmut Schoeck »Der Neid« ([1948] und [1966], 255—260, 403). Z. B. spielen

logie, der Wissenssoziologie, der vergleichenden Verhaltensforschung und Kulturanthropologie unzweifelhaft einleuchten, wie fragwürdig sich ein moralischer Führungsanspruch ausnehmen muß, welcher sich ohne Selbstprüfung anmaßt, der gesamten übrigen Menschheit unseren allenfalls auf den eigenen Kulturkreis der flüchtigen Gegenwart beschränkten Standpunkt als erstrebenswert in jeder erdenklichen Lage anzuempfehlen.

Selbst der Forschende unter den abendländischen Juristen erliegt zuweilen noch erstaunlich leicht jener trügerischen Versuchung vorwissenschaftlichen Denkens, unbedacht die enge Welt seiner nur ihm eigentümlichen Werte zu verabsolutieren. Ja, es scheint fast so, als sei manchmal gerade der Gelehrte gegenüber der Rechtswirklichkeit förmlich tatsachenblind, als hänge er sein Herz sehnsuchtsvoll lieber an schöne Phantasien. Kaum daß er den flüchtigen ersten Blick auf den Grund- und Menschenrechtsbestimmungen, wie sie heute überall auch in den Verfassungsurkunden nichtabendländischer Staaten der ganzen Welt fast gleichlautend zu lesen sind, hat verweilen lassen, so befällt ihn schon das beseeligende Vorgefühl erfolgversprechender Missionsarbeit. Alles Recht sieht er bereits über den gesamten Erdball hin vereinheitlicht[39] und beglückt schwelgt er in der beinahe andächtigen Erwartung, eines Tages werde man in Afrika, in Asien, ja selbst in der Südsee an den entlegensten Orten ausnahmslos die politischen Ideale des Abendlandes verbreitet und allgemein anerkannt finden. Es müsse nämlich damit gerechnet werden: „Wer den Benzinmotor benützt und Sulfonamide verwendet, wird in nicht ferner Entwicklung auch europäischen Denkformen nahekommen«[39a].

Allein dieser wohlmeinende Optimismus erscheint doch wohl ein wenig verfrüht, mag auch kein geringerer als der Soziologe Hans Freyer vor etlichen Jahren die Prognose gestellt haben, die »Weltgeschichte Europas (werde) auf eine Weltgeschichte der ganzen Erde umgeschaltet«[39b]. Selbst wenn das, wie es mehr und mehr den Anschein gewinnt, richtig gesehen

---

Aggressionen heute eine verstärkte Rolle nicht nur im Straßenverkehr — vgl. »Auto als Waffe und Entwaffnung« bei Hans v. Hentig ([1968], 110—132) —, sondern sogar mitunter in der Gesetzgebung zum Straßenverkehr (Paul Bockelmann [1967], 42—82). — Über den Kampf der Interessen im modernen demokratischen Gesetzgebungsverfahren vgl. Peter Noll ([1969], 63—82). — Auch Völkerrechtler wissen zu klagen, so etwa über die »Verpolitisierung« der Menschenrechte, solange noch deren Wahrung dem egoistischen Souveränitätsdenken der Staaten ausgeliefert bleibt (Ermacora [1966], 1—14). — Über den »Doppelsinn« des Politischen und seine Dämonien siehe vornehmlich Gerhard Ritter ([1943], 175—194).

39) Mit Quellenhinweisen namentlich auf Afrika und Asien zeigt Herrfahrdt (1965), wie trostlos gerade hinsichtlich der sogenannten Entwicklungsländer diese Erwartung ist.

39a) So Wolfgang Kraus ([1966], 68). Welche Illusion hier vorliegt, zeigt Jean Gebser in seinem genialen Asienbuch ([1968], besonders 99—101) mit dem Beispiel der Inderin, die Einstein persönlich begegnet war und ihn schätzte.

39b) Hans Freyer ([1954], 607). — »Dergleichen als sicher hinstellen«, meint der Althistoriker Alfred Heuß ([1968], 25) einleuchtend, »hieße freilich die Tragfähigkeit bloßer Spekulation überschätzen ... Futurologie ist keine historische Disziplin und auch keine Wissenschaft ...«.

ist, verliert demgegenüber keineswegs an Gewicht, was uns zu dieser Frage ein bedeutender Naturforscher zu sagen weiß:

»Es erscheint mir eine der folgenschwersten Illusionen anzunehmen, wir gingen zwangsläufig einer Einheit der Weltauffassung entgegen. Die Intensivierung der Beziehungen zwischen den Gruppen und die Ausbreitung der okzidentalen Technik schafft wohl einen Ausgleich vieler praktischer Lebensformen, doch hebt er die geschichtlich gewordenen Gruppenunterschiede nicht auf. Statt von einem Zeitalter des Ausgleichs zu träumen, erscheint es mir fruchtbarer, die Vielgestalt des Humanen als einen Reichtum zu sehen, als eine Vielfalt, die in der Gewißheit einer wesentlichen inneren Einheit des Menschlichen verschiedene Möglichkeiten dieser verborgenen Einheit zur Erscheinung bringt — eine Vielfalt, die auch in den Spannungen der Auseinandersetzung an der umfassenden Darstellung des Humanen mitgestaltet«[39c]).

Daß die Ansicht dieses Naturforschers — es handelt sich um Adolf Portmann — das Richtige trifft, zeigt gerade unsere Frage, sobald man sie näher prüft. Maßgeblich nämlich ist hier nicht der bloße Wortlaut erbaulicher Verfassungsgrundsätze, sondern der nüchterne Alltag des Rechts. Wenn jene Anhänger eines Weltrechtsgedankens sich etwas tiefer und unvoreingenommen mit dem einschlägigen historischen und ethnologischen Schrifttum befaßten, bevor sie in gewohnter Weise ihren liebgewordenen Wunschträumen nachhingen, so überkäme sie vermutlich eine bestürzende Ernüchterung[40], und am Ende sähen sie ein: zur Grundlage der Rechtsvergleichung taugen nicht schöne Lippenbekenntnisse allein, auch nicht harmonischer Gleichklang von Verfassungsurkunden. Entscheidend ist vielmehr, wie Regierungen, Verwaltungen und Gerichte *handeln*. In mühseliger Kleinarbeit an Ort und Stelle, inmitten des Verfassungs*lebens*, muß sich der Forscher umtun und seine Quellen sichten, ehe er am lebensfernen Schreibtisch seine Studien abschließt und zur Feststellung berechtigt wäre, allerorten bahne sich eine Angleichung an die rechtlichen Leitwerte des sogenannten freien Westens an[41].

[39c]) Adolf Portmann ([1968], 306 f.). Sein Hinweis auf »eine wesentliche innere Einheit des Menschlichen« bietet indes keine Grundlage für das Naturrecht. Denn an anderer Stelle betont P.: »Wir müssen es aufgeben, unseren Kampf um Erhaltung von Familiensinn, um das Prinzip der Einehe und andere Einrichtungen unserer Gesellschaft mit irgendeinem Anschein von Natürlichkeit zu motivieren« (a.a.O. 340) und fügt hinzu: »Damit wird Geschichtlichkeit zu einem natürlichen Glied unserer Lebensform, zu einem bedeutsamen Teil unserer Natur, zu einem natürlichen Faktor unserer Entwicklung« (a.a.O. 353).

[40]) Die oben 111 angeführte Schrift von G. A. Rein ist erweitert jetzt als Heft 19 der Historisch-Politischen Hefte unter ihrem alten Titel 1965 in Göttingen erschienen. Heute erörtert auch der Ethnologe Wilhelm Emil Mühlmann (»Chiliasmus« 1964) die gleiche Problematik.

[41]) Siehe die Übersicht bei Hans Huber (1967), besonders 378—381. Selbst gelehrte Juristen verkennen zuweilen, daß auch die Übernahme der Menschen- und Grundrechte zur Problematik der Kulturbegegnungen gehört. Hier aber legt »der Wortsinn von ›Rezeption‹ das Mißverständnis nahe, fremdes Recht könne als solches übernommen werden, ohne zugleich assimiliert und also verändert zu werden« (Franz Wieacker [1967], 128). Schon die alltägliche innerstaatliche Erfahrung, etwa in der Deutschen Bundesrepublik, offenbart eines der Hauptprobleme bei der praktischen Handhabung der Grundrechte, die Frage des Ausgleichs zwischen Individualsphäre und Gemeinwohl nämlich (Gallwas [1967], 42; Bettermann [1968]). Um wieviel mehr muß diese Erfahrung sich dort be-

Den ersten geglückten Versuch einer in diesem Sinne methodisch richtig angelegten Untersuchung haben wir in der Dissertation Müller-Römers[42] über die Grundrechte in Mitteldeutschland vor uns. Überraschend zeigt sie, wie eine bislang für eindeutig geltende Terminologie schon in ein und demselben Sprachraum in ganz verschiedener Bedeutung angewandt wird, ohne daß es den unmittelbar Beteiligten überhaupt zu klarem Bewußtsein zu kommen braucht. Das aber sollte uns nachdenklich stimmen. Denn es beweist schlagend, wie richtig Ludwig Wittgenstein die »Verhexung unseres Verstandes durch die Mittel unserer Sprache« erkannte[43].

Lange vor ihm schon fiel es dem scharfblickenden Juristen Josef Kohler auf, daß unter mehreren vergleichbaren Kulturgebilden gleiche Vordergründe nicht selten überraschenderweise sehr ungleiche Hintergründe verhüllen, welche allein den bestimmenden Einfluß auf die Bildung des Rechtsempfindens ausüben[44].

Diese bedeutende Erkenntnis Kohlers wird aber häufig nur oberflächlich zur Notiz genommen oder gar geflissentlich mißachtet von Schriftstellern, welche dem verbreiteten Wahn huldigen, jedermann müsse sich bei gleichen Worten das gleiche denken, ausgerechnet so wie sie an ihrem Schreibtisch. Neigen doch nach Karl Raymund Popper[45] »die meisten Leute, die in einem bestimmten historischen Zeitabschnitt leben, dem irrigen Glauben (zu), die Regelmäßigkeiten, die sie in ihrer Umwelt beobachten, seien allgemeingültige Gesetze des sozialen Lebens und müßten für alle Gesellschaften gelten.« Der moderne Abendländer bildet darin durchaus keine Ausnahme. Deshalb erwartet er meist bedenkenlos, demnächst werde auch der Respekt vor der Würde des einzelnen unbestritten überall das Feld beherrschen, wo sich seine Menschenrechte einmal Eingang verschafft

---

stätigen, wo ein Volk gänzlich fremder Kultur unsere doch so ausgesprochen an Individualwerten ausgerichteten Grundrechte übernimmt. — In erster Linie gilt alles das natürlich für die am 16. Dezember 1966 auf der Generalversammlung der Vereinten Nationen beschlossenen Konventionen über wirtschaftliche, soziale, kulturelle, bürgerliche und politische Rechte des Menschen. Die Ostblockstaaten lehnen ja das in diesen Konventionen als angebliche Quelle aller Menschenrechte ausdrücklich verbriefte Naturrecht nach wie vor hartnäckig ab (Andreas Khol [1968], 33 ff.). Ihre gruppenseelische Haltung verwehrt ihnen jedes Verständnis für naturrechtliches Denken.

42) Außer Dietrich Müller-Römer (1965) siehe jetzt auch Ernst-Wolfgang Böckenförde ([1967], 43—55). Für die Rechtslage der Deutschen Bundesrepublik empfehlen sich zur Einführung Eike von Hippel (1965) und Karl August Bettermann (1968).

43) Ludwig Wittgenstein ([1963], 342). — Überzeugend weist im Anschluß an Johann Georg Hamanns (1730—1788) Sprachforschungen heute Ernst Forsthoff ([1964], 15) darauf hin, die »genealogische Priorität der Sprache« mache alle Versuche, formulierte Einsichten, Sätze und Grundsätze des Rechts zur ewigen Wahrheit, zur zeitlosen Gültigkeit zu erheben, von vornherein zunichte. — Man sollte sich auch der trefflichen Bemerkung Thomas Manns ([1956], 275) erinnern: »Wenn zwei Demokratie sagen, so ist es von vornherein sehr wahrscheinlich, daß sie etwas Verschiedenes meinen«. Zur Problematik im Hinblick auf die Rechtssprache vgl. Els Oksaar (1967).

44) siehe oben 28.

45) Karl R. Popper ([1965], 78).

haben. Nur übersieht er hierbei allzu leicht die Frage, ob sich nicht auch eines Tages vielleicht seine eigene Wesensart wandeln könnte. Nicht einmal zum Problem wird ihm, ob sein neuzeitliches Persönlichkeitsbewußtsein unverändert überhaupt jene Züge beibehalten wird, welche es gegenwärtig im großen und ganzen immer noch auszeichnen. Unterdessen sind jedoch in unserem außerwissenschaftlichen allgemeinen Lebensgefühl unverkennbar schon gewisse innere Widersprüche in Erscheinung getreten, bedrohliche Spannungen nämlich zwischen einer wachsenden, zum »Konformismus« führenden Vermassung und einer anschwellenden Bindungslosigkeit des entwurzelten einzelnen, die mitunter bereits zum anarchistischen Solipsismus, ja fast zum Chaos zu entarten droht.

Doch uns mag es genügen, hierbei die weit beunruhigendere Tatsache zu beobachten, daß sich auch in der Wissenschaft unser herkömmliches Menschenbild schon kollektivistisch zu trüben beginnt, vornehmlich durch jene immer beliebter werdenden quantitativen Arbeitsmethoden, die mit ihrem wirklichkeitsblinden Ausschließlichkeitsanspruch nicht etwa nur die Kybernetik voll beherrschen, sondern — wie es scheint — ernstlich kaum behindert, heute im Begriff stehen, nicht allein die Sozialwissenschaften förmlich zu überrennen, vielmehr bereits auch weite geisteswissenschaftliche Bereiche. So verkündet jetzt mit Nachdruck ein jüngerer Rechtsgelehrter, »daß nach Engrammierung und Programmierung die Unterschiede zwischen Mensch und Tier auf quantitative, nicht qualitative zusammenschmelzen ...«[46]. Solche und ähnliche von jeder tieferen Proble-

[46]) Rudolf Wiethölter ([1968], 74). Möglicherweise in verwandten Vorstellungen bewegte sich bei einem Vortrag unlängst ein bekannter Lehrer des Internationalen Privatrechts. Er verglich den Richter mit einem Sozialingenieur (social engineer). Derartige Formulierungen, die dem naturwissenschaftlichen Vocabularium entstammen und obendrein an eine fast gleichlautende Terminologie leninistisch geschulter Juristen erinnern, sollte man ebenso peinlich meiden, wie unbedachte Sympathiebekundungen für kybernetische Komponenten der Rechtsfindung (so Ostermeyer [1969], 9—13).
Die Wissenschaft vom Recht ist keine Sozialwissenschaft, welche das begrenzte Ziel verfolgt, immer nur das artvertretend Typische wertungsneutral (Max Weber) unter Vernachlässigung des einmalig Individuellen zu erforschen. Vielmehr ist die Rechtswissenschaft gerade in ihrer Hinwendung zur Praxis eine ausgesprochen individuell wertende, um Erkenntnis und Durchsetzung von Normen bemühte, verstehende Geisteswissenschaft. Daß sie gleichwohl auf der Universität und im Leben ständig kräftiger Unterstützung der Sozialwissenschaft bedarf, sollte heute freilich außer jedem Zweifel stehen. Das theoretische Anliegen der von Tübingen einst ausgegangenen Interessenjurisprudenz wird durch den unaufhaltsamen Vormarsch der Rechtssoziologie jeden Tag neu bestätigt. Trotzdem kann diese Sachlage aber nicht darüber hinwegtäuschen, daß die Sozialwissenschaften, mag man ihre Bedeutung auch kaum hoch genug einschätzen, dennoch für den geisteswissenschaftlich verfahrenden Juristen in Theorie und Praxis lediglich Hilfswissenschaften sind. Soziologen, welche in wenig glücklicher Weise den Unterschied zwischen Normen des Rechts und kausalen Gesetzen gesellschaftlichen Seins verwischen, indem sie ständig auch von »sozialen Normen« reden, verbauen sich damit allerdings den Zugang zu dieser grundlegenden Einsicht.
In dieser entscheidenden Frage mit Helmut Coing ([1969], 350) übereinzustimmen, freut mich besonders. Freilich fürchte ich, wird das alles kybernetisch An-

matik der Seinsschichten (N. Hartmann, Rothacker) völlig unbeschwerten, erschreckend vereinfachenden Auffassungen sind gleichsam Wetterzeichen. Dem Kundigen deuten sie schon gegenwärtig an, was uns auch im Rechtsleben in näherer Zukunft vielleicht bevorsteht, nämlich die Vergröberung des Urteilsvermögens in Theorie und Praxis, d. h. die durchgehende Verkümmerung der Erkenntnisfähigkeit zu einem im Nomothetischen steckenbleibenden Vorverständnis des geistigen Seins. Dabei wird alles Feingefühl für das Individuelle, das Einmalige, erst recht für das Schöpferische einer Persönlichkeit absterben, jenes Feingefühl des Historikers also, das in alten individualistischen Kulturen gleichermaßen den begnadeten Richter auszeichnet[47].

---

geregten nur geringen Eindruck machen. Vielleicht jedoch wird sie am Ende die Mitteilung nachdenklich stimmen, daß heute bereits in Amerika ein dort hochangesehener Politologe unter voller Würdigung der gegenwärtigen Wissenschaftslage mit allem Nachdruck die außerordentliche Einseitigkeit rügt, die maßgebliche Rolle von Individualität, Charakter und Persönlichkeit im Zusammenleben der Menschen und in ihrer Sozialordnung unterzubewerten (Karl W. Deutsch [1969], 266).

[47]) Der von Windelband geprägte, von Rickert (1929) gründlich entwickelte Begriff des Nomothetischen meint die in gleicher Weise immer wiederkehrende naturwissenschaftliche Gesetzlichkeit im Gegensatz zur idiographischen, d. h. den Einzelfall beschreibenden Gesetzlichkeit der Geschichte. Vgl. Jürgen Habermas ([1967], 4). Bezeichnend für die heutige deutsche Psychologie ist die fast allgemeine Wertschätzung der Arbeit von Hofstätter und Wendt ([1967], 258), die offenbar glauben machen möchten, ihr im bloßen Vorverständnis des Seelischen steckengebliebenes Bemühen biete dem Leser bereits ein erschöpfendes Vollverständnis. Lediglich eine allerdings unentbehrliche Hilfswissenschaft für die moderne Psychologie liefern sie, nicht mehr. Übereinstimmend mit Alfred Stern ([1967], 131) verfechte ich übrigens nur den Standpunkt, daß idiographische Methoden letztlich in den Geisteswissenschaften das allein entscheidende Wort behalten müssen. Natürlich sind auch in den Geisteswissenschaften nomothetische Arbeitsweisen nicht nur nützlich, sondern heute sogar überall unentbehrlich. Aber stets müssen idiographische Gesichtspunkte doch den *Vorrang* vor nomothetischen genießen, denen lediglich diejenige untergeordnete Bedeutung zukommt, die die kategorial übergeordnete Rangstufe des Geisteslebens und seine ausschließlich idiographisch zu erfassende Eigengesetzlichkeit ihnen anweisen. Die wichtigste Rolle herbei spielt also in jedem Falle die Lehre vom Schichtenbau der Welt (N. Hartmann, Rothacker). Das alles übersieht Karl R. Popper (1965) und wundert sich dann über sein ihm selbst rätselhaftes Schlußergebnis, daß in den Sozialwissenschaften »der menschliche Faktor *das* letztlich ungewisse und unberechenbare Element ... ist« (a.a.O. 124).

Befürworter einer ausschließlich quantitativen Methodik der Geisteswissenschaften, insbesondere junge Juristen, welche davon träumen, den Richter im Strafverfahren — nicht etwa nur in Verkehrssachen! — demnächst durch Denkgeräte zu ersetzen, sollten das lehrreiche Buch von Hans-Georg Gadamer (1965) studieren, aber auch den immer noch gültigen — vornehmlich Psychologen angehenden — Aufsatz des Mediziners (!) Friedrich Pagel aus dem Jahre 1934. Kybernetisch Angeregten ist schließlich zu empfehlen, auch die feinsinnige moderne Seeckt-Biographie von Hans Meier-Welcker (1967) zur Hand zu nehmen. Die Begegnung mit einer großen, unergründlichen Persönlichkeit bekehrt sie vielleicht am Ende doch noch zu Goethe und seiner Überzeugung: »Individuum est ineffabile.« »Kein echter Künstler oder Dichter ist gleich einem andern«, sagt heute der katholische Philosoph August Brunner ([1961], 113). Mag auch die Lehre vom kollektiven Unbewußten — namentlich in ihrer Bedeutung für die Parapsychologie (Hans v. Noorden [1968] 73 und 81) — zur Erkenntnis nö-

Es ist mittlerweile hohe Zeit, daß wir uns endlich darauf besinnen, was wir der einzigartigen Kulturleistung der deutschen Geisteswissenschaft und ihrer Tradition schuldig sind. Zu unserer aller Bestürzung könnten wir sonst eines Tages Seite an Seite mit dem Ahnherrn des kommunistischen Antiindividualismus, mit dem Russen Plechanow, erwachen[48], mögen auch die Vertreter unserer westlichen Wissenschaft noch hin und wieder verschämt ihre angeblich humanistische Grundhaltung beteuern.

Doch niemand vermag den Verlauf der Geschichte vorauszusehen. Sollte der Zug der Zeit wirklich die ganze Menschheit mehr und mehr zur Aufnahme eines Individualismus im abendländischen Sinne reif werden lassen, dann könnten unsere Naturrechtler in der Frage einer allgemeinmenschlichen Anerkennung der Grundrechte wenigstens praktisch recht behalten, aber doch wohl nur unter der kaum zu erwartenden Voraussetzung, daß die nichtabendländischen Völker ausnahmslos unsere Leitvorstellung eines nach dem Persönlichkeitswert ausgerichteten Menschenbildes übernehmen würden. Auch bei strenger Wissenschaftsgesinnung sind wir durchaus nicht gehindert, vorsorglich schon heute in dieser Richtung künftige Möglichkeiten zu überdenken. Nur müssen wir uns dabei gegenwärtig halten daß wir auf Schritt und Tritt mit bloßen Mutmaßungen arbeiten. Allein von dieser Ausgangsstellung aus gesehen, kann die sorgfältige Beobachtung des Schicksals unserer Grund- und Menschenrechte im Verfassungsleben nichtabendländischer Völker für unser Anliegen nützlich sein[49].

---

tigen, daß von der Leibnizschen Monade, d. h. der Individualseele, kaum noch etwas übriggeblieben ist, so ergibt sich daraus indessen keineswegs, daß nunmehr idiographische Methoden in den Geisteswissenschaften ihre Daseinsberechtigung verloren hätten. — Siehe jetzt Seiffert (1969) und (1970).

[48]) Plechanow (1952). — Richtig für die gegenwärtige Entwicklung im Abendland meint Max Horkheimer ([1967], 194): »... so werden die Menschen einander gleich, ohne daß sie sich einander nähern.« Von der »regressiven Auflösung in die Kollektivseele« sprach vor Jahren bekanntlich schon C. G. Jung. Eben dieser sozialpsychische Allgemeinzustand entspricht dem sehnsüchtigen Wunsch der Kommunisten unter uns.

[49]) Gegenwärtig scheint der individualistische Geist unserer Grund- und Menschenrechte nirgendwo fester Fuß gefaßt zu haben als in Indien, wesentlich gefördert von dem an englischen Hochschulen gebildeten Jawaharlal Nehru (Heinz Lehmann [1965], 86 f.). Fraglich ist nur, ob es sich dabei nicht um bloße Nachklänge der britischen Kolonialzeit handelt. Denn die Väter der indischen Verfassung vom 26. Januar 1950 und ihre heutigen richterlichen Hüter sind überwiegend noch englisch erzogene Juristen, die zum Teil auch unter nordamerikanischen Einflüssen stehen (Granville Austin [1966], 77 und 103). Immerhin urteilt ein Sachkenner wie Alan Gledhill (1956), 129: »It is to be hoped that the Fundamental Rights are something more than a gesture of self-respect on emergence from colonial rule.« Hoffen wir, daß ihm die Zukunft Recht gebe! Jedenfalls dürften in diesem klassischen Lande streitbarer Minderheiten auch die künftigen einheimischen Juristengenerationen immer wieder gezwungen sein, gefährdete Gruppeninteressen schützen zu müssen. Ist das aber der Fall, so wird dieser Umstand wahrscheinlich dann auch dem einzelnen Individuum und seiner Rechtsstellung zugute kommen.

In diesen Zusammenhängen verdient Erwähnung, daß das von Gandhi und den anderen indischen Freiheitskämpfern betätigte Recht des gewaltlosen Widerstandes lediglich eine Abwandlung des abendländischen Widerstandsrechtes dar-

Zu solchen künftigen Untersuchungen mögen vielleicht folgende Gedanken und Fragestellungen anregen.

Unserer Annahme gemäß, daß alles Naturrechtsdenken an ein Individualitätsbewußtsein gebunden ist, wäre zunächst zu prüfen: ist das Naturrechtsdenken eine notwendige oder nur eine mögliche Folgeerscheinung des Individualitätsbewußtseins? Notwendig oder möglich! Das ist in zugespitzter Form die Frage. Heute ist dabei hauptsächlich an Asien und Afrika zu denken. Falls überall eine entwicklungspsychologische Notwendigkeit unausweichlich zum Individualismus führen sollte, wäre demnach eine neue Welle naturrechtlichen Denkens auch außerhalb des Abendlandes zu erwarten. Der voll zur Eigenständigkeit ausgereifte einzelne schafft die Ausgangslage dafür. Damit aber taucht zugleich die Gegenfrage auf: Von welcher Dauer ist diese geistige Ausgangslage? Bleibt sie — einmal entstanden — unveränderlich bestehen? Oder bildet und behauptet sie sich nur ausnahmsweise in Kulturen, die wir seit alters schon als individualistisch empfinden, also bei uns im Abendland? Und weiter: falls letzteres der Fall sein sollte, treten am Ende auch rückläufige Entwicklungen auf? Und schließlich: wie steht es heute bei alledem um die Wiege der Menschenrechte, d. h. um Nordamerika? Eine abseits liegende Frage ist das keineswegs. Denn anscheinend weitaus stärker als im alten Europa drängt sich der »Konformismus« in der Neuen Welt mehr und mehr in den Vordergrund[50]. Auffälligerweise verträgt der moderne Amerikaner z. B. die Einsamkeit »sehr viel schlechter« als der heutige Deutsche[51]. Wohin diese Entwicklung noch treiben kann, bleibt abzuwarten. Möglicherweise wird eines Tages sogar jedes feinere Gefühl für den von uns Europäern immer noch so bitter empfundenen Zwiespalt zwischen Rechtswirklichkeit und Rechtsideal in diesem Stammlande eines ungebundenen Individualismus absterben, ja vielleicht wird hier selbst die akademisch gepflegte Vorstellung eines erstrebenswerten Idealrechtes langsam gänzlich verblassen[52].

---

stellt, wobei das unmittelbar wirkende Vorbild die Unabhängigkeitsbewegung Irlands im 19ten Jahrhundert war (Granville Austin a.a.O. 76).

Von besonderem Interesse bei alledem ist die geistesgeschichtlich in sich widerspruchsvolle Gestalt Nehrus selbst. Aus seiner marxistischen Frühzeit kennen wir gerade über Sinn und Wert der Menschenrechte sehr zurückhaltende Selbstzeugnisse ([1958], 419, 428 f., 614, 616 und 657. Dieser umfassend gebildete, hochkultivierte und selbstkritische Aristokrat stand der geistigen Welt des Abendlandes weithin ohne Verständnis gegenüber.

Im weiteren Umkreis der hier nur angedeuteten Menschenrechts-Problematik in Indien wäre vornehmlich der große Weise Sri Aurobindo (1872—1950) zu beachten. Er nämlich wies hin ([1964], 54—66) auf die zeit- und entwicklungsbedingten individuellen Unvollkommenheiten und Schwankungen »jedes Sittengesetzes«. Absoluten ethischen Maßstäben stand er skeptisch gegenüber.

50) Ralf Dahrendorf (1963), 95—108. Vgl. hierzu schon die Eindrücke und Prognosen von Alexis de Tocqueville (1959), Band I, 293—299.

51) Peter R. Hofstätter (1967), 63—65.

52) Hierüber machen sich amerikanische Soziologen schon ihre Gedanken. So meint die konservative Soziologenschule, die Vorstellung eines Naturrechts könne nicht mit der Tatsache in Einklang gebracht werden, daß die sozialen Realitäten eben unabänderlich seien (Dahrendorf a.a.O. 177). Dieser Auffassung liegt der

Wer die wechselnde Haltung der verschiedenen Zeitalter und Kulturen zur Frage des Naturrechts tiefer ergründen möchte, sollte immer damit beginnen, sein Augenmerk zunächst auf die individualpsychologischen Nachwirkungen enttäuschender Rechtserlebnisse zu richten[53]. Entstehungsherde naturrechtlicher Regungen nämlich lassen sich nur im einsamen Herzen des zu gereifterem Persönlichkeitsbewußtsein aufgestiegenen einzelnen finden. Hier aber dürfte vornehmlich der Leiderfahrene, also der Feinfühligere und Besinnliche, begnadet sein, die Unzulänglichkeit jeder irdischen Rechtsordnung schmerzlich in ihrer vollen Qual zu empfinden. Dem drückenden Übelstand abzuhelfen, dazu fühlt *er* allein sich sittlich aufgerufen, ohne in blind aufwallenden Zorn zu geraten. Behutsam wird er auf Schritt und Tritt vielmehr darauf bedacht sein, wie sich die verbesserte Ordnung einführen ließe, ohne neues Ungemach über andere zu bringen, es sei denn nur in unumgänglichen Einzelfällen zwingender Not des Gemeinwohls[54].

Vermutlich wird jede zum Naturrechtsdenken führende Entwicklung mehrere Stufen über zwei oder gar drei Generationen durchlaufen. Zu untersuchen wäre, ob hierbei nicht manchmal erst der Nachkomme zu kritischen Einsichten gelangt, die sein Vorfahr allenfalls dumpf erahnte. Vielleicht keimt anfänglich in einer Gruppe einzelner nur eine Art von Beeinträchtigungsgefühl, das in der Brust ihrer Geisteserben später zu einem ausgesprochen klaren Rechtsbedürfnis anwächst, bevor es sich bei ihnen zu einem förmlich geäußerten Rechtsverlangen steigert. Bricht dann am Ende noch eine höhere Bewußtseinsklarheit durch, so scheiden sich die Geister wahrscheinlich immer deutlicher: etliche beschränken sich darauf, der Öffentlichkeit ihre Besserungsvorschläge in Wort und Schrift mitzuteilen, kämpferische Naturen und radikale Fanatiker hingegen werden leicht in die Strudel revolutionärer Strömungen hineingerissen. Das sind die beiden Pole, zwischen denen die wach gewordenen Geister sich bewegen, unter der Voraus-

Glaube zugrunde, das Gesellschaftsleben regle sich einzig und allein nach Naturgesetzen (Darwin, Spencer). So dachte das Abendland übrigens während der zweiten, sogenannten mathematischen Phase des Vernunftrechtes allgemein, ohne daß darunter damals das Naturrechtsdenken Schaden nahm, im Gegenteil!

53) Étienne De Greeff (1947), 66 hat nachgewiesen, welche hohe Bedeutung diesen Erlebnissen für die Ausbildung des Rechtsgefühls überhaupt zukommt.

54) Nur selten ist es selbst reinstem Streben vergönnt, das Unrechttun dabei ganz zu vermeiden. Ohne tiefere Welterfahrung und Scharfblick, von äußeren Glücksumständen (Güte der Mitarbeiter, Beschaffenheit des jeweiligen Widersachers usw.) zu schweigen, bleibt nämlich der bloße Edelsinn der guten Absicht meistens wirkungslos. Hinzukommt, das selbst der Beste nicht in jeder Lage die Regungen seiner dunklen Triebe zu bändigen vermag. Der Richter ist davon nicht ausgenommen. Gegen Tatsachenblindheit übrigens ist niemand gefeit. »C'est notre agression qui, par son intensité, nous empêche d'être raisonnable et objectif«, sagt Étienne De Greeff treffend ([1947], 82). Vgl. auch seinen Abschnitt »La structure affective de la notion de justice« a.a.O. 33—69.
Eine absolute, materiale Gerechtigkeit läßt sich eben auf dieser Welt nicht erreichen, bestenfalls annäherungsweise — wie Chaim Perelman (1967) überzeugend dartut — eine formale Gerechtigkeit, die von jeweils veränderlichen Leitwerten reguliert wird, die außerhalb des Rechtlichen wurzeln. Das ist es, was ich — von einem meiner Kritiker leider mißverstanden — bereits mit meinen Andeutungen in der ersten Auflage oben auf S. 54 habe sagen wollen.

setzung freilich, daß der einzelne bereits zu kritisch diskursivem Denken erweckt ist, an dessen Entfaltung natürlich immer Geburt und Rang, Bildung und Weltkenntnis ihren Anteil nehmen[55].

Eine schwierige Frage für sich ist, wie man den Kommunismus in diesen Zusammenhang einordnen soll. Daß individualistisches Aufbegehren gegen soziale Unterdrückung seine westeuropäischen Vorläufer namentlich in Irland, England und Frankreich prägte, steht außer Zweifel, ebenso wie die dabei mitwirkenden naturrechtlichen Antriebe. Mit Einschränkungen gilt das sogar für Karl Marx selbst[56], mag er auch schon früh unter den bestimmenden Einfluß Hegels geraten sein, der seinem Kollektivismus die richtungweisende theoretische Begründung lieferte[57]. Bekanntlich konnte es nur mit Hegels Hilfe geschehen, daß später im 20sten Jahrhundert außerhalb des Abendlandes gruppenseelische Völker im Leninismus die ihnen angemessene Lebensform zu finden vermochten. Prüft man also die Anfänge des modernen westeuropäischen Sozialismus genauer, vor allem diejenigen in Deutschland, so wird schon hier ein vorherrschender Zug zur »regressiven Auflösung in die Kollektivpsyche« (C. G. Jung) unverkennbar[58].

Diese strukturpsychologische Begleiterscheinung auch des heutigen Weltkommunismus, der, wo er kann, die leiseste Abweichung eines Individualismus erstickt, sollte z. B. dem westlichen Rußlandbetrachter eine neue Sicht auf die Rechtslehre des Bolschewismus eröffnen. Bekanntlich gehen moderne russische Juristen in ihrer sowjetischen Rechtsquellenlehre von der jeglicher individualistischen Regung abholden Annahme aus, die ausschließliche Quelle allen Sowjetrechts habe man zu suchen in den Parteidirektiven, wie sie einzig und allein von der jeweils herrschenden Spielart der marxi-

---

55) Bei allen hier angestellten hypothetischen Erwägungen darf keineswegs verkannt werden, wie wenig es einer um Exaktheit bemühten Erforschung des Einzelfalls jemals vergönnt wäre, derartige innerseelische Tatbestände eines doch immer höchstpersönlichen Rechtsgefühls völlig zweifelsfrei in ihrem proteushaften, unergründlichen Reichtum an das Licht zu ziehen. Für die Vergangenheit fehlen die Quellen (Explorationsberichte, Selbstzeugnisse), geeignete Einzel- oder Reihenuntersuchungen für die Gegenwart aber ließen sich nur unter besonders günstigen, seltenen Umständen durchführen.

56) Gerhard Oestreich ([1966], 92—104) und jetzt ([1968], 81—117); Thilo Ramm ([1956], XII—XXXII, 6, 75, 309 ff., 322 ff.); Willy Strzelewicz ([1968], 120—137). In Sonderheit zu Marx: Werner Maihofer (1968) und Ernst Bloch (1969).

57) Deshalb nennt Franz Klüber ([1966], 85) Hegel treffend den »Metaphysiker des Funktionärs«.

58) So schildert Friedrich Engels ([1946], 152—156) mit starker Anteilnahme eine ausgeprägt gruppenseelische Gesellschaft rezenter Naturvölker, der Giliaken auf Sachalin. Unverkennbar sehr sympathisch ist ihm hauptsächlich ihre Gewohnheit, »alles gemeinschaftlich zu verhandeln ... (und) fortwährend in die Interessen der Gentilgenossen einzugreifen«. — Heute allerdings zeigt die Natur und Handhabung der Grundrechte in den europäischen Satellitenstaaten des Ostblocks, daß die regressive Auflösung in die Kollektivpsyche dort noch nicht voll gelungen ist (Georg Brunner [1963], 30—42). Sogar der mitteldeutsche Autor Hermann Klenner ([1964], 75) hielt — abweichend von der noch immer vorherrschenden sowjetischen Staatsrechtslehre — vor einigen Jahren noch subjektive Rechte »als Erscheinungsform des sozialistischen Rechts« für unentbehr-

stisch-leninistischen Ideologie geprägt werden. Sie sagen ausdrücklich, es offenbare sich in den Parteidirektiven eine verborgene »sozialistische Gesetzlichkeit«[59]. Einzelne Rechtsphilosophen im Westen glauben, in dieser sowjetischen Rechtstheorie bereits nichts anderes zu erblicken als ein wenn auch unbewußtes Bekenntnis zur Lehre des Naturrechts[60].

In der Tat: auf den ersten Eindruck besticht diese überraschende Deutung unserer Rechtsphilosophen durchaus, um so mehr als niemand leugnen könnte, daß gewiß der Marxismus in seiner abendländischen Urform »zu den Naturrechtslehren (zählt), die sich ihres Ursprungs nicht bewußt sind«[61]. Allein das Bild wandelt sich sofort, wenn wir die Dinge mit unseren Augen betrachten. Nämlich jede echte Regung naturrechtlichen Denkens setzt doch allemal voraus, daß überhaupt eine zu diskursiver Tätigkeit des Verstandes entfaltete individualistische Geisteshaltung da ist. Wo sie nicht kritisch abwägend Anstoß nimmt an einem als unzulänglich empfundenen positiven Recht, bleibt stets fragwürdig, ob wir es mit ausgereiftem Naturrechtsdenken zu tun haben könnten.

Diese Problematik sah übrigens schon Aristoteles möglicherweise ähnlich wie wir. Jedenfalls behauptet mit gut vertretbaren Gründen ein Sachkenner wie Gadamer, Aristoteles habe »dem Gedanken des Naturrechts keine positiv-dogmatische, sondern lediglich eine kritische Funktion« zugebilligt[62].

Da Rußland auch heute noch im großen und ganzen gruppenseelische Züge aufweist, so liegt es keineswegs, wie unsere Rechtsphilosophen wähnen, einfach auf der Hand, daß jene sowjetische Rechtsquellenlehre der Aus-

lich. Doch seit kurzem übertönt bei Debatten um die Grundrechte bereits auch in Mitteldeutschland kollektivistisches Stimmengewirr die letzten halblaut gewagten Äußerungen individualistischer Bedenklichkeit, (vgl. die von Menzel und Büchner-Uhder [1967] herausgegebenen Protokolle einer Tagung der Staatsrechtslehrer im Jahre 1966). — Zur heutigen Lage dieser Frage in Mitteldeutschland siehe Dietrich Müller-Römer ([1968], 53—76).

Doch niemand vermag auch hier in die Zukunft zu schauen. Der eindrucksvolle Vorschlag des tschechischen Philosophen Vitezslav Gardavsky (1969), eines überzeugten marxistischen Atheisten, den Kommunismus mit Jesu Nächstenliebe zu erfüllen, kann Hoffnungen erwecken.

59) Klaus Westen (1959), 104—107; Georg Brunner (1963), 102.

60) Tonangebend: Hans Kelsen (1955), 20 und 120. Vgl. auch Georg Brunner (19/63), 100 ff. Doch hat diese Auffassung schon ihre Gegner gefunden. So meint Dieter Pfaff (1968), 230: »Recht und richtig war und ist alles das, was von den jeweiligen Führern subjektiv als richtig oder ›notwendig‹ bezeichnet wurde. Der Erkenntnisgrund dessen, was Recht sein sollte, lag allein in den momentanen Zwecken und damit letztlich in dem diese bestimmenden Willen. Diese Haltung als ein ›materialistisches Naturrecht‹ zu bezeichnen, verbietet sich, da die Erkenntnis letzten Endes nicht von den materiellen Bedingungen, sondern von deren subjektiver willkürlicher Einschätzung abhängig gemacht wird«.

61) Ernst Reibstein II (1963), 80.

62) Gadamer (1965), 490 und 302 f. in Verbindung mit Aristoteles, Buch V, 1134 b (ed. Dirlmeier [1967], 110 f.). Für zwingend halte ich Gadamers Beweisführung freilich nicht, um so weniger als es sich bei Aristoteles' Stellungnahme zu dem Verhältnis zwischen positivem Recht und Naturrecht doch nur um eine Randbemerkung handelt, also nicht um eine erschöpfende Behandlung des gewaltigen Themas (so übrigens auch Dirlmeier a.a.O. 419). Ingemar Düring (1966) geht leider mit keinem Wort auf diesen reizvollen Gegenstand ein.

druck eines in der Entwicklung befindlichen oder gar schon voll entfalteten Naturrechtsdenkens sei. Vielmehr dürften wir es hier, richtig gesehen, noch mit einem vordualistischen Rechtsgefühl zu tun haben, für das allerdings an die Stelle der inzwischen längst abgedankten Gottheiten die gleichermassen allmächtigen und unfehlbaren Parteidirektiven gerückt sind[63].

Diese fesselnde Frage kann hier nur für künftige Einzeluntersuchungen aufgeworfen werden. Ihr nicht nur in der Beschränkung auf Rußland näherzutreten, wäre sicherlich von Nutzen. Wenigstens das China Mao Tse-tungs sollte zum Vergleich herangezogen werden. Nämlich gerade dort hat sich unter allen leninistischen Staaten bis heute die gruppenseelische Lebensform am reinsten behauptet. China leibt und lebt seit jeher im vordualistischen Rechtsgefühl[64].

In dieser Hinsicht verdient eine noch wenig bekannte, jedoch beachtenswerte Neuerscheinung besondere Aufmerksamkeit: die Freiburger Dissertation des Nationalchinesen Jyun-hsyong Su[65]. Nur bei oberflächlicher Lektüre kann man in dieser umsichtigen Arbeit die Widerlegung einer meiner Hauptthesen erblicken. Gründliche Leser hingegen werden in ihr nur die volle Bestätigung alles dessen finden, was ich im Anschluß an Otto Höfler zum Thema eines vordualistischen Rechtsgefühls und seiner einschneidenden Bedeutung für die Naturrechtslehre ausgeführt habe.

Schon für die alten Chinesen nämlich war Recht etwas, das man nicht verstandesmäßig, sondern nur ahnend mit dem Gefühl erfassen kann. Hierin bekräftigt Su unausgesprochen die Erkenntnis Max Webers[66], daß das Rechtsleben im alten China irrational verlief. Den Chinesen war Rechtsphilosophie nichts anderes als Naturphilosophie[67]. Ethisch rechtes Verhalten besteht für sie lediglich in der Anpassung an das kosmische Seinsgesetz, an das sogenannte Tao[68]. Das Tao regelt gleichermaßen das Recht wie das Dasein aller Wesen und Gebilde im Kosmos. Der kosmologische Zug der chinesischen Rechtsauffassung drückt sich in der Überzeugung aus, daß kein Unterschied zwischen menschlichem Geistesleben und nichtmenschlichem Sein des übrigen Kosmos bestehe. Für chinesische Vorstellung ist deshalb all unser Denken den Gesetzen der kosmischen Naturordnung unterworfen. Die Parallele zu den griechischen Vorsokratikern, welche Nomos und Kosmos ineinssetzten, drängt sich auf[69]. Wie alle gruppenseelischen Kulturen besaß eben auch das alte China das starke Empfinden für den Allzusammenhang. Den Menschen im »Reich der Mitte« wäre eine Eigengesetzlichkeit des Geistigen geradezu unbegreiflich. Folgerichtig faßte daher

---

63) Zum vordualistischen Rechtsgefühl vgl. oben S. 59. In diesem Zusammenhang mag es von Interesse sein, daß meine Polemik gegen die Verirrung des Historikers Fritz Kern (oben S. 62, Anm. 174) jetzt durch die Arbeit des Prähistorikers Karl J. Narr ([1966], 158—168) glänzend gerechtfertigt wird.

64) Zur Einführung in die chinesische Gegenwart empfiehlt sich Mao Tse-tung (1967), 58 ff.

65) (1966) und zusammengefaßt (1967).

66) Siehe oben 119, Note 372.

67) Su (1966), 48.

68) Su (1966), 107.

69) Siehe oben 132, Note 411.

das alte chinesische Strafrecht das Delikt nicht nur als Verletzung der sozialen, sondern zugleich auch der kosmischen Harmonie auf[70].

Die irdische Verkörperung jenes kosmischen Ordnungsprinzips ist der »königliche Weise«[71], der seinen Untertanen die ihm vom Tao geoffenbarten Gesetze nur in eine diesen faßliche Sprache umsetzt. Der Vergleich mit Hammurabi und seiner Gesetzgebung liegt nahe[72]. Mit naturrechtlichem Denken hat das alles nicht das mindeste zu tun. Im reinen Urzustand, in dem das Tao herrscht, werden nämlich alle Gesetze unbewußt (!) geübt[73]. Ja, das Tao ist geradezu die Summe aller unbewußt wirkenden sittlichen Prinzipien[74]. Erst mit der Entwicklung seines Intellekts gerät der Mensch in Gefahr, vom Tao, d. h. vom rechten Wege, abzuweichen[75]. Deshalb sollte er ausschließlich seinem Instinkt, seiner inneren Erleuchtung, folgen, aber dabei jede Reflexion meiden[76]. Denn sonst handelt er nicht mehr dem Recht gemäß! Selbst die chinesische Rechtsschule der Legisten, die als einzige auch Logik betrieb, verzichtete nicht auf den Glauben an die metaphysische Grundlage im Tao[77]. Im alten China herrschte zu allen Zeiten das auf bloßem Rechtsgefühl beruhende Rechtsverständnis.

Berücksichtigt man bei alledem nun, daß aber das Tao für unseren Verstand »gänzlich unaufspürbar«[78] bleibt, so können sich die Anhänger des Naturrechts hier nicht der Verlegenheit entziehen, uns sagen zu müssen, wie dann jedoch die Echtheitsprobe angeblicher Naturrechtserfahrungen im alten China heute angestellt werden soll. Schon Hobbes meinte treffend[79], um unverwechselbar echte von unechten Eingebungen eines ahnenden Gefühls sondern zu können, bedürfe es immer der Beihilfe unserer »natürlichen Vernunft«. Doch wo man sie als schädlich und irreführend förmlich zurückweist, wie im alten China, dort kann von richtiger Verarbeitung eines Naturrechts keine Rede sein, jedenfalls nicht für abendländische Wissenschaftshaltung.

Jyun-hsyong Su räumt denn auch ein, daß der Begriff »Naturrecht« erst im zwanzigsten Jahrhundert nach China importiert worden sei[80].

Glaubten im alten Reich der Mitte die tonangebenden Konfuzianer, den gesamten Kosmos mit allen seinen Hervorbringungen durchwalte immer nur die unwandelbare eine Seinsordnung, so huldigt das China Mao Tse-tungs lediglich einer allgemeinen sozialen Gesetzlichkeit, die allein auf

---

70) Su (1966), 46. Über »die chinesische Auffassung des Universums von soziomorphen Modellvorstellungen« vgl. Ernst Topitsch ([1958], 57—64).

71) Su (1966), 57.

72) Siehe oben 59 f.

73) Su (1966), 48, 82.

74) Su (1966), 85.

75) Su (1966), 109.

76) Su (1966), 111.

77) Su (1966), 201 und 225.

78) Hackmann (1927), 57.

79) Hobbes (1966), Kapitel 36, 332.

80) Su (1966), 130. — Für eine künftige Überarbeitung des Themas wäre zu empfehlen, zum Vergleich das Material der Ethnographie und der allgemeinen Rechtsgeschichte heranzuziehen, vornehmlich zu so reizvollen Einzelfragen wie etwa der »Goldenen Regel« (Su 1966, 152 und 185) oder dem »Widerstands-

den Menschen beschränkt ist und sich dessen veränderlichen geschichtlichen Lagen jeweils anpaßt. Wir haben hier also, ethisch betrachtet, zwei grundverschiedene Auffassungen vor uns. Ihr innerer Zusammenhang wird sich nicht so leicht nachweisen lassen[81]. Dennoch ist zum mindesten eines unzweifelhaft: der alte gruppenseelische Volkscharakter lebt ungebrochen noch heute[81a] und mit ihm das vordualistische Rechtsgefühl. Daraus aber folgt die Aussichtslosigkeit, nach einem maoistischen veränderlichen Naturrechtsdenken auf die Suche zu gehen. Es wäre ebensowenig auffindbar wie in Rußland ein sowjetisches Naturrecht[81b].

Kehren wir nach dieser Abschweifung zu unserem Ausgangspunkt zurück, so zeigt sich unbestreitbar: alle oben erwähnten Rechtsbedürfnisse werden gleichermaßen aus materiellen wie aus ideellen Antrieben genährt, mag auch ihr Mischungsverhältnis von Fall zu Fall sehr verschieden sein. Mag stets leidenschaftliches Aufbegehren über erlittene Demütigungen wie über soziale Not ebenso beteiligt sein, bei ideal Veranlagten dürfte dennoch die Sehnsucht nach Harmonie zwischen Wirklichkeit und Wunsch immer die Oberhand behalten.

Sollten unsere Überlegungen wider Erwarten jedoch zu abweichenden Ergebnissen führen, so bedürften sie einer nochmaligen Überprüfung.

Was auch immer künftige Forschung in der angegebenen Richtung zutage fördern wird, die Grundpfeiler unserer Auffassung stehen fest. Unumstößlich haben C. G. Jung und seine Schüler nachgewiesen: im Abendländer hat sich seit der Urzeit bis heute zunehmend ein seelischer Wandel zu individualistischer Bewußtseinsklarheit vollzogen. Eine vorübergehende Rückbildung ins Gruppenseelische erfuhr diese Entwicklung nur im Mittelalter[82].

---

recht gegen Machtmißbrauch (Su 1966, 66 und 86), die beide im alten China wohlbekannt gewesen sind. Auch ein knappes Streiflicht auf das heutige Rotchina wäre erwünscht, schon im Hinblick auf die Kontinuität geistesgeschichtlicher Zusammenhänge.

[81]) Kindermann (1963), Einleitung 25—28.

[81a]) Für meine Auffassung finde ich eine Stütze bei Jerome Alan Cohen (1966), 474: »When one compares the uses of law in traditional China, in the Republic of China (located on Formosa since 1949), and in the People's Republic of China, significant differences of course appear. Yet one major similarity stands out — law and legal institutions still serve principally as instruments for enhancing the power of the state and for disciplining the people to carry out its policies. In the Chinese value system the interests of the state and the group have always dwarfed those of the individual.«

[81b]) Die hier hauptsächlich am Beispiel Chinas vorgenommene Erhellung des vordualistischen Rechtsgefühls macht einsichtig, wie falsch moderne Vertreter der Ethnologischen Jurisprudenz immer noch Recht und Rechtsvorstellungen gruppenseelischer Kulturen beurteilen. So geht heute bedenkenlos der nordamerikanische Forscher E. Adamson Hoebel ([1968], 281 f., 333 f.) davon aus, man müsse die Gedanken der Aschanti, eines Negervolkes an der westafrikanischen Goldküste, über das Verhältnis »zwischen dem irdischen (!) Recht und der Sphäre des Übernatürlichen (!) ... eindeutig als eine Naturrechtstheorie (!!) ... bezeichnen.«

[82]) Unter Juristen scheint dieser Betrachtungsweise bisher allein Ernst v. Hippel ([1958], passim und [1959], 141 ff., 241 ff) einiges Verständnis entgegenzubringen. — Natürlich darf nicht verkannt werden, daß der antike Individualismus trotz mancher Übereinstimmung mit dem der Neuzeit unvergleichbar ist (Richard Harder [1962] und Hans Drexler [1966]).

Diese Tatsache ist heute jedem Zweifel entzogen. Doch ist kaum zu hoffen, daß meine Unterscheidung zwischen gruppenseelischen und individualistischen Kulturen überall Beifall findet. Schon ein flüchtiger Blick auf das neueste Schrifttum offenbart die hier immer noch vorherrschende Unklarheit. So erklärt der Ethnologe Wilhelm Emil Mühlmann in bezug auf die Naturvölker der Gegenwart diese strukturpsychologische Unterscheidung für abwegig[83], während der Anthropologe Egon Freiherr von Eickstedt in jedem Primitiven sogar einen »grundvernünftigen Praktiker und Individualisten« sehen möchte[84]. Ihre Auffassungen begründen beide Forscher allerdings nur dürftig, wie denn auch nicht wenige andere Gelehrte unsere Frage meist so nebensächlich erörtern, als stünden wir auf einem ausgetretenen Gemeinplatz, nicht aber vor einem noch kaum berührten Problem. Daher wird meist auch gänzlich übersehen, wie sorgsam in jedem Einzelfall der betroffene Mensch und seine Gruppe auf Einwirkungen des Bildungsniveaus, der sozialen Stellung und etwaiger fremder Kultureinflüsse untersucht werden müßte, bevor sich überhaupt sichere Aussagen über eine vorhandene gruppenseelische oder eine ausgeprägte individualistische Wesensart machen ließen.

Selbst bewährte Fachleute verkennen obendrein mitunter dabei völlig, welche methodologisch wichtige Wahrheit einst schon Ernst Cassirer mit den Worten aussprach: »Wissenschaft ist immer Abstraktion und deshalb Entleerung und Verarmung der Wirklichkeit«[85]. Wie beherzigenswert diese seine Einsicht gerade für die Sozialwissenschaften besonders im Hinblick auf deren Terminologie der Typenbildung ist, zeigt heute der amerikanische Soziologe David Riesman mit seiner aufsehenerregenden Lehre von den drei historischen Typen des traditionsgeleiteten, des innen- und des außengeleiteten Menschen. Am Ende nämlich kommt er selbst zu dem unangreifbaren Ergebnis, daß Idealtypen, mit denen die Soziologie arbeitet, auf jeden Fall unentbehrlich bleiben, auch wenn es sie in »Reinkultur« nirgendwo geben kann[85a]. Die nähere Beschäftigung mit Vaihingers Grundgedanken seiner »Philosophie des Als-Ob«, mag man im einzelnen stehen zu ihr, wie man will, kann nur dazu führen, dem selbstkritischen Ergebnis Riesmans beizupflichten.

Wem unsere strukturpsychologische Unterscheidung zwischen gruppenseelischen und individualistischen Kulturen trotz allem nicht einleuchtet, der möge sich wenigstens durch das reiche, einschlägige Material beeindrucken lassen, das z. B. Wilhelm Grönbech in seinem klassischen Werk über die Germanen angehäuft hat. Empfehlenswert ist außerdem die Lektüre des soeben erschienenen genialen Asienbuches von Jean Gebser[85b].

---

83) »Rassen, Ethnien usw.« ([1964], 40 f.).

84) ([1963], 2452 f.).

85) Vgl. oben S. 99, Note 307.

85a) David Riesman ([1968], 46, 255) verwendet dabei den Ausdruck »Konstruktionen«, offenbar ist er mit Vaihinger nicht vertraut.

85b) Wilhelm Grönbech (1954), Jean Gebser (1968). —
Wie richtig wir hier sehen, beweist auch die Entstehung der Ekklesiologie, d. h. der Lehre vom Selbstverständnis der Kirche. Nur selten und beiläufig nämlich

Daß meine Studie im Hinblick auf das Gruppenseelische noch künftiger Einzelprüfung bedarf, ist selbstverständlich. Doch ist schon heute eines sicher: Historiker, Ethnologen, Anthropologen, Psychologen und Soziologen, in deren Vocabularium der Ausdruck »gruppenseelisch« oder eine gleichsinnige Bezeichnung überhaupt nicht zu finden ist, weil sie einem angeblich allverbreiteten Individualismus das Wort reden, sind tatsachenblind. Denn schon der Umstand sollte sie stutzig machen, daß sich im Laufe der Geschichte die Vorstellungen von strafrechtlicher Schuld und Verantwortlichkeit erheblich gewandelt haben. Wo der Mensch Gruppenwesen ist, da gibt es kein Täterstrafrecht, keine mildernden Umstände, keinerlei Verständnis für fahrlässiges Verhalten — zum mindesten im Regelfall nicht — und zwar deshalb nicht, weil sein diskursiver Verstand noch schlummert oder allenfalls erst in der Anlage keimt[86]. Übrigens gilt diese Feststellung gleichermaßen für die Schuldauffassung und Schuldlehre des Zivilrechts. Unlängst wies Dieter Nörr überzeugend nach, wie seit Roms Untergang selbst in Byzanz, dessen Recht bekanntlich noch am höchsten entwickelt blieb, die zivilrechtliche Fahrlässigkeitslehre förmlich degenerierte, während demgegenüber der Vorsatz mehr und mehr in den Vordergrund trat. Bezeichnenderweise erblickt Nörr die Hauptursache dieses auffälligen Vorgangs im unmerklichen Zustrom »volks- und vulgarrechtlicher Anschauungen«[87].

Meine Deutung der Rechtsauffassung des Mittelalters erfährt dadurch nur eine Bestätigung. Widerspruch von Mediävisten dürfte ich auch kaum zu befürchten haben. Im Gegenteil[88]! Der inzwischen erschienene erste Band aus dem Nachlaß von Georg Misch mit den oben auf den Seiten 69 und 76 schon erwähnten Hinweisen auf die gruppenseelische Natur des

---

machte sich schon das Mittelalter ernstlich Gedanken über den Kirchenbegriff, Thomas v. Aquino gar nicht. Erst Torquemada (1388—1468) verfaßte eine Summa de ecclesia. In der Auseinandersetzung mit der Reformation folgten dann 1581 die ausführlichen »Disputationes de controversiis christianae fidei adversus huius temporis haereticos« von Bellarmin (Mirbt [1924], Nr. 499—502). Die selbstreflektierende Diskussion über die Ekklesiologie setzt bezeichnenderweise erst im 19ten Jahrhundert ein, nämlich 1825 und 1832 mit den Arbeiten Johann Adam Möhlers. Dieser Sachverhalt bildet für den Wandel vom gruppenseelischen Lebensgefühl zum individualistisch diskursiven Denken förmlich ein Schulbeispiel.

86) Freilich sollte uns vor vorschneller Vereinfachung des Sachverhalts schon das riesige ethnographische Material rezenter Naturvölker warnen, aber nicht minder auch die Erforschung alter und älterer außereuropäischer Kulturen aus der Zeit seit Beginn der abendländischen Expansion. Von Westermarck ([1907], I, 189) kann man Vorsicht mit der ungeprüften Behauptung lernen, der Mensch früher Kulturstufen berücksichtige in jedem Falle ausnahmslos den angerichteten Schaden, niemals jedoch auch den Willen des Täters. Vgl. dazu näher a.a.O. I, 191, 192, 229, 231, 232 und 239. Im gleichen Sinne wie W. äußert sich heute E. Adamson Hoebel ([1968], 376).

87) Dieter Nörr ([1960], 112, 118—122, 133, 171—173, 202—210 und passim).

88) Zum Problemgeschichtlichen der Individualität in der mediävistischen Forschung der neueren Zeit vgl. Johannes Spörl ([1965], 1—29, besonders 15—18). Karl Bosl ([1964], 413—424) pflichtet Misch ausdrücklich bei. In den Forschungsstand der Gegenwart führt mit reichen Literaturhinweisen Karl Schmid ein ([1967], 225—249).

mittelalterlichen Menschen festigt meinen Standpunkt nur weiter[89]. Aber nicht allein das autobiographische Schrifttum des Mittelalters beweist den dann um das Jahr 1200 einsetzenden Wandel zum Individualismus, sondern nicht weniger auch der damals auftretende neuartige Zug in den Handbüchern der Beichtpraxis[90]. Der weitblickende Georg Dahm ahnte diese Entwicklung schon vor Jahrzehnten[91].

Berücksichtigt man schließlich, daß um die Mitte des zwölften Jahrhunderts plötzlich in der Juristensprache ein ganz neuer Terminus auftaucht, nämlich das »ius positivum« als Gegenbegriff zum »ius naturale«, so fällt in diesem Zusammenhang erst das richtige Licht auf den sich darin äußernden, höchst merkwürdigen Wandel des mittelalterlichen Rechtsbewußtseins. Mit dem Aufkommen des ius positivum nämlich verkümmerte mehr und mehr das letzte vordualistische, germanisch gruppenseelische Rechtsgefühl[92], und zugleich damit fanden die hochmittelalterlichen Juristen gleichsam über Nacht den verlorenen Anschluß an die klassische und späte Antike und deren dualistisches, griechisches Rechtsdenken, das in seinem individualistischen Grundgefühl schon im Ansatz das Begriffspaar »ius positivum« und »ius naturale« geschaffen hatte[93].

Nicht minder zuversichtlich bin ich in meiner Beurteilung der russischen Volksseele, mögen meiner nachträglichen Prüfung auch einige Einzelheiten des Bildes nicht standgehalten haben, wie die vorige Auflage es entwarf. Falsch an meiner damaligen Ansicht ist, Rußland habe keinen einzigen dramatischen Dicher hervorgebracht. Man braucht doch nur an Puschkin (1799—1837) zu denken, an Ostrowski (1823—1886) oder Tschechow (1860—1904). Der klassisch gebildete, besonders an Shakespeare geschulte Puschkin zeigt mitunter sogar romantische Ironie, d. h. ein charakteristisches Merkmal individualistischer Vollreife. Auch der Sinn für ritterliches Heldentum ist dem Russen nicht abzusprechen[94]. Jedoch scheint

---

89) Band IV, 1. Hälfte (1967).

90) Jacques Le Goff ([1964], 44—60).

91) Georg Dahm ([1931], 6 f.). Sein Buch enthält gerade zum Gruppenseelischen reiches Material, z. B. 14, 18 und 278 ff., wenn auch unverarbeitet. — Folgende zum Teil veraltete Werke von Juristen bieten Anregungen, mögen die Autoren unserer Betrachtung auch fremd gegenüberstehen: Otto von Gierke ([1868], 638 ff.); ([1873], 25 ff.); ([1881], 12 ff.); ([1913], 276 ff.); Eberhard Schmidt ([1940], passim); Viktor Achter ([1951], passim); Woldemar Engelmann ([1895], 18 und 27); Walther Schönfeld ([1951], 256, Note 480).

92) Siehe oben 59 den Hinweis auf Otto Höfler.

93) Sten Gagnér ([1960], 210—278). — Die Menschen um 1200 begannen zugleich damit aber auch den Wandel alles Irdischen zu erkennen, und so erwachte in ihnen allmählich das Bewußtsein, daß man sein Recht der Veränderlichkeit der Dinge anzupassen habe. Sehr langsam, aber kontinuierlich führte diese neue Seelenlage schließlich zum modernen Gesetzespositivismus (Gagnér a.a.O.).

94) Das dürfte die erst neuerdings geäußerte einmütige Überzeugung aller Slavisten deutscher Zunge sein, die in Rußland aufgewachsen sind. Vgl. V. Setschkareff ([1949], 22 ff., 75 ff., 104); M. Braun ([1954], 53, 154 f.); D. Tschizewskij ([1959], I., 49 ff.; N. v. Arseniew ([1966], 117—125, 283 f., 143—149; siehe aber auch schon den Historiker S. F. Platonow ([1927], 48 f., 59, 72, 76—79, 91, 96, 103 f., 122—124, 210 f. – Einen förmlich gemeinschaftsfeindlichen Individualismus finden wir bei Lermontow (1814—1841), den seine russischen

mir nach wie vor außer Frage, daß die Ostkirche keine vom praktischen Leben abstrahierende theologische Ethik hervorgebracht hat. Ihre ungewöhnlich rührige Nächstenliebe soll damit nicht verkleinert werden. Aber ein tatenfreudiges, warmes Bruderherz und gedankenblasses Nachsinnen über ein ethisch richtiges Verhalten sind eben doch zweierlei Dinge, mögen die Predigten der orthodoxen Kirche in der Abwehr eines rational angreifenden Atheismus neuerdings auch »moralische Probleme« in den Vordergrund rücken[95]. Am Gesamtbild ändert das nichts. Alles Verstandesmäßige tritt im russischen Christentum ganz und gar zurück. Neigung zur Dogmatik besteht kaum[96].

Meine Schilderung des russischen Soldaten auf Seite 102 hat vielfache Zustimmung gefunden. Dieser persönliche Erlebnisbericht spricht zweifellos für einen noch gruppenseelischen Volkscharakter. Doch darf dabei nicht verschwiegen werden, daß in Augenblicken starker seelischer Belastung auch der Soldat des individualistischen Abendlandes instinktiv körperlichen Anschluß an seinesgleichen sucht, namentlich bei Nachtangriffen. Dann bricht unhemmbar auch in ihm das animalisch Archaische hervor und schaltet seinen Verstand aus, der ihm anraten würde, doch die Leere des Gefechtsfeldes zu nutzen, sofern ihm das Leben lieb sei[97].

Heute läßt sich das letzte Wort zur Gruppenseele Rußlands noch nicht sagen. Denn seit Stalins Tod und vollends seit Chruschtschows Ausscheiden ist eine Entwicklung eingetreten, deren Ziel zur Zeit noch nicht klar erkennbar ist. Nach Helen von Ssachno scheint in der geistigen Führungsschicht tatsächlich ein kräftiger Zug zum Individualismus in Fluß zu geraten[98], der sich in gewissen Strömungen zur Entdeckung der Innerlichkeit, der privaten Welt, des Rechts des einzelnen auf Ungestörtheit, Ruhe und

---

Landsleute bezeichnenderweise deshalb als einen »Meteor aus einer anderen Welt« empfanden (A. Eliasberg [1922], 35).
Bei alldem darf kein Irrtum aufkommen: Heldenverehrung ist selbstverständlich durchaus nicht ein Kennzeichen individualistisch später Seelenhaltung, sondern nichts anderes als das Selbstverständnis der Gruppe. »Die unbewußte psychische Ganzheit des Kollektivs«, so sagt der Jung-Schüler Erich Neumann ([1949], 457), »wird . . . archetypisch am ‚Großen Einzelnen' erfahren, der zugleich Gruppenselbst und unbewußtes Selbst des Einzelnen ist.«

95) Siegfried Müller-Marcus (1967), 365 ff.

96) Ernst Benz (1957), passim; Karl Friz (1950), 40 ff. — Iwan Tschetwerikow bei Seraphim (1950), 195 ff. (besonders lehrreich); Iwan Iljin (1944), 67—133. — Bei alledem wird aber zu bedenken sein, daß die Russische Kirche, wenn man Ernst Benz (1966) folgen darf, binnen kurzem nur noch der Geschichte angehören wird.

97) Der Begriff von der »Leere des Schlachtfeldes« wurde im Burenkrieg (1899—1902) geprägt. Moderne Schützenschwärme kamen in den napoleonischen Kriegen auf, angeregt durch den nordamerikanischen Unabhängigkeitskrieg. »Ausgesprochene Individualisten« hatte es allerdings schon seit Beginn des 12ten Jahrhunderts gegeben, nämlich die einzeln kämpfenden Ritter. Im russisch-japanischen Krieg (1904—1905) zeigten die Russen keine Neigung zur neuen Infanterietaktik, während ihre von Franzosen und Deutschen geschulten Gegner nur noch lichte Schützenketten bildeten (Günther Blumentritt (1960), 128, 93 f., 108, 67, 132). Es wäre noch zu prüfen, ob und inwieweit damals die Japaner die übernommene neue Taktik aus dem Abendlande wirklich durchhielten.

98) Helen von Ssachno (1965).

Einsamkeit durchsetzen möchte[99]. In allerletzter Zeit scheint diese Entwicklung besonders an Boden gewonnen zu haben. Ist das aber der Fall, so macht sich auch Sowjetrußland jetzt vielleicht auf den langen Weg, allmählich den Menschen als den »einzig unvergänglichen Wert«[100] zu entdecken. Müller-Markus, der sein erregendes Buch über diesen Gegenstand bis in den Sommer des Jahres 1967 führt, meint bei aller kritischen Zurückhaltung sogar, es könne am Ende geschehen, daß »unter der Hülle kommunistischer Prinzipien ... die Situation des Menschen jenseits aller ideologischen Verformung in ihrer Bedrängnis durch das Böse lebendig« werde[101]. Sollte es wirklich eines Tages dahin kommen, so wäre der Durchbruch zum individualistischen Lebensgefühl bei Rußlands tonangebenden Schichten vollzogen und damit bei unserem großen östlichen Nachbarn die seelengesetzliche Voraussetzung für die Aufnahme naturrechtlichen Denkens geschaffen[102].

— 3 —

Mehr braucht in einer Schrift, die sich in dieser Frage auf bloße Anregung beschränkt, zum Gegenstand »Gruppenseele — Individualbewußtsein« nicht ausgeführt zu werden.

Sehe ich von diesem leitenden Gesichtspunkt ab, den die Betrachtungsweise des Gruppenseelischen mir erschloß, so hat entscheidend im übrigen das Lebenswerk Erich Rothackers auf mich eingewirkt, namentlich seine Kulturanthropologie, aber auch seine Geschichtsphilosophie. Ich kann das rückschauend nur mit großer Dankbarkeit bekennen. Wer meine Grundeinstellung zum Naturrecht ablehnt, wird also nicht umhinkönnen, diesen

---

99) Paloczi-Horvath (1963), 137—166; Meissner in dem von ihm herausgegebenen Sammelband (1966), 63, 86, 101 f., 111, 121; Anweiler bei Meissner (1966), 172 f.

100) Müller-Markus (1967), 336.

101) Müller-Markus a.a.O. 337.

102) Bereits 1958 ließ sich ein sowjetrussischer Jurist also vernehmen: »Es gibt eine ungeschriebene Gerechtigkeit, die nur in den Rechtsverhältnissen und den Rechten und Pflichten des Individuums zum Ausdruck kommt« (Georg Brunner [1963], 59). Dieser mutige Ausspruch führt, wie G. Brunner a.a.O. 60 treffend sagt, folgerichtig dazu, das Anliegen der Naturrechtslehren anzuerkennen. Bedeutsam ist auch, daß die Sowjetrussen ihr geradezu archaisch anmutendes, nur auf die objektive Gefährlichkeit des Täters abstellendes Strafrecht der Stalinzeit durch ein Schuldstrafrecht und ein liberaleres Strafverfahren abgelöst haben. Bevor man hier aber von der Überwindung gruppenseelischen Lebensgefühls spricht, sollte man Dauer und Tiefenwirkung solcher Reformgesetze beobachten. So verbietet zwar die jetzige Strafprozeßordnung vom 25. Dezember 1956, dem Angeklagten ein Geständnis abzupressen und ihm die Beweislast seiner Unschuld aufzubürden (Art. 14), doch ist diese Vorschrift »... gegenwärtig noch keine Selbstverständlichkeit. Diesbezügliche Auseinandersetzungen werden immer wieder vor der Öffentlichkeit ausgetragen« (Geilke [1966], 207). Aber auch der Artikel 176 der neuen Zivilprozeßordnung vom 8. Dezember 1961, wonach die Bekanntgabe von Privatbriefen nur mit Zustimmung ihrer Verfasser zulässig ist, sollte im Hinblick auf die Gerichtspraxis ebenso vorsichtig gewertet werden (Geilke a.a.O. 197 f.). — Weitere einschlägige Quellenbelege bei Fritjof Meyer ([1968], 109, Note 24).

bahnbrechenden Forscher näher kennenzulernen, bevor er abschließend über mich urteilt.

In einem erst nach seinem Tode erschienenen Werk hat Rothacker den Ertrag seiner kulturanthropologischen Lebensarbeit zusammengefaßt[103] und darin unsere Hauptthemen, die Schichtenlehre[104], »Mensch und Umwelt« sowie das Relativismusproblem noch einmal ausführlich dargestellt. Wer insgeheim mit absoluten Wertmaßstäben auch nur liebäugelt, sollte sein Buch sorgfältig studieren. Allein schon deswegen lohnt die Lektüre sich, weil Rothacker hier dem von Geisteswissenschaftlern zu wenig beachteten Vorläufer Uexkülls, dem großen Zoologen Karl Ernst v. Baer (1792 bis 1876) und dessen 1860 gehaltenem berühmten Vortrag über die »Lebendige Natur« Ausführungen widmet, die bei dem heutigen Stand der Kulturanthropologie für die Frage nach dem Naturrecht von hervorragendem Interesse sind[105].

In der Naturrechtsdiskussion ist die Umweltfrage, soweit ersichtlich, im Hinblick auf das Relativismusproblem bisher noch nicht gewürdigt worden. Darum sei hier zu den Ausführungen unserer ersten Auflage nachgetragen, daß der weltbekannte kürzlich verstorbene Anthropologe Egon Freiherr v. Eickstedt mit besonderem Nachdruck Uexkülls Meinung unterstützt, man müsse die Umweltlehre auch auf den Menschen anwenden. Überzeugend weist v. Eickstedt Schelers gegenteilige Auffassung zurück[106]. Daß meine unabhängig von Eickstedt an Scheler geübte Kritik (oben S. 88) jetzt durch einen allseitig anerkannten Fachmann ihre Rückendeckung erhält, freut mich sehr.

Wer sich künftig mit dem Naturrechtsproblem beschäftigen möchte, wird kaum auf ein Studium der Umweltfrage verzichten können, schon nicht mit Rücksicht auf den von Rechtsontologen so hartnäckig verteidigten Glauben an objektive Werte a priori[107].

---

103) (1966). Einführung bei Wilhelm Perpeet (1968).

104) Da man unbegreiflicherweise bei der Erwähnung des Begriffes »Schicht« hin und wieder tatsächlich noch der handgreiflichen Vorstellung von einer Art Schichttorte begegnet, sei hier nochmals betont, daß uns nur die raumlogische Wortsprache zwingt, Unräumliches wie etwas Räumliches zu behandeln.

105) Karl Ernst v. Baer ([1864], 237—284).

106) Egon Frh. v. Eickstedt ([1963], 1748—1758, besonders 1755. Demgegenüber hält Arnold Gehlen ([1966], 73 ff.) daran fest, der Mensch habe keine Umwelt. Den bei G. vorliegenden Beobachtungsfehler weist indes Hans Thomae ([1969], 32—37) auf. H. G. Gadamer ([1965], 427 ff.) bekennt sich in der Frage entschieden zu Uexküll. Ohne auf K. E. v. Baer zurückzugreifen, ist das Problem nicht lösbar.

107) Übrigens würde nicht einmal der stichhaltige Nachweis absoluter Werte das Mindeste für ein aus ihnen ableitbares Sollen besagen (vgl. Ulrich Matz [1966], 97). In diesem Zusammenhang interessiert die Arbeit von Katharina Kanthack zu N. Hartmanns Wertlehre. Sie weist nämlich nach, daß H. schon mit seinen eigenen Grundauffassungen einen Entdeckungsprozeß moralischer Werte widerlegt ([1962], 153 ff.). — Wie mir jetzt durch das Erinnerungsbuch seiner Witwe (Gudrun v. Uexküll [1964], 36, 93, 133, 164) bekannt wurde, fühlte sich Uexküll Immanuel Kant so stark verbunden, daß seine Vertrauten ihn deshalb gern »Kant II« nannten. Damit erhält meine Darstellung oben auf S. 8 eine nachträgliche Stütze.

Ist die Kulturanthropologie durchaus imstande, schon mit Hilfe der Schichtenlehren, wie sie vornehmlich Nicolai Hartmann und Erich Rothacker vertreten, jede ungetrübte Erkenntnis ontischer Rechtsgegebenheiten fragwürdig erscheinen zu lassen, so steigern Umwelttheorie und nicht zuletzt vergleichende Verhaltensforschung mit der Betonung der individuellen Eigenwelt und der Triebgebundenheit des Menschen diese Fragwürdigkeit heute noch beträchtlich. Daher ist es denn dem Kundigen längst keine Frage mehr, sondern unumstößliche Gewißheit: kein Sterblicher — selbst nicht auf den Höhen abgeklärter Reife — vermag jemals die engen Grenzen seiner Menschlichkeit zu sprengen oder auch nur für Augenblicke seinen animalischen Bodensatz völlig zu verleugnen.

Übrigens sollte bei überzeugten Christen unter den Rechtsontologen dieser schwerlich noch bestreitbare Sachverhalt Verständnis finden. Denn nicht nur in protestantischen, nein sogar auch in gewissen katholischen Kreisen sieht christliche Frömmigkeit die kreatürliche Verderbtheit all unserer Erkenntnis seit langem mit klarem Blick.

Der einschlägigen Problematik der modernen Kulturanthropologie steht bereits der große Katholik Pascal näher als so mancher unter uns[108]. Für seine unmittelbaren und mittelbaren Anreger gilt das gleiche, seien sie Christen oder Nichtchristen, wie Montaigne, Descartes, die Jansenisten, der Kirchenvater Augustinus oder der spätantike Skeptiker Sextus Empiricus. Mehr oder minder stimmen alle diese Männer mit uns darin überein: immer wieder lenken unsere Triebe und Leidenschaften die logische Funktion unmerklich von ihrer Bahn ab und verderben sie heillos[109].

---

108) Wasmuth ([1949], 77 und 101). Freilich können wir uns nicht mehr zu Pascals Überzeugung bekennen, die Materie sei verderbt, der Geist aber nicht. Vielmehr folgen wir seinem Anreger Montaigne, wenn dieser von der leibseelischen Zwienatur des Menschen ausgeht (Hugo Friedrich [1967], 121).

109) Sylvester Kohler ([1905], 39 ff.); Bornhausen ([1920], 177); Hugo Friedrich ([1967], 179—183). In seiner Ablehnung des Naturrechts fußt Pascal (oben 174) ganz auf Montaigne (Essais II, 12, p. 321; III, 13, p. 187—256), der in seinem Wertrelativismus seinerseits Sextus Empiricus (1968) folgt, soweit ihn nicht die Reiseliteratur des 16. Jahrhunderts beeinflußt hat (Hugo Friedrich a.a.O. 192—195). Gerade in katholischen Kreisen wurde diese antirationalistische Anthropologie erst durch die Ausschreitungen der französischen Revolution neu belebt. So betonte Antoine de Rivarol (1753—1801) die Notwendigkeit, eine förmliche Theorie der Leidenschaften zu begründen, weil die Ansicht von der Vernunftbestimmtheit des Menschen preisgegeben werden müsse (Hans Barth [1958], 87). Jedoch darf dabei die von Anfang an bestehende ständige irrationale Nebenströmung der Aufklärung nicht übersehen werden. Schon der französische Moralist Luc Clapiers de Vauvenargues (1715—1747) z. B. wies wiederholt auf die Grenzen der Vernunft hin. Sie könne uns »stärker als die Natur täuschen« (Fritz Valjavec [1961], 317). — In Deutschland griff der Romantiker Franz Xaver v. Baader (1765—1841) ausdrücklich auf die Lehre von der Trübung der Vernunft und von der Entstellung der Materie durch den Sündenfall zurück. Er verneinte die Möglichkeit, mit Hilfe der verfälschten Vernunft jemals die Wahrheit rein erkennen zu können (Josef Siegl [1957], 81 f.). Schon 1790, vor Ausbruch der Schreckenszeit also, sprach sich der irische Protestant Edmund Burke (1730—1797) entschieden gegen die Denkbarkeit eines unverderbten Naturrechts aus: »These metaphysic rigths entering into common life, like rays of ligth which pierce into a dense medium, are, by the laws of nature, refracted from their straight line« ([1964],

Montaigne, der vorurteilsloseste, schärfste Menschenbeobachter zu Beginn der Neuzeit, faßt das Wesentlichste der Sache tiefsinnig in die Worte: »Nature a, ce creins-je, elle mesme attaché à l'homme quelque instinct à l'inhumanité«[110].

Also könnten Étienne De Greeff und Konrad Lorenz, die mit modernen Methoden der Wissenschaft zum gleichen Ergebnis gelangen, auf eine wahrhaft imponiernde Ahnenreihe ihrer Aggressionslehren verweisen. Rechtsontologen, die trotzdem immer noch jede psychologisierende Ansicht des Denkvorgangs für schlechthin unzulässig erachten möchten, sollten sich jedenfalls nicht auf Edmund Husserl und seine »Logischen Untersuchungen« berufen. Denn selbst er konnte im Grunde seines Herzens doch nicht die unwiderlegliche Einsicht abweisen, daß »die Erkenntnis als psychisches Erlebnis selbstredend psychologischen Gesetzen untersteht«[110a].

---

59). Meine gleichlautenden Ausführungen oben auf Seite 49 dürften kaum unter bewußtem Einfluß Burkes niedergeschrieben sein. Denn seine Reflections on the Revolution in France hatte ich zum ersten Male schon viele Jahre zuvor in der Hand gehabt. — Unter den katholischen Philosophen der Gegenwart dürfte August Brunner ([1961], 24) uns nahestehen. Er hat übrigens über den Stufenbau der Welt gearbeitet. Bemerkenswert ist auch eine Äußerung Diltheys (VII [1958], 150): »Und die heutige Analyse der menschlichen Existenz erfüllt uns alle mit dem Gefühl der Gebrechlichkeit, der Macht des dunklen Triebes, des Leidens an den Dunkelheiten und den Illusionen, der Endlichkeit in allem, was Leben ist, auch wo die höchsten Gebilde des Gemeinschaftslebens aus ihm entstehen. So können wir den objektiven Geist nicht aus der Vernunft verstehen . . .«.

110) Montaigne, Essais II, 11, p. 124 und Erik Wolf ([1967), 655). Anklänge an die Vergleichende Verhaltensforschung und deren Auffassung, daß unser Sozialverhalten weithin stammesgeschichtlich vorgeformt ist (Irenäus Eibl-Eibesfeldt [1967], 71, 100, 111, 114, 122, 139, 151, 236—238, 240, 263—270, 288, 307, 325— 331, 356, 391, 449), zeigt Montaigne auch sonst, übrigens er nicht allein, sondern unter den französischen Moralisten besonders La Rochefoucauld mit seinem Ausspruch: »Nous aurions souvent honte de nos plus belles actions si le monde voyait tous les motifs qui les produisent« ([1961], 24). Überraschend modern sah den Sachverhalt schon 1780 Schiller: »Der Mensch ist nicht Seele und Körper, der Mensch ist die innigste Vermischung dieser beiden Substanzen« (132).

Wenn demgegenüber erstaunlicherweise noch 1967 (604) Manfred Obermeier, um die Ergebnisse und Probleme der Kulturanthropologie zu verharmlosen, in seiner Besprechung der Veröffentlichung Mühlmanns und Müllers (1966) auf einen geradezu platonisch abgestanden anmutenden Leib-Seele-Dualismus zurückgreift, so wird das Ansehen der Geisteswissenschaften damit leider nicht gestärkt, deren klärende Mitwirkung an dieser vielschichtigen Frage doch so dringend zu wünschen wäre. Allerdings, Mühlmanns eigener Beitrag zu dem von ihm und Müller herausgegebenen Sammelwerk enttäuscht sehr. Rothackers Schichtenlehre übergeht er nämlich mit Stillschweigen und Uexküll würdigt er nur unzulänglich. Für das Naturrecht lehrreich sind dagegen die Aufsätze von Topitsch und La Barre (a.a.O. 5—76 und 264—281).

Übrigens führe ich keineswegs, wie es Freud tat, die gesamte Motivation menschlichen Verhaltens zurück auf animalische Triebe in uns. Mit anderen Worten, ich entthrone den Geist durchaus nicht, im Gegenteil!

Die neuesten wenig glücklichen Bemühungen von Jürgen Habermas um dieses Thema ([1968], 312, 345 f., 351 f.) tragen zur Klärung nicht bei.

110a) Edmund Husserl ([1968], Band I, 150). Freilich meinte H. andererseits: »... den Logiker aber interessieren nicht diese natürlichen Zusammenhänge, sondern er

Die ungetrübte, reine Erkenntnis ist und bleibt ein schöner Traum unserer Phänomenologen. Schon Goethe wußte darum. Von ihm stammen die tiefen Worte — sie könnten Husserl zugedacht sein —: »Der Mensch begreift niemals, wie anthropomorphisch er ist«, und »Die Wahrheit widerspricht unserer Natur, der Irrtum nicht, und zwar aus einem sehr einfachen Grunde: die Wahrheit fordert, daß wir uns für beschränkt bekennen sollen, der Irrtum schmeichelt uns, wir seien auf ein und die andere Weise unbegrenzt«[111].

Unsere Ablehnung absoluter Werte kann auch nicht in Frage gestellt werden durch eine kürzlich in der Schweiz erschienene umsichtige Dissertation. Ihr Verfasser, Dieter Waldemar Lerner, bemüht sich mit einer vor ihm kaum anzutreffenden Gründlichkeit um den Nachweis »objektiver Rechtsgrundwerte« aus der Archetypenlehre C. G. Jungs. Er hält die Archetypen ernstlich für »die unverfälschte Stimme der Natur«[112] und möchte in ihnen sogar »kosmische Seinsweisen von wertphilosophischem Profil« erblicken[113]. Leider berücksichtigt Lerner bei alledem aber nicht, welche Stellung denn die heutige Fachwissenschaft zur Archetypenlehre nimmt, ja er übersieht, daß C. G. Jung selbst sich wohlweislich hütet, etwa für seine Person ebenfalls so weitreichende Schlüsse zu ziehen oder auch nur für zulässig zu halten. In weiser Zurückhaltung meint der Altmeister der Tiefenpsychologie vielmehr, die Archetypen seien nichts anderes als »Niederschläge

sucht ideale, die er nicht immer, ja nur ausnahmsweise (!) im faktischen Verlaufe des Denkens verwirklicht findet« (a.a.O. I., 56), und so fährt H. folgerichtig fort: »Wir fingieren einen Idealmenschen, in dem *alles* Denken so vonstatten geht, wie es die logischen Gesetze fordern« (a.a.O. I., 67). Immerhin spricht es für H's Weltkenntnis, daß er in diesem reifsten seiner Werke wenigstens unumwunden immer wieder einräumt: »... unser faktisches Denken läuft eben nicht nach Idealen — als ob überhaupt Ideale so etwas wie Naturkräfte wären« (a.a.O. I., 207).

Heute muß denn auch Alois Troller ([1965], 189), der sich mit Husserls Methode der »phänomenologischen Reduktion« auf die Suche nach »überall gültigen Prinzipien der Rechtswissenschaft« machte, am Ende offenherzig zugeben: »Die Unvollkommenheit des menschlichen Erkennens ist sowohl bei der Tatbestandserfahrung als auch beim Bestimmen der Rechte und Pflichten nach dem Wesen des Menschen existentiell unvermeidlich«.

Demnach irrt also Alwin Diemer ([1969], 48, 64) durchaus, wenn er mit der Möglichkeit rechnet, der Mensch könne apriorische Grundlagen des Rechts und damit »Naturrechtsideen in einem neuen Gewande« aufspüren »ohne spezifische metaphysische Voraussetzung, d. h. ohne den eigenen ›Glauben‹ an eine bestimmte Rechtstheorie«. Vielmehr können wir nur Ulrich Klug ([1969], 226) beipflichten, wenn er feststellt: »Die Hauptschwierigkeiten bleiben das Fehlen eines phänomenologischen Beweisverfahrens und ... von eindeutigen Entscheidungskriterien bei divergierenden Auffassungen über das, was sich bei einer Wesensschau ergibt. Die phänomenologische Methode bleibt in ihrer klassischen Form Deskription mit der Gefahr unberechtigter Verabsolutierung ihrer Ergebnisse.«

111) Goethe »Sprüche in Prosa«, Nr. 216 und Nr. 269.

112) Dieter Waldemar Lerner ([1967], 278).

113) Lerner a.a.O. 279 und 280. — Ähnlich versucht Hans Marti (1959), mit der Archetypenlehre die »Hintergründe« der Schweizer Verfassung zu erhellen. Wo hört Wissenschaft auf und wo beginnt das Gefilde ungezügelter Phantasie?

stets sich wiederholender Erfahrungen der Menschheit«[114]. Wollen wir Jung hier nicht ein verstecktes evolutionistisches Denken im Stile Lamarcks unterschieben, für das sich die Erfahrung der Menschheit allmählich in deren Erbmasse ablagert, so möchte er anscheinend der Meinung Ausdruck geben: bei den Archetypen geht es nicht lediglich um Funktionsmöglichkeiten oder Strukturen des kollektiven Unbewußten aus bloßer Erbanlage allein, sondern zugleich auch um umweltgeformte Erlebnisweisen, die trotz ihrer sich immer wiederholenden Gleichförmigkeit im Großen im Einzelfall eben doch von geschichtlich wechselvollen Erfahrungen mitgeprägt werden, d. h. von den unausschließbaren Mächten des Wandels in Zeit und Raum.

Die Richtigkeit unserer Deutung beweisen Jungs einschlägige Äußerungen andernorts unmißverständlich. Der Psychologe Pongratz hat sie übersichtlich zusammengestellt. Danach weisen die Archetypen zwar einen »invariablen Bedeutungskern« auf, werden jedoch erst »im Laufe der Individualentwicklung eingeformt«[115].

Naturrechtsanhänger, welche dieses ihnen überaus verlockend erscheinende Randgebiet der Anthropologie und Psychologie fruchtbar machen zu können glauben, sollten wenigstens die heutige Fachwissenschaft zu Rate ziehen. So könnte ihnen der weltbekannte schweizer Biologe Adolf Portmann die förderliche Anregung geben,

> »daß man im Felde der Psychologie mit der Annahme von Erblichkeit der erschlossenen psychischen Strukturen äußerst vorsichtig umgehen sollte. Der Nachweis des Wirkens von ›Urbildern‹ ist ja fast immer an ein so spätes Alter gebunden, daß wir unmöglich die Fülle der vorangegangenen unbewußten Einflüsse auf den werdenden Seelenschatz richtig taxieren können. Im allgemeinen neigt die Psychologie noch immer dazu, das Ausmaß der Aktivität in den ersten vier bis fünf menschlichen Jahren zu gering zu sehen, den Reichtum der Kombinationsmöglichkeiten in dieser ersten nachgeburtlichen Zeit zu unterschätzen. ... Darum möchte ich anregen, die Frage der Erblichkeit in den Versuchen zur Darstellung der ›Archetypen‹ zurückzudrängen und rein deskriptive Formulierungen den genetischen vorzuziehen«[116]).

Noch kritischer als Portmann meint in seinem jüngsten Werk der in Ethnologie und Mythenforschung sehr bewanderte Psychiater Dieter Wyss, einer der besten Kenner der Tiefenpsychologie und ihrer Geschichte[116a]:

> »Die historische Bedingtheit zumindest von Rollen und den möglicherweise hinter diesen sich verbergenden Archetypen müßte schärfer präzisiert werden, als C. G. Jung die zu tun geneigt war. Träumen Angehörige nicht-feudaler Völkerschaften, die auch von Königen nie etwas vernommen haben, von diesen? ... Ausschlaggebend ist hier weniger die marionettenhafte Verwirklichung eingeborener, innerer Bilder (Archetypen), sondern die Bewußtwerdung potentieller, aber noch vager Möglichkeiten durch Markierung und Hervorhebung derselben

---

114) Daß wir Jung nicht mißverstehen, ergibt sich aus seinen nachfolgenden Worten: »Der Archetypus ist eine Art Bereitschaft, immer wieder dieselben oder ähnliche (!) mythische Vorstellungen zu reproduzieren« (Band VII [1964], 75).

115) Ludwig J. Pongratz ([1967], 229 und 231).

116) Adolf Portmann ([1968], 145).

116a) Dieter Wyss ([1968], 151 und 152). Vgl. hierzu auch die Fußnote 60 zu Seite 32 oben. Meine gegenüber Erich Fechner und anderen Juristen, z. B. Hans Fehr ([1954/55], 37 ff.), schon in der ersten Auflage geäußerten Bedenken sind also vollauf begründet.

an der äußeren Realität. ... Mit anderen Worten: die Archetypen sind nicht im Sinne von eingeborenen Ideen, sondern als relativ weltoffene Potenzen zu verstehen.«

Ist das aber der Fall, was bleibt dann von Lerners »unverfälschter Stimme der Natur« schließlich noch übrig? Übrigens braucht dabei wohl nicht wiederholt zu werden, wie wenig unterbewußte Seelenvorgänge geeignet wären, jemals Rechtsvorstellungen, geschweige denn Rechtsbegriffe vorzuformen oder gar zu bilden[116b].

— 4 —

Am Schluß der Erörterungen über die Erkennbarkeit absoluter Werte wies ich andeutend auf drei nicht unbedeutende Sonderfragen hin[117], die von Berufeneren schon andernorts behandelt worden sind. Hier sei noch auf eine vierte und letzte Frage hingewiesen. Sie betrifft die ethischen Wertvorstellungen der Frau. In der Literatur dürfte dieser Gedanke noch kaum Beachtung gefunden haben.

Nach landläufiger Meinung wird der Geist der abendländischen Kultur, vor allem in den leitenden Moralanschauungen, ausschließlich von Männern geprägt. Richtig daran ist, daß noch heute fast nur Männer über sittliche Probleme wissenschaftlich arbeiten. Wenn auch eine so kenntnisreiche Schriftstellerin wie Simone de Beauvoir behauptet: »Tatsächlich haben die Frauen den männlichen Werten niemals weibliche entgegengesetzt«[118], so sollte gegenwärtig dennoch auch auf diesem Gebiet der männliche Führungsanspruch fragwürdig geworden sein. Zum mindesten in Nordamerika ist die Vorherrschaft des Mannes seit geraumer Zeit auch auf diesem Gebiet in Frage gestellt, nicht nur in der vulgärwissenschaftlichen Literatur. Man weiß, wie tonangebend dort zuweilen der Einfluß der Frauen ist. Entgegen Simone de Beauvoirs Ansicht kommt es bei alledem jedoch weitaus weniger auf die Theorie des philosophierenden Verstandes an als auf die Praxis des fühlenden Herzens, also nicht so sehr auf die Ethik, sondern mehr auf das Ethos. Unzweifelhaft aber ist das Ethos der Frau schon vor Eintritt in das Zeitalter der Gleichberechtigung der Geschlechter immer etwas ganz anderes gewesen als das Ethos des Mannes. Ohne Ausnahme ist seit jeher alles Naturrechtsdenken vom Manne her bestimmt. Sprechen wir also von ewigen, unverrückbaren Rechtsnormen vor und über aller Geschichte, so muß davon ausgegangen werden, daß uns dabei ausschließlich männliche, nicht etwa auch weibliche Wertvorstellungen als Leitbilder vorschweben.

116b) Vgl. oben 62—67. — Was Albert A. Ehrenzweig ([1969], 69) über den ersten Ausbruch des Gerechtigkeitsgefühls bei zweijährigen Kindern zur Stärkung des Naturrechtsgedankens vorträgt, ist wissenschaftlich nicht haltbar.

117) oben 95.

118) Simone de Beauvoir (1965), 25. Auf die Arbeit Margarethe Eberhardts (1950) freilich dürfte ihre Feststellung uneingeschränkt zutreffen. — Mit der hier aufgeworfenen Frage im Zusammenhang steht die Tatsache, daß nicht nur die Frau, sondern auch der Jugendliche dem männlich abstrakten Denken meist ohne jedes rechte Verständnis begegnet (vgl. Karl Peters (1949), 215 ff.).

Mann und Frau sind grundverschiedene Wesen. Eduard Spranger, der große Psychologe, Pädagoge und Philosoph, gestand auf der Höhe seiner reichen Erfahrung: »Die Frau ist mir im Grunde rätselhaft«[119].

Soweit ersichtlich, liegen wissenschaftliche Äußerungen schriftstellerisch tätiger Frauen zum Naturrecht bisher nicht vor. Von beiläufigem Geplauder gelehrter Französinnen im Ancien Régime können wir absehen. Sicherlich würden aber heutzutage weibliche Vorstellungen zu dieser Frage beträchtlich vom herkömmlichen Denken der Männer abweichen, z. B. im Völkerrecht, Familienrecht, Erbrecht und wohl auch im Arbeitsrecht.

Mögen diese Erwägungen bisher auch den Anschein praktischer Bedeutungslosigkeit gehabt haben, so wird man sich ihnen künftig nicht länger verschließen dürfen, vorausgesetzt, daß Simone de Beauvoir recht behalten sollte mit ihrer Voraussage, »die freie Frau (werde) eben erst geboren«[120]

— 5 —

Mit diesem Beitrag zur Psychologie der Geschlechter wurde wiederum das Relativismus-Problem berührt. Es mag in diesem Zusammenhang angebracht sein, wenigstens noch einige klärende Worte über meine Geschichtsauffassung einzuflechten.

Eine Anhängerin rechtsontologischer Denkweise gab mir zu bedenken, wie stark meine Anschauung vom Wesen des objektiven Geistes das ewig Gleiche in der Vielfalt der wechselnden Erscheinungen vernachlässige, aber das Einmalige, das Unwiederholbare überbetone. Dieser Kritikerin sei mit Otto Hintze geantwortet:

> »Das individuelle Moment macht sich auch in dem kollektivistischen Geschehen geltend; es spielt in der Ausbildung und Veränderung von Sprache und Sitte, von Wirtschaft und Recht eine Rolle wie in den Staatsgründungen und Machtkämpfen der Völker, nur versteckter, minder sichtbar, aber kaum minder bedeutend«[121]).

---

119) Eduard Spranger (1965), 229.

120) Simone de Beauvoir a.a.O. 148.

121) Otto Hintze ([1964], 319). Ähnlich äußert sich über das von heutigen Kultur- und Sozialhistorikern leider so oft verkannte oder weit unterschätzte individuelle Moment in der Geschichte der Althistoriker Alfred Heuß (1968), 44). — Möglicherweise betraf jedoch der Einwand meiner Kritikerin gar nicht so sehr den von Otto Hintze klargestellten Sachverhalt als vielmehr die einleuchtende Beobachtung, wie weitgehend doch überall der menschliche Alltag seit jeher im wesentlichen gleichmäßig, d. h. unverändert abläuft, gewissermaßen in zyklischer Wiederholung. Heute behandelt diese wichtige und reizvolle Frage der tschechische Philosoph Karel Kosík ([1967], 71—84). Bezeichnenderweise kommt er dabei aber zu dem Ergebnis, daß Tätigkeit und Lebensweise des Menschen sich im Alltag »in einem instinktiven, unter- und unbewußten, unreflektierten Mechanismus des Handelns und Lebens« abspielen (a.a.O. 72). Damit klingt also Erich Rothackers Schichtenproblematik an, und uns wird einsichtig: der unreflektierte Mechanismus des Alltags kann nicht Bestimmungsgrund dessen sein, was wir Recht nennen. Denn das Recht des modernen Menschen zählt zu seiner rationalen Kultur, nicht jedoch zu seinem instinktiven Dasein und dessen unreflektierter Automatik. Gehen wir vielmehr vom Schichtenbau des Seins aus, so könnte uns das Alltägliche höchstens Richtschnüre für Gesetzlichkeiten animalischer Mindestbedürfnisse des Menschen aufweisen. Kosík sagt treffend dazu: „Damit der Mensch überhaupt Mensch sein kann,

Wer unbefangen an meine Studie herantritt, wird unschwer meine Stellung zur Transzendenz in der Geschichte erkennen. Das ist hier die entscheidende Frage.

Mit Gadamer und der heutigen Geschichtsphilosophie bin ich allerdings durchaus der Ansicht: Subjekt und Objekt sind letzten Endes ein und dasselbe, wenn sie auch im Erkenntnisvorgang auseinandertreten[122]. Diese heute nicht mehr bestreitbare Schulweisheit ist inzwischen fast schon zum Gemeinplatz geworden. Dem in uns allen wohl schlummernden metaphysischen Bedürfnis vermag sie jedoch nicht zu genügen. Immer werden tiefere Gemüter des Glaubens sein, daß hinter allem sichtbaren Geschehen unsichtbare Mächte walten, auch hinter dem steten Wechsel aller Kulturerscheinungen. Man kann dem Jesuiten August Brunner nur vollauf zustimmen, wenn er feststellt: »Die metaphysischen Bedingungen der Geschichtlichkeit, das, was die Geschichte in Gang bringt, kann nicht Folge der Geschichte sein«[123].

Von dieser Warte aus wird die ganze Unhaltbarkeit jenes überspitzten Antihistorismus sichtbar, den gewisse protestantische Theologen heute verfechten[124].

Der Leser kann nun vermutlich mit Recht erwarten, daß die hier verwendeten Begriffe »Diesseits« und »Jenseits«, »sichtbar« und »unsichtbar« näher bestimmt werden möchten. In dieser Vermutung bestärkt mich der Einwurf eines Theologen, mein Transzendenz-Verständnis erwecke in ihm den Eindruck, daß ich noch einem veralteten supranaturalistischen Weltbilde anhänge. Möglicherweise hat allerdings dieser Kritiker die Fußnoten 7 und 96 auf den Seiten 17 und 160 nicht gelesen, die diese Frage freilich nicht in der Fachsprache der Theologie behandeln. Deshalb sei hier vorsorglich das Gleiche mit den Worten eines anerkannten modernen Theologen noch einmal gesagt: »Wenn wir Gott ... transzendent nennen, so bedeutet das nicht, daß wir eine Überwelt für das Göttliche etablieren. Es bedeutet vielmehr, daß die endliche Welt in ihrer innersten Natur über sich hinausweist, daß sie selbsttranszendierend ist«[125]. Für die unausrottbare Vorstellung, Diesseits und Jenseits seien zwei säuberlich von einander getrennte Weltbereiche, ist allein die mit unserer Geistesentwicklung nicht schritthaltende raumlogische Sprache verantwortlich[126]. Sie und das ihr zugehörige abendländisch rationale Denken der Neuzeit überbetonen bei

---

muß er verschiedene Verrichtungen automatisch ausführen« (a.a.O. 81). Zu alledem vgl. das Kapitel »Strukturen und Persönlichkeiten in der Geschichte« bei Theodor Schieder ([1968], 157—194).

122) Gadamer drückt denselben Gedanken mit den Worten aus ([1965], 499), »daß das sogenannte Subjekt der Erkenntnis von der Seinsart des Objektes ist, so daß Objekt und Subjekt der gleichen geschichtlichen Bewegtheit angehören.«

123) August Brunner ([1961], 175). — Vgl. oben 22—27, besonders 25.

124) Für die Lage nach dem ersten Weltkrieg repräsentativ ist Karl Barths in erster Auflage 1918 abgeschlossener Römerbrief-Kommentar (1947), die Stimmung nach dem zweiten Weltkrieg drückt Paul Schütz (1950) aus.

125) Paul Tillich ([1958], 14). — Auch Dietrich Bonhoeffer ([1966], 155 und 135) sagt: »In dem, was wir erkennen, sollen wir Gott finden, nicht aber in dem, was wir nicht erkennen.«

126) Tillich ([1956], 28).

unserer perspektivischen Weltansicht nämlich alles Räumliche[127]. Erst wenn wir die Scheuklappen des dreidimensionalen Koordinatensystems unseres rationalen Zeitalters ablegen, durchschauen wir die Verkehrtheit jenes supranaturalistischen Trennungsdenkens, welches heute immer noch nachwirkt[128].

Wer versteht, daß ich von Vaihingers »Philosophie des Als-Ob« lediglich methodischen Gebrauch mache, der wird ohne Bedenklichkeit auch meine Darstellung über den »Grenzverkehr« zwischen »Überwelt« und »Welt« gutheißen können, und zwar schon deshalb, weil unsere unzulängliche raumlogische Sprache eine andere Behandlung dieses Gegenstandes gar nicht zuläßt. Freilich liegt mir dabei durchaus fern, die zutreffende Auffassung der Theologen zu bekämpfen, daß Offenbarung als Kundgabe der »Transzendenz« nicht das mindeste mit dem Irrationalen gemein habe. Will ich in dieser Frage also den Theologen keineswegs entgegentreten, so muß mit allem Nachdruck hier dennoch betont werden: zur objektiven Seite des Offenbarungsgeschehens gehört stets aber unabtrennbar auch seine subjektive Entsprechung, d. h. seine Aufnahme und seelische Verarbeitung durch den betroffenen einzelnen Menschen. Dieser Vorgang gehorcht formalpsychologisch jedoch immer dem Gesetz der Komplementarität[129].

Daran kann niemand zweifeln, der sich in der Religionspsychologie auskennt. Übrigens weist gerade auf die Bedeutsamkeit des subjektiven Begleitvorgangs aller Offenbarung heute Paul Tillich hin, ein Theologe, welcher sich modernen Lesern durch seine eisige Verstandesschärfe und kritisch prüfende Haltung in Glaubensfragen besonders empfiehlt. Er macht darauf aufmerksam, wie sehr hier das subjektive Moment einen Seelenzustand enthülle, der den alltäglichen Ablauf transzendiere und zu einer förmlichen »Ekstase« führe. Offenbarung ohne Ekstase aber sei gar nicht möglich[130].

---

127) Jean Gebser ([1966], passim).

128) Jean Gebser a.a.O., 262.

129) Der Psychiater Hans Heimann betont ([1956], 7 f.), daß die bei einem Propheten festgestellte Geisteskrankheit »noch nichts über den geistigen Gehalt seiner Botschaft aussagt. ... Was beweist uns ..., daß ein Schizophrener ... nicht tiefere Einsichten in die letzten Fragen unserer menschlichen Existenz haben könnte als der Gesunde?« — Meine Hinweise oben auf S. 158 Note 92 auf die Zustimmung von Psychologen — heute könnte ich auch Heinz-Rolf Lückert ([1964], 5) anführen — haben anscheinend manche meiner Kritiker nicht überzeugt. So sagte gesprächsweise beiläufig ein junger Physiker zu mir, außerhalb physikalischen Geschehens gebe es keine Komplementarität. Pascual Jordan und ich bewegten uns auf dem Holzwege. Allerdings dachte Niels Bohr hier anders als sein junger Fachgenosse. Er nämlich bestätigt vollauf sogar meine Annahme (oben 173 f.) einer Art »innermenschlichen Komplementarität« und weiß darüber zu berichten, daß auch sein nicht minder großer Kollege Ernest Rutherford noch kurz vor seinem Tode »von dem Komplementaritäts-Gesichtspunkt und dessen Anwendung auf biologische und soziologische Probleme gefesselt wurde« (Bohr [1964], 26 ff. und (1966), 13, 21, 74). — Der weltbekannte Biologe Ludwig v. Bertalanffy ([1949], I., 146, 168) sieht »eine Art Komplementarität« auch im Bereich des Biologischen wirken.

130) Tillich ([1956], 136). — Daß der Schlüssel zum Verständnis der Psychologie der Ekstase im Komplementaritätsgesetz zu suchen ist, zeigen heute besonders überzeugend die Bücher von Mircea Eliade (1957) und Anagarika Govinda (1966).

Der hierbei in Tätigkeit tretenden »ekstatischen Vernunft« erkennt Tillich nichts Irrationales oder gar Antirationales zu. Der ekstatische Zustand, in dem sich Offenbarung ereigne, zerstöre durchaus nicht die rationale Geistesstruktur. Gleichwohl räumt er immerhin ein: »Offensichtlich hat die Ekstase eine stark emotionale Seite«[131], und betont demgemäß, daß während der Ekstase »das Bewußtsein aus seinem normalen Gleichgewicht herausgeworfen, in seiner Struktur erschüttert ist«, ja von einem Wissen förmlich »überfallen« wird[132].

Gerade für unseren Blick auf die Problematik einer Naturrechts-Offenbarung ist es besonders klärend, Tillichs Auffassung der vielumstrittenen Wortoffenbarung zu hören:

> »Die Offenbarungswirklichkeit geht dem Offenbarungswort voraus und bestimmt es. Eine Sammlung angeblicher Offenbarungen, die sich auf Glaube und Sitte beziehen, ohne ein Offenbarungsereignis, das sie deuten, ist ein Gesetzbuch mit göttlicher Autorisierung, aber es ist nicht das ›Wort Gottes‹, und es hat keine offenbarende Kraft. ... Es gibt keine geoffenbarten Lehren, aber es gibt Offenbarungsereignisse und -situationen, die mit lehrhaften Begriffen beschrieben werden können. ... Das ›Wort Gottes‹ enthält weder geoffenbarte Gebote noch geoffenbarte Lehren, es begleitet und deutet Offenbarungssituationen«[133].

Tillichs Ergebnis ist für uns um so wichtiger, als es allein auf vermeintlich phänomenologischer Methodik beruht, d. h. unter gewolltem Verzicht auf jegliche Erfahrung der modernen Religionspsychologie zustandegekommen ist, die es hundertfältig bestätigen könnte. Schon aus diesem Grunde vermöchte niemand unter Berufung auf Tillichs Offenbarungslehre gegen mich einzuwenden, meine am Komplementaritätsgesetz gewonnenen Einsichten seien falsch. Übrigens wird das kürzlich erschienene Werk des katholischen Religionspsychologen Wilhelm Pöll meinen Standpunkt nur noch festigen[134]. Bei dieser Frage übersieht man allzuleicht, wie rasch die aus unserem rationalen Weltbild geborene Terminologie immer wieder zu Trugschlüssen verleitet, die nach Jean Gebser »einem radikal angewandten Dualismus entspringen. Es gibt kein sogenanntes Unbewußtes. Es gibt nur verschiedene Arten (oder Intensitäten) des Bewußtseins«, die den möglichen Entwicklungsstufen des einzelnen und der gesamten Menschheit angemessen sind. Daraus folgt: bei dem Komplementaritätsgesetz haben wir es in Wirklichkeit nur mit einem umschreibenden Ausdruck für eine »sich ergänzende Polarität« zu tun[135]. Daß dann aber meine der Schulpsychologie entnommene Unterscheidung zwischen bewußtem und unbewußtem Seelenleben unhaltbar sei, ist damit freilich nicht gesagt. Denn hier handelt es sich doch um eine bloße Als-Ob-Betrachtung, die uns die raumlogische Sprache aufnötigt.

---

131) Tillich (1956), 138.

132) Tillich (1956), 137.

133) Tillich (1956), 150.

134) Wilhelm Pöll (1965), 413—428. — Auch Hans Dombois ([1968], 95), dem die in ihrem hier einschlägigen Teil nicht veränderte Urfassung meiner Studie bereits 1952 bekannt wurde, vertritt die mit mir im Ergebnis voll übereinstimmende Auffassung, der Offenbarungsvorgang selbst könne über ein Recht unmittelbar noch nichts aussagen.

135) Jean Gebser a.a.O. 224 und 230. Auch von Eickstedt ([1954] und [1963]) wendet das Komplementaritätsgesetz auf das menschliche Seelenleben an.

— 6 —

Schließlich sei hier noch eine Sonderfrage angesprochen, die — wenngleich sie das Hauptanliegen dieses Buches kaum berührt — dennoch Mißverständnisse herbeiführen könnte, falls sie wiederum unerörtert bliebe. In einer Arbeitsgemeinschaft mit Studenten aller Fakultäten wurde mir vorgeworfen, ich wiche einer Stellungnahme zum 20. Juli 1944 aus, obwohl hier doch augenscheinlich ein klassischer Fall naturrechtlichen Widerstandes gegen die Staatsgewalt vorliege. Dieser Vorwurf ist jedoch völlig unbegründet. Auf den vielerörterten 20. Juli noch weiter einzugehen, als dies bereits innerhalb der gegebenen Grenzen geschah[136], ist überflüssig. Jene Kritiker verkennen den Charakter meiner Studie. Sie soll wie schon mehrfach betont nur eine Diskussionsgrundlage schaffen.

Diese Auflehnung deutscher Offiziere bedarf durchaus nicht der Berufung auf das Naturrecht, mag Feldmarschall Rommel in seiner schwersten Stunde auch inneren Halt im Glauben an den Befehl eines höheren Rechtes gefunden haben[137]. Nicht ein Mißverhältnis zwischen positivem und überpositivem Recht gab den Grund für den Aufstand. Vielmehr war es der Wunsch, das alte, gute positive Recht wieder zur Geltung zu bringen. Das Widerstandsrecht jener Männer wurzelte also im gleichen Geist, wie das ihrer Ahnen im germanischen Mittelalter. Sie empörten sich, weil ihre Obrigkeit heimlich, ja lichtscheu und geradezu verbrecherisch gegen positivrechtliche Gesetze verstieß, die für jedermann, auch für die Staatsleiter selbst, immer noch voll verbindlich waren.

Auf solche Normabweichungen wurde in der vorigen Auflage bei Erwähnung eines »Panzerschrankrechtes« hingewiesen[138]. Nicht einem formell gültigen positiven Recht galt der Aufstand gegen Hitler, sondern ausschließlich »außernormativen« Führerbefehlen. Positives Recht hätte zu seiner Wirksamkeit nämlich der Veröffentlichung bedurft. Das hat Welzel in seinem Vortrag in Düsseldorf überzeugend dargelegt[139]. Schließlich darf bei alledem nicht übersehen werden, daß der Oberste Kriegsherr mit seinem militärischen Dilettantismus das ganze deutsche Volk in unentrinnbares Verderben stürzte. Diese bedrückende Erkenntnis war es, die militärische Fachleute zu dem mißlungenen Staatsstreich trieb.

Es bedarf also nicht des Naturrechts zum Verständnis des Verhaltens jener Widerstandskämpfer. Immerhin erforderte ihr Unternehmen eine schwere Gewissensentscheidung. Diese aber war allein auf der Ebene des positiven Rechts zu suchen und zu finden, nämlich in den Bestimmungen über Notwehr und Nothilfe. Nicht nur der Jurist, auch der Moraltheologe wird sich dieser Auffassung früher oder später anschließen müssen[140].

Überflüssig ist auch eine Behandlung der Nebenfrage, ob der gelungene Aufruhr wohl am Ende auch gültig gesetztes, grob-unsittliches positives Recht beseitigt hätte. Denn ohnehin mündet schon die Untersuchung der

136) Vorwort zur vorigen Auflage und oben 32 f., 71 und 73.
137) oben 169.
138) oben 56, Note 161.
139) Hans Welzel (1966).
140) Rupert Angermair ([1956], 122—132).

Hauptfrage in die allgemeine Problematik der Revolution aus, und damit stehen wir bei Hegel und seiner richtigen Einsicht, wie wenig Werden, Sein und Vergehen der Staaten sich im Grunde nach den Normvorstellungen der Juristen richten[141]. So meint denn in Übereinstimmung mit Hegel auch die heutige Allgemeine Staatslehre, man sollte den Widerstand beurteilen als »einen ursprünglichen Aufstand der sittlichen Persönlichkeit in ihrer letzten Gewissensnot ... außerhalb von Staat, Verfassung und Gesetz«[142].

Unser Seitenblick auf grobunsittliches positives Recht läßt ein dem Widerstandsrecht verwandtes Thema anklingen: das »Gesetzliche Unrecht«.

Gesetzliches Unrecht nennt man mit Gustav Radbruch[143] heute sittenwidriges positives Recht, das Geltung fordert, obwohl es einer höheren wertkritischen Ansicht Hohn spricht. Auf die umstrittene Problematik dieses Gegenstandes können wir hier nicht eingehen[144], wollen aber doch wenigstens eine anscheinend bislang noch nicht kritisch erörterte Einzelfrage herausgreifen, welche Wolfgang Preiser kürzlich behandelte[145].

Preiser geht dabei von persönlichen Erfahrungen aus, die er 1941 bis 1943 als Richter am »Deutschen Landesgericht in den besetzten niederländischen Gebieten« sammeln konnte. Er berichtet, die deutschen Richter und Staatsanwälte dieses Gerichtshofes hätten in ihrer Praxis damals sittenwidriges positives Recht, vor allem die Nürnberger Rassengesetze, bewußt sabotiert. Damit aber hätten sie nichts anderes getan, als ein Gebot des Naturrechts zu befolgen. Preiser fährt dann wörtlich fort:

> »Die keines Wortes, geschweige denn einer ausdrücklichen Absprache bedürfende Übereinstimmung, die unter den Beteiligten in allem Wesentlichen, insbesondere in bezug auf die Frage, in welchen Fällen eingegriffen werden müsse, bestanden hat, ist mir mit zunehmendem Zeitabstand immer erstaunlicher geworden. Die kleine Zahl der aus allen Teilen Deutschlands an das Gericht im Haag Verschlagenen, um die es dabei geht, nach Herkunft, Anschauungen und Naturell so unterschieden, wie nur möglich, fand sich im Hinblick auf das, was getan werden mußte, mit einer Selbstverständlichkeit zusammen, die keine andere Erklärung zuläßt, als daß hier ein natürliches Rechtsgefühl gewaltet hat, das an objektiven und absoluten Werten orientiert, sich in einem unüberbrückbaren Gegensatz zu Bestimmungen der positiven Ordnung verstrickt sah und entsprechend reagierte«[146].

In der Tat: auffällig ist die Einmütigkeit im Denken und im Handeln der nach Herkunft, Anschauungen und Wesen so verschiedenen Beteiligten durchaus, so auffällig sogar, daß frommer Glaube nicht gehindert wäre, hier eine göttliche Lenkung anzunehmen. Aber bliebe denn selbst dem Gläubigen in diesem Falle dafür wirklich nur die einzige Erklärung, es habe ein an objektiven, absoluten Werten ausgerichtetes Naturrecht über satani-

---

141) Hegel ([1955], 288—297).

142) Herbert Krüger ([1964], 948).

143 ([1963], 347—357). Vgl. dazu Heinrich Henkel ([1964], 455—459). Schon bei Thomas v. Aquino (1970) findet sich fast der gleiche Gedanke, u. a. in seiner Summa Theologica II, 1, quaestio 95, art. II.

144) Reichen Anschauungsstoff hierzu aus der Herrschaft des Nationalsozialismus hat Fritz v. Hippel (1955) zusammengetragen, ohne dabei leider näher auf die rechtstheoretische und rechtsphilosophische Problematik einzugehen.

145) (1967), 285—312.

146) Wolfgang Preiser a.a.O. 311.

sche Mächte triumphiert? Unsere rationalen Einsichten sollten uns doch vor allzu vorschnellen Schlüssen warnen. Zwar vermag Gott, so dürfen wir getrost vermuten, Menschenherzen in ihrer Not mit einem sicheren Gefühl für die Gestaltung richtigen Rechts zu erfüllen. Indessen: bloße Gefühle, auch wenn sie innerhalb einer sonst heterogenen Gruppe noch so überraschend homogen zur Tat drängen, sind für sich allein eben nur Gefühle, allenfalls Überzeugungen, niemals jedoch das, was wir Recht nennen. Müssen wir nochmals ausführen, weshalb es gar kein natürliches, d. h. von der Natur des Menschen allein geprägtes Rechtsgefühl gibt? Lediglich geboren mit der *Anlage* zum Rechtsgefühl wird der Mensch, sofern er nur halbwegs normal ist. Zur Entwicklung aber kommt diese Gottesgabe erst unter den Einflüssen seiner Umwelt, welche den Einzelnen jeweils verschieden prägt.

Nicht von einem natürlichen Rechtsgefühl also, sondern von einer natürlichen *Disposition* zu einem Rechtsgefühl ließe sich allenfalls reden, aber auch nur im Hinblick auf eine ganz andere Wertbeziehung als sie Preiser vorschwebt. Man bedenke nämlich nur einmal: bereits mit seiner Geburt tritt ein jeder von uns in eine Gruppe ein, deren dauerhafteste und stärkste Bindekraft — so sagen es heute Sozialpsychologie und Soziologie — im Fremdheitsgefühl der Abgeschlossenheit und der Aggression gegenüber »den anderen« besteht. So gesehen, liegt demnach hier unsere wahre Naturgegebenheit in »unserem vorchristlichen Rechtsgefühl«[147], d. h. in unserem Verhaftetsein an eine »Binnenmoral«[148]. Hingegen ist uns das hohe Ethos christlicher Nächstenliebe nicht angeboren, sondern mühselig anerzogen im Verlaufe des Einzellebens.

Haben wir diese anthropologische Tatsache vor Augen, so sollte es eigentlich nicht unsere Verwunderung erregen, daß auch bei Hochkulturen in den verschiedensten Zeitaltern etwas den Nürnberger Gesetzen Ähnliches anzutreffen ist und zwar immer dort, wo eine Gruppe eine andere Gruppe — sei es in Abwehr oder im Angriff — verfemt. Geht man von dieser allein richtigen Ausgangslage aus, so darf füglich bezweifelt werden, ob der geschlossene Widerstand gegen das eigene positive Recht, wie ihn deutsche Richter und Staatsanwälte auf holländischem Boden im 20sten Jahrhundert leisteten, seinesgleichen in der Geschichte findet. Fände dieser Widerstand — was zu vermuten ist — kein historisches Vorbild, so spräche seine Einmaligkeit doch wohl nicht zwingend für ein objektives, an absoluten Werten ausgerichtetes natürliches Rechtsgefühl schlechthin, sofern man das Beiwort »natürlich« hier in seinem eigentlichen Sinn als das ursprünglich Gegebene versteht. Eine Frage für sich bleibt dabei, ob und inwieweit es des Menschen höhere Bestimmung sei, den phylogenetisch gegebenen seelischen Bodensatz der Aggressionslust auszuscheiden und sich zur geläuterten sozialpsychischen Haltung jener deutschen Kriegsrichter und Staats-

---

[147]) Gustav Radbruch (1963), 201.

[148]) Max Weber (1920), Band I, 542 ff.

anwälte emporzuringen, der es innerlich widerstrebt, Gruppenfremde als Menschen minderen Rechtes zu werten und zu behandeln[149].

Wer als christlicher Anthropologe in der Bändigung der allen Sterblichen eingefleischten unchristlichen Binnenmoral nichts anderes sehen möchte als die harmonische Angleichung unseres sozialethischen Verhaltens an die wahre menschliche Natur, der begeht einen groben Fehler: er setzt nämlich an die Stelle der Läuterung den Rückfall in animalische Aggressionslust. Er vertauscht die ärgerniserregende Ausgangslage mit dem erlösenden Ziel christlicher Weltüberwindung.

Dieser Fehlgriff erklärt sich leicht. Das Beiwort »natürlich« zum Terminus »Rechtsgefühl« schillert bekanntlich sehr stark. Nicht einmal halbwegs zuverlässig deutet es auf die Wahrscheinlichkeit hin, daß am Ende hier gar des Menschen höhere Natur (im Sinne christlicher Seelenläuterung) gemeint sein könnte. Das Bedürfnis, mit einer sauberen Nomenklatur zu arbeiten, läßt es daher wünschenswert erscheinen, den unklaren Ausdruck »natürliches Rechtsgefühl« künftig überhaupt nicht mehr zu verwenden.

Zu Preisers weiterer Annahme, ein natürliches Rechtsgefühl vermöge sich an absoluten Werten auszurichten, brauchen wir kein Wort mehr zu verlieren. Nur eines sei dazu noch ein wenig genauer als in der früheren Auflage hervorgehoben:

Feinfühlige, nachdenkliche Naturen, die die rauhe Rechtswirklichkeit als etwas Quälendes empfinden, neigen leicht dazu, ihr Illusionsbedürfnis im schönen Wahn vermeintlich absoluter Werte zu stillen. Es ist seit jeher so: wo das gepeinigte, arme Herz nach festem Halt Ausschau hält, da gibt der Verstand nach und verfällt bedenkenlos dem trostreich trügerischen Gaukelspiel unkontrollierbarer Vorstellungen von unverrückbaren, objektiven Werten. Dieser Seelenvorgang in einem Zeitalter allgemeiner Wertzersetzung ist durchaus verständlich. Mögen auch moderne Naturrechtler meist nicht mehr — wie ehedem ihre weniger unterrichteten Vorgänger — mit problemlos sicherer Selbstverständlichkeit von unwandelbaren, übergesetzlichen Richtschnüren sprechen, so erliegen doch gerade die tiefer Veranlagten unter ihnen heute immer wieder unwiderstehlich der lockenden Versuchung, zu einer beseeligenden Traumwelt Zuflucht zu nehmen, in der eherne, unumstößliche Sittengesetzlichkeit herrscht.

Jene Traumwelt freilich liegt nicht mehr wie einst im 18ten Jahrhundert auf der niederen Ebene eines Naturrechtssystems von Einzelvorschriften, sondern auf der lichten Höhe »Oberster Rechtsgrundsätze«, die an »Allgemeingültigkeit und Evidenz einbüßen«, je weiter sich der Einzelfall

---

149) Vgl. das schöne Schlußkapitel bei Étienne De Greeff (1947), 220—231. — Anknüpfend an Alexander Rüstows ([1950], Band I, 39—201) Lehre von den Überlagerungen und Überschichtungen der Kulturen beschäftigt sich Fritz v. Hippel (1955), passim eingehend mit dem bisher wenig behandelten Phänomen der doppelten Rechtsordnungen. Nicht allein die nationalsozialistische Judengesetzgebung aber ist in dieser Hinsicht von Interesse, sondern vor allem das unausrottbare uralte Rechtsinstitut der Sklaverei. In den Problemkreis gehört auch der »Klassenfeind« bei den Marxisten.

von ihnen entfernt[150]. Moderne Naturrechtsanhänger verschließen heute nicht mehr ihre Augen vor der Tatsache, daß »der Weg von den allgemeinen Prinzipien der christlichen Ethik bis zur konkreten Entscheidung erheblich länger geworden ist«[151]. Sie würdigen das Geschichtliche in seiner Unwiederholbarkeit durchaus richtig und geben freimütig zu, daß »das situative Element in der Normbildung stark in den Vordergrund« gerückt sei[152].

Wenn sie gleichwohl mit vollem Recht an ihrer Überzeugung beharrlich festhalten, daß »keine Lage *gänzlich* geschichtlicher Wandelbarkeit unterworfen« sei[153], so überschreiten sie die Grenzen der Wissenschaft indessen doch in dem Augenblick, wo sie aus dieser beifallswerten Überzeugung unzulässigerweise den Schluß ziehen möchten, dann aber müsse es wenigstens auch einen Kernbereich unabänderlicher, wirklich absoluter Richtlinien rechtlichen Verhaltens geben, gewissermaßen ein »Rahmenrecht« metaphysischer Ordnung.

Bei dieser Feststellung entscheidet einzig und allein, welche Reichweite man der Wissenschaft überhaupt zubilligt. Mein eigener Wissenschaftsbegriff ist auf Seite 15 in Verbindung mit Seite 147 ausführlich und ganz unmißverständlich dargelegt. Dort wird ausdrücklich hervorgehoben, daß die Wissenschaft sich keineswegs beschränken darf auf Messen, Wiegen und Zählen.

Zu meinem großen Bedauern stelle ich leider fest, daß einer meiner Kritiker, der Altmeister katholischer Naturrechtsforschung Johannes Meßner, meine Ausführungen in ihr gerades Gegenteil verkehrt. Er zitiert mich zwar im vollen Wortlaut, aber — und das ist das Befremdliche und den Leser Irreführende — nur halb: unter Weglassung meines eingehenden Hinweises auf den weiten Bereich der Vermutbarkeiten[154].

Der strategische Rückzug auf jene vermeintlich unangreifbare Hochebene leitender, absoluter Rechtsprinzipien enthüllt jedem unbefangenen Beobachter die ganze selbsttrügerische Illusionsbefangenheit heutiger Naturrechtler. Die tiefenpsychologische Erklärung dafür bietet uns einleuchtend ein international geschätzter Psychoanalytiker:

»Die Absolutierung des Relativen ist *die* anthropologische Krankheit schlechthin, denn der Mensch relativiert jede Umwelt, jede Etappe seiner Entwicklung und ist *daher* auf der Suche nach dem Absoluten; sein Wunschdenken läßt ihn zu voreiligen Pseudo-Synthesen greifen und sich ein fertiges ,Abso-

---

150) Hans Dieter Schelauske (1968), 227.

151) a.a.O. 276.

152) Schelauske a.a.O. 276.

153) Schelauske a.a.O. 260.

154) Johannes Meßner (1968), 132 f. — Zu Meßners Gunsten nehme ich an, daß die einschlägigen Stellen meiner Studie ihm bis zur Niederschrift seiner Rezension nicht mehr im Gedächtnis haften blieben, wenn er ihnen überhaupt die nötige Aufmerksamkeit widmete. Zu bedauern ist nur, daß er sich dadurch die Prüfung einer Grundfrage entgehen ließ, die ihm Gelegenheit verschafft hätte, dabei zugleich auch gewisse Ergebnisse seiner eigenen Lebensarbeit in anderes Licht zu rücken.

lutes', einen auf magische Weise erreichbaren ‚Grund', aufbauen. Die Idee des Absoluten konnte nur aus dem Bewußtsein des Relativen entstanden sein« [154a]).

In ihrem Wahn, absolute Maßstäbe entdeckt zu haben, übersehen die Verfechter des Naturrechts also, wie ihr eigenes Unterbewußtsein sie hier hinter das Licht führt, wie es ihnen angeblich fehlerfrei auffindbare »Oberste Rechtsgrundsätze« und »sachlogische Strukturen« vorgaukelt. Sehen wir von Vorurteilen und Affekten dabei ganz ab, so besitzt nicht einmal der Abgeklärteste, Klügste und Gebildetste die Sachkenntnis und den Scharfblick, vollständig und unverfälscht zu ergründen, worum es jeweils für ihn geht.

Es ist dem endlichen Menschen eben nicht vergönnt, die Möglichkeiten seiner Selbsttäuschung gänzlich auszuschalten. Was bleibt am Ende dann aber noch übrig von absoluten, unwandelbaren Obersten Rechtsprinzipien und sachlogischen Strukturen? Allenfalls sicherlich die ständig lauernde Gefahr, Illusion und Wirklichkeit miteinander zu vermengen oder gar zu verwechseln. Daß der Suchende immer gerade das entdeckt, was er — wenn auch vielleicht unbewußt — zu finden hoffte, ist demnach keineswegs überraschend.

Immerhin mag dieser psychologische Sachverhalt einem frommen Glauben Rückhalt verleihen, der sich von Gott aufgerufen fühlt, das wahre Recht zu suchen. Doch sollte sich der wissenschaftliche Verstand bei alledem nicht verwirren lassen. Für ihn nämlich gibt es unüberschreitbare Grenzen menschlicher Erkenntnis. Es steht dem Gläubigen frei, sie wagemutig zu überschreiten, doch sollte er sein Unternehmen nicht mehr als Wissenschaft ausgeben. Denn was er uns vorführt, ist in Wahrheit nur die »rationale Selbstrechtfertigung irrationaler Wertsetzungen«, d. h. »ein gedankliches Gehäuse, das um den vorgedanklich erlebten obersten Wert herum gebaut wird«[155].

Gerade das Naturrecht liefert seit urdenklichen Zeiten für diesen seelischen Vorgang *das* Musterbeispiel. Freilich läßt sich auch bei den Naturrechtlern heute nicht mehr eine innere Unsicherheit übersehen, die sich in ihrem leisen Zweifel bekundet, ob es für die intellektuelle Redlichkeit wirklich noch absolute, unverrückbare Werte geben könne. Von Bedenken unbelastet scheinen sie nur zu sein, wenn es um die Goldene Regel geht. In ihr erblicken sie nämlich immer noch die unerschütterliche, uneinnehmbare Zitadelle eines unwandelbaren, überpositiven Normensystems. Und doch erlaubt die nähere Betrachtung auch dieser letzten Bastion vermeintlich ewiger Wertmaßstäbe keineswegs den Schluß, »ein ideales Rechtssystem an-

---

154a) Igor A. Caruso ([1968], 74), den seine Fachgenossen zu den »katholisch orientierten Tiefenpsychologen« zählen (so Ludwig J. Pongratz [1967], 222)! Dieser bemerkenswerte Umstand kann natürlich den wissenschaftlichen Wert der zitierten Äußerung nur erhöhen, mag dabei auch ganz auf sich beruhen, ob Caruso vielleicht nicht lediglich den modernen, diskursiv und kritisch denkenden »Gebildeten« im Auge hat, auf den allein seine Feststellung voll zutreffen dürfte.
Vgl. hierzu auch unsere Fußnote 24 oben in diesem Nachwort auf Seite 231.

155) So äußert sich der bekannte Psychologe Philipp Lersch ([1965], 112).

zunehmen, das über aller staatlichen Rechtsordnung stehend für alle Zeiten und alle Völker gleichermaßen gilt«[156].

Nach den jüngsten Ausführungen von Günter Spendel[157] scheidet die positive Fassung der Goldenen Regel für die Naturrechtsbetrachtung ohnehin aus. Allenfalls ihre *negative* Fassung könnte demnach als überpositives Rechtsprinzip bedeutsam sein, aber auch das nur als veränderliche Richtschnur. So wenigstens scheint heute Spendel die Goldene Regel anzusehen.

Doch selbst diese einschränkende Ansicht ist fragwürdig, und zwar aus folgendem Grunde: Geht man davon aus, daß die Goldene Regel in ihrer negativen Fassung nichts anderes besagt als daß niemand seinen Mitmenschen etwas antun darf, was diese nicht selber erleiden wollen, so ist hierbei entscheidend, was der betroffene Rechtsgenosse jeweils im Einzelfall als Unrecht empfindet. Das indes hängt zunächst ab von der Ausgeglichenheit oder Übersteigerung seines Ichbewußtseins. Noch bedeutungsvoller jedoch ist seine durch Geburt und Herkunft bedingte Einfügungswilligkeit in die bestehende Sozialordnung mit ihren sich ständig wandelnden religiösen und kulturellen Wertvorstellungen.

Diese für die richtige Beurteilung der Goldenen Regel so wichtigen Gesichtspunkte läßt Spendel sonderbarerweise größtenteils unbeachtet. Unbekümmert um die eben erwähnten Überlegungen glaubt er beispielsweise, davon ausgehen zu dürfen: niemand, wann und wo auch immer, wünsche von seinem Nächsten getötet zu werden, wenigstens nicht im »Normalfall«, von dem Spendel natürlich Lebensmüdigkeit und schweres Leiden ausschließt[158]. Doch gerade diese von Spendel außer acht gelassenen Sonderfälle — gerade *sie* — lassen die Goldene Regel in ihrer negativen Fassung als Rechtsprinzip recht zweifelhaft erscheinen. Dieser Zweifel wird noch dadurch verstärkt, daß der Spendelsche »Normalfall« in bezug auf Ort und Zeit nicht selten erhebliche Abweichungen aufweist. Ein klassisches Beispiel dafür bildet die uns heute völlig unbegreifliche Tatsache, daß frühere Menschen sich danach drängten, im Kultopfer für ihre Stammesgenossen getötet zu werden[159].

Auch nur andeutungsweise auf die anziehende Problematik der Goldenen Regel näher einzugehen, müssen wir uns versagen.

---

[156]) Günter Spendel (1967), 503.
[157]) a.a.O. 506 ff.
[158]) a.a.O. 510 f.
[159]) Vgl. oben 30, Note 55. — Quellenmäßig belegbar ist dieser Tatbestand, soweit ersichtlich, immer nur dort, wo gruppenseelische Menschen sich *ihren* Göttern, d. h. ihrem *eigenen* Stamm, opfern ließen. Daß hingegen gerade gruppenseelisch Empfindende stärksten Widerwillen äußerten, sobald sie für fremde Götter und ein feindliches Volk hingeschlachtet werden sollten, liegt bei ihrem stammesbezogenen Lebensgefühl auf der Hand. Das zeigen z. B. die Aztekentexte Bernadino de Sahagúns: eine »Sklavin« soll geopfert werden. Sie weint beim Kulttanz und hält sich für »unglücklich, weil sie in kurzem . . . den Tod erleiden sollte« (Seler-Jahn [1962], 227 f.). Vgl. Abschnitt ‚Das Blot' bei Wilhelm Grönbech ([1954], II. 201—215). Sehr lehrreich ist, was der Psychiater Dieter Wyss ([1968], 158—160, 171—174) zur Psychologie der Geopferten zu sagen hat.

Nach allem müssen wir also vollauf Franz Wieacker beipflichten: was man »Naturrecht« nennt, ist nur unsere Kritik am unrichtigen positiven Recht[160]. Doch insoweit können wir dabei Wieacker nicht folgen, als er gleichwohl ehrfürchtig am überlieferten »Ehrennamen« des Naturrechts festhalten möchte. Die Verstandestätigkeit des Kritisierens nämlich ist, für sich allein genommen, noch kein Recht, sondern lediglich Ausdruck persönlichen Unbehagens am positiven Recht, mithin nichts anderes als die bloße Erwägung oder Entschlossenheit einzelner Rechtsgenossen, an die Stelle des kritisierten Rechts eine gerechtere andere Ordnung zu setzen.

Das Streben nach einer sauberen Terminologie sollte unbestritten stets vor einer noch so schätzbaren Anhänglichkeit an das Althergebrachte den Vorrang einnehmen. Jede Wissenschaft untersteht unausgesetzt dem Gebot, an der Verfeinerung ihrer Begriffe zu arbeiten. Eine Nomenklatur, welche vertiefter Wirklichkeitserfahrung nicht mehr genügt, muß also ausgeschieden werden, mögen die heute überalterten Begriffe auch früher einmal zur vorläufigen Orientierung in unerschlossenem Gelände Brauchbares geleistet haben.

Das Naturrecht stellt jetzt für den Juristen einen solchen ausscheidungsreifen Terminus dar. Gegenwärtig vermag er nichts anderes als Verwirrung zu stiften. Daher darf er selbst nicht für die Vorstellung einer materialen Rechtsethik beibehalten werden. Heute geht es bei der Naturrechtsfrage durchaus nicht allein um ein harmloses Spiel mit unverbindlichen Worten. Vielmehr kann in der Rechtspraxis hier unter Umständen begriffliche Verschwommenheit nicht weniger als Kopf und Kragen kosten. Erinnern wir uns doch nur des Völkerstrafrechts. Wie ist im Vergleich zur Lage nach dem ersten Weltkrieg heute das gesunde Empfinden für den fundamentalen Wesensunterschied erschreckend verloren gegangen, der zwischen verbindlichem Recht und bloß innerlich verpflichtender Moral klafft[161]!

Schon als berufener Hüter nicht nur der Gerechtigkeit, sondern auch der Ordnung und Rechtssicherheit ist der Jurist zu größtmöglicher Schärfung seiner Begriffe verpflichtet[161a]. Keinesfalls dürfte er sich deshalb die höchst

[160]) Franz Wieacker ([1965], 24) und jetzt auch Werner Maihofer ([1969], 146).

[161]) Georg Dahm ([1956], 60—67). — Jürgen v. Kempski ([1965], 9—26) billigt die Todesurteile des Nürnberger Militärtribunals aufgrund des Naturrechts, obwohl ihm der bloße Gedanke an dessen Existenz und Beweisbarkeit »leises Unbehagen« bereitet (a.a.O. 115). Vgl. dazu Chaim Perelman ([1968], 59 f.).

[161a]) Die Überzeugung, das Recht habe den Frieden zu sichern und den Menschen Schutz zu gewähren, war bis vor kurzem unangefochten allgemein verbreitet. Gewisse moderne Rechtsgelehrte indes, die nicht Anstoß bei dem heraufziehenden Geist der neuen Zeit erregen möchten, verkünden bereits, eine Friedensordnung stelle das Recht keineswegs dar. Da nämlich das menschliche Leben stets in Unruhe und im Wandel begriffen sei, könne das Recht in erster Linie lediglich die Aufgabe haben, »die Freiheit« zu sichern.
Leider deuten sie dabei nicht einmal an, geschweige denn definieren sie etwa, welche Freiheit sie eigentlich meinen. So tragen sie mit ihrem verantwortungslos verschwommenen Freiheitsbegriff nur zur weiteren Auflösung des abendländischen Ethos bei. Uns hingegen lehrte Immanuel Kant, angeregt vom preußisch-stoischen Pflichtbewußtsein eines Christian Wolff (S. E. Wunner [1968], 27—28), die Grenzen zu respektieren, welche jeder individuellen Freiheitsregung durch das berechtigte Freiheitsbedürfnis des Mitmenschen und

anfechtbare methodologische Auffassung eines heutigen Psychologen zu eigen machen, welcher meint: »Die Mehrdeutigkeit eines Begriffes ist kein Grund, ihn aus einer wissenschaftlichen Disziplin zu verbannen. Sie zeigt vielmehr die Mehrseitigkeit, den Facettenreichtum eines Phänomens an«[161b]. Nur im Neuland der Forschung zur vorläufigen Kennzeichnung erstmalig auftauchender Phänomene, d. h. lediglich in den Anfängen wissenschaftlicher Arbeit, ist die Mehrdeutigkeit eines Begriffs noch unvermeidbar und mitunter sogar förderlich.

Jedoch für die Arbeit der voll entwickelten Wissenschaft gilt Werner Heisenbergs Forderung: » ... präzise Ausdrücke zu benutzen und die Begriffe zu erklären, bevor man sie verwendet«[161c], mag auch der Geisteswissenschaftler oft vor größeren terminologischen Schwierigkeiten stehen als der Naturwissenschaftler, den Heisenberg hier in erster Linie vor Augen haben dürfte.

Wie leicht uns der vielfältig schillernde erste Wortteil »Natur« des Ausdrucks »Naturrecht« irreführen kann, ist hinreichend bekannt[161d]. Indes wird allzu häufig gänzlich übersehen, welche obendrein in der Justizpraxis gemeingefährlichen Folgen die nicht minder irrlichternde zweite Worthälfte

---

der Allgemeinheit gesetzt sind, durch eben jenes innere Gesetz eines die mögliche Allgemeinheit bestimmenden Willens (J. Ebbinghaus [1968], 298). Aber heute scheint der unausweichlich zum Chaos führende solipsistische Individualismus unaufhaltsam auch in der Rechtstheorie und Rechtsphilosophie vorzudringen. Kant gerät in Vergessenheit, und man fühlt sich in dieser Lage unwillkürlich an den Ausspruch von Ortéga y Gasset erinnert: »Recht ist heute nur etwas, von dem man sich erzählt, daß es bald abgeschafft wird, es ist nicht das, was geschaffen wird — und dies alles geht auf das Konto der sogenannten Gerechtigkeit. Das Recht verliert seine eindeutige Form . . . .« ([1964], 269).

Daß jene akademischen Lehrer möglicherweise einer sie bedrängenden, außer Rand und Band geratenen, weil irregeleiteten studentischen Minderheit mehr oder minder bewußt glauben nachgeben zu müssen, aus Sorge um Gesundheit und Amt, zeichnet sie nicht frei von Schuld.

Quellenbelege möchten wir hierzu nicht geben. Nomina sunt odiosa. Vielleicht trifft auf diese Fälle auch das Urteil zu, das einst Jacob Burckhardt ([1928], Abschnitt IV, 332 f.) über Papst Pius II (Äneas Sylvius) fällte: »Es gibt Menschen, die wesentlich Spiegel dessen sind, was sie umgibt; man tut ihnen unrecht, wenn man sich beharrlich nach ihrer Überzeugung, nach ihren inneren Kämpfen und tieferen Lebensresultaten erkundigt.«

161b) Ludwig J. Pongratz ([1967], 179).

161c) Werner Heisenberg ([1967], 81). Bei dem heutigen Stand der Wissenschaften vom Menschen, und nachdem auch die Ideengeschichte des Pflichtbegriffs (Hans-Ludwig Schreiber [1966]) hinreichend geklärt ist, leben wir hinsichtlich der Naturrechtsfrage nicht mehr in der von Heisenberg a.a.O. betonten »Spannung zwischen der Forderung nach völliger Klarheit und der unvermeidlichen Unzulänglichkeit der existierenden Begriffe«. Siehe auch Carl Friedrich v. Weizsäcker ([1959], 33—53.

161d) Zur neuerdings immer fragwürdiger werdenden »Natur« des Menschen in der Naturrechtsdebatte: Hans Sachsse ([1968], 518 f.)« J. J. M. van den Ven ([1968], 142); Franz Böckle ([1967], 148—159). Auch die moderne Schulpsychologie stellt fest: »Der Mensch findet die ihm gemäße Welt nicht ›von Natur aus‹ vor, seine Welt ist eine selbst aufgebaute Welt. Er ist von Natur aus nicht in der Natur zu Hause, er muß das Vorfindbare verändern, präparieren und gestalten, sich erst zu eigen machen« (Heinz-Rolf Lückert [1964], 22).

»Recht« auszulösen vermag. Die Arglosigkeit heutiger Rechtstheoretiker, diesen bedrohlichen Sachverhalt mit nichtssagenden Worten zu verharmlosen, hat ihren Grund allerdings wohl darin, daß Polarität und Grenzen zwischen Recht und Sittlichkeit immer noch nicht bis in die letzten Tiefen erkannt sind. Vertrat mit seiner folgenreichen Auffassung von Moralität und Legalität Immanuel Kant[162] jene Ansicht, die schon vor der Wende zum 19ten Jahrhundert wesentlich zu der Irrlehre von der scharfen Unterscheidung zwischen Recht und Sittlichkeit beitrug, so verfällt man heute gar zu leicht in den entgegengesetzten Fehler, die Grenzen zwischen den Kernbereichen dieser beiden Begriffe gänzlich zu verwischen.

Freilich so, wie man es seit der zweiten Hälfte des vorigen Jahrhunderts vorwiegend ansah, läßt sich gegenwärtig die säuberliche Trennung einer in sich geschlossenen inneren Normenordnung von einer unabhängig neben ihr existierenden staatlichen, d. h. äußeren Gesetzlichkeit nicht mehr aufrechterhalten. Daß keine äußere Ordnung dauerhaften Bestand ohne ein Mindestmaß an sittlicher Bindung haben kann, wissen wir alle. Dennoch ist und bleibt Kants begriffsklare Grunderkenntnis unerschütterlich: die Sittlichkeit verpflichtet den einzelnen ausschließlich innerlich, während das Recht erst mit der ihm eigentümlichen, äußeren, allgemeinen Zwangsordnung entsteht und sich durch sie behauptet.

Das Naturrecht hat seine Daseinsberechtigung somit auch unter einem »Ehrennamen« endgültig eingebüßt. Denn die unscharfen Vorstellungen, welche man unter seinem Begriff zusammenfaßt, ebnen in gefährlicher Weise Wesensgrenzen ein, deren Nichtachtung — wie Erik Wolf[163] in anderem Zusammenhang sagt — dazu verführt, am Ende lediglich Affekt und Herz darüber entscheiden zu lassen, was Recht ist, mit der unerquicklichen Folge, daß das Naturrecht dann vollends abglitte »in die Subjektivität des Erlebens«. Bei Licht besehen, ist die Verabschiedung des unglückseligen Terminus »Naturrecht« auch durchaus kein Verlust für unsere schon oft genug im Dunkeln tappende Rechtswissenschaft. Wir sollten froh sein, endlich von diesem jahrtausendelang mitgeschleppten Begriffsballast befreit zu sein.

Bei aller Hochachtung vor der modernen Rechtsquellenlehre dürfen wir uns nicht den Blick auf die Tatsache trüben lassen, daß das Sittliche an sich als bloßer Baustoff des Rechts allein eben keineswegs schon Recht, d. h. zwischenmenschlich verbindliche Zwangsordnung ist. Ohne die Zutat des Sauerstoffes wäre ja auch Wasserstoff noch nicht Wasser[164]!

---

[162]) Kant ([1797], Teil I., Einleitung).

[163]) Erik Wolf ([1955], 84 — erste Auflage).

[164]) Anders sieht es Eberhard Schmidhäuser ([1964], 25). Er spricht sogar von »den zwei Rechtsordnungen im staatlichen Gemeinwesen«, wobei er den Wertvorstellungen der Gesellschaft, die das staatliche Recht tragen, den Normcharakter einer »rechtlichen Grundordnung« zuerkennen möchte.
Ähnlich verwirrend redet der Soziologe Pitirim A. Sorokin ([1967], 104 f.) von »inoffiziellen Rechtsnormen«.
Trotz meiner heutigen doch wohl eindeutigen Ausführungen zum Verhältnis zwischen Sittlichkeit und Recht sehe ich mich weiterhin der Gefahr ausgesetzt, als Verfechter eines »entschiedenen Rechtspositivismus« gebrandmarkt zu werden.

Wesensmäßig sind Recht und Sittlichkeit trotz ihrer unlöslichen Zusammengehörigkeit zweierlei. Daß gleichwohl für den frommen Glauben ihre innige Verbundenheit auf eine dem menschlichen Verstand verborgene, übergreifende metaphysische Gesamtgesetzlichkeit hindeutet, ist eine Sache für sich, die keine wie auch immer geartete Wissenschaft jemals zu ergründen vermöchte.

Diese richtige Ansicht der Dinge scheint sich in den berufenen Fachkreisen erfreulicherweise endlich langsam durchzusetzen. So schreibt ein katholischer Moraltheologe heute: »... ein überpositives Prinzip (d. h. die Sittlichkeit) ist noch kein Recht«[165]. Auch die 1965 in Bensberg abgehaltene Tagung deutschsprachiger katholischer Moraltheologen läßt hoffen, daß demnächst in der Naturrechtsfrage manches in Fluß gerät, was seit den

---

Etliche meiner Kritiker vermögen anscheinend nicht zu erkennen, daß ich schon in meiner ersten Auflage (oben 181 f.) durchaus nicht jenem richtigen Gedanken entgegengetreten bin, welchen Carl Friedrich Ophüls ([1968], 1751) heute in die Worte kleidet, daß es für die Rechtsanwendung »kein wie immer geartetes Verfahren geben kann, nach dem sich rechtliche Entscheidungen grundsätzlich ohne Benutzung überpositiver Wertungen ableiten lassen«. Allerdings kommt dabei alles darauf an, wie das Eigenschaftswort »überpositiv« hier zu verstehen ist! Beipflichten könnte ich Ophüls nur, wenn er mit jenem Adjektiv wirklich ausschließlich den Objektiven Geist (Zeitgeist) meinen sollte, also nicht eine angeblich absolute Normenordnung im Sinne der Naturrechtslehren. Will mir der Leser nicht mit einem folgenreichen Mißverständnis begegnen, so möge er sich erinnern, daß nach meiner Auffassung (vgl. oben Fußnote 129 auf S. 172) Gott nicht gehindert wäre, sich als seines Sprachrohrs auch des Zeitgeistes in seiner jeweils wechselnden Form zu bedienen. Ist das aber der Fall, dann kann man Viktor Kraft ([1968], 133), einem Gegner des Naturrechts übrigens, nur rückhaltlos zustimmen, wenn er erklärt, das Recht sei keineswegs etwa souverän, sondern immer der Moral untergeordnet, mit der einleuchtenden Folge, daß als Kontrollinstanz des Rechts an den Platz des abzudankenden Naturrechts nunmehr die Sittlichkeit zu treten hat. Jürgen Baumann ([1966], 246), der heute anscheinend ein Naturrecht nur aus dem Grunde postuliert, »weil anders das Problem des ungerechten Gesetzes unlösbar würde«, braucht seinen Standpunkt also nicht aufrechtzuerhalten. — Da der sittliche Leitstern des Rechts niemals mit dem Recht selbst verwechselt werden darf, kann auch Karl Engisch ([1968], 675) nicht beigepflichtet werden, wenn er mir vorwirft, »einen gar zu festen, gar zu bestimmten, gar zu konkreten Naturrechtsbegriff vorauszusetzen, um dann darzutun, daß es ein Naturrecht dieser Art nicht geben könne. Leinweber sagt ..., man solle doch ›den nebelhaften, irreführenden Begriff Naturrecht ausmerzen‹ ... Aber das Naturrecht ist längst kein bloßer ›Begriff‹ mehr, sondern eine ›Idee‹, die im Laufe der geschichtlichen Entwicklung immer neue Gestalten annimmt ... «. Gerade eben deshalb, so muß Engisch erwidert werden, sollte jener unscharfe Ausdruck endlich aus dem Vocabularium des Juristen ausgemerzt werden! Übrigens scheint Engisch seine Beanstandung möglicherweise selbst nicht mit voller Überzeugung zu vertreten. Denn er bekennt schließlich unverhohlen: »Besser wäre es freilich, jene Idee als die Idee des ›richtigen Rechts‹ zu bezeichnen ... «. Mit dieser Schlußbemerkung trifft er durchaus unsere Meinung.

In diesem Zusammenhang kann es kaum genügend Beachtung finden, daß Johannes Messner, obwohl er meinen Wissenschaftsbegriff mißverstanden zu haben scheint, immerhin wenigstens anerkennt: »Daß es eine wissenschaftliche Naturrechtslehre nicht geben kann, ist logisch unbestreitbar, wenn Leinwebers Wissenschaftsbegriff richtig ist« ([1968], 132).

[165]) Franz Böckle ([1966], 125, 134).

Tagen der spätantiken Skepsis kaum einen Schritt vorangekommen ist. Sollten sich Anhänger und Gegner des Naturrechts eines Tages wirklich darin einig werden, daß es ein überpositives R e c h t nicht geben kann, dann freilich bliebe immer noch der Streitpunkt, wie es um eine allgemeinmenschlich verpflichtende natürliche Sittlichkeit bestellt sei. Dazu wurde das Notwendige bereits gesagt.

Für den Praktiker besteht nach allem kein Zweifel, daß Recht und Sittlichkeit vornehmlich unter dem Gesichtspunkt der Rechtssicherheit zu behandeln sind. Es läßt sich selbstverständlich darüber streiten, ob ein positives Recht, das gröblich gegen die ethische Richtschnur verstößt, überhaupt Verbindlichkeit beanspruchen darf. Verfehlt wäre es dabei aber, die »legis corruptio« an einem überpositiven R e c h t zu messen, anstatt am Gebot der Sittlichkeit. Geradezu gefährlich wäre es, ein nirgends aufgezeichnetes Recht »ex natura« ablesen zu wollen[166]. Selbst w e n n es bestünde, so wäre es infolge der Abhängigkeit des Menschen von seinen Vorurteilen und Neigungen, von seinen Wünschen und Begierden doch niemals rein erkennbar.

Der irrlichternde Begriff »Naturrecht« muß daher verschwinden! Die Dringlichkeit dieser Forderung beweist der folgende für die verworrene Lage bezeichnende Fall: ein Protestant, Ordinarius der systematischen Theologie, schrieb mir mit Bezug auf meine Arbeit vorwurfsvoll: »Der Unterschied, ob es sich um das ›Recht‹ handelt, das der Mensch mit dem Tier gemeinsam hat (z. B. die Liebe der Eltern zu ihren Nachkommen) oder das den Menschen vom Tier trennt, ist z. B. nicht erwähnt.«

Die in seinen Worten hier zutage tretende eigentümliche Unterscheidung zwischen zwei besonderen Naturrechten, einem »Instinktrecht« für Mensch und Tier gemeinsam (ordo et instinctus naturae) und einem sittlich-rationalen Recht für das Menschengeschlecht allein (ius gentium), ist geistesgeschichtlich übrigens nicht ohne Reiz. Sie stammt aus Griechenland, wurde übernommen von römischen Juristen (Ulpian) und weitergereicht an die Scholastiker, welche aus ihr im Mittelalter einen eigenen Zweig der Naturrechtsforschung entwickelten. Die heutige katholische Moraltheologie hat allerdings diese Lehre durchweg aufgegeben[167]. Man verschließt eben keineswegs mehr die Augen vor der Tatsache, daß wir im zwanzigsten Jahrhundert nicht von kausaler Naturgesetzlichkeit reden dürfen, wie von einer bloßen Spielart des Rechts. Naturordnung nämlich ist durchaus nicht dasselbe wie streuende Spielraum-Gesetzlichkeit des menschlichen Geistes[168].

---

[166]) Thomas v. Aquino, Summa theologica II 2, quaestio 60 V, ([1953], 84—85).

[167]) Rudolf Weigand (1967), passim, besonders 244. W. stellt ausdrücklich fest, daß die Verwechselung kausaler Triebgesetzlichkeit mit einem Trieb*recht* einer klaren und eindeutigen Terminologie sehr nachteilig gewesen sei. — Zur Stellung der modernen katholischen Moraltheologie siehe Mausbach-Ermecke (1961), 453.

[168]) Diese elementare Tatsache mißachtet der Chemiker Robert Elken in seiner naturwissenschaftlichen Grundlegung der Ethik ([1968], Vorwort und 299), wenn er — unter des Kybernetikers Karl Steinbuch Einfluß — auch das gesamte geistige Sein des Menschen auf die Chemie (!) stützt und, von jeder

Mein persönliches Erlebnis mit jenem Professor der protestantischen Theologie zeigt wiederum eindringlich die verhängnisvolle Verführung des Wortes »Naturrecht«, ein weiterer Beitrag für die Richtigkeit unserer Forderung, diesen schillernden Begriff auszumerzen.

Wer sich heute noch nicht dazu durchringen kann, die längst überholte scholastische Ineinssetzung zweier heterogener Ordnungsgesetzlichkeiten zu verabschieden, wer immer noch nicht anerkennen will, »daß ein in seinem ganzen Wesen kausal bedingter Mensch eigentlich für seine Handlungen gar nicht verantwortlich gemacht werden könnte«[169], dem ist trotz aller wissenschaftlichen Einsichten unserer Zeit nicht aufgegangen, daß Geltungsbereich und Ausstrahlung des Rechts begrenzt sind auf den schmalen Wirkungsraum unserer Ratio. Nur wo der Verstand vorherrscht oder sich mindestens zu überwiegendem Einfluß durchgesetzt hat, nur dort allein unter allen irdischen Wesen genießt der Mensch den Vorzug, in Freiheit zu wählen zwischen zwei oder mehreren Möglichkeiten des Verhaltens[169a].

Die Begriffsverwirrung über das Verhältnis zwischen Recht und Sittlichkeit in der Geschichte der deutschen Naturrechtstheorie reicht zurück auf Pufendorf (1632—1694) und Christian Wolff (1679—1754). Allerdings entwickelte schon Thomasius (1655—1728) die uns heute geläufige deutliche Trennung zwischen Recht und Moral. Aber voll brachte diese Einsicht erst Kant zur Geltung. Er nämlich verstand unter Naturrecht nicht mehr ein verbindliches Recht[170]. Gleichwohl behielt er den altgewohnten Ausdruck »Recht« als Bezeichnung dafür bei, lediglich als Terminus für

---

Problematik unbeschwert, ein von Zeit und Ort unabhängiges, unveränderliches, gleiches Naturrecht für alle Völker verficht. Naturwissenschaftlich denkende Schriftsteller, auch falls sie ernstzunehmende erkenntnistheoretische Erörterungen anstellen, äußern sich leider oft reichlich undurchdacht zu unserer Frage, so z. B. der von Karl R. Popper inspirierte Hans Albert ([1968], 149), für den Naturgesetz und Naturrecht offenbar zusammengehören. Volle Klarheit läßt auch Hans Sachsse (1968) vermissen.

169) Das Zitat ist dem leider schon jetzt vergessenen Buch des 1968 verstorbenen Musikkritikers Oscar von Pander ([1952], 81) entnommen, auf dessen höchstbedeutende Gedanken zu Willensfreiheit und Ethik nicht oft genug hingewiesen werden kann.
Natürlich steht es außer jeder Diskussion, welche Hemmungen und Einschränkungen die menschliche Willensbildung erfährt (Kindheit, Reifung, Altersabbau, Krankheiten, Erschöpfungszustände, Süchte). Der Meinung vieler Kybernetiker zum Trotz ändert das aber nichts an der Tatsache, daß der Mensch seiner Anlage nach kein kausal gesteuertes Wesen höherer Ordnung ist. — Zur Sonderfrage, inwieweit die Technik heute unsere Freiheit einengt, vgl. Walther Gerlach (Physiker) (1964).

169a) Arthur Kaufmann scheint gegenteiliger Auffassung zu sein, räumt jedoch immerhin ein ([1969], 263): »Form, Abstraktion, Generalisierung, Begrifflichkeit sind für die Gestaltwerdung des Rechts ganz unentbehrlich ...«. — Besonders freue ich mich in dieser Frage der nachträglich entdeckten Übereinstimmung mit Max Weber (»Idealtypus usw.« [1968], 125—129). Er verweist nämlich auf »das Irrtümliche der Annahme, daß eine wie immer verstandene ›Freiheit‹ des Wollens identisch sei mit der ›Irrationalität‹ des Handelns«.

170) Franz Wieacker ([1967], 318); Hans-Ludwig Schreiber ([1966], 13—53); Hinrich Rüping ([1968], 41—54).

einen bloß moralischen Appell ohne äußeren Zwang. Damit jedoch blieb seiner fortschrittlichen Auffassung die letzte Klarheit versagt[171].

Der Hauptverantwortliche an der heute auf unserem Gebiet herrschenden Verworrenheit aber dürfte H e g e l sein. E r mit seiner grenzenlosen Ausdehnung des Rechtsbegriffs ist der eigentliche Urheber der in den letzten Jahren ständig weiter um sich greifenden Irrungen und Wirrungen:

»Die Moralität, die Sittlichkeit, das Staatsinteresse ist jedes ein eigentümliches Recht, weil jede dieser Gestalten Bestimmung und Dasein der Freiheit ist. In Kollision können sie nur kommen, insofern sie auf gleicher Linie stehen, Rechte zu sein; wäre der moralische Standpunkt des Geistes nicht auch ein Recht, die Freiheit in einer ihrer Formen, so könnte sie gar nicht in Kollision mit dem Rechte der Persönlichkeit oder einem anderen kommen, weil ein solches den Freiheitsbegriff, die höchste Bestimmung des Geistes, in sich enthält, gegen welchen anderes ein substanzloses ist. Aber die Kollision enthält zugleich dies andere Moment, daß sie beschränkt und damit auch eins dem anderen untergeordnet ist; nur das Recht des Weltgeistes ist das uneingeschränkt absolute«[172].

Das Verständnis dieser Sätze wird erleichtert, wenn wir bedenken, daß Hegel die Wurzeln allen Rechts allein in der Sittlichkeit erblickte, dabei deren Ursprung und Leben, anders als Kant, jedoch nicht im Individuum suchte, sondern in der Gemeinschaft und in ihrem objektiven Geist. Nur aus dieser Ansicht erklärt sich Hegels seltsame Vorstellung von einem angeblichen Stufenreich des Rechts, dessen höhere Ränge (Moralität, Sittlichkeit, Weltgeist) die niederen und damit das eigentliche (positive) Recht förmlich überlagern[173].

---

171) Kant ([1797], passim). Er meint: »Alle Pflichten sind entweder Rechtspflichten (officia iuris), d. i. solche, für welche eine äußere Gesetzgebung möglich ist, oder Tugendpflichten (officia virtutis sive ethica), für welche eine solche nicht möglich ist« (a.a.O. XLVII). Schon in seinen Ethikvorlesungen der Jahre 1775 bis 1780 kommt dieser Grundgedanke zum Ausdruck, nur weniger klar ([1924], 41—44), Vgl. u. a. Julius Binder ([1925], 623 ff.); Julius Ebbinghaus ([1928], 274—331); Hans-Ludwig Schreiber ([1966], 33—53).

172) Hegel ([1955], 46). — Auf dieses Zitat anscheinend spielt Joachim Ritter ([1961], 9) an, wenn er meint, nach Christian Wolffs Tod habe das Naturrechtsdenken sich am Ende der Aufklärung in die Transzendenz des reinen Denkens verflüchtigt. Das aus seinem Begründungszusammenhang endgültig gelöste Naturrecht vegetiere seitdem nur noch als gedankliches Rechtsprinzip fort. Sähe Ritter recht, so hätte ich mein Buch anders anlegen, vor allem wesentlich kürzer fassen sollen, wie es einer meiner Rezensenten (Forsthoff [1966], 168) vermutlich auch sagen will. Aber allein schon die ständig anschwellende Diskussion um das Recht aus der »Natur der Sache« stellt Ritters Ansicht heute in Frage, ganz zu schweigen vom »Seinsrecht« und seiner Verflechtung mit Kybernetik und anderen Disziplinen der Naturwissenschaft.
Soweit heute noch Naturrechtler in Hegels Bahnen wandeln, bleiben sie jede rationale Antwort auf die Frage schuldig, weshalb denn in viel höherem Maße als die Lex positiva ausgerechnet das Naturrecht angeblich ein voll ausgebildetes *Recht* sei und den eigenen Bereich des Ethischen entschieden »transzendiere« (so Legaz y Lacambra [1965], 245—305). Unverkennbar sind bei solchen niemals näher begründeten Ansichten — besser gesagt: unbewiesenen, bloßen Behauptungen — starke außerwissenschaftliche Antriebe im Spiel. Das gilt auch für die Neigung des deutschen Bundesgerichtshofes zum Naturrecht (Weischedel [1959]).

173) Nicolai Hartmann ([1929], 314—350). Die geistesgeschichtlichen Hintergründe zu Hegels Rechtsauffassung erhellt zum Teil Norberto Bobbio ([1968], 15—22).

Wie wir wiederholt darlegten, ruhen in Wahrheit Ursprung und Dasein aller Sittlichkeit aber durchaus nicht im Rationalen, sondern ausschließlich im Gefühl, während das Recht des modernen Menschen, sein Naturrechtsdenken nicht ausgenommen, ein reines Erzeugnis seines diskursiven Verstandes darstellt[174].

Mithin ist Hegel in dieser Hinsicht heute für uns schon aus dem Grunde überholt, weil er hier bedenkenlos jede Grenze zwischen Verstand und Gefühl verwischt. Vermutlich s a h er sie nicht einmal.

Daß das in der Sittlichkeit wurzelnde Rechtsgefühl, sofern es nicht irreführen soll, stets »einen rührigen Intellekt« voraussetzt[175], versteht sich von selbst, ändert jedoch nichts an der Tatsache, daß das sittliche Urerlebnis »nicht das Ergebnis einer verstandesmäßigen Subsumption ist[176]. Steht das aber fest, so bedarf es keines besonderen Beweises, wie diese Vorherrschaft des Gefühlsmäßigen sich heute ausgerechnet in einer Gesellschaft ohne bindende geistige Gemeinsamkeiten auswirkt. Schon auf den ersten Blick sollte hier daher einleuchten, wie wenig gerade wir der bedrängenden Frage nach dem geschichtlichen Wandel aller Naturrechtsvorstellungen entrinnen könnten[177].

Der Gedanke an eine statische Moral und ein unabänderliches, überpositives Recht ist wahrlich nicht mehr überzeugend zu vertreten. Das sehen selbst katholische Moraltheologen mehr und mehr ein. In jüngster Zeit gehen die Fortschrittlichen unter ihnen sogar noch einen Schritt weiter. Sie äußern schon leise Zweifel an einem höheren w a n d e l b a r e n Recht und fragen sich, ob es denn wirklich etwa mit Hilfe der vielgepriesenen »Natur der Sache« aufzuspüren sei[178].

---

174) Vgl. oben 142 f. und 178.

175) Gustav Radbruch ([1963], 202).

176) Rudolf Laun (oben 178); Johannes Stelzenberger ([1963], 179).

177) Letztlich führt heute auch Chaim Perelman ([1968], 127—133) zu dieser Einsicht, selbst wenn er an mehr oder minder permanenten »principes généraux du droit« festhalten möchte. Ähnlich bereits Theodor Viehweg (1963). 1711 schon vertrat der schweizer Calvinist Jean Barbeyrac (1674—1744) den in seiner Wirkung auf die Anthropologie weit über den Rationalismus der Aufklärung hinausführenden Gedanken, man müsse bei der Ergründung des Naturrechts als Beweis- und Kontrollinstanz stets auch die Geschichte hinzuziehen (Alexander Rüstow II [1963], 353 und 708 f. mit Belegen). Auf das einschlägige französische Vernunftrecht verweist mit reichen Quellenangaben L. A. Warnkönig ([1839], 23—174.

178) Daß die allbeliebte »Natur der Sache« bei näherer Betrachtung eine recht fragwürdige Orientierungstafel für Rechtsuchende sei, scheint heute auch Franz Böckle zu meinen. Denn er sagt ([1967], 158 f.): »Die menschliche Natur ist nicht die Wirklichkeit eines ›fertigen‹ Seienden, sondern eines Seinkönnens«, was nach B's Auffassung dann aber dazu nötigt, als »das Proprium des christlichen Ethos . . . die radikale Forderung der Liebe« anzuerkennen. Geht man mit Böckle so weit, dann scheint jedoch unmerklich bereits die Denkweise des traditionellen Naturrechts aufgegeben, und wir finden uns zusammen im gemeinsamen Bekenntnis zu jenen Gedanken, mit deren Äußerung ich das Ergebnis meiner Untersuchungen vorgetragen habe (oben 187—190). Wer demgegenüber zur »Rettung« des Naturrechts etwa den Humangenetiker Friedrich Keiter zur Hilfe rufen möchte, verkennt die Lage. Zwar betont dieser ([1966],

EXKURS

Eine allumfassende Ordnung durchwaltet das Universum in seinen sämtlichen Erscheinungen. Das ist unser Glaube, ja unsere feste Überzeugung[179]. Indessen ist der endliche Mensch unfähig, sie verstandesmäßig zu erfassen. Jeder Entwurf »einer rationalen Erkenntnistheorie«, wie ihn unlängst et-

---

300) überzeugend, daß die »geschichtliche Modifizierbarkeit des Menschenverhaltens« (sein Sein-Können) »keineswegs unbegrenzt ist«, aber was wäre denn aus dieser einleuchtenden Feststellung zu folgern für eine Unentbehrlichkeit der Naturrechtsvorstellung? Übrigens könnte wohl keine Rede davon sein, daß bloße Nächstenliebe schon ein allgemeines Moralgesetz sei. Sie ist vielmehr nach Erik Wolf ([1966], 18—19) durchaus »kein System der christlichen Ethik, auch keine Haustafel kasuistischer Regeln«, sondern vermag uns lediglich anzuweisen, »jeweils ›richtiges‹ Recht zu finden;. Liebe kann also nur Leitstern für Rechtsbildung und Rechtsfindung sein. Es ist entscheidend wichtig, sich diese Einsicht ständig vor Augen zu halten, da sonst die Gefahr besteht, daß sich der Naturrechtsgedanke dennoch wieder einschleicht.

Zu diesem Thema sei aus der Fülle der Literatur hier nur weiterhin verwiesen auf: Franz Böckle ([1966], 133); Karlheinz Peschke ([1967], 172 ff.); F. X. Kaufmann ([1966], 15 ff.); ff.). van Melsen ([1966], 61 ff.). Danach hat man den Eindruck, als schwinde langsam auch der bisher so oft verfochtene Glaube an »Oberste Rechtsgrundsätze« — siehe neuerdings freilich wieder Helmut Coing (1969) — endgültig dahin, zum mindesten in der Gestalt eines absolut gültigen Naturrechts. Die inhaltliche Leere solcher »Rechtsgrundsätze« hat ja unlängst auch Ernst Topitsch ([1966], 53—96) schlagend nachgewiesen.

Eine Frage für sich ist bei alledem, ob sich im ständigen Vordringen der »Natur der Sache«, wie Franz W. Jerusalem ([1968], 36) meint, nur eine individualistische »Zersetzung des Rechtsdenkens« kundgibt. Vom gruppenseelischen Standort aus mag sie zu bejahen sein. Aber wir leben nun einmal als Abendländer individualistisch. Wir sind »pluralistisch« bestimmte Individualisten, sollten uns jedoch in der auch Menschen unserer Art eigentümlichen Sehnsucht nach Ordnung und Sinnerfüllung unseres Daseins nicht dem Wahn jener einfältigen Illusion verschreiben, wir brauchten uns nur auf die »Natur der Sache« zu konzentrieren, um das Rezept zu richtigem Handeln zu erhalten. Norberto Bobbio ([1965], 95) warnt uns mit den Worten: »Der Gesetzgeber glaubt, im Buch der Natur zu lesen, in Wirklichkeit interpretiert er es nur.«

179) Selbst unter gehobenen Akademikern ist freilich auch heute noch die abgestandene Auffassung verbreitet, hinter dem, was uns naturgesetzlich zugänglich ist, walteten Sinnlosigkeit und Zufall. Von Salvador de Madariaga ([1959], 92) rühren die beherzigenswerten Worte: »Der Atheist begeht den Fehler, nicht einzusehen, daß die Welt zu viel Sinn hat, um durch bloßen Zufall entstanden sein können; der Revoltierende begeht den Fehler, nicht zu begreifen, daß er selbst Gott sein müßte, wäre er mit dem Universum in voller Übereinstimmung, weil er dann ebenso groß wäre wie er. — Worin hat der Gläubige unrecht? Darin, daß er Gott erklären will, darin, daß er ihn dem Atheisten und namentlich dem Revoltierenden plausibel machen will, indem er für das Böse, das Leiden, den Tod Gründe findet, die Gott entlasten.«

Mit Blindheit geschlagen ist, wer die »ungeheure Synthese« unseres modernen Weltbildes außer acht läßt, »das die Wirklichkeit von der Welt des unfaßbar Kleinen im Bereich der Quanten bis zum unfaßbar Großen der Milchstraßensysteme umschließt« (Ludwig v. Bertalanffy [1949], I, 189; ähnlich der Botaniker Johannes Reinke [1925] in seinem gegen Ernst Haeckel gerichteten Buch). Doch räumen wir dabei Ernst Topitsch gern ein, daß er durchaus begründet

wa Arthur Kaufmann vorlegte[180], erledigt sich damit von vornherein. Der Wissenschaftsweg zu »materialen Wesenheiten« bleibt uns verschlossen, mag immerhin die Grenze der Wissenschaft auch erst jenseits des Geländes verlaufen, welches lediglich die mathematische Kausalgesetzlichkeit erschließt. Zwar liegt »jede sachgebundene Erkenntnis der Wirklichkeit, die methodisch gewonnen und daher allgemeinzugänglich ist«[181], noch im rational zugänglichen Bereich der Wissenschaft. Aber es kommt stets darauf an, was man dabei unter »allgemeinzugänglich« im Einzelfall versteht. Erkennend vorzudringen »bis zu dem Seienden als solchem«, wenn auch nicht »adäquat«, d. h. bis zu seiner »Fülle«[182], das mag manchmal sogar dem Geisteswissenschaftler und dem Philosophen vielleicht nicht unmöglich sein. Indes wäre damit doch keineswegs das Erkenntnissubjekt auch nur für Augenblicke der Notwendigkeit enthoben, unverwandt darauf zu achten, ob die untrügliche Berührung mit dem Seienden als solchem ihm denn auch wirklich in jeder denkbaren Beziehung geglückt ist. Gerade hier nämlich stellt uns die Selbstkontrolle vor Aufgaben, denen ein Sterblicher wohl nicht gewachsen ist, verfallen wir unmerklich doch alle immer wieder der Versuchung, voll überzeugt etwas für seiend zu halten, das tatsächlich nichts anderes ist als ein Trugbild unserer Wunschträume. Übrigens gibt Kaufmann selbst freimütig zu, völlig ungestört von »subjektiven Momenten« sei keine menschliche Erkenntnis[183]. Er meint wohl, von Blicktrübung und Selbsttäuschung, geht jedoch auf diese Kernfrage überhaupt nicht ein. Wenn Kaufmann allerdings betont,

---

vor jenem Rückfall in vorwissenschaftliches Denken warnt ([1966], 55), welches kritiklos unsere sozialen Alltagserlebnisse in das Universum projiziert und damit zu der wissenschaftlich nicht nachprüfbaren Vorstellung eines *normativen* Weltgesetztes verführt wird, welches sich angeblich im engen Erlebniskreis unserer menschlichen Gesellschaftsordnung getreu wiederspiegelt. Selbstredend müssen wir uns immer gegenwärtig halten, daß die Normenordnung unserer menschlich geistigen Welt, wie sie nachweisbar nur uns allein eigentümlich ist, streng zu scheiden ist von der kausalen Seinsgesetzlichkeit aller Wirklichkeiten außerhalb unseres Geistes.

Trotz alledem bleibt es frommem Glauben unbenommen, in Makrokosmos und Mikrokosmos ein und dieselbe Ordnung am Werk zu sehen. Vgl. hierzu für das 19te Jahrhundert die großartige Analogielehre Gustav Theodor Fechners. Andererseits kann es natürlich nicht als unstatthaft angesehen werden, mit dem heutigen Philosophen Gerhard Krüger ([1965], 13) wenigstens die skeptische Frage aufzuwerfen: »Vielleicht gibt es in Wirklichkeit nur ein Chaos kämpfender Kräfte, und vielleicht entspringt es nur dem Bedürfnis unseres Denkens nach Übersicht und Klarheit, wenn wir daraus immer einen Kosmos zu machen suchen.« Bekanntlich glaubten schon die alten Iranier an »zwei gegeneinander wirkende Grundkräfte als Ursache des Weltgeschehens« (O. G. v. Wesendonk [1933], 218), ein Gedanke, den in unseren Tagen William James (1914) mit seinem »Pluralistischen Universum« wieder aufgenommen hat.

180) Arthur Kaufmann ([1961], 60—85).

181) Arthur Kaufmann a.a.O. 62.

182) Arthur Kaufmann a.a.O. 67.

183) Arthur Kaufmann a.a.O. 74.

»Wissenschaftliche Allgemeinzugänglichkeit kann . . nur bedeuten, daß alle, die die nötigen intellektuellen Vorbedingungen mitbringen, die gefundenen Erkenntnisse kraft ihrer Sachgebundenheit und des methodischen Begründungszusammenhangs nachzuvollziehen imstande sind« [184],

so kann ihm natürlich hierin nicht widersprochen werden. Nur bleibt dabei fraglich, wer schließlich den Beteiligten des Erkenntnisprozesses das Zeugnis ihrer Bewährung ausstellen könnte. Doch nicht etwa sie sich selbst als Richter in eigener Sache oder etwa ihre ihnen gläubig vertrauenden Anhänger? Vernimmt man, wie er in diesem Zusammenhang als Musterbeispiel richtiger Erkenntnis auf den vielerörterten Beschluß des Bundesgerichtshofes über Kuppelei an Verlobten hinweist, so sollte es fast scheinen, als halte Kaufmann solche Art der Zeugniserteilung methodisch für vertretbar[185]. Daß die sexualethische Wertung jenes hohen Gerichts fragwürdig sein könnte, kommt ihm nämlich bei alledem nicht einmal in den Sinn. Freilich muß ihm gerechterweise zugutegehalten werden, daß er die einschlägigen Ergebnisse der Vergleichenden Verhaltensforschung sechs Jahre vor ihrer Veröffentlichung, als er seine Studie abschloß, noch nicht berücksichtigen konnte[186].

Schließlich ist es auch unverständlich, weshalb Kaufmann eine »ontologische« neben einer erkenntnistheoretischen Relativität nicht gelten lassen will. Mit dem bloßen Hinweis auf die Tatsache, daß aus der Relativität menschlicher Erkenntnis nicht das mindeste für eine entsprechende Relativität des »Seienden« zu folgern ist[187], glaubt er nämlich, zu seinem Thema sei alles Nötige schon gesagt. Nur übersieht er völlig, wie hierdurch die ganze Problematik auf einen im Grunde doch verhältnismäßig kleinen, nebensächlichen Ausschnitt unseres Blickfeldes eingeengt wird. Denn, verglichen mit der Gesamtfülle des übrigen menschlichen und außermenschlichen Geschehens, ist der rationale Erkenntnisakt des einzelnen keineswegs der alleinige oder auch nur der folgenreichste Faktor aller Relativität[188]. Ohne die geringste Mitwirkung unserer Erkenntnisfunktionen wandelt sich häufig unsere geschichtliche Umwelt und mit ihr der Objektive Geist. Gerade er wird durch äußere Einflüsse, wie z. B. den Zwang veränderter sozialer Umstände, oft umgeformt. Dabei verschwinden nicht selten gewohnte Wertvorstellungen und machen neuen Auffassungen Platz. Erscheinungen kommen und gehen.

---

184) Arthur Kaufmann a.a.O. 63.

185) Der Leitsatz des Bundesgerichtshofs (BGHSt. Band 6, 53) lautet: »Die sittliche Ordnung will, daß sich der Verkehr der Geschlechter in der Einehe vollziehe, weil der Sinn und die Folge des Verkehrs das Kind ist«. Katholische Moraltheologen haben hierzu bereits kritisch Stellung bezogen. Aus der ständig anwachsenden Literatur sei besonders verwiesen auf Franz Böckle ([1966], 137) und [1968] bei Böckle-Holenstein, 195—205) sowie auf Bernhard Häring ([1968], 14—25 und passim). Beherzigenswert: Martin Drath (Jurist) zu »Sittlichkeit und Unzucht« ([1968], 151—154).

186) Führend: Irenäus Eibl-Eibesfeldt (1967), besonders 432.

187) Arthur Kaufmann a.a.O. 75.

188) Unsere Begriffsbestimmung der Relativität findet sich oben 79, Note 234.

Als Erkenntnissubjekt hat der einzelne dann nur die Wahl, sich dem heraufkommenden Geist einer neuen Zeit kämpfend entgegenzustemmen oder ihm resignierend nachzugeben. Vor derart folgenschwere Entscheidungen sehen sich namentlich hohe und höchste Gerichte in solchen Zeiten des Zusammenpralls alter und neuer Wertordnungen gestellt[189].

Das »Seiende« ist mithin keineswegs in Ruhelage, vielmehr ständig im Wandel, mag es seine äußere Gestalt auch vielfach beibehalten. So löst ein historischer Vorgang denn den anderen ab, — die Gegenstände unserer Rechtserkenntnis nicht ausgenommen.

Kein Jurist wird sich der Tatsache verschließen wollen, daß z. B. ausfüllungsbedürftige Wertformeln, wie Menschenwürde, Treu und Glauben, Sittlichkeitsempfinden des Volkes usw. immer mit in Bewegung geraten, sobald auch sonst der objektive Geist umgestaltet wird[190].

Es wäre also grundverkehrt, wollte man die Relativismusfrage einfach auf die Erkenntnis des Menschen und deren bloße, subjektive Bedingungen einschränken. Kaufmann aber begeht diesen Fehler. Er spricht eine Halbwahrheit mit seiner Behauptung aus, Relativität sei ausschließlich als »Bezogenheit auf ein Nichtrelatives« vorzustellen[191], so als ob jedermann denselben Erkenntnisgegenstand nur perspektivisch anders sähe. In Wirklichkeit visieren wir nämlich von den verschiedenen Punkten der Peripherie aus keineswegs immer denselben unveränderlichen Kreismittelpunkt an. Reiner Selbstbetrug ist es daher, sich mit der fehlerhaften Vorstellung zu bescheiden, durch einen nachträglichen Vergleich mit Beobachtungen anderer ließen sich alle Wahrnehmungsungenauigkeiten und Einseitigkeiten einwandfrei berichtigen.

Also trifft Kaufmanns Kreisgleichnis die Sache nicht. Gegenüber der Gesamtfülle aller denkbaren Erkenntnisfälle versagt es und zwar aus einem einfachen Grunde: unsere geschichtliche Umwelt nebst sämtlichen sich anbietenden Erkenntnisobjekten verändert sich genauso wie die Erkenntnissubjekte auch. Verändert sich aber das Ganze um uns, so verändern wir uns als Teile des Ganzen gleichzeitig mit. Trotz unserer Geistesbegabtheit sind auch wir im fließenden Strom des Seienden nur winzige Glieder. Schon den alten griechischen Denkern vor Sokrates war das klar[192].

Der Leser möge nach allem daher selbst entscheiden, ob uns ein Erkenntnisweg zu »materiellen Wesenheiten« oder auch nur zu »sachlogischen Strukturen« offensteht, der niemals in die Irre führt. Wir jedenfalls meinen, daß uns endlichen Menschen nicht vergönnt ist, aus angeblich nur verschiedenen Ansichten ein und derselben unwandelbaren Sache »Konvergenzen« zu erarbeiten.

---

189) Fälle dieser Art liegen vor in der gegenwärtigen deutschen höchstrichterlichen Rechtsprechung zur Sexualethik und deren Auswirkung auf Strafrecht, Ehescheidungs- und Testamentsrecht.

190) Karl Engisch (1964), 123 ff. — Das Beharrende in der Erscheinungen Flucht interessiert den Juristen nicht. Vgl. oben 55 f.

191) Arthur Kaufmann a.a.O. 75.

192) Daß diese Lehre allerdings nicht von Heraklit herrührt, hat Karl Reinhardt nachgewiesen ([1959], 206—249).

Die rechte Selbsteinschätzung ist eine seltene Gabe. Meist ist der Mensch geneigt, seine Erkenntnisfähigkeit und ihre Reichweite zu überschätzen, insbesondere aber bedenkenlos die Maßgeblichkeit seiner eigenen Wertvorstellungen zu verabsolutieren. Arglos läßt er sich deshalb auch verführen von der betörenden Fata Morgana eines unbedacht subjektiv gefärbten, unwandelbaren Wunschrechts, das sich — wie ein heutiger Schriftsteller in voller Überzeugung annimmt — mit »absolut unveränderlichen, undynamischen, nichtwirklichen Rechtssätzen«[193] in jedem positiven Recht nachweisbar widerspiegele, selbst wenn dieses uns noch so wechselnde Erscheinungsformen darbiete[194].

[193]) Eugen Roschacher ([1963], 34). — Daß nicht einmal die Zehn Gebote als absolut angesehen werden dürfen, wie es neuerdings wieder Günter Brenner ([1968], 48 und 95) behauptet, ist unbestreitbar der Arbeit von Hendrik van Oyen ([1967], 120) zu entnehmen. Zur Problematik, abendländisches Rechtsdenken auf andere Kulturen zu übertragen, vgl. Manfred O. Hinz (1968), William S. Haas ([1967], 217—235 und passim) und vor allem Jean Gebser (1968).

[194]) Auch Arthur Kaufmann vertritt diese heute weitverbreitete Auffassung ([1961], 41—44). Er meint, der Grundsinn des Naturrechts sei »das objektiv richtige Recht«, mit dessen Begriff seine Positivität, Konkretheit und Geschichtlichkeit sehr wohl vereinbar seien. Das Naturrecht lasse sich in gemeinsamer Arbeit aller Völker und Kulturkreise nur schrittweise enthüllen. Daher sei die auffällig wechselvolle Geschichte seiner Lehren nichts anderes als »der notwendige, nie zum Ende kommende Vollzug dieser einen großen Aufgabe der Rechtsphilosophie. Das Naturrecht wird durch den Pluralismus der Naturrechtslehren nicht nur nicht widerlegt, sondern dieser Pluralismus ist geradezu die Bedingung seiner vollen Entfaltung. Das Naturrecht lebt aus der ‚coincidentia oppositorum' (Cusanus)« a.a.O. 84.

Man sieht indes: die für die intellektuelle Redlichkeit wissenschaftlich geschulter Naturrechtler heute so bedrängende Not wird hier — unbewußt natürlich — in ihr genaues Gegenteil verkehrt, d. h. in eine begnadende Vorzugsstellung verwandelt. Zugleich aber möchte Kaufmann, wenn er es auch nicht rundheraus sagt, doch wohl auch meinen, damit sei die Existenz des Naturrechts ein für allemal jedem Zweifel entrückt. Um seine Überzeugungskraft in dieser Richtung noch zu erhöhen, bedient er sich geschickt eines Kunstgriffs. Er versucht nämlich, das gefährlichste Angriffsmittel der Naturrechtsgegner dadurch zu entschärfen, daß er es kurzerhand in den Dienst seines eigenen Anliegens nimmt.

Wer allerdings der tieferen Problematik fernsteht, könnte Kaufmann bei seiner Verteidigung des Naturrechts gar leicht in der erfolggekrönten Rolle eines Soldaten zu sehen vermeinen, dem es im Nahkampf glückt, die gegen ihn geschleuderte Handgranate noch zu ergreifen, zurückzuwerfen und den Angreifer selbst mit ihr außer Gefecht zu setzen.

Kaufmann möchte uns glauben machen, was bisher *gegen* das Naturrecht ins Feld geführt wurde, die unübersehbare Vielfalt seiner Lehren, das spreche doch lediglich *für* das Naturrecht, was seine Widersacher ihm als Schwäche und Fragwürdigkeit vorhielten, das sei — bei rechtem Licht betrachtet — gerade seine Stärke und begründe nur seine Unangreifbarkeit. Allein, Kaufmann irrt. Das Handgranaten-Gleichnis hinkt also. Denn beweispflichtig für das Naturrecht bleibt nach wie vor derjenige, welcher seine Existenz behauptet, d. h. die Beweislast kann nicht auf den Zweifler oder Gegner abgewälzt werden. Mit der bloßen und noch dazu unrichtigen Behauptung, die Vielfalt der Naturrechtslehren sei geradezu die Daseinsbedingung des Naturrechts, vermag Kaufmann demnach keineswegs die Beweislast umzukehren, um so weniger, als er

Solche und ähnliche mit vollem wissenschaftlichem Ernst vorgetragenen Lehren heutiger Naturrechtler offenbaren indes nur jenen unter Geisteswissenschaftlern auch sonst noch immer verbreiteten Wahn, man dürfe unbedenklich seine eigenen oft doch lediglich höchst einseitigen Vorstellungen über das, was gut und böse, was Recht und Unrecht ist, als selbstverständlich bei den übrigen Menschen aller Zeitalter ohne Rücksicht auf Kultur, Rasse und Gesellschaftsform ebenfalls voraussetzen.

Neue eindrucksvolle Beweise für diese grobe Selbsttäuschung liefern die kürzlich veröffentlichten Untersuchungen des Soziologen Wilbert E. Moore[194a], des Historikers August Nitschke[195] und des Kulturphilosophen Jean Gebser[196]. Besonders Gebsers wenn auch sonst vielfach umstrittene Werke regen gerade in dieser Hinsicht zu heilsamem Nachdenken an, denn sein Grundthema ist die Veränderlichkeit des menschlichen Bewußtseins in der Geschichte. Er verficht die Ansicht, sogar unsere heutige abendländische Verstandeskultur, so erhaben und selbstsicher sie sich auch gebärde, sei in der Entwicklung der Menschheit nur eine Durchgangsstufe. Vielleicht also erwachen wir eines Tages zu unserer Überraschung im Bewußtsein einer abermaligen tiefen — mutationsähnlichen — Veränderung unseres wandlungsfähigen Geistes. Sollte Gebser das Kommende wirklich richtig vorausahnen, so wäre es durchaus fraglich, ob sich unsere Nachfahren aus ihrer veränderten Bewußtseinslage noch zurückzuversetzen vermögen in unsere heutige »perspektivisch verengte« und daher unvollständige Weltansicht und deren trennscharfe Ratio.

Schon derartige Aussichten aber verbieten es, versunkene Rechtskulturen augenblicklich in Bausch und Bogen ohne Würdigung abzuwerten und übereilt von einem »progressiv-dynamischen Naturrecht« zu träumen, als ob es etwa eine wissenschaftlich erweisliche Tatsache unserer Gegenwart wäre,

---

sich nicht dazu äußert, wie er denn seine Auffassung vom Naturrecht in Einklang bringen möchte mit seiner Polemik gegen jedweden Wertrelativismus. Räumt er doch selbst freimütig ein, es sei völlig aussichtslos, daß im Leben unserer Zeitlichkeit die »wechselvolle« Geschichte der unzähligen Naturrechtslehren jemals »zum Ende« komme. Entscheidend bei alledem ist schließlich doch wohl: Kaufmann verwechselt die bloße, unerfüllte Sehnsucht nach einem schon seit zweieinhalb Jahrtausenden vergeblich herbeigewünschten »richtigen Recht« mit ihrem Ziel, d. h. dem ersehnten Rechtszustand bemüht.

194a) (1968). M. zählt zu den Schrittmachern jener soziologischen Forschungsrichtung, welche sich wissenschaftlich um den sozialen Wandel bemüht.

195) (1967), besonders 235—257. Angeregt ist N. von Einstein.

196) (1966) und (1968). Gut unterrichtet über diese Frage auch der von dem Theologen Horst Bürkle herausgegebene Sammelband (1966) mit Beiträgen christlicher Geistlicher aus Indien, die an ihren abendländischen Glaubensbrüdern herbe Kritik üben. Danach gedeiht abendländisches Christentum in Indien allenfalls als »Topfpflanze«.

Nachdem uns Lévi-Strauss (1968) Wesen und Unterschiede totemistischer und modern rationaler Logik erhellt und damit die abgestandene Lehre vom prälogischen Denken der Naturvölker erst endgültig erledigt hat, erscheint der mögliche Übergang vom heutigen abendländischen Wissenschaftsbewußtsein zu einer von der unsrigen abweichenden neuen Denkweise und Weltansicht durchaus nicht mehr unvorstellbar. Ist eine solche mögliche Wandlung aber nicht auszuschließen, so stellt sich uns im ungewohnten Licht damit das alte Relativismus-Problem von neuem.

als ob wir bereits Ende und Ziel aller Geschichte greifbar sicher vor Augen hätten[197].

Doch lassen wir Zukunftserwartungen auf sich beruhen. Schon der Ausblick auf die nahen Dinge der Gegenwart bestätigt Wieackers Urteil als zutreffend: das Naturrecht ist lediglich die Stimme unserer Kritik am positiven, geltenden Recht!

Gleichermaßen läßt sich auch Alexander Rüstow vernehmen:

»So lange man das geltende Recht als richtig und naturgemäß empfindet, besteht kein hinreichender Anlaß zur kritisch-antinomischen Aufspaltung der einheitlichen Rechtssphäre in Ideal und Wirklichkeit. Erst wenn das geltende Recht und seine Handhabung dem Rechtsempfinden nicht mehr entspricht, wenn die Rechtswirklichkeit als idealwidrig empfunden wird, tritt diese Spaltung ein, und berufen sich die Unzufriedenen auf ihr abweichendes Rechtsgefühl als Gegeninstanz, die übergeordnete Geltung für sich in Anspruch nimmt« [198].

Wer im Ernst annimmt, ausgerechnet sein persönliches »abweichendes Rechtsgefühl« eröffne ihm den niemals in die Irre führenden Zugang zu der Erkenntnis überpositiver Normen — wenn auch nicht eines ausgebildeten Naturrechtssystems, so doch wenigstens »Oberster Rechtsgrundsätze« — der befindet sich in allzu menschlicher Selbsttäuschung auf dem Holzweg. Das sollte schon deshalb einleuchten, weil jenes »abweichende Rechtsgefühl« kaum irgendwo auch nur halbwegs homogen auftritt, selbst unter gemeinsam unrechtleidenden Zeitgenossen nicht einmal vorübergehend. Woran der unleugbare Mangel an Homogenität hier liegt, sagt uns Erich Rothacker:

»Der Exaktheitsunterschied der Natur- und Geisteswissenschaften beruht ganz vornehmlich darauf, daß die Arbeit der ersteren nicht nur auf die ›Tatsachen‹, sondern zugleich auf eine (relativ) konstant bleibende Fragestellung und weltanschauliche Interessenrichtung gegründet ist, während die Geisteswissenschaften tief in den Widerstreit der Interessenrichtungen verstrickt sind. Auf diesem Widerstreit der Interessenrichtungen beruht ihre Relativität. Innerhalb konstanter Fragestellungen sind sie grundsätzlich der größten Exaktheit fähig« [199].

Alfred Stern, dem wir das beste moderne Werk über die Stellung der Geschichtsphilosophie zum Wertproblem verdanken, kommt zu dem Ergebnis, daß wir noch niemals eine Kenntnis, sondern nur »die Illusion einer Kenntnis des Naturrechts« besaßen[200]. Aber auch sein wissenschaftlich sorgsam begründeter bedeutender Beitrag zu unserer Frage wird Anhänger der Naturrechtsidee kaum nachhaltig beeindrucken, ebensowenig wie rationale Bemühungen im Grunde überhaupt. Denn für sie ist es gleichsam das Postulat eines nahezu religiösen Glaubens, daß den Menschen vom drückenden Elend seiner Lex positiva eine Ordnung erlösen könne, die ausgesprochen nur den Charakter eines uns vorgezeichneten höheren *Rechts* trägt. Daß schon der

---

197) Hugo Staudinger bei Franz-Josef Wehnes ([1968], 22—26).

198) Neben dieser seiner wissenschaftlichen Auffassung ([1963], Band II, 115 und 558 ff.) steht indes Rüstows dilettantische Erwartung, es werde dermaleinst einer »Neuen Anthropologie« vergönnt sein, »die fleischernen Tafeln, die nach dem großen Wort des Apostels Paulus der Schöpfer jedem Menschen ohne Unterschied (!) ins Herz gesetzt hat, . . im Lichte des lumen naturale getreulich (!) zu entziffern . .« ([1957], Band III, 509).

199) Erich Rothacker ([1965], 145).

200) Alfred Stern ([1967], 189). — Juristen sollten nicht versäumen, ergänzend hierzu auch Carl August Emge (1966) zu lesen.

Gehorsam gegen die Sittenordnung allein, sofern dies überhaupt möglich wäre, menschliches Gemeinschaftsleben vielleicht zum Besseren wenden könnte, wird ihnen nicht so leicht einleuchten[201]. Unabsehbar ist die Reihe von Möglichkeiten, welche Naturrechtlern zu Gebote steht, sich ihre Illusionen zu erhalten. Was kümmert es das Herz in seiner unstillbaren metaphysischen Sehnsucht schon, wenn der Verstand ihm wohlmeinend nachweisen möchte, daß ein droben in den Sternen »unveräußerlich und unzerbrechlich« schwebendes, ewiges Recht[202] gar nicht existiere, ja daß es niemand unter uns jemals selbst im Falle seiner Existenz unverfälscht oder auch nur ungetrübt zu erkennen vermöchte[203]? »Die Welt lebt nun einmal nicht von Logik»[204]. Darum wird der individualistische Abendländer — allen

---

[201]) Bezeichnend hierfür sind schon zwei Stimmen aus dem Kreise meiner Kritiker. So meint Günter Brenner ([1968], 94) zu meiner Feststellung, im Naturrecht spreche lediglich die Sittlichkeit: »Leinweber überbewertet . . . das Rechtsgefühl«. Schärfer äußert sich der bekannte katholische Thomas-Kommentator Arthur Fridolin Utz ([1967], 524): «Wenn Leinweber meint, die Besserstellung der Indianer sei nicht der nachscholastischen iberischen Naturrechtslehre, sondern dem als selten zu bezeichnenden Durchbruch der christlichen Sittlichkeit zuzuschreiben (177), dann stimmt dies nur zur Hälfte. Schon ein oberflächlicher Blick in die Schriften von Vitoria dürfte dieses polemische Dunkel erhellen.« Leider zitiert mich Utz ungenau. Nämlich nicht einmal im Traume ist mir eingefallen, der »nachscholastischen iberischen Naturrechts*lehre*« ihre Verdienste abzusprechen! Nicht von der »Naturrechts*lehre*« habe ich gesprochen, sondern vom Natur*recht* (vgl. oben 177). Das aber ist ein himmelweiter Unterschied. Wohl kann, wie ich durchaus nicht bestreite, eine Naturrechts*lehre* Ausdruck tief empfundener Sittlichkeit, also eines Gefühls, sein. Das jedoch beweist für die Existenz eines überirdischen, d. h. von Gott unmittelbar geschaffenen *Rechts* noch nicht das mindeste.
Damit zugleich dürfte auch Brenners Einwand entkräftet sein. Auch wer sich, von seinem Rechtsgefühl angespornt, über die Beschaffenheit eines Idealrechts ein förmliches Gedankengebäude rational erarbeitet, kann doch wohl nicht gut behaupten, ausgerechnet seine Denkergebnisse seien der getreue Niederschlag einer überirdischen, uns Menschen vorgegebenen Rechtsordnung. Zur Bildung von Recht gehört mehr als das bloße Nachdenken darüber, wie Recht beschaffen sein müßte.

[202]) Schiller, Wilhelm Tell, II. Aufzug, 2. Szene.

[203]) Aufschlußreich ist die scharfe, aber überhaupt nicht begründete Ablehnung etwa der Vergleichenden Verhaltensforschung bei Franz Riedweg ([1968], 80): »Die Ethologie, fußend auf dem Tierversuch hat keine eigenständige Daseins-Berechtigung. Sie erfüllt ihre Aufgabe lediglich als Nebendisziplin, als Dienerin der großen anthropologischen Forschung, die alle vier Dimensionen des Menschen umfaßt, und in deren Mittelpunkt nicht der Vergleich mit Graugänsen und Affen, sondern mit den Heiligen (!) und Eingeweihten (!) aller (!) Religionen zu stehen hat«. Diese bedauerlich unkundigen Worte eines im übrigen wohltuenden Buches zeigen, wohin es führen kann, wenn unsere Frage ohne ausreichende kulturanthropologische Grundkenntnisse einseitig geisteswissenschaftlich behandelt wird. Wer Eigenständigkeit und Daseinsberechtigung der Vergleichenden Verhaltensforschung heute noch bezweifelt, wer gar damit liebäugelt, seine persönliche Einschätzung des Menschlichen an den Eingeweihten und Heiligen aller (!) Religionen auszurichten, der sollte sich wenigstens ernüchtern lassen durch die immerhin unbestreitbare Tatsache, daß wir Menschen ohne Ausnahme — auch Eingeweihte und Heilige! — mit »Gebrochenheiten« belastet sind, die »die ständige Verborgenheit absoluter Werte« bedingen (Dieter Wyss [1968], 134 und 211).

Erkenntnissen seiner Wissenschaft zum Trotz — auch künftig rastlos weiter auf der Suche sein nach einem überirdischen *Recht*. Selbst unvoreingenommene, rechte Erforschung des Naturrechtsproblems hat keine Aussicht, daran etwas zu ändern. Alle Einsicht des Verstandes, daß unserer geistigen Fassungskraft offenbar gottgewollte Grenzen gesetzt sind, fruchtet wenig. Der Wunsch nach beglückender Schau der uns verschlossenen metaphysischen Ordnung aller Dinge ist unausrottbar. Immer wieder wird er die wachste intellektuelle Redlichkeit überlisten und einschläfern, ehe wir dessen überhaupt gewahr zu werden vermöchten[205].

Doch gäbe der Mensch sein Bemühen um ein ideales Recht jemals auf, — er wäre in der Tat von Gott verlassen[206].

---

204) Franz Overbeck ([1919], 270), bekannter Kirchenhistoriker, Freund Nietzsches, trotz seines zeitbedingten Positivismus noch heute anregend.

205) In dieser Stimmung mögen heute viele Suchende von den Werken des geistig abnormen Franz Kafka angezogen werden. So meisterhaft und ergreifend wie er hat sonst niemand es verstanden, des Menschen Ausgeschlossenheit vom Recht künstlerisch darzustellen, vornehmlich in der kleinen Erzählung »Vor dem Gesetz« ([1962], 117—119) und in dem Roman »Der Prozeß« ([1960]). Wer das Naturrecht auch nur in Zweifel ziehe, so sagte ich (oben 171), der gerate leicht in die Lage des Mannes, der in ein Wespennest greift. Rudolf Henning ([1968], 350), mein gründlichster katholischer Rezensent, hält diese Befürchtung jedoch schon jetzt für »geradezu anachronistisch«. Das vermag ich durchaus nicht einzusehen, wenn ich auch keineswegs — wie H. annimmt — dabei einige wichtige Stimmen fortschrittlicher Katholiken — recht leise Stimmen übrigens — überhört habe. Den Optimismus meines Rezensenten kann ich nicht teilen, glaubt er doch sogar, immer noch jene Worte billigen zu müssen, welche Papst Pius XII in seiner Ansprache am 3. Oktober 1953 gebrauchte: »Que l'on appelle ces exigences de la nature ›droit‹, ›normes éthiques‹ ou ›postulats de la nature‹ peu importe« (zitiert von Henning a.a.O. nach den Acta Apostolicae Sedis 45, 739).
Halten wir aber hier die peinlich genaue Beachtung der Grenzscheide zwischen Recht und Sittlichkeit für wenig bedeutend, so verschließen wir die Augen gerade dort, wo alle tiefere Problematik des Ganzen auf uns wartet; das jedoch wäre eine unverantwortliche Preisgabe wissenschaftlicher Haltung. Wenn mein verehrter Kritiker Karl Engisch ([1968], 676) mir in dieser Hinsicht leise tadelnd vorhält: » . . auf Worte soll es ja am Ende nicht ankommen«, so muß ihm lebhaft widersprochen werden.

206) Nach allem dürfte es wohl außer Frage stehen, daß zwischen Ernst Topitsch und mir — trotz aller Übereinstimmung in der Kritik des Naturrechts — in der wissenschaftstheoretischen Grundhaltung gewisse Unterschiede erkennbar sind. Topitsch nämlich beschränkt sich keineswegs nur *methodisch* auf den Positivismus, wir mir scheint.
Sehr zu bedauern ist, daß sogar ein Rechtsphilosoph wie Werner Maihofer, dem der *Glaube* an eine »Überwelt« durchaus nicht fern liegen dürfte, gleichwohl als Forscher in der »Wirklichkeitswissenschaft« — mutmaßlich unter dem neopositivistischen Einfluß von Topitsch — einzig und allein eine ausgesprochen antimetaphysische Arbeitsweise für vertretbar hält, erhebt er es doch förmlich zu seinem Programm, zu abstrahieren von jedem »außerhalb und oberhalb der Welt und des Menschen« liegenden Horizont als Maßstab des Rechts ([1969], XI—XII). Auch er hat leider kein Auge für alles das, was wir aufgrund des Wißbaren *vermuten* dürfen, ohne dabei die verläßliche Plattform eines *methodischen* Positivismus zu verlassen.

SCHRIFTTUM ZUM NACHTRAG I

(Nichterwähntes siehe S. 191 — S. 208)

ALBERT, Hans: »Traktat über kritische Vernunft«, Tübingen 1968

ANGERMAIR, Rupert: »Die Tötung eines Tyrannen nach katholischer Lehranschauung« in »Widerstandsrecht und Grenzen der Staatsgewalt« (Hrsg. Bernhard Pfister und Gerhard Hildmann), Berlin 1956 122 ff.

ANWEILER, Oskar: »Bildungspolitik und Sozialstruktur in der Sowjetunion« in »Sowjetgesellschaft im Wandel« (Hrsg. Boris Meissner), Stuttgart/Berlin/Köln/Mainz 1966, 153—184

ARISTOTELES: »Nikomachische Ethik«, übersetzt und kommentiert von Franz Dirlmeier, Berlin, 4. Aufl. 1967

ARSENIEW, Nikolaus v.: »Die geistigen Schicksale des russischen Volkes« Graz/Wien/Köln 1966

AUROBINDO, Sri: »Stufen der Vollendung«, deutsch (Hrsg. P. B. Saint-Hilaire), Weilheim 1964

AUSTIN, Granville: »The Indian Constitution — cornerstone of a nation« Oxford 1966

BAER, Karl Ernst v.: »Welche Auffassung der lebenden Natur ist die richtige und wie ist diese Auffassung auf die Entomologie anzuwenden«? (Reden und Aufsätze, Teil I [Reden], St. Petersburg 1864, 237—284). (Auszugsweise unverändert nachgedruckt als Beiheft zu Band 3 [1962] der »Grundlagenstudien aus Kybernetik und Geisteswissenschaft", Quickborn bei Hamburg 1962)

BARTH, Hans: »Die Idee der Ordnung«, Erlenbach-Zürich & Stuttgart 1958

BARTH, Karl: »Der Römerbrief«, Achter Abdruck der neuen Bearbeitung (20. bis 21. Tausend), Zollikon-Zürich 1947

BARTH, Karl: »Kirchliche Dogmatik«, Zollikon-Zürich Band III, Teil 4 1951; Band IV, Teil 1 1953; Band IV, Teil 2 1955

BASTIAN, Hans-Dieter: »Anfangsprobleme im Gespräch zwischen Kybernetik und Theologie«, in »Information und Kommunikation — Referate und Berichte der 23 internationalen Hochschulwochen Alpbach 1967«, (Hrsg. Simon Moser), München u. Wien 1968, 177—187

BAUMANN, Jürgen: »Strafrecht — Allgemeiner Teil«, 4. Aufl. Bielefeld 1966

BEAUVOIR, Simone de: »Das andere Geschlecht«, gekürzte deutsche Ausgabe, Reinbek bei Hamburg, 7. Auflage 1965

BEDNAREK, Karl: »Die Programmierer«, Wien und München 1965

BENZ, Ernst: »Geist und Leben der Ostkirche«, Hamburg 1957

BENZ, Ernst: »Die Russische Kirche und das abendländische Christentum«, München 1966

BERTALANFFY, Ludwig v.: »Das biologische Weltbild«, Band I, Bern 1949

BETTERMANN, Karl August: »Grenzen der Grundrechte«, Berlin 1968

BINDER, Julius: »Philosophie des Rechts«, Berlin 1925

BLOCH, Ernst: »Karl Marx und die Menschlichkeit«, Reinbek bei Hamburg 1969

BLUMENTRITT, Günter: »Strategie und Taktik — Ein Beitrag zur Geschichte des Wehrwesens vom Altertum bis zur Gegenwart«, Konstanz 1960

BOBBIO, Norberto: »Über den Begriff der ›Natur der Sache‹« in »Die ontologische Begründung des Rechts«, Hrsg. Arthur Kaufmann, Bad Homburg vor der Höhe, 1965, 87—103

BOBBIO, Norberto: »Hegel et l'école du droit naturel« Hegel-Jahrbuch 1967, 9—33

BOCKELMANN, Paul: »Verkehrssoziologie und Verkehrsrecht« in »Kraftfahrt und Verkehrsrecht«, 1967, 42—82

BÖCKENFÖRDE, Ernst-Wolfgang: »Die Rechtsauffassung im kommunistischen Staat«, München 1967

BÖCKLE, Franz (Hrsg.): »Das Naturrecht im Disput«, Düsseldorf 1966

BÖCKLE, Franz: »Was ist das Proprium einer christlichen Ethik?« in »Zeitschrift für Evangelische Ethik« 1967, 148—159

BÖCKLE, Franz und HOLENSTEIN, Carl (Hrsg.): »Die Enzyklika in der Diskussion — Eine orientierende Dokumentation zu ›Humanae vitae‹«, Zürich/Einsiedeln/Köln 1968

BOHR, Niels: »Atomphysik und menschliche Erkenntnis«, Braunschweig, Band I (2. Aufl.) 1964; Band II 1966

BONHOEFFER, Dietrich: »Widerstand und Ergebung«, München und Hamburg 3. Aufl. 1966

BOSL, Karl: »Zu einer Soziologie der mittelalterlichen Fälschung« in »Frühformen der Gesellschaft im mittelalterlichen Europa« (Gesammelte Schriften), München und Wien 1964, 413—24

BRAUN, Maximilian: »Russische Dichtung im 19ten Jahrhundert«, Heidelberg 1954

BRENNER, Günter: »Naturrecht und politische Ordnung«, Mainz 1968

BRUNNER, August: »Geschichtlichkeit«, Bern und München 1961

BRUNNER, Georg: »Die Grundrechte im Sowjetsystem«, Köln 1963

BÜRKLE, Horst (Hrsg.): »Indische Beiträge zur Theologie der Gegenwart«, Stuttgart 1966

BURCKHARDT, Jacob: »Die Kultur der Renaissance in Italien«, Hrsg. L. Heinemann, Berlin 1928

BURKE, Edmund: »Reflections on the Revolution in France«, ed. A. J. Grieve, London und New York 1964

CARUSO, Igor A.: »Die Trennung der Liebenden — Eine Phänomenologie des Todes«, Bern und Stuttgart 1968

COHEN, Jerome Alan: »The Criminal Process in the People's Republic of China: An Introduction«, Harvard Law Review, Volume 79, No. 3 (1966), 469—533, Sonderdruck

COING, Helmut: »Grundzüge der Rechtsphilosophie«, 2. Aufl. Berlin 1969

DAHM, Georg: »Das Strafrecht Italiens im ausgehenden Mittelalter«, Berlin und Leipzig 1931

DAHM, Georg: »Zur Problematik des Völkerstrafrechts«, Göttingen 1956

DAHRENDORF, Ralf: »Die angewandte Aufklärung — Gesellschaft und Soziologie in Amerika«, München 1963

DAVID, Jacob: »Das Naturrecht in Krise und Läuterung«, Köln 1967

DE GREEFF, Étienne: »Notre Destinée et nos Instincts«, Paris 1945

DE GREEFF, Étienne: »Les Instincts de Défense et de Sympathie;, Paris 1947

DEUTSCH, Karl W.: »Politische Kybernetik — Modelle und Perspektiven«, deutsch, Freiburg im Breisgau 1969

DIEMER, Alwin: »Zur Grundlegung einer Phänomenologie des Rechts«, in »Festschrift für Gerhart Husserl« (Hrsg. Thomas Würtenberger), Frankfurt am Main 1969, 38—64

DILTHEY, Wilhelm: »Der Aufbau der geschichtlichen Welt in den Geisteswissenschaften« (Ges. Schriften VII, besorgt von Bernhard Groethuysen), 2. Aufl. Stuttgart und Göttingen 1958.

DIRLMEIER, Franz: siehe ARISTOTELES

DOMBOIS, Hans: »Naturrecht und Offenbarung«, in »Naturrecht, Menschenrechte, Offenbarung« (Hrsg. Franz-Josef Wehnes), Frankfurt am Main 1968, 89—102

DRATH, Martin: »Grundgesetz und pluralistische Gesellschaft«, in »Weltanschauliche Hintergründe in der Rechtsprechung« (Hrsg. Wolfgang Böhme), Karlsruhe 1968, 87—155

DREIER, Ralf: »Zum Begriff der ›Natur der Sache‹«, Berlin 1965

DREXLER, Hans: »Die Entdeckung des Individuums«, Salzburg 1966

DÜRING, Ingemar: »Aristoteles«, Heidelberg 1966

EBBINGHAUS, Julius: »Die Idee des Rechtes« in »Gesammelte Aufsätze, Vorträge und Reden«, Hildesheim 1968, 274—299

EBEL, Wilhelm: »Geschichte der Gesetzgebung in Deutschland«, Göttingen, 2. Aufl. 1958

EBERHARDT, Margarete: »Das Werten — Der Nachweis eines höchsten Richtungsweisers als Lösung des Wertproblems«, Hamburg 1950

EHRENZWEIG, Albert A.: »Zur Phänomenologie und Psychoanalyse der Rechtswissenschaft«, in »Festschrift für Gerhart Husserl« (Hrsg. Thomas Würtenberger), Frankfurt am Main 1969, 65—71

EIBL-EIBESFELDT, Irenäus: »Grundriß der vergleichenden Verhaltensforschung – Ethologie«, München 1967

EICKSTEDT, Egon Frh. v.: »Atom und Psyche«, Stuttgart 1954

EICKSTEDT, Egon Frh. v.: »Ursprung und Entfaltung der Seele«, Stuttgart 1963

ELERT, Werner: »Das christliche Ethos — Grundlinien der lutherischen Ethik«, 2. Aufl., besorgt von Ernst Kinder, Hamburg 1961

ELIADE, Mircea: »Schamanismus und archaische Ekstasetechnik« deutsch, Zürich und Stuttgart 1957

ELIASBERG, Alexander: »Russische Literaturgeschichte in Einzelporträts«, München 1922

ELKEN, Robert: »Ethik, naturwissenschaftlich fundiert, und Kirche«, Kassel 1968

EMGE, Carl August: »Über die Untentbehrlichkeit des Situationsbegriffs für die normativen Disziplinen«, Abh. d. Akademie d. Wissensch. u. d. Literatur in Mainz, Geistes- und sozialwiss. Klasse, Nr. 3, Einzelausgabe, Mainz und Wiesbaden 1966

ENGELMANN, Woldemar: »Die Schuldlehre der Postglossatoren und ihre Fortentwicklung«, Leipzig 1895

ENGELS, Friedrich: »Ein neu entdeckter Fall von Gruppenehe«, Anhang zu »Der Ursprung der Familie, des Privateigentums und des Staates«, Neudruck nach der 4. Aufl. Berlin 1946, 152—156

ENGISCH, Karl: »Einführung in das juristische Denken«, Stuttgart 3. Aufl. 1964

ENGISCH, Karl: »Leinweber, Adolph: ›Gibt es ein Naturrecht‹?«, (Rezension), Zeitschrift für die gesamte Strafrechtswissenschaft, 80. Band (1968), 668—676

ERMACORA, Felix: »Die Menschenrechte: Entwicklung, Stand, Zukunft, mit besonderer Berücksichtigung des Flüchtlingsrechts in den wichtigsten Flüchtlingsaufnahmestaaten«, (Hrsg. Theodor Veiter und Friedrich Klein), Wien und Stuttgart 1966, 1—14

ESSER Josef: »Grundsatz und Norm in der richterlichen Fortbildung des Privatrechts«, Tübingen, 2. Aufl. 1964

FECHNER, Erich: »Ideologie und Rechtspositivismus«, in »Ideologie und Recht« (Hrsg. Werner Maihofer), Frankfurt am Main 1969, 97—120
FEHR, Hans: »Zur Lehre vom Archetypus«, ARS. Band XLI (1954/55), 37 ff.
FIEDLER, Herbert: »Rechenautomaten in Recht und Verwaltung«, Juristenzeitung 1966, 689—696
FORSTHOFF, Ernst: »Recht und Sprache«, Sonderausgabe, Darmstadt 1964
FORSTHOFF, Ernst: »Adolph Leinweber: ›Gibt es ein Naturrecht‹?«, (Rezension), Historisch-Politisches Buch XIV (1966), 168
FRANK, Helmar G.: »Kybernetik und Philosophie«, Berlin 1966
FREYER, Hans: »Weltgeschichte Europas«, Stuttgart, 2. Aufl. 1954
FREYER, Hans: »Schwelle der Zeiten«, Stuttgart 1965
FRIEDRICH, Hugo: »Montaigne«, Bern und München, 2. Aufl. 1967
FRIZ, Karl: »Die Stimme der Ostkirche«, Stuttgart 1950

GADAMER, Hans-Georg: »Wahrheit und Methode«, Tübingen, 2. Aufl. 1965
GAGNER, Sten: »Studien zur Ideengeschichte der Gesetzgebung«, Stockholm/Uppsala/Göteborg 1960
GALLWAS, Hans-Ulrich: »Der Mißbrauch von Grundrechten«, Berlin 1967
GARDAVSKY, Vitezslav: »Gott ist nicht ganz tot«, deutsch, München 1969
GEBSER, Jean: »Ursprung und Gegenwart«, Stuttgart, 2. Aufl. 1966
GEBSER, Jean: »Asien lächelt anders«, Berlin/Frankfurt/Wien 1968
GEHLEN, Arnold: »Der Mensch«, Frankfurt und Bonn, 8. Aufl. 1966
GEIGER, Theodor: »Vorstudien zu einer Soziologie des Rechts«, Neuwied und Berlin 1964
GEILKE, Georg: »Einführung in das Sowjetrecht«, Darmstadt 1966
GERLACH, Walther: »Naturgesetz und menschliche Ordnung«, Bremen 1964
GIERKE, Otto v.: »Deutsches Genossenschaftsrecht«, Berlin, Band I 1868, Band II 1873, Band III 1881, Band IV 1913
GLEDHILL, Alan: »Fundamental Rights in India«, London 1956
GOVINDA, Anagarika: »Grundlagen tibetischer Mystik«, deutsch, Zürich und Stuttgart, 2. Aufl. 1966
GRÖNBECH, Wilhelm: »Kultur und Religion der Germanen«, deutsch, besorgt von Otto Höfler, Band I und II, Darmstadt 1954

HAAS, William S.: »Östliches und westliches Denken — Eine Kulturmorphologie«, Reinbek bei Hamburg 1967
HABERMAS, Jürgen: »Zur Logik der Sozialwissenschaften«, Sonderheft Nr. 5 der Philosophischen Rundschau, Tübingen 1967
HABERMAS, Jürgen: »Erkenntnis und Interesse«, Frankfurt 1968
HACKMANN, Heinrich: »Chinesische Philosophie«, München 1927
HÄRING, Bernhard: »Brennpunkt Ehe«, in »Theologische Brennpunkte«, Band 16, Bergen-Enkheim bei Frankfurt 1968
HARDER, Richard: »Eigenart der Griechen« und »Einführung in die griechische Kultur« (Herder-Bücherei, Band 120), Freiburg/Basel/Wien 1962.
HARTMANN, Nicolai: »Die Philosophie des deutschen Idealismus«, Band II (Hegel), Berlin und Leipzig 1929
HARTMANN, Nicolai: »Möglichkeit und Wirklichkeit«, Meisenheim am Glan, 2. Aufl. 1949
HASSENSTEIN, Bernhard: »Kybernetik und Biologie«, in »Grundfragen der Kybernetik« (Hrsg. Otto Walter Haseloff), Berlin 1967, 55—64

HEGEL, Georg Wilhelm Friedrich: »Grundlinien der Philosophie des Rechts«, 4. Aufl., besorgt von Johannes Hoffmeister, Hamburg 1955

HEIMANN, Hans: »Prophetie und Geisteskrankheit«, Bern 1956

HEISENBERG, Werner: »Das Naturgesetz und die Struktur der Materie«, deutsch-englische Parallelausgabe, Stuttgart 1967

HEITLER, Walter: »Der Mensch und die naturwissenschaftliche Erkenntnis«, 4. Aufl. Braunschweig 1966.

HENNING, Rudolf: »Leinweber, Adolph: ›Gibt es ein Naturrecht‹?«, (Rezension), Theologische Revue, Jahrgang 64 (1968), Nr. 4, 349—350

HENTIG, Hans v.: »Der Muttermord und sieben andere Verbrechensstudien«, Neuwied und Berlin 1968

HERRFAHRDT, Heinrich: »Staatsgestaltungsfragen in Entwicklungsländern Asiens und Afrikas«, Karlsruhe 1965

HEUSS, Alfred: »Zur Theorie der Weltgeschichte«, Berlin 1968

HINTZE, Otto: »Über individualistische und kollektivistische Geschichtsauffassung«, in »Gesammelte Abhandlungen«, Band II, 315—322, (Hrsg. Gerhard Oestreich), 2. Aufl. Göttingen 1964

HINZ, Manfred O.: »Folgerichtigkeit und Voraussehbarkeit«, ARS., Band LIV (1968), 153—157

HIPPEL, Eike v.: »Grenzen und Wesensgehalt der Grundrechte«, Berlin 1965

HIPPEL, Ernst v.: »Geschichte der Staatsphilosophie in Hauptkapiteln«, Band I, Meisenheim am Glan 1958

HIPPEL, Ernst v.: »Rechtsbewußtsein und Kulturentwicklung« (in »Mechanisches und moralisches Rechtsdenken«, Ges. Aufsätze), Meisenheim am Glan 1959, 141—160

HIPPEL, Ernst v.: »Der Egoismus als Weltproblem« (in »Mechanisches und moralisches Rechtsdenken«, Ges. Aufsätze), Meisenheim am Glan 1959, 241—250

HIPPEL, Fritz v.: »Die Perversion der Rechtsordnungen«, Tübingen 1955

HOBBES, Thomas: »Leviathan«, deutsch, besorgt von Iring Fetscher, Neuwied und Berlin 1966

HOEBEL, E. Adamson: »Das Recht der Naturvölker«, deutsch, Olten und Freiburg im Breisgau 1968

HOFSTÄTTER, Peter R.: »Gruppendynamik — Kritik der Massenpsychologie«, 8. Aufl. Hamburg 1967

HOFSTÄTTER, Peter R. und WENDT, Dirk: »Quantitative Methoden der Psychologie«, München, 3. Aufl. 1967

HOLST, Erich v.: »Zur Verhaltensphysiologie bei Tieren und Menschen«, (Ges. Abhandlungen, Hrsg. Bernhard Hassenstein), Band I, München 1969

HORKHEIMER, Max: »Zur Kritik der instrumentellen Vernunft«, Frankfurt 1967

HUBER, Hans: »Das Zusammentreffen der Europäischen Konvention zum Schutze der Menschenrechte und Grundfreiheiten mit den Grundrechten der Verfassungen« in »Gedächtnisschrift für Hans Peters« (Hrsg. H. Conrad, H. Jahrreiß, P. Mikat, H. Mosler, H. C. Nipperdey, J. Salzwedel), Heidelberg und New York 1967, 375—392

HUSSERL, Edmund: »Logische Untersuchungen«, Band I, Tübingen 5. Aufl. 1968

HUSSERL, Gerhart: »Recht und Zeit«, Frankfurt 1955

ILJIN, Iwan: »Wesen und Eigenart der russischen Kultur«, Affoltern, 2. Aufl. 1944

JERUSALEM, Franz W.: »Die Zersetzung im Rechtsdenken«, Stuttgart/Berlin/Köln/Mainz 1968

JUNG, Carl Gustav: »Zwei Schriften über analytische Psychologie« (1. »Über die Psychologie des Unbewußten«; 2. »Die Beziehungen zwischen dem Ich und dem Unbewußten«), Gesammelte Werke, Band VII, Zürich und Stuttgart 1964

JUNG, Richard: »Organisation der Hirnrinde und Kybernetik«, in »Grundfragen der Kybernetik« (Hrsg. Otto Walter Haseloff), Berlin 1967, 118—128

JYUN-HSYONG SU: »Das chinesische Rechtsdenken im Licht der Naturrechtslehre«, Inaugural-Dissertation der Rechts- und Staatswiss. Fakultät in Freiburg im Breisgau 1966

JYUN-HSYONG SU: »Die Struktur des chinesischen Rechtsdenkens und ihre Wirkung auf das moderne Recht«, ARS. 1967, 305—327

KAFKA, Franz: »Der Prozeß« mit Nachwort von Walther Killy (Fischer-Bücherei), Frankfurt und Hamburg, 61.–100. Tausend, 1960

KAFKA, Franz: »Das Urteil und andere Erzählungen«, (Fischer-Bücherei), Frankfurt und Hamburg, 381.–405. Tausend, 1962

KANT, Immanuel: »Die Metaphysik der Sitten« (Teil I. Metaphysische Anfangsgründe der Rechtslehre), Königsberg 1797

KANT, Immanuel: »Eine Vorlesung Kants über Ethik«, im Auftrage der Kant-Gesellschaft herausgegeben von Paul Menzer, Berlin 1924

KANTHACK, Katharina: »Nicolai Hartmann und das Ende der Ontologie«, Berlin 1962

KAUFMANN, Arthur: »Das Schuldprinzip«, Heidelberg 1961

KAUFMANN, Arthur (Hrsg.): »Die ontologische Begründung des Rechts«, Bad Homburg vor der Höhe 1965

KAUFMANN, Arthur: »Die Geschichtlichkeit des Rechts im Lichte der Hermeneutik«, in »Festschrift für Karl Engisch« (Hrsg. Paul Bockelmann, Arthur Kaufmann, Ulrich Klug), Frankfurt 1969, 243—273

KAUFMANN, Franz Xaver: »Die Ehe in sozialanthropologischer Sicht«, in »Das Naturrecht im Disput« (Hrsg. Franz Böckle), Düsseldorf 1966, 15—60

KEITER, Friedrich: »Verhaltensbiologie des Menschen auf kulturanthropologischer Grundlage«, München und Basel 1966

KELSEN, Hans: »The Communist Theorie of Law«, New York 1955

KEMPSKI, Jürgen v.: »Recht und Politik«, Stuttgart 1965

KHOL, Andreas: »Der Menschenrechtskatalog der Völkergemeinschaft — Die Menschenrechtskonventionen der Vereinten Nationen«, Wien und Stuttgart 1968

KINDERMANN, Gottfried-Karl (Hrsg): »Konfuzianismus, Sunyatsenismus und chinesischer Kommunismus«, Freiburg im Breisgau 1963

KLENNER, Hermann: »Studien über die Grundrechte«, Berlin 1964

KLIX, Friedhart (Hrsg.): »Kybernetische Analysen geistiger Prozesse«, München-Pullach 1968

KLÜBER, Franz: »Naturrecht als Ordnungsnorm der Gesellschaft — Der Weg der katholischen Gesellschaftslehre«, Köln 1966

KLÜBER, Franz: »Katholische Gesellschaftslehre«, Osnabrück 1968

KLUG, Ulrich: »Juristische Logik«, Berlin/Heidelberg/New York 3. Aufl. 1966

KLUG, Ulrich: »Phänomenologische Aspekte der Strafrechtsphilosophie von Kant und Hegel«, in »Festschrift für Gerhart Husserl« (Hrsg. Thomas Würtenberger), Frankfurt 1969, 212—233

KÖNIG, René und KAUPEN, Wolfgang: »Ideologie und Recht«, in »Ideologie und Recht« (Hrsg. Werner Maihofer), Frankfurt 1969, 147—167

KOHLER, Sylvester: »Jansenismus und Cartesianismus«, Düsseldorf 1905

KOSIK, Karel: »Die Dialektik des Konkreten — Eine Studie zur Problematik des Menschen und der Welt«, deutsch, Frankfurt 1967

KRAFT, Viktor: »Die Grundlagen der Erkenntnis und der Moral«, Berlin 1968

KRAUS, Wolfgang: »Der fünfte Stand — Aufbruch der Intellektuellen in West und Ost«, Bern/München/Wien 1966

KRÜGER, Gerhard: »Grundfragen der Philosophie — Geschichte, Wahrheit, Wissenschaft«, Frankfurt, 2. Aufl. 1965

KRÜGER, Herbert: »Allgemeine Staatslehre«, Stuttgart 1964

LA BARRE, Weston: »Die kulturelle Grundlage von Emotionen und Gesten«, in »Kulturanthropologie« (Hrsg. Wilhelm Emil Mühlmann und Ernst Wilhelm Müller), Köln und Berlin 1966, 264—281

LANG, Eberhard: »Staat und Kybernetik«, Salzburg und München 1966

LA ROCHEFOUCAULD, Francois: »150 Maximen«, französisch und deutsch, (Hrsg. Julius Schmidt), Heidelberg 1961

LEGAZ y LACAMBRA, Luis: »Rechtsphilosophie«, deutsch, Neuwied und Berlin 1965

LE GOFF, Jacques: »Métier et profession d'après les manuels de confesseurs au moyenâge«, in »Miscellanea mediaevalia«, Band 3 (Beiträge zum Berufsbewußtsein des mittelalterlichen Menschen), Hrsg. Paul Wilpert, Berlin 1964, 44—60

LEHMANN, Heinz: »Nehru — Baumeister des neuen Indien«, Zürich/Göttingen/Frankfurt 1965

LERNER, Dieter Waldemar: »Das Problem der Objektivität von rechtlichen Grundwerten«, Zürich und St. Gallen 1967

LERSCH, Philipp: »Der Mensch als soziales Wesen«, München, 2. Aufl. 1965

LÉVI-STRAUSS, Claude: »Das wilde Denken«, deutsch, Frankfurt 1968

LOBSACK, Theo: »Die unheimlichen Möglichkeiten oder die manipulierte Seele«, Düsseldorf und Wien, 3. Aufl. 1968

LORENZ, Konrad: »Über tierisches und menschliches Verhalten« (Ges. Abhandlungen), Band I und II, München 1965

LORENZ, Konrad und LEYHAUSEN, Paul: »Antriebe tierischen und menschlichen Verhaltens« (Ges. Abhandlungen), München 1968

LÜCKERT, Heinz-Rolf: »Der Mensch das konfliktträchtige Wesen«, München und Basel 1964

MADARIAGA, Salvador de: » Von der Angst zur Freiheit«, deutsch, Bern/Stuttgart/Wien 1959

MAIHOFER, Werner: »Recht und Staat im Denken des jungen Marx«, in »Karl Marx 1818—1968, Neue Studien zu Person und Lehre« (Hrsg. v. Hase & Koehler-Verlag) Mainz 1968, 165—218

MAIHOFER, Werner: »Ideologie und Naturrecht«, in »Ideologie und Recht« (Hrsg. Werner Maihofer), Frankfurt 1969, 121—146

MANN, Thomas: »Betrachtungen eines Unpolitischen« (Stockholmer Gesamtausgabe), Frankfurt 1956

MAO TSE-TUNG: »Das rote Buch« (deutsch, Hrsg. Tilemann Grimm), Frankfurt und Hamburg 1967

MARCIC, René: »Mensch, Recht, Kosmos«, Wien/Köln/Stuttgart/Zürich 1965

MARCIC, René: »Um eine Grundlegung des Rechts« in »Die ontologische Begründung des Rechts« (Hrsg. Athur Kaufmann) Bad Homburg vor der Höhe, 1965, 509—565

MARCIC, René: »Das Naturrecht als Einheitsgrund des Menschengeschlechts« in der Festschrift für Theodor Veiter (»Humanitas ethnica — Menschenwürde — Recht und Gemeinschaft«), Hrsg. Franz Hieronymus Riedl, Wien und Stuttgart 1967, 10—24

MARTI, Hans: »Urbild und Verfassung«, Bern und Stuttgart 1959

MATZ, Ulrich: »Rechtsgefühl und objektive Werte«, München 1966

MAUSBACH, Joseph und ERMECKE, Gustav: »Katholische Moraltheologie«, Band III, Teil 2, Münster, 10. Aufl. 1961

MEIER-WELCKER, Hans: »Seeckt«, Frankfurt 1967

MEISSNER, Boris: »Der soziale Strukturwandel im bolschewistischen Rußland« in »Sowjetgesellschaft im Wandel« (Hrsg. Boris Meissner), Stuttgart/Berlin/Köln/Mainz 1966, 27—152

MELSEN, A. G. M. van: »Natur und Moral« in »Das Naturrecht im Disput« (Hrsg. Franz Böckle), Düsseldorf 1966, 61—85

MENZEL, Wolfgang und BÜCHNER-UHDEN, Willi (Hrsg.): »Demokratie und Grundrechte — Ausgewähltes und überarbeitetes Protokoll der wissenschaftlichen Konferenz: Der Kampf der Arbeiterklasse und ihrer Partei um die Entwicklung der sozialistischen Persönlichkeit und die grundlegenden Rechte und Pflichten der Bürger des sozialistischen Staates«, Berlin-Ost 1967

MESSNER, Johannes: »›Gibt es ein Naturrecht?‹, von A. Leinweber«, (Rezension), Österreichische Zeitschrift für öffentliches Recht, Band XVIII (1968), 132—133

MEYER, Fritjof: »Systemimmanente Grenzen einer Reformpolitik in der Sowjetunion«, in »Sowjetische Innenpolitik« (Hrsg. Richard Löwenthal und Boris Meissner), Stuttgart/Berlin/Köln/Mainz 1968, 87—113

MIRBT, Karl: »Quellen zur Geschichte des Papsttums und des römischen Katholizismus«, Tübingen, 4. Aufl. 1924

MISCH, Georg: »Geschichte der Autobiographie«, Band IV, 1. Hälfte (Das Hochmittelalter), Frankfurt 1967

MITSCHERLICH, Alexander (Hrsg.): »Bis hierher und nicht weiter«, München 1969

MÖHLER, Johann Adam: »Die Einheit in der Kirche oder das Prinzip des Katholizismus«, 1. Aufl. Tübingen 1825

MÖHLER, Johann Adam: »Symbolik«, 1. Aufl., Mainz 1832

MONTAIGNE, Michel de: »Essais«, tomes II et III, publiés d'après l'édition de 1588 avec les variantes de 1595, Paris 1938

MOORE, Wilbert E.: »Strukturwandel der Gesellschaft«, deutsch, München 2. Auflage 1968

MÜHLMANN, Wilhelm Emil: »Rassen, Ethnien Kulturen — Moderne Ethnologie«, Neuwied und Berlin 1964

MÜHLMANN, Wilhelm Emil: »Chiliasmus und Nativismus«, Berlin 2. Aufl. 1964

MÜHLMANN, Wilhelm Emil und MÜLLER, Ernst Wilhelm (Hrsg.): »Kulturanthropologie«, Köln und Berlin 1966

MÜLLER-MARCUS, Siegfried: »Der Aufstand des Denkens — Sowjetunion zwischen Ideologie und Wirklichkeit«, Düsseldorf und Wien 1967

MÜLLER-RÖMER, Dietrich: »Die Grundrechte in Mitteldeutschland« Köln 1965

MÜLLER-RÖMER, Dietrich: »Die Menschenrechte und das neue Verfassungsrecht in Mitteldeutschland« in »Deutschland, Europa und die Menschenrechte« (Hrsg. Mitteldeutscher Kulturrat e. V. in Bonn, Troisdorf vor Bonn 1968 53—76

MUSIL, Robert: »Tagebücher, Aphorismen, Essays und Reden« Hamburg 1955

NARR, Karl J.: »Geistiges Leben in der frühen und mittleren Altsteinzeit« in »Handbuch der Urgeschichte« (Hrsg. Karl J. Narr), Band I, 158—168, Bern und München 1966

NEHRU, Jawaharlal: »Briefe an Indira — Weltgeschichtliche Betrachtungen«, deutsch, Düsseldorf, 2. Aufl. 1958

NEUMANN, Erich: »Ursprungsgeschichte des Bewußtseins«, Zürich 1949

NITSCHKE, August: »Naturerkenntnis und politisches Handeln im Mittelalter«, Stuttgart 1967

NÖRR, Dieter: »Die Fahrlässigkeit im byzantinischen Vertragsrecht« München 1960

NOLL, Peter: »Ideologie und Gestzgebung« in »Ideologie und Recht« (Hrsg. Werner Maihofer), Frankfurt 1969, 63—82

NOORDEN, Hans v.: »Theorien der außersinnlichen Wahrnehmung«, in »Zeitschr. f. Parapsychologie und Grenzgebiete der Psychologie«, Band XI (1968), 44—84

OBERMEIER, Manfred: »Kulturanthropologie«, herausgegeben von W. E. Mühlmann u. E. W. Müller (Rezension), ARS., Band 53 (1967), 601—604

OESTREICH, Gerhard »Die Entwicklung der Menschenrechte und Grundfreiheiten« in »Die Grundrechte — Handbuch der Theorie und Praxis der Grundrechte« (Hrsg. Bettermann, Neumann, Nipperdey), Berlin 1966, 1—123

OESTREICH, Gerhard: »Geschichte der Menschenrechte und Grundfreiheiten im Umriß«, Berlin 1968

OKSAAR, Els: »Sprache als Problem und Werkzeug des Juristen« ARS. Band 53 (1967), 91—130

OPHÜLS, Carl Friedrich: »Ist der Rechtspositivismus logisch möglich?« NJW. 1968, 1745—1752

ORTEGA y GASSET, José: »Eine Interpretation der Weltgeschichte«, deutsch, München 1964

OSTERMEYER, Helmut: »Die Wissenschaftlichkeit der Jurisprudenz und die Herausforderung der Soziologie«, Deutsche Richterzeitung 1969, 9—13

OVERBECK, Franz: »Christentum und Kultur« (Hrsg. Carl Albrecht Bernoulli), Basel 1919

OYEN, Hendrik van: »Ethik des Alten Testaments«, Gütersloh 1967

PAGEL, Friedrich: »Das Abnorme in der schönen Literatur« Enzyklopädisches Handbuch der Heilpädagogik, 2. Aufl. 1934, 1623 ff.

PALOCZI-HORVATH, Georg: »Rebellion der Tatsachen — Die Zukunft Rußlands und des Westens«, Frankfurt 1963

PANDER, Oskar v.: »Die natürlichen Grundlagen der Metaphysik«, München-Pasing (Filser-Verlag), 1952

PERELMAN, Chaim: »Über die Gerechtigkeit«, deutsch, München 1967

PERELMAN, Chaim: »Droit, morale et philosophie« Paris 1968

PERPEET, Wilhelm: »Erich Rothacker«, Bonn 1968

PESCHKE, Karlheinz: »Naturrecht in der Kontroverse — Kritik evangelischer Theologie an der katholischen Lehre von Naturrecht und natürlicher Sittlichkeit«, Salzburg 1967

PETERS, Karl: »Der Jugendliche und die Autorität des Gesetzes«, Festschrift für Ernst Heinrich Rosenfeld, Berlin 1949, 215 ff.

PFAFF, Dieter: »Die Entwicklung der sowjetischen Rechtslehre« Köln 1968

PLACK, Arno: »Die Gesellschaft und das Böse«, München 1967

PLATONOW, S. F.: »Geschichte Rußlands«, deutsch, Leipzig 1927

PLECHANOW, Georg Walentinowitsch: »Über die Rolle der Persönlichkeit in der Geschichte«, deutsch, Stuttgart 1952

PÖLL, Wilhelm: »Religionspsychologie — Formen der religiösen Kenntnisnahme«, München 1965

PONGRATZ, Ludwig J.: »Problemgeschichte der Psychologie«, Bern und München 1967

POPPER, Karl Raymund: „Das Elend des Historizismus«, Tübingen 1965

PORTMANN, Adolf: »Biologie und Geist«, Frankfurt, 2. Aufl. 1968

PREISER, Wolfgang: »Über die Verwirklichung des Naturrechts in der Zeit der Gewaltherrschaft« in »Festschrift für Fritz v. Hippel« (Hrsg. Josef Esser und Hans Thieme), Tübingen 1967, 285—312

RADBRUCH, Gustav: »Rechtsphilosophie«, 6. Aufl., besorgt von Erik Wolf, Stuttgart 1963

RAMM, Thilo: »Der Frühsozialismus — Ausgewählte Quellentexte«, Stuttgart 1956

REIBSTEIN, Ernst: »Völkerrecht — Eine Geschichte seiner Ideen in Lehre und Praxis«, Band II, Freiburg i. B. und München 1963

REINHARDT, Karl: »Parmenides und die Geschichte der griechischen Philosophie«, Frankfurt, 2. Aufl. 1959

REINKE, Johannes: „Naturwissenschaft, Weltanschauung, Religion« Freiburg i. B., 3. Aufl 1925

REIWALD, Paul: »Die Gesellschaft und ihre Verbrecher«, Zürich 1948

RICKERT, Heinrich: »Die Grenzen der naturwissenschaftlichen Begriffsbildung«, Tübingen, 5. Aufl. 1929

RIEDWEG, Franz: »Konservative Evolution«, München 1968

RIESMAN, David: »Die einsame Masse — Eine Untersuchung der Wandlungen des amerikanischen Charakters«, deutsch, Reinbek bei Hamburg, 12. Aufl. 1968

RITTER, Gerhard: »Machtstaat und Utopie«, München und Berlin, 3. und 4. Aufl. 1943

ROSCHACHER, Eugen: »Das Recht und die ›Rechtssätze‹ — Eine Kritik der traditionellen Naturrechtstheorie auf rechtsontologischer Grundlage«, Winterthur 1963

ROTHACKER, Erich: »Logik und Systematik der Geisteswissenschaften«, München, 2. Aufl. 1965

ROTHACKER, Erich: »Zur Genealogie des menschlichen Bewußtseins« (Hrsg. Wilhelm Perpeet), Bonn 1966

RÜSTOW, Alexander: »Ortsbestimmung der Gegenwart«, Erlenbach-Zürich und Stuttgart, Band I 1950; Band II (2. Aufl.) 1963; Band III 1957

SACHSSE, Hans: »Naturrecht in der Sicht der Naturwissenschaft« ARS., Band 54 (1968), 499—520

SCHELAUSKE, Hans Dieter: »Naturrechtsdiskussion in Deutschland — Ein Überblick über zwei Jahrzehnte (1945—1965) Köln 1968

SCHIEDER, Theodor: »Geschichte als Wissenschaft«, München und Wien, 2. Aufl. 1968

SCHILLER: »Versuch über den Zusammenhang der thierischen Natur des Menschen mit seiner geistigen« (1780), Werke, 14. Theil (kleinere prosaische Schriften), Hrsg. Wendelin v. Maltzahn, Berlin (bei Gustav Hempel, ohne Jahr), 105—144

SCHMID, Karl: »Über das Verhältnis von Person und Gemeinschaft im frühen Mittelalter« in »Frühmittelalterliche Studien«, Band I des Jahrbuchs des Instituts für Frühmittelalterforschung der Universität Münster, Hrsg. Karl Hauck, Berlin 1967, 225—249

SCHMIDHÄUSER, Eberhard: »Von den zwei Rechtsordnungen im staatlichen Gemeinwesen«, Berlin 1964

SCHMIDT, Eberhard: »Inquisitionsprozeß und Rezeption«, Leipzig 1940

SCHNEIDER, Peter K.: »Die Begründung der Wissenschaften durch Philosophie und Kybernetik«, Stuttgart/Berlin/Köln/Mainz 1966

SCHOECK, Helmut: »Der Neid — Eine Theorie der Gesellschaft«, Freiburg i. B. und München 1966

SCHREIBER, Hans-Ludwig: »Der Begriff der Rechtspflicht — Quellenstudien zu seiner Geschichte«, Berlin 1966

SCHÜTZ, Paul: »Das Mysterium der Geschichte«, Kassel 1950

SCHWABE, Klaus: »Wissenschaft und Kriegsmoral«, Göttingen/Zürich/Frankfurt 1969

SCHWENTEK, Heinrich: »Mensch und Automat«, Stuttgart 1965

SEIFFERT, Helmut: »Einführung in die Wissenschaftstheorie«, München Bd. I. 1969, Bd. II 1970.

SELER, Eduard und JAHN, Janheinz: »Das Herz auf dem Opferstein — Aztekentexte« Gekürzte Übersetzung der Historia universal de las cosas de Nueva Espana von Fray Bernardino de Sahagún), Köln und Berlin ohne Jahr (1962?)

SETSCHKAREFF, Vsevolod: »Geschichte der russischen Literatur« Bonn 1949

SEXTUS EMPIRICUS: »Grundriß der pyrrhonischen Skepsis«, eingeleitet und übersetzt von Malte Hossenfelder, Frankfurt 1968

SIEGL, Josef: »Franz von Baader«, München 1957

SIMITIS, Spiros: »Rechtliche Anwendungsmöglichkeiten kybernetischer Systeme« in »Kybernetische Maschinen« (Hrsg. Helmar Frank), Frankfurt 1964, 351—367

SIMITIS, Spiros: »Automation in der Rechtsordnung — Möglichkeiten und Grenzen«, Karlsruhe 1967

SOROKIN, Pitirim A.: »Organisierte Gruppe (Institution) und Rechtsnorm«, (Hrsg. Ernst E. Hirsch und Manfred Rehbinder) Köln und Opladen 1967, 87—120

SPENDEL, Günter: »Die Goldene Regel als Rechtsprinzip« in »Festschrift für Fritz v. Hippel« (Hrsg. Josef Esser und Hans Thieme), Tübingen 1967, 491—516

SPÖRL, Johannes: »Das mittelalterliche Geschichtsdenken als Forschungsaufgabe« in »Geschichtsdenken und Geschichtsbild im Mittelalter« (Hrsg. Walther Lammers) Darmstadt 1965, 1—29

SPRANGER, Eduard: »Stufen der Liebe — Über Wesen und Kulturaufgabe der Frau«, (Hrsg. Anneliese Fechner-Hahn), Tübingen 1965

SSACHNO, Helen v.: »Der Aufstand der Person — Sowjetliteratur seit Stalins Tod«, Berlin 1965

STAUDINGER, Hugo: »Naturrecht, Menschenrechte, Offenbarung«, im gleichnamigen Sammelband (Hrsg. Franz-Josef Wehnes) Frankfurt, 1968, 4—27

STEINBUCH, Karl: »Falsch programmiert«, Stuttgart 1968

STELZENBERGER, Johannes: »Syneidesis, conscientia, Gewissen« Paderborn 1963

STERN, Alfred: »Geschichtsphilosophie und Wertproblem«, München und Basel 1967

STRUNZ, Kurt: »Integrale Anthropologie und Kybernetik«, Heidelberg 1965

STRZELEWICZ, Willy: »Der Kampf um die Menschenrechte«, Frankfurt 1968

THOMAE, Hans: »Vita Humana — Beiträge zu einer genetischen Anthropologie«, Frankfurt und Bonn 1969

THOMAS v. AQUINO: »Summa theologica«, Band XIII und XVIII der ungekürzten deutsch-lateinischen Ausgabe, übersetzt von Dominikanern und Benediktinern Deutschlands und Österreichs, herausgegeben von der Albertus-Magnus-Akademie Walberberg bei Köln, Heidelberg/München/Graz/Wien/Salzburg 1970 und 1953

TILLICH, Paul: »Systematische Theologie«, Stuttgart, Band I (3. Aufl.) 1956; Band II (3. Aufl.) 1958; Band III 1966

TILLICH, Paul: »Das religiöse Fundament des moralischen Handelns — Schriften zur Ethik und zum Menschenbild«, (Gesammelte Werke, Band III), Stuttgart 1965

TOCQUEVILLE, Alexis de: »Über die Demokratie in Amerika«, deutsch, besorgt von J. P. Mayer, Theodor Eschenburg und Hans Zbinden, Stuttgart, Band I 1959; Band II 1962

TOPITSCH, Ernst: »Der Historismus und seine Überwindung«, Wiener Zeitschr. f. Philosophie, Psychologie, Pädagogik 1952, 96—119

TOPITSCH, Ernst: »Vom Ursprung und Ende der Metaphysik«, Wien 1958

TOPITSCH, Ernst: »Sozialphilosophie zwischen Ideologie und Wissenschaft«, Neuwied und Berlin, 2. Aufl. 1966

TOPITSCH, Ernst: »Phylogenetische und emotionale Grundlagen menschlicher Weltauffassung« in »Kulturanthropologie« (Hrsg. W. E. Mühlmann u. E. W. Müller). Köln und Berlin 1966, 50—76

TOPITSCH, Ernst: »Mythos, Philosophie, Politik — Zur Naturgeschichte der Illusion«, Freiburg i. B. 1969

TRILLHAAS, Wolfgang: »Leinweber, Adolph: ›Gibt es ein Naturrecht‹?«, (Rezension), Theologische Literaturzeitung, Jahrgang 92 (1967), 137—140

TROLLER, Alois: »Überall gültige Prinzipien der Rechtswissenschaft«, Frankfurt und Berlin 1965

TSCHETWERIKOW, Iwan: »Das geistliche Leben in der Orthodoxie« in »Die Ostkirche« (Hrsg. Metropolit Seraphim) Stuttgart 1950, 195 ff.

UEXKÜLL, Gudrun v. »Jakob von Uexküll, seine Welt und seine Umwelt«, Hamburg 1964

URBASCHEK, Bruno: »Empirische Rechtswissenschaft und Naturrecht — Der Beitrag Romeo Maurenbrechers zur Rechtslehre des 19. und 20. Jahrhunderts«, Meisenheim am Glan 1966

UTZ, Arthur Fridolin: »Leinweber, Adolph: ›Gibt es ein Naturrecht‹?«, (Rezension), Bibliographie der Sozialethik, Fribourg (Schweiz), Vol. V (1965—1967), p. 524

VALJAVEC, Fritz: »Geschichte der abendländischen Aufklärung«, Wien und München 1961

VEN, Joseph J. M. van den: »Das Übel in seiner Unvermeidlichkeit« in »Gedächtnisschrift für Gustav Radbruch«, Hrsg. Arthur Kaufmann, Göttingen 1968, 140—150

VERDROSS, Alfred: »Beständigkeit und Geschichtlichkeit im Recht« in »Gedächtnisschrift für Gustav Radbruch«, Hrsg. Arthur Kaufmann, Göttingen 1968, 129—139

VIEHWEG, Theodor »Topik und Jurisprudenz«, München, 2 Aufl. 1963

VIEHWEG, Theodor: »Ideologie und Rechtsdogmatik« in »Ideologie und Recht«, Hrsg. Werner Maihofer, Frankfurt 1969, 83—96

WARNKÖNIG, Leopold August: »Rechtsphilosophie als Naturlehre des Rechts«, Freiburg i. B. 1839

WEBER, Max: »›Energetische‹ Kulturtheorien« (Ges. Aufsätze zur Wissenschaftslehre), besorgt von Johannes Winckelmann, Tübingen, 3. Aufl. 1968, 400—426

WEBER, Max: »Idealtypus, Handlungsstruktur und Verhaltensinterpretation« (Methodologische Schriften), besorgt von Johannes Winckelmann, Frankfurt 1968, 65—167

WEIGAND, Rudolf: »Die Naturrechtslehre der Legisten und Dekretisten von Irnerius bis Accursius und von Gratian bis Johannes Teutonicus«, München 1967

WEISCHEDEL, Wilhelm: »Recht und Ethik«, Karlsruhe, 2. Aufl. 1959

WEITZEL, Günther: »Der Mensch im Blickfeld der Biochemie« in »Ursprung und Wesen des Menschen«, Hrsg. Herbert Haag und Franz Peter Möhres, Tübingen 1968, 53—66

WEIZSÄCKER, Carl Friedrich Frh. v.: »Sprache als Information;, in »Die Sprache«, Hrsg. Bayerische Akademie der schönen Künste, Darmstadt 1959, 33—53

WELZEL, Hans: »An den Grenzen des Rechts — Die Frage nach der Rechtsgeltung, Köln und Opladen 1966

WESENDONK, O. G. v.: »Das Weltbild der Iranier«, München 1933

WESTEN, Klaus: »Die rechtstheoretischen und rechtspolitischen Ansichten Josef Stalins«, Lindau und Konstanz 1959

WESTERMARCK, Eduard: »Ursprung und Entwicklung der Moralbegriffe«, deutsch, Leipzig, Band I 1907, Band II 1909

WIEACKER, Franz: »Zum heutigen Stand der Naturrechtsdiskussion«, Köln und Opladen 1965

WIEACKER, Franz: »Privatrechtsgeschichte der Neuzeit«, Göttingen, 2. Aufl. 1967

WIENER, Norbert: »Gott und Golem Inc.«, deutsch, Düsseldorf und Wien 1965
WIETHÖLTER, Rudolf: »Rechtswissenschaft«, Frankfurt und Hamburg 1968
WITTGENSTEIN, Ludwig: »Schriften (Philosophische Untersuchungen)«, Teil I, Frankfurt, 2. Aufl. 1963
WOLF, Erik: »Das Problem der Naturrechtslehre«, 1. Aufl. Karlsruhe 1955
WOLF, Erik: »Recht des Nächsten — Ein rechtstheologischer Entwurf«, Frankfurt, 2. Aufl. 1966
WOLF Erik: »Rechtswirklichkeit und Justizkritik bei Montaigne«, in »Festschrift für Fritz v. Hippel«, (Hrsg. Josef Esser u. Hans Thieme), Tübingen 1967, 631—663
WUNNER, Sven Erik: »Christian Wolff und die Epoche des Naturrechts« Hamburg 1968
WYSS, Dieter: »Strukturen der Moral — Untersuchungen zur Anthropologie und Genealogie moralischer Verhaltensweisen«, Göttingen 1968

NAMENSVERZEICHNIS ZUM NACHTRAG I

NACHTRAG II

Das Naturrecht im Kreuzfeuer von Natur- und Geisteswissenschaft

Die Gerechtigkeit ist kein naturwissenschaftlicher Begriff.

Robert Musil

Seit kurzem erfährt die Naturrechtsdebatte eine bemerkenswerte Horizonterweiterung. Allgemein wächst für tiefere Probleme die Aufgeschlossenheit. Das mag vornehmlich an der zunehmenden Beachtung der naturwissenschaftlichen Anthropologie, vor allem der Humanethologie, liegen, aber wohl auch durch den Wandel gewisser geistiger Grundhaltungen in den letzten Jahren mitbedingt sein.

Nur eine langsam dahinschrumpfende Minderheit von Forschern ist es, die vor dieser vielversprechend veränderten Lage noch die Augen verschließt. Trotzen der neuen Entwicklung manche Schriftsteller um jeden Preis, so machen — nicht überzeugender, wenn auch gleichermaßen menschlich achtbar — dagegen andere dem aufkommenden Zeitgeist gewisse Zugeständnisse in der gefälligeren Darbietung ihrer Gedanken. Beide Gruppen — eine jede auf ihre Art — mögen hoffen, so für eine neuen Werten huldigende Nachwelt zu retten, was zu retten ist. Letztlich war die Naturrechtsfrage ja immer schon ein Anliegen des Herzens, nur bildete sie bislang eine Domäne der Theologen, Juristen und Philosophen. Widmete sich früher ein Forscher naturwissenschaftlichen Denkstils unserem Gegenstand, was allerdings selten geschah, dann behandelte er ihn meist beiläufig. Heute, unter den bewegenden Eindrücken seit 1945 (Hiroshima!), verfolgen Mathematiker und Naturforscher ethische Grundfragen des Rechts mit steigendem Interesse. Selbstvorwürfe und Ängste (Atom-, Bakterienkrieg, Umweltverseuchung, Übervölkerung usw.) peinigen ihr Verantwortungsgefühl für die Zukunft. Anreize aus Kybernetik und Humanethologie wirken natürlich verstärkend dabei mit.

Ein weites, noch kaum betretenes Feld öffnet sich damit auch dem Rechtsphilosophen. Es kann ohne einige Grundkenntnisse der modernen Wissenschaftstheorie, die aber gerade gegenwärtig in einer noch unübersichtlichen Entwicklungsphase steht, kaum richtig erschlossen werden. Schon deswegen können hier — im Anhang zu einer abgeschlossenen Studie — allenfalls einige Stichworte zur erst demnächst einsetzenden Debatte beigesteuert werden.

Um keine unrichtigen Erwartungen aufkommen zu lassen, sei darauf hingewiesen: bis zur Stunde sind dem Verfasser nur wenige, vereinzelte einschlägige Äußerungen zum Thema »Sittlichkeit und Recht« aus mathematisch-naturwissenschaftlicher Sicht näher begegnet. Indessen handelt es sich durchweg um ergiebige Einzeldarstellungen. Sind auch die Autoren meist Einzelgänger ohne Verbindung untereinander, so ist dennoch ihre

Geistesverwandtschaft nicht zu verkennen. Daher läßt sich im allgemeinen ihre übereinstimmende Problemausgangslage schon in Umrissen zeichnen, obwohl ein international organisierter Zusammenhalt, wie ihn Forschungszentren, wissenschaftliche Gesellschaften oder Fachzeitschriften begründen, — abgesehen von der sich erst festigenden Humanethologie[1] — noch gar nicht vorhanden ist.

— 1 —

Der vorläufige, aus verstreutem Quellenmaterial verschiedener Herkunft herrührende Gesamteindruck stimmt in einer Hinsicht auffällig überein:

Naturrechtsinteressierte Mathematiker und Naturwissenschaftler, aber nicht minder Juristen ihres Gefolges, vernachlässigen das situative Element in Sittlichkeit und Recht gröblich. Allenfalls erwähnen sie es flüchtig oder mit leisem Hinweis auf seine Nebensächlichkeit, wenn sie nicht gar jeden »Historismus« ausdrücklich der Verdammnis überantworten[2]. Daher wenden folgerichtig denn auch alle diese Autoren unveränderliche Verhaltensnormen auf sämtliche Geschichtsepochen und Kulturen an. In Seele und Geist des Menschen sehen sie nämlich nur die Gesetzlichkeit am Werk, wie wir sie aus der anorganischen und organischen Natur her schon kennen. Wer ethisch und rechtlich richtig handeln will, braucht demnach nur sie zur Richtschnur zu wählen.

Ein Schulbeispiel für diese Grundhaltung bietet Hans Albert. Ohne im geringsten zu beachten, daß eine wachsende Anzahl bedeutender Naturforscher heute des Menschen wahres Wesen gerade in seiner Geschichtlichkeit erblickt[3], treibt er die quantifizierende Einseitigkeit dieser Betrachtungsweise polemisch förmlich auf die Spitze. Schon den Einwand, wie unentbehrlich die Würdigung des individuell Einzigartigen aber doch sei, hält er für »pathetisch«, ja sogar für das versteckte Bekenntnis zur »Werthierarchie vorindustrieller Gesellschaften«[4].

Verwunderlich ist es immerhin nicht, wenn viele Mathematiker und Naturwissenschaftler diesen methodologischen Sachverhalt verkennen. Sie sind erzogen zu streng generalisierenden Verfahrensweisen. Nicht einmal bei

---

1) Mit Human-Ethologie beschäftigt sich unter Leitung von Irenäus Eibl-Eibesfeldt eine vor kurzem in Percha bei Starnberg gegründete selbständige Arbeitsgruppe des Max-Planck-Instituts für Verhaltensphysiologie.

2) So Steinbuch ([1970], 143). Er führt geistige Vorgänge nur auf Physik zurück (a.a.O. 201). Ein wenig vorsichtiger äußert er sich jüngst ([1972], 59—107). Obwohl er in der naturwissenschaftlich nicht erschöpfend faßbaren Problematik der Moral das Zentralproblem menschlichen Denkens sieht ([1968], 20), schätzt er die Geisteswissenschaften geringer ein als der führende sowjetische Kybernetiker A. Lerner ([1970], 269—330).

3) Portmann (1970); v. Weizsäcker ([1971], 29); Lorenz ([1971] 283 und 307).

4) Albert (»Plädoyer«, 35); ders. (»Hermeneutik«, 47).

»praktischem Erkenntnisinteresse«[5] dulden sie daher individualisierende Ausnahmen. Haben sie selbst außerwissenschaftliche Erlebnisse mit dem Geheimnis menschlicher Einzigartigkeit, so verbietet ihnen ihr gewohnter Methodenmonismus, wissenschaftstheoretisch darüber nachzudenken. Ob jene im außermenschlichen Naturbereich lückenlos bewährten generalisierenden Verfahrensweisen denn wirklich auch auf Kultur und Geist des Menschen selbst anwendbar sein mögen, wird ihnen deshalb gar nicht zum Problem.

Um hierbei kein verwirrendes Mißverständnis aufkommen zu lassen, sei Hans Albert von vornherein zugestanden, daß es einer dem Gegenwartsstand angemessenen Geisteswissenschaft durchaus nicht darum zu tun ist, »revierfremde« mathematische und naturwissenschaftliche Methoden aus ihren Bereichen zu verbannen[6]. Wer nämlich das menschliche Leben mit Nicolai Hartmanns und Erich Rothackers Augen als einen Schichtenbau ansieht[7], kann als Geisteswissenschaftler unter keinen Umständen auf die hilfswissenschaftliche Unterstützung quantifizierender Arbeitsweisen verzichten, wenn er auf der Höhe des Tages bleiben möchte. Das leider oft gänzlich übersehene Kardinalproblem des Ganzen liegt ausschließlich in der Frage des V o r r a n g s individualisierender Verfahrensweisen, d. h. in der unverzichtbaren Forderung des Geisteswissenschaftlers, daß seine individualisierende Methodik zum mindesten stets den krönenden Schlußstein zu setzen habe. Nur unter diesem Leitgesichtspunkt, wie im folgenden näher zu erörtern ist, läßt sich das Thema überhaupt behandeln. Daß namentlich Neopositivisten diese Problematik von Grund auf verkennen, ist nicht erstaunlich. Denn heute empfehlen aller Welt sogar schon Rechtsphilosophen von Fach, einen naturwissenschaftlich »nomologischen« Denkstil auch auf das Rechtsleben anzuwenden[8]. Blindheit in dieser methodologischen Grundfrage verhindert nicht allein die rechte Würdigung des einzigartigen, unwiederholbaren Einzelfalls, sondern darüber hinaus verschleiert sie Rechtsphilosophen, Rechtssoziologen und nicht zuletzt den Juristen der Praxis den aufhellenden Blick in die Tiefe, nämlich die Erkenntnis, daß nicht minder auch im Bereich der dem Einzelfall anhaftenden, überindividuellen rechtssoziologischen Strukturen sich ununterbrochen Wandlungen vollziehen.

Damit klingt bereits die Frage an, die zum Angelpunkt der vorliegenden Untersuchung überleitet. Doch vorerst soll sie nicht aufgegriffen werden. Sie wird bei der Erörterung wesensmäßiger Begleitvorstellungen allen spezifisch naturrechtlichen Denkens noch zu behandeln sein, vornehmlich in

---

5) Albert (»Hermeneutik«, 46). Zu seiner Auffassung, es gebe nur eine »Einheitswissenschaft« vgl. Apel ([1971], 7—44, besonders 26 ff.).

6) Albert (»Hermeneutik«, 48).

7) Emge ([1969], 26) hält das für »eine unglückliche geologische Vorstellung«, verkennt aber, daß die raumlogische, unzulängliche Sprache uns diese Als-ob-Vorstellung aufnötigt.

8) Albert (»Plädoyer«, 69 und passim); ders. (»Hermeneutik«, 71 f.). — Selbst Ilmar Tammelo (1969) und sogar Ota Weinberger (1970) ziehen trotz aller guten Vorsätze die Grenze zwischen dem Recht und seinen Grundlagen (Hilfswissenschaften) zuweilen nicht scharf genug.

ihrem Verhältnis zu der Vorfrage, wann und wo in positiv geregelten Rechtsmaterien schon generalisierende oder individualisierende Methoden zulässig, praktisch verwendbar, wünschenswert oder sogar unentbehrlich sind.

An seinem Denkstil zeigt das moderne mathematisch-naturwissenschaftliche Naturrecht also auf den ersten Blick, wie stark seine Verfechter durch ihre methodologische Grundausbildung daran gehindert sind, zum mindesten unterstützend für gewisse Fallgruppen oder wenigstens für Grenzsituationen geisteswissenschaftliche Betrachtungsweisen neben generalisierend quantifizierenden Maßstäben auch nur am Rande zuzulassen. Folgerichtig führt sie daher ihre problemverschlossene Abkapselung vor allem Geisteswissenschaftlichen geradenwegs auf den altbekannten Standpunkt, welchen theologisch und geisteswissenschaftlich ausgerichtete Naturrechtler heute bereits aufgeben, weil ihnen ein unabänderlich starres überpositives Recht nicht länger mehr vertretbar erscheint.

— 2 —

Unabweisbar drängt sich hier eine andere Frage kulturpsychologischer Natur auf: Wie nämlich verträgt sich ein ausschließlich generalisierendes Naturrecht mit den Grundforderungen der abendländisch individualistischen Menschenrechte? Liefert es nicht ohne jedes Feingefühl den erhabenen Herzenswunsch des freien einzelnen nach seiner Individualgerechtigkeit ganz und gar aus an die unpersönliche Kategorie des Müssens? Opfert es nicht in wohlmeinender Ahnungslosigkeit alles höherstrebende Sollen auf dem Altar der lieblosen »normativen Kraft des Faktischen«? Und was bleibt am Ende noch übrig von der Idee der Humanität, vom Hinausstreben über das bloße Sein der nichtmenschlichen Natur?

Wenn, seiner neopositivistischen Herkunft gemäß, ein solches mathematisches, naturwissenschaftliches Naturrecht geflissentlich den menschlichen Individualbereich vernachlässigt, so mag sich darin vielleicht nur eine unserer Gegenwart eigentümliche Zeitsignatur (Edgar Dacqué) ausdrücken, wie sie bei einer gewissen östlichen Parteiphilosophie sehr viel ausgeprägter offen am Tage liegt. Denn dort verfemt man jede Rücksicht auf das individuell Einzigartige sogar dogmatisch.

Nicht einmal andeutend soll hiermit selbstverständlich die Vermutung ausgedrückt werden, bei ihrer Haltung sei den Verfechtern jenes mathematisch-naturwissenschaftlichen Naturrechts etwa eine gewisse Übereinstimmung in der allgemeinen Zeitsignatur zwischen Ost und West zum Bewußtsein gekommen. Bekanntlich bestehen manchmal Übereinstimmungen, ohne daß die Beteiligten sich ihrer bewußt zu sein brauchen. So sagt nach seiner wissenschaftstheoretischen Ausgangsstellung der unlängst verstorbene Johannes Loschke (1899—1971) in seinem »Biologischen Naturrecht« folgerichtig:

»Ein Zweifarbendruck aus Biologie und Jurisprudenz mag vielen ungewöhnlich, ja unbehaglich erscheinen, denn er fordert unerläßlich die unbequeme Blickerweiterung

a) des Juristen auf biologische Realitäten,

b) des Naturwissenschaftlers auf die juristische Begriffswelt.

Indessen droht heute ganz allgemein dem ‚Fachidioten' das Aussterben. Die Zukunft gehört dem Team und der Synthese auch scheinbar entfernter Arbeitsgebiete. Und speziell eine biologische und damit g l o b a l e und damit allgemein menschliche Naturrechtslehre ist mehr als überfällig. Denn Thomas von Aquino wird im bevorstehenden 3. Jahrtausend nicht mehr programmiert werden können[9].«

Deutlicher spricht er sich in seinem Werbetext für den Verlag aus, worin er betont, ihm sei es zu tun um »eine aus Weltmathematik, Genetik und Verhaltensforschung hergeleitete und damit bestmöglich exakte, weil naturwissenschaftlich fundierte moderne Naturrechtslehre«.

Bei alledem sollen Verdienst und Erfolgsaussicht des hier zugrundeliegenden verengten Wissenschaftsbegriffs weder angezweifelt noch etwa geschmälert werden. Strenge Beschränkung des Wissenschaftsbereichs auf das statistisch Mathematische, das Logische und Logistische erzieht zu Sprachgefühl und Schärfung der Begriffe. Eine sichere, metaphysikfreie Grundlagenforschung in Wissenschaftstheorie und Philosophie mag sich heute durch ihren Verzicht auf alles unsichere Vermuten und Meinen sehr wohl empfehlen, sofern sie sich bescheiden damit begnügt, lediglich exakt nachprüfbare Gesetze und berechenbare Formeln aufzustellen, d. h. wenn sie sich dabei nur stets ihres Unvermögens bewußt bleibt, mit ihren quantifizierenden Methoden die Wirklichkeitstotalität auch bloß annähernd voll auszuschöpfen. Bei solcher selbstkritischen Haltung freilich lassen sich möglicherweise in ideologiefreier Erkenntnis sogar die Fundamente unseres menschlichen Gemeinschaftslebens zum Nutzen für Soziologie und Gesetzgebungsreform ein wenig gründlicher aufhellen. Aber das alles wäre gleichwohl keineswegs imstande, uns ein »globales Naturrecht« auf mathematisch biologischer Basis zu bescheren. Die bloße Erhellung unserer biologischen Existenzgrundlagen nämlich schafft weder Ethik noch Recht. Sicherlich sind Mathematik und Biologie für den Rechtsphilosophen hochbedeutsam, nur darf er nicht den klaren Blick für ihre engbegrenzte Leistungsfähigkeit in seinem Fach verlieren. Weiter als in die Vorhöfe der Erkenntnis von Sittlichkeit und Recht können diese beiden großen Hilfswissenschaften den Juristen nicht geleiten. Denn auch Sittlichkeit und Recht erschließen sich —, wie schon 1903 Henri Bergson aussprach —, eben nur jener Art »von intellektueller Einfühlung, kraft deren man sich in das Innere eines Gegenstandes versetzt, um auf das zu treffen, was er an Einzigem und Unausdrückbarem besitzt«[10].

So behält denn Eduard Spranger gegenüber allen Versuchen, auf der Basis von Mathematik und Biologie allein ein Naturrecht aufzurichten, immer noch recht, wenn er lapidar feststellt: »Die Brücke zur ethischen

---

[9]) Loschke ([1970], 5).

[10]) Bergson ([1912], 4).

Wirklichkeit kann nur geschlagen werden, wenn man ausdrücklich zur historischen Denkweise übergeht« und weiter meint: »Vom bloß Biologischen aus kann man das Geschichtliche nicht begreifen[11].«

— 3 —

Wer bisher gänzlich außerhalb der Naturrechtsdiskussion stand und mit Ablehnung alles Geisteswissenschaftlichen in die Debatte eingreift, wird es sicherlich nur begrüßen, wenn heute endlich auch mathematisch naturwissenschaftlich ausgerichtete Forscher, — frei von religiösen Vorurteilen und jedweden spekulativen Anwandlungen — mit ungetrübtem Blick, durch einschlägige geisteswissenschaftliche Lektüre nicht voreingenommen, an die Naturrechtsproblematik herantreten. Für Menschenkenner freilich erhebt sich sofort die Frage, ob diese naturwissenschaftlichen Denker nicht durch Vorurteile anderer Art verblendet sein könnten. Gefühlsmäßig nämlich dürften auch sie nicht anders als ihre theologisch-geisteswissenschaftlichen

---

[11]) Spranger, Ges.Schr. VIII (1970) 10 und 250. Natürlich hat Sp. hier nicht das objektive Recht im Auge, sondern nur das ihm innewohnende ethische Element seiner Entwicklungshöhe. Daß die Arbeitsweise des praktischen Juristen nicht mit der Methodik des Historikers übereinstimme, betont einleuchtend Engisch ([1968], 224). Denn der Historiker individualisiert — wenigstens nach herkömmlicher Meinung — in höherem Grade als der Jurist. Doch werden wir uns allmählich daran gewöhnen müssen, daß auch die Historiker, soweit sie sich für den Strukturalismus erwärmen, nur noch das Typische beachten. Die insoweit repräsentativen, in ihrer Art methodisch vorzüglichen neueren Arbeiten von Braudel (1971) und Le Goff (1970) finden in der Fachwelt nicht mit Unrecht starken Anklang. Ist das aber der Fall, so erhebt sich gegenüber Engisch doch wohl die berechtigte Frage, ob der Jurist in der Individualisierung dem Historiker wirklich in jedem Fall ausnahmslos nachstehe. So habe ich als Richter z. B. ein Mitte September 1914 wenige Tage nach der Marne-Schlacht errichtetes Testament nur richtig auslegen können, weil ich die zeitgeschichtlichen, außerhalb der Testamentsurkunde liegenden Begleitumstände mitberücksichtigte, nämlich deren seelische Auswirkungen auf den durch den überraschenden militärischen Fehlschlag innerlich tiefbetroffenen Erblasser. Vor ähnliche Fragen kann ein Gericht jeden Tag auch sonst gestellt werden, wenn der historische oder soziologische Hintergrund rechtserheblicher Worte auf deren Sinngehalt zu deuten ist, aber überhaupt immer dann, wenn menschliches Verhalten nur aus seinen Lebenszusammenhängen heraus verstanden werden kann. Vom Strafrecht, insbesondere vom politischen Strafrecht, soll hier nicht gesprochen werden, weil mir insoweit praktische Erfahrungen fehlen. Bedenkt man, wie sehr alles Naturrechtsanliegen vom sittlich bewegten Herzen ausgeht, also immer auf Individualgerechtigkeit hinzielt, so muß einleuchten, daß der betroffene Rechtsgenosse an generalisierenden Methoden der Rechtsfindung keine Befriedigung finden kann. Freilich fühlt sich der Einzelne in unserer Industriegesellschaft häufig unterdrückt. Infolgedessen nimmt sein Drang nach Individualgerechtigkeit zuweilen dabei Züge krankhafter Übertreibung an. Hier liegt einer der Gründe, weshalb die an sich gesunde Forderung nach Individualisierung im Recht heute so leicht übersteigert wird. Oft sieht niemand mehr recht den unbehebbaren Sachzwang zu einer gewissen Schematisierung des Rechts ein.

Konkurrenten lebhaft danach verlangen, das ideale Recht der gequälten Menschheit zu entdecken. Damit aber liegt es schon auf der Hand, wie leicht auch sie der Selbsttäuschung verfallen können, Irrlichter mit echten Leuchtzeichen zu verwechseln. Schwerer indessen wiegt: sie erliegen oft einem tiefen, wenn auch nicht immer unbegründeten Mißtrauen gegen die Methoden und Ergebnisse der Sozial- und Geisteswissenschaften, einem Mißtrauen, das durch die Verarbeitung des ständig unübersichtlicher werdenden Wissensstoffes keineswegs etwa geringer wird. »Die Menge des vom einzelnen nicht mehr Verstandenen und Durchschauten (wächst) täglich schicksalhaft[12].« Der Physiker Niels Bohr hatte daher nicht unrecht, wenn er resignierend dazu bemerkte: »Ein Fachmann ist ein Mann, der einige der gröbsten Fehler kennt, die man in dem betreffenden Fach machen kann und der sie deshalb zu vermeiden versteht[13].«

Die naturwissenschaftliche Revolution unserer Zeit[14] fordert wohlüberlegte, äußerste Kraftanstrengung von uns. Sonst erleben wir nicht mehr das Ende dieses Jahrhunderts. Was unsere Kinder lernen, ist schon zur Frage unserer Existenz geworden. Die Aufnahmefähigkeit des menschlichen Gedächtnisses ist beschränkt. Dringlichstes Bildungsproblem ist, bevor es dazu zu spät wird, Wesentliches von unwesentlich Gewordenem zu scheiden. Wenn es auch grundverkehrt wäre, nur noch Mathematik und Naturwissenschaften in den Schulen zu fördern, weil das zur Verkümmerung aller höheren Kultur führen müßte, sollte man künftig doch den geisteswissenschaftlichen Lehrstoff scharf sieben[15]. Schon Max Scheler verschloß sich der Einsicht nicht, daß »alle echte menschliche Entwicklung wesentlich auf einem zunehmenden Abbau der Tradition« beruht[16]. Nur vor diesem bedrohenden Hintergrund läßt es sich richtig würdigen, daß Deutschlands bekanntester Kybernetiker, Karl Steinbuch, wenn auch in überspitzter Weise, gegen »Großmütterchen Geisteswissenschaft« Front macht[17]. Es mag sein, daß sich auch bei ihm die weithin verbreitete Geringschätzung geistes- und sozialwissenschaftlicher Arbeit erklärt aus Einflüssen einer radikalen

---

12) Portmann ([1970], 227).

13) Heisenberg ([1969], 286).

14) Snow (1967).

15) Troeltsch ([Ges. Schr. III], 770) betonte schon 1922: »Die allgemeine historische Bildung darf und muß für die vormodernen Zeiten wesentlich auf das Ideologische gerichtet, darf und muß wesentlich Geistesgeschichte sein. Dadurch kann sie auch vereinfacht und konzentriert werden.« — Erfreulich eindeutig stellt jetzt der Physiker und Philosoph v. Weizsäcker ([1971], besonders 33—35) heraus, wie nötig geistige Tradition und geisteswissenschaftliche Betrachtungsweisen gerade für eine gedeihliche Naturforschung sind.

16) Scheler ([1949], 31).

17) Steinbuch ([1968], 164). — Mit wissenschaftstheoretisch eingehenderer Begründung lehnt es auch der Biologe Mohr ([1970], 46) entschieden ab, hermeneutische Verfahrensweisen mit Wissenschaft gleichzusetzen. Doch fordert er ebenso wie Steinbuch gleichwohl mit Nachdruck Humanität, Ethik und Moral als stabilisierende Elemente für unsere Gesellschaft (a.a.O. 9).

Wissenssoziologie, für die schlechthin alle Ansätze und Ergebnisse nicht-analytischer Wissenschaften in Bausch und Bogen ideologieverdächtig sind[18].

Meistens zeichnen Naturforscher sich durch ihre begriffsklare Sprache aus, nicht so aber immer Geistes- und Sozialwissenschaftler. Ihr oft eigenwilliger, nicht selten esoterisch anmutender Stil stößt Sachfremde allzu leicht ab. Heute tritt störend namentlich an Arbeiten jüngerer Soziologen noch eine wachsende Vorliebe zu unklaren, ungewohnten Fremdwörtern hinzu, die geeignet sind, bei Laien den verzeihlichen Irrtum aufkommen zu lassen, hier präsentierten nur Schizophrene ihren unverdauten Wortsalat. Bereits in den Tagen der Weimarer Republik urteilte William Stern, der bekannte Psychologe und Philosoph des Personalismus, über eine der philosophischen Fakultät in Hamburg vorgelegte Habilitationsschrift, es gebe offenbar »wissenschaftliche Tintenfische«, die es darauf anlegten, die Ungegorenheit ihrer Gedanken wirkungsvoll zu tarnen hinter dunklen Nebelschwaden ungewöhnlicher, ihnen selbst anscheinend ebenso unverständlicher Neologismen[19].

Heute äußert sich hierzu ein führender Wissenschaftstheoretiker sehr ähnlich:

> »... gerade dasjenige wissenschaftliche Denken, das stets seinen Praxisbezug betont hat, war infolge seiner dem Durchschnittsmenschen unverständlichen Wortmystik der Praxis am allerfernsten — von Hegel über Marx bis Habermas —; und umgekehrt übt ein Denken, das sich theoretisch als vom Leben abgeschlossen versteht, schon auf zwölfjährige Schüler eine unwiderstehliche Faszination aus, wie das an der Logik, der Mathematik und den Naturwissenschaften zu beobachten ist[20].«

Werden Geistes- und Sozialwissenschaftler in die Zwangslage versetzt, Stellung zu wissenschaftstheoretischen Fragen ihres Faches zu beziehen, so

---

18) Spranger (Ges. Schr. Bd. V [1969], 233—246). — In der Geringschätzung der Geisteswissenschaften sieht v. Weizsäcker ([1971], 33) eine »gefährliche Blindheit«. Bezeichnend ist, daß Albert (Plädoyer, 68) in geisteswissenschaftlicher Haltung sogar ein »theologisches Residuum« sieht, aus dem konservative Hermeneutiker die Kraft schöpften, die Tradition der Aufklärung zu bekämpfen. Wohl im Blick auf die Schule Bultmanns meint A.: »Wenn Vertreter der Theologie ihre nach üblichem Verständnis atheistischen Auffassungen mit Hilfe eines theistischen Vokabulars — unter entsprechenden impliziten und expliziten Umdefinitionen — zum Ausdruck bringen in der Meinung, durch eine solche Strategie der Kritik zu entgehen, dann zeigt sich darin bestenfalls eine äußerst fragwürdige Methodologie« (a.a.O. 37). Die Richtigkeit dieses Urteils mag dahinstehen. Jedenfalls berücksichtigt A. überhaupt nicht, daß inzwischen in der protestantischen Theologie eine starke Strömung aufkommt, die eine »solche Strategie« garnicht mehr benötigt, denn sie scheint weder willens noch imstande zu sein, selbst in zeitgerechter Abwandlung noch den Glauben ihrer Väter zu verfechten. Für diese neueste theologische Entwicklung kennzeichnend ist die jüngste Arbeit des Ordinarius der praktischen Theologie in Mainz, Gert Otto (1970). Er bekämpft die Aufklärung nicht nur nicht mehr, sondern möchte sie zu neuem Leben in uns erwecken. Freilich läßt er bei diesem Wiederbelebungsversuch außer Acht, daß die Wissenschaften nicht mehr im 18. und späten 19. Jahrhundert stehen.

19) Mündlich von Prof. Giulio Panconcelli-Calzia (1878—1966).

20) Seiffert, Band I (1969), 9.

wirkt ihr Auftreten nicht selten wenig überzeugend. Man gewinnt als Unbeteiligter den Eindruck, als hätten die stürmischen Erfolge und das unaufhaltsame Vordringen naturwissenschaftlicher Verfahrensweisen sie zutiefst unsicher gemacht, ja ihre Unsicherheit scheint so stark um sich gegriffen zu haben, daß sie offenbar nicht mehr recht wissen, welche Aufgaben individualisierenden Forschens ihnen denn überhaupt noch obliegen könnten. So scheint es denn häufig fast schon, als fühlten sie sich allenfalls dazu berufen, ihre Domäne nur noch in hinhaltendem Widerstand gegen den Einbruch der unwiderstehlichen Methoden der Naturwissenschaft zu verteidigen. Sie scheinen geblendet zu sein von den bestechenden Ergebnissen quantifizierender Forschung auch auf ihrem ureigensten Arbeitsgebiet. Wo noch am Anfang unseres Jahrhunderts qualifizierende Kleinarbeit geleistet wurde, dort glaubt gegenwärtig nahezu jedermann, er könne sich die Sporen nur verdienen durch den Nachweis, daß auch er imstande sei, erfolgreich mathematisch-statistische Methoden anzuwenden.

In dieser Haltung, soweit sie auf dem Mangel an methodologischer Selbstreflexion beruht, kündigt sich — zum mindesten in den Geisteswissenschaften — deren Selbstauflösung an. Das zeigt sich heute besonders eindringlich in der Sprachwissenschaft und allen ihren Verästelungen. Es ist aber ebenso unverkennbar in Psychologie und Parapsychologie, in Pädagogik, Soziologie und Politologie[21]. Sogar die altbewährte Hochburg der Geisteswissenschaft scheint dem machtvollen Ansturm des naturwissenschaftlichen Denkstils nur so lange noch trotzen zu können, bis die ältere Generation hinweggestorben ist. Schon allzu viele der jüngeren Historiker haben sich aus voller Überzeugung dem aus Frankreich heranbrandenden Struktura-

[21]) Die im Sammelband von Diemer, Geldsetzer und Rotter (1971) vereinigten Beiträge sind aufschlußreich für die weitgehend unklare Lage in den Einzelwissenschaften. Wenn man freilich mit Diemer (a.a.O. 20) davon ausgehen zu müssen glaubt, daß Nicolai Hartmanns Schichtentheorie »relativ naiv« sei, dann wird vorerst kaum eine Klärung in der schwierigen Problemalik zu erhoffen sein. M. E. wäre es des Schweißes der Edlen wert, jene Schichtentheorie bei alledem überhaupt und dann auch gründlich zu berücksichtigen. Soweit ersichtlich, würdigt niemand unter den zahlreichen Mitarbeitern Diemers in diesem Sammelband die Ontologie Hartmanns oder Rothackers. Wie unerläßlich und wünschenswert ihre Berücksichtigung für die Methodenlehre der Wissenschaften aber wäre, zeigt — um nur das Beispiel der Politologie herauszugreifen — die Arbeit Geigers, der es unternimmt, unter gewollter Ausschaltung aller »speziellen, situationsbedingten Einflußfaktoren«, d. h. nur mit Statistik und Kybernetik zu ergründen, wie sich der einzelne Wähler bei politischen Wahlen entscheidet ([1970], 21). Mit derart grobmaschiger, quantifizierender Methodik kann der »Entscheidungsprozeß« natürlich nur hinsichtlich einiger allgemeiner »Reizkomponenten« erhellt werden. Ein Leser, der Geigers Manuskript bereits vor dem Erscheinen des Buches zu Gesicht bekam, äußerte sich nach dem Geständis des Autors: »Es wird in informationstheoretischem Gewande eine Zahlenmytik vorgetragen, die sich methodisch von zahlreichen pseudowissenschaftlichen Arbeiten kaum unterscheidet« (a.a.O. 110). Darüber braucht sich G. nicht zu wundern. Sein Fall beweist, wie man mit aufwendiger Arbeit nutzlose Spielerei treiben kann, die unsere Erkenntnis nicht im mindesten mehr bereichert als das von Naturwissenschaftlern früher nicht selten verspottete Geschreibsel mancher Geisteswissenschaftler alter Schule.

lismus verschrieben, welcher die Ereignisgeschichte (histoire événementielle) hinter der Strukturgeschichte (histoire structurale) völlig zurücktreten läßt[22].

Diese Horizontveränderung im Wissenschaftsprogramm hätte sich keinesfalls überall so widerstandlos durchgesetzt, wenn jeder einzelne Forscher in seiner täglichen Arbeit das Bild vom Stufenbau der Welt vor Augen gehabt hätte. Wer nämlich von dieser ontologischen Vorstellung erfüllt ist, kann gerade als Geisteswissenschaftler an seiner Aufgabe nicht irrewerden. Niemals wird ihn die Furcht befallen, eines Tages — bei noch weiterem Vordringen statistisch-quantitativer Methoden — könnten sich Auftrag und Existenz der Geisteswissenschaften in Wohlgefallen auflösen. Denn ernstlich vermöchte doch wohl niemand zu bestreiten, daß der Mensch als in den Kosmos eingegliedertes organisches Lebewesen a u c h der außermenschlich allgemeinen Naturgesetzlichkeit untersteht. Insoweit, als das aber der Fall ist, sind auf ihn selbstverständlich quantifizierende Forschungsmethoden anzuwenden. Das schon für vorwissenschaftliche Erfahrung spürbare Kardinalproblem bei alledem stellt sich indessen mit der Frage: wo verläuft jeweils die Grenze quantifizierender Verfahrensweisen? Ein Geisteswissenschaftler, der sich vor dieses Kardinalproblem gestellt sieht, wird kaum den rechten Weg verfehlen können. Sofern sein Blick auf den Forschungsgegenstand ungetrübt ist, wird er nämlich bei jeder Einzeluntersuchung alsbald jenen Grenzpunkt entdecken, jenseits dessen er der Einzigartigkeit begegnet, welche keiner generalisierenden Methodik mehr zugänglich ist. Freilich ist es in der Forschungspraxis oft schwierig festzustellen, wo wir den genannten Grenzpunkt in der Richtung nach »oben«, d. h. zum Bereich des Geistigen hin überschreiten, dessen geschichtlich einmaliger Gestalt wir an keinem anderen Ort und zu keiner anderen Zeit genau so ausgeprägt wieder begegnen würden.

»Oberhalb« der Schwelle zum Geistigen verblassen alle quantifizierenden Methoden. Sie treten in den Hintergrund, weil sie dort ihren ausschließlichen, mindestens jedoch ihren vorwaltenden Nutzwert einbüßen. Ihre bisher unbestreitbare Führung geben sie hier ab an geisteswissenschaftliche Verfahrensweisen, denen sie fortan nur noch als dienende, wenn auch unentbehrliche Hilfskräfte beigeordnet sind.

---

22) Die Geschichtswissenschaft nimmt damit vorwaltend Züge einer Soziologie des Vergangenen an. Gefördert wird diese Entwicklung nicht allein durch die Blindheit der Historie alten Stils für alles Strukturelle, sondern auch durch die Verkümmerung des ausgeprägt Individuellen in der modernen Massendemokratie, zum mindesten in der politischen Geschichte. Komplementär dazu ist heute das Interesse an der Geschichte nicht mehr wie früher auf Individualitäten gerichtet. Es konzentriert sich offenbar immer stärker auf das unpersönlich Strukturelle. Vgl. Gadamer ([1972], XXXV). Mag die Geschichte der Strukturen auch immer noch einen unermeßlichen Nachholbedarf an bisher nur unzulänglich behandeltem Stoff zu befriedigen haben, so kann doch dabei nicht übersehen werden, wie wenig die Wirklichkeitstotalität des Historischen mit der Betrachtungsweise der Strukturalisten ausgeschöpft wird.

Vgl. den Aufsatz von Hedinger ([1971], 229—256) und seine umfassende Monographie (1969).

Überall, wo es um menschlich Einzigartiges geht, hat das letzte Wort immer die qualifizierende Methodik, mögen zu ihrer Unterstützung hilfswissenschaftlich quantifizierende Arbeitsweisen auch noch so notwendig sein. Demnach sind und bleiben nach wie vor Domänen der Geisteswissenschaft alle Forschungszweige, die es sich zum Ziel gesetzt haben, bis zum Unwiederholbaren des Einzelfalls verstehend vorzudringen. Daß dem Bemühen, zu verstehen, auch bei begnadeter Behutsamkeit Schranken gezogen sind, ist freilich nicht zu leugnen. Schon Goethe sagte: Individuum est ineffabile.

Auch wo es nahezu unmöglich erscheinen will, zureichendes Wissen um die Besonderheiten des Einzelfalls zu erarbeiten, darf der Geisteswissenschaftler nicht erlahmen und verzweifeln. Kreatürliche Grenzen sind aller Forschung des Menschen gesetzt, auch auf den Gebieten der reinen Naturforschung.

Es ist demnach eine unumstößliche, einleuchtende Tatsache, daß die quantifizierende Vor- und Mitarbeit seiner Hilfswissenschaften, auch wenn ihre Resultate hieb- und stichfest sind, dem Geisteswissenschaftler nicht mehr bieten kann als Hintergrund und Nährboden für den nur ihm allein zugewiesenen Forschungsgegenstand, den erst er in das Licht seiner Einzigartigkeit zu rücken vermag.

Die hier zur Rechtfertigung der Geisteswissenschaft und ihrer individualisierenden Methodik skizzierten Grundgedanken könnten vielleicht manchen Lesern unvollständig erscheinen. Ergänzend sei darum auch an dieser Stelle nochmals hervorgehoben, daß die Vorstellung vom Schichtenbau der Welt, wie sie als Hauptstütze alledem dient, lediglich den Charakter des Als-Ob trägt. Die wesentlich von Hartmann und Rothacker entwickelten ontologischen Schichtenlehren und ihre anthropologischen Erwägungen beruhen nämlich auf nichts anderem als einer im Sinne Vaihingers »nützlichen Fiktion«. Wer also in dieser bloßen Als-Ob-Vorstellung etwa eine unmotivierte Verirrung ins Geologische oder am Ende gar das gedankenschwache Erzeugnis der Einfalt sehen möchte, dürfte dabei selbst auf den Holzweg geraten sein. Er verkennt doch völlig, daß die Wissenschaft derartiger nützlicher Fiktionen oder Arbeitshypothesen einfach nicht entraten kann, weil unsere raumlogische, unzulängliche Wortsprache eben versagt. In Wirklichkeit besteht zwischen den einzelnen »Schichten« selbstverständlich keine undurchlässige Grenze. Vielmehr waltet zwischen ihnen eine Art von Osmose ob, die sowohl von »unten« wie aber auch von »oben« ausgeht. Die Vorgänge auf den verschiedenen »Seinsstufen« wirken aufeinander. Wie, das freilich wissen wir nicht. Es ist von Geheimnissen umhüllt.

Mit dem Menschen als Naturwesen befassen sich Naturwissenschaft und Mathematik. Sie erforschen — in der Sprache Hartmanns ausgedrückt — die allgemeinen Daseinsvoraussetzungen und die Unterschichten seines Seelen- und Geisteslebens. Die Sozial- und Geisteswissenschaften hingegen sind dem eigentlich Menschlichen zugewandt. Sie behandeln den Menschen als Kulturwesen, also seine Oberschicht. Im Unterschied zu den Geisteswissenschaften jedoch konzentriert sich das Interesse der Sozialwissenschaften auf das Strukturelle, das Typische der geistigen Erscheinungen. Auch wenn ihn gelegentlich das geschichtlich Veränderliche an den Strukturen beschäftigt, macht der Sozialwissenschaftler an der Schwelle zum Höchstpersönlichen halt. Nur der Geisteswissenschaftler überschreitet sie.

Auf ihre Methodik gesehen, zeigt die Sozialwissenschaft sonach einen Januskopf[22a], nämlich eine Stellung in der Mitte zwischen Mathematik und Naturwissenschaften einerseits und Geisteswissenschaften andererseits.

Wo ist die Rechtswissenschaft einzuordnen? Die Frage wird heute überwiegend, soweit ersichtlich, dahin beantwortet, auch sie zähle wegen des Mischcharakters ihrer Methodik zu den Sozialwissenschaften. Doch dieser Schluß ist falsch. Diese Folgerung kann nämlich nicht schon aus dem allbekannten Methodenpluralismus des Rechts gezogen werden, wie ihn Gesetzgebung, Forschung, Lehre und die Vielfalt seiner Anwendung im praktischen Leben offenbaren. Trotz seiner methodischen Uneinheitlichkeit ist unser positives Recht in allen seinen Gegenstandsbereichen doch immer nur darauf ausgerichtet, dem einzelnen in seiner individuellen Eigenart gerecht zu werden, soweit dem überwiegende Interessen der Allgemeinheit nicht entgegenstehen. Das gebietet unser gegenwärtiges Kulturbewußtsein im Abendland.

Danach nimmt also ohne Frage das Recht einen »höheren« Standort auf der Stufenleiter der Wissenschaften vom Menschen ein als die generalisierend verfahrenden Sozialwissenschaften. Dem widerspricht nicht, daß selbst bei Anwendung des Rechts im Einzelfall das Individuelle häufig hinter Typus oder Sozialgestalt völlig zurücktreten muß. Denn entscheidend ist gleichwohl unsere abendländische Rechtsidee, die unlöslich am Leitbild der freien Einzelperson und ihrer unverlierbaren Würde haftet.

Nur als Entartungserscheinung — für abendländisch individualistisches Empfinden — sinkt die Jurisprudenz zur bloßen Sozialwissenschaft hinab, wie es überall zu beobachten ist, wo der Mensch im Rechtsleben keine Würde, sondern lediglich einen Stellenwert hat, d. h. eine austauschbare soziale Funktion versieht.

Nach abendländischem Menschenbild kann nicht geduldet werden, daß die Jurisprudenz zur Sozialwissenschaft verkümmert, ebensowenig wie vergleichsweise die Medizin zur reinen Naturwissenschaft. In der praktischen Rechtsanwendung und in der Heilbehandlung ist Leitstern die Rücksicht auf den Menschen in seiner Einzigartigkeit.

Allein bei dergleichen wissenschaftstheoretischen Überlegungen scheint man sich heute kaum noch an das zu erinnern, was Nicolai Hartmann zur ontologisch richtigen Einordnung der Mathematik festgestellt hat:

22a) Gegenstand und Programm der Sozialwissenschaften sehe ich allerdings unter den leitenden Gesichtspunkten der sogenannten empirisch-nomologischen Schule, die ihre Theorien möglichst quantitativ formuliert und ohne Werturteile arbeitet (vgl. Klima [1971], 206).

»Die Mathematik ist nicht, wie man meinte, die höchste aller Wissenschaften. Dem Gegenstande nach ist sie die niederste. Sie ist wohl die vollkommenste Wissenschaft, die wir haben. Aber sie ist es deswegen, weil sie die kategorial höheren Seiten der Gegenstände gar nicht berührt[23].«

Da nun aber auch die biologischen Gesetzlichkeiten ebensowenig die kategorial höchste Seite des Menschlichen berühren, nämlich Geist und Kultur, liegt es auf der Hand, daß die Anhänger einer operationalen Ethik und eines mathematisch-biologischen Naturrechts von grundverkehrten Voraussetzungen ausgehen[24].

Wissenschaftstheoretiker neopositivistischen Denkstils neigen leicht dazu, schon jede Sympathiebekundung zur Geisteswissenschaft als irrationalistische Verirrung anzusprechen. Rechtsphilosophen, aber auch Juristen der Praxis sollten deshalb keine Gelegenheit ungenützt lassen, mit ihnen Gedanken auszutauschen. Denn es muß endlich klargestellt werden, wie lebensnotwendig selbst im Alltag des Menschen, ja gerade im Alltag, geisteswissenschaftliche Kleinarbeit ist. Mit bloß interessierter, konzentrierter Hinwendung zum Nächsten darf solche Arbeit freilich nicht verwechselt werden, mag auch in der Anteilnahme des Herzens stets eine wesentliche Voraussetzung liegen, den Einzelfall mit Erfolg zu behandeln. Dergleichen Gespräche über praktische Fälle aus Moral, Sittlichkeit[25] und Recht, aber auch aus dem weiten Bereich der kulturpsychologischen Antriebe zum Naturrechtsdenken finden heute lebhaftes Interesse bei vielen wissenschaftstheoretisch angeregten Mathematikern und Naturforschern, namentlich bei Verhaltensforschern und Kybernetikern[26].

Wissenschaftstheoretisch Interessierte naturwissenschaftlichen Denkstils sollte es übrigens besinnlich stimmen, daß die Mediziner mehr und mehr, soweit ersichtlich, zur Überzeugung kommen, wie wenig sie in Praxis und Theorie auf die Berücksichtigung individualisierender, qualifizierender Methoden verzichten können. Und sie brauchen dabei wahrlich nicht zu befürchten, bei solcher Haltung etwa die wissenschaftliche Exaktheit in Forschung und Heilbehandlung irrational zu verwässern[27].

---

23) Hartmann ([1950], 24). — Nach dem amerikanischen Mathematiker Rapoport ([1970], 262 und 275) — er kennt Hartmann nicht — ist »in sehr vielen Fällen der Abgrund zwischen Qualität und Quantität nur ein Hirngespinst«, doch räumt er wenigstens ein: »... die Mathematisierung gesellschaftlicher Strukturen ... (befindet) sich noch in einem primitiven Zustand«, weshalb, das allerdings bleibt bei R. die ungelöste Frage.

24) Zu Rapoport vgl. unten Note 47. — Im Gespräch mit mir betonte übrigens Loschke unüberhörbar seinen Abstand von Rapoport. Zum Begriff des Operationalen: Seiffert, Band I (1969), 190—198.

25) Unter Moral ist hier mit Spranger »eine Erscheinungsform des überindividuellen Geistes« verstanden und unter Sittlichkeit »die höchstpersönliche Kultur des individuellen Gewissens« (Ges. Schr. V [1969], 447). Näheres heute zustimmend bei Trillhaas ([1970], 25—29).

26) Dürrenmatt ([1969], 87—106).

27) Vogler ([1972], 428—457); Labhardt ([1971], 124—130). Jores (1964) hingegen wird bei streng naturwissenschaftlich Denkenden leicht Ideologieverdacht wachrufen. — Das psychiatrische Schrifttum ist sehr ergiebig: Carp ([1970], 56,

— 4 —

»Die Welt ist einfach komisch, wenn man sie vom technischen Standpunkt ansieht; unpraktisch in allen Beziehungen der Menschen zueinander, im höchsten Grade unökonomisch und unexakt in ihren Methoden; und wer gewohnt ist, seine Angelegenheiten mit dem Rechenschieber zu erledigen, kann einfach die gute Hälfte aller menschlichen Behauptungen nicht ernstnehmen«.

Was Robert Musil hier in der Beschränkung auf den reinen Techniker sagt[28], läßt sich sinnerweiternd auf die Vertreter der Naturwissenschaften schlechthin übertragen. Bei ständigem Umgang mit dem Rechenschieber gerät man leicht in Versuchung, auch den nicht meßbaren Teil der Welt unbedenklich dem Gesetz der Elle zu unterwerfen. Damit mag sich vielleicht rascher als auf andere Weise erklären, weshalb biologisch ausgerichtete Naturrechtsdenker das Prinzip der Kausalität auch im Rechtsleben herrschen lassen möchten. In dieser Hinsicht steht etwa Johannes Loschke voll im Einklang mit dem führenden Zoologen Bernhard Rensch, der eine streng determinierte Bestimmtheit unseres Gehirns und aller seiner Denkprozesse annimmt[29]. So ist nach ihm der Mensch nur eine von blinden Naturkräften gesteuerte Marionette. Ob dann das Phänomen des Rechts jedoch überhaupt denkmöglich wäre, da es — gleich der Sittlichkeit — einen menschlichen Ermessensspielraum bei der Auswahl unter Entscheidungsmöglichkeiten seinem Wesen gemäß voraussetzt, wirft eine Frage auf, die mit einem entschiedenen Nein beantwortet werden muß[30].

129, 131 und passim), von Jaspers angeregt, arbeitet heraus, daß in der Psychiatrie nebeneinander natur- und geisteswissenschaftliche Methoden verwendet werden müßten. Wie die Bio-Psychiatrie die körperbedingten Leiden ergründe, so behandle die Noo-Psychiatrie die individuell ausgeprägten Krankheiten. Die wachsende Wichtigkeit der Umwelt und des Individuellen neben den Erbanlagen betont Langelüddeke ([1971], 1—7), und die neueste Auflage des führenden Lehrbuchs von Bleuler ([1969], 18 f.) sagt mit Nachdruck, » . . . daß die Psyche eines Menschen während des ganzen Lebens einer Entwicklung unterworfen ist. . . . Die Umwelt hängt von ihm ab, wie er von der Umwelt« (a.a.O. 18 f.). — Daß unser Gehirn keine Rechenmaschine, also kein Computer ist, unterstreicht der Psychiater Feer (1970, 2—4). — G. Wagner, Ordinarius für medizinische Dokumentation und Statistik, erklärt sogar eine bloße Computer-Diagnostik für unvorstellbar. Man dürfe nur von einer »computer-unterstützten« ärztlichen Diagnose sprechen. Lediglich die Rolle eines kenntnisreichen Assistenten des Menschen spiele der Computer. Der Patient sei und bleibe »ein einmaliges Individiuum« ([1971], 21—22). Letzteres ist in der Theorie zwar unbestreitbar, in der überforderten Praxis der Krankenversorgung aber oft ein frommer Wunsch. Vgl. Bodamer ([1969], 1 ff.).
Namentlich führende Physiker haben das alles längst erkannt. So stellt Heitler ([1966], 94) fest, »daß die quantitativ-kausal-analytische Wissenschaft trotz ihrer Ausbreitung nur einen äußerst beschränkten Ausschnitt aus der Welt erfaßt«.

28) Musil ([1970], 37).

29) Rensch ([1968], 210 und passim).

30) Die Frage der Willensfreiheit im Rechtsleben kann hier nicht im einzelnen erörtert werden. Dem Mediziner Danner (1969) vermag ich ebenso wenig zuzustimmen wie Hoerster ([1971], 77 ff.) in der Kritik an Bockelmann ([1963], 372 ff.).

Selbstverständlich kann der Begriff der Willensfreiheit bei dem fortgeschrittenen Stand der Naturwissenschaften nicht mehr so weit gefaßt werden wie ehedem. Das dürfte Nicolai Hartmann in seiner »Ethik« ein für allemal klargestellt haben. Denn wo nicht das ungetrübte Bewußtsein steuert oder mindestens fest die Kontrolle ausübt, dort kann keine Rede von Willensfreiheit sein. Auch hier also schafft uns wieder das Bild vom Stufenbau der Welt die erhellende Ausgangslage. Damit aber wird die Frage der Willensfreiheit von vornherein wesentlich eine solche der Charakterologie, d. h. eine Frage nach Art und Höhe der Persönlichkeit im jeweiligen Einzelfall. Ohne Gelehrsamkeit ausgedrückt, heißt das: der einzelne vermag um so willensfreier zu handeln, je geläuterter an Charakter und je reiner an Geist er ist. Je stärker ihn das Vegetative in Fesseln schlägt, desto mehr wird er ohnmächtiger Spielball seiner animalischen Natur.

Demnach ist Willensfreiheit weder uneinschränkbar noch gar unverlierbar. Selbst der höchste Geist ruht — bildlich gesprochen — seinem Unterbau ja nur auf. Versagen ihm die nährenden, tragenden Unterschichten ihre Dienste, wie bei Krankheit, Erschöpfung, im Alter, in Rauschzuständen, während einer Panik[31] usw., dann schwindet seine Kraft zu unabhängiger Willensentscheidung vorübergehend oder auf die Dauer mehr oder minder gänzlich dahin. Denn Freiheit ist immer ein Begnadungszustand in Gefahr.

Im einzelnen kann hier auf das Thema nicht eingegangen werden[32]. Nur auf das eine sei noch hingewiesen: angesichts der jüngsten Schwierigkeiten in der Kriminologie darf wohl zum mindesten nicht länger mehr davon gesprochen werden, daß die deterministische Hypothese nicht zu erschüttern sei.

---

[31]) Wenn der Naturphilosoph Bavink ([1944], 615 ff.) recht sieht, daß schon innerhalb der Tierwelt eine stufenweise ansteigende Loslösung vom starren, instinktgebundenen Kausalitätsprinzip — beginnend beim Einzeller, endend beim schon überlegsam handelnden Menschenaffen — zu beobachten ist, wie neueste Schimpansen-Experimente belegen (Rensch [1968], 193), so wird vielleicht eines Tages beim Menschen selbst eine ähnliche Stufenfolge nachgewiesen werden. Man muß sich nur vom Vorurteil lösen, es sei alles gleich, was Menschenantlitz trägt. Aufschlußreich wäre wahrscheinlich die Beobachtung von Massenpaniken und verwandten Massenstörungen des seelischen Gleichgewichts. In solchen Ausnahmesituationen verhalten sich die Menschen nämlich keineswegs alle gleichartig. Nichts erweist gerade hier das kausalitätsüberlegene Führungsprinzip des Geistes eindrucksvoller als ein Mensch hoher Selbstdisziplin, der trotz klarer Erkenntnis der Gefahrenlage dennoch Übersicht und Haltung bewahrt, auch wenn andere rings um ihn die Nerven verlieren und, von animalischer Todesfurcht überwältigt, seelischer Haltlosigkeit verfallen. Der letzte Krieg schuf — an der Front wie in der Heimat — nicht selten Lagen, in denen sich sogar berufene Vorgesetzte vorübergehend, bis Beruhigung eintrat, einer aus dem Augenblick geborenen Führernatur willig unterordneten. Solche Erfahrungen freilich lassen sich kaum im Laboratorium des Psychologen sammeln. Für unsere Frage sind sie ungemein bedeutungsvoll und sollten stärker beachtet werden.

[32]) Näheres bei Engisch (1965). — Essayistisch glänzend dargestellt von O. v. Pander in seiner unter spürbarem Einfluß seines baltischen Landsmanns N. Hartmann stehenden Arbeit ([1952], 79—101).

»Die hergebrachte Grundformel ... : daß das Handeln des Menschen ein Produkt aus Anlage- vor allem aber Umweltfaktoren sei, versagt hier auf der ganzen Linie. Denn wo günstige Umweltfaktoren sich häuften, ist die Kriminalität gestiegen, wo sich ungünstige häuften, gesunken. Noch nie ist uns so deutlich vor Augen geführt worden, wie ungelöst das Rätsel Kriminalität ist[33].«

Mit den Kategorien der Kausalgesetzlichkeit ist das Geheimnis des Menschseins nicht zu lüften. Alles ist sehr viel unbegreiflicher als unsere Schulweisheit sich träumen läßt.

In diesem Zusammenhang mag schließlich noch eine wenig bekannte Äußerung des Physikers Max Born zum Nachsinnen anregen:

»Eine wirkliche Bereicherung unseres Denkens ist aber die Idee der Komplementarität. Die Tatsache, daß es in einer exakten Wissenschaft wie der Physik Fälle gibt, die einander ausschließen und ergänzen und nicht durch die gleichen Begriffe beschrieben werden können, sondern zweierlei Ausdrucksweisen erfordern, muß einen Einfluß — und ich denke, einen willkommenen Einfluß — auf andere Gebiete des menschlichen Handelns und Denkens haben. Auch hier hat Niels Bohr wieder den Weg gewiesen. In der Biologie führt der Begriff des Lebens schon selbst zu einer komplementären Alternative: Die physikalisch-chemische Analyse eines lebenden Organismus ist unverträglich mit seinem freien Funktionieren und führt im Extremfalle der Anwendung zum Tode. In der Philosophie besteht eine ähnliche Alternative in dem zentralen Problem der Willensfreiheit. Jede Entscheidung kann auf der einen Seite als ein spontaner Vorgang im Bewußtsein betrachtet werden, auf der anderen Seite aber als das Ergebnis von Motiven, die in der Vergangenheit oder Gegenwart durch die Berührung der Außenwelt erzeugt worden sind. Wenn man dies als ein Beispiel für Komplementarität betrachtet, scheint der ewige Konflikt zwischen Freiheit und Notwendigkeit sich als ein erkenntnistheoretischer Irrtum herauszustellen[34].«

Alles in allem bleibt das Bekenntnis zu Kant und seinem Freiheitspostulat unabdingbar, wenn anders sich der Mensch vom vegetativen Dasein der Pflanzen und der Tiere unterscheiden lassen möchte.

---

33) Lange ([1972], 126).

34) Born ([1966], 112). — Auftrieb für den Determinismus scheint neuerdings besonders die biologische Rhythmusforschung zu geben (vgl. Sollberger [1972], 108—151). Schon die populärwissenschaftlichen vor dem ersten Weltkrieg erschienenen Schriften von Wilhelm Fliess ([1906] und [1909]) hatten die mechanistische Auffassung gestützt, man könne den zeitlichen Verlauf des Lebens erschöpfend mit den Mitteln elementarer Rechnungsweisen als ein »zwangsläufiges Getriebe« beschreiben. So mag es sich erklären, daß auch Politologen heute auf die Selbstmord-Statistik verweisen, um damit von vornherein individualisierende Methoden als unwissenschaftlich auszuschließen.

Hier nun erweist sich aber der Gedanke Borns an die Komplementarität als besonders erhellend. Sicherlich mag die Selbstmord-Statistik für das Kausalprinzip im Menschenleben sprechen. Das aber schließt — bei komplementärer Betrachtung des Problems — nicht aus, daß jeder einzelne Selbstmord seine höchstindividuelle Geschichte hat, die nur mit individualisierender Methodik ergründet werden kann. — Zur Komplementarität in der Biologie: Vogel ([1972], 152—194). — Poppers Bedenken ([1969], 397—411) überzeugen nicht.

Vor der Vorstellung der Welt als Stufenbau verliert auch der Gedanke an die Kybernetik als Hilfstruppe eines deterministisch biologischen Naturrechts seine betörende Eindruckskraft, um so mehr als jetzt der Physiker Pascual Jordan einen weiteren Leserkreis mit der Einsicht des weltbekannten Chemikers Hermann Staudinger vertraut macht, endlich sei die langgehegte Hoffnung mechanistischer Denker gründlich für immer zerstört, »aus der Kybernetik ... Beweise für die Maschinentheorie der Organismen ableiten zu können«[35]. Übrigens kann es dabei selbstverständlich ganz auf sich beruhen, ob alle Materie — wie heute nicht nur Physiker meinen — im Grunde gar nichts anderes ist als »gefrorener« Geist[36]. Die Vorstellung von der Welt als einem Stufenbau nämlich würde dadurch nicht erschüttert, jedenfalls nicht solange, als man berechtigt wäre, in der Materie lediglich einen anderen Aggregatzustand des Geistes zu sehen.

Ein Elektronengerät stellen Gehirn und Geist des Menschen also nicht dar[37], mag es auch ganz ungeklärt sein, was denn unter dem vielfältig schillernden Wort »Geist« zu verstehen ist. Darüber liegt allein aus neuerer und neuester Zeit ein unübersehbares Schrifttum vor. Auf sein Für und Wider braucht hier nicht eingegangen zu werden, mögen auch naturwissenschaftlich streng ausgerichtete Wissenschaftstheoretiker wie etwa Julius Kraft die Existenz eines Geistes heute überhaupt leugnen[38]. Aber der Rechtsphilosoph kann dessenungeachtet, ohne einem »theologisch infizierten Dogmatismus« zu verfallen, unbedenklich in der myriadenfachen Vielfalt individueller, menschlicher Einzigartigkeiten die Eigengesetzlichkeit eines spürbar wirksamen, wenn auch unergründlichen kosmischen Prinzips am Werk sehen, das wir mit dem altvertrauten, unklar schillernden Namen »Geist« zu belegen pflegen. Es ruft die Unwiederholbarkeiten auch im individuellen Rechtsfall hervor und spottet deswegen des plumpen Zugriffs generalisierender kybernetischer Methoden[39].

Hier jedoch könnten Naturrechtler naturwissenschaftlichen Denkstils einwenden, es seien heute doch gerade die Rechtstheoretiker und Rechtsphilo-

---

[35]) Jordan ([1970], 66—74).

[36]) Frh. v. Weizsäcker ([1971], 280—291).

[37]) Stoffwechsel, Reizempfindlichkeit, regulatorische Vorgänge, wie die Veränderung der Körpertemperatur, lassen sich naturwissenschaftlich erklären, allenfalls sogar die Fortpflanzung, aber mit Sicherheit nur e i n e s nicht, das individuelle Bewußtsein! Vgl. Wolf Dieter Keidel (Direktor des Physiologischen Instituts in Erlangen) im Wissenschaftsteil der Tageszeitung »Die Welt«, Samstag, d. 27. Juli 1970, S. 11.

[38]) Kraft ([1957], 34).

[39]) Vgl. oben 115, Note 260; 132, Note 411; 226 f., Noten 5 bis 9. — Aus der neuesten Literatur: Simitis (1970); ders. ([1971], 673—682); Wieacker ([1969], 383—404); Zippelius ([1971], 121—130). — Nicht sehr durchdacht: Philipps ([1971], 125—133), der — soweit ersichtlich — den Menschen lediglich als »reaktives Wesen« ansieht, da alles Menschliche weitgehend kybernetisch angelegt sei. Selbst Meyer-Cording in seinem erhellenden Buch ([1971], 152) hofft auf die bevorstehende Schaffung einer »juristischen Regeltechnik ..., von der wir gewisse Anfänge bereits in den Lichtsignalen des Straßenverkehrs erleben.«

sophen selbst, die — ohne bemerklichen Einfluß der Kybernetik — immer wieder die hohe Bedeutung generalisierender Verfahrensweisen im Recht betonten. Sie nämlich würden nicht müde, die Aufmerksamkeit auf jene eben nur mit quantifizierender Methodik erfaßbaren Erscheinungen zu lenken, die man unter den sinnverwandt schillernden Begriffen »Typus«, »Struktur« und »Sozialgestalt« zusammenfaßt.

Daß diese Begriffe mit dem Überindividuellen, das sie im Auge haben, die Unwiederholbarkeiten des Einzelfalls in Frage stellen, kann niemand bestreiten. Denn das Typische oder Strukturhafte kehrt unzählige Male im einzelnen wieder. Insoweit ist es den naturgesetzlichen Erscheinungen vergleichbar. Seine weite, regelgerechte Verbreitung drängt förmlich den Eindruck auf, der Einzelfall lasse sich bereits quantitativ voll ausschöpfen. So kann die Meinung aufkommen, eine starren, allgemein wirkenden Naturgesetzen angeglichene Sozialgesetzlichkeit schließe jede auch nur denkbare individuelle Abweichung aus. In solcher Sicht erscheint demnach der Einzelfall lediglich als gleichsam zufälliges Beispiel einer überindividuell verbindlichen Allgemeingesetzlichkeit. Folgerichtig weitergedacht würde damit das Kernanliegen des historisierenden Relativismus gegenstandslos, zum mindesten unter der Voraussetzung, daß es statthaft wäre, die naturgesetzliche Unwandelbarkeit jener Typen und Strukturen des Rechtslebens anzunehmen.

Indessen bei alledem ist nur die Frage, ob das Allgemeinheitsprinzip, das die Begriffe »Struktur« und »Typus« im Auge haben, den Einzelfall bereits derart ausschöpft, daß damit die Daseinsberechtigung eines Individualitätsprinzips für das Rechtsleben überhaupt entfällt. Schließlich könnten die Dinge ja auch so liegen, daß Allgemeinheitsprinzip und Individualitätsprinzip sich im sogenannten Einzelfall unlöslich miteinander vermischen[40]. In diesem Zusammenhang ist es überaus befruchtend, heute nachzulesen, was Georg Simmel vor Jahren über das methodisch verwandte Verhältnis zwischen bildender Kunst und individueller Eigenart des Künstlers feststellte. Simmel ging dabei aus vom Unterschied zwischen Kunstgewerbe und Kunst. Er meinte, während der Stil einer Zeit sich am reinsten im Kunstgewerbe auspräge, trete das individuell Unwiederholbare in der schöpferisch einmaligen Leistung des Künstlers, insbesondere des großen Meisters,

---

[40]) Die Typen erzeugt das Rechtsleben selbst. Nicht deduktiv, sondern induktiv finden wir sie auf. Infolge ihrer Mittelstellung zwischen dem abstrakt Allgemeinen und der eigentlichen Individualität der Erscheinungen sind sie förmlich dazu geschaffen, auf naturwissenschaftliche Denker Anziehungskraft auszuüben. Ohnehin erweckt ihre schillernde Begrifflichkeit leicht die irrige Vorstellung, das Rechtsleben sei mit einer quantifizierend generalisierenden Methodik bereits erschöpfend zu erfassen. Vgl. Engisch ([1968], 237—294). — Wenn ich selbst oben auf S. 74 f. — wie Engisch nicht mit Unrecht rügt — den »heiklen Begriff Idealtypus« verwende, so räume ich gern ein, daß sich über jenen Terminus und seine Treffsicherheit streiten ließe. Doch kann diese für den Kern meiner Beweisführung nebensächliche Einzelfrage auf sich beruhen. Bei dem Gebrauch des Wortes »Idealtypus« nämlich hatte ich nicht etwas Teleologisches im Auge, sondern — wie Max Weber — lediglich die gedankliche Steigerung auffälliger Wirklichkeitselemente.

in Erscheinung, ohne daß aber damit das Allgemeinheitsprinzip des Stils ausgeschaltet werde. Vielmehr wachse hier das Individualitätsprinzip, d. h. die individuelle Leistung, nur aus dem Allgemeinen, dem Generellen, innerlich und äußerlich hervor. Das allerdings bekräftige die Tatsache, wie sehr alle »qualitative Vornehmheit des Wesens, deren Lebensgefühl Unvergleichlichkeit ist«, »einem allgemeinen Formgesetz untertan« sei[41].

In Weiterführung und sinnentsprechender Übertragung dieser Gedanken auf das Rechtsleben und seine in Zeit und Raum unterschiedlichen Ausprägungen drängt sich die Schlußfolgerung auf: offenbar waltet über uns ein Gesetz des Geistigen, das die Einzelpersönlichkeit, je feiner und höher sie entwickelt ist, desto mehr über das Typische und Strukturelle hinaushebt. So wächst sie — freilich ohne dem außenstehenden Beobachter Typus und Handlungsstruktur verbergen zu können — über das bloße Allgemeinheitsprinzip hinaus zu ihrem Individualitätsprinzip, dessen Verständnis sich nur qualifizierenden Verfahrensweisen erschließt. Gerade dieser Umstand indessen ist nun einschneidend wichtig für die tiefere Problematik allen Naturrechtsdenkens. Um diesen Sachverhalt jedoch voll im richtigen Licht zu sehen, bedarf es einer kurzen Besinnung und Rückschau.

— 5 —

Im Überblick über zweieinhalb Jahrtausende abendländischer Geistesgeschichte kam die vorliegende Studie zu dem Ergebnis: nur kritikfähige, diskursiv denkende Individualisten, die das positive Recht enttäuscht, klammern sich an die Wunschvorstellung eines idealen Rechts höherer Ordnung. Aber ihre brennende Sehnsucht nach beglückender Individualgerechtigkeit stellt uns vor die Frage, inwieweit denn überhaupt ein rein deterministisches, mathematisch-naturwissenschaftliches Idealrecht ausgerechnet die unersättlichen Rechtswünsche enttäuschter Individualisten zu stillen vermöchte. Ein auf quantifizierende Methoden der Fallgerechtigkeit beschränktes Naturrecht müßte zwangsläufig doch wohl gerade solche Zustände und Vorgänge gutheißen, die ein kritisch und diskursiv Denkender eben deshalb leidenschaftlich ablehnt, weil sie genau jener kalt unpersönlichen Naturgesetzlichkeit gemäß sind, die er bei seinem Kampf gegen alles positive Recht möglichst eindämmen möchte. Der Individualist verlangt nach qualifizierenden Methoden der Rechtsfindung in allem, was ihn angeht. Nur in ihrer Anwendung erblickt er die Grundvoraussetzung menschenwürdiger Lebensumstände, wie jedem Praktiker heute bekannt sein dürfte. Natürlich ist es bei alledem eine Frage für sich, auf die noch einzugehen sein wird, ob nicht eine übertrieben individualisierende Behandlung des Einzelfalls unter Umständen zum Nachteil der Allgemeinheit ausschlagen müßte.

---

41) Simmel ([1908], 307—316). Ähnlich äußert sich S. in einem anderen Aufsatz ([1923], 213—228).

Taucht mit dieser Erwägung aber die Spannung im Verhältnis zwischen Individuum und Gemeinschaft auf, so erhebt sich zugleich damit auch schon die weitere Frage, wo denn die Grenze zwischen Sittlichkeit und positivem Recht verläuft. Jedes irdische Recht nämlich ist wesensmäßig einfach außerstande, die sittlich bewegten Rechtssehnsüchte des einzelnen im Einzelfall auch nur annähernd immer zu erfüllen. Denn alles Rechtsleben zu allen Zeiten war und ist stets durch unzählige Unzulänglichkeiten beeinträchtigt[42]. Dieser unbehebbare Übelstand unseres irdischen Daseins ist die Pflanzstätte allen Naturrechtsdenkens[43].

Der Gesetzgeber kann bei jeder Normsetzung sein vorausblickendes Auge immer nur auf eine unbestimmte Vielzahl ihm im einzelnen noch unbekannter künftiger »normaler« Fälle richten. Individualisierende Fallgerechtigkeit zu üben, kann und muß er deshalb allein seinen Rechtsanwendern überlassen, soweit die näheren Lebensumstände freilich es gestatten, worauf nicht genauer in diesem Zusammenhang einzugehen ist. Denn für unser Vorhaben genügt es bereits, nur kurz die Frage zu streifen, ob und wann die rechtsanwendenden Staatsorgane der Justiz und Verwaltung kraft Ermächtigung oder Anweisung imstande oder gar verpflichtet sind, gleichsam unter dem Mikroskop den Einzelfall auf seine Einzigartigkeit zu untersuchen. Um welche methodischen, vornehmlich technisch praktischen Schwierigkeiten es dabei geht, macht ohne viele Worte auch dem Nichtjuristen das von Heinrich Henkel erläuterte Beispiel vom »Schlangestehen« in Notzeiten vor Lebensmittelgeschäften klar[44]. Hier wäre es mit Rücksicht auf die übermächtigen irdischen Lebensverhältnisse — selbst unter einem idealen Naturrecht — platterdings unmöglich, jeden einzelnen nach seiner Einzigartigkeit zu behandeln, wie er es sich vielleicht wünschen mag. Das äußerste Entgegenkommen der Rechtsordnung wäre, lediglich nach ihrem Typus hervorstechende Untergruppen Wartender, wie Krüppel und Schwangere, bevorzugt abzufertigen.

---

42) Vgl. Henkel ([1958], 14): »Für die ethische Betrachtung, die den Einzelnen vor das Forum des eigenen Gewissens stellt, ist und bleibt er eine Individualität auch dort, wo er in Beziehung zur Sozialwelt tritt und in irgendeiner ‚Sozialgestalt' erscheint, als Ehepartner, Angestellter, Gläubiger eines Schuldverhältnisses. Während das Recht, um bei dem letzteren Beispiel zu verbleiben, auf die personale Individualität und die individuelle Beziehung der Partner eines Schuldverhältnisses im allgemeinen nicht eingeht und darauf keine Rücksicht nimmt, kommt ihr in der ethischen Beurteilung ihres Verhaltens innerhalb des Schuldverhältnisses eine wesentliche Stellung zu. So wird es z. B. als Rücksichtslosigkeit ethisch mißbilligt, wenn ein wohlhabender Gläubiger einen ihm rechtlich zustehenden und mit den Mitteln des Rechts auch realisierbaren Geldanspruch gegenüber einem in Vermögensschwierigkeiten geratenen Freund geltend macht . . .«.

43) Daß sich dieser kulturpsychologische Sachverhalt heute zunehmend auch schon in Rußland bemerkbar macht, zeigt z. B. das literarische Schaffen von Schriftstellern wie Alexander Solschenizyn und Andrej Alexejewitsch Amalrik. Vgl. auch die Darstellungen von Marko (1971) und von Maurach und Meissner (1971).

44) Henkel ([1958], 20—23).

Die Wahl zwischen generalisierender oder individualisierender Behandlung einer positiv geregelten Rechtsmaterie kann sich also nur nach der unterschiedlichen Gewichtsverteilung der einander widerstrebenden Tendenzen der Rechtsidee richten. So beherrschen unser gesamtes Handels- und Wertpapierrecht generalisierende Betrachtungsweisen, aber — schon wegen der Überfülle vergleichbarer Fälle — erst recht Steuer- und Verwaltungsrecht. Aus dem gleichen Grunde läßt sich in der Praxis auch die strafrechtliche Seite des Straßenverkehrsrechts weitgehend nur noch vorwiegend mit generalisierender Methodik behandeln. Selbstverständlich bleibt auch hier zuweilen offen, inwieweit gewisse Ausnahmetypen neben den Grundtypen gesonderte Berücksichtigung erfahren können. Auch unser Zivilrecht — abgesehen vom Familienrecht und weiten Teilen des Erbrechts — geht durchweg nicht auf die Einzigartigkeit des betroffenen Rechtsgenossen ein. Es hält sich vielmehr an seine Sozialgestalt, d. h. an das Typische seiner Rechtssituation.

Infolgedessen ist der individualistische Rechtsgenosse mit der Rechtspraxis häufig höchst unzufrieden, ja seine bitteren Vorwürfe richtet er nicht selten sogar auch gegen den Gesetzgeber selbst. Wie könnte es in einer Kultur hochgezüchteten individuellen Selbstgefühls auch anders erwartet werden? Nur wenige vermögen einzusehen, daß jede wie auch immer beschaffene irdische Rechtsordnung außerstande ist, Individualgerechtigkeit walten zu lassen, schon allein deshalb, weil der redliche Versuch zur Erhellung des mikroskopischen Details oft gerade den pflichtbewußten Praktiker trotz aller Befähigung nur verwirrt und irreführt[45].

So bleibt also der klaffende Abstand zwischen dem seiner Natur nach unzulänglichen positiven Recht und den vielfach wirklichkeitsfremden Wunschvorstellungen des Naturrechtsverlangens unaufhebbar bestehen. In diesem Sachverhalt erblicken Verfechter eines mathematisch-naturwissenschaftlichen Idealrechts anscheinend kein Problem. Offenbar sehen sie ihn nicht einmal. Denn ihrer Aufmerksamkeit bleibt möglicherweise ganz verborgen, daß alles Rechtselend zu einem guten Teil in der vollentwickelten, rationalen Kritikfähigkeit des zur Individualität herangereiften einzelnen seinen subjektiven Ursprung hat. Lediglich der Individualist in seiner bitteren Mißvergnügtheit sinnt ständig darauf, wie er die kausal determinierte Welt der Unfreiheit im Sinne seiner persönlichen Freiheitsvorstellung überformen oder sogar überhöhen könnte. Er betrachtet das Recht sonach nicht im Sinn eines biologischen Naturrechts als »außermenschlichen Normenkomplex«[46],

---

45) Engisch ([1968], 216). — Eine ausgearbeitete Theorie der Rechtspraxis und ihrer Verwirklichung fehlt noch. Die jüngst erschienene einschlägige Arbeit Essers (1970) ist nicht mehr als ein verheißungsvoller Versuch, das Forschungsgebiet gewissermaßen abzustecken. — Die anregende Monographie von Luhmann (1969) behandelt nur das Strukturelle des Verfahrens.

Nicht anders steht es um Weimars Studie über die richterliche Entscheidung (1969). Einzig die bisher kaum beachtete Erstlingsarbeit Hruschkas (1965) enthält viel Tiefdurchdachtes, das künftiger Forschung nützlich sein könnte.

46) Loschke ([1970], 28).

d. h. als etwas ihm ohne sein eigenes Zutun Vorgegebenes, dem jeder Mensch sich nur unterzuordnen brauche, um auf Erden sein Glück zu finden, sondern der Individualist diskursiven Denkens sieht im Recht einen ihm gegebenen Gestaltungsauftrag, d. h. einen Auftrag, selbst handelnd und bessernd in das Rechtsleben einzugreifen[47].

Auf einem anderen Blatt steht dabei freilich, daß der Mensch bei diesem titanisch anmutenden Unterfangen meistens von vornherein zum Scheitern verurteilt ist. Das gehört zu der Tragik seiner Existenz. Schon Francis Bacon sagte, die Natur lasse sich nur unter der Voraussetzung besiegen, daß man ihre Gesetze erkenne u n d sich ihnen anpasse.

Aus den Reihen derer, die mit dem naturwissenschaftlich gefärbten Naturrecht der Gegenwart in allen seinen Schattierungen unverhohlen sympathisieren, ertönt nun unüberhörbar der altbekannte Ruf, der Mensch brauche sich doch nur der »kosmischen Ethik« anzubequemen, um endlich auf den rechten Weg zu gelangen[48]. Jedoch eine kosmische Ethik gibt es ebensowenig, wie es ein kosmisches Recht (Seinsrecht) gibt. Wohl herrscht Ordnung in der außermenschlichen Welt, vielleicht streng determinierte Ordnung, wenn auch

---

[47]) Vgl. oben 104 ff., 127—133.

[48]) Pitcairn ([1962], 161, 204 und 243). Wegen Raummangels können andere einschlägige Schriften naturwissenschaftlichen Denkstils nicht näher behandelt werden. Kurze Hinweise müssen genügen:

a) Der ehemalige 1971 verstorbene Landgerichtsdirektor Johannes Loschke verficht in seinem schon mehrfach erwähnten Vortrag (1970) ein mathematisch-biologisches Naturrecht.

b) Der aus Rußland stammende nordamerikanische Mathematikprofessor Anatol Rapoport entwickelt auf 432 Textseiten zur Hauptsache eine operationale Ethik im Stile John Deweys. Steinbuch spricht in seinem Geleitwort zur deutschen Übersetzung ([1970], XXI) die Hoffnung aus, das Werk werde zur Erkenntnis eines »allgemein verbindlichen Wertsystems« verhelfen.

Zur Einführung in die ungeklärte Vorstellungswelt operationalen Denkens siehe Seiffert ([1969], Band I., 191 ff.).

c) Der Chemiker Robert Elken unternimmt auf 511 Textseiten den originellen Versuch, mit Hilfe des chemischen (!) Vorgangs der Katalyse ein System der Ethik aufzubauen (1968), das in eine nur angedeutete Lehre eines ewig unveränderlichen Naturrechts ausmündet. Dazu vgl. oben 275 f.

d) Der Professor der Rechtswissenschaft Ernst-Joachim Lampe versucht es, psychologische Grundbedürfnisse des Menschen, offenbar unabhängig von Raum und Zeit, zu ermitteln und aus ihnen ein regelrechtes System des Naturrechts zu entwickeln, das freilich nicht primär biologisch bestimmt ist, sondern seelengesetzlich. Lampes Naturrecht greift —das ist immerhin gegenüber bisherigen Naturrechtsvorstellungen eine bemerkenswerte Neuheit — sogar in Kernbereiche reiner Ordnungsgesetzlichkeiten ein, so etwa in das Straßenverkehrsrecht. Die in der deutschen Straßenverkehrsordnung positivrechtlich geregelte sogenannte »abknickende Vorfahrt« sieht L. als naturrechtswidrig an. Andererseits erörtert er wenigstens die Frage, wie es zur verschiedenen Handhabung der weltweit verbreiteten Grundrechte gekommen sein könnte, dringt jedoch in ihre Problematik, wie man erwarten sollte, überhaupt nicht ein. Vielmehr verzichtet er bewußt (!) darauf, »das schwierige und vielschichtige Verhältnis zwischen Verfassungsrecht und Verfassungswirklichkeit« auch nur ernstlich ins Auge zu fassen, geschweige denn es zu untersuchen ([1970], 334—337, insbesondere 284, Note 320).

nirgendwo das Gebot des Sollens, welches lediglich dem Menschen gebietet, indem es ihm dabei für seine freie Entscheidung einen gewissen Spielraum beläßt.

— 6 —

Auf den Kosmos im ganzen gesehen, ist es selbstverständlich eine naheliegende Frage, ob die menschliche Sollensordnung nicht etwa bloßer Teilbereich einer allumfassenden Gesamtordnung sei. Die Vermutung spricht hierfür in der Tat. Auf dem Boden der damaligen Naturforschung ging als erster Hans Driesch 1911 in seiner »Ordnungslehre« dieser fesselnden Frage nach. Sein leitender Gesichtspunkt dabei war, in Logik, Ethik und Ästhetik des Menschen Ausdrücke kosmischer Ordnungsprinzipien zu sehen. Seine gründliche Untersuchung führte indes nicht zu einem Ergebnis, das heutige Erwartungen noch befriedigen könnte. Immerhin wäre es durchaus verfehlt, ausgerechnet Hans Driesch als Kronzeugen einer deterministischen Ethik oder Naturrechtslehre aufzurufen. Denn trotz der seinem Werk für das Urteil der Gegenwart anhaftenden Schwächen erkannte er nämlich das Kernproblem des situativen Elements in der Ethik genau, obwohl er sich leider nur im Vorübergehen zu ihm äußerte[49]. Die nähere Beschäftigung mit seinen Grundgedanken lohnt durchaus, kam er — schon aus gründlicher Fachkenntnis der Biologie — doch zu einem, wenn man es so nennen will, kosmisch-soziologisch höchst fesselnden Ergebnis: Er faßte es in die Worte, man habe als Grundlage der menschlichen Sittlichkeitsregung, des »höchstpersönlichen Pflichtgefühls«, eine »überpersönliche Ganzheit« anzunehmen, d. h. etwas »Höheres«, das nicht hindeute »auf ein Reich des Neben-, sondern auf ein Reich des Über- und Untergeordneten, in welchem sein jeweiliger Träger d i e s e bestimmte eine Stelle hat«[50].

---

[49]) Ich zitiere hier nur aus der Auflage letzter Hand ([1923], 422 ff., hauptsächlich 426). Driesch hat also das Problem auch im Hinblick auf die Mitwirkung der Geisteswissenschaften zum mindesten erkannt, wenn auch leider nicht einmal andeutend behandelt. Der gleiche Fall liegt heute etwa bei Popper ganz anders. Popper spricht ([1969], 31, 52—54, 387—391 und passim) von »Randbedingungen«. Mit dieser seiner begrifflichen Neubildung will er aber durchaus nicht den Boden der allgemeinen, quantifizierenden Naturgesetzlichkeit verlassen. Vielmehr möchte er auf diese Weise eben doch nur eine unverfälscht reine, d. h. kausale Erklärung für bestimmte Vorgänge im Menschenleben finden, also deren einmalige Besonderheit lediglich »nahwirkungsgesetzlich« erkennen. Demnach geht Popper auf die Fragestellung der Geisteswissenschaft, die sich ihm im Zusammenhang mit der Untersuchung des Wesens seiner »Randbedingungen« doch hätte aufdrängen müssen, überhaupt nicht ein. Sein Schüler Albert, der die Problematik zwar sieht, spricht ihr aber die Erörterungswürdigkeit ab (»Hermeneutik«, 42—77). Vgl. auch Seiffert, Band I ([1969], 150—152).

[50]) Driesch a.a.O. 430 und 428. Zeit seines Lebens war D. Demokrat, Kosmopolit und Pazifist, wie schon sein Schicksal nach 1933, aber auch seine Autobiographie (1951) erweisen.

Drieschs erhabene Gedanken drängen nun aber sogar dem zoologischen Laien alsbald die Vorstellung von der Hackordnung auf dem Hühnerhof auf oder die Erinnerung an den Leitaffen, dem die Herde fügsam folgt. Unter Tieren ist die von uns heutigen Abendländern geschätzte Demokratie unbekannt. Dennoch möchten gewisse Verfechter eines biologischen Naturrechts sie uns offenbar anempfehlen, auch wenn sie auf die Vorbildlichkeit alles Animalischen für unser Gesellschaftsleben mit Nachdruck hinweisen.

Doch warnte gerade vor kurzem Wolfgang Wickler, ein Mitbegründer der Humanethologie, vor dem schweren Fehler, unkritisch tierischem Verhalten in jedem Fall Leitbilder oder gar naturrechtliche Anweisungen für das menschliche Dasein entnehmen zu wollen. Freilich beschränkte er sich wesentlich dabei auf das Geschlechtliche[51], was aber seinen Hinweis zur Vorsicht und Gründlichkeit bei allen Vergleichen zwischen Tier und Mensch nicht abschwächen sollte.

Von dieser Warte aus bedarf es keiner näheren Begründung, wie gewagt René Marcics Behauptung ist: »Die Urnorm lautet: Du sollst über Deinen Nächsten nicht herrschen!« und »Die Rechtsordnung ist von Naturrechts wegen eine demokratische Ordnung«[52]. Der hier vorliegende Irrtum, dem Marcic bis in die letzte Zeit vor seinem Tode noch verfallen war, wird in seinem vollen Ausmaß erst sichtbar, wenn man bedenkt, daß ihm die Vorstellung eines kosmischen Seinsrechts zugrundeliegt. Freilich ist Marcic, dem Zeit seines Lebens leidenschaftlichen Vorkämpfer eines christlichen Naturrechts, dabei zugute zu halten, daß er nie einem quantifizierenden biologischen Naturrecht das Wort redete.

Die angebliche Urnorm des Demokratischen wird schon fragwürdig, wenn man sie nicht auf ihre biologischen Wurzeln, sondern auf ihre soziologische Wirklichkeit hin unter die Lupe nimmt. Untersuchungen nämlich, die der Soziologe Robert Michels über das Parteiwesen in der modernen Demokratie anstellte, geben eher Driesch Recht als Marcic, schließt doch Michels seine Arbeit mit den höchst denkwürdigen Worten[53]:

---

51) Wickler bei Henrich ([1970], 51—71 und 93—101).

52) Marcic ([1969], 216) und ([1971], 197 f., 236). — Marcic steht hier nicht allein. In seiner Staatslehre »auf naturgeschichtlicher Grundlage« vertritt der Psychologe und Psychotherapeut Kinsky ([1969], 188) die Auffassung, die Macht der Parteiapparate (vgl. dazu Note 53) müsse gebrochen werden. Denn: »... Im naturgesetzlich (!) aufgebauten Staate muß unverfälschte Demokratie sein ...«. K. hätte den Untertitel seines Werkes richtiger nennen sollen: »Eine Staatslehre auf naturgeschichtlicher Grundlage, wie ich sie mir vorstelle«.

53) Michels ([1970], 377 f.). — M. war überzeugter Demokrat und Sozialist! — Die Lektüre des mit soziologischer Könnerschaft geschriebenen Werks des Althistorikers Berve über die Tyrannis bei den Griechen (1967) bringt mich auf den Gedanken, ob dieses Komplementärgebilde der griechischen Polis, mit den Augen Michels' unter die Lupe genommen, nicht vielleicht eine Stütze für dessen nur am modernen Parteiapparat gewonnene Ergebnisse zu liefern vermöchte. Doch nur Berve selbst oder so Kundige wie er könnten urteilen, ob das spärliche Quellenmaterial derartige Schlüsse ermöglichen würde.

»Die demokratischen Strömungen in der Geschichte gleichen ... dem steten Schlage der Wellen. Immer brechen sie an der Brandung. Aber auch immer wieder werden sie erneut. Das Schauspiel, das sie bieten, enthält zugleich Elemente der Ermutigung und der Verzweiflung. Sobald die Demokratie ein gewisses Stadium ihrer Entwicklung erreicht hat, setzt ein Entartungsprozeß ein, sie nimmt damit aristokratischen Geist, bisweilen auch aristokratische Formen an und wird dem ähnlich, gegen das sie einst zu Feld zog. Dann entstehen ihr aus ihrem eigenen Schoß neue Ankläger, die sie der Oligarchie zeihen. Aber nach einer Periode glorreicher Kämpfe und einer Periode ruhmloser Teilnahme an der Herrschaft gehen auch sie zu guter Letzt in der alten dominierenden Klasse auf. Jedoch gegen sie erheben sich nun namens der Demokratie wieder neue Freiheitskämpfer. Und dieses grausamen Spieles zwischen dem unheilbaren Idealismus der Jungen und der unheilbaren Herrschsucht der Alten ist kein Ende. Stets neue Wellen tosen gegen die stets gleiche Brandung. Das ist die tiefinnerste Signatur der Parteigeschichte.«

Weder aus biologischen noch aus soziologischen Gesetzlichkeiten kann der Drang zur demokratischen Gesellungsform abgeleitet werden. Er läßt sich nur entwicklungspsychologisch erklären. Der Mensch muß durch kritisch diskursives Denken seinen Eigenwert als Persönlichkeit entdeckt haben. Die Erringung der demokratischen Lebensform ist also erst recht verständlich, wenn man dabei die Vorstellung vom Stufenbau der Welt vor Augen hat. Der Geist ist in der Tat imstande, sich innerlich und äußerlich über das rein Animalische zu erheben. Die Zwitterhaftigkeit des menschlichen Geistwesens jedoch bringt den Höhenflug immer wieder in Gefahren. Das beweist Michels' Untersuchung leider schlagend. Die Loslösung des abendländischen Individualisten von seinem biologischen Unterbau stößt auf Grenzen, welche offensichtlich nicht niedergerissen werden können. So bleibt der Mensch in seiner Sehnsucht nach demokratischer Selbstbestimmung daher stets bedroht vom Rückfall in den »alten Adam«, der ohne die Last und Mühe eigener Verantwortung seinem bewährten »Leitaffen« nur allzu gern nachläuft.

Nach allem stellt sich die demokratische Lebensform in der Sicht der Entwicklungspsychologie dar als der Wurf nach einer höheren Stufe, Mensch unter Menschen zu sein. Es handelt sich um den Versuch, die animalische Natur im Bereich des Soziologischen zu überhöhen im Sinne Hartmanns und Rothackers. Ist das aber der Fall, so leuchtet ein, daß die Verwirklichung der Demokratie immer steht und fällt mit der Persönlichkeitskultur der Demokraten.

Da unter Tieren das Prinzip der Führung und Gefolgschaft herrscht, mag dafür auch die Bezeichnung »Aristokratie« vielleicht nicht angebracht sein. Denn es könnte leicht der falsche Eindruck aufkommen, dieser Terminus verweise ausschließlich auf die Kategorie des Biologischen.

Jedenfalls wäre es irreführend, das Sozialleben unter Tieren ohne Prüfung des besonderen Falles allgemein als Vorbild idealen Verhaltens der Menschheit zu empfehlen[54].

---

54) Vgl. den oben angeführten Ausspruch von Troeltsch (S. 125). — Bei Anwendung des auf den Menschen beschränkten Aristokratiebegriffs ist die Vielschichtigkeit des Wortes zu beachten. Nur nach den schwankenden, geschicht-

Immer wieder ist es unsere mit den Tieren gleichgestimmte animalische Grundverfassung, welche demokratischen Aufschwüngen unseres freiheitsdurstigen Geistes entgegenwirkt. Die biologische Unterschicht des menschlichen Geistes nämlich nährt lediglich Gesellungsformen, die neben Macht- und Geltungsdrang als Komplementärgebilde den Herdentrieb aufkommen lassen[55]. Nur der Geist, sofern er unbehindert regiert, hat Einsicht und Autorität, die Herrschaftsgelüste der Tiefe zu bändigen[56]. Machen sie ihm die Regierung jedoch mit Erfolg streitig, ist es um seine demokratische Ordnung geschehen, und man kann nur noch resignierend sagen: Hier wird Demokratie zum Plural der Diktatur!

Ähnlich steht es um die angeblich angeborene Friedfertigkeit des Menschen. Auch sie gedeiht doch nur als reife Frucht geläuterter Lebensanschauung in der kategorial höchsten Seinsschicht, an die Goethe bei seinen Worten dachte: »Von der Gewalt, die alle Wesen bindet, befreit der Mensch sich, der sich überwindet[57].« Christliche Friedensliebe, die in Überwindung fremdenfeindlicher Binnenmoral, also nicht allein aus bloßer animalischer Angst, den Krieg verabscheut, sondern zugleich ebenso aus tiefstem Herzen und klarer Einsicht, christliche Friedensliebe reift nicht in unserer biologischen Schicht, mag man dabei zu Konrad Lorenz und seiner Aggressionslehre stehen, wie mal will[58].

---

lichen Wertmaßstäben bemißt sich nämlich, wer jeweils als der »Beste« angesehen wird. Der Terminus verliert beim Übergang von der übrigen organischen Schöpfung auf den Menschen mithin das Biologische und wechselt hinüber zum Soziologischen und sogar zum ausgesprochen Historisierenden. Unter Menschen sind sonach dem Herrschaftswechsel in viel stärkerem Maße als unter manchen Tieren Tür und Tor geöffnet. Für Individualisten ist im Vergleich zu autoritären Herrschaftsgebilden die demokratische Lebensform trotz auch ihrer Schwächen — wo unter Menschen überhaupt wären Idealzustände denkbar? — sicherlich das geringere Übel. Darin ist Hennis (1970) voll zuzustimmen wie auch sonst.

Übrigens wurde mir Ardrey (1971) erst bekannt nach der Niederschrift meines Textes an dieser Stelle.

55) Der atavistische Herdentrieb des Menschen war vortrefflich auch im letzten Krieg in Lagen zu beobachten, die die rationale Bewußtseinssteuerung lähmten. Vgl. die eindrucksvolle Novelle »Taifun« von Joseph Conrad.

56) Hiermit möchte ich jedoch weder die Herrschaftsgelüste der Tiefe noch unser Triebleben überhaupt, deren unsere Gesunderhaltung dringend bedarf, irgendwie herabsetzen. Hierzu ist das methodisch vorsichtige, ganz im Einklang mit Konrad Lorenz geschriebene Buch des englischen Psychotherapeuten Storr (1970) zu empfehlen. — Der ungarische Psychoanalytiker Szondi (1969) hingegen dürfte mit der Entdeckung des »Kain-Radikals« die Grenzen der Wissenschaft durch abstrakte Verallgemeinerung seiner klinischen Beobachtungen überschritten haben.

57) »Die Geheimnisse«, Strophe 24.

58) Wer hier nur Umweltursachen sieht, also jede Anlagebedingtheit abstreitet, könnte ebenso sagen, »die Sexualität des Menschen könne keinen spezifischen und spontanen Antrieb haben, weil sie nachweislich durch bestimmte, vom anderen Geschlecht ausgehende Reize ausgelöst werde« (Lorenz bei Hacker ([1971], 12). Ardrey meint daher richtig ([1971], 194): »Den Pavian wird man niemals davon überzeugen, daß Aggression ein Produkt der Frustration ist.« Vgl. Eibl-Eibesfeldt ([1972a], 90 ff.).

Nach allem kann es deswegen nicht überzeugen, wenn Loschke schon aus der Lebensgesetzlichkeit des Organischen nutzbringende Folgerungen für die Idee des Weltfriedens ziehen möchte, und das ausgerechnet in der Erwägung, daß »gewaltbürtige« Imperien, wie Assur, das Alexanderreich, Rom, Spanien und England wegen »naturrechtswidrigen« Verhaltens von vornherein zum Scheitern verurteilt gewesen seien[59]. Loschke verallgemeinert hier eine spezialwissenschaftliche Methode unzulässig. Der biologisch-organologische Gesetzesbegriff ist nämlich weder übertragbar auf das Dasein der Staaten noch einzelner Menschen. Was Loschke an dieser Stelle unter Verletzung einer Naturrechtsnorm versteht, ist allenfalls bloße Folge der Nichtachtung geschichtlicher Erfahrungssätze, aus denen leitende Staatsmänner die Lehre hätten ziehen sollen, die Existenz der ihnen anvertrauten Völker nicht leichtfertig aufs Spiel zu setzen. Ob bei Zusammenbrüchen großer Reiche aber nicht vielleicht noch Ursachen ganz anderer Art mitsprechen, bleibt eine Frage für sich. Dennoch lenkt Loschke die Aufmerksamkeit immerhin auf etwas Wichtiges. Es schlägt allemal zum Schaden des Menschen aus, wenn er, unbekümmert um die Gesetzlichkeiten seiner biologischen Nährschicht, glaubt, sein Leben führen zu können. Insbesondere Maßlosigkeit ist stets vom Übel, mag sie auch niemals gegen eine »biologische Naturrechtsordnung« verstoßen. Lebensklug handelt mithin auch hier, wer das allgemeine kosmische Gesetz des Gleichgewichts beachtet, also haushält mit den Vitalkräften von Körper und Geist, aber auch seiner Umwelt, in die eingebettet er lebt.

Unbefangene Betrachtung des Biologischen, die sich freihält von jedwedem religiösen Glauben, muß vermutungsweise zu dem wissenschaftlich haltbaren Ergebnis führen, daß der Mensch seiner besonderen Anlage nach zwar dazu bestimmt ist, das Animalische in sich in Zaum und Zügel zu halten, nicht jedoch, es etwa völlig verkümmern zu lassen[60]. Bekanntlich führen hartnäckige Unternehmen, das Vitale über jedes Maß zu dämpfen oder es gar

---

Hannah Arendts Auffassung, die Humanethologie entbehre des Wissenschaftscharakters ([1970], 62) ist darum ebenso irrig, wie die seltsame Annahme des medizinisch voll ausgebildeten Psychologen Rattner ([1970], 80 und 135), der Mensch sei »instinktentbunden« und sein Aggressionstrieb nur »ein Kunstprodukt gewalttätiger Gesellschaftsstrukturen«, welche z. B. die Frau in patriarchialischer Männerkultur unterdrückten. Rattner kann man nur mit dem Biologen Mohr erwidern ([1970], 40): »Eine Anthropologie ohne Biologie ist keine Wissenschaft.« Ist das aber der Fall, so ist doch schon anlagemäßig die Verschiedenheit der Geschlechter unverkennbar.

»Man betont häufig«, so sagt Georg Simmel ([1919], 257), »die ‚Rechtsfremdheit' der Frauen, ihre Opposition gegen juristische Normen und Urteile. Allein dies braucht keineswegs eine Fremdheit gegen das Recht überhaupt zu bedeuten, sondern nur gegen das m ä n n l i c h e Recht, das wir allein haben und das uns deshalb als das Recht schlechthin erscheint — wie uns die historisch bestimmte, durch Zeit und Ort individualisierte Moral, die wir haben, den Begriff der Moral überhaupt zu erfüllen scheint. Das vielfach vom männlichen abweichende ‚Gerechtigkeitsgefühl' der Frauen würde auch ein anderes Recht schaffen.«

59) Loschke ([1970], 25. Ähnlich irrt Naucke mit seinem »naturrechtlichen Rekurs« beim Umweltschutz ([1972], 65).

gänzlich abzutöten, häufig zu Störungen und krankhaften Verirrungen, bis eines Tages schließlich die schöpferischen Seelenkräfte überhaupt verdorren. Wer die seinem Geist an Stärke kategorial überlegenen Gesetze seiner Animalität mißachtet und versucht, sie zu unterdrücken, vernichtet am Ende sich selbst. Er handelt indessen keineswegs minder unverantwortlich und töricht, wenn er — in entgegengesetzter Hinsicht gleichermaßen zuchtlos — seinen vitalen Trieben nachgibt. Denn dann verwandeln sich oft über Nacht hilfreiche Diener seines Geistes plötzlich in verderbenbringende Dämonen. Die Tragik des spielraumfreien Menschen liegt also nicht ausschließlich in seiner Kurzsichtigkeit und Verblendung, sondern nicht weniger in seiner Charakterschwäche, andrängenden Triebregungen noch in ihren Anfängen, solange erfolgreicher Widerstand vielleicht möglich wäre, Einhalt zu gebieten[61].

Selbst Berufene überblicken heute zuweilen diesen vielschichtigen Sachverhalt nicht bis in seine Tiefen. Darum kann man es nur begrüßen, wenn Naturforscher ihn uns aufhellen.

---

[60]) Diese Auffassung läßt sich m. E. vertreten, ohne den berechtigten Vorwurf herauszufordern, insgeheim wirkten hier »theologische Residuen« nach. Es verdient besondere Beachtung, daß gerade in dieser Hinsicht heute ein erklärter Atheist und reiner Kommunist zum gleichen Ergebnis kommt, nämlich der bedeutende tschechische Philosoph Milan Machovec ([1970], 249—266) u. ([1971], 167—187).

[61]) Hierzu sagt der Biologe v. Bertalanffy ([1970], 79), der nicht verdächtigt werden könnte, jemals einem nationalsozialistischen Biologismus verfallen gewesen zu sein: »Es ist ein Grundsatz christlicher Ethik, selbst das geringste menschliche Wesen als Bruder anzuerkennen; doch bis zu welchem Grade ist die moderne Fürsorge für Zurückgebliebene, Geistesschwache und Kriminelle nützlich und moralisch, wenn wir, so sicher wie eine andere wissenschaftliche Tatsache, wissen, daß das Ergebnis Deteriorisation der menschlichen Erbmasse sein wird, Züchtung künftiger Generationen von Schwachsinnigen und Verbrechern? Wer kann sagen, wie der Maßstab des biologischen Überlebens und des Fortschritts der Art angewendet werden soll? Der amerikanische Glaube an Fortschritt, Wasserspülung und demokratische Gleichheit verschleiert ein grausames Problem.«

Wenn ein so namhafter Naturrechtsanhänger wie Verdross heute schon einräumt ([1971], 10), »daß verschiedene Naturrechtslehren ideologische Elemente aufweisen«, andererseits aber glauben machen möchte, hinter jenen Ideologien verberge sich »ein vorideologischer Kernbefund ..., der rational ermittelt werden kann«, dann sollte doch der bedrohliche von Bertalanffy warnend herausgestellte Sachverhalt Verfechtern des traditionellen Naturrechts den Anstoß bieten, »rational zu ermitteln«, ob sich hier denn wirklich zwischen ihren Naturrechtsauffassungen und einem »vorideologischen Kernbefund« der modernen Biologie Übereinstimmung erzielen ließe. — Vgl. unten auch die Fußnoten 107 und 108.

Gleichermaßen in diesen Zusammenhang gehört die gegenteilige Erwägung anderer Naturforscher, die sich gegenwärtig mit Selbstvorwürfen überschütten, weil sie meinen, sie hätten mit dem totalen Sieg gerade ihrer eigenen »exakten Methodik« den »vollständigen Zusammenbruch der Ethik« in nicht wiedergutzumachender Weise eingeleitet. Das lassen deutlich zahlreiche Selbstzeugnisse namentlich führender Physiker erkennen. Vgl. F. Wagner ([1970], 176 und Anmerkungen 177—240).

— 7 —

Zwei unlöslich ineinandergreifende Vorgänge machen schon seit vorgeschichtlichen Tagen das Wesen des Menschen aus und bestimmen seine geschöpfliche Sonderstellung: einmal die Abhängigkeit aller seiner Kulturregungen von nur quantifizierenden Gesetzen seiner nährenden Vitalschichten, zum anderen die Rückstrahlung seines jenem Unterbau lediglich aufruhenden Geistes (N. Hartmann) auf die Nährschicht, wobei jedoch dieser Geist sämtlichen quantifizierenden Verfahrensweisen ins Unfaßbare entweicht. Seine von Ort zu Ort und von Stunde zu Stunde wandlungsfähige, wandlungsreich schillernde Geschichtlichkeit nämlich öffnet sich nur geisteswissenschaftlich individualisierenden Methoden[62].

Eben diese rätselhafte Wechselwirkung nun zeigt auch die besondere Problematik von Sittlichkeit und Recht an. Ist das jedoch der Fall, so liegt es auf der Hand, weshalb selbst die exakte Anwendung von Mathematik, Statistik und Kybernetik ebensowenig das Geheimnis des individuellen Geistes und damit die Einzigartigkeit des einzelnen Rechtsfalls aufdecken könnte, wie die peinlich genaue Ergründung aller basalen biologischen und soziologischen Bestimmungsfaktoren menschlicher Existenz und ihrer rechtserheblichen Äußerungsweisen. Auch wenn man demgegenüber mit dem Soziologen Rüdiger Lautmann vom »Mischcharakter (der) wissenschaftstheoretischen Basis« des Rechts auszugehen bereit wäre, ließe sich die Jurisprudenz dennoch niemals also bloße Sozialwissenschaft, wie er es glauben machen möchte, leichthin verstehen[63].

Das alles soll nun aber natürlich nicht heißen, die eigenschöpferische Kulturleistung des Menschen in Gesellung, Moral, Sittlichkeit und Recht sei entstanden ohne vergleichbare Gestaltungen in der außermenschlich tierischen Natur, also gleichsam als Urschöpfung ohne Vorläufer in der übrigen animalischen Welt. Im Gegenteil! Auch diese menschlichen Kulturgebilde stehen nicht auf einem Isolierschemel der Schöpfung. Sie haben vielmehr bei Tieren manchenorts feinausgebildete Vorformen von verblüffender Menschenähnlichkeit[64]. Wie der Mensch der Frühe freilich dazu gekommen ist, jene tierischen Vorformen auf seine Weise mannigfaltig und abwechslungsreich zu überformen und zu überhöhen, bildet eines der größten Rätsel, an denen

---

[62]) Daß die geisteswissenschaftliche Methodik nicht irrational vorgeht, weist der Historiker Faber ([1971], 140 ff.) nach.

[63]) Lautmann ([1971], 40 und 28). — In dieser Frage stehe ich in Übereinstimmung mit dem dänischen Juristen Stig Jørgensen ([1971], 24). — »Sollen vom Sein abzuleiten, läuft«, wie Noll ([1969], 128) betont, »darauf hinaus, ... den Menschen biologisch herunterzustufen.«

[64]) Dieses Thema wurde schon vom älteren Naturrecht oft behandelt. Kürzlich lenkte aber auch der Soziologe Freyer ([1965], 48) die Aufmerksamkeit auf »die großartigen Bauten, ... Wolkenkratzer und ganze Großstädte« der staatenbildenden Insekten.
Der Zoologe Kleemann ([1966], 77) weiß zu berichten: »Es gibt auch schon ausgedehnte Freilandbeobachtungen an Savannen-Pavianen. Diese Affen leben in einem festgefügten Sozialverband, der geradezu eine militärische Marsch-

unser Dasein so unendlich reich ist. Wir brauchen es nicht zu lösen, sondern haben uns allein auf die für die Ethik entscheidende Frage zu beschränken: »Können (wir) zusammenfassend feststellen, daß es durchaus angeborene Normen für unser ethisches Verhalten gibt[65]?«

Ein auch geisteswissenschaftlich umfassend gebildeter, bedeutender Biologe von klassisch humanistischer Grundhaltung antwortet:

> »Die sogenannten ‚höchsten ethischen Werte' — die Liebe der Mutter zu ihrem Kind und des Mannes für seine Gattin, die Bereitschaft, sein eigenes Leben für die Sicherheit der Familie oder der Sippe zu opfern, und der Impuls, für die Schwachen, die Leidenden und Hilflosen zu sorgen ... sind nicht mehr oder weniger als die Werte einer Herden-Art, die dem Verhalten vieler Vogelarten, Haustiere und Wölfe entsprechen, ja durch sie übertroffen werden. Hier stoßen wir wieder auf den zoomorphen Irrtum. Wie die moderne Verhaltensforschung in oft überraschenden Einzelheiten herausgearbeitet hat, hat der Mensch wenig Grund, sich seiner ethischen Prinzipien zu rühmen; sie sind nur die Verbalisierung von Instinkten sozialer Tiere[66].«

Diese Worte stammen immerhin von Ludwig v. Bertalanffy. Ein wenig zurückhaltender meint der deutsche Verhaltensforscher Irenäus Eibl-Eibesfeld: »Wir müssen nicht alle ethischen Normen kulturell ableiten[67].«

Schon mit Rücksicht auf den Max Weber zu dankenden Gesichtspunkt der Binnenmoral und deren Überwindung im höheren Kulturmenschen[68] erscheint es indessen bedenklich, solchen Auffassungen heutiger Biologen kritiklos beizupflichten. Denn hier wird doch wiederum die jeder ethischen Entscheidung im Leben des Menschen beigemischte geschichtliche Komponente stillschweigend unberücksichtigt gelassen. Wissenschaftstheoretisch sehr viel empfehlenswerter ist daher die ungleich besser vertretbare Ansicht eines

---

ordnung des Trupps erlaubt. Einer Vorhut von kräftigen Männern folgen zuerst die kinderlosen Weibchen und die jungen Männer, dann ein Kreis von starken Männern samt dem Pascha, die alle zusammen die besonders langsame und gefährdete Gruppe der Mütter mit den Jungen umschließen. Zuletzt kommt wieder eine Nachhut aus mittelkräftigen Männern.«

Die ontologisch größere Ranghöhe des Menschen zeigt sich hier lediglich in der Besonderheit, daß er nicht einer Instinktgebundenheit gemäß verfährt, sondern sich den geschichtlich besonderen Umständen anzupassen weiß. Das beweist z. B. ein in »Fliegermarschtiefe« vorrückender Truppenverband. — Die Zoologin Jane van Lawick-Goodall konnte bei wilden Schimpansen ([1971], 30) in einem Einzelfall sogar beobachten, wie ein großes Männchen »mit beinahe herrschaftlicher Geste« die ihm zum Gruß entgegengestreckte Hand eines Weibchens an seine Lippen zog und küßte.

Bei alledem wäre es, wie der Zoologe Koehler hervorhebt, natürlich verkehrt, Vergleiche zwischen dem Menschen und dem Tier schlechthin zu ziehen. Auf die Frage, was das Besondere des Menschen ausmache, sollte man mit K. ([1968], 137) darum nie die Vorfrage vergessen, mit welchem Tier man ihn vergleichen möchte, etwa mit einer Amöbe, einem Pottwal oder einem Schimpansen.

65) Eibl-Eibesfeldt ([1970], 122).

66) v. Bertalanffy ([1970], 80).

67) Eibl-Eibesfeldt ([1970], 272), ders. ([1972], 48—56).

68) Max Weber ([1920], Band I., 542 ff.).

anderen biologischen Fachmanns, des Humanethologen Wolfgang Wickler, der zu dem einleuchtenderen Schluß kommt,

> »daß man aus der vorgefundenen Natur, ganz egal ob damit die außermenschliche Schöpfung allein gemeint oder der Mensch mit einbezogen sein soll, keine verbindlichen Normen für sein Handeln bekommen kann. Wohl aber wird man geradezu großartige Möglichkeiten entdecken, wie man dem Schöpfungsauftrag gerecht werden kann. Wer dem Menschen das Ausnutzen solcher Möglichkeiten aus Furcht vor Willkür oder mit dem Argument verbietet, sie seien in der außermenschlichen Schöpfung ja auch nicht ausgenutzt, bezeugt eine merkwürdige Auslegung der menschlichen Freiheit[69].«

Ausdrücklich lehnt Wickler es daher auch ab, »dieses dahinterstehende Etwas, auf das möglicherweise die ganzen ethischen Grundnormen zurückgehen, naturwissenschaftlich (zu) fassen«[70].

Damit ergibt sich aus der Sicht der heutigen Biologie unversehens für die Naturrechtsproblematik eine bedeutende Erkenntnis: die bis in die Gegenwart stark nachwirkende, wenn nicht gar vorherrschende statische Physisvorstellung der griechischen Sophisten ist unhaltbar geworden! Heute nämlich stellt sich nicht allein der biologische Naturbegriff, sondern auch das sogenannte Wesen des Menschen als etwas durchaus Wandlungsfähiges, Unbestimmtes dar. Mit unverkennbarer Vorsicht unterscheidet deshalb Wickler auch zwischen »der außermenschlichen Schöpfung« und »dem Menschen«. Nicht einmal andeutend sagt er, ob und wann nach seiner Erwartung der für moderne Biologen schillernde Begriff »die Natur des Menschen« jemals wieder feste Gestalt annehmen könnte[71].

In dieser Haltung eines führenden Humanethologen bekundet sich die wissenschaftliche Lage unserer Übergangszeit. Als Teil des umfassenden Gesamtbegriffs »Naturrecht« ist der biologische Begriff »Natur« aus der altgewohnten Statik in unausweichliche Dynamik übergewechselt. Bekanntlich klammerte sich seit der altgriechischen Morgenröte des Naturrechtsdenkens abendländische Sehnsucht nach einem überpositiven Idealrecht an die vermeintlich unveränderliche Natur des Menschen[72]. Diese Annahme aber

---

69) Wickler ([1970], 70 f.).

70) Wickler ([1970], 101).

71) Ähnlich unterscheidet heute die katholische Moraltheologie zwischen »intensiver« und »extensiver« Natur, d. h. zwischen dem menschlichen Wesen als solchem und der außermenschlichen Schöpfung (vgl. Böckle bei Henrich [1970], 77 ff.).

72) Wie sehr allerdings schon in der Vergangenheit der Begriff eines statischen Naturrechts irreführte, zeigen allein für das aufklärerische Vernunftrecht in Frankreich die Arbeiten von Groethuysen ([1971], 118 ff.) und Schabert (1969). Das griechische Verbum »phyein«, von dem sich das Hauptwort »Physis« herleitet, weist ursprünglich auf die Wachstumsgesetzlichkeit im Pflanzenreich, auf die ständige, gleichförmige Wiederholung des Keimens, Hervorsprießens und Entfaltens der Pflanze nach dem für allezeit unabänderlich festen Gestaltungsplan. Von einer Selbstentfaltung des Seins auszugehen, entsprach griechischer Denkweise. Mithin war der Physisbegriff statisch. In früher Zeit griff er dann schon über auf die Tier- und Menschenwelt. Nunmehr drückte er mit dieser Sinnerweiterung auch die Unveränderlichkeit der Entwicklungsgesetze

hat sich vor der heutigen naturwissenschaftlichen Anthropologie als irreführende Selbsttäuschung erwiesen. Mag denn auch immerhin eine wesentliche Illusion allen Naturrechtsdenkens zerstört sein, so sind wir damit in der rechten Selbstbeurteilung allenfalls im ersten Begriff, uns künftig an den richtigen Erkenntnisweg heranzuarbeiten. Naturwissenschaft, Technik und Industriegesellschaft nämlich drängen den heutigen Menschen unwiderstehlich in einen Prozeß, dessen Auswirkungen weder soziologisch, psychologisch noch sogar biologisch auch nur annähernd abgeschätzt werden können. Daß sich aus dieser wahrhaft grundstürzenden Entwicklung wesentliche Probleme für Ethik und Recht ergeben, liegt auf der Hand. Der 1969 verstorbene

---

von Leib und Seele aus. So wurde er zur Bezeichnung des »Wesens«. Es ist daher nur folgerichtig, daß im 5.ten Jahrhundert v. Chr. die Sophisten diesen statischen Physisbegriff in scharfen Gegensatz zum Nomosbegriff rückten, d. h. zum ständig wechselnden menschlichen Gesetz. Das Hauptwort »Nomos«, abgeleitet vom Verbum »nemein« = »zuteilen«, meint ursprünglich die Ordnung, welche der Mensch selbst auf seinen Weiden und Feldern einsetzt. Vgl. Patzer (1945) und Heinimann (1965).

Wer sich nach entwicklungsgeschichtlicher (diachronischer) Sprachuntersuchung der beiden Wortteile »Natur« und »Recht« zurückwendet zur synchronischen Betrachtung unseres gegenwärtigen Sprachgebrauchs des Wortes »Naturrecht«, dem wird auch von sprachwissenschaftlicher Seite her bald klar, wie stark wir bei dem Gebrauch des Terminus »Naturrecht« Vorstellungen konservieren, welche unserem heutigen Weltbild nicht mehr angemessen sind. Sie decken die gegenwärtige Erkenntnis unserer Wissenschaft nicht im geringsten.

Ein Altphilologe, Herr Studienrat Dieter Gaul, der mich hierzu näher belehrte, wies u. a. freundlicherweise auch noch auf ein sprachsoziologisches Moment hin: Als Bauern sahen die alten Griechen im Walten der Natur das ewig Beständige. Der unwandelbare Physisbegriff entsprach mithin nur ihrer bäuerlichen Erlebnisweise. Ist das aber der Fall, — und darin stimme ich Herrn Gaul zu —, so erlaubt uns die semantische Würdigung des Naturrechtsbegriffs überhaupt nur solange von einem der »Natur« gemäßen Recht zu reden, als wir nach dem Stande unserer Erkenntnis dazu berechtigt wären, die Natur als etwas Statisches anzusehen. Wer trotz des bereits von Mauthner ([1906], 90) durchschauten »Schlangenbetrugs der Sprache« aber immer noch am Terminus »Naturrecht« festhalten möchte, dem sollten doch vielleicht nachstehende Erwägungen von Leibniz zu denken geben: »Es ist aber bei dem Gebrauch der Sprache auch dieses sonderlich zu betrachten, daß die Worte nicht nur der Gedanken, sondern auch der Dinge Zeichen seyn, und daß wir Zeichen nötig haben, nicht nur unsere Meynung Andern anzudeuten, sondern auch unsern Gedanken selbst zu helfen. Denn gleichwie man in großen Handelsstädten, auch im Spiel und sonsten, nicht allezeit Geld zahlet, sondern sich an dessen Statt der Zeddel oder Marken bis zur letzten Abrechnung oder Zahlung bedienet; also thut auch der Verstand mit den Bildnissen der Dinge, zumahl wenn er viel zu denken hat, daß er nehmlich Zeichen dafür brauchet, damit er nicht nöthig habe, die Sache jedesmahl, so oft sie vorkommt, von neuem zu bedenken. Daher wenn er sie einmahl wohl gefasset, begnüget er sich hernach oft nicht nur in äußerlichen Reden, sondern auch in den Gedanken und innerlichem Selbstgespräch das Wort an die Stelle der Sache zu setzen« (zitiert bei Stenzel ([1969], 62).

Unsere moderne Sprachwissenschaft stimmt hier mit Leibniz voll überein, wenn sie einem »naiven Sprachrealismus« entgegentritt, wie er heute immer noch leider »in der Forschung ... eine beachtliche Rolle« spielt (Weisgerber [1971], 39).

Soziologe Hans Freyer hat uns zu diesem Fragenbereich gedankentiefe Abhandlungen und Fragmente hinterlassen, die in ihrer treffsicheren Vorahnung des Kommenden unsere Bewunderung verdienen[73]. Wie schnell wandeln sich doch heute Menschen und Dinge! Noch 1912 hielt sich der bekannte Psychologe Karl Marbe nach dem damaligen Stand der Wissenschaft für berechtigt, eine gleichförmige Beschaffenheit des menschlichen Geisteslebens anzunehmen und sie aus unserer Körperlichkeit abzuleiten. Er sprach die in den Ohren seiner Enkelgeneration seltsam klingenden Worte[74]:

> »Da die Erlebnisse sich als Funktionen gewisser körperlicher Dinge auffassen lassen, ... so würde mit der Erklärung der Gleichförmigkeit der körperlichen Natur auch eine solche der Geisteswelt gegeben sein.«

Die gegenwärtige Haltung der katholischen Moraltheologie zum Physisbegriff entspricht vollauf dem Stand des veränderten Weltbildes der Gegenwart. Wie im einzelnen Franz Böckle dazu ausführt, hält sie die statische Auffassung der Alten von der »intensiven« Natur des Menschen nicht mehr für verbindlich und überzeugend[75].

Aus der allgemeinen wissenschaftlichen Erkenntnis unserer Tage vom Wesen des Menschen zieht der Historiker Reinhard Wittram in einer geschichtsphilosophischen Studie die vornehmlich für Ethiker und Rechtsphilosophen wichtige Folgerung zugunsten der Grundansicht des Historismus. Dabei wirft er die in diesem Zusammenhang gerade für uns entscheidende Frage auf:

> » .. ob es denn wirklich so ist, wie Jacob Burckhardt behauptete und alle ihm nachsprachen; daß der Mensch derselbe ist, der er immer war und sein wird? Ist nicht dies der große Irrtum? Dann könnte ein anderes Leitbild geboten sein: der Mensch als Gattungswesen ein Werdendes und Fortschreitendes ...[76].«

Mit den Augen Wittrams gesehen, müssen Zweifel auftauchen, ob es, wenn die Menschengattung beständigem Wandel unterliegt, überhaupt noch vertretbar ist, — etwa mit Coing[77] — ewig gleichbleibende Grundstrukturen des Rechts anzunehmen, d. h. also Typen und Sozialgestalten, die, sofern sie wirklich unveränderlich wären, heute noch die gleichen sein müßten, wie in den Tagen Babylons oder Karls des Großen. Auf gewisse Bedenken gegen eine solche Annahme, die gegenwärtig vielfach Stütze für den Glauben an ein überpositives Recht ist, haben in ihren Rezensionen zu Coing bereits einige Juristen hingewiesen[78]. Zur Verbreiterung der Diskussionsgrundlage soll hier ergänzend — namentlich für Mathematiker und

---

73) Freyer (1961), (1965) und (1970).

74) Marbe ([1912], 84). Dagegen in der Grundauffassung mit mir übereinstimmend: Gerbert Meyer ([1970], 72).

75) Böckle bei Henrich ([1970], 77 ff.).

76) Wittram ([1969], 95).

77) Coing (1965).

78) Dreier (1967); Schiedermair ([1970], 257—274). Kritik an Coings noch nicht so verfeinerter Naturrechtsauffassung vom Jahre 1947 übt Weischedel ([1960], 230—265).

Naturwissenschaftler — nur noch auf Gesichtspunkte aufmerksam gemacht werden, die sich folgerichtig aus Erwägungen unserer Historiker ergeben.

Sprechen gegenwärtig Verfasser rechtssoziologischer Arbeiten von Typen und Strukturen, so drängt sich dem Leser zuweilen der Eindruck auf, ihnen müsse völlig entgangen sein, wie doch auch diese Sozialphänomene dem unerbittlichen Gesetz des geschichtlichen Wandels verfallen sind. Mit welcher Berechtigung ließe sich daher reden etwa von »dem« Ehemann und Vater, von »dem« Käufer oder von »dem« Verbrecher schlechthin? Wie ließe sich die Behauptung rechtfertigen, wie einst bei einem mittelalterlichen Fernhandelsgeschäft, so verlaufe heute die Abwicklung eines Überseekaufs? Lehrt nicht vielmehr vertiefte Geschichtsbetrachtung, daß sogar die Grundstrukturen des Rechts der gleichen Veränderung ausgesetzt sind, wie allgemein das geschichtliche Leben auch sonst? Dabei aber fällt nun ausschlaggebend ins Gewicht:

> »Die wissenschaftliche Problematik dieser Typusform liegt darin, daß es sich bei ihr um eine Bildung handelt, die überwiegend für einzelne geschichtliche Individualitäten und nicht für die Zurückführung individueller Erscheinungen auf ein allgemeines Prinzip anwendbar ist[79].«

Bereits oben im Hauptteil auf Seite 29 f. wurde betont, wie leicht gerade der Jurist es übersieht, daß sich hinter dem ihm verständlichen Vordersinn vergangener Rechtserscheinungen immer ein Hintersinn verbirgt, nämlich das ihm fremde Rechtsdenken der Toten,

> »das sich uns entzieht, sobald wir, vom faßlichen Gedanken bezaubert und zur Vertraulichkeit verleitet, nach den Menschen greifen und ihrer Seinsweise nachspüren, in der Gewißheit, daß hinter allen altertümlichen Gebärden, befremdlichen Reaktionen, rätselhaften Verhaltensweisen im Überlieferten sich der Mensch verbirgt. Er verbirgt sich darin. Dürfen wir sagen: wir verbergen uns darin[80]?«

---

79) Schieder ([1970], 185). Wittram stimmt ihm zu ([1968], 54—58). Auch Spranger sagt: »‚Der' Staatsmann verschiedener Geschichtsepochen ist jeweils ein Wesen von ganz verschiedener geistiger Lebensstruktur (in jenem Sinne von Geist als geformter Lebenstotalität). ... ‚Sein Staat' ist ein Geistesgebilde von jeweils eigener Struktur« (Ges. Schr. VIII [1970], 39 f.). Ähnlich äußerten sich schon die Soziologen Alfred Vierkandt und Hans Freyer (zitiert bei Engisch [1968], 259).

Wie stark der Geist einer Kultur auf deren Einzelträger historisierend einwirkt, ergeben zwei neue Forschungsberichte: 1. die Feldarbeit des deutschen Psychiaters G. Schüttler ([1971], 136), der in Indien Exil-Tibetaner vergeblich mit abendländischen Testmethoden untersuchte, 2. psychoanalytische Untersuchungen an den Agni, einem Urwaldvolk der Elfenbeinküste Westafrikas, durch Parin, Morgenthaler und Parin-Matthèy (1971). Vgl. dazu oben 61, Note 172.

80) Wittram ([1968], 74). Auch hier wieder stimmt Spranger mit ihm überein: »In jeder historischen Epoche ist der Mensch ein anderer. Er i s t anders, er d e n k t nicht nur anders. ... Es ist eine grundfalsche Voraussetzung, daß es jede Zeit mit denselben eindeutigen Realitäten zu tun gehabt habe« (Ges. Schr. VIII [1970], 37). Sogar der 1930 geborene Historiker Wolfgang J. Mommsen ([1971], 45) geht hierin mit Spanger und Wittram einig, wenngleich er alles Einfühlen, Verstehen oder gar Nacherleben, wie es sich der Historismus alter

Wer Rechts- oder Verfassungsgeschichte betreibt, kann nicht umhin, den fließenden Strom der unaufhörlichen Entwicklung in nach Zeiträumen gegliederte Abschnitte zu teilen. Er muß mithin Zuflucht bei einer Als-Ob-Vorstellung suchen. Dazu bemerkt der Historiker Percy Ernst Schramm — und er trifft den Nagel damit auf den Kopf —, man müsse »die Geschichte gleichsam zum Gefrieren (bringen), um sie rechtsgeschichtlich faßbar zu machen«[81]. Anders ausgedrückt: wir sind genötigt, uns der Ausdrucksschwäche und Unbeweglichkeit unsere Sprache anzubequemen, ob wir es wollen oder nicht.

Die Sprache hält mit den Veränderungen des Lebens nicht Schritt. Ein Gelehrter, der diesen Sachverhalt übersieht, läßt sich daher unmerklich von ihrem gleisnerischen Wesen verführen, die mit den festliegenden Wortbezeichnungen gemeinten Dinge und Vorgänge als ebenso unveränderlich anzusehen, während sie in Wirklichkeit doch ständigem Wandel ausgesetzt sind. Natürlich trifft diese Feststellung auch auf das Recht in allen seinen Disziplinen zu. Rechtsinstitute[82] wie Rechtsverhältnisse[83] sind vom Gesetz des geschichtlichen Wandels nicht ausgenommen. In diesem Sinne sind die Worte Widar Cesarini-Sforzas zu verstehen: »Wir können das lebende Recht mit einer schmelzenden Materie vergleichen, die an der Oberfläche erkaltet und verkrustet ist, aber darunter weiterkocht[84].«

Art zutraute, für eine »metawissenschaftliche Prämisse problematischen Charakters« erklärt.

Juristen vor allem dürfte interessieren, was der Historiker von Brandt zum Auffassungswandel im Urheber- und im Fremdenrecht seit Antike und Mittelalter zu berichten weiß ([1969], 120 ff.). — Nicht übersehen sollte man in diesem Zusammenhang die Arbeiten von Forsthoff (1971) und Saladin (1970).

81) Schramm ([1960], VII).

82) Hier im weitesten Sinn gemeint. Vgl. Nawiasky ([1948], 169).

83) Auch hier im umfassenden Sinn gemeint. Vgl. Dubischar ([1968], 49—52).

84) Cesarini-Sforza ([1966], 154). Vgl. auch Hirsch ([1967], 16); Esser ([1970], 99); Lévy-Bruhl ([1970], 38—64); Steinwenter ([1958], 45—51). — Spätestens seit der ersten Auflage des grundlegenden Werkes von Larenz ([1960], 192 ff.) dürfte sich auch in der juristischen Methodenlehre die Überzeugung durchgesetzt haben, daß der im positiven Recht »abgelagerte« objektivierte Geist (N. Hartmann) an jeder Wandlung des objektiven Geistes Anteil nimmt. Diese zutreffende Einsicht wird heute durch die wachsende Bedeutung der Semantik für die Gesetzesauslegung gefördert. Vgl. Zippelius ([1971], 22 ff., 53 ff., 121 ff.); Hruschka ([1972], 27—41).

Die allgemeine Problematik kann nicht losgelöst von der wissenschaftstheoretischen Entwicklung behandelt werden. Über sie unterrichten: Seiffert (1969) und (1970) sowie Wohlgenannt ([1969], 45, 159 ff.). Dabei sind vorwaltend die Zusammenhänge mit der Geschichtstheorie von Interesse. Vgl. Schieder ([1970], 172—187) und Faber ([1971], 40— 46).

Wenn trotz alledem Julius Kraft ([1957], 55) meint, damit büße die juristische Dogmatik den Charakter als Wissenschaft ein, so kann ihm — wie sich schon aus Fabers Vortrag (a.a.O.) ergibt — nicht gefolgt werden.

In einem stark beachteten Aufsatz fordert Carl Friedrich Ophüls[85] vom Juristen, er möge sich die Sprachwissenschaft zum Vorbild nehmen. Nämlich wie diese zwischen der vorwissenschaftlichen »Objektsprache« und der ihr übergeordneten »Metasprache« unterscheide, so ruhe der niederen Rechtsschicht der Lex positiva mit ihren kontingenten, oft widerspruchsvollen und lückenreichen Sachnormen eine höhere Rechtsschicht »nicht-kontingenter, widerspruchsloser, vollständiger und entscheidungsdefinitiver« Geltungsnormen auf. Rechtsanwender, welche rechtslogisch vorgehen, respektierten mindestens stillschweigend diese höheren Normen, sogar in Zeiten eines strengen Gesetzespositivismus.

Den Fehler dieser ganzen Beweisführung hat überzeugend Norbert Hoerster aufgedeckt[86]. Ophüls verwechselt Sätze der Rechtstheorie (z. B. Prinzipien der Lückenfüllung und Auslegung) mit übergesetzlichen Geltungsregeln. Selbst wenn Ophüls in dieser Hinsicht nicht irrte, hätte er dabei aber auch übersehen, daß Geltungsregeln als Bestandteile des objektiven Geistes immer dessen jeweiligen Veränderungen nachzugeben pflegen, d. h. also keineswegs unverrückbar für alle Zeiten und Kulturen festliegen. Mit anderen Worten: Ophüls' Weg könnte, auch wenn er kein Irrweg wäre, schon aus diesem Grunde nicht etwa auf neuartige Weise zur Entdeckung eines überpositiven Rechts führen.

Ebensowenig jedoch wären, — wie Loschke anzunehmen scheint —, etwa Gesetze der Logik oder gar Lehrsätze einer »prähumanen Weltmathematik« geeignet, dem Juristen »Interpretationsbehelfe« naturrechtlichen Charakters anzubieten[87]. Denn selbst die Grundsätze der Gleichheit, der Äquivalenz oder der Proportionalität sind doch nicht mehr als nur formale Prinzipien zur Auffindung des richtiges Rechts im Einzelfall, der, soll er sachgerecht gelöst werden, stets die genaue Berücksichtigung seiner geschichtlich bedingten Einzigartigkeit verlangt. »Natur ist das Zählbare, Geschichte ist der Inbegriff dessen, was zur Mathematik kein Verhältnis hat«, sagt schon Oswald Spengler[88].

Möglicherweise sind sogar diese formalen Prinzipien gewissen relativieren-

---

[85]) Ophüls ([1968], 1745—1752).

[86]) Hoerster ([1970], 43—56).

[87]) Loschke ([1970], 12). Er dürfte jedoch verkennen, daß die Mathematik als bloße Strukturwissenschaft die Strukturen lediglich in abstracto behandelt, d. h. also ohne Rücksicht darauf, ob und inwieweit sie im Einzelfall praktisch zur Anwendung kommen. Treffend meint dazu der Physiker und Philosoph v. Weizsäcker ([1971], 23), es müsse eine der wichtigsten Anstrengungen unserer Bewußtseinsbildung sein, »dem Blick für Strukturen den Blick für Wirklichkeit komplementär gegenüberzustellen.« Und so kommt er denn zu dem Schluß: »Der Mensch ist dasjenige Lebewesen, dessen Natur es ist, Geschichte zu haben« (a.a.O. 29).
Mithin kann die fragwürdige Annahme Loschkes, daß es eine »Weltmathemathik« gebe, jedenfalls im Zusammenhang mit der Naturrechtsproblematik ununtersucht bleiben.

[88]) Spengler, Band I ([1923], 79).

den Einflüssen ausgesetzt, wie heute bereits manche Mathematiker selbst meinen. Sie nehmen nämlich an, mathematisches Denken sei niemals bis ins Letzte von der vorwissenschaftlichen Muttersprache loszulösen. Ist das aber der Fall, so erhebt sich am Ende noch überraschend die Frage, ob nicht auch die strengste unserer Wissenschaften historisierenden Faktoren geöffnet sein könnte, wie Oswald Spengler es einst behauptete[89]. Doch auf diese ohnehin nur Fachleuten vorbehaltene Frage kann hier nicht näher eingegangen werden[90].

Dem allem steht freilich nicht entgegen, daß auffallend gleichartige formale Prinzipien rechtlicher Ordnung in sämtlichen Kulturen anzutreffen sind. Nicht allein wir handeln nach dem Grundsatz der »Reziprozität«, die »geschichtslosen« Völker, wie der Jurist und Ethnologe Richard Thurnwald entdeckte[91], beachten ihn gleichermaßen. Thurnwald versteht unter diesem Terminus das, was die Waage des Rechts einspielen läßt, »sei es als Vergeltung, sei es als Strafe überhaupt, oder ... als Erwiderung eines Geschenkes, als angemessene Bezahlung ...« usw.[92]. Aber mit Hilfe der Mathematik allein kommt es niemals zu einem richtigen reziproken Verhältnis. Denn die dem Menschen im Rechtsleben gestellte Aufgabe besteht — zu jeder Zeit und an jedem Ort anders — immer nur darin, Leistung und Gegenleistung, Untat und Sühne in jenes ausgewogene Verhältnis zueinander zu bringen, welches lediglich erreicht wird, wenn es sich ausrichtet am Gebot ausbalancierender Gerechtigkeit, das nur dem Einzelfall und seiner nie wiederkehrenden Einzigartigkeit innewohnt.

Das rechte Verständnis hierfür stellt sich erst ein, wenn man sich bei alledem bewußt wird, daß der in diesem Zusammenhang verwendete Begriff »Waage des Rechts« natürlich eine Metapher ist, deren ursprüngliche Bedeutung auf ein Instrument verweist, das die Gewichte körperlicher Gegenstände bestimmt. Aber Leistung und Gegenleistung, Straftat und Sühne stehen nicht zueinander wie dreidimensional meßbare Körper im Verhältnis ihrer Gewichte, die nach Gramm und Kilogramm abwägbar sind. Schwerlich ließe sich daher etwa Dantes Göttliche Komödie, als Prachtausgabe in Schweinsleder eingebunden, nach ihrem bloßen Körpergewicht bemessen und mit einer gleichgewichtigen Menge Schweinefleisch in ein vergleichbares Verhältnis bringen. Vielmehr kommt es dem Menschen schon seit dem Paläolithikum beim Austausch von Leistungen stets einzig und allein auf Wert und Gegenwert an. Jedoch Vorstellungen über Wert und Unwert sind bedingt durch die jeweils wechselnde Lage in der Geschichte. Selbst Karl Steinbuch wird das, wenn man ihn bei seinen eigenen Worten nimmt, nicht

---

89) Spengler a.a.O. 73—124.

90) Hasse (1952); Wittenberg (1968) mit einem Geleitwort von Paul Bernays. Zur Einführung: König ([1970], 139—154). — Danach gewinnt es mehr und mehr den Anschein, daß auch mathematisches Denken und Verfahren keineswegs ablösbar ist von der allgemeinen Problematik der Erkenntnistheorie. So auch vom Standort der Allgemeinen Sprachwissenschaft: Gipper ([1971], 36—55).

91) Thurnwald ([1934], 5).

92) Schott ([1970], 130).

bestreiten können. Er betont nämlich: »Wertmaßstäbe müssen originär durch Menschen gesetzt werden[93].«

Nur bei Katastrophen, in Kriegszeiten, Seuchen, Hungersnöten und ähnlichen Lagen, in denen unser Geist in seinen Nährschichten notleidet, kann es dahin kommen, daß jemand keinen anderen Ausweg findet, als seinen Lieblingsklassiker gegen Nahrungsmittel umzutauschen. Dennoch wäre ein solcher Vorfall, möge er zuweilen sogar alltäglich sein, nicht zur Stütze der Auffassung geeignet, lediglich quantifizierende Maßstäbe regelten das Rechtsleben. Der Eintausch von Butter und Fleisch gegen einen Klassiker beweist nämlich, bei Licht besehen, gerade auf besonders drastische Art und Weise, wie sehr es dem Menschen eben in jeder erdenklichen Lage stets ausschließlich auf den situationsgerechten Wertmaßstab ankommt. Ja, selbst dann ist es der Fall, wenn sich niemand mehr offen gegen die Anwendung quantifizierender Rechtsmaßstäbe auflehnt, sei es aus dumpfer Schicksalsergebenheit, Furcht um sein Leben oder aus welchem Grunde sonst. Wer, der bitteren Not gehorchend, vorübergehend die Sehnsucht nach seiner individualgerechten Behandlung zum Schweigen bringt, bleibt im Grunde seines Herzens darum doch das, was er ist, ein wertendes Wesen. In dieser Feststellung liegt der Schlüssel zum tieferen Verständnis allen Naturrechtsdenkens überhaupt. Ausgeprägtes Selbstgefühl, gepaart mit diskursiver Denkart und kritischem Blick auf die Lebensvorgänge, pflegt fast immer den Wunsch nach einem idealen Rechtszustand und der Anwendung individualisierender Gerechtigkeit wachzurufen. Mag der Mensch sich in der Not auch ins Unvermeidliche schicken, als Kulturwesen von dieser Prägung wird er darum lediglich nach außen hin gute Miene zum bösen Spiel aufsetzen, sobald man ihm zumutet, eine generalisierende Rechtshandhabung über sich ergehen zu lassen, die seine menschliche Einzigartigkeit und Würde interesselos mißachtet. Eine Frage für sich bleibt es hierbei, ob er — zu Recht oder zu Unrecht — seine persönlichen Anliegen einem widerstreitenden Wertgesichtspunkt der Allgemeinheit überordnet oder nicht. Selbst der reife und einsichtige Individualist, der willig hinter dem Gesamtwohl zurücktritt, trauert oft im stillen darum, daß sich seine Herzenswünsche gegenüber der rauhen Wirklichkeit nicht durchsetzen ließen.

Wollen Liebhaber mathematischen Rechtsdenkens ihre Vorstellungen anderen näherbringen, so verweisen sie gern auf ersonnene oder auch nicht ersonnene Rechtserlebnisse, bei denen es letztlich immer darauf ankommt, die Lösung des Falles allein im generalisierenden Verfahren zu finden. Der Kriegsgefangene im überfüllten Lager erfahre seine Gerechtigkeit doch bereits vollauf, wenn man ihm seine enge Schlafstatt »zumesse« und ihm sein kärgliches Brot Tag für Tag auf die gleiche Weise »zuwiege«. In der Tat: stellt man es ab auf die Ausnahmesituation des Kriegsgefangenen, dann scheinen auf den ersten Blick mathematisch vorgehende Rechtsdenker sogar recht zu haben. Nur übersehen sie an ihrem Beobachtungsmaterial die Hauptsache, die tiefe Unzufriedenheit des Gefangenen mit seinem eigenen Rechtsschicksal! Als Individualist will er nicht »Nummer« sein, sondern

---

[93]) Steinbuch ([1971], 341).

Mensch. Er trägt sein als unwürdig empfundenes Gefangenenlos daher nur widerstrebend, oft zähneknirschend nicht einmal seinen Unwillen verbergend, daß ihn die Lagerführer mit ihren mathematischen Rechtsmaßstäben behandeln, als ob er ein anonymes Gattungswesen ohne Persönlichkeitswert wäre.

Der Rechtsphilosoph, aus dem Abstand wissenschaftlicher Betrachtung des Falles, wird allerdings kaum umhin können, dem vergrämten Gefangenen mit Verstandeserwägungen klarzumachen, wie wenig es aber doch in solchen und ähnlichen Notlagen auf die noch so begreiflichen Wünsche des einzelnen nach seiner Individualgerechtigkeit ankommen kann, in Notlagen nämlich, wo oberstes Gebot ist, die nackte, biologische Substanz der Lagerbelegschaft vor der Existenzvernichtung zu bewahren. Hier gilt abgewandelt eben das alte lateinische Sprichwort: primum vivere deinde philosophari! Der Geist muß in der Not Einschränkungen ertragen, wenn anders er mitsamt seinem biologischen Fundament nicht ein jämmerliches Ende nehmen möchte.

Der Sonderfall des Kriegsgefangenen führt zu einer Einsicht von allgemeiner Bedeutung für das Rechtsleben überhaupt: Ein auf streng mathematisch-statistisches Generalisieren eingeengtes Verfahren der Rechtsanwendung ist immer das sichere Kennzeichen für die Niedrigkeit der praktizierten Rechtsidee, jedenfalls aus der Sicht des diskursiv denkenden Individualisten von kritischem Verstand. Ein überzeugter Christ kann sich dieser Erkenntnis ohnehin schon aus Glaubensgründen nicht verschließen.

Weitaus bedrückender wird nun aber das Gesamtbild, sobald sich der Blick abwendet von den Übergangszuständen in überfüllten Lagern der Kriegsgefangenen und von ihnen hinübergleitet auf räumlich sehr viel weiter ausgedehnte Dauerzustände, welche großen Teilen der ganzen Menschheit vielleicht schon nahe bevorstehen, sofern die Richtung der heutigen Entwicklung länger anhält. Einleuchtend warnt der Zoologe und Humanethologe Wolfgang Wickler vor dem naiven Optimismus, bereits durch Erschließung ausreichender Nahrungsmittelreserven werde sich das bedrängende Problem der Menschenvermehrung lösen lassen. Der »Dichte-Stress« nämlich müsse sich noch viel verheerender auswirken als der Nahrungsmangel. Er erhebt deshalb die dringliche Forderung, »Individualabstand, Revierverteidigung und ähnliche Verhaltenseigentümlichkeiten« beschleunigt auf ihre Lebenswichtigkeit näher zu erforschen.

> »Je mehr Individuen sehr eng miteinander leben, desto anonymer wird ihr Zusammenleben. In kleinen Gruppen lebende Tiere kennen einander individuell; die Tausende von Individuen in Insektenstaaten erkennen einander nur anonym am staatentypischen ‚Geruchsausweis'. Zur Regelung des Zusammenlebens in Großgruppen werden also in erster Linie anonym wirkende Verhaltensmechanismen dienen, die nicht auf individuellen, sondern auf überindividuellen Verständigungsweisen beruhen. Bei tierischen Sozietäten kann dem die individuelle Partnerbeziehung zum Opfer fallen; beim Menschen sollte sie das nach vorherrschender Meinung möglichst nicht[84].«

[84]) Wickler ([1971], 204 f.). — Vgl. auch Leyhausen bei Lorenz und Leyhausen ([1968], 118—130). Wer selbst kriegsgefangen war, wird besonders L's Beobachtungen in Lagern zustimmen müssen.

Wen überkommt nicht der kalte Schauder einer Zukunftsvision bei diesen Worten, wenn er an die Menschheitsvermehrung ins Ungemessene denkt? Schon heute, wo wir noch in einer Wohlstandsgesellschaft leben, drängen sich oft in unübersehbarer Menge auf den Korridoren unterer Großstadtgerichte an Sitzungstagen Rechtsuchende und Zeugen, unterbrechen mit längeren Ferngesprächen täglich vielfach ungezählte Ungeduldige die Arbeit der Geschäftsstellen, mitunter auch der Richter. Wie leicht geraten diese schon aus Rücksicht auf das Büropersonal manchmal in Versuchung, sich in Verhandlung und Entscheidungsbegründung kürzer zu fassen, als es das Gesetz bei strenger Auslegung von ihnen erwartet! Alles das gilt natürlich in gleicher Weise für den Dienstbetrieb der Verwaltungsbehörden einer heutigen Großstadt, selbstverständlich nicht zuletzt aber auch für sehr viele Anwälte, Notare und Sachverständige.

Die anhaltende Überforderung der am Rechtsleben beruflich Beteiligten drängt daher häufig zu einer von der »Natur« förmlich erzwungenen Notlösung. Wer physisch, namentlich im vorgerückten Alter, nicht zugrunde gehen möchte, konzentriert sich in der Hauptsache zunehmend auf das ihm Wichtige, behandelt alles übrige meist obenhin oder setzt nach nicht immer genauer Prüfung unter Ausarbeitungen von ebenfalls oft überlasteten Gehilfen seines Vertrauens nur noch seinen eigenen Namenszug. Im stillen mag er sein Rechtsgewissen dabei mit der Hoffnung beschwichtigen, die berufene Instanz, spätestens die nächsthöhere Instanz werde es schließlich schon recht machen. Aber auch Rechtsanwender sind nur Menschen. Nicht immer können sie trotz redlichem Pflichteifer den richtigen Weg innehalten, zumal dann nicht, wenn weitschweifige Vorträge sie ermüden und irreführen oder fehlerhafte Anträge sie noch obendrein mit zeitraubender Mehrarbeit überhäufen.

Berücksichtigt man endlich auch die von Jahr zu Jahr anwachsende Unübersichtlichkeit und Schwierigkeit des Rechtes selbst, so leuchtet ein, daß diese Übelstände schon unter den gegenwärtigen Lebensverhältnissen wohl kaum behebbar wären. Wohin also würden wir am Ende steuern, falls sich die Erdbevölkerung weiterhin ins Uferlose vervielfachte? Die Warnung des Zoologen Otto Koehler kann nicht ernst genug genommen werden:

> »Je enger die ständig wachsende Menschheit zusammenrückt, je mehr die sozialen Probleme drängen, um so mehr haben wir von Tieren zu lernen, anstatt sie verächtlich zu verunglimpfen[95].«

In anonyme Großgruppen zusammengepfercht, wäre der Mensch austauschbares Glied eines Termitenstaates. Hie und da bereits spürbare erste

[95]) Koehler ([1968], 137). — Heute sollte jedermann, der an der Naturrechtsfrage interessiert ist, hier vor allem der aufrüttelnde Aufsatz von Lorenz ([1971], 281—340) fesseln. Mag L. auch kritische Zurückhaltung hervorrufen mit seiner Annahme eines von menschlicher Kultur unabhängigen »globalen Rechtsgefühls«, so kann jetzt sein offenes Bekenntnis zu Nicolai Hartmanns Schichtenlehre und seine unmißverständliche Abwehr aller Angriffe gegen die Geisteswissenschaft nur freudige Zustimmung finden. Er spricht sogar von »Verleumdung« der Geisteswissenschaften (a.a.O. 337).

Vorzeichen künftiger Entwicklungen lassen diese heute vielleicht noch utopisch anmutende Befürchtung nicht mehr so fernliegend erscheinen, daß sie einem verantwortungsbewußten irdischen Gesetzgeber nicht empfehlen sollte, die biologischen Grundlagen menschlichen Gemeinschaftslebens unter die Lupe zu nehmen, bevor es zu spät dazu wird.

Leicht könnten Sittlichkeit und Recht nämlich zu unerträglichen Kümmerformen entarten, wenn sich die vitalen und sozialen Voraussetzungen menschenwürdigen Daseins gewissen Tiergemeinschaften derart anähneln, daß der Rechtsanwender schon physisch außerstande wäre, individualisierende Rechtsfindungsmethoden auch nur ausnahmsweise mitzuverwenden.

Sollte der Bevölkerungszuwachs eines Tages zur Lawine anschwellen, dann würden Lebens- und Wohnraum zwangsläufig so schrumpfen, daß damit alle Nährschichten der Geisteskultur wie auch der demokratischen Freiheit verdorrten. Somit bewahrheitet sich hier die tiefe Einsicht Max Schelers:

> »Jede höhere Seinsform ist im Verhältnis zu der niedrigeren relativ kraftlos — und sie verwirklicht sich nicht durch ihre eigenen Kräfte, sondern durch die Kräfte der niedrigeren[96].«

Bei solchen Zukunftsaussichten erscheint es nun aber durchaus nicht ungefährlich, Sittlichkeit und Recht lediglich mit quantifizierender Methodik genau wie Mathematik, Kybernetik und Biologie behandeln zu wollen, und das obendrein auch noch von rechtsphilosophischer Warte aus. Dabei fällt die geschöpfliche Sonderstellung des Menschen, wie schon richtige naturwissenschaftliche Würdigung sie ergibt, doch gänzlich unter den Tisch. Zum Gattungswesen, also zum Tier, wird er erniedrigt, wie im Hinblick auf seine Nützlichkeit und Schädlichkeit schätzt man ihn ab nach Maß, Zahl und Gewicht.

Unmittelbar oder mittelbar auf dem Umweg über die Sozialwissenschaften spielt bei alledem die Ideologie des sogenannten Strukturalismus eine nicht zu unterschätzende Rolle, nämlich der Einfluß jener nicht aus Frankreich allein stammenden wissenschaftstheoretischen Strömung, die — weit davon entfernt, sich zufrieden zu geben mit ihrer legitimen Stellung als beschränkt nützliche Forschungsmethode — schlechthin alles Individuelle, unwiederholbar Einzigartige, schöpferisch Originelle hartnäckig verneint und statt dessen vermeint, nur dynamische Strukturgefüge zu sehen, die aus austauschbaren,

---

96) Scheler ([1949], 66). — Die Raumlogik der Sprache scheint verantwortlich dafür zu sein, daß der Biologe Gradmann ([1970], 129) in Schelers, Hartmanns und Rothackers Schichtenlehren buchstäblich etwas Geologisches sieht.

Wie vortrefflich sich übrigens mit der Ontologie dieser deutschen Denker der angelsächsische Holismus des südafrikanischen Feldmarschalls und Staatsmanns Jan Christiaan Smuts (»Holism and Evolution«, 2. Auflage, London 1927) verträgt, berichtet Meyer-Abich ([1970], 155—170). —

Sehr Förderliches hierzu hat der leider mit seinem Alterswerk kaum beachtete Göttinger Rechtsphilosoph Wilhelm Fuchs herausgearbeitet, insbesondere in der Abhandlung über »Die Stellung der Rechtswissenschaft im System der Wissenschaften« ([1954], 61 ff.).

quantitativen Bauelementen zusammengesetzt sind. Daß das Ganze mehr und etwas anderes ist als die Summe seiner bloß zusammengefügten Teile, verkennt diese Theorie völlig, und so kommt sie zu der seltsamen Schlußfolgerung, die gesamte menschliche Kultur als einen komplizierten, in seine Strukturelemente zerlegbaren Mechanismus anzusehen.

Im Endergebnis läuft diese Ansicht darauf hinaus, das überlieferte Menschenbild des Abendlandes zu zerstören, und zwar mit klarem Bewußtsein. Für das Ineffabile des Individuums, wie Goethe es sah, ist hier kein Raum mehr[97].

Daß eine Rechtsgestaltung und vor allem eine Rechtsanwendung mit ausschließlich generalisierender Methodik die hochgespannten Wünsche individualistischer Abendländer keineswegs zu stillen vermöchte, bedarf nicht der Begründung. Gleichwohl kümmert das moderne mathematisch-biologische Naturrecht sich darum nicht. Im sicheren Bunde mit dem heute schier allmächtigen sozialwissenschaftlichen Strukturalismus zeigt es sich ungerührt durch die enttäuschten Erwartungen gerade derer, welche es mit seinen Segnungen beglücken will.

---

97) Hiermit sollen aber durchaus nicht Existenz und Bedeutung der Strukturen bestritten werden, also auch nicht Notwendigkeit und Nützlichkeit, sie zu erforschen. Gegen einen methodischen Strukturalismus, wo er am Platze ist, kann nicht das mindeste eingewendet werden. Das sollte jedem Geisteswissenschaftler hinreichend aus dem Studium der Werke von Dilthey (Ges. Schr. VII [1958], 324 ff.) und Spranger ([1928], 8—30) bekannt sein. Gefährlich wird die Sache allerdings, sobald der Strukturalismus zu einer förmlichen Ideologie auswächst, welche sich zur Auffassung versteigt, die Idee vom Menschen in Forschung und Denken sei überflüssig. »In unserer heutigen Zeit kann man nur noch in der Leere des verschwundenen Menschen denken«, verkündet Michel Foucault ([1971], 412).

Die Grenze zwischen bloßer Methodik und unkritischer Ideologie verläuft bei manchen Forschern der Gegenwart durch eine Nebelzone. Man weiß daher nicht recht, woran man bei ihnen ist. Der Historiker Fritz Fischer z. B. möchte — zum mindesten wohl in der politischen Geschichte — das herkömmliche Interesse an der »subjektiven Seelenlage« des Individuums nicht länger mehr als Forschungsgegenstand angesehen wissen. Denn ihn selbst beschäftigen anscheinend lediglich »faktische Tätigkeit und Leistung eines Mannes« ([1964], 278). Soll das ein Bekenntnis zum extremen französischen Strukturalismus sein oder will Fischer als Geschichtsforscher vor dem Bereich des Höchstpersönlichen, dem »vereinsamt Vereinzelten«, haltmachen? — Noch bedenklicher klingen die Worte des bekannten Soziologen Dahrendorf ([1967], 43), » . . . bei zureichender Präzisierung und Bestimmtheit unserer Kategorien sollte es möglich sein, die Einmaligkeit historischer Situationen als einmalige Kombination allgemeiner Elemente zu rekonstruieren«. Solche Aussprüche erinnern peinlich an die beiläufige Bemerkung des schwedischen Nobelpreisträgers der Plasmaphysik Hannes Alfvén, daß »wir alle mehr oder weniger zufällige Anhäufungen von Atomen sind« ([1971], 100).

Sozialwissenschaftlern und Historikern, die das geschichtlich Individuelle bedenkenlos mit dem Individuum gleichsetzen, muß nun aber zugute gehalten werden, daß unsere Wortsprache vielleicht an ihrem Mißverständnis schuldig ist. Wie der Historiker Faber ([1971], 45 ff.) einleuchtend macht, ist es nämlich unmöglich, Denken und Allgemeines voneinander zu trennen. »Das Individuelle gehört offenbar zu den nicht auflösbaren Voraussetzungen des Denkens und ist als solches wissenschaftlich nicht zu erklären. Es fällt nicht mit

Nach allem kann man nur das treffende Wort Dieter von Stephanitz' im Sinne der hartmannschen Ontologie ein wenig abwandeln und sagen: wir sollten uns hüten, die Wissenschaft vom Recht zu einer Art Biologie oder gar Mathematik »hinabzuschrauben«[98].

Doch zur menschlichen Rechtfertigung der heutigen Verfechter eines mathematisch-biologischen Naturrechts muß hier eingeflochten werden, daß sie persönlich durchaus nicht ohne Mitempfinden für Einzelschicksale sind. So spricht Johannes Loschke von der Rücksicht auf »individuelle Besonderheiten«[99]. Andere Autoren, auch wenn sie den gleichen Gedanken nicht aussprechen, dürften hierin kaum anderer Auffassung sein. Diese Vermutung stützt sich auf die verbreitete Tatsache, daß der abendländische Individualist nämlich seit jeher nur mit heftigem Abscheu auf die leiseste Kränkung menschlicher Würde antwortet. In der vorliegenden Studie wurde es wiederholt hervorgehoben. Heutzutage bewegt dieses Gefühl besonders diejenigen unter uns, welche gewisse Erlebnisse der dreißiger und vierziger Jahre noch nicht verwunden haben. Deshalb spricht in ihrem Fall nahezu alles unwiderleglich dafür, daß sie als Autoren naturwissenschaftlicher Denkgewohnheit, zum mindesten soweit ihr eigener außerwissenschaftlicher Lebensbereich in Betracht kommt, um jeden Preis nach Individualgerechtigkeit trachten, mögen sie in der andersartigen Atmosphäre ihres Studierzimmers auch wissenschaftstheoretisch selbst für die Rechtspraxis lediglich generalisierende Verfahrensweisen gelten lassen. Sicherlich nicht anders als bei Theologen und Geisteswissenschaftlern, die ein Naturrecht individualisierender Methodik verfechten, schlägt demnach auch ihr Herz mitfühlend für die Sache des leidenden Nächsten. Der einzige Grund, weshalb sie jedoch in der Theorie für Ethik und Recht die Zulässigkeit geisteswissenschaftlicher

---

dem empirisch Erkennbaren zusammen, sondern gehört ... einem Bereich an, der jenseits der biologisch-historischen Erscheinungsformen liegt« (Faber a.a.O. 56 f.). Ergänzend vgl. den Historiker Lintzel ([1956], 167—173).

In Geschichte, Wesen und Reichweite des Strukturalismus führen ein: Schiwy (1970) und (1971); Broekman (1971). — Schon in ihren in der Linguistik wurzelnden Ursprüngen geriet diese heutige wissenschaftliche Modeströmung auf arge Irrwege. Sie übersah völlig die geistige Seite der sprachlichen Phänomene (Weisgerber [1971], 133 f.). Wer den feinsinnigen Aufsatz von Gerhard Masur ([1971], 100—113) über Bismarcks Sprache studiert, wird kaum anders über den Strukturalismus urteilen können als Weisgerber. Denn Bismarcks Sprache ist »etwas unverwechselbar Einmaliges, etwas unüberhörbar Individuelles. ... Sie ist weder die Sprache einer Schicht noch die einer Generation; sie ist nicht die Sprache eines Berufes ... Ohne Verbindungen zu der Sprache seiner Gegenwart, ohne Herkunft und Ursprung gleicht Bismarcks Sprache einem monolithischen Findling« (Masur a.a.O. 100, 102).

Nach allem ist und bleibt es für den Juristen — besonders den Praktiker — unzweifelhaft, daß im Alltag des Rechts individualisierende Verfahrensweisen unentbehrlich sind. Der nachdrücklichen Forderung Ilmar Tammelos ([1971], 52), die Jurisprudenz habe die Vermenschlichung des Rechts als ihre Pflicht und Schuldigkeit zu betrachten, kann nur zugestimmt werden. Zu bedauern ist, daß T. das Thema des Strukturalismus dabei nicht einmal streift.

98) v. Stephanitz ([1970], 232.

99) Loschke ([1970], 24).

Verfahrensweisen unbeugsam ablehnen, liegt in ihrer durchweg neopositivistischen Verstandeserziehung. Dabei bemerken sie allerdings gar nicht, in welchem Zwiespalt sich bei ihnen Hirn und Herz befinden. Ihre Selbstreflexion ist nicht bis zum letzten vorgedrungen. Das sollte nicht wunder nehmen. Ist doch jedermann heute nicht mehr als Spezialist in seinem Fach. Spezialisten aber neigen nur allzuleicht dazu, die Vorgänge des Lebens ausschließlich unter den Gesichtspunkten ihrer vertrauten Alltagsarbeit zu würdigen. Naturwissenschaftler und Mathematiker, aber auch Gelehrte nur naturwissenschaftlichen Denkstils, sind es gewohnt, sich überall auf quantitativ Erfaßbares zu beschränken. Ist es daher wirklich überraschend, daß sie es am Ende mit der Wirklichkeitstotalität verwechseln? Kann man es ihnen verübeln, wenn sie bei Streifzügen in dem ihnen wenig bekannten Gelände des Naturrechtsanliegens das nur qualitativ Verstehbare gar nicht beachten oder es als nebensächliche Randerscheinung werten? Man sollte von ihnen nicht erwarten, daß sie schon bei erster wissenschaftlicher Begegnung mit den schwierigsten Fragen, wie menschliche Existenz in Ethik und Recht sie aufwirft, ein fein geschultes Auge für individualisierende Behandlung des unvergleichlich Einzigartigen zeigen[100].

Wie bereits am Beispiel des Strukturalismus deutlich wird, beschränkt sich der hier zutage tretende Zwiespalt zwischen Hirn und Herz vieler Gelehrter gegenwärtig nicht mehr auf Mathematiker und Naturwissen-

---

[100]) Ein wenig übertreibend scheint mir die bissige Feststellung des Fachphilosophen Vonessen ([1969], 181) zu sein, die sogenannten Utopien, welche uns Naturwissenschaftler anbieten, lägen »immer auf d e m Gebiet . . . , auf dem sie sich jeweils am wenigsten auskennen. So ergehen sich Mediziner mit Vorliebe in der Ausmalung künftiger Sozialparadiese, während Biologen das Schwergewicht ihrer Prognosen auf die segensreichen Wirkungen ihrer künftigen Taten in den Bereichen Wirtschaft oder Kultur legen. So hat jeder ein Feld, auf dem seine Phantasie, durch Fachwissen kaum behindert, sich ungeniert ausbreiten kann.«

Daß der Jurist schon vor einer anderen Ausgangslage steht als der Naturwissenschaftler, liegt eben am Unterschied zwischen menschlicher Gesetzesordnung und Naturgesetz. »Die mathematische Naturwissenschaft muß und darf stets bestrebt sein, zur denkbar größten Allgemeinheit ihrer Gesetze und Formeln vorzudringen, alles Spezifische im Abstrakten einzuschmelzen. Denn diese Gesetze und Formeln büßen durch Verallgemeinerung nichts an Exaktheit ein. Dagegen werden die juristischen Begriffe und Klauseln gewöhnlich mit zunehmender Generalisierung unbestimmter« (Engisch [1968], 155). Das erklärt sich sofort, wenn man bedenkt, daß die Lex positiva des Menschen nur zur Regelung individueller Fälle geschaffen ist. Dazu vgl. Emge (1966) und Simmel ([1968], 174—230). Mit ihnen übereinstimmend Spranger (Ges. Schr. Band V [1969], 263), der dabei unter Hinweis auf Kant betont, die kantische Ethik betreffe nur den ‚reinen Willen', also das Apriori des Sittlichen überhaupt, »noch nicht seine empirischen Erscheinungsweisen. Nur dieser Brennpunkt ist überzeitlich; alles andere muß das Kostüm bestimmter Zeiten anziehen. Kants vielgetadelter ethischer Formalismus ist also höchste Weisheit, errungen zumal in einer Zeit, die noch nicht vom historischen Relativismus beunruhigt war wie die unsrige.« Auch Kaulbachs Kantdeutung ([1970], 74) bewegt sich heute auf Sprangers Linie. — Zur Einführung in das hiermit anklingende Thema der Situationsethik: Reiner ([1964], 141—148).

schaftler. Daher begegnet man ihm auch unter Rechtssoziologen auf Schritt und Tritt. Ihr Verstand möchte in Moral, Sittlichkeit und Recht nichts anderes sehen, als einen nur kausalgesetzlich gelenkten sozialen Ordnungsmechanismus. Hingegen ihr mitfühlendes Herz ringt um »die humane Nuance«[101].

Betrachtet man zu guter Letzt unter dem soeben erörterten Gesichtspunkt die hier lediglich in großen Zügen behandelten Schriften einiger Mathematiker, Biologen und von ihnen angeregter Juristen auf die sie bewegenden seelischen Antriebe, so ließe sich wohl kaum ernstlich bestreiten, daß sie bei allem Bemühen um die ausschließliche Anerkennung generalisierender Rechtsfindungsmethoden eben doch nur eine Spielart jenes Denkens erkennen lassen, welches abendländische Rechtssehnsüchte seit mehr als zweitausend Jahren widerspiegelt.

Überdenken wir, wohin Wissenschaft und wissenschaftstheoretische Einsichten uns im Laufe der letzten 200 Jahre geführt haben, so läßt der unmittelbare theoretische wie praktische Ertrag des modernen mathematisch-biologischen Naturrechts — geschweige der hier nur beiläufig erwähnten »operationalen« Ethik — sich für unser Zeitalter bei weitem nicht so hoch einschätzen, wie vergleichsweise für das 17te und 18te Jahrhundert das damals blühende »geometrische« Vernunftrecht, über welches kürzlich Wolfgang Röd aburteilend feststellen konnte, es habe mit »den Mitteln der begrifflichen Analyse und Synthese (gearbeitet), ohne jedoch ihrer Bedeutung durch vertiefte methodologische Reflexion gerecht zu werden«[102]. Immerhin aber läßt sich der mittelbare Nützlichkeitswert des gegenwärtigen quantifizierenden Naturrechts naturwissenschaftlicher und mathematischer Herkunft heute für unsere Politik, Gesetzgebung, Rechtstheorie und Rechtspraxis kaum überschätzen, einfach deshalb nicht, weil tiefere Beschäftigung mit seinem wichtigen Anliegen nicht nur den Gesichtskreis weitet, sondern auch den Blick schärft für die Erkenntnis der Schranken menschlicher Freiheit und damit zugleich unsere Selbstkritik wachruft[103].

---

101) Naucke (bei Naucke und Trappe [1970], 79—115, besonders 108) und (bei Lautmann, Maihofer und Schelsky [1970], 492—497) geht trotz seiner meisterhaften Kritik an gewissen Rechtssoziologen auf deren Zwiespalt zwischen Lehre und Herzensgesinnung nicht ein.

102) Röd ([1970], 150). — Welche kulturfördernde, großartige Wirkung das Naturrechtsdenken im Zeitalter der Aufklärung vielfach erzielte, hat kürzlich für die Donaumonarchie der Historiker Eduard Winter ([1971], 158 ff.) eindrucksvoll dargestellt.

103) Zu den entfernteren Randfragen der hier im Nachtrag II erörterten Spezialprobleme gehört auch die GOLDENE REGEL. Notgedrungen — nicht ohne Absicht also — wurde sie im Hauptteil und im Nachtrag I (oben 34 und 269 f.) nur flüchtig gestreift. Es wäre nämlich zum mindesten eine kleine Monographie nötig gewesen, um den immer noch fehlenden Überblick über Herkunft, weltweite Verbreitung und Semantik des Wortes »Goldene Regel« zu gewinnen. Es mangelt vornehmlich an einer völkerpsychologisch ausgerichteten Entwicklungsgeschichte des wandlungsreichen Begriffs, wozu freilich jahrelanges Studium der weitverstreuten Quellen die unerläßliche Voraussetzung wäre. Gleichwohl hegte ich, nachdem der Plan zum Nachtrag II gefaßt war, den Wunsch,

Als Moltke auf einer Gesellschaft nach dem Unterschied zwischen Mensch und Tier gefragt wurde, antwortete er: »Das Tier raucht nicht«. Damit sprach der »große Schweiger«, sarkastisch zugespitzt, die möglicherweise von Montaigne, einem seiner Lieblingsschriftsteller, übernommene Überzeugung aus, es bestehe im Grunde nicht der geringste Unterschied[104].

Äußern über diese Frage sich heute manchmal Juristen, so könnte man fast annehmen, unter dem Eindruck von Kybernetik und Ethologie seien sie geneigt, Montaigne und Moltke zu folgen, lassen doch sogar Biologen zuweilen durchblicken, der Mensch sei eigentlich nichts anderes als ein Raubtier. Richtig ist freilich: die vergleichende Verhaltensforschung fördert Jahr für Jahr verblüffende, neue Übereinstimmungen zwischen Tier und Mensch ans Licht, und mitunter gewinnt es dabei sogar den Anschein, als zeige manches höhere Tier die bisher nur dem Homo sapiens zuerkannte »Weltoffenheit« bereits ansatzweise. Voraussetzung für eine derart vergleichende Betrachtung ist selbstverständlich, daß man bei alledem von der unzweifelhaft gewordenen Tatsache zahlreicher Rangstufen im Tierreich ausgeht, also den überholten Standpunkt aufgibt, schlechthin von »dem« Tier zu sprechen.

Aber trotzdem wäre es grundverkehrt, die scharfe unüberschreitbare Grenze zum Menschlichen zu verkennen. Mit der Menschwerdung nämlich kam etwas grundlegend Neues in die Welt, demgegenüber das Vergleichbare am Geselligkeitsverhalten unter Tieren bestenfalls einen »evolutionären Tastversuch« (Teilhard de Chardin) nach der höheren Daseinsstufe des

---

wenigstens in großen Zügen anzudeuten, in welcher Richtung einschlägige künftige Forschungen hier betrieben werden sollten. Nachdem kürzlich aber darüber Engisch Richtungweisendes gesagt hat ([1971], 277 ff.), brauche ich kaum noch etwas auszuführen.

Heute freilich würde ich die Fußnote 64 oben auf S. 34 anders fassen. Zwar kann ich trotz der scharfen Ablehnung von Lutz ([1963], 467—475) dem Altphilologen Dihle nach wie vor nur zustimmen. Aber meine Kritik an der verdienstvollen Arbeit Reiners führt schon durch ihre schlagwortartige Kürze irre. Auch ist sie sachlich nicht gerechtfertigt.

Zu Engisch sei angemerkt: bei praktischer Befolgung selbst unter überzeugten Christen dürfte die Goldene Regel das Niveau des Neuen Testaments (Matthäus 7, 12; Lucas 6, 31) nur äußerst selten erreichen. Allzu verbreitet ist die menschliche Unvollkommenheit. So empfiehlt das nordamerikanisch christlich beeinflußte, populäre Büchlein von K. O. Schmidt ([1965], 6) die Goldene Regel hauptsächlich, um »zu stabilen und gesunden wirtschaftlichen Verhältnissen« zu verhelfen. Wir befinden uns hier also bereits wieder auf der Ebene der von Dihle geschilderten Vulgärethik, ein unübersehbares Anzeichen für die Treffsicherheit des Urteils, daß sich eben historisierende Umstände aus der Situation des Einzelfalls niemals gänzlich ausschließen lassen.

Als formales Prinzip aber sagt die Goldene Regel so gut wie nichts. Auf ihre Bewährung im Leben allein kommt es an.

[104]) Kowalewski ([1905], 20 ff.).

Menschlichen darstellt. Neuerdings sagt denn auch Konrad Lorenz, der Vater der Ethologie, mit scharfer Betonung:

»Einer der häufigsten und dümmsten, eigentlich unverständlichen Anwürfe gegen die Verhaltensforschung ist ja, daß sie den Unterschied zwischen Tier und Mensch ignoriere oder verkleinere. Das genaue Gegenteil ist richtig. Die allein dem Menschen eigene Gabe der Kultur, des objektivierenden Geistes, wie Nicolai Hartmann es nennt, beruht auf der Fähigkeit, erworbenes Wissen durch Tradition zu bewahren ... [105].«

Es ist sicherlich augenfällig, wie sehr der Mensch anatomisch und physiologisch Tieren gleicht. Doch rechtfertigt das keineswegs den übereilten Schluß, deswegen also könne er eben nur ein Tier höherer Ordnung sein. Daß selbst der höchststehende Mensch zwar seine tierische Mitgift nicht zu verheimlichen vermöchte, sollte man freilich wissen. Aber dennoch ist er kein Tier, sondern — in der Sprache Nicolai Hartmanns ausgedrückt — die Überhöhung des Tiers. D. h. jeder unter uns ist und bleibt bis zu seinem letzten Atemzug jenes wundersam aus Animalität und Geist gemischte Zwitterwesen. Das erklärt, weshalb er sich gerade heute im berauschenden Revolutionszeitalter der Technik nur allzu leicht verführen läßt, von seiner spielraumbeschränkten Handlungsfreiheit unklugen Gebrauch zu machen, indem er verderbenbringend eingreift in die Nährschichten seiner eigenen Existenz wie in den Lauf der ihn umgebenden Natur überhaupt. Schon allein aus biologischen Erwägungen meint deshalb der amerikanische Ethologe Robert Ardrey, die Unordnung sei aus aller menschlichen Ordnung nie ganz wegzudenken[106].

In der Tat steht unsere Unordnung gegenwärtig bereits im Begriff, planetarische Ausmaße anzunehmen. Vernichtend greift sie über auf die gesamte

---

[105]) Lorenz bei Hacker ([1971], 150). Selbst bei den intelligentesten Schimpansen zeigt sich der Abstand zum Menschen klar. Bei ihnen sind bestenfalls hie und da vielleicht erste Ansätze zu einem Ich-Bewußtsein festzustellen (van Lawick-Goodall [1971], 106 ff.).
Gleichwohl könnte niemand, der ernstgenommen werden will, die tierische Vorfahrenschaft des Menschen in Zweifel ziehen. Aber diese Einsicht hindert gegenwärtig die Fachwelt nicht mehr, dennoch die kosmische Sonderstellung des Menschen zu erkennen und herauszuarbeiten. Zur Einführung: Hofer und Altner (1972). Dabei kommt es selbstverständlich lediglich auf den Homo sapiens an, nicht auf seine subhumanen Vorläufer. D. h. also: das von dem Paläanthropologen Heberer (1969) so bezeichnete »Tier-Mensch-Übergangsfeld« bleibt außer Betracht. Für die Frage, ob ein Naturrecht biologischer Prägung uns angeht, ist es ohne Interesse.
Bei diesem Forschungsstand kann es bedauerlicherweise allzu leicht irreführen, wenn ausgerechnet ein um Selbstbesinnung und methodologische Rechtfertigung der Geisteswissenschaften so verdienter, angesehener Fachvertreter der Philosophie wie Gadamer in der von ihm herausgegebenen anthropologischen Enzyklopädie keine klare Stellung zu der überaus wichtigen Frage bezieht, vielmehr Wendungen einfließen läßt, die eher den Eindruck festigen könnten, daß es ihm selbst nicht auf das unwiederholbar Einzigartige am Einzelmenschen ankomme, sondern nur noch auf das Menschliche schlechthin ([1972], Band I, IX—XXXVI).

[106]) Ardrey ([1971], 81—120). Ähnlich sagt es Jean Paul Sartre (bei Schiwy [1970], 210): »Geschichte ist nicht Ordnung. Sie ist Unordnung. Sagen wir eine vernünftige Unordnung.« Ist das aber der Fall, so ergibt sich die Frage:

106) Wo verlaufen die dem geschichtlichen Wesen Mensch gesetzten Grenzen, innerhalb deren es die spielraumgesetzliche Freiheit genießt, sich in vernünftiger Unordnung zu betätigen? Die Antwort, biologisch gegeben, kann nur lauten: dort, wo der Mensch beginnt, die Grundfesten seiner Gesellschaftsordnung derart zu unterhöhlen, daß die vitalen Voraussetzungen seines Gemeinwesens in sich zusammenbrechen.
Damit erhebt sich aber schon die Kardinalfrage unseres Zeitalters: inwieweit steht etwa die weltweite Unordnung der Gesellschaftsordnungen auf unserer Erde im Begriff, bereits die biologische Substanz der Menschheit selbst zu gefährden? Hier kann auf diese Frage nicht eingegangen werden. Aber im Hinblick auf die Naturrechtsproblematik im allgemeinen sind zu ihr doch wenigstens einige Bemerkungen nützlich.
Großstadtleben und Industriegesellschaft wandeln unser Dasein unaufhaltsam und grundstürzend. Sie entwurzeln die Menschen und würfeln sie durcheinander. Der Einzelne wird einsam und verarmt seelisch. Obendrein überfordern naturwidrige Lebensweise und ständige Reizüberflutung auf die Dauer die stärkste Gesundheit.
Die meisten lassen das alles, wenn auch oft mit Unbehagen, in dumpfer Schicksalsergebenheit ohne Widerspruch über sich ergehen. Nur eine kleinere Anzahl Älterer und ein großer Teil der Jugend empören sich, von wachsender Unruhe bewegt. Sie verabscheuen eine Lebensform, welche individuelle Freiheit und menschenwürdige Existenz erstickt. Doch auch diese aktiven Mißvergnügten denken fast garnicht nach über Ursachen und Besserungsmöglichkeiten für die ärgerniserregenden Mißstände. Daher fruchtet denn auch ihre innere und äußere Unruhe, da sie in bloßem Abscheu verharrt, überhaupt nichts. Bekanntlich vermochten ja auch die alten Handwerker nicht das Rad der Geschichte zurückzudrehen, als sie am Anfang des vorigen Jahrhunderts in ihrer Verzweiflung die ersten Maschinen zertrümmerten. Vergeblich war schon Don Quichotte gegen Windmühlenflügel Attacke geritten mit seiner Lanze.
Im Angesicht der überaus schweren Mißstände unseres Zeitalters wäre freilich uns allen eine heilsame innere Unruhe zu wünschen. Nur dürfte sie sich nicht verzehren in nutzloser oder gar zerstörerischer Entrüstung. Den rechten Ausweg aus der Not der Stunde weist allein eine s c h ö p f e r i s c h e Unruhe! Der nüchterne Verstand, von gründlicher Lebenskenntnis unterstützt und von einem unermüdlich zähen, opferbereiten Besserungswillen angefeuert, muß hier die Führung übernehmen. Wohlmeinende, aufmunternde Reden Unkundiger nützen dabei garnichts. Im Gegenteil! Sie verwirren eher und richten lediglich Schaden an. Wer für die Gestaltung einer besseren Zukunft keine erreichbaren Ziele anzugeben vermag, sollte lieber schweigen. Bloße Schlagworte sind immer schon wegen ihrer schillernden Vieldeutigkeit gefährlich. Denn sie überlassen es dem Hörer, sich nach seinem Bildungsstand bei ihnen gerade das zu denken, was ihm nach seiner wechselnden Stimmungslage von seinen unerfüllten Wünschen nahegelegt wird.
Im höheren Sinne handelt demnach wahrlich nicht verantwortungsvoll, wer mit zugkräftigen Parolen, die jedermann heute gern vernimmt, einfach ins Blaue hinein gegen gewisse gesellschaftliche Übelstände der Gegenwart ein Naturrecht des Widerstandes, ja sogar der Revolution auf den Plan ruft, besonders wenn er sich dabei als Gefolgsmann Jesu in die Rolle eines Kämpfers gegen »die Gesetze und Zwangsläufigkeiten dieser Erde« begibt (so etwa Moltmann [1969], 17, 334; ders. [1971], 43, 100—115), überdies ohne genau zu sagen, was er in diesen Zusammenhängen denn unter »Gesetzen und Zwangsläufigkeiten dieser Erde« verstanden wissen möchte. Richtig ist dergleichen gewiß nicht, möge es auch immerhin in edler Absicht geschehen. — Mehr sei zur politischen Theologie nicht gesagt. Vgl. Näheres bei Herr ([1972], 186 f.). Über das Naturrecht der Neuen Linken berichtet eingehend Verdross ([1971], 49 ff.). — Man kann nur den Worten Szczesnys ([1971], 31) zustimmen: » Es gibt einen Terror des Guten, dessen Resultate schrecklicher sind als die Irrtümer und Vergehen, die er ausmerzen will.«

Umwelt des Menschen einschließlich der Pflanzen und Tiere. Hauptsächlich durch die ungeheure Bevölkerungsvermehrung wird diese beängstigende Entwicklung gefördert.

Doch Ardrey möchte uns trösten. Er äußert nämlich die Vermutung, die fürsorgliche Natur habe unmerklich schon eine höhere Regulationsgesetzlichkeit auf den Plan gerufen. Sie arbeite erfolgreich daran, den immer lebensgefährlicher werdenden Zeugungstrieb der Menschheit zu schwächen und zu dämpfen. Planmäßig dezimiere sie die allzu zeugungsfreudige Jugend. Sie lasse die Verkehrsunfälle zur Lawine anschwellen, steigere Stress, Selbstmordneigung, Homosexualität und Rauschgiftsucht, zu schweigen von der entnervenden Einwirkung des allbeherrschenden Stadtlebens[107].

Die Hypothese Ardreys besticht, auch wenn sie sich als nicht exakt beweisbares Erzeugnis der Vermutbarkeitsforschung vielleicht weniger die Kritik biologischer Fachleute gefallen lassen muß als der Vertreter der vergleichenden Demographie. Die Verhältnisse mögen nicht auf der gesamten Erde so liegen wie in Amerika und weiten Teilen des abendländischen Europa. Das aber ist nicht entscheidend, sondern der bemerkenswerte Umstand, daß Ardrey zur Stützung seiner Mutmaßung immerhin auf verblüffende Parallelen zu Tieren verweisen zu können scheint[108].

Welche Folgerungen aber ergäben sich allein aus diesem Fall für die Existenz eines ewig unveränderlichen Naturrechts? Wenn es tatsächlich so sein sollte, daß in der naturgeschichtlich wie menschheitsgeschichtlich einzigartigen Gegenwartslage die Natur höchstselbst, um ihren Planeten Erde und seine bedrohte Menschheit als Gattung vor dem Untergang zu bewahren, zu einem Prinzip der biologischen Selbstregulation Zuflucht nimmt, dann muß man wohl doch daran zweifeln, ob es ein für alle denkbaren Zeiten unwandelbar verbindliches Naturrechtsgebot geben kann, das dem Menschen anbefiehlt: »Sei fruchtbar und mehre Dich! Die Frucht im Mutterleib darfst Du nicht töten!«

Unter dem von Ardrey eröffneten Ausblick ist diese Frage unausweichlich. Eine Sache für sich ist dabei allerdings, wie die Antwort zu lauten hätte. Sorgsame Einzelprüfung an Ort und Stelle durch Gesetzgeber und Rechtsanwender müßte ihr vorausgehen. Wie die Antworten nach der unübersehbaren Mannigfaltigkeit der jeweils unwiederholbaren Einzelfälle auch ausfallen mögen, eines dürfte sich erwiesen haben: auch wer von Ardreys interessanter Hypothese ganz absehen möchte, weil sie ihm nicht exakt beweisbar erscheint, wird sich gleichwohl nicht der Einsicht verschließen können, wie gegenstandslos heute im Angesicht der Übervölkerung eine Lehre geworden ist, die in jeder Hinsicht an einem unerschütterlich statischen Begriff des Naturrechts festhält[109].

---

107) Ardrey a.a.O. 219—242.

108) Ardrey a.a.O. 203 f., 209, 234, 241, 290.

109) Hierzu interessiert auch der von Heisenberg ([1971], 124 f.) angestellte Vergleich zwischen »manchen Rechtsphilosophien und der exakten Naturwissenschaft«, bei dem er zum Ergebnis kommt, es sei unmöglich, »Glaubensbekennt-

Es ist für niemanden etwas Neues, daß die Natur, zumal wenn es hart auf hart geht, allein um das Überleben der Gattung besorgt ist. Dennoch macht man sich nicht immer in den Folgerungen dieser Erkenntnis klar, was dieser Sachverhalt bedeuten kann. Jedenfalls bestehen Zweifel, ob Anhänger eines biologischen Naturrechts hier frei von Illusionen sind.

Immer wird die Natur in katastrophenhaften Lagen nur den unverbrauchten, biologisch gesündesten Teil der Menschheit überleben lassen, unbekümmert um das Geschick ganzer Kulturen, auch wenn diese sich eine schonende Sonderbehandlung wünschen mögen unter Hinweis auf ihren verdienstvollen Beitrag zur Förderung des geistigen Prinzips in der Welt.

Die Natur also verfährt, wenn biologische Gesetzlichkeiten es erheischen, erbarmungslos gleichgültig mit aller menschlichen Kultur, vornehmlich mit dem einzelnen Menschen und seinen individuellen Wünschen. Man sieht, wie unfähig dann aber ein aus quantifizierender Naturgesetzlichkeit entwickeltes überpositives Recht wäre, die ungestillten Sehnsüchte mißvergnügter Individualisten zu befriedigen. Wer heute in dieser Hinsicht seine ganze Hoffnung auf die Biologie, insbesondere auf die vergleichende Verhaltensforschung setzen möchte, verkennt gründlich deren Leistungsfähigkeit, auch wenn ihre großen Entdeckungen vielleicht noch ausstehen. Es kann auch hier nur nochmals betont werden: alles menschliche Rechtsleben ist an den Kategorialbereich des Geistes gebunden! Recht ohne Geschichte wäre undenkbar. Tiere haben keine Geschichte. Zwar unterliegt auch der Mensch in seiner biologischen Unterschicht — viel mehr übrigens als er sich eingesteht — denselben generalisierend wirkenden Naturgesetzen wie die Tiere. Aber die einzig und allein dem Menschen vergönnte Spielraumgesetzlichkeit wahlfreien Handelns läßt sich nicht ausschließlich mit den kategorial niedrigeren Gesetzen seiner bloßen Animalität so regeln, daß daraus schon das Phänomen des Rechts entstehen könnte. Das Recht, ganz zu schweigen vom Idealrecht, wie es sich kritisch und diskursiv denkende Individualisten erträumen, vermag niemand aus dem uns vorgegebenen Sein der Natur abzulesen. Er muß seinen Geist bemühen, daß er das für ihn jeweils richtige Recht finde.

Hinzu kommt nun aber nicht zuletzt, daß die untereinander sehr verschiedenen Tierarten uns eine solche Vielfalt abweichender Verhaltensmodelle zeigen, wie der Laie es kaum erwarten sollte. Auch deswegen wäre es einfach unmöglich, unbesehen Tiere zu unserem Vorbild zu erheben, selbst nicht aus Gattungen, die dem Menschen verwandtschaftlich nahe stehen.

---

nisse, die für die Haltung im Leben verbindlich sein sollen, allein auf wissenschaftliche Erkenntnis zu begründen. Denn die Begründung könnte ja nur durch die fixierte wissenschaftliche Erkenntnis erfolgen, und die ist nur auf beschränkte Bereiche der Erfahrung anwendbar. Die Behauptung, die häufig am Anfang der in unserer Zeit entstandenen Glaubensbekenntnisse steht, daß es sich bei ihnen nicht um Glauben, sondern um wissenschaftlich fundiertes Wissen handele, enthält daher einen inneren Widerspruch und beruht auf einer Selbsttäuschung.«

Trotzdem ist die heutige vergleichende Verhaltensforschung für den Rechtsphilosophen unermeßlich wertvoll. Sie lehrt nämlich drastisch, was auch Menschen n i c h t tun sollten, sofern ihnen ihr Leben lieb ist.

Nach allem steht unbestreitbar zum mindesten das eine fest: die Natur — in sich wie um sich — überwindet nur d e r Mensch, der ihr willig gehorcht und seine ihm gezogenen Grenzen respektiert. Naturgemäß, d. h. richtig, handelt daher nur d e r irdische Gesetzgeber, der bei der Normierung menschlichen Zusammenlebens unnachsichtig dafür sorgt, daß alle seiner Rechtsordnung Unterworfenen stets die uns Menschen vorgeordnete Basisgesetzlichkeit der Natur ausreichend beachten.

Ist aber die Notwendigkeit zu betonen, daß Gestaltung wie Ausübung des Rechts Rücksicht üben müsse auf die biologischen Daseinsvoraussetzungen, so erhebt sich damit unabweislich die Komplementärfrage, wie man andererseits das positive Recht daran hindern könne, an Leistungsfähigkeit und Charakter der einzelnen Rechtsgenossen überspannte Anforderungen zu stellen. Die rechte Lösung ist schwierig. Sie hängt wesentlich davon ab, inwieweit Gesetzgeber und Rechtsanwender in praxi überhaupt fähig und willens wären, die ausschlaggebende Wechselbeziehung zwischen Individuum und Gemeinschaft, frei von unterschwellig mitsprechenden, historisierenden Wertgefühlen, gemäß ihrer biologischen Basisgesetzlichkeit richtig zu behandeln.

Es bedarf wohl keiner näheren Erörterung, daß hiermit nicht der normativen Kraft des Faktischen, geschweige einem unklaren Soziologismus des Rechts das Wort geredet wird. Vielmehr soll lediglich nicht unberücksichtigt bleiben, wie wenig es unsere Basisgesetzlichkeit allerdings empfehlen würde, Rechtsnormen aufzustellen, die an einem die Kräfte des Durchschnittsmenschen überfordernden Virtuosenethos ausgerichtet sind. Ohne auf diesen außerhalb unseres Gesichtskreises befindlichen Gegenstand weiter eingehen zu können, muß, um Mißverständnisse zu vermeiden, aber doch wenigstens gesagt werden: der Hinweis auf die Bedenklichkeit, rechtsethische Erwartungen zu übersteigern, behält seine Berechtigung in jedem Fall, selbst dann, wenn man an der Grundüberzeugung festhält, auch der Durchschnittsmensch sei dazu aufgerufen, über das rein Animalische emporzustreben, einfach deshalb, weil er kein Tier ist.

Vielleicht möchten einige Andersdenkende den in dieser Frage hier vertretenen Standpunkt kurzerhand mit der Kennzeichnung abtun, er verrate Züge christlicher Glaubensverirrung, zum mindesten aber erweise er sich als Fossil der Goethezeit. Denn der Mensch sei zu nichts aufgerufen. Er selbst bestimme sein Marschziel, keiner höheren, metaphysischen Weisung untertan. Doch unsere naturwissenschaftlichen Forschungsergebnisse sind schon so weit gediehen, daß man dergleichen Einwände nicht mehr wichtig zu nehmen braucht. Michael Landmann trifft das Richtige mit den Worten: »Wir werden die Metaphysik nicht los, indem wir uns auf die Erfahrung zurückziehen, sie steckt schon in der Erfahrung[110].« Im Angesicht der

---

[110]) Landmann ([1971], 62).

heutigen Entwicklung unserer anthropologischen Wissenschaften darf mit Fug und Recht vermutet werden, daß dem Menschen im Plan der Schöpfung eine Aufgabe zugefallen ist. Wagt man sich mit dieser Annahme auf den hier eingeschlagenen Weg einer hypothetischen Metaphysik, wie er vor der Wissenschaft allein vertretbar ist, so drängt sich folgerichtig alsbald eine weitere Mutmaßung auf. Sie betrifft die entwicklungspsychologische Entfaltung der Menschheit. Unbefangene Betrachtung unserer Stammesgeschichte zeigt, daß der Mensch — wenigstens des Abendlandes — die Ausgangsstufe gruppenseelischen Lebensgefühls verlassen hat und dazu übergeht, seine Individualität auszubilden, zum mindesten sein unabhängiges Ichbewußtsein zu steigern und zu betonen. Doch demgegenüber erhebt sich nur die kritische Frage: wo stößt diese Entwicklung an die Grenze, deren Übertreten einer erklärten Mißachtung unverletztlicher biologischer Basisgesetze gleichkäme? Schon im Hauptteil, mit anderen Worten aber auch in diesem Nachtrag wurde angedeutet: wer sein liebes, kleines Ich kurzsichtig jeder Mitverantwortung für das Ganze (Familie, Volk, Staat, Menschheit, außermenschlichen Lebensraum nebst Tieren und Pflanzen) zu entziehen trachtet, der sägt den Ast, auf dem er sitzt, eigenhändig ab. Wer in solipsistisch übersteigertem Freiheitsdrang der Harmonie der Gesamtordnung spottet, wer sich gar anschickt zum Sturmlauf gegen das kosmische Prinzip aller Ordnung überhaupt, der ist entartet. Denn er hat jedes gesunde Augenmaß verloren und möchte seine höchstpersönliche Winzigkeit zum Mittelpunkt des Alls erheben. Als Massenerscheinung muß diese Entartung der einzelnen zum Untergang ganzer Kulturen führen, auch wenn sie aus bloßer Gedankenlosigkeit ihres Ichwahns ihre »verdammte Pflicht und Schuldigkeit« grob verletzen, und sei es nur in Unkenntnis der biologischen Basisgesetzlichkeit. Die dem zugrunde liegende, durchweg aufsässige Haltung mißvergnügter, desillusionierter Individualisten hat in ihren Auswirkungen auf unser Gesellschaftsleben kaum ein anderer Schriftsteller so glänzend und erschütternd dargestellt wir Albert Camus.

Bei dieser Lage kann nur der Feststellung Karl Steinbuchs beigepflichtet werden: »Das wichtigste Problem unserer Zeit ist nicht die unbegrenzte Emanzipation, vielmehr die reflektierte Bindung[111].«

Unter Tieren herrscht überall vorwaltende Rücksicht auf das Interesse von Gruppe und Gattung. Daher kennen viele Tiere schon Fürsorge und Opfersinn für den Artgenossen. Diese tierischen Geselligkeitsinstinkte bilden den Grundbestand aller zoologischen Lebensformen. Auch der Mensch auf seiner höheren Daseinsstufe kann ihrer nicht entraten, sofern er nicht dege-

---

111) Steinbuch ([1971], 341). — Wie unlängst Börner (1970) für das Wirtschaftsrecht zeigte, wäre es daher auch grundverkehrt, angesichts unserer heutigen anthropologischen Einsichten immer noch — wie es leider nur allzu oft geschieht — den überholten Nonsens der Aufklärung aufzufrischen, die ungehemmte Freiheit des einzelnen sei der beste Garant dafür, daß unser Wirtschaftsleben sich nach den allgemeingültigen Gesetzen der Natur entwickle. Die Verfechter jener abgestandenen Auffassung verkennen die in der spielraumgesetzlichen Handlungsmacht des Menschen lauernde Gefahr, d. h. seine Versuchung, g e g e n die Natur zu handeln.

nerieren möchte, freilich mit dem einzigen Unterschied, daß ihm die Aufgabe obliegt, jene gattungserhaltende Triebanlage zum Humanen zu überhöhen. Denn der Mensch ist — nach Goethes Worten — der Wurf nach etwas Höherem. Wir sind Wesen, denen es beschieden ist, stets und ständig an ihrer Vervollkommnung zu arbeiten. Darauf deutet schon unsere Geschichtlichkeit hin. Wir dürfen uns demnach nicht damit zufrieden geben, Rechtsregeln zu befolgen. die lediglich aus dem vorfindbaren Sein abzuleiten wären. Vielmehr lautet unsere Aufgabe: Gehorche dem Gebot des Sollens!

Dieses aus biologischen Erwägungen entwickelte Thema ist derart wichtig, daß Ethiker und Rechtsphilosophen künftig nicht mehr vor ihm werden ausweichen können, mag es sich hier auch nur um bloße Vermutbarkeiten handeln, die sich nicht exakt beweisen lassen. Denn selbstverständlich ist es wissenschaftlich nicht erweislich, wohl aber mit guten Gründen vermutbar, daß dem Menschen über seine allseitig bereits anerkannte Sonderstellung im Organischen hinausgreifend auch noch die Pflicht auferlegt sei, an seiner Weiterentwicklung zum Nutzen der kosmischen Gesamtordnung zu arbeiten. Jedenfalls die Abwegigkeit einer solchen Vermutung ließe sich wissenschaftlich in einem exakten Beweisverfahren ebensowenig dartun, zumal deshalb nicht, weil die heutigen Gesamtkenntnisse von der Funktion des geistigen Prinzips im Aufbau des Kosmos eher für den hier vertretenen Standpunkt sprechen. Natürlich ist einzuräumen, daß unabhängig von dieser Erwägung ein religiöser Glaube den gleichen Schluß nahelegt.

Doch wird gerade dieses Eingeständnis den Widerspruch von Metaphysikgegnern aller Schattierungen wachrufen. Für sie nämlich ist Vater des Menschengeschlechts der blinde Zufall. Dabei pflegen sie aber schon in ihrer Ausgangsstellung zweierlei zu verkennen: einmal übersehen sie geflissentlich, welch ein himmelweiter Unterschied besteht zwischen bodenlos ungezügelten Phantasievorstellungen über die sogenannten letzten Dinge und einem wissenschaftlich zuchtvollen Denken, das den sicheren Boden einer hypothetisch verläßlichen Metaphysik nicht preisgibt. Vor allem übersehen sie jedoch das andere: wie sehr sie selbst in ihrer Haltung die wissenschaftliche Selbstkritik vermissen lassen. Sie müssen sich also den Gegenvorwurf gefallen lassen, zum mindesten ebenfalls außerhalb jeder Wissenschaftlichkeit zu argumentieren. Denn was verbirgt sich an Vorstellungsgehalt eigentlich hinter dem wohltönenden Terminus Zufall? Es ist ein Zauberwort zur wissenschaftlichen Beschwichtigung der Neugier des rational denkenden Menschen der Neuzeit. Seit der Aufklärung betet man »sa majesté le hasard« (Voltaire) an, ohne sich damit bewußt zu machen, welches Eingeständnis der Unwissenheit darin liegt. Zufall ist, bei Licht besehen, daher nichts anderes als das der wissenschaftlichen Anmaßung des Menschen zur Selbstverschleierung seiner Ignoranz dienende, nichtssagende Beruhigungsetikett auf einem Gefäß mit rätselhaftem Inhalt.

So nun steht es um die neueste, vielberufene naturphilosophische Arbeit des französischen Molekularbiologen Jacques Monod. Er bemüht sich, dem Zufall in der Entwicklungsgeschichte des Organischen die beherrschende Rolle neben der erweislichen kausalen Notwendigkeit zuzuweisen, überdies in durchaus nicht klarer Begrifflichkeit[112]. Offensichtlich bemerkt er dabei nicht einmal, wie sehr ungewollt er weniger Vorurteilsreiche förmlich zu der metaphysischen Überlegung anreizt, was denn der unbekannte Urgrund des organischen Lebens, vor allem der unerklärlichen biologischen Mutationen, eigentlich sein könnte. So regt Monod seine Leser geradezu an, einen Mathematiker herbeizurufen, damit er errechne, ob sich die hohe Anzahl biologischer »Zufälligkeiten« überhaupt noch in Einklang mit der Wahrscheinlichkeitsberechnung bringen ließe. Möglicherweise würde mathematische Nachprüfung des von Monod wissenschaftlich einwandfrei zusammengetragenen Tatsachenmaterials die einzig naheliegende Vermutung begründen, hinter den uns sichtbaren biologischen Vorgängen müsse eine verborgene Macht walten, mögen wir sie Gott nennen oder wie sonst auch immer.

Naturwissenschaftlich vom exakten Wissen bis zur wohlbegründeten Vermutbarkeit durchgeführte, folgerichtige Überlegungen verwehren es somit nicht, hinter den Bereichen des sichtbaren Lebens unsichtbare Ordnungsmächte anzunehmen. Im Gegenteil, diese Annahme liegt sogar nahe. Ist das aber der Fall, so müssen wissenschaftlicher Redlichkeit doch wohl prüfenswerte Bedenken kommen, ob heute gewisse Rechtstheoretiker auf dem rechten Wege wandeln, wenn sie uns weismachen möchten, wir Menschen seien in der Wahl unseres »normativen Grundmodus« völlig frei. Vielleicht haben wir doch den kategorischen Imperativ Immanuel Kants als Leitnorm jeder Ordnung unter Menschen anzuerkennen!

Die tonangebende Schicht unserer Juristen in Theorie und Praxis indessen verschließt vor diesem erhabenen Hintergrund unseres Daseins die Augen, in dem heute allbeherrschenden Wahn wahrscheinlich, für Gesetzgeber und Rechtsanwender gebe es keine geheimnisvollen Wirkkräfte aus dem Unsichtbaren, die auch für unser Rechtsleben Beachtung verdienten. Ohne nähere Begründung kann man aus berufenem Mund gegenwärtig vernehmen, das Recht sollte »nicht Lenker, sondern Spiegel der Gesellschaft« sein[113]. Falls mit solchen und ähnlichen Bekenntnissen lediglich die meist weder gründlich noch gar aus tieferem Verständnis und sittlichem Verantwortungsbewußtsein gepflegte praktische Übung der Menge Gedankenloser gemeint

---

112) Unter Zufall scheint Monod ([1971], 106, 143, 168, 177 ff.) nicht nur das Zusammentreffen zweier in sich selbständig verlaufender Ursachenketten zu verstehen, sondern auch Ereignisse ohne erkennbaren Bestimmungsgrund, also Vorkommnisse, die gegenwärtigem Wissen verborgen sind. Damit wird der Zufall aber zur Begriffsmarke für alles das, was die Erkenntnisgrenze des Menschen übersteigt. Gegenüber Monod beweist überzeugend sein Landsmann Oraison ([1972], 145—157), wie falsch und überheblich es ist, das nicht Verstehbare als absurd oder zufällig abzutun.

113) So der deutsche Bundesrichter Woesner ([1971], 146), der fordert, jedermann solle, durch Zwang einer Weltanschauung unbehindert, nach seiner Fasson selig werden können. Gewiß, in einer Gemeinschaft lauter Lichtgestalten ein beifallswerter Grundsatz! Man braucht indessen nicht einmal Schopenhauer gelesen zu haben, sondern kann nur um sich blicken, um zu erkennen, wohin uns seit den Tagen Friedrichs des Großen die Wege und Abwege des in Freiheit dressierten Individuums geführt haben.

sein sollte als Richtschnur vorbildlichen Rechtsverhaltens, so erhöbe sich dagegen aber doch wohl mit Recht die jahrtausendealte Gegenfrage, ob es nicht vielmehr unsere wahre Aufgabe sein könnte, einer — freilich heute nur selten noch vernommenen — inneren Stimme zu folgen, die den Menschen zu läuternder Selbstüberwindung emporweisen möchte über die oft so enttäuschenden Niederungen des bloßen Seins. Dabei bliebe es selbstverständlich eine Sache für sich, bis zu welcher Höhe wir aufzustreben vermöchten, ohne immer wieder an unserer kreatürlichen Unvollkommenheit kläglich scheitern zu müssen.

Solche Lebensfragen heute auch nur zur Debatte zu stellen, mag sogar jüngeren Theologen schon befremdlich erscheinen. Ihre Metaphysikscheu wäre noch begreiflich, wenn sie sich darauf beschränkten, den veralteten, vermenschlichenden Gottesbegriff und die unverständlich gewordene Sakralsprache der Kirche abzulehnen. Aber sie gehen heute vielfach — ohne im mindesten an ihrer inneren Berufung zu zweifeln — bereits entschlossen dazu über, selbst die Bittgebete unumwunden für nutzlos und sinnlos zu erklären. So öffnen denn unter Konnivenz ihrer Kirchenleitungen auch theologische Fakultäten bereitwillig ihre Pforten dem erklärt atheistischen Geist des Neopositivismus wie des Neomarxismus. Man kann zu ihren Gunsten allenfalls vermuten, daß sie dabei hoffen mögen, vielleicht auf diese Weise unter Preisgabe jeglicher Eschatologie[114] wenigstens Jesu Lehre von der Nächstenliebe für das kommende Jahrhundert noch zu retten.

Bei dieser Entwicklung in der Theologie kann es selbstverständlich nicht verwundern, wenn auch Juristen heute kein rechtes Verständnis mehr für metaphysische Gedanken aufbringen. Auf einem anderen Blatt steht dabei natürlich, ob theologische und nichttheologische Fürsprecher eines derart metaphysikscheuen Geistes noch auf den Höhen unserer Zeit wandeln und überhaupt verdienen, daß man sie wissenschaftlich ernst nehme. Lassen doch mancherlei untrügliche Vorzeichen sogar hinter dem eisernen Vorhang bereits erkennen, daß das allgemeine Wissenschaftsbewußtsein sich gerade in dieser Hinsicht von Grund auf noch vor Ablauf dieses Jahrhunderts

---

114) Eschatologie ist hier im unverfälscht ursprünglichen Sinn gemeint, nicht semantisch abgewandelt nach der Übung heutiger Theologen. Sie freilich sehen vielfach »die Ewigkeit des Himmels« garnicht mehr, sondern nur noch »die Zukunft eben der Erde« (Moltmann [1969], 16). Bei manchen katholischen Theologen steht es kaum anders. So umgeht Holl in seiner Jesusmonographie alles Metaphysische betont. Vielsagend äußert er: »Was in diesem Buch fehlt an Inhalten, die vielleicht vielen wesentlich erscheinen, wurde mit Bedacht ausgelassen« ([1971], 159). Der Protestant Braun (1971), 341) sieht in Gott nur noch »das Woher (seines) Umgetriebenseins« und folgert daraus: »Gott wäre dann eine bestimmte Art der Mitmenschlichkeit«.
Das bei alledem verbleibende Rumpfchristentum unterscheidet sich kaum noch von Ludwig Feuerbach und Karl Marx. Lediglich sein aus alten Zeiten herrührendes, nicht mehr angemessenes Vocabularium trennt es gegenwärtig von den marxistischen Spielarten eines säkularisierten Chiliasmus. Die beiden großen christlichen Konfessionen stehen damit im Begriff, sich in irdische Vereinigungen für Sozialpolitik und Wohltätgkeit zu verwandeln, wenn nicht bald ein Wunder geschieht.

ändern wird. Albert Einstein, der seine Jugend in »fanatischer Freigeisterei« verbracht hatte, sprach im Alter aus der Erfahrung seines gesegneten Forscherlebens die gewichtigen Worte: »Die Naturwissenschaft ohne Religion ist lahm, die Religion ohne Naturwissenschaft aber ist blind[115].«

Aus guten Gründen richten sich die Worte des großen Physikers an die Theologen in erster Linie. Der bekannte urchristliche Schlachtruf: »Ich glaube es, weil es widersinnig ist (credo quia absurdum)«, einst so bewährt im Abwehrkampf gegen die Gnosis, trug in der Folgezeit seit dem 17ten Jahrhundert nämlich entscheidend dazu bei, die neuzeitlichen Menschen glaubensverdrossen zu machen und sie der Kirche zu entfremden. Er erweckte und nährte über Wissen, Glauben und Wesen des Metaphysischen — in seinen Nachwirkungen bis in die Gegenwart noch — tiefeingewurzelte irrige Vorstellungen, die in ihrer Unausrottbarkeit unser aller schwerster Schade sind.

Darum ist es heute dringend geboten, die rechte Wechselbeziehung zwischen Glauben und Wissen zu finden. Das Wort Hamlets, daß es mehr Dinge zwischen Erde und Himmel gibt, als unsere Schulweisheit sich träumen läßt, werden die meisten unter uns zwar willig anerkennen. Dennoch darf aber nicht außer acht gelassen werden, wie wenig in der Lebenspraxis der allgemeine Allwissenheitswahn unsere theoretisch anerkannten Erkenntnisgrenzen beachtet. Gedankenlos werden sie immer wieder überschritten. Der Wissenschaftler erklärt selbstsicher: »Das gibt es nicht!« Der Fromme hingegen erhebt seine oft bodenlosen metaphysischen Phantasiegebilde zum Gegenstand eines verbindlichen Dogmas für andere.

Einsteins Mahnung wird erst dann wirken, wenn bei allen diesen Überlegungen die Kategorie des Vermutbaren in den Mittelpunkt gerückt ist. Nur die tiefinnerliche Überzeugung, daß wir auf Schritt und Tritt in Geheimnissen wandeln (Goethe), vermag den Wissenschaftshorizont ins Metaphysische zu weiten und damit einem neuen Glauben Raum zu schaffen, der nicht mehr im Widerstreit zu Wissen und Vermuten steht. Von jener Warte aus gesehen, verliert dann auch der Anblick des »Gorgonenhauptes« des vielgescholtenen Wertrelativismus das Verwirrende, das heutige Menschen so oft frösteln läßt, weil sie sich nicht zum Glauben Rankes durchringen können, in ihrer Weise sei jede Epoche unmittelbar zu Gott[116].

---

115) Born ([1966], 237 f.).

116) Engisch ([1971], 286). — Selbstverständlich schließt Rankes Glaube die Folgerung ein, in aller Schöpfung walte ein Sinn. Die Frage dabei ist nur, wie der namentlich vom älteren Historismus gepflegte Glaube, aus der Geschichte könne man Gottes Pläne ablesen, einer sokratischen Selbstbesinnung standhalten soll. Gelinde gesagt unhaltbar erscheint aber die heute oft geäußerte gegenteilige Meinung, daß schlechthin alles historische Geschehen sinnlos sei (so z. B. Iggers ([1971], 107 f.) in seinem abwertenden Urteil über Ranke). Warum soll es sinnlos sein? Etwa deshalb, weil wir winzigen Menschen seinen Sinn nicht zu erfassen vermögen? Vgl. oben Fußnote 179 auf S. 279.

An einem wird sich freilich auch künftig nichts ändern: im ewigen Wandel des Irdischen muß der irrende, endliche Mensch täglich um sein richtiges Recht ringen, heute so, morgen anders.

Die Naturrechtsanhänger sind einer Illusion verfallen. Sie wähnen, das Recht herleiten zu können aus göttlicher Offenbarung, aus der Natur in oder um uns, aus der Natur der Sache oder auf andere Weise. Dabei gleichen sie Architekten, die hochragende Feenpaläste aufführen, ohne mit Statikern den Baugrund untersucht zu haben. So stürzt denn die ganze Schönheit schon beim ersten Windstoß in sich zusammen.

Es ist vergleichsweise leicht, die Illusion der Naturrechtler zu zerstören. Sehr schwer aber, wenn nicht gar unmöglich ist es, auch nur in großen Zügen das Bild von unserer positiven Rechtsordnung zu entwerfen, wie sie heute oder morgen aussehen müßte, wenn sie annähernd unsere menschlichen Sehnsüchte erfüllen soll. Die schwierigste aller Wissenschaften ist eben die des Juristen. Das sagte schon Wilhelm Wundt.

Ein beträchtlicher Fortschritt ist es immerhin, daß jetzt endlich allmählich auch die breite Öffentlichkeit einzusehen beginnt, wie sehr die Rücksicht auf unsere biologische Basisgesetzlichkeit zur Frage unserer nackten Existenz geworden ist.

Die Schöpfung hat dem Menschen spielräumliche Entscheidungsfreiheit gewährt und ihm damit die Aufgabe zugedacht, sein Leben auf diesem Planeten, ganz auf sich gestellt, nach eigenen Plänen zu gestalten. Freilich sind ihm höhere Normen, denen er nur blindlings zu folgen brauchte, um nicht zu straucheln, dabei nicht an die Hand gegeben. Gänzlich auf sich allein ist er verwiesen. Dafür aber rüstete die Natur ihn mit Sprache und Verstand aus, auf daß er seinem selbständigen Auftrag auch gewachsen sei. Doch diese Gaben erweisen sich immer wieder gleichermaßen als sein Segen wie sein Fluch. So umlauert ihn denn stets und ständig die Gefahr, dunklen Mächten zerstörerischer Unordnung zu verfallen. Mißverständnisse und Fehlgriffe begleiten überall seine Schritte. Gegen schweres Unheil ist er nur dann gefeit, wenn er in Bescheidenheit und Demut nichts anderes sein möchte als ein dienstpflichtiges Glied in der Gesamtordnung, welche höher ist als alles vergängliche Recht der endlichen Menschen.

So mag vielleicht schon Prinz Eugen von Savoyen die tieferen Zusammenhänge unseres Daseins gesehen haben, als er zu seinen Offizieren die Worte sprach:

> »Wenn wir gehorchen, entsprechen wir am besten dem Willen Gottes, was die beste aller Freiheiten ist[117].«

---

117) Neben dieser deutschen von Braubach (Band V [1965], 343) wiedergegebenen Fassung existiert eine französische Variante, die mir treffender erscheint: »Si nous obéissons nous nous approchons toujours de la volonté de Dieu ce qui est la meilleure des libertés« (Carl J. Burckhardt [1941], 94).

SCHRIFTTUM ZUM NACHTRAG II

(Nichterwähntes siehe S. 191—208 oder 288—300)

ALBERT, Hans: »Plädoyer für kritischen Rationalismus« München 1971

ALBERT, Hans: »Hermeneutik und Realwissenschaft« in »Sozialtheorie und soziale Praxis«, Festgabe für Eduard Baumgarten, Hrsg. Hans Albert, Meisenheim, am Glan 1971

ALFVÉN, Hannes: »Atome, Mensch und Universum«, deutsch, Frankfurt a. M. 1971

APEL, Karl-Otto: »Szientistik, Hermeneutik, Ideologiekritik« in »Hermeneutik und Ideologiekritik«, Hrsg. Habermas, Henrich und Taubes, Frankfurt a. M. 1971

ARDREY, Robert: »Der Gesellschaftsvertrag — Das Naturgesetz von der Ungleichheit der Menschen«, deutsch Wien/München/Zürich 1971

ARENDT, Hannah: »Macht und Gewalt«, München 1970

BERGSON, Henri: »Einführung in die Metaphysik«, deutsch 2. Aufl. Jena 1912

v. BERTALANFFY, Ludwig: ». . .Aber vom Menschen wissen wir nichts« Düsseldorf & Wien 1970

BERVE, Helmut: »Die Tyrannis bei den Griechen«, Band I und II, München 1967

BOCKELMANN, Paul: »Willensfreiheit und Zurechnungsfähigkeit« Zeitschr. f. d. ges. Strafrechtswiss. Band 75 (1963), 372 ff.

BODAMER, Joachim: »Das Recht des Menschen auf seine eigene Krankheit« in »Revolution der Technik, Evolution des Rechts« (Festgabe für Karl Oftingen), Hrsg. Max Keller, Zürich 1969, 1 ff.

BÖCKLE, Franz: »Natur als Norm in der Moraltheologie« in »Naturrecht und christliche Ethik«, Hrsg. Franz Henrich, München 1970, 77 ff.

BÖRNER, Bodo: »Staatsmacht und Wirtschaftsfreiheit«, Bad Homburg v. d. H./Berlin/Zürich 1970

BORN, Max: »Physik im Wandel meiner Zeit«, 4. Aufl. Braunschweig 1966

v. BRANDT, Ahasver: »Werkzeug des Historikers«, 5. Aufl. Stuttgart/Berlin/Köln/Mainz 1969

BRAUBACH, Max: »Prinz Eugen von Savoyen«, 5 Bände München 1963—1965

BRAUDEL, Fernand: »Die Geschichte der Zivilisation — 15.—18. Jahrhundert«, deutsch München 1971

BRAUN, Herbert: »Gesammelte Studien zum Neuen Testament und seiner Umwelt«, 3. Aufl. Tübingen 1971

BROEKMAN, Jan M.: »Strukturalismus — Moskau, Prag, Paris«, Freiburg i. B. & München 1971

BURCKHARDT, Carl Jacob: »Gestalten und Mächte — Reden und Aufsätze«, München 1941

CAMUS, Albert: »Der Mensch in der Revolte«, deutsch 2. Aufl. Reinbek bei Hamburg 1970

CARP, E. A. D. E.: »Zukünftige Psychiatrie«, deutsch Stuttgart 1970

CESARINI-SFORZA, Widar: »Rechtsphilosophie«, deutsch München 1966

COING, Helmut: »Naturrecht als wissenschaftliches Problem«, Wiesbaden 1965

CONRAD, Joseph: »Taifun und andere Erzählungen«, deutsch Zürich (ohne Jahr)

DAHRENDORF, Ralf: »Einleitung in die Sozialwissenschaft«, Zürich 1967
DANNER, Manfred: »Gibt es einen freien Willen?«, 2. Aufl. Hamburg 1969
DIEMER, Alwin: »Die Trias Beschreiben, Erklären, Verstehen in historischem und systematischem Zusammenhang« in »Der Methoden- und Theorienpluralismus in den Wissenschaften«, (Studien zur Wissenschaftstheorie, Band 6), Hrsg. Diemer, Geldsetzer u. Rotter, Meisenheim am Glan 1971, 5—26
DREIER, Ralf: »Helmut Coing: 'Naturrecht als wissenschaftliches Problem' (Rezension)«, Juristische Rundschau 1967, 214
DRIESCH, Hans: »Ordnungslehre«, 2. Aufl., Jena 1923
DRIESCH, Hans: »Lebenserinnerungen«, Hrsg. Ingeborg Tétaz-Driesch, München & Basel 1951
DUBISCHAR, Roland: »Grundbegriffe des Rechts«, Stuttgart/Berlin/Köln/Mainz 1968
DÜRRENMATT, Friedrich: »Gerechtigkeit und Recht«, Zürich 1969

EIBL-EIBESFELDT, Irenäus: »Liebe und Haß«, München 1970
EIBL-EIBESFELDT, Irenäus: »Stammesgeschichtliche Anpassungen im Verhalten des Menschen«, in Band II der »Biologischen Anthropologie« (Hrsg. Gadamer und Vogler), Stuttgart 1972, 3—56
EIBL-EIBESFELD, Irenäaus: » Die Ko-Buschmanngesellschaft «, München 1972a
EMGE, Carl August: »Der ethische Fehlgriff nach dem Ganzen — Über einen anscheinend typischen Mangel normativer Theorien«, Wiesbaden 1969
ENGISCH, Karl: »Die Lehre von der Willensfreiheit in der strafrechtsphilosophischen Doktrin der Gegenwart«, 2. Aufl. Berlin 1965
ENGISCH, Karl: »Die Idee der Konkretisierung in Recht und Rechtswissenschaft unserer Zeit«, 2. Aufl. Heidelberg 1968
ENGISCH, Karl: »Auf der Suche nach Gerechtigkeit«, München 1971
ESSER, Josef: »Vorverständnis und Methodenwahl in der Rechtsfindung«, Frankfurt am Main 1970

FABER, Karl-Georg: »Theorie der Geschichtswissenschaft«, München 1971
FEER, Hans: »Kybernetik in der Psychiatrie«, Basel/München/New York 1970
FISCHER, Fritz: »Weltpolitik, Weltmachtstreben und deutsche Kriegsziele«, HZ., Band 199 (1964), 265—346
FLIESS, Wilhelm: »Der Ablauf des Lebens«, Leipzig & Wien 1906
FLIESS, Wilhelm: »Vom Leben und vom Tod«, Jena 1909
FORSTHOFF, Ernst: »Der Staat der Industriegesellschaft«, München 1971
FOUCAULT, Michel: »Die Ordnung der Dinge — Eine Archäologie der Humanwissenschaften«, deutsch Frankfurt am Main 1971
FREYER, Hans: »Gedanken zur Industriegesellschaft«, Hrsg. Arnold Gehlen, München 1971
FUCHS, Welhelm: »Neoklassik in der Rechtsphilosophie«, Göttingen-Grone 1954

GADAMER, Hans Georg: »Theorie, Technik, Praxis — Die Aufgabe einer neuen Anthropologie« in »Neue Anthropologie« (Hrsg. Gadamer u. Vogler), Band 1 (Biologische Anthropologie), Stuttgart 1972, IX—XXXVII
GEIGER, Siegfried: »Erkennen und Wählen«, Köln & Berlin 1970
GIPPER, Helmut: »Denken ohne Sprache?«, Düsseldorf 1971
GRADMANN, Hans: »Menschsein ohne Illusionen«, München & Basel 1970
GROETHUYSEN, Bernhard: »Philosophie der französischen Revolution«, Hrsg. Eberhard Schmitt, Neuwied & Berlin 1971

HACKER, Friedrich: »Aggression«, Wien/München/Zürich 1971
HASSE, Helmut: »Mathematik als Wissenschaft, Kunst und Macht«, Wiesbaden 1952
HEBERER, Gerhard: »Der Ursprung des Menschen«, 2. Aufl. Stuttgart 1969
HEDINGER, Hans-Walter: »Subjektivität und Geschichtswissenschaft — Grundzüge einer Historik —«, Berlin 1969

HEDINGER, Hans-Walter: »Theorienpluralismus in der Geschichtswissenschaft« in »Der Methoden- und Theorienpluralismus in den Wissenschaften« (Studien zur Wissenschaftstheorie, Bd. 6, Hrsg. Diemer, Geldsetzer u. Rotter), Meisenheim am Glan 1971, 229—258
HEINIMANN, Felix: »Nomos und Physis«, 2. Aufl. Basel 1965
HEISENBERG, Werner: »Der Teil und das Ganze«, München 1969
HEISENBERG, Werner: »Schritte über Grenzen«, München 1971
HENKEL, Heinrich: »Recht und Individualität«, Berlin 1958
HENNIS, Wilhelm: »Demokratisierung — Zur Problematik eines Begriffs«, Köln & Opladen 1970
HERR, Theodor: »Zur Frage nach dem Naturrecht im deutschen Protestantismus der Gegenwart«, München/Paderborn/Wien 1972
HIRSCH, Ernst E.: »Rechtssoziologie heute« in »Studien und Materialien zur Rechtssoziologie« (Hrsg. Hirsch u. Rehbinder), Köln & Opladen 1967
HOERSTER, Norbert: »Zur logischen Möglichkeit des Rechtspositivismus« ARS. Bd. LVI (1970), 43—56
HOERSTER, Norbert: »Determinismus und rationales Strafen« ARS. Bd. LVII (1971), 77 ff.
HOFER, H. und ALTNER, G.: »Die Sonderstellung des Menschen«, Stuttgart 1972
HOLL, Adolf: »Jesus in schlechter Gesellschaft«, 3. Aufl. Stuttgart 1971
HRUSCHKA, Joachim: »Die Konstitution des Rechtsfalles«, Berlin 1965
HRUSCHKA, Joachim: »Das Verstehen von Rechtstexten«, München 1972

IGGERS, Georg G.: »Deutsche Geschichtswissenschaft — Eine Kritik der traditionellen Geschichtsauffassung von Herder bis zur Gegenwart«, München 1971

JÖRGENSEN, Stig: »Recht und Gesellschaft«, deutsch (Hrsg. Franz Wieacker), Göttingen 1971
JORDAN, Pascual: »Schöpfung und Geheimnis«, Oldenburg & Hamburg 1970
JORES, Arthur: »Menschsein als Auftrag«, Bern & Stuttgart 1964

KAULBACH, Friedrich: »Moral und Recht in der Philosophie Kants« in »Recht und Ethik — Zum Problem ihrer Beziehung im 19. Jahrhundert« (Hrsg. Blühdorn u. Ritter), Frankfurt a. M. 1970
KEIDEL, Wolf Dieter: »Kybernetik und Bewußtsein« Tageszeitung »Die Welt«, Samstag, d. 27. 7. 1970, S. 11
KINSKY, Rudolf: »Der Staat der Zukunft — Eine Staatslehre auf naturgesetzlicher Grundlage« München & Wien 1969
KLEEMANN, Georg: »Die peinlichen Verwandten — Schimpanse, Gorilla, Orang« (Kosmos-Bibliothek, Bd. 249), Stuttgart 1966
KLIMA, Rolf: »Theorienpluralismus in der Soziologie« in »Der Methoden- und Theorienpluralismus in den Wissenschaften« (Studien zur Wissenschaftstheorie, Band 6, Hrsg. Diemer, Geldsetzer und Rotter), Meisenheim am Glan 1971, 198—216
KOEHLER, Otto: »Zufall, Notwendigkeit und Plan in der Welt des Lebendigen« (Sammelband »Mensch und Tier«, Hrsg. Heinz Friedrich), München 1968
KÖNIG, Gert: »Mathematik als Wissenschaft« in »Der Wissenschaftsbegriff« (Studien zur Wissenschaftstheorie, Band 4, Hrsg. Diemer), Meisenheim am Glan 1970, 139—154
KOWALEWSKI, Arnold: »Moltke als Philosoph«, Bonn 1905
KRAFT, Julius: »Die Unmöglichkeit der Geisteswissenschaft«, 2. Aufl. Frankfurt a. M. 1957

LABHARDT, Felix: »Die psychosomatische Medizin und ihre Bedeutung für den heutigen Menschen« (Sammelband: »Wo stehen wir heute in der Sicht der Naturwissenschaftler und Ärzte?«), Hrsg. Bähr, Gütersloh & Wien 1971, 124—130
LAMPE, Ernst-Joachim: »Rechtsanthropologie — Eine Strukturanalyse des Menschen im Recht«, Berlin 1970
LANDMANN, Michael: »Das Ende des Individuums«, Stuttgart 1971

LANGE, Richard: »Strafrechtsreform — Reform im Dilemma«, München & Wien 1972
LANGELÜDDEKE, Albrecht: »Gerichtliche Psychiatrie«, 3. Aufl. Berlin 1971
LARENZ, Karl: »Methodenlehre der Rechtswissenschaft«, 1. Aufl. Berlin/Göttingen/Heidelberg 1960
LAUTMANN, Rüdiger: »Soziologie vor den Toren der Jurisprudenz« Stuttgart/Berlin/Köln/Mainz 1971
van LAWICK-GOODALL, Jane: »Wilde Schimpansen«, deutsch Reinbek bei Hamburg 1971
LE GOFF, Jacques: »Kultur des europäischen Mittelalters«, deutsch München & Zürich 1970
LERNER, Alexander: »Grundzüge der Kybernetik«, deutsch Berlin-Ost 1970
LÉVY-BRUHL, Henri: »Soziologische Aspekte des Rechts«, deutsch Berlin 1970
LEYHAUSEN, Paul: »Vergleichendes über die Territorialität bei Tieren und den Raumanspruch des Menschen« in »Antriebe tierischen und menschlichen Verhaltens« (Ges. Abhandlungen von Konrad Lorenz und Paul Leyhausen), München 1968, 118—130
LINTZEL, Martin: »Voraussetzungen des Individuums«, Archiv für Kulturgeschichte, Bd. XXXVIII (1956) 167—173
LORENZ, Konrad: »Die acht Todsünden der zivilisierten Menschheit«, in »Sozialtheorie und soziale Praxis« (Festgabe für Eduard Baumgarten), Hrsg. Hans Albert, Meisenheim am Glan 1971
LOSCHKE, Johannes: »Das biologische Naturrecht — Zugleich ein Beitrag zur Weltinnenpolitik und Friedensforschung«, Varel bei Oldenburg (Selbstverlag), 1970. Zu beziehen bei: Wolfgang Loschke in (56) Wuppertal 1, Mainstraße 47.
LUHMANN, Niklas: »Legitimation durch Verfahren«, Neuwied & Berlin 1969
LUTZ, Adolf: »Die Goldene Regel« ZphF. Bd. XVIII (1963), 467—475

MACHOVEC, Milan: »Kooperation von Marxisten und Christen« in »Evolution — Fortschrittsglaube und Heilserwartung« (Hrsg. Wilhelm Bitter), Stuttgart 1970, 249—266
MACHOVEC, Milan: »Vom Sinn des menschlichen Lebens«, deutsch Freibung i. Br. 1971
MARBE, Karl: »Beiträge zur Logik und ihren Grenzwissenschaften«, Vierteljahresschrift für wissenschaftliche Philosophie und Soziologie, Bd. 36 (1912)
MARCIC, René: »Rechtsphilosophie«, Freiburg i. Br. 1969
MARCIC, René: »Geschichte der Rechtsphilosophie« Freiburg i. Br. 1971
MARKO, Kurt: »Dogmatismus und Emanzipation in der Sowjetunion«, Stuttgart/Berlin/Köln/Mainz 1971
MASUR, Gerhard: »Geschehen und Geschichte — Aufsätze und Vorträge zur europäischen Geistesgeschichte« Berlin 1971
MAURACH, Reinhart, und MEISSNER, Boris: »Sowjetstaat und Sowjetrecht nach Chruschtschow«, Stuttgart/Berlin/Köln/Mainz 1971
MAUTHNER, Fritz: »Die Sprache«, Frankfurt a. M. 1906
MEYER, Gerbert: »Anthropologische Überlegungen zum Normenproblem« (Sammelband: »Moral braucht Normen«, Hrsg. Felix Schlösser), Limburg a. d. Lahn 1970, 51—76
MEYER-ABICH, Adolf: »Die Erkenntnisideale der Biologie« (Sammelband: »Der Wissenschaftsbegriff« Bd. 4 der Studien zur Wissenschaftstheorie, Hrsg. Alwin Diemer, Meisenheim am Glan 1970, 155—170
MEYER-CORDING, Ulrich: »Die Rechtsnormen«, Tübingen 1971
MICHELS, Robert: »Zur Soziologie des Parteiwesens in der modernen Demokratie«, 3. Aufl. Stuttgart 1970
MOHR, Hans: »Wissenschaft und menschliche Existenz«, 2. Aufl. Freiburg i. Br. 1970
MOLTMANN, Jürgen: »Theologie der Hoffnung«, 8. Aufl. München 1969
MOLTMANN, Jürgen: »Mensch — Christliche Anthropologie in den Konflikten der Gegenwart« Stuttgart & Berlin 1971

MOMMSEN, Wolfgang J.: »Die Geschichtswissenschaft jenseits des Historismus«, Düsseldorf 1971
MONOD, Jacques: »Zufall und Notwendigkeit«, deutsch München 1971
MUSIL, Robert: »Der Mann ohne Eigenschaften«, Sonderausgabe, Hamburg 1970 (1. bis 50. Tausend)
NAUCKE, Wolfgang: »Wissenschaftsbegriff — Rechtssoziologie — Rechtspraxis. Bemerkungen zu einem konkret-humanen juristischen Pragmatismus«, (Sammelband: »Rechtssoziologie und Rechtspraxis«, Hrsg. Naucke und Trappe), Neuwied & Berlin 1970, 79—115
NAUCKE, Wolfgang: »Über die Zusammenarbeit zwischen Juristen und Rechtssoziologen«, Jahrbuch der Rechtssoziologie und Rechtstheorie, Hrsg. Lautmann, Maihofer, Schelsky, Bielefeld, Band I (1970), 492—497
NAUCKE, Wolfgang: »Über die juristische Relevanz der Sozialwissenschaften«, Frankfurt a. M. 1972
NAWIASKY, Hans: »Allgemeine Rechtslehre als System der rechtlichen Grundbegriffe«, 2. Aufl. Einsiedeln/Zürich/Köln 1948
NOLL, Peter: »Die Normativität als rechtsanthropologisches Grundphänomen« (Festschrift für Karl Engisch, Hrsg. Bockelmann, Kaufmann, Klug), Frankfurt a. M. 1969

ORAISON, Marc: »Zufall und Leben«, deutsch Frankfurt a. M. 1972
OTTO, Gert: »Vernunft — Aspekte zeitgenössischen Glaubens«, Stuttgart & Berlin 1970

PARIN, Paul, MORGENTHALER, Fritz, und PARIN-MATTEY, Goldy: »Fürchte deinen Nächsten wie dich selbst — Psychoanalyse und Gesellschaft am Modell der Agni in Westafrika«, Frankfurt a. M. 1971
PATZER, Harald: »Physis — Grundlegung zu einer Geschichte des Wortes«, Marburg 1945
PHILIPPS, Lothar: »Recht und Information« (Sammelband: Rechtstheorie, Hrsg. Arthur Kaufmann), Karlsruhe 1971, 125—133
PITCAIRN, Eduard: »Neubau der Ethik«, München & Basel 1962
POPPER, Karl Raymund: »Logik der Forschung«, 3. Aufl. Tübingen 1969
PORTMANN, Adolf: »Entläßt die Natur den Menschen?«, München 1970

RAPOPORT, Anatol: »Philosophie heute und morgen — Einführung ins operationale Denken«, deutsch Darmstadt 1970
RATTNER, Josef: »Aggression und menschliche Natur«, Olten & Freiburg i. B. 1970
REINER, Hans: »Die philosophische Ethik«, Heidelberg 1964
RENSCH, Bernhard: »Biophilosophie auf erkenntnistheoretischer Grundlage«, Stuttgart 1968
RÖD, Wolfgang: »Geometrischer Geist und Naturrecht — Methodengeschichtliche Untersuchungen zur Staatsphilosophie im 17. und 18. Jahrhundert«, München 1970

SALADIN, Peter: »Grundrechte im Wandel — Die Rechtsprechung des Schweizer Bundesgerichts zu den Grundrechten in einer sich wandelnden Welt«, Bern 1970
SCHABERT, Tilo: »Natur und Revolution — Untersuchungen zum politischen Denken im Frankreich des 18. Jahrhunderts«, München 1969
SCHELER, Max: »Die Stellung des Menschen im Kosmos«, 2. Aufl. München 1949
SCHIEDER, Theodor: »Staat und Gesellschaft im Wandel unserer Zeit«, 2. Aufl. München 1970
SCHIEDERMAIR, Hartmut: »Das Phänomen der Macht und die Idee des Rechts bei Gottfried Wilhelm Leibniz«, Wiesbaden 1970
SCHIWY, Günther: »Der französische Strukturalismus«, 4. Aufl. Reinbek bei Hamburg 1970
SCHIWY, Günther: »Strukturalismus und Atheismus« (Sammelband: »Atheismus, kritisch betrachtet,« Hrsg. Coreth und Lotz), München & Freiburg i. B. 1971, 115—127

SCHMIDT, K. O.: »Die Goldene Regel«, 2. Aufl. Pfullingen 1965
SCHOTT, Rüdiger: »Die Funktionen des Rechts in primitiven Gesellschaften«, Jahrbuch für Rechtssoziologie und Rechtstheorie, Bd. 1 (1970), 107—174
SCHRAMM, Percy Ernst: »Der König in Frankreich — Das Wesen der Monarchie vom 9. zum 16. Jahrhundert — Ein Kapitel aus der Geschichte des abendländischen Staates«, 2. Aufl. 2 Bände, Darmstadt 1960
SCHÜTTLER, Günther: »Die letzten tibetischen Orakelpriester — Psychiatrisch neurologische Aspekte«, Wiesbaden 1971
SIMITIS, Spiros: »Informationskrise des Rechts und Datenverarbeitung«, Karlsruhe 1970
SIMITIS, Spiros: »Chancen und Gefahren der elektronischen Datenverarbeitung«, NJW. 1971, 673—682
SIMMEL, Georg: »Das Problem des Stiles« in »Die Kunst — Monatshefte für freie und angewandte Kunst« Bd. XVIII (11. Jahrgang) 1908, 307—316
SIMMEL, Georg: »Gesetzmäßigkeit im Kunstwerk« in »Fragmente und Aufsätze aus dem Nachlaß«, Hrsg. Gertrud Kantorowicz, München 1923, 213—228
SIMMEL, Georg: »Weibliche Kultur« in »Philosophische Kultur — Gesammelte Essais«, 2. Aufl. Leipzig 1919, 254—295
SIMMEL, Georg: »Das individuelle Gesetz«, 2. Aufl. Hrsg. Michael Landmann, Frankfurt a. M. 1968
SNOW, Charles Percy: »Die zwei Kulturen«, deutsch Stuttgart 1967
SOLLBERGER, A.: Biologische Rhythmusforschung« in »Neue Anthropologie«, Bd. 1 (Hrsg. Gadamer und Vogler), Stuttgart 1972, 108—151
SPRANGER, Eduard: »Psychologie des Jugendalters«, 10. Aufl. Leipzig 1928
SPRANGER, Eduard: »Wissenschaft — Ideologie — Gesellschaft« Ges. Schr. Bd. V (1969), Tübingen, 233 ff.
SPRANGER, Eduard: »Volksmoral und persönliche Sittlichkeit« Ges. Schr. Bd. V (1969, Tübingen), 247 ff.
SPRANGER, Eduard: »Die moralbildende Kraft in unserem Zeitalter« Ges. Schr. Bd. V (1969, Tübingen), 447 ff.
SPRANGER, Eduard: »Der Ertrag der Geistesgeschichte für die Politik« Ges. Schr. Bd. VIII (1970, Tübingen), 34 ff.
SPRANGER, Eduard: »Die Wirklichkeit der Geschichte« Ges. Schr. Bd. VIII (1970, Tübingen), 232 ff.
SPRANGER, Eduard: »Die Individualität des Gewissens und der Staat« Ges. Schr. Bd. VIII (1970, Tübingen), 1 ff.
STEINBUCH, Karl: »Programm 2000«, Stuttgart 1970
STEINBUCH, Karl: »Mensch, Technik, Zukunft — Basiswissen für die Probleme von morgen«, Stuttgart 1971
STEINBUCH, Karl: »Ansätze zu einer kybernetischen Anthropologie« in »Neue Anthropologie« (Hrsg. Gadamer und Vogler), Bd. 1 (Stuttgart 1972), 59—107
STEINWENTER, Artur: »Recht und Kultur«, Graz & Köln 1958
STENZEL, Julius: »Philosophie der Sprache«, 2. Aufl. München 1969
v. STEPHANITZ, Dieter: »Exakte Wissenschaft und Recht — Der Einfluß von Naturwissenschaft und Mathematik auf Rechtsdenken und Rechtswissenschaft in zweieinhalb Jahrtausenden — Ein historischer Grundriß«, Berlin 1970
STORR, Anthony: »Lob der Aggression«, deutsch Düsseldorf & Wien 1970
SZCZESNY, Gerhard: »Das sogenannte Gute«, Reinbek bei Hamburg 1971
SZONDI, Leopold: »Kain — Gestalten des Bösen«, Bern/Stuttgart/Wien 1969

TAMMELO, Ilmar: »Outlines of modern legal logic«, Wiesbaden 1969
TAMMELO, Ilmar: »Non solum sub lege — enimvero sub homine« in »Rechtstheorie — Ansätze zu einem kritischen Rechtsverständnis« (Sammelband, Hrsg. Arthur Kaufmann), Karlsruhe 1971, 49—52
THURNWALD, Richard: »Die menschliche Gesellschaft in ihren ethnosoziologischen Grundlagen«, Bd. V (»Werden, Wandel und Gestaltung des Rechts«, Berlin & Leipzig 1934
TRILLHAAS, Wolfgang: »Ethik«, 3. Aufl. Berlin 1970

VERDROSS, Alfred: »Statisches und dynamisches Naturrecht«, Freiburg i. B. 1971
VOGEL, St.: »Komplementarität in der Biologie und ihr anthropologischer Hintergrund« in »Neue Anthropologie«, Hrsg. Gadamer und Vogler, Bd. 1, Stuttgart 1972, 152—194
VOGLER, Paul: »Theoriebildung in der Medizin und die Lehre von den Grundfunktionen« in »Neue Anthropologie«, Hrsg. Gadamer und Vogler, Bd. 2, Stuttgart 1972, 428—457
VONESSEN, Franz: »Fortschritt und Hybris« in »Menschenzüchtung, das Problem der genetischen Manipulierung des Menschen« (Sammelband, Hrsg. Friedrich Wagner), München 1969, 167—186

WAGNER, Friedrich: »Weg und Abweg der Naturwissenschaft«, München 1970
WAGNER, Gustav: »Die Rolle des Computers in der Medizin von morgen« in »Grenzgebiete der Wissenschaft«, Jahrgang 20 (1971), 21—22
WEIMAR, Robert: »Psychologische Strukturen richterlicher Entscheidung«, Basel & Stuttgart 1969
WEINBERGER, Ota: »Rechtslogik«, Wien & New York 1970
WEISCHEDEL, Wilhelm: »Wirklichkeit und Wirklichkeiten«, Berlin 1960
WEISGERBER, Leo: »Die geistige Seite der Sprache und ihre Erforschung«, Düsseldorf 1971
Frh. v. WEIZSÄCKER, Carl Friedrich: »Die Einheit der Natur«, München 1971
WICKLER, Wolfgang: »Naturgesetzliches im Verhalten der Tiere und des Menschen« in »Naturgesetz und christliche Ethik« (Sammelband, Hrsg. Franz Henrich), München 1970, 51—71
WICKLER, Wolfgang: »Ethologie und Ethik — Normenfindung und Normenkritik« in »Naturgesetz und christliche Ethik« (Sammelband, Hrsg. Franz Henrich), München 1970, 93—101
WICKLER, Wolfgang: »Die Biologie der zehn Gebote«, München 1971
WIEACKER, Franz: »Recht und Automation« in »Festschrift für Eduard Bötticher«, Hrsg. Bettermann und Zeuner, Berlin 1969, 383—404
WINTER, Eduard: »Barock, Absolutismus und Aufklärung in der Donaumonarchie«, Wien 1971
WITTENBERG, Alexander Israel: »Vom Denken in Begriffen — Mathematik als Experiment des reinen Denkens«, 2. Aufl. Basel & Stuttgart 1968
WITTRAM, Reinhard: »Das Interesse an der Geschichte«. 3. Aufl., Göttingen 1968
WITTRAM, Reinhard: »Anspruch und Fragwürdigkeit der Geschichte«, Göttingen 1969
WOESNER, Horst: »Weltanschauliche Einflüsse im Strafrecht« in »Das Rechtswesen, Lenker oder Spiegel der Gesellschaft« (Sammelband, Hrsg. Horst Krautkrämer), München 1971, 131—146
WOHLGENANNT, Rudolf: »Was ist Wissenschaft?«, Braunschweig 1969

ZIPPELIUS, Reinhold: »Einführung in die juristische Methodenlehre« München 1971

NAMENSVERZEICHNIS ZUM NACHTRAG II

SACHREGISTER ZU DEN NACHTRÄGEN I UND II

Kolibri 360 GmbH
Ferdinand-Jühlke-Straße 7
99095 Erfurt, Deutschland
produktsicherheit@kolibri360.de